AF342853

TRAITÉ PRATIQUE

DES IMPOTS CÉDULAIRES

ET DE

L'IMPOT GÉNÉRAL
SUR LE REVENU

TRAITÉ PRATIQUE
DES IMPOTS CÉDULAIRES

ET DE

L'IMPOT GÉNÉRAL
SUR LE REVENU

PAR

Emmanuel BESSON

DIRECTEUR HONORAIRE DE L'ENREGISTREMENT DU DÉPARTEMENT DE LA SEINE
LAURÉAT DE LA FACULTÉ DE DROIT DE PARIS (PRIX ROSSI DE 1893)

QUATRIÈME ÉDITION

AU COURANT DES LOIS DU 13 JUILLET 1925, DES 4 AVRIL, 29 AVRIL,
3 AOUT ET 19 DÉCEMBRE 1926

avec barèmes pour le calcul des droits et des réductions

PARIS

LIBRAIRIE DALLOZ
11, rue Soufflot, 11

1927

TABLEAU DES ABRÉVIATIONS

App	Appendice au Recueil périodique de Dalloz.
Art	Article.
Bull	Bulletin.
Bull. législ	Bulletin législatif Dalloz.
Cass	Arrêt de la Cour de cassation.
— ch. réun	- rendu en chambres réunies.
— civ	— de la chambre civile.
— crim	— de la chambre criminelle.
— req	— de la chambre des requêtes.
Ch	Chapitre.
Chron	Chronique du Recueil périodique de Dalloz.
Circ. min	Circulaire du Ministre.
Code civ	Code civil.
— comm	Code de commerce.
Comment	Commentaire.
Com. sup	Commission supérieure des bénéfices de guerre (Décision).
Comp	Comparez.
Conf	Conforme.
Cons. d'Ét	Arrêt du Conseil d'État.
Contr	Contraire.
Contrib. dir	Contributions directes.
D. P	Dalloz (Recueil périodique).
D. H	Dalloz (Recueil hebdomadaire).
Débats parlem.	Débats parlementaires.
Décis	Décision.
Décis. min	Décision ministérielle.
Décis. min. fin.	— du ministre des Finances.
Décr	Décret.
Délib	Délibération.
Droit comm	Droit commercial.
Enreg	Enregistrement.
Eod. Vo	Eodem verbo (même mot).
Gaz. trib	Gazette des Tribunaux.
Ibid	Même passage d'un auteur déjà cité.
Instr	Instruction.
Instr. Enreg	Instruction de l'Enregistrement.
J. E	Journal de l'Enregistrement.
J. Soc	Journal des sociétés.
Jur. gén	Jurisprudence générale ou Répertoire alphabétique Dalloz.
J. off	Journal officiel.
L	Loi.
Loc. cit	Passage cité.
Min. fin	Ministre des Finances.
Op. cit	Ouvrage cité.
P	Page.
Rec. cons. d'Ét.	Recueil des arrêts du Conseil d'Etat de Lebon.
R. P	Répertoire périodique de l'Enregistrement de Garnier.
Rép. Min	Réponse du Ministre.
Rec. quest. fisc.	Recueil des questions fiscales de Jules Mihura.
Sir	Recueil périodique de Sirey.
Solut	Solution adminis.
T	Tome.
Tit	Titre.
Traité prat.	Traité pratique.
Trib	Tribunal.
— civ	Jugement du tribunal civil.
comm	— de commerce.
V	Voyez.
Vo Vis	Verbo, verbis (aux mots).

Exemples d'abréviations :

D. P. 90. 1. 48. *signifie* Recueil périodique Dalloz, année 1890, 1re partie, p. 48.

Jur. gén. Vo Patente, no 312, et *Suppl. eod.* Vo 300. — *signifie :* Jurisprudence générale Dalloz, Répertoire alphabétique de législation, de doctrine et de jurisprudence, au mot Patente, no 312 — et Supplément au Répertoire, au même mot, no 300.

Nouveau Code civ. ann. sur l'art. 1832, — *signifie :* Nouveau Code civil annoté Dalloz, commentaire de l'article 1832 dudit Code.

DU MÊME AUTEUR

Traité pratique de la taxe sur le revenu des valeurs mobilières. Un fort volume in-8º, Paris, 1887 (Librairie du Recueil Sirey). *Epuisé.*

Les Livres fonciers et la Réforme hypothécaire. (*Ouvrage récompensé par la Faculté de droit de Paris*, concours Rossi de 1890.) Un fort volume in-8º, Paris, 1891 (Librairie du Recueil Sirey).

Les Frais de justice. In-18. Paris, 1892-1897. *Épuisé.*

Un chapitre de notre histoire financière. L'Enregistrement et la Ferme générale. In-8º, Paris, 1893 (Guillaumin). *Épuisé.*

Les Ennemis du livre foncier. Conférence au Congrès de la propriété foncière de 1892. *Épuisé.*

La Législation civile de l'Algérie. Étude sur la condition des personnes et sur le régime des biens en Algérie. (*Ouvrage couronné par la Faculté de droit de Paris*, prix Rossi de 1893.) Un fort volume in-8º. Paris, 1894 (Librairie générale de Droit et de Jurisprudence).

L'Organisation de la famille chez les Kabyles et les Arabes algériens. (Extrait du *Bulletin de la Société de législation comparée*.) In-8º, Paris, 1894.

Le Contrôle des finances de l'État. (Extrait de la *Revue politique et parlementaire*.) In-8º. Paris, 1894.

L'Arbitrage international (A propos du rescrit du Tsar). (Extrait de la *Revue politique et parlementaire*.) In-8º, Paris, 1898.

Le Contrôle des budgets publics en France et à l'étranger. (*Ouvrage récompensé par l'Académie des sciences morales et politiques*, concours Saintour de 1898.) Un fort volume in-8º de 652 pages, 2ᵉ édition (1901). Paris (Librairie générale de Droit et de Jurisprudence).

Le Budget anglais *dans ses rapports avec les principes de la séparation des pouvoirs.* (Extrait de la *Revue politique et parlementaire*.)

Les Valeurs mobilières et l'impôt successoral en France au XIXᵉ siècle. (*Mémoire présenté au Congrès international des valeurs mobilières de* 1900.) In-8º, Paris, 1900 (Paul Dupont).

Le Crédit foncier et les charges de la propriété immobilière. (*Rapport général au Congrès international de la propriété foncière à l'Exposition universelle de* 1900.) In-8º, Paris, 1900.

La Vérité sur le livre foncier. (*Rapport au Congrès international de la propriéte foncière à l'Exposition universelle de 1900.*) In-8°, Paris, 1900.

Petit Code de l'Enregistrement de Dalloz, en collaboration avec M. Guillet. Paris (Librairie Dalloz).

La Réforme fiscale des successions et des donations (1902). Un fort volume de 936 pages. Paris (Librairie générale de Droit et de Jurisprudence). *Épuisé.*

Impressions de voyage au pays de l'Enregistrement, Souvenirs d'un directeur parisien. Un volume de 300 pages, édit. 1922, chez l'auteur, 8, boulevard du Vesone, à Périgueux et Librairie Dalloz, Paris.

PRÉFACE

Ce livre est avant tout, comme l'indique son titre, un manuel
pratique à l'usage des contribuables et dont l'objectif le plus
essentiel est d'aplanir, par la précision de ses exposés, la loyauté
et l'indépendance de ses appréciations, les obstacles qui en-
combrent, plus que jamais, le champ d'action de nos impôts
sur les revenus.

Sans négliger la théorie, qui doit toujours frayer la voie à
la pratique, nous avons éliminé du cadre de ce traité les questions de doctrine et les recherches historiques. Ce n'est point
sans regret que nous avons pris cette détermination. L'auteur
de ce modeste Essai ne saurait, en effet, oublier que, par décret
du 16 juin 1893, rendu sur la proposition de M. Poincaré,
alors comme aujourd'hui ministre des Finances, il fut nommé
secrétaire de la Commission extraparlementaire de l'impôt sur
les revenus et appelé, en cette qualité, à participer aux travaux de cette assemblée, sous l'égide bienveillante de M. Boutin,
aux côtés de MM. Édouard Arnoux et Hennebique, ses très
regrettés amis des Contributions directes. Il m'eût été facile
d'extraire des discussions si intéressantes de cette grande commission la matière de quelques chapitres de théorie pure et
d'archéologie juridique.

Mais ces développements ne seraient pas ici à leur place et,
sans plus nous attarder à l'évocation d'un passé cher à notre
cœur, nous avons résolument barré la route aux dissertations
surabondantes et stériles qui, sous prétexte d'éclairer la marche
du contribuable, compliquent et embrouillent les questions
les plus simples. Mettre à la portée des intéressés un guide
sûr et précis, allégé de toute controverse oiseuse, où la théorie

n'entre en scène que pour vivifier les solutions de la pratique ; délimiter, aussi impartialement que possible, les droits respectifs du Trésor et du redevable, telle a été l'idée directrice de ce Traité.

C'est en nous plaçant à ce point de vue que nous nous sommes attaché à élucider les multiples et graves problèmes que soulèvent nos lois fiscales les plus récentes, entre autres celles du 18 juillet 1925, du 4 avril et du 3 août 1926. Élaborées sous la pression des circonstances, ces improvisations législatives modifient profondément la structure de notre organisme fiscal, surtout à l'égard des cédules des bénéfices du commerce et de l'industrie, des bénéfices agricoles, des traitements, salaires, pensions ou rentes, et des professions non commerciales. Notre but sera atteint s'il nous est donné de faciliter, par la clarté et la franchise de nos explications, l'intelligence de ces nouveaux textes, non seulement aux contribuables, mais encore aux distingués agents des Contributions directes et de l'Enregistrement, qui se voient aujourd'hui appelés, sous l'autorité d'un chef unique, à en diriger l'application.

L'auteur espère que cette nouvelle édition ne sera pas moins favorablement accueillie que les précédentes. On lui saura sans doute quelque gré d'avoir approfondi les questions offertes à son examen en une langue simple, facilement accessible à tous les intéressés, même non initiés à la terminologie administrative et aux subtilités de l'argumentation juridique. Croyons-en Louis Veuillot, « pour parler français, il faut avoir dans l'âme un fonds de noblesse et de sincérité ». Nous n'avons pas la témérité de nous appliquer cet aphorisme du maître écrivain ; mais, depuis longtemps, il est notre devise et nous n'hésitons pas à l'inscrire ici, au frontispice de notre œuvre.

Paris, le 5 janvier 1927.

Emmanuel **BESSON.**

CHAPITRE PREMIER

§ 1ᵉʳ. — IMPÔT FONCIER SUR LA PROPRIÉTÉ BÂTIE

1. Impôt de quotité. — Substitué à la taille et aux ving-
tièmes par décret du 23 novembre 1790, l'impôt foncier constituait, à l'origine, en vertu de la loi organique du 3 frimaire
an VII, pour la propriété bâtie, comme pour la propriété non
bâtie, un impôt de répartition. Il a été transformé en impôt
de q otité, à partir du 1ᵉʳ janvier 1891, par l'article 4 de la loi
du 8 août 1890 (D. P. 90. 4. 78), et ce nouveau caractère a été,
depuis lors, confirmé par les lois ultérieures intervenues au
lendemain des revisions décennales de 1900 et de 1910 (L. 13 juill.
1900, art. 2, D. P. 1901. 4. 29 ; L. 16 juill. 1910, art. 2,
D. P. 1911. 4. 45 ; L. 29 mars 1914, D. P. 1914. 4. 32).

2. Immeubles imposables. — On doit considérer comme
propriété bâtie toute construction fixe et permanente, sou-
tenue par des fondations en maçonnerie (*Cons. d'Ét.*, 4 juill.
1879, D. P. 80. 3. 2 ; 9 nov. 1903, D. P. 1904. 3. 108).

3. Bâtiments et dépendances des chemins de fer. —
En principe, sont rangés dans la catégorie des propriétés
bâties, imposables, comme tels, à la contribution foncière,
tous les bâtiments, quais, voies et terrains affectés au service
de l'exploitation, mais ne formant pas des dépendances nécessaires et immédiates de la voie ferrée principale. C'est ce que
le Conseil d'Etat a notamment décidé au sujet des maisons des
gardes-barrières (21 avr. 1882, D. P. 83. 3. 136) ; — des halles
de marchandises incorporées au sol par des assises en maçonnerie (6 juill. 1904, D. P. 1905. 5. 10) ; — des quais décou-
verts affectés au dépôt des colis encombrants (12 févr. 1892,

25 nov. 1893, 16 déc. 1898, *Rec. Cons. d'État*, pp. 133, 788, 187 et 803).

Cette règle a reçu d'autres applications, énumérées dans l'*Instruction* du 25 août 1924 (*J. off.* du 4 sept. 1925, p. 8714).

4. Chemins de fer miniers. Tramways. — Les chemins de fer miniers sont imposables, dans les conditions, ci-dessus relatées, du droit commun, à la contribution foncière des propriétés bâties (*Cons. d'Ét.*, 26 mars 1907 (D. P. 1908. 3. 103 et 25 nov. 1908, D. P. 1911. 5. 35). Il en est de même des tramways (*Instr.* du 25 août 1924, *loc. cit.*).

5. Outillage fixe des établissements industriels. — La loi du 29 mars 1914 (D. P. 1914. 4. 32) dispose, par son article 22, § 2, que, « sera considéré comme imposable à la contribution foncière des propriétés bâties, l'outillage des établissements industriels attaché au fonds à perpétuelle demeure (Code civ., art. 525-1º), ou reposant sur des fondations spéciales faisant corps avec l'immeuble ». Par contre, sont affranchies de l'impôt foncier les machines n'adhérant au sol que par leur propre poids, quand il n'existe aucune fondation spéciale pour les recevoir (*Instr.* sus-visée, *loc. cit.*, p. 8718, col. 1).

6. Outillage mobile des usines. — On ne saurait, non plus, faire entrer en compte, pour la détermination de la valeur locative d'un établissement industriel, l'outillage mobile, par exemple, les filtres Taylor, bacs d'empli, bacs jaugeurs et bacs réchauffeurs d'une sucrerie (*Cons. d'Ét.*, 27 janv. 1904, D. P. 1905. 3. 54), — ou les métiers à tisser, non scellés au sol sur lequel ils reposent (*Cons. d'Ét.*, 22 janv. 1904, D. P. 1905. 3. 54).

7. Bains et bateaux de blanchisserie. — Aux termes de l'article 2 de la loi du 18 juillet 1836 (*Bull. des lois*, nº 6 407), les lois relatives à la contribution foncière ont été étendues aux « bains et moulins, aux bateaux, aux bacs, bateaux de blanchisserie et autres de même nature, lors même qu'ils ne sont point construits sur piliers ou pilotis et qu'ils sont seulement retenus par des amarres ».

8. Chantiers et locaux industriels. — La loi du 29 décembre 1884 (D. P. 85. 4. 38) a, par son article 1er, assimilé aux propriétés bâties les chantiers, lieux de dépôt de marchandises, à l'usage du commerce et de l'industrie. Il en est ainsi, notamment, du terrain occupé par un hangar et des séchoirs dépendant d'une fabrique (*Cons. d'Ét.*, 23 nov. 1888, D. P. 90. 3. 11).

9. Terrains affectés à l'installation des panneaux-réclames. — Aux termes de l'article 7 de la loi du 12 juillet 1912 (D. P. 1912. 4. 89), les terrains, cultivés ou non, en dehors des agglomérations, utilisés pour la publicité commerciale et industrielle par voie de panneaux-réclames ou autres affiches similaires, sont cotisés à la contribution foncière des propriétés bâties, d'après leur valeur locative.

10. Valeur locative du sol des bâtiments. — La loi du 29 mars 1914 dispose, par son article 3, que « les sols des bâtiments de toute nature et les terrains formant une dépendance indispensable et immédiate de ces constructions ne seront plus assujettis à la contribution foncière des propriétés non bâties ; leur valeur locative entrera, le cas échéant, dans l'estimation du revenu servant de base à la contribution foncière des propriétés bâties afférente aux constructions ».

11. Base de la contribution des propriétés bâties. Valeur locative. — Dans l'état actuel de la législation, le revenu net imposable n'est plus calculé sur une moyenne ; c'est la valeur locative assignée à l'immeuble, lors de la dernière revision décennale, qui est, seule, à retenir pour la fixation de ce revenu net.

Telle est la règle que les lois du 16 juillet 1910, art. 2 (D. P. 1911. 4. 45) et du 29 mars 1914, art. 21, 22 et 29 (D. P. 1914. 4. 32) ont successivement consacrée et que l'article 5 de la loi du 25 avril 1925 (*Bull. législ. Dalloz*, p. 233) confirme dans les termes suivants, par l'application qu'il en fait à la revision exceptionnelle de 1924 :

« A partir du 1er janvier 1926, la contribution foncière des propriétés bâties sera réglée à raison de la *valeur locative* de ces propriétés, *telle qu'elle résultera de la revision exceptionnelle* effectuée en exécution des articles 45 et 46 de la loi du 22 mars

1924, et conformément aux règles tracées par l'instruction du 25 août 1924, sous les déductions prévues par l'article 2 de la loi du 16 juillet 1910. »

12. Détermination de la valeur locative des propriétés bâties. Règles actuelles. — Les procédés à employer pour la détermination de la valeur locative des propriétés bâties se ramènent, d'après l'*Instruction* précitée du 25 août 1924, aux trois modalités ci-après :

1º Pour les immeubles loués, la valeur locative est généralement représentée par le prix du bail ou de la location verbale en cours ;

2º A défaut de bail courant, on détermine la valeur locative par voie de comparaison avec des immeubles similaires, choisis comme types, dans la même commune ou même dans une autre commune du département ;

3º Enfin, lorsque la valeur locative d'un immeuble non loué ne peut être établie par comparaison, on procède par appréciation directe, en appliquant à la valeur vénale de la propriété, préalablement arbitrée d'après les actes ou autres éléments d'information recueillis, un taux d'intérêt approprié, généralement fixé à 5 pour 100. C'est surtout en ce qui concerne les usines et autres établissements industriels que ce mode d'évaluation est mis en œuvre (V. *J. off.* du 4 sept. 1925, pp. 8714 à 8721).

13. Fixation du revenu imposable. — Il reste à dégager le revenu net imposable. La loi a précisé, elle-même, les bases de cette détermination : sur la valeur locative de l'immeuble, établie comme il a été dit, on opère une déduction d'un quart pour les maisons (L. 8 août 1890, art. 5) et de 40 pour 100 pour les fabriques, manufactures, forges, moulins et autres usines (L. 13 juill. 1900, art. 2 ; L. 16 juill. 1910, art. 2, D. P. 1911. 4. 46). Cette déduction est censée représenter les frais d'entretien, d'amortissement et de réparations, et elle constitue un maximum.

C'est sur le revenu net ainsi fixé que l'impôt foncier des propriétés bâties est calculé au taux ci-après indiqué (V. toutefois, *infrà*, nº 19).

14. Relèvement du taux de la contribution. — Fixé, en principal à 5 pour 100 du revenu net, par l'article 47 de la loi du 31 juillet 1917 (D. P. 1917. 4. 319), le taux de la contribution foncière des propriétés bâties et non bâties a été porté à 10 pour 100 par l'article 1er de la loi du 25 juin 1920, soit à 12 pour 100, en tenant compte du double décime institué par l'article 3 de la loi du 22 mars 1924. Ce taux vient d'être relevé à 18 pour 100, mais sans addition de décimes, par l'article 23 de la loi du 3 août 1926 (*J. off.* du 4 août 1926, p. 8786), à compter du 1er janvier 1927 (L. 3 août 1926, art. 26).

A ce prélèvement, déjà notable, s'ajoutent les centimes départementaux et communaux, dont l'article 26 de la loi du 29 mars 1914 règle le mode de calcul.

15. Périodicité décennale des évaluations. — Aux termes de l'article 8 de la loi du 8 août 1890, les évaluations servant de base à la contribution foncière des propriétés bâties seront revisées tous les dix ans.

Les revisions décennales prévues par ce texte sont intervenues successivement, dans la France entière, aux échéances qu'il détermine, en 1900 et 1910, et leurs résultats ont servi de base à l'établissement des rôles, à partir de 1901 et de 1911.

16. Revision par échelons organisée par la loi du 29 mars 1914. — Depuis lors et sans déroger au principe de la périodicité décennale des évaluations de la propriété bâtie, la loi du 29 mars 1914 (art. 7 et 22) en organisa la mise en œuvre dans des conditions particulières. Désormais, la revision décennale, au lieu d'affecter, comme en 1900 et en 1910, le caractère d'une opération d'ensemble, engagée à la même époque, sur toute l'étendue du territoire, devait se répartir en dix séries annuelles, comprenant chacune deux groupes de communes et constituées de telle sorte que, dans toute commune, par le jeu même du roulement ainsi établi, la revision du revenu de la propriété bâtie fût effectuée tous les dix ans.

17. Ajournement des revisions normales. Loi du 13 juillet 1925. — En raison de l'état de guerre et des variations du cours des fermages provoquées par le trouble de la situation économique, le législateur s'est vu dans la nécessité de suspendre l'exécution du vaste programme tracé par la loi du 29 mars 1914 et d'ajourner les revisions d'ensemble dont elle règle le mécanisme. C'est, en effet, ce que décida l'article 1er de la loi du 31 juillet 1918 (D. P. 1923. 4. 398). Les circonstances qui avaient déterminé cet ajournement ayant paru s'atténuer, la loi du 22 mars 1924 disposa, par son article 48, que les revisions périodiques des évaluations foncières prévues par la loi de 1914 et suspendues depuis 1918, seraient entreprises à compter de 1927 et appliquées à partir de 1929 pour les propriétés bâties et non bâties, ce dernier point de départ étant reporté à l'année 1931 pour les immeubles bâtis des villes de plus de 50 000 habitants. Mais cette disposition a été expressément abrogée par l'article 28 de la loi de finances du 13 juillet 1925 (D. P. 1925. 4. 281), remettant à une loi ultérieure le soin de déterminer la date d'exécution des revisions périodiques prévues par la loi du 29 mars 1914, ainsi que le point de départ de l'application de leurs résultats (V. *Circul. des contrib. dir.* du 29 août 1925, n° 1448, p. 2).

18. Revision exceptionnelle prescrite par la loi du 22 mars 1924. — Transitoirement, l'article 45 de la loi du 22 mars 1924 porte qu' « une revision exceptionnelle des évaluations foncières dans toutes les communes sera entreprise en 1924 et que ses résultats serviront à l'assiette de l'impôt, à partir du 1er janvier 1926 et jusqu'à l'application des résultats de la prochaine revision périodique ». On verra plus loin (n° 35) que ce point de départ a été reporté à l'année 1931 pour la propriété non bâtie, par l'article 28 de la loi de finances du 13 juillet 1925 ; mais, en ce qui concerne les immeubles bâtis, il reste fixé à 1926.

19. Fixation du revenu imposable à partir de 1926. Minimum de déduction. — Aux termes de l'article 5 de la loi susvisée du 25 avril 1925, la valeur locative résultant de la revision exceptionnelle dont il vient d'être question, constituera, à partir du 1er janvier 1926, la base de l'impôt foncier des propriétés bâties, après déduction forfaitaire de 25 pour 100 pour les maisons et de 40 pour 100 pour les usines, conformément à l'article 2 de la loi du 16 juillet 1910 (D. P. 1911. 4. 45, V. *suprà*, n° 13). Toutefois, la même loi dispose, à titre exceptionnel, qu'à l'égard des maisons soumises à la contribution foncière antérieurement au 1er janvier 1926, la déduction à opérer sur la valeur locative nouvelle « ne sera, en aucun cas, inférieure au triple de la déduction accordée par application de la loi de 1910 susvisée, sur la valeur locative précédemment attribuée à chaque immeuble ». Voici, par exemple, une maison imposée, antérieurement à l'année 1926, à raison d'une valeur locative de 1 600 francs, sur un revenu net de 1 200 francs, après déduction de la somme de 400 francs, représentant les 25 pour 100 ou le quart de cette valeur locative. A supposer que la revision exceptionnelle prescrite par la loi du 22 mars 1924 ait eu pour résultat de rehausser à 3 000 francs la valeur locative de la maison dont il s'agit, la déduction à opérer sur cette valeur, pour la détermination du revenu imposable, ne sera pas inférieure à 400 fr. $\times$ 3, soit à 1 200 francs, et le revenu net se réduira, dès lors, à 3 000 fr. — 1 200 francs, c'est-à-dire à 1 800 francs.

20. Fixité des évaluations périodiques de la propriété bâtie. — La loi du 8 août 1890 formule dans ses articles 7 et 8 le double principe de la périodicité et de la fixité décennales des évaluations des propriétés bâties. Aux termes de l'article 7, le propriétaire d'un immeuble bâti n'est recevable à réclamer, au contentieux, contre l'évaluation assignée à son immeuble, que pendant les six mois qui suivent le mois de la publication du premier rôle d'imposition, — pendant trois mois à compter de la publication du rôle suivant, — pendant les trois mois de la publication de chaque rôle, lorsque, par suite de circonstances exceptionnelles l'immeuble aura subi une dépréciation. En dehors de ces cas, limitativement spécifiés, aucune demande en décharge ou en réduction n'est admissible, sauf dans l'hypothèse où l'immeuble serait en tout ou en partie détruit ou converti en bâtiment rural (V. pour le point de départ de ces délais des réclamations l'article 20 de la loi du 31 déc. 1921, D. P. 1923. 4. 41, *infrà*, chap. VIII). Faute d'avoir introduit leur recours dans les délais et pour les causes qui viennent d'être indiqués, les propriétaires d'immeubles bâtis sont déchus du droit de réclamer contre les évaluations qui leur font grief. A partir de ce moment, le principe de la fixité décennale des évaluations entre en action et oppose une fin de non-recevoir absolue à la réclamation de l'intéressé, dont le droit est épuisé. La valeur locative fixée par la dernière évaluation reste immuable jusqu'à la prochaine revision.

Ce principe de la fixité décennale des évaluations de la propriété bâtie a été sanctionné par la jurisprudence (*Cons. d'Ét.*, 28 janv. et 24 févr. 1899, *Rec. Cons. d'Ét.*, p. 135 et 160).

21. Exception. Dépréciation générale des propriétés bâties. Revision provoquée par le conseil municipal. — Par dérogation à la règle de la fixité des évaluations périodiques, l'article 8 de la loi du 8 août 1890 dispose que si, par suite de circonstances exceptionnelles, il se produit, dans l'intervalle de deux revisions, une dépréciation générale des propriétés bâties, soit de l'intégralité, soit d'une fraction notable d'une commune, le conseil municipal aura le droit de demander une nouvelle évaluation des propriétés bâties de la commune, à la charge pour celle-ci de supporter les frais de l'opération.

§ 2. — CONTRIBUTION DE LA PROPRIÉTÉ NON BÂTIE

22. Impôt de répartition transformé en impôt de quotité. — La loi du 29 mars 1914 (D. P. 1914. 4. 32) décide, dans son article 1er, qu'à partir du 1er janvier 1915, il ne sera plus assigné de contingent aux départements, arrondissements et communes pour l'établissement de la contribution foncière des propriétés non bâties, *qui cessera d'être un impôt de répartition.*

23. Caractère et assiette de la contribution foncière des propriétés non bâties. — Le produit de la propriété foncière non bâtie comprend deux éléments : la part du propriétaire, représentée par la valeur locative ou rente foncière, — et la part du fermier ou de l'exploitant, consistant dans le bénéfice agricole.

La contribution foncière n'atteint que le premier de ces deux éléments ; elle laisse en dehors de son action les bénéfices de l'exploitation agricole, qui forment une cédule distincte, soumise à une taxation particulière.

24. Immeubles constituant des propriétés non bâties. — Il semble, à première vue, que les caractères distinctifs de la propriété non bâtie se manifestent d'eux-mêmes, sans équivoque possible, par l'absence de toute construction incorporée au sol à perpétuelle demeure. Cependant ce critérium peut, dans nombre de cas, se trouver en défaut.

C'est ainsi que l'affectation industrielle ou commerciale d'un terrain ne supportant aucune construction est de nature à déterminer son classement dans la catégorie des propriétés bâties. Sont notamment assimilés aux propriétés bâties : les terrains non cultivés employés comme chantiers, lieux de dépôt de marchandises ou destinés à un usage analogue (L. 29 déc. 1884, D. P. 85. 4. 38) ; — les terrains affectés à l'installation de panneaux-réclames ou affiches similaires (L. 12 juill. 1912, art. 7, D. P. 1912. 4. 89) ; — les cours, passages, petits jardins servant d'accès et autres terrains de peu d'étendue formant une annexe immédiate et nécessaire des bâtiments (L. 29 mars 1914, art. 3).

25. Bâtiments affectés aux exploitations rurales. — Les bâtiments servant aux exploitations rurales, tels que granges, écuries, greniers, caves, celliers, pressoirs et autres, destinés soit à loger les bestiaux des fermes et métairies, ou à serrer les récoltes, ainsi que les cours desdites métairies, ne sont soumis à la contribution foncière qu'à raison du terrain qu'ils enlèvent à la culture, évalué sur le pied des meilleures terres labourables de la commune (*Cons. d'Ét.*, 18 mars et 11 avr. 1924, D. P. 1924. 3. 62, *motifs*).

I. — Ainsi, le caractère de bâtiment rural a été reconnu aux étables d'une métairie, aux laiteries, porcheries et magnaneries, aux bâtiments servant à serrer les récoltes ou le matériel agricole (*Cons. d'Ét.*, 19 mai 1843, *Rec. Cons. d'Ét.*, p. 204 ; — 4 juin 1870, *id.*, p. 703 ; — 29 janv. 1892, *ibid.*, p. 67) ; — au fournil d'une ferme (*Cons. d'Ét.*, 14 mars 1870, *ibid.*, p. 579) ; — aux bassins maçonnés ou cimentés, alimentés par les eaux d'un étang et affectés, concurremment avec cet étang, à l'élevage du poisson (*Cons. d'Ét.*, 17 juill. 1913, *Instr.* 25 août 1924, *loc. cit.*, p. 3720) ; — au chai servant à entreposer les vendanges fraîches d'un viticulteur (*Cons. d'Ét.*, 19 juin 1914, *ibid.*) ; — aux bâtiments d'une fabrique de beurre appartenant à une laiterie coopérative agricole de production, et dans lesquels cette société se borne à traiter le lait provenant des exploitations agricoles de ses adhérents (*Cons. d'Ét.*, 22 févr. 1924, *ibid.*, p. 8720, col. 2, D. P. 1925. 3. 8).

II. — Par contre, il convient d'exclure de la catégorie des bâtiments ruraux : les écuries ou remises destinées au logement de chevaux ou de voitures ne servant pas à une exploitation agricole (*Cons. d'Ét.*, 23 févr. et 29 nov. 1895, *Instr.* 25 août 1924, *loc. cit.*, p. 8719, col. 3) ; — le local où est renfermé une installation électrique servant à l'éclairage d'un château et de la maison contiguë réservée au logement du surveillant des machines (*Cons. d'Ét.*, 12 mars 1920, *ibid.*) ; — les deux réservoirs à eau, réunis par une canalisation et constituant une installation unique, qui alimentent, non seulement la grange et les écuries, mais encore la maison de ferme où logent l'exploitant et sa famille (*Cons. d'Ét.*, 3 mai 1923, *Instr.* 25 août 1924, *loc. cit.*) ; — le bâtiment recouvrant une bascule appartenant à des cultivateurs qui s'en servent pour peser leurs betteraves, dès lors qu'il est affecté, sous certaines conditions, à l'usage du public (*Cons. d'Ét.*, 10 févr. 1905, D. P. 1907. 5. 27).

26. Destination industrielle ou commerciale. — A plus forte raison doit-on refuser le caractère de bâtiments ruraux à ceux qui sont affectés à l'exercice d'une profession patentée, commerciale ou industrielle, ou dans lesquels les récoltes seraient soumises à des manipulations ou transformations ne rentrant pas dans les modalités habituelles de l'exploitation agricole, par exemple : les serres d'horticulteur ou de jardinier fleuriste où la culture se pratique, soit en pots, soit dans des cadres en bois ou en maçonnerie, dans un terrain artificiel, isolé du sol proprement dit (*Cons. d'Ét.*, 16 févr., 3 mars et 9 nov. 1894, *Rec. Cons. d'Ét.*, p. 133, 175 et 579 ; — 10 janv. et 13 juin 1906, *Instr.* 25 août 1924, *loc. cit.*) ; — l'écurie ou bergerie louée par un cultivateur à un marchand de chevaux ou à un nourrisseur de moutons (*Cons. d'Ét.*, 25 avr. 1866, Dalloz, *Jur. gén.*, v° *Impôts directs*, 26-2° ; — 4 janv. 1884, D. P. 85. 3. 76) ; — le local où est logé un attelage de bœufs servant à l'exercice de la profession de roulier (*Cons. d'Ét.*, 10 janv. 1896, D. P. 96. 5. 156) ; — le fenil dans lequel est remisé le foin destiné à la nourriture des vaches appartenant à un hôtelier, qui utilise leur lait pour les besoins de son métier (*Cons. d'Ét.*, 20 janv. 1922, *Instr.* 25 août 1924, *loc. cit.*) ; — enfin le local dans lequel un agriculteur distille

les betteraves récoltées sur sa propriété, au moyen d'un outillage comprenant une machine à vapeur et un générateur
(*Cons. d'Ét.*, 30 avr. 1880, D. P. 81. 3. 6 ; — 25 juill. 1884,
D. P. 85. 5. 124 ; — 9 déc. 1887, D. P. 88. 5. 131) ; — ou dans
lequel un propriétaire procède à la distillation du vin provenant de ses vignes, par un générateur à vapeur et des alambics
pourvus d'une tuyauterie (*Cons. d'Ét.*, 29 juill. 1907, D. P.
1910. 5. 2 ; *Instr.* précitée du 25 août 1924, *loc. cit.*, p. 3720,
col. 1).

**27. Local affecté au logement des bestiaux menés aux
foires ou concours.** — Est imposable comme propriété bâtie,
le local, situé dans une ville, où logent les bestiaux amenés
par les agriculteurs de la région à l'occasion des concours agricoles ou des foires. On ne saurait dire, en effet, de ces bâtiments, qu'ils servent à une exploitation rurale (*Cons. d'Ét.*,
26 nov. 1906, D. P. 1909. 5. 67).

**28. Bâtiments réservés à l'habitation des métayers
ou du gardien du bétail.** — L'article 5 de la loi du 8 août
1890 répute bâtiments ruraux ceux qui servent à loger, indépendamment des bestiaux des fermes et métairies, le gardien de ces bestiaux. Mais toute cause manque à l'application
de ce texte lorsque les locaux, réservés à l'habitation des gar-
diens, ne sont pas compris dans les bâtiments où les animaux
sont logés (*Cons. d'Ét.*, 6 mai 1898, *Rec. Cons. d'Ét.*, p. 350).

N'ont pas davantage le caractère de bâtiments ruraux ceux
qui sont habités par un métayer et sa famille (*Cons. d'Ét.*,
15 janv. 1898, *Rec. Cons. d'Ét.*, p. 21 ; — 4 févr. 1905, *Instr.*
du 25 août 1924, p. 8720, col. 1).

**29. Base de la contribution. Valeur locative. Détermi-
nation.** — La loi du 29 mars 1914, en transformant la contribution foncière des propriétés non bâties en impôt de quotité,
lui a donné pour base la valeur locative de ces propriétés,
telle qu'elle résulte des tarifs établis par natures de culture, en
exécution de l'article 3 de la loi du 31 décembre 1907, suivant
les formes réglementées par l'*Instruction* ministérielle du
31 décembre 1908 et par les articles 8 à 11 de la loi du 29 mars
1914, modifiés par l'article 29 de la loi du 13 juillet 1925.
C'est de la valeur locative ainsi déterminée que se déduit, on le
verra tout à l'heure, le revenu net, passible de la contribution.

Par exception, les propriétés forestières mises en coupes réglées (taillis ou futaies) sont évaluées d'après leur produit réel net, qui est celui des coupes (*Instr.* 31 déc. 1908 et *Recueil du cadastre*, art. 371).

30. Revenu imposable. Déduction du cinquième. — La valeur locative des propriétés non bâties ne saurait être retenue intégralement comme base de la contribution foncière : l'article 2 de la loi du 29 mars 1914 décide que, « pour le calcul des cotisations, ledit revenu sera diminué d'un cinquième. » Le taux de cette déduction forfaitaire se réduit donc à 20 pour 100, alors qu'il s'élève à 25 pour 100 pour les propriétés bâties et à 40 pour 100 pour les usines et bâtiments industriels.

31. Majoration temporaire. Loi du 3 août 1926. — Par contre, l'article 23 de la loi du 3 août 1926 décide que, pour le calcul de la contribution foncière des propriétés non bâties, le revenu imposable de ces propriétés sera uniformément majoré de 75 pour 100, jusqu'à l'application des résultats de la revision exceptionnelle des évaluations, effectuée conformément à l'article 28 de la loi du 13 juillet 1925, c'est-à-dire jusqu'au 1er janvier 1931 (V. ci-après, n° 35). Il n'y a dans cette majoration qu'une extension de la mesure prise par la loi du 3 août 1926 à l'égard de la valeur locative cadastrale servant de base à l'impôt sur les bénéfices agricoles ; l'article 26 de la même loi fixe au 1er janvier 1927 le point de départ de l'application de cette disposition (*Bull. législ. Dalloz*, 1926, p. 449).

32. Taux de la contribution. Loi du 3 août 1926. — Pour la propriété non bâtie, comme pour la propriété bâtie, le taux de l'impôt foncier (part de l'État) précédemment fixé à 12 pour 100, y compris le double décime institué par l'article 3 de la loi du 22 mars 1924, vient d'être porté à 18 pour 100 mais sans addition de décimes, par l'article 23 de la loi du 3 août 1926 (*J. off.* du 4 août 1926, p. 8786). Aux termes de l'article 26 de la même loi, cette majoration entrera en vigueur le 1er janvier 1927.

33. Revision vicennale des évaluations de la propriété non bâtie. Ajournement. — Aux termes de l'article 7, 1er alinéa, de la loi du 29 mars 1914, les évaluations de valeur

locative servant de base à la contribution foncière des propriétés non bâties devaient, dans chaque commune, être revisées tous les vingt ans, suivant la procédure réglementée par ce
texte et les articles suivants de la même loi. Mais, comme
nous l'avons expliqué à propos de la propriété bâtie, l'exécution de ce programme, suspendue par la loi du 31 juillet 1918
(D. P. 1923. 4. 398) et renvoyée à l'année 1927 par l'article 48
de la loi du 22 mars 1924, vient de subir un nouvel ajournement. La loi de finances du 13 juillet 1925 abroge, en effet,
par son article 28, cette disposition de la loi du 22 mars 1924
et décide qu'une loi ultérieure déterminera, pour les propriétés
non bâties, comme pour les propriétés bâties, la date d'exécution des revisions périodiques prévues par la loi du 29 mars
1914, ainsi que le point de départ de l'application de leurs résultats.

**34. Revision exceptionnelle prévue par la loi du 22 mars
1924.** — En attendant l'époque, encore indéterminée, où la
revision périodique normale de la propriété non bâtie ainsi
ajournée par la loi du 13 juillet 1925 entrera dans le domaine
des faits, l'article 45 de la loi du 22 mars 1924 a prescrit une
revision exceptionnelle des évaluations foncières dans toutes
les communes, en précisant que cette opération transitoire serait entreprise en 1924 et que ses résultats serviront à l'assiette de l'impôt, depuis le 1er janvier 1926 jusqu'à l'application des résultats de la prochaine revision périodique normale.
Toutefois, on verra ci-après que ce point de départ, ainsi fixé
au 1er janvier 1926 par la loi du 22 mars 1924, a été reporté
à l'année 1931 par l'article 28 de la loi du 13 juillet 1925
(V. no 35).

La loi du 22 mars 1924 avait cru devoir limiter, pour les
propriétés non bâties, la revision exceptionnelle dont il s'agit,
au remaniement du tarif des évaluations, en vue de les mettre
en harmonie avec le taux actuel des valeurs locatives ; mais
la loi du 13 juillet 1925 a décidé que cette revision englobe-
rait, en outre, dans son cercle d'action la recherche des changements survenus dans les natures de culture et un nouveau
classement des parcelles (art. 28).

Cette opération, malgré son caractère exceptionnel, aura donc,
à peu de chose près, toute l'ampleur d'une expertise cadastrale
et elle sera poursuivie dans les conditions fixées par les ar-

ticles 8 à 12 de la loi du 29 mars 1914, sous réserve des modifications résultant des articles 29 à 31 de la loi du 13 juillet 1925 (V. *Circul. des contrib. dir.* du 29 août 1925, n° 1418, p. 3 et 4).

35. Application des résultats de la revision exceptionnelle. — Aux termes de l'article 28 de la loi du 13 juillet 1925, les résultats de la revision exceptionnelle des propriétés non bâties, prévue par les articles 45 et 47 de la loi du 22 mars 1924, serviront de base à l'impôt foncier à partir de l'année 1931, jusqu'à l'application des résultats de la future revision normale à intervenir.

36. Fixité des évaluations périodiques. — L'article 19 de la loi du 29 mars 1914 porte que, en dehors des hypothèses ci-après examinées, où les propriétaires sont admis à demander un nouveau classement de leurs propriétés, et de celles qui motivent une exemption temporaire d'impôt, aucune demande en décharge ou réduction de la contribution foncière des propriétés non bâties ne sera recevable, sauf dans le cas où une propriété cessera de faire partie de la matière imposable ou rentrera dans la catégorie des sols de bâtiments ou emplacements à usage commercial ou industriel passibles de l'impôt des propriétés bâties.

37. Exceptions au principe de la fixité vicennale des évaluations. — Aux termes de ses articles 15 et 17, la loi du 29 mars 1914 admet tout propriétaire foncier à contester, par voie de réclamation, la nature de culture et le classement parcellaire assignés à ses propriétés non bâties à la suite de chacune des revisions périodiques ; mais une telle réclamation n'est recevable que si elle se produit dans les six mois à partir de la publication du premier rôle établi d'après les résultats de la nouvelle évaluation ou de trois mois à partir du rôle suivant (art. 15). Le même droit est ouvert, suivant la disposition finale de l'article 17, aux intéressés, lorsqu'une propriété devient passible de l'impôt foncier, soit pour la première fois, soit après avoir cessé temporairement d'y être assujettie. Enfin les propriétaires peuvent, d'après l'article 18 de la même loi , demander un changement du classement de leurs propriétés, quand celles-ci ont subi une dépréciation notable et durable, par suite d'événements imprévus, indépendants de la volonté des intéressés et affectant le fonds même du terrain, à la condition toutefois de produire leur réclamation dans les six mois de la publication du rôle de l'année qui suit celle de l'événement.

En dehors de ces hypothèses et de celle où le réclamant est fondé à se prévaloir d'une exemption temporaire d'impôt foncier, le principe de la fixité des revisions de la propriété non bâtie entre en action et oppose une fin de non-recevoir absolue à toute demande en décharge ou réduction de la contribution : c'est ce que décide expressément l'article 19 de la loi de 1914. Ce principe ne fléchit qu'à l'égard des propriétés cessant de faire partie de la matière imposable ou rentrant dans la catégorie des sols de bâtiments ou des emplacements utilisés pour une fin commerciale ou industrielle.

Notons que le point de départ des délais de six mois ou de trois mois ci-dessus spécifiés n'est plus, actuellement, le jour de la publication du rôle, mais bien le premier jour du mois qui suit cette publication (L. du 31 déc. 1921, art. 20, D. P. 1923. 4. 41).

38. Revision provoquée par le maire d'une commune. — Aux termes de l'article 13 de la loi du 29 mars 1914, la revision des évaluations des propriétés non bâties dans une commune peut être demandée par le maire, autorisé à cet effet par le conseil municipal, si, depuis la dernière évaluation, il s'est produit, par suite de circonstances exceptionnelles, une dépréciation importante et générale des propriétés, soit de la totalité, soit d'une partie notable de la commune. Cette demande, adressée au préfet, est soumise aux commissions départementale et centrale instituées par les articles 9 et 10 de ladite loi, puis transmise au ministre des finances, qui statue.

39. Revision exceptionnelle de 1924. — Le principe de la fixité des évaluations normales périodiques de la propriété non bâtie et les exceptions qu'il comporte s'appliquent aux résultats de la revision exceptionnelle de ces mêmes propriétés, prescrite par les articles 45 et 47 de la loi du 22 mars 1924 : c'est ce qui ressort de ce dernier article, autorisant les propriétaires à demander des modifications de nature de culture et de classement parcellaire dans les conditions et délais fixés par l'article 15 de la loi du 29 mars 1914, par dérogation au principe de la fixité des évaluations affirmé dans l'article 19 de la même loi.

§ 3. — CENTIMES ADDITIONNELS. EXEMPTIONS D'IMPÔT

40. Centimes au profit de l'État. Suppression des centimes généraux. — L'article 25 de la loi du 29 mars 1914 est ainsi conçu :

« Il ne sera plus perçu au profit de l'État, à partir de 1915, de centimes additionnels au principal de la contribution foncière (propriétés bâties et propriétés non bâties). — La part de l'État dans cette contribution ne comportera, en sus du principal, que des centimes pour non-valeurs, sur le montant des impositions départementales et communales, et des centimes pour frais de perception des impositions communales. »

La perception de ces centimes pour 1926 a été autorisée par l'article 15 de la loi du 19 juillet 1925 (*J. off.* 21 juill. 1925, p. 6833; *Bull. législ. Dalloz*, 1925, p. 495).

41. Centimes départementaux et communaux. Principal fictif à partir de 1926. — La loi susvisée du 19 juillet 1925 règle, dans son article 1ᵉʳ, le mode de détermination, à partir de 1926, du principal fictif devant servir de base, dans chaque commune, au calcul du produit des centimes départementaux et communaux additionnels à la contribution foncière des *propriétés bâties* : ce principal fictif sera formé « en appliquant au montant des revenus imposables la proportion existant, pour l'ensemble du département, entre le montant des principaux fictifs déterminés pour l'année 1926, conformément à l'article 26 de la loi du 29 mars 1914, mais sans tenir compte de la revision des évaluations, et le montant correspondant des nouveaux revenus imposables ».

42. Exemptions permanentes. Domaine public. — L'article 103 de la loi du 3 frimaire an VII déclare non cotisables les rues, les places publiques servant aux foires et marchés, les grandes routes, les chemins vicinaux et les rivières. Il y a évidemment même raison de décider à l'égard des autres dépendances du domaine public inaliénable et improductif :

carrefours, fontaines et promenades publiques, boulevards, lacs, rochers nus et arides (*Rec. méthod.*, art. 399 ; — *Cons. d'Ét.*, 2 juill. 1886, D. P. 87. 3. 116).

43. Immeubles affectés à un service public et non productifs de revenus. — Ont droit à l'exemption permanente de la contribution foncière, aux termes de l'article 105 de la même loi, les domaines nationaux non productifs et inaliénables, affectés à un service national, tels que les deux palais du corps législatif, celui de l'Élysée, le Panthéon, les bâtiments destinés au logement des ministres et de leurs bureaux, les arsenaux, magasins, casernes, fortifications. Ces immeubles ne sont portés aux rôles que pour mémoire et ne sont point cotisés.

L'immunité d'impôt concédée par ce texte est subordonnée à trois conditions. Il faut : 1° que l'immeuble constitue une propriété publique de l'État, du département ou de la commune ; 2° que cet immeuble soit affecté à un service public ou d'utilité générale ; 3° et qu'il ne soit pas productif de revenus (*Cons. d'Ét.*, 21 avr. 1868, D. P. 69. 3. 41 ; — 17 juin 1910, D. P. 1912. 5. 19).

44. Propriété privée affectée à un service public. — On ne saurait assimiler à une propriété publique, ni, par suite, considérer comme exempte de la contribution foncière, une propriété privée affectée à un service public.

Ainsi, le bénéfice de l'exemption doit être refusé au bâtiment appartenant à un particulier et loué par lui : à une administration pour le service de ses bureaux (*Cons. d'Et.*, 13 déc. 1845, Dalloz, *Jur. gén.*, v° *Impôts directs*, 59) ; — à l'administration départementale, pour le casernement de la gendarmerie (*Cons. d'Ét.*, 18 juill. 1896, D. P. 97. 5. 160) ; — à une ville pour servir d'école communale (*Cons. d'Ét.*, 25 août 1848, D. P. 50. 3. 8 ; — 29 avr. 1898, D. P. 99. 3. 78).

L'exemption de l'impôt foncier n'est pas davantage applicable à une maison d'école gratuite appartenant à des particuliers (*Cons. d'Ét.*, 16 mai 1884, *Instr.* du 25 août 1924, *J. off.* du 4 sept. 1925, p. 8720) ; — à un asile privé de vieillards, reconnu d'utilité publique et placé sous la surveillance du ministre de l'intérieur (*Cons. d'Ét.*, 22 mars 1895, *ibid.*) ; — à des établissements charitables appartenant à des particuliers ou à des personnes morales privées, même reconnus d'utilité publique (*Cons. d'Ét.*, 29 déc. 1911 et 17 juin 1912, *ibid.*) ; — à des maisons louées à l'État pour les bureaux d'une préfecture (*Cons. d'Ét.*, 16 juill. 1863, *ibid.*, p. 8720, col. 2) ; — aux presbytères mis par les communes à la disposition des associations cultuelles (*Cons. d'Ét.*, 24 déc. 1909, *ibid.*); — aux locaux appartenant à des établissements publics, aménagés en vue d'être loués éventuellement à des commerçants, comme magasins ou entrepôts (*Cons. d'Ét.*, 17 juin 1910 et 27 avr. 1923, *ibid.*, p. 8720, col. 3).

45. Édifices du culte. — Aux termes de l'article 24, § 1er, de la loi du 9 décembre 1905, concernant la séparation des églises et de l'État (D. P. 1906. 4. 1), les édifices affectés à l'exercice du culte, appartenant à l'État, aux départements ou aux communes, continueront à être exemptés de l'impôt foncier.

Mais les édifices servant au logement des ministres des cultes, les séminaires, les facultés de théologie protestante, les biens qui sont la propriété des associations et unions sont soumis aux mêmes impôts que ceux des particuliers.

46. Chapelle particulière. — Une chapelle construite par un particulier ne peut bénéficier de l'exemption d'impôt foncier, réservée aux édifices du culte (*Cons. d'Ét.*, 20 nov. 1897, D. P. 99. 3. 7 ; — 1er déc. 1899, D. P. 1901. 5. 168).

47. Cercle militaire. Pavillon de tir. Stade de courses. — N'a pas le caractère d'établissement affecté à un service public et, par suite, n'a pas droit à la dispense de l'impôt foncier le cercle militaire installé dans un immeuble de l'État, dans l'intérêt particulier des officiers de la garnison (*Cons. d'Ét.*, 24 mars 1900, D. P. 1901. 3. 51).

Il en est de même du pavillon de tir appartenant à une société privée, alors même que ce stand, ouvert aux militaires comme aux civils, comporterait le tir des armes de guerre (*Cons. d'Ét.*, 10 juill. 1901, D. P. 1902. 5. 165) ; — ou du terrain occupé par un groupement de sociétés sportives et affecté à un stade de courses, bien que toutes les recettes de cet établissement soient affectées au développement des sports et de la culture physique (*Rép. min. fin. quest.* de M. Richard, sénateur, du 6 mars 1923, *J. off.* 1923, p. 720).

48. Bois et forêts de l'État. — Les bois et forêts de l'État sont exemptés du *principal* de l'impôt foncier ; mais ils restent passibles des centimes ordinaires et extraordinaires affectés aux dépenses départementales et communales (L. 19 vent. an IX, *Bull. des lois*, n° 570).

49. Établissements départementaux. Asiles d'aliénés. — Les immeubles des établissements départementaux, de même que ceux de l'État, ne sont exonérés de la contribution foncière qu'à la double condition d'être affectés à un service public et d'être improductifs. L'Administration avait cru pouvoir en conclure à l'exigibilité de l'impôt foncier sur les parties des *asiles départementaux d'aliénés* affectées au logement des pensionnaires payants et considérées comme productives de revenus. Mais cette thèse a été définitivement rejetée par le Conseil d'État (*Cons. d'Ét.*, 20 mai 1904, D. P. 1906. 3. 19).

Sur la liste des établissements départementaux ayant droit à l'exemption de l'impôt foncier s'inscrivent notamment : les hospices, bureaux de bienfaisance, dépôts de mendicité et jardins y attenant, les hôtels des préfectures ; — les bibliothèques publiques, musées, jardins de botanique des départements et leurs pépinières.

50. Établissements municipaux. — Sont également exonérées de l'impôt foncier : les rues et places publiques réservées aux foires et marchés ; — les maisons d'école dont la commune a la propriété ; — les piscines municipales gratuites (*Cons. d'Ét.*, 4 avr. 1906, D. P. 1907. 3. 107).

Par contre, la dispense de la contribution foncière n'est applicable : ni aux halles ou marchés couverts (*Cons. d'Ét.*, 4 janv. 1884, D. P. 85. 3. 87) ; — ni aux abattoirs communaux (*Cons. d'Ét.*, 28 juin 1865, D. P. 66. 3. 20) ; — ni aux propriétés immobilières louées par une ville à des industriels pour le traitement des matières de vidange (*Cons. d'Ét.*, 17 mai 1901, D. P. 1902. 5. 166) ; — ni à l'établissement municipal qui fournit l'eau destinée à l'alimentation des fontaines publiques, mais distribue en même temps l'eau nécessaire à la consommation des particuliers, à charge de redevance (*Cons. d'Ét.*, 23 avr. 1880, D. P. 81. 3. 8 ; — 4 janv. 1884, D. P. 85. 5. 135 ; — 19 mars 1913, *Instr.* 26 août 1924, *loc. cit.*, p. 8720) ; — ni au terrain communal loué par la commune à l'Administration de la Guerre, pour servir de champ de manœuvre (*Cons. d'Ét.*, 9 nov. 1889, D. P. 91. 5. 139) ; — ni à l'immeuble communal occupé par une bourse de travail (*Cons. d'Ét.*, 11 mars 1907, D. P. 1908. 3. 108) ; — ni aux théâtres municipaux et salles de concerts directement exploités par une ville (*Cons. d'Ét.*, 5 déc. 1906, D. P. 1909. 5. 73 ; — 6 juill. 1908, D. P. 1910. 5. 50).

51. Établissements publics d'instruction ou d'éducation. — Sont exonérés de l'impôt foncier, à raison de leur destination d'utilité publique, les lycées, prytanées, écoles et maisons nationales d'éducation, les bibliothèques publiques et musées (*Rec. méth.* de 1811, art. 403).

52. Assistance publique. Maison de retraite. — Est exempt de la contribution foncière, l'immeuble utilisé comme maison de retraite dépendant d'un établissement public de bienfaisance (assistance publique de Paris) et destiné à recevoir les vieillards, dès lors que ceux-ci y sont admis gratuitement ou moyennant un prix de pension insuffisant pour couvrir leurs dépenses (*Cons. d'Ét.*, 10 mars 1923, *Instr.* 25 août 1924, *loc. cit.*, p. 8721, col. 1).

53. Chambres de commerce. — La dispense d'impôt foncier a été reconnue applicable aux bâtiments affectés au service des Chambres de commerce (*Cons. d'Ét.*, 9 févr. 1906, D. P. 1908. 5. 51 ; — 24 juin 1908, D. P. 1910. 3. 16).

Toutefois, l'exemption a été refusée : aux immeubles exploités par une chambre de commerce, qui perçoit, pour l'usage de ces immeubles, des taxes dont le produit est affecté aux dépenses d'entretien et à la constitution d'un fonds de réserve en vue du perfectionnement de l'outillage existant (*Cons. d'Ét.*, 26 déc. 1919, *Instr.* 25 août 1924, *loc. cit.*, p. 8720, col. 3 ; — Conf. *Cons. d'Ét.*, 9 août 1918, *ibid.*).

54. Bâtiments servant aux exploitations rurales. Exemption partielle. — Question déjà traitée, n° 25.

55. Exemptions temporaires. Constructions nouvelles et reconstructions. — La loi du 8 août 1890 (D. P. 90. 4. 80) porte que « les constructions nouvelles, les reconstructions et les additions de construction ne seront soumises à la contribution foncière que la troisième année après leur achèvement ».

Cette exemption temporaire n'est point acquise de plein droit aux intéressés. Pour en jouir, le propriétaire doit faire à la mairie de la commune où sera élevé le bâtiment, dans les quatre mois à partir de l'ouverture des travaux, une déclaration indiquant la nature du bâtiment, sa destination et la désignation cadastrale du terrain sur lequel il doit être construit (L. 8 août 1890, art. 9, § 3). Toute construction nouvelle non déclarée dans ce délai est imposable à partir du 1er janvier de l'année qui suit celle de leur achèvement, et sa cotisation doit être multipliée, dans le rôle unique émis à cet effet, par le nombre d'années écoulées entre celle où la construction a été terminée et celle où l'Administration en a constaté l'existence, sans toutefois pouvoir être plus que quintuplée (L. 8 août 1890, art.10).

56. Durée de l'exemption portée à quinze ans. Loi du 1er avril 1926. — L'exemption d'impôt foncier ainsi concédée en faveur des constructions nouvelles par la loi précitée du 8 août 1890 a été portée de trois à quinze ans, par deux lois ultérieures, celle du 31 mars 1922, portant fixation définitive de la législation sur les loyers (D. P. 1922. 4. 73) et celle du 1er avril 1926, « réglant, à partir du 1er avril 1926, les rapports des bailleurs et des locataires de locaux d'habitation » (D. P. 1926. 4. 113). L'article 31 de cette dernière loi, qui développe et complète les dispositions d'ordre fiscal contenues dans la loi du 31 mars 1922, est ainsi conçu :

« L'exemption temporaire de l'impôt foncier, dont bénéficient, en vertu de l'article 9 de la loi du 8 août 1890, les constructions nouvelles, les reconstructions et les additions de construction, est fixée à quinze ans, à compter de l'année qui suivra celle de leur achèvement, pour les constructions nouvelles, reconstructions et additions non terminées à la date du 31 mars 1922, ou commencées depuis cette date, ainsi que pour celles qui seront entreprises postérieurement à la promulgation de la présente loi, pourvu qu'elles soient achevées avant le 1er janvier 1930. Dans tous les cas où une demande d'autorisation de bâtir est exigée, préalablement à la construction d'un immeuble, cette demande, lorsqu'elle aura été régulièrement produite, tiendra lieu de la déclaration spéciale prévue par l'article 9 de la loi du 8 août 1890.

« A titre transitoire, les constructions terminées après le 31 mars 1922 et qui n'auraient pas été l'objet de déclarations dans le délai fixé par la loi du 8 août 1890 et par l'article 60 de la loi du 5 décembre 1922, sur les habitations à bon marché, pourront revendiquer les mêmes droits sur déclaration faite à la mairie dans les six mois qui suivront la promulgation de la présente loi. Toutefois, l'immunité fiscale ne sera acquise que pour la fraction de la période de quinze ans restant à courir, à dater du 1er janvier 1927.

« L'exemption est, en outre, étendue, en ce qui concerne les mêmes immeubles, aux taxes spéciales perçues au profit des départements et des communes.

« Sont toutefois exclus du bénéfice des dispositions qui précèdent : 1° les immeubles ou portions d'immeubles affectés à un autre usage que l'habitation ; 2° les immeubles ou portions d'immeubles construits par les sinistrés de la guerre ou leurs ayants droit et ayant donné lieu à l'attribution de l'indemnité prévue par le premier alinéa de l'article 4 de la loi du 17 avril 1919 relative à la réparation des dommages de guerre ; 3° les habitations d'agrément, de plaisance, ou servant à la villégiature ; 4° les immeubles ou portions d'immeubles reconnus insalubres et ceux qui, auront été construits en violation des lois et règlements sur la protection de la santé publique, sur les servitudes non *ædificandi*, sur la voirie, l'aménagement et l'extension des villes.

« Les immeubles ou portions d'immeubles appelés à bénéficier des immunités fiscales instituées par le présent article qui seraient ultérieurement affectés à la location en meublé ou à un autre usage que l'habitation, cesseront d'avoir droit à ces immunités, à compter de l'année immédiatement postérieure à celle de leur transformation, sans toutefois pouvoir être soumis à la contribution foncière avant l'expiration du délai d'exemption fixé par l'article 9 de la loi du 9 août 1920. »

57. Habitations à bon marché. — Une seconde catégorie d'exemptions temporaires de l'impôt foncier est celle dont bénéficient les habitations à bon marché. Aux termes de l'article 60 de la loi du 5 décembre 1922 (*J. off.* du 10 déc. 1922,

D. P. 1923. 4. 333), portant codification des lois sur les habitations à bon marché et la petite propriété, sont affranchies de l'impôt foncier et de la contribution des portes et fenêtres, pendant une durée de douze ans, à compter de l'achèvement de leur construction, les maisons individuelles ou collectives destinées à être louées ou vendues et celles construites par les intéressés eux-mêmes, à la condition de satisfaire aux conditions prévues par les articles 2 et 3 de la même loi.

Pour les maisons destinées à l'habitation collective, cette immunité temporaire ne leur est acquise que si la valeur locative de chaque logement n'excède pas, lors de la construction, les maxima fixés, en dernier lieu, par l'article 321 de la loi de finances du 13 juillet 1925 (*Instr. Enreg.* du 15 juill. 1925, n° 3860, § 37 ; — *Bull. législ. Dalloz*, 1925, p. 478). L'immunité ne s'applique qu'aux parties de l'immeuble réellement occupées par les logements à bon marché.

Quant aux maisons individuelles, elles ne bénéficient de l'immunité de l'impôt foncier qu'autant que leur valeur locative ne dépasse pas de plus d'un cinquième les maxima déterminés par la loi de 1922. Bien qu'ils soient considérés comme dépendances de la maison, les jardins de 10 ares au plus attenant ou non aux constructions restent passibles de cet impôt. L'exonération de la contribution foncière concédée aux habitations à bon marché ne leur est point acquise de plein droit. D'après l'article 60 de la loi organique du 5 décembre 1922, les intéressés doivent en faire la demande, dans le délai fixé par l'article 9 de la loi du 8 août 1890, c'est-à-dire dans les quatre mois de l'ouverture des travaux. Cette demande, déposée à la mairie de la situation de l'immeuble, est instruite et jugée comme les réclamations pour décharge de contributions directes.

Ajoutons que l'immunité temporaire dont il s'agit cesse de plein droit si, par suite de transformations ou d'agrandissements, l'immeuble perd le caractère d'habitation à bon marché, ou lorsque le taux des loyers vient à excéder le maximum légal. Il en est de même, en cas de retrait du certificat de salubrité ou de refus du propriétaire de se soumettre aux vérifications annuelles du comité de patronage (*id.*, art. 60).

58. Semis et plantations de bois. — A l'égard des plantations de bois sur le sommet et le penchant des montagnes, sur les dunes et dans les landes, une dispense complète d'impôt foncier pendant trente ans est accordée par l'article 226 du Code forestier, modifié par l'article 2 de la loi du 18 juin 1859 (D. P. 59. 4. 113). Le bénéfice de cette exemption temporaire a été étendu par l'article 6 de la loi du 4 avril 1882 (D. P. 82. 4. 92) à tous les bois créés en montagne par des reboisements opérés en exécution de cette loi. La même exemption profite aux semis de bois faits sur des terrains ne dépassant pas 400 mètres d'altitude, du moment que leur déclivité est suffisamment prononcée, par exemple, lorsque la pente atteint 33 centimètres par mètre (*Cons. d'Ét.*, 8 juill. 1903, D. P. 1904. 3. 120).

La loi du 26 mars 1924 concernant les mesures à prendre contre les incendies de forêts (*Bull. législ. Dalloz*, 1924, p. 212) a complété la disposition susvisée du Code forestier, en affranchissant les semis et plantations de bois effectués après incendie, de tout impôt pendant une durée égale à l'âge des bois incendiés, si toutefois ceux-ci n'étaient pas semés ou plantés depuis plus de vingt ans à l'époque du sinistre. Ainsi que le précise la circulaire des contributions directes du 21 juillet 1924, n° 1421, cette exemption est, à la différence de celle qui résulte de l'article 226 du Code, susceptible d'être appliquée, quelle que soit la situation topographique des peuplements incendiés.

Pour bénéficier de ces avantages, les *intéressés* doivent former une réclamation, dès l'année postérieure à celle de l'achèvement des travaux, dans les trois mois qui suivent celui au cours duquel le rôle a été publié. Toutefois, la circulaire du 21 juillet 1924 accorde que l'exemption d'impôt foncier, non sollicitée dans le délai normal, peut être encore demandée à toute époque de la période d'exonération, sauf que, dans ce cas, elle se limitera à la fraction de cette période restant à courir.

Les demandes de dégrèvement sont instruites dans la forme prévue pour les réclamations en matière de contributions directes.

59. Marais desséchés. — D'après l'article 111 de la loi du 3 frimaire an VII, la cotisation des marais desséchés ne peut être augmentée pendant les vingt-cinq premières années après le desséchement. Cette période de vingt-cinq ans ne saurait être prorogée (*Cons. d'Ét.*, 24 janv. 1904, D. P. 1906. 3. 24).

60. Terrains nouvellement plantés en vignes. Loi du 13 juillet 1925. — Une loi du 1ᵉʳ décembre 1887 (D. P. 88. 4. 1) avait décidé que, dans les arrondissements phylloxérés, les terrains nouvellement plantés en vignes ne seraient soumis à l'impôt foncier que lorsque ces plantations auraient dépassé la quatrième année. Mais cette disposition a été abrogée par l'article 14 de la loi de finances du 13 juillet 1925 (D. P. 1925. 4. 281).

61. Mise en culture de terrains improductifs. — L'article 112 de la loi du 3 frimaire an VII dispose que la cotisation des terres vaines et vagues depuis quinze ans, qui seront mises en culture (autre que celle de la vigne ou des arbres fruitiers) ne pourra être majorée pendant les dix premières années après le défrichement. Cette période de fixité est portée à vingt ans, à l'égard des terrains de même nature plantés en vignes, mûriers ou autres arbres à fruits (art. 113 de la même loi).

§ 4. — DÉGRÈVEMENTS. RÉDUCTIONS ET REMISES

62. Immeuble affecté par hypothèque, privilège ou antichrèse. Dégrèvement. — Aux termes de l'article 42 de la loi du 31 juillet 1917 (D. P. 1917. 4. 281), le « propriétaire d'un immeuble affecté par hypothèque, privilège ou antichrèse, à la garantie d'une créance, a le droit d'obtenir, sur sa demande, le dégrèvement de l'impôt foncier (part de l'État) afférent à cet immeuble, jusqu'à concurrence de la fraction de cet impôt frappant un revenu égal aux intérêts de ladite créance ». Mais cette réduction d'impôt n'est point opérée par voie de déduction des intérêts de la créance hypothécaire ou privilégiée sur le revenu imposable de l'immeuble grevé. Pour en obtenir le bénéfice, le propriétaire doit former une demande en dégrèvement, soit par une déclaration écrite remise à la mairie du lieu de l'imposition, soit par une réclamation adressée au préfet ou au sous-préfet. Quelle qu'en soit la forme, cette demande n'est recevable qu'à la double condition d'être produite dans les trois mois du payement des intérêts et appuyée de la quittance ou de l'écrit libératoire dûment revêtu des timbres mobiles représentant l'impôt sur le revenu applicable à ces intérêts : l'article 42 de la loi du 31 juillet 1917 en décide ainsi expressément. Ces deux conditions sont, l'une et l'autre, de rigueur (*Cons. d'Ét.*, 8 juin 1923, 7 et 28 nov. 1924, D. P. 1925. B. 63).

63. Quittances détenues par un notaire. — Le fait que le notaire chargé du payement des intérêts aux créanciers a gardé par devers lui les quittances délivrées par ces derniers, ne dispense pas le propriétaire de l'immeuble grevé de rapporter la preuve mise à sa charge par la loi du 31 juillet 1917 ; sa demande de dégrèvement est à bon droit rejetée, s'il se borne à produire les quittances que le notaire lui a délivrées à cet effet, ces quittances n'établissant pas que l'impôt exigible sur les intérêts de la créance hypothécaire a été acquitté par le créancier (*Cons. d'Ét.*, 8 juin 1923 et 28 nov. 1924, précité).

64. Instruction de la demande en dégrèvement. — La demande en dégrèvement dont il vient d'être question est, suivant l'article 42 de la loi du 31 juillet 1917, présentée, instruite et jugée comme en matière de contributions directes. Si elle est reconnue fondée, le directeur des contributions directes, sur le vu de la décision du Conseil de préfecture, délivre, en exécution de l'article 74 de la loi du 26 juillet 1893 (D. P. 94. 4. 53), une ordonnance de dégrèvement, qu'il envoie au Trésorier-payeur général et que ce dernier transmet au percepteur.

65. Intérêts payables par trimestre. — Rien ne s'oppose à ce que les intérêts d'un prêt hypothécaire, au lieu d'être payables par année, le soient par échéances semestrielles ou trimestrielles. Dans ce cas, il suffit d'une seule demande produite dans les trois mois qui suivent la dernière échéance de l'année considérée et visant les intérêts afférents aux douze mois antérieurs (Conf. *Rép. min. quest.* de M. le député Auriol, n°ˢ 23609 et 28165, du 5 sept. 1918 et du 3 avr. 1919). Le Conseil d'État a confirmé cette interprétation par un arrêt du 21 juillet 1922 (D. P. 1922. 3. 45). Il ressort d'ailleurs expressément de cet arrêt que l'unique demande annuelle en réduction doit intervenir, à peine de non-recevabilité, dans les trois mois du dernier versement partiel envisagé.

66. Prêts du crédit foncier. Quittance des intérêts. Absence de timbres. — Le Conseil d'État a jugé que l'absence de timbre sur les quittances délivrées par les sociétés de crédit foncier, résultant de l'exemption d'impôt édictée par la loi elle-même, pour éviter un double emploi, n'est pas de nature à faire perdre aux emprunteurs de ces sociétés le bénéfice du dégrèvement. Il suffit au propriétaire des immeubles affectés de représenter, à l'appui de sa demande en réduction, les quittances de l'établissement de crédit foncier constatant le payement des intérêts de sa dette. Mais le dégrèvement ne peut être calculé que sur le chiffre des intérêts proprement dits, à l'exclusion de la fraction de l'annuité qui représente l'amortissement de la dette (*Cons. d'Ét.*, 28 juill. 1921 et 3 févr. 1922, D. P. 1922. 3. 45).

67. Déduction des intérêts des dettes chirographaires. — V. chapitre des *Règles communes* nº 792.

68. Réduction d'impôt pour charges de famille. — V. *infrà*, au chapitre des *Règles communes*, § 2.

69. Remise de l'impôt foncier. — Indépendamment des détaxes ou dégrèvements motivés par les causes précédemment énumérées, les propriétaires fonciers sont recevables à solliciter, par voie de recours à la juridiction gracieuse des préfets, la remise ou modération totale ou partielle des cotes établies, lorsqu'ils ont éprouvé une perte notable de revenus par suite de l'un des événements de force majeure prévus par la législation existante : perte totale ou partielle du revenu des propriétés non bâties, par suite de grêle, gelée ou autres intempéries (L. 15 sept. 1807, art. 37) ; — ravages causés par l'oïdium, le mildew, le blackrot ou le phylloxéra (*Cons. d'Ét.*, 26 juill. 1895, *Rec. Cons. d'Ét.*, p. 604) ; — incendie, destruction ou même démolition volontaire des maisons ou usines des contribuables (*Instr.* du 29 janv. 1898, art. 13), etc.

Les demandes en remise doivent être adressées au préfet dans les quinze jours de l'événement qui les motive et, s'il s'agit de pertes de récoltes, quinze jours au moins avant l'époque normale de l'enlèvement des récoltes (*Instr.* précitée, art. 48). La juridiction contentieuse est incompétente pour en connaître : c'est au préfet qu'il appartient de statuer, sauf recours au ministre des finances (*Cons. d'Ét.*, 23 nov. 1894, *Rec. Cons. d'Ét.*, p. 617).

70. Remise d'impôt pour réduction ou exonération de loyers. — Aux termes de l'article 31 de la loi du 9 mars 1918 (D. P. 1918. 4. 49), toute réduction ou exonération de loyers prononcée, en raison de l'état de guerre, dans les conditions déterminées par les articles 14 et suivants de cette loi, entraîne, sur la contribution foncière afférente à l'immeuble loué, une remise proportionnelle à la perte de revenu subie par le propriétaire. Cette remise doit être demandée, à peine de forclusion, dans les trois mois de la date à laquelle la réduction ou exonération de loyers est devenue définitive, et la loi du 31 décembre 1921 (D. P. 1922. 4. 41) autorise, par son article 6, les ayants droit à surseoir, sur leur demande, au payement de l'impôt, dans la mesure du dégrèvement sollicité.

Ajoutons que, pour le calcul de la réduction d'impôt dont il s'agit, il y a lieu de retrancher de la perte de revenu subie par le propriétaire le montant de l'indemnité dont il a pu bénéficier pour pertes de loyers, en vertu des articles 29 de la loi susvisée du 9 mars 1918 (*Cons. d'Ét.*, 9 mai 1924, D. P. 1925. 3. 11).

71. Autorité compétente. Recours au Conseil d'État. — Les demandes en remise de l'espèce sont de la compétence des préfets et, en appel, du ministre des finances ; toutefois, ces remises d'impôt reposant, non sur des questions d'appréciation de fait, mais sur l'interprétation de l'article 31 de la loi du 9 mars 1918, le contribuable est, par dérogation à la règle générale, recevable à déférer au Conseil d'État, pour erreur de droit et inobservation de ladite loi, la décision ministérielle limitant le chiffre des réductions d'impôt auxquelles il a droit (*Cons. d'Ét.*, 9 mai 1924, précité).

72. Indemnité pour pertes de loyers. Imputation. — Dans le même ordre d'idées, l'article 4 de la loi de finances du 31 décembre 1921 (D. P. 1923. 4. 41) dispose que les propriétaires d'immeubles ayant droit à une indemnité pour pertes de loyers dans les conditions prévues par l'article 29 de la loi du 9 mars 1918 peuvent exiger que le montant des impositions et des taxes municipales, recouvrées par les percepteurs, restant dues, pour les années 1914 à 1919 inclusivement, *en ce qui concerne l'immeuble au titre duquel est réclamée l'indemnité*, soit imputé sur le ou les premiers termes de ladite indemnité.

73. Indemnité pour dommages de guerre. Imputation de l'impôt. — Les dispositions combinées de l'article 46 de la loi du 17 avr. 1919 (D. P. 1919. 4. 49) et de l'article 6 de la loi du 18 juillet 1923 (D. P. 1924. 4. 281) ouvrent, au profit du contribuable, la double faculté de différer le payement de l'impôt foncier ou d'en demander l'imputation sur l'indemnité pour dommages de guerre à lui due par l'État. Aux termes du deuxième alinéa de l'article 54 de la loi du 31 décembre 1924, tant que le contribuable sera créancier de l'État pour dommages subis par un immeuble, il conservera, sans limitation aucune, pour la contribution foncière afférente audit immeuble, son droit à l'imputation.

§ 5. — RECOUVREMENT DE L'IMPÔT FONCIER

74. Débiteur de la contribution. — L'impôt foncier est une charge de la propriété. C'est donc le propriétaire de l'immeuble qui est le débiteur direct du Trésor et qui doit, comme tel, être inscrit au rôle de la contribution. Pour l'application de ce principe, il n'y a point à distinguer entre les particuliers et les personnes morales.

La même obligation incombe à l'usufruitier et à l'emphytéote.

75. Fermiers et locataires. — La contribution foncière peut être mise à la charge des fermiers et locataires par une clause expresse ou même sous-entendue du contrat de bail (Cass. req. 24 juin 1903, D. P. 1904. 1. 215).

76. Héritiers du contribuable. — Les héritiers du contribuable sont tenus d'acquitter les contributions du *de cujus*, qui constituent une charge de l'hérédité (L. 21 avr. 1832, art. 21) ; tant que la mutation n'a pas été opérée sur le rôle, ils restent soumis à l'action du Trésor, à raison tant des contributions antérieures au décès que des échéances à venir (*Cons. d'Ét.*, 7 sept. 1848, Dalloz, *Jur. gén.*, v° *Impôts directs*, p. 563 ; — 12 juin 1901, D. P. 1902. 4. 113).

Mais l'héritier qui a renoncé purement et simplement à la succession est dispensé du payement de la contribution afférente aux immeubles héréditaires (*Cons. d'Ét.*, 3 mars 1905, D. P. 1906. 3. 100).

77. Annalité de l'impôt foncier. Mutation de cote. — Il est de principe que les contributions directes et, spécialement, l'impôt foncier sont établis d'après les faits existants du 1er janvier de l'année à laquelle elles se rapportent et sont dues pour l'année entière, sans égard aux modifications survenues depuis lors dans la situation de l'assujetti.

78. Lieu de l'imposition. — Quel que soit son domicile, le propriétaire foncier est imposable comme tel dans la commune de la situation de ses immeubles.

79. Privilège de la contribution foncière. — L'article 1er, § 1er, de la loi du 12 novembre 1808 confère au Trésor public un privilège, pour la contribution foncière, sur les récoltes, fruits, loyers et revenus des immeubles sujets à cette contribution.

Ce privilège ne garantit que la contribution de l'année échue et de l'année courante, et il se limite à la cote foncière afférente à l'immeuble considéré. Mais, en cas d'aliénation, il continue à frapper les revenus de l'immeuble entre les mains du nouveau possesseur, jusqu'à concurrence de la contribution dont le vendeur était resté reliquataire. Ce privilège s'exerce avant tout autre, sauf celui des frais de justice; il prime celui de la Régie des contributions indirectes, celui des Douanes, et celui qui garantit le payement des droits de mutation par décès.

80. Perception par voie de rôles. Déchéance. — La contribution foncière est perçue par voie de rôles. Les règles concernant l'émission et la publication de ces titres de recouvrement, les délais de péremption et de déchéance sont exposées dans la dernière partie de ce *Traité* (*Règles communes*).

81. Poursuites et instances. Procédure des réclamations. — Nous renvoyons également au chapitre VIII ci-après, pour tout ce qui a trait aux poursuites, aux instances et à la procédure des réclamations.

CHAPITRE II

BÉNÉFICES DE L'EXPLOITATION AGRICOLE

§ 1er. — BÉNÉFICES IMPOSABLES

82. Ce qui constitue le bénéfice agricole. — Le revenu
de la terre comprend deux éléments distincts : la rente du sol,
acquise au propriétaire, comme rémunération de son capital
foncier, — et, d'autre part, le produit de la culture provenant
de l'exploitation du fonds.

Le premier de ces revenus, exprimé par la valeur locative
de la propriété non bâtie, est soumis à la contribution foncière.

Le second élément du produit de la terre, le bénéfice agricole, réalisé par l'exploitant, tombe sous l'action de l'impôt
cédulaire institué par la loi du 31 juillet 1917. .

83. Lois organiques. — L'impôt cédulaire du bénéfice
de l'exploitation agricole est une création de la fiscalité con-
temporaine. L'article 16 de la loi du 31 juillet 1917 (D. P. 1917.
3. 28) en a formulé le principe dans les termes suivants :

« Un impôt annuel est établi sur les bénéfices de l'exploitation agricole. »

A peine entrée dans le domaine des faits, l'organisation du
nouvel impôt a dû subir, sur nombre de points, d'appréciables
retouches. Ces modifications, qui intéressent l'évaluation du
bénéfice imposable, le taux et le calcul de l'impôt, les abattements, et les réductions pour charges de famille, ont été réalisées par les articles 1, 2, 4 et 5 de la loi du 25 juin 1920 (D. P.
1920. 4. 281), l'article 13 de la loi du 30 juin 1923 (D. P. 19 24.
4. 81), l'article 5 de la loi du 22 mars 1924 (D. P. 1924. 4. 149);
par les articles 3 et 4 de la loi du 13 juillet 1925 (D. P. 1925.

4. 281) et, en dernier lieu, par l'article 23 de la loi du 3 août 1926, qui supprime la commission spéciale des coefficients, règle sur des bases nouvelles l'évaluation du bénéfice taxable et relève le taux de l'impôt de 7 fr. 20 à 12 pour 100 à partir du 1er janvier 1927 (*J. off.* du 4 août 1926, p. 8786).

84. Exploitations assujetties. — Les bénéfices agricoles embrassent les profits résultant, pour l'exploitant, propriétaire ou fermier, de la vente de récoltes et fruits de tous terrains propres à la culture, terres, prés, vignes, vergers, jardins maraîchers, — et les produits de l'élevage, du moment où le cultivateur ne vend que le bétail élevé ou engraissé sur le terrain qu'il exploite.

Il convient notamment de ranger dans le groupe des personnes se livrant à une exploitation agricole, avec les cultivateurs au sens strict de ce mot : le champignonniste, qui exerce son industrie dans des caves ou carrières (*Cons. d'Ét.*, 11 juill. 1891, D. P. 92. 3. 125) ; — le vigneron qui se borne à vendre le vin de ses récoltes (*Cons. d'Ét.*, 22 mars 1855, D. P. 55. 5. 316) ; — le pépiniériste qui ne vend que les produits de sa pépinière (*Cons. d'Ét.*, 29 juill. 1883, D. P. 85. 3. 345) ; — les apiculteurs (*Cons. d'Ét.*, 12 nov. 1902, D. P. 1904. 5. 101) ; — les horticulteurs qui vendent les fruits, plants, arbustes, fleurs et autres produits de leurs jardins (*Cons. d'Ét.*, 6 avr. 1900 et 15 janv. 1904, D. P. 1904. 3. 108).

Spécialement, le ministre des finances, dans sa réponse à la question écrite posée par M. le député de Rothschild, le 15 mars 1921, a reconnu que la vente par un viticulteur des vins provenant de ses récoltes ne constitue pas un acte de commerce et échappe, dès lors, à la taxe sur le chiffre d'affaires (*J. off.* 1921, p. 1543). Il faut en conclure que cette opération, sans caractère commercial, rentre dans le champ d'action de l'impôt établi sur les bénéfices de l'exploitation agricole.

85. Élevage du bétail. Distinction à établir. — Les agriculteurs qui pratiquent l'élevage des porcs et autres animaux sont passibles de l'impôt sur les bénéfices agricoles si les animaux qu'ils destinent à la vente sont *principalement nourris* avec les produits de leur exploitation. Par contre, les intéressés doivent être considérés comme exerçant une profession commerciale et assujettis à l'impôt sur les bénéfices commerciaux, si les produits achetés entrent pour une part prépondérante dans la nourriture du bétail entretenu sur leurs fonds (*Rép. min. quest.* de MM. Girard, député, du 24 déc. 1920, *J. off.* 1921, p. 137 ; — Ambroise Rendu, député, du 11 nov. 1921, *J. off.* 1921, p. 4584 ; — Girard, député, du 1er févr. 1924, *J. off.* 1924, p. 1144 (*Élevage de porcs*) ; — Pressemane, député, du 21 déc. 1923, *J. off.* p. 16 (*Élevage de chevaux*).

86. Transformation des produits agricoles. — La règle à suivre en cette matière a été formulée comme il suit dans la réponse du ministre à une question de M. Poitou-Duplessy du 20 octobre 1921 (*J. off.* 1921, p. 4114) :

« Lorsque des transformations qu'un propriétaire fait subir à ses récoltes, avant de les livrer au commerce, ne sont que l'accessoire ou le complément indispensable des travaux de culture, les bénéfices de ces opérations ne doivent pas être considérés comme distincts, par leur nature, de ceux de l'exploitation agricole et ils ne peuvent être atteints que par l'impôt qui frappe les revenus de cette catégorie. Mais, lorsque, étant données les conditions dans lesquelles elles s'effectuent, ces transformations affectent un caractère industriel, les bénéfices dont elles sont la source doivent être rangés dans la catégorie des bénéfices industriels et commerciaux. »

87. Ostréiculteurs. Distinction à établir. — La solution qui précède et la distinction qui lui sert de base s'appliquent aux bénéfices réalisés par un ostréiculteur sur la vente des huîtres. L'ostréiculteur qui revend des huîtres achetées par lui à des pêcheurs, prêtes à être livrées à la consommation, est, à raison de ces opérations d'un caractère commercial, passible de l'impôt sur les bénéfices commerciaux et industriels. Mais la vente, par le même, d'huîtres élevées, engraissées ou améliorées dans ses parcs, est une opération agricole, dont les produits sont imposables au titre de l'impôt sur les bénéfices de l'exploitation agricole (*Cons. d'Ét.*, 31 mars 1925, D. P. 1925. 3. 70).

88. Viticulteurs transformant leurs vins en eaux-de-vie. — Dans le même ordre d'idées, le ministre a fait connaître à M. le député Poitou-Duplessy, que les viticulteurs charen.

tais qui transforment eux-mêmes leurs vins en eaux-de-vie, afin d'en obtenir le cognac, ne sont susceptibles d'être assujettis, pour les bénéfices de cette distillation, à l'impôt sur les bénéfices industriels et commerciaux, que si les installations utilisées pour cette transformation présentent le caractère de véritables établissements industriels (*Quest.* 9 févr. 1922, *J. off.* 1922, p. 973).

89. Séchoir de chicorées. — Il en est de même du cultivateur qui possède un séchoir pour la transformation en cossettes des racines de chicorées provenant de ses propres récoltes. En principe, les bénéfices que lui procurent ces opérations ne doivent pas être envisagés comme distincts, par leur nature, de ceux de l'exploitation agricole, si les transformations ainsi opérées apparaissent comme le prolongement normal et usuel des travaux de culture. Mais, si les moyens mis en œuvre sont suffisamment importants pour donner aux locaux affectés à ce travail le caractère d'ateliers industriels, les transformations des racines de chicorées en cossettes sortent du domaine de l'exploitation agricole et donnent lieu à la mise en action de l'impôt sur les bénéfices commerciaux et industriels (*Rép. min. fin. quest.* de M. Berquet, député, du 12 déc. 1923, *J. off.* 1924, p. 551).

90. Sociétés agricoles. — On vient d'expliquer que les agriculteurs se bornant à exploiter leur propre fonds et à vendre les produits qu'ils en retirent ne sont pas imposables à la cédule des bénéfices commerciaux. Il en est ainsi, même dans le cas où il s'agit, non d'un particulier cultivant son domaine, mais d'une société formée entre plusieurs propriétaires, à l'effet d'exploiter en commun les produits de leurs fonds et de les vendre à profits communs. En ce sens, la Cour de cassation a jugé qu'une société en commandite simple constituée pour l'exploitation d'une ferme lui appartenant ne peut être considérée comme société commerciale, la loi du 1er août 1893 ne visant que les sociétés par actions (Cass. civ. 3 janv. 1912, D. P. 1912. 1. 501). D'où la conséquence qu'une telle société, civile par son objet, serait passible de l'impôt sur les bénéfices agricoles.

La question peut paraître plus délicate lorsqu'on se trouve en présence d'une société anonyme, en commandite par actions ou à responsabilité limitée, ayant pour objet exclusif ou prédominant une exploitation agricole. Il est, en effet, de principe que les sociétés par actions et les sociétés à responsabilité limitée, même à objet civil, sont commerciales, en vertu des dispositions expresses des lois du 1er août 1893 (D. P. 93. 4. 68) et du 7 mars 1925 (D. P. 1925. 4. 169). Mais doit-on en conclure que ces sociétés, lorsqu'elles se renferment dans les modalités d'une exploitation rurale, sont exclues de la cédule des bénéfices agricoles et relèvent de celle des bénéfices commerciaux et industriels? Cette conclusion, malgré sa logique apparente, peut être sérieusement discutée et il nous paraît conforme aux intentions du législateur d'envisager ici, comme critérium de l'impôt à appliquer, non pas le caractère de la société, mais bien la nature des opérations en vue desquelles elle s'est constituée .

91. Bois exploités en vue des coupes. — Les bois exploités seulement en vue de la vente des coupes ne sont pas soumis à l'impôt cédulaire des bénéfices agricoles. La raison en est que la totalité du revenu de ces propriétés, constitué par la rente du sol, entre dans l'évaluation de la valeur locative qui supporte l'impôt foncier (*Instr.* des contrib. dir. du 30 mars 1918, art. 65).

92. Bois industriels. — Il en est différemment des propriétés forestières dont l'exploitation, au lieu de se limiter au produit des coupes, a pour objet principal ou accessoire la récolte de produits divers, tels que résine, écorces de chênes-lièges, olives, châtaignes, etc. Ces bois industriels procurent à l'exploitant un profit distinct du revenu servant de base à la contribution foncière. Et ce bénéfice, qu'il soit réalisé par le propriétaire lui-même ou par un fermier, rentre, au premier chef, dans la cédule de l'exploitation agricole et doit être imposé comme tel (*Instr.* du 30 mars 1918 ; — *Rép. min. fin. quest.* de MM. les députés Méquillet, du 19 mars 1918, n° 21199, et de l'Estourbeillon, du 24 mai 1918 n° 22341). Mais, dans ce cas, le coefficient applicable au revenu cadastral est porté a 5 par l'article 23 de la loi du 3 août 1926. — V. *infrà*, n° 98.

93. Terrains non affectés à la culture. — L'impôt sur les bénéfices de l'exploitation agricole laisse en dehors de son action les profits qui peuvent naître de l'utilisation industrielle ou commerciale des terrains non cultivés : « Tel est le cas de l'exploitation des carrières, ardoisières, sablières, tourbières, comme aussi de l'utilisation de terrains affectés à un usage industriel ou commercial ou de l'aménagement de terrains à bâtir » (*Instr.* du 30 mars 1918, art. 66).

94. Marais salant. — Toutefois, le Conseil d'État a décidé que le propriétaire d'un marais salant, qui exploite ce marais, sans outillage spécial, sans l'aide d'une machine et n'opère aucune fabrication ou transformation, se bornant à récolter le sel déposé sur ses terres par l'eau de mer, ne se livre à aucune entreprise industrielle et, par suite, doit être assujetti, non à l'impôt sur les bénéfices commerciaux, mais bien à l'impôt sur les bénéfices agricoles (*Cons. d'Ét.* 18 juill. 1924, *Rec. quest. fisc.* 1925, p. 4).

95. Sociétés et offices publics d'habitations à bon marché. — La loi du 5 décembre 1922 portant codification des lois sur les habitations à bon marché (D. P. 1923. 4. 333) affranchit des impôts cédulaires, par ses articles 65 et 69, les bénéfices réalisés par les sociétés d'habitations à bon marché, les sociétés de bains-douches et les sociétés de jardins ouvriers. Spécialement, l'article 74 de la même loi exonère de l'impôt sur les bénéfices agricoles, « quelles que soient leur contenance et leur valeur locative, les terrains appartenant aux offices publics d'habitations à bon marché destinés aux buts déterminés par ladite loi, » dans son article 8.

96. Asiles départementaux d'aliénés. — Les asiles départementaux d'aliénés sont exemptés de l'impôt foncier, par l'article 110 de la loi du 3 frimaire an VII, pour leurs bâtiments et jardins y attenant, à l'exclusion des terrains cultivés dépendant de ces établissements. Mais aucune disposition législative n'exonère ces asiles départementaux de l'impôt cédulaire afférent à leurs exploitations agricoles, et la circonstance que les produits de ces exploitations seraient consommés dans l'établissement et non vendus ne saurait faire regarder ledit asile comme n'ayant retiré aucun bénéfice de son exploitation (*Cons. d'Ét.*, 25 juill. 1924, D. P. 1925. 3. 36).

97. Dépendances de l'exploitation. — On doit retenir, dans le décompte du bénéfice agricole, le revenu de toutes les parcelles, qui, sans être susceptibles de culture, forment une dépendance de l'exploitation : abreuvoirs, mares, fossés, cours, chemins d'exploitation, etc. (*Instr.* 30 mars 1918, art. 80).

§ 2. — ÉVALUATION DU BÉNÉFICE AGRICOLE

98. Détermination forfaitaire du bénéfice agricole. — Loi du 3 août 1926. — En principe, l'impôt cédulaire institué par l'article 16 de la loi du 31 juillet 1917 ne frappe pas directement le bénéfice réel de l'exploitation agricole ; il a pour base une évaluation forfaitaire, déterminée par l'application à la valeur locative cadastrale d'un coefficient ou multiple approprié. Telle est la règle générale que l'article 17 de la loi du 31 juillet 1917, et l'article 2 de la loi du 25 juin 1920 ont successivement consacrée. Sans déroger à ce principe fondamental, la loi de finances du 3 août 1926 (*J. off.* du 4 août 1926, p. 8786) a modifié profondément les conditions de sa mise en œuvre. Jusqu'à présent, les maxima et les minima des coefficients applicables à la valeur locative des exploitations agricoles étaient fixés, pour chaque année d'imposition, par la loi de finances ou par une loi spéciale. Il appartenait ensuite à une commission, présidée par un conseiller d'État et comprenant parmi ses membres des représentants des chambres d'agriculture et des groupements agricoles, de procéder, chaque année, dans les limites ainsi tracées par le législateur, à la revision des coefficients par natures de culture et par régions, sous forme de tableau inséré au *Journal officiel*. Cette revision s'analysait parfois en une simple prorogation : ainsi, en vertu d'une disposition de l'article 7 de la loi de crédits du 31 mars 1926 (*Bull. législ. Dalloz*, 1926, p. 194), les coefficients fixés par la commission, pour 1925 (*J. off.* du 3 avr. 1925) ont été prorogés pour l'évaluation des bénéfices agricoles imposables au titre de l'année 1926.

Ce système a fait son temps. Il a paru au législateur que la fixation des coefficients applicables à la valeur cadastrale des exploitations agricoles est de son ressort exclusif et doit être faite, une fois pour toutes, dans une de nos lois de finances, sans intervention d'une commission spéciale. L'article 23 de la loi du 3 août 1926 a traduit cette pensée dans les termes suivants :

« Le bénéfice provenant de l'exploitation agricole est considéré, pour l'assiette de l'impôt, comme égal à la valeur locative des terres exploitées, telle qu'elle résulte de l'évaluation cadastrale, multipliée par le coefficient 3.

« Le coefficient est réduit à 2,50 pour les terres affectées à la culture du blé au cours de l'année antérieure à celle de l'imposition. La déclaration de la contenance et du revenu cadastral de ces terres est adressée au contrôleur dans les deux premiers mois de l'année de l'imposition par les contribuables qui entendent bénéficier du coefficient réduit.

« Le coefficient est porté à 5 pour les bois industriels, les pépinières et les cultures maraîchères, florales ou d'ornementation.

« Jusqu'à l'application de la revision de la propriété non bâtie, les coefficients ci-dessus seront appliqués à la valeur locative cadastrale préalablement majorée de 75 pour 100 ».

99. Valeur locative à envisager. — La valeur locative à envisager pour l'application des coefficients prévus par le texte ci-dessus est celle qui ressort de l'évaluation cadastrale ou de sa revision. Le revenu imposable à la contribution foncière étant égal aux quatre cinquièmes de la valeur locative (L. 29 mars 1914, art. 2), le procédé le plus simple à suivre dans la pratique, pour la détermination de cette valeur, est de majorer d'un quart le revenu imposable correspondant.

100. Majoration temporaire de 75 pour 100. — Toutefois, en vertu de la disposition expresse de l'article 23 de la loi précitée du 3 août 1926, la valeur locative cadastrale actuelle, à retenir pour l'application des coefficients, devra être préalablement majorée de 75 pour 100, jusqu'à l'application de la revision exceptionnelle des propriétés non bâties, reportée à l'année 1931 par l'article 28 de la loi du 13 juillet 1925.

101. Échelle des coefficients. — Les coefficients qui concourent à la détermination forfaitaire du bénéfice agricole ne comportent désormais que trois échelons, savoir :

1º Le coefficient 3, qui représente le multiple normal applicable à toutes les cultures autres que celle du blé et ne rentrant pas dans les cas d'exception spécifiés ci-après ;

2º Le coefficient réduit à 2,50 pour les terres affectées à la culture du blé au cours de l'année antérieure à celle de l'imposition ;

3º Le coefficient majoré 5, pour les bois industriels, les pépinières et les cultures maraîchères, florales ou d'ornementation.

102. Culture du blé. Déclaration exigée de l'exploitant. — Le bénéfice du coefficient réduit de 2,50 prévu pour les terres affectées à la culture du blé est subordonné à une condition : c'est que l'exploitant adresse au contrôleur, dans les deux premiers mois de l'année de l'imposition, la déclaration de la contenance et du revenu des parcelles ainsi exploitées au cours de l'année antérieure. En l'absence de cette déclaration, c'est le coefficient 3, de droit commun, qui serait appliqué.

103. Substitution du bénéfice réel à l'évaluation forfaitaire. Réduction de cote. — La règle de l'évaluation forfaitaire du bénéfice de l'exploitation agricole comporte un notable tempérament que les lois du 31 juillet 1917 (art. 17), du 25 juin 1920 (art. 2), du 31 mars 1926 (art. 7), ont successivement admis et que la loi du 3 août 1926 consacre, à son tour, par son article 23, dans les termes suivants :

« Tout assujetti à la cédule des bénéfices agricoles conformément aux dispositions du présent article peut, après la publication du rôle, s'il se juge imposé pour un revenu supérieur à son bénéfice net réel, demander une réduction proportionnelle de sa cote, sauf à apporter devant la juridiction compétente les justifications nécessaires par tous les modes de preuve du droit commun. »

Comme l'exprime ce texte, c'est seulement après la publication du rôle que l'exploitant peut provoquer, par la voie contentieuse, c'est-à-dire par une demande en réduction de cote, dans la forme réglée pour les réclamations, le redressement de sa cotisation.

Pour la détermination de son bénéfice effectif, l'intéressé est notamment fondé à déduire des recettes provenant de la vente des produits de la culture ou de l'élevage, les charges d'exploitation telles que : le loyer payé au propriétaire du fonds et les charges accessoires ; — l'intérêt des capitaux empruntés à des tiers et engagés dans l'entreprise ; — les salaires et gages des ouvriers et employés ; — les frais généraux d'exploitation ; — les assurances (incendie, grêle, mortalité du bétail, accidents du travail) ; — l'amortissement du matériel agricole (*Instr.* 30 mars 1918).

104. Exploitation déficitaire. — Le contribuable imposé sur son bénéfice agricole évalué à forfait peut même, au cas d'exploitation déficitaire, être, sur sa réclamation postérieure à la publication du rôle, totalement exonéré de la contribution.

105. Produits consommés en nature. — Le fait que les produits d'un domaine agricole seraient consommés et non vendus n'est pas susceptible de faire regarder l'exploitant comme n'ayant pas réalisé de bénéfices (*Cons. d'Ét.*, 25 juill. 1924, D. P. 1925. 3. 36).

106. Recettes de l'année de base. Récoltes antérieures. — Lorsque le contribuable passible de l'impôt sur les bénéfices agricoles demande d'être taxé sur son bénéfice réel, il y a lieu de faire état de la totalité des ventes effectuées pendant l'année qui a précédé celle de l'imposition, sans en excepter les recettes provenant de la vente des produits récoltés au cours des années antérieures (*Rép. min. fin. quest.* de M. le député Poitou-Duplessy, du 8 juill. 1922).

107. Changement d'exploitation en cours d'année. — Le Conseil d'État a décidé que, dans le cas de changement d'exploitation en cours d'année, le bénéfice réel dont le contribuable doit justifier pour obtenir une réduction, s'il est inférieur au bénéfice forfaitaire, doit s'entendre du total des bénéfices personnellement réalisés par ce contribuable dans les deux exploitations qu'il a successivement possédées au cours de l'année précédant celle de l'imposition (*Cons. d'Ét*, 28 nov. 1924, D. P. 1925. 3. 39). Mais cette interprétation ne doit plus être suivie, la loi du 13 juillet 1925, non modifiée sur ce point par la loi du 3 août 1926, ayant posé en règle, par son article 3, que le bénéfice imposable à retenir sera désormais évalué d'après la consistance des exploitations du contribuable au 1er janvier de l'année antérieure à celle de l'imposition, par conséquent, sans faire état du produit des exploitations nouvelles que l'intéressé aura pu y ajouter, au cours de cette même année, postérieurement au 1er janvier.

108. Justifications à produire par le réclamant. — Ainsi que l'exprime l'article 23 plus haut transcrit de la loi du 3 août 1926, le contribuable qui prétend n'avoir réalisé, dans son exploitation agricole, qu'un bénéfice réel inférieur au chiffre forfaitaire retenu comme base de la taxation, ne peut obtenir une réduction proportionnelle d'impôt qu'en apportant les justifications nécessaires. Ne satisfait pas à cette condition le contribuable qui se borne à produire, à l'appui de sa réclamation, un livre de compte où sont portées indistinctement ses dépenses personnelles et celles de l'exploitation, ou à se prévaloir de la circonstance qu'il serait, eu égard à la consistance de son exploitation, proportionnellement plus imposé que d'autres exploitants de la commune (*Cons. d'Ét.*, 1er févr. 1924, 28 mars 1924, 11 avr. 1924, D. P. 1925. 3. 36). Ne constituent pas, non plus, une justification valable du revenu réel de l'exploitation, le livre de compte incomplet sur lequel l'intéressé a omis d'inscrire comme recettes la valeur des produits prélevés par lui sur ses terres pour son entretien et celui de sa maison (*Cons. d'Ét.*, 18 déc. 1925, D. P. 1926. 3. 24), ou des éléments de comptabilité ne permettant pas d'établir, même approximativement, le montant des ressources qu'a pu lui procurer son exploitation (*Cons. d'Ét.*, 18 déc. 1925, 2e espèce, D. P. 1926. 3. 24). Toutefois, ainsi que nous l'avons fait remarquer dans le commentaire de la loi de crédits du 31 mars 1926 (D. P. 1926. 4. 177), dont la loi du 3 août 1926 reproduit la disposition, en présence de ce nouveau texte, « qui élargit si notablement le champ des justifications dont il s'agit, il ne peut plus désormais être question d'appliquer invariablement et à la lettre les solutions rigoureuses consacrées en cette matière par la jurisprudence susvisée du Conseil d'État. A défaut d'un livre de comptes ou d'un journal de caisse destinés à enregistrer les mouvements de recettes et de dépenses, et dont la tenue régulière n'est guère compatible avec les exigences et les usages de l'exploitation agricole, le juge du fait serait aujourd'hui incontestablement fondé à faire état de tous les éléments de preuve prévus et définis par notre loi générale, sans en excepter les présomptions déduites des circonstances de la cause, alors surtout qu'elles sont appuyées d'un commencement de preuve par écrit (V. Dalloz, *Nouveau Code civil annoté*, t. III, pp. 493 et 616) » (D. P. 1926, *loc. cit.*).

109. Faculté de retenir le bénéfice réel refusée à l'Administration. — La loi du 12 août 1919 (D. P. 1920. 4. 137) avait autorisé le contrôleur à prendre le bénéfice réel de l'exploitant pour base de l'impôt cédulaire, lorsqu'il serait en mesure d'établir que ce bénéfice est supérieur à l'évaluation forfaitaire. Mais cette disposition a été abrogée par le dernier alinéa de l'article 2 de la loi du 25 juin 1920.

C'est seulement pour le calcul de l'impôt général applicable aux propriétés bâties ou non bâties, louées pour un prix supérieur au revenu net servant de base à la contribution foncière, que le contrôleur est autorisé à substituer le revenu réel au revenu imposable, en vertu de l'article 13 de la loi du 13 juilllet 1925.

§ 3. — ÉTABLISSEMENT DE L'IMPÔT

110. Taux de l'impôt. Loi du 3 août 1926. — Fixé antérieurement à 7,20 pour 100 du bénéfice taxable, le taux de l'impôt cédulaire a été porté à 12 pour 100, à partir du 1er janvier 1927, sans addition de décimes, par l'article 23 de la loi du 3 août 1926.

111. Impôt établi au nom de l'exploitant. — Aux termes de l'article 19 de la loi du 31 juillet 1917, refondu par l'article 3 de la loi du 13 juillet 1925 et non modifié par l'article 23 de la loi du 3 août 1926, l'impôt est établi au nom des exploitants, dans la commune où ils ont leur habitation principale au 1er janvier de l'année de l'imposition, mais d'après la consistance de leurs exploitations au 1er janvier de l'année précédente.

112. Exploitation directe. Bail à ferme. — Il résulte du texte qui précède que l'impôt est dû personnellement, soit par le propriétaire faisant valoir lui-même son domaine avec ou sans le concours d'un régisseur, — soit par le fermier, au cas de bail à ferme.

113. Métayage. — Dans le cas de bail à portion de fruits, l'article précité dispose que le bailleur et le métayer sont personnellement imposés pour la part de revenu imposable revenant à chacun d'eux proportionnellement à leur participation dans les produits. A cet effet, le propriétaire ou le fermier général est tenu, à chaque renouvellement ou modification de bail, de déclarer au contrôleur du siège de l'exploitation, dans le délai de trois mois, la proportion stipulée pour le partage des bénéfices. A défaut de déclaration, l'impôt est établi au nom du propriétaire (L. 13 juill. 1925. art. 3 ; — V. aux *annexes*, Décr. 15 oct. 1926, art. 34).

114. Fermiers généraux. — En principe et sauf dans le cas où ils sous-louent à des métayers moyennant l'abandon d'une partie de la récolte (*Cons. d'Ét.*, 13 mars 1911, *solut. implic*, D. P. 1913. 3. 46), les fermiers généraux ne sont pas imposables au titre des bénéfices agricoles et, comme le reconnaît l'*Instr.* du 30 mars 1918 (art. 70), ne relèvent que de la cédule des professions non commerciales. Mais si, au lieu de faire valoir directement le domaine, ils le font exploiter par des colons partiaires, ils deviennent personnellement imposables sur la part qui leur revient dans le produit de l'exploitation agricole.

115. Propriétés indivises exploitées en commun. — Dans le cas où des propriétés foncières, en état d'indivision, sont exploitées en commun par les copropriétaires, l'impôt sur les bénéfices agricoles doit faire l'objet d'une cote unique, établie au nom de l'ensemble des copropriétaires, d'après le bénéfice imposable global de l'exploitation (*Rép. min. fin. quest.* de M. Tapponier, député, du 25 janv. 1921, n° 6922).

116. Lieu de l'imposition. — Habitation principale de l'exploitant. — L'impôt sur les bénéfices agricoles est établi dans la commune où l'exploitant a son habitation principale : « Le lieu de l'imposition, porte à ce sujet l'*Instr.* du 30 mars 1918, est donc fixé comme en matière d'impôt général sur le revenu (art. 75).

117. Habitation à l'étranger. — La loi du 31 juillet 1917 n'envisage pas, dans son article 19, le cas où le propriétaire d'un domaine rural situé en France a son habitation principale à l'étranger. Nous estimons, avec l'annotateur de Dalloz (D. P. 1917. 4. 303, note 1), que cet étranger est imposable à la contribution des bénéfices agricoles dans la commune où est situé le siège de son exploitation ou son principal établissement.

118. Consistance des exploitations au 1ᵉʳ Janvier de l'année précédente. — L'article 19 de la loi du 31 juillet 1917 portait que l'impôt sur les bénéfices agricoles doit être établi au nom des exploitants d'après la consistance de leurs exploitations au 1ᵉʳ janvier de l'année de l'imposition. Cette règle, affirmée, à plusieurs reprises, par la jurisprudence du Conseil d'État (16 mars 1923 et 28 nov. 1924, D. P, 1925. 3. 36), n'est plus désormais applicable. La loi du 13 juillet 1925 décide, en effet, par son article 3, que le bénéfice agricole sera évalué, à l'avenir, en tenant compte de la consistance des exploitations au 1ᵉʳ janvier de l'année précédente. Cette modification entraîne de notables conséquences que la circulaire des contributions directes du 29 août 1925 précise dans les termes suivants :

D'une part, « un contribuable ayant cessé l'exercice de la profession agricole ou changé d'exploitation au cours d'une année déterminée, devra être cotisé, l'année suivante, à raison des terres qu'il exploitait au 1ᵉʳ janvier de l'année de la cessation ou du changement. Inversement, le contribuable entreprenant l'exercice de la profession agricole au cours d'une année quelconque, ne sera pas soumis à l'impôt au cours de l'année suivante : il ne sera imposé, pour la première fois, que dans la seconde année suivant celle où il aura commencé d'exploiter » (pp. 23 et 24).

119. Déclarations des exploitants. Régime actuel. — Les exploitants agricoles, propriétaires, fermiers, métayers ou colons partiaires doivent indiquer le chiffre de leur bénéfice, réel ou forfaitaire, de l'année précédente, dans leur déclaration relative à l'impôt général sur le revenu, sous la rubrique ouverte, à cet effet, dans la feuille de déclaration. Mais, en raison même du caractère forfaitaire de leur bénéfice imposable, ils n'ont pas à produire annuellement, du moins en thèse générale, en vue de l'établissement de leur cotisation à l'impôt cédulaire, une déclaration spéciale du bénéfice de leur exploitation.

Il est vrai que la loi du 13 juillet 1925, complétant à cet égard l'article 17 de la loi du 31 juillet 1917, était entrée dans cette voie, en décidant, par son article 3, que, si le revenu cadastral des terrains exploités excède 2 500 francs, l'exploitant serait désormais tenu de remettre avant le 1er février, à la mairie du siège de l'exploitation et à destination du contrôleur des contributions directes, une déclaration spécifiant la contenance et le revenu cadastral des parcelles exploitées par natures de culture. Mais cette déclaration parcellaire, souscrite soit par le propriétaire faisant valoir directement son domaine, soit par le fermier, ou par le fermier général au cas de métayage, n'était pas renouvelable, à moins de changements dans la consistance et la nature de l'exploitation. En l'absence de cette déclaration et après mise en demeure du contribuable, il appartenait au contrôleur de déterminer les bases de la taxation par l'application du coefficient le plus élevé de la région à la valeur locative globale de l'exploitation préalablement majoré de 75 pour 100 (*Circul. contr. dir.* du 29 août 1925, p. 2).

Cette réglementation est désormais périmée ; ainsi que le déclare l'article 3 de la loi du 13 juillet 1925, ce système n'avait d'autre but que de compléter l'article 17 de la loi du 31 juillet 1917 ; par conséquent, il se trouve virtuellement abrogé par le texte nouveau, ci-dessus transcrit (n° 98), que l'article 23 de la loi du 3 août 1926 substitue audit article 17 de la loi organique. Concluons-en qu'à l'heure actuelle ou, pour préciser, à compter du 1er janvier 1927, les exploitants n'ont plus à produire au contrôleur la déclaration parcellaire du revenu cadastral de leur exploitation, même dans le cas où ce revenu excéderait 2 500 francs. Ils ne sont tenus de souscrire cette déclaration qu'à titre d'exception, lorsqu'ils entendent bénéficier du coefficient réduit de 2,50 applicable aux cultures en blé (V. aux *annexes*, Décr. 15 oct. 1926, art. 35).

120. Bail à ferme ou colonat partiaire. Déclaration du propriétaire. — Par contre, la loi du 3 août 1926 n'a porté aucune atteinte aux dispositions de l'article 19 de la loi du 31 juillet 1917, modifiées ou complétées par l'article 5 de la loi du 22 mars 1924 et par l'article 3 de la loi du 13 juillet 1925, qui visent la déclaration incombant aux propriétaires qui n'exploitent pas directement leurs terres. Or, d'après ce texte, toujours en vigueur, au cas de bail à ferme ou de colonat partiaire, le propriétaire est tenu de remettre au contrôleur, à chaque renouvellement ou modification de bail, dans un délai de trois mois, une déclaration contenant la désignation de l'exploitation et indiquant les nom et prénoms du fermier ou métayer entrant et la date de son entrée. S'il s'agit de marché de terre, la déclaration doit mentionner, en outre du nom de l'amodiataire, la nature et le revenu des parcelles louées. Si la propriété est exploitée par un métayer, le propriétaire doit déclarer, dans le même délai de trois mois, nous l'avons vu, la proportion convenue pour le partage des produits. L'Administration, suppléant au silence du texte, admet que cette dernière précision peut être fournie au contrôleur par le fermier général (*Circul.* précitée, p. 26). A défaut de déclaration, dans l'une ou l'autre des hypothèses qui viennent d'être envisagées, la cotisation est établie au nom du propriétaire; c'est ce que décide expressément le dernier alinéa de l'article 3 de la loi du 13 juillet 1925 (V. Décr. 15 oct. 1926, art. 34).

121. Calcul de l'impôt. Quotité des abattements. — Antérieurement à la loi du 13 juillet 1925, l'impôt sur les bénéfices agricoles n'était calculé que sur la portion du revenu supérieure à 1 500 francs, après une déduction de moitié sur la fraction comprise entre 1 500 francs et 4 000 francs. En vue d'atténuer, pour les petites exploitations, les conséquences du nouveau mode d'évaluation de la matière imposable, l'article 4 de la loi de 1925 a relevé à 2 500 francs l'abattement de base et décidé que l'exploitant aura droit, en outre, à une déduction des trois quarts sur le revenu compris de 2 500 à 4 000 francs, et de moitié pour la fraction entre 4 000 et 8 000 francs. L'abattement de base s'élève donc à $(2500 + 1500 \times 3/4 + 4000/2)$, soit à 5625 francs, toutes les fois que le bénéfice imposable est au moins de 8 000 francs. La loi du 3 août 1926 n'a d'ailleurs apporté aucun changement aux règles établies en cette matière ; c'est seulement au 2e alinéa de l'article 18 de la loi du 31 juillet 1917, fixant le taux de l'impôt, qu'elle a substitué un nouveau texte.

Que l'on suppose un contribuable dont le bénéfice agricole forfaitaire, obtenu par l'application du coefficient 3 au revenu cadastral majoré de 75 pour 100, s'élève à 5 570 francs. La taxation s'établira comme il suit au titre de l'année d'imposition 1927 :

Bénéfice imposable..................... 5 570

A déduire :

1º l'abattement de base........... 2500

2º les 3/4 des 1 500 fr. compris
    entre 2.500 et 4000 fr., ci... 1125 } 4 410

3º la moitié des 1570 fr. compris
    entre 4000 et 5570 fr..... 785

Bénéfice taxable....... 1 160

Impôt à 12 p. 100, sans décimes, ci.. 139 fr.20

122. Base d'application des abattements. — Contrairement à ce que décidait l'article 13 de la loi du 30 juin 1923, l'article 5 de la loi du 22 mars 1924, non modifié sur ce point par l'article 3 de la loi du 13 juillet 1925, dispose que, dans le cas de bail à portion de fruits, l'abattement dont il vient d'être question « ne joue pour le bailleur que sur l'ensemble de ses propriétés ». Par l'effet de cette disposition, on ne verra plus, suivant la remarque de M. le député de Monicault (Séance de la chambre du 18 févr. 1924, *J. off*, p. 826), le propriétaire de vingt petites métairies s'affranchir de l'impôt cédulaire par le cumul des abattements.

123. Mise en vigueur du nouveau régime. — L'article 20 de la loi du 13 juillet 1925 avait fixé au 1ᵉʳ janvier 1925, le point de départ des mesures, analysées ci-dessus, qu'elle a instituées relativement aux exonérations de base et aux déclarations des propriétaires. Quant aux dispositions inscrites dans l'article 23 de la loi du 3 août 1926, qui réforment si profondément les règles jusqu'alors suivies pour la fixation des coefficients ou multiples de la valeur locative cadastrale et portent à 12 pour 100 le taux de l'impôt, leur mise en vigueur a été fixée au 1ᵉʳ janvier 1927, par l'article 26 de ladite loi.

124. Réduction pour charges de famille. — Indépendamment des exonérations de base et déductions qui viennent d'être énumérées, les exploitants agricoles ayant des personnes à leur charge bénéficient de réductions calculées sur le montant de leur impôt en principal et décimes, conformément aux règles tracées plus loin.

125. Formation des rôles et recouvrement de l'impôt. — Aux termes de l'article 20 de la loi du 31 juillet 1917, les rôles de l'impôt sur les bénéfices de l'exploitation agricole sont établis et le recouvrement en est poursuivi comme en matière de contributions directes. Les règles à suivre en cette matière sont exposées dans le chapitre des *Dispositions communes*.

§ 4. — PARCS ET TERRAINS D'AGRÉMENT OU DESTINÉS A LA CONSTRUCTION

126. Terrains enlevés à la culture. Assujettissement à l'impôt sur les bénéfices agricoles. — L'article 22 de la loi du 31 juillet 1917, modifié par l'article 4 de la loi du 25 juin 1920, est ainsi conçu :

« Les parcs, jardins, avenues, pièces d'eau et tous les terrains réservés au pur agrément ou spécialement aménagés en vue de la chasse, ainsi que les terrains non cultivés destinés à la construction, sont assujettis à l'impôt sur les bénéfices de l'exploitation agricole, à raison d'un revenu déterminé suivant le mode indiqué au premier paragraphe de l'article 17.

« L'impôt est établi sur la totalité de ce revenu, sans déduction ni atténuation d'aucune sorte.

« Sont affranchies de l'impôt les personnes ayant la jouissance de terrains d'agrément dont la superficie n'excède pas un hectare et dont le revenu imposable n'est pas supérieur à 100 francs. Sont en outre exonérés de l'impôt, quelles que soient leur contenance et leur valeur locative, les parcs et jardins situés dans la partie agglomérée des villes et les terrains appartenant aux offices publics d'habitations à bon marché et destinés aux buts déterminés par l'article 11 de la loi du 23 décembre 1912 » (V. Décr. 15 oct. 1926, art. 36).

127. Modifications résultant de la loi du 3 août 1926. — Le texte qui précède se réfère, pour l'évaluation du revenu des parcs et terrains d'agrément, au mode de détermination fixé au paragraphe 1er de l'article 17 de la loi du 31 juillet 1917. Or on a vu plus haut, que cet article 17 a été intégralement refondu dans le texte de l'article 23 de la loi du 3 août 1926. Il faut donc appliquer ici les règles nouvelles tracées par cette dernière loi, dégager le bénéfice imposable des propriétés de cette catégorie, en multipliant par le coefficient 3 le revenu cadastral préalablement majoré de 75 pour 100 et calculer l'impôt sur ce bénéfice total au taux majoré de 12 pour 100.

128. Terrains d'agrément en cours d'aménagement. — Les parcelles situées dans la banlieue d'une ville, qui sont réservées au pur agrément, rentrent dans les prévisions du texte qui précède et donnent ouverture à l'impôt sur les bénéfices agricoles, dans les conditions qu'il détermine, alors même qu'elles seraient en cours d'aménagement (*Cons. d'Ét.*, 13 mars 1925, D. P. 1926. 3. 15).

129. Parcs utilisés pour la culture. — Les parcs complantés d'arbres fruitiers ou aménagés en prairies pour l'élevage du bétail, ne sauraient être classés, malgré leur qualification, dans la catégorie des terrains de pur agrément, ni être imposés comme tels. C'est ce qui ressort des déclarations faites par le ministre des finances dans la séance de la Chambre du 30 octobre 1908 (*J. off.* du 31, p. 1996) et par le commissaire du Gouvernement, au cours de la séance du Sénat du 31 juillet 1917 (*J. off.* du 1er août, pp. 800 et 801).

130. Jardins. Établissements d'horticulture. — On ne saurait davantage assimiler aux terrains d'agrément les jardins cultivés par un jardinier de profession, par exemple les pépinières et les serres d'un horticulteur ou d'un jardinier fleuriste. Il en est de même du jardin potager du laboureur, de l'ouvrier, de l'artisan, ordinairement cultivé en légumes : c'est là une terre labourable. Les déclarations formulées en ce sens par le ministre des finances, dans la séance de la Chambre du 30 octobre 1908 (*J. off.* du 31, p. 1997) ne laissent aucun doute à ce sujet.

131. Propriétés boisées. — L'Administration admet que les propriétés boisées, notamment celles qui sont aménagées en coupes régulières, ne constituent pas des terrains d'agrément au sens de la loi du 31 juillet 1917 et, par suite, résistent à l'application de l'impôt sur les bénéfices agricoles (*Instr. du 30 mars 1918, art. 85*). Mais, pour les bois industriels, V. *suprà*, n° 92.

132. Avenues affectées à l'exploitation. — L'article 22 de la loi du 31 juillet 1917 comprend spécialement les « avenues » au nombre des terrains d'agrément. Mais il en est autrement des avenues qui, tout en offrant certains agréments au propriétaire d'un domaine rural, ont pour destination première et essentielle de faciliter l'exploitation de ses terres. Dans ce cas, toute cause manque à l'exigibilité de l'impôt cédulaire établi sur les terrains de pur agrément.

133. Pièces d'eau. Étangs. — La taxation des pièces d'eau ayant une destination de pur agrément ne saurait être étendue aux étangs qui se pêchent à intervalles périodiques et dont la valeur locative est arbitrée, à défaut de bail, d'après la moyenne du produit annuel de la pêche ; elle n'est pas, non plus, applicable aux « queues des étangs » affermées soit comme pâtures, soit pour y faucher de fausses herbes.

A plus forte raison convient-il d'écarter ce mode de taxation, en ce qui concerne les écluses, réservoirs ou pièces d'eau quelconques qui distribuent la force motrice à une usine ou servent à des usages industriels.

134. Terrains aménagés en vue de la chasse. — On ne serait pas mieux fondé à classer parmi les terrains aménagés en vue de la chasse et à imposer comme tels, des bois, forêts et terrains normalement exploités, par cela seul que la chasse en serait réservée au propriétaire ou affermée à des tiers (*Instr. du 30 mars 1918*).

135. Terrains destinés à la construction. — L'article 4 de la loi du 25 juin 1920 assujettit les terrains non cultivés destinés à la construction à l'impôt sur les bénéfices de l'exploitation agricole, suivant les mêmes règles que les parcs et jardins d'agrément (*Cons. d'Ét.*, 13 mars 1925, D. P. 1926. 3. 15).

Cette assimilation est subordonnée à la condition que les terrains dont il s'agit ne soient pas actuellement affectés à une culture quelconque.

136. Taux et établissements de l'impôt. — Fixé à 6 pour 100 par l'article 1er de la loi du 25 juin 1920, soit à 7,20 pour 100, y compris le double décime institué par la loi du 22 mars 1924, l'impôt sur les bénéfices agricoles, rendu applicable aux parcs, jardins et terrains d'agrément par les articles 22 de la loi du 31 juillet 1917 et 4 de la loi du 25 juin 1920, tombe sous le coup de la majoration de tarif édictée par l'article 23 de la loi du 3 août 1926 (art. 18 nouveau, 2e alinéa de la loi du 31 juill. 1917) et, par conséquent est porté à 12 pour 100, mais sans addition de décimes. La date de mise en vigueur de ce taux de 12 pour 100 est fixée au 1er janvier 1927, par l'article 26 de la loi du 3 août 1926.

Le revenu imposable des terrains d'agrément ou de construction est établi, comme celui des terres en culture, conformément aux dispositions de l'article 23 de la loi du 3 août 1926, par l'application du coefficient légal 3 à la valeur locative cadastrale, préalablement rehaussée de 75 pour 100. Cette majoration vise les terrains d'agrément comme les propriétés ordinaires (*Circul. cont. dir.* du 29 août 1925, p. 23). Quant au coefficient à retenir, il ne peut être que le multiple 3 institué par la loi du 3 août 1926 pour la généralité des exploitations agricoles ou exploitations assimilées, les deux autres coefficients, 2,50 et 5, ayant un caractère exceptionnel et ne pouvant, dès lors, être étendus au delà de leur objet.

137. Suppression des exonérations de base. — Aujourd'hui comme par le passé, à la différence de l'impôt des bénéfices agricoles, l'impôt des terrains de pur agrément et des emplacements à bâtir frappe, dans tous les cas, l'intégralité du revenu obtenu par l'application des coefficients à la valeur locative du sol, sans déduction ni atténuation d'aucune sorte : c'est ce que décide expressément l'article 22 de la loi du 31 juillet 1917, non modifié par la loi du 3 août 1926. Par suite, les contribuables ne bénéficient, en cette matière, ni de l'abattement de base de 2 500 francs, ni de la déduction des 3/4 de la fraction comprise entre 2 500 francs et 4 000 francs, ni de l'exonération de la moitié du revenu compris entre 4 000 et 8 000 francs (Conf. Décr. 15 oct. 1926, art. 36).

138. Exemption d'impôt en faveur des terrains de peu d'étendue. — Cette rigueur est plus apparente que réelle ;

elle est largement atténuée par la disposition de l'article 22 de la loi du 31 juillet 1917 affranchissant de l'impôt « les personnes ayant la jouissance de terrains d'agrément dont la superficie n'excède pas un hectare et dont le revenu n'est pas supérieur à 100 francs.

Pour l'application de ce texte, il convient d'envisager la superficie et le revenu imposable de l'ensemble des propriétés d'agrément appartenant au même contribuable.

139. Parcs et jardins dans les villes. — L'article 4 de la loi du 25 juin 1920 exonère du même impôt, « quelles que soient leur contenance et leur valeur locative, les parcs et jardins situés dans la partie agglomérée des villes », et non sur leur périphérie ou dans la banlieue.

140. Débiteur de l'impôt. — L'impôt cédulaire, exigible dans les conditions qui viennent d'être déterminées, est, comme celui des bénéfices de l'exploitation agricole, établi par voie de rôles, au nom du propriétaire ou locataire qui a la jouissance effective des parcs, jardins, avenues, pièces d'eau, terrains d'agrément, propriétés aménagées pour la chasse et emplacements réservés à la construction, sujets à la taxe (V. *Instr.* du 30 mars 1918, art. 87 ; — V. art. 36 èt 37 du texte annexé au Décret du 15 octobre 1926).

CHAPITRE III

INTÉRÊTS DES CRÉANCES, DÉPÔTS ET CAUTIONNEMENTS

---

§ 1er. — REVENUS ASSUJETTIS

141. Texte. Règle générale. — L'article 38 de la loi du 31 juillet 1917 (D. P. 1917. 4. 281) est ainsi conçu : « L'impôt sur le revenu des valeurs mobilières établi par les articles 31 et suivants de la loi du 29 mars 1914 et dont le taux a été modifié par l'article 11 de la loi du 30 décembre 1916, s'applique aux intérêts, arrérages et tous autres produits :

1º Des créances hypothécaires, privilégiées et chirographaires, à l'exclusion de toute opération commerciale ne présentant pas le caractère juridique d'un prêt ;

2º Des dépôts de sommes d'argent, à vue ou à échéance fixe, quel que soit le dépositaire et quelle que soit l'affectation du dépôt ;

3º Des cautionnements en numéraire.

Les conditions d'application de ce texte vont être précisées.

142. Créances assujetties. — En principe, la disposition ci-dessus transcrite assujettit à l'impôt sur le revenu les intérêts et arrérages de toutes créances autres que celles qui sont représentées par des valeurs mobilières, déjà taxées en vertu de la loi du 29 mars 1914.

143. Nantissement ou antichrèse. — Les créances garanties par un nantissement ou une antichrèse rentrent, au même titre que les créances hypothécaires ou privilégiées, dans le champ d'action de la taxe.

144. Emprunts des sociétés, villes et établissements publics. — Malgré la généralité de la règle inscrite dans l'article 38-1º de la loi du 31 juillet 1917, l'impôt cédulaire institué par cet article n'est pas applicable aux intérêts des prêts consentis aux sociétés, villes ou établissements publics, déjà soumis au payement de la taxe sur le revenu par les lois du 29 juin 1872 et du 29 mars 1914 (*Rép. min. fin. quest.* de MM. les députés Leredu, du 23 oct. 1917, nº 18. 444 ; — Sizaire, du 10 juin 1926, nº 8722, *J. off.* du 8 juill. 1926, p. 2789). — V. *infrà*, nº 195.

145. Sociétés en nom collectif. — Les intérêts des emprunts des sociétés en nom collectif sont passibles de l'impôt cédulaire, au même titre que ceux des emprunts des particuliers. L'exonération accordée aux emprunts de ces sociétés par l'article 36 de la loi du 28 avril 1893 (D. P. 93. 4. 79) ne vise que la taxe instituée par la loi du 29 juin 1872 et ne saurait être étendue à l'impôt établi par l'article 38 de la loi du 31 juillet 1917 (*Rép. min. quest.* de M. Blaignan, sénateur, du 18 oct. 1921, *J. off.* 27 déc. 1921, p. 2278 et *Instr. Enreg.* 3736-24).

146. Associations en participation. — Bien que l'article 49 du Code de commerce, modifié par la loi du 24 juin 1921 (D. P. 1921. 4. 161) refuse aux associations en participation la personnalité juridique, les opérations effectuées, soit entre les membres d'une même association, soit par chacun de ces associés avec les tiers, peuvent engendrer des créances ayant le caractère d'un prêt ou d'un dépôt de sommes. Les intérêts de ces créances sont passibles de l'impôt (même *Instr. Enreg.*, § 23).

147. Créances résultant d'un contrat autre que celui de prêt. — L'impôt cédulaire frappe, non seulement les intérêts des prêts, mais encore ceux de toute créance procédant d'une convention civile, quelle qu'en soit la cause; entre autres : les intérêts des prix de ventes mobilières ou immobilières et des créances cédées ou payées par voie de subrogation (*Rép. min. fin. quest.* de MM. les députés Auriol, du 28 mars 1918, nº 21. 447, et Rodez-Bénavent, du 24 janv. 1923, *J. off.*, p. 643); — les intérêts d'une indemnité d'expropriation (*Solut.* 16 déc. 1921, *Instr. Enreg.* 3736-4) ; — les intérêts d'une somme constituée en dot, et payable à terme (*Rép. min. fin. quest.* de M. Payen, député, du 13 févr. 1923, p. 985) ; — la condamnation judiciaire au payement des intérêts alloués par le tribunal comme accessoire d'une condamnation principale (*Solut.* 24 mars 1921, *Instr. Enreg.* 3700-24) ; — le montant des indemnités versées au créancier par des emprunteurs remboursant leur dette par anticipation, ces indemnités constituant un produit de la créance (*Solut.* 20 nov. 1921, *Instr. Enreg.* 3720-14).

148. Prélèvement des reprises. Intérêts. — Mais il est admis par l'Administration que, en cas d'acceptation de la communauté, le prélèvement des reprises de la femme sur la masse commune n'a pas le caractère d'un payement, la femme agissant non comme créancière, mais en vertu d'un droit de copropriété (Cass. 20 juill. 1869, Sir. 70. 1. 127) : d'où il suit que la taxe n'est pas exigible sur les intérêts desdites reprises perçus en conformité de l'article 1473 du Code civil. Il n'en serait autrement que si la femme renonçante exerçait ses reprises sur les biens du mari (*Solut.* 27 avr. 1922, *Instr. Enreg.* 2736-24).

149. Opérations commerciales ne constituant pas des prêts. Exonération. — Par dérogation aux principes qui viennent d'être établis, l'article 38-1º de la loi du 31 juill. 1917 affranchit de l'impôt cédulaire toute opération commerciale ne présentant pas le caractère juridique d'un prêt. Il faut, dès lors, reconnaître que cet impôt ne saurait atteindre les billets à ordre ou lettres de change causés « valeur reçue en marchandises ». Spécialement, sont légalement affranchis de ladite taxe les intérêts portés, en sus du capital, sur des billets ou traites à long terme souscrits à un commerçant pour prix de marchandises vendues ou de services fournis, ces intérêts n'étant imposables qu'au titre des bénéfices commerciaux et industriels (*Circul. contrib. dir.* 21 juill. 1924, p. 11).

150. Vente à crédit d'un fonds de commerce. — L'Administration, écartant l'application de l'immunité d'impôt stipulée par l'article 38-1º de la loi de 1917 en faveur des opérations commerciales autres que le prêt, considère comme passibles de la taxe sur le revenu des créances, les intérêts du prix, payable à terme, de la vente d'un fonds de commerce. Elle en donne pour motifs qu'une telle cession a, sans doute, le caractère d'un acte de commerce, mais ne constitue pas une opération commerciale, ne rentre pas au nombre des mouvements de fonds qui alimentent le crédit commercial, seuls visés par l'article précité de la loi de 1917 (*Solut.* 10 sept. 1918, *Instr. Enreg.* 3720-14 ; *Décis. min. fin.* 9 août 1922, *Instr. Enreg.* 3755-16 ; *Rép. min. fin. quest.* de M. Macarez, député, du 11 mars 1924, *J. off.* 1924, p. 2191 ; *Circul. contr. dir.* du 21 juill. 1924, nº 1421, p. 12). — *Contrà :* Avignon, 2 avril 1924, D. H. 1924, p. 504.

151. Radiation de l'inscription de privilège. Obligations des greffiers. — Au surplus, l'interprétation administrative en cette matière vient d'être sanctionnée par le législateur. La loi de finances du 13 juillet 1925 (D. P. 1925. 4. 181) dispose en effet, par son article 81, que l'inscription de privilège prise pour la garantie du prix de vente d'un fonds de commerce ne pourra être radiée que s'il est justifié que l'impôt édicté par l'article 38 de la loi du 31 juillet 1917 a été acquitté sur les intérêts de ce prix. — V. à ce sujet, *infrà*, nº 219.

152. Intérêts des sommes restant dues sur un apport social. — L'Administration envisage comme passibles de la taxe sur le revenu des créances les intérêts versés à une société commerciale en nom collectif par des associés, à raison des sommes dont ils restent débiteurs sur leurs apports en espèces (*Solut.* 13 déc. 1921, *Instr. Enreg.* 3720-14).

153. Bénéfices des opérations d'escompte. — Ne présentant pas le caractère d'un prêt, l'escompte bénéficie par là même de l'exclusion prononcée par l'article 38-1º de la loi du 31 juillet 1917 et résiste à l'application de l'impôt cédulaire sur le revenu (*Rép. min. fin. quest.* de M. le député Auriol, 28 mars 1918, nº 21. 445).

154. Escomptes de virement de la Banque de France. — Il est cependant une catégorie d'escomptes que l'Administration envisage comme de véritables prêts à intérêts passibles de la taxe sur le revenu : nous voulons parler des opérations qui interviennent journellement entre nos établissements de crédit, sous le nom d'« Escomptes de virement de la Banque de France », dans le but de procurer immédiatement aux banques les disponibilités qui leur font momentanément défaut. La circulaire susvisée du 21 juillet 1924 caractérise cette opération ainsi qu'il suit :

« Une banque A, qui a besoin de disponibilités, obtient d'une banque B un virement sur la Banque de France daté du jour même ; en échange de ce virement, la banque A remet à la banque B un virement analogue, mais portant une date postérieure à celle du premier (fréquemment celle du lendemain) et s'élevant à un chiffre supérieur à la somme virée au compte de la banque A. La différence entre le montant des deux virements représente l'intérêt, ou retenue d'escompte, de la somme qui a fait l'objet du premier virement. »

Les opérations d'escompte de virement doivent être considérées comme des prêts à intérêt et soumises, en conséquence, à la taxe sur le revenu, soit en vertu des lois des 29 juin 1872 et 29 mars 1914, si l'établissement emprunteur est une société anonyme ou en commandite, — soit par application de l'article 38 de la loi du 31 juillet 1917, dans tous les autres cas. Par voie de conséquence, l'établissement auquel sont servis les intérêts dont il s'agit ne saurait, à raison de ces mêmes intérêts, être cotisé par double emploi à l'impôt cédulaire des bénéfices commerciaux (*Circul.* précitée, p. 14).

155. Intérêts recouvrés par l'entremise d'un établissement de crédit. Courtage. — Lorsque les intérêts d'une créance sont encaissés par l'intermédiaire d'un établissement de crédit, le courtage ou la commission alloués à cet établissement ne sauraient être considérés comme un produit de la créance ; c'est la rémunération d'un service rendu. Il ne peut, dès lors, être question d'étendre à ces frais de courtage l'application de l'impôt cédulaire spécial aux intérêts des créances pour prêt (*Rép. min. quest.* de M. Auriol, précitée).

156. Opérations de reports. — L'impôt cédulaire n'est pas davantage applicable aux intérêts des fonds, remboursables à des échéances de quinze jours à un mois, que les banquiers reçoivent de leurs clients pour les employer aux opérations de reports, consistant à faire simultanément un achat au comptant et une revente à terme des mêmes titres consentie par l'acheteur au vendeur primitif. La raison en est que l'opération de report ainsi réalisée, malgré ses affinités avec le prêt à l'intérêt, ne saurait être assimilée ni à ce dernier contrat, ni à un nantissement, bien qu'elle soit souvent employée, en fait, par les intéressés pour arriver à un résultat analogue à celui du contrat de gage (Cass. req. 3 févr. 1862, D. P. 62. 1. 163).

157. Avances sur titres. — Par contre, l'impôt cédulaire atteint les opérations connues sous la dénomination d'avances sur titres, avals ou mises en pension, par lesquelles les compagnies d'assurances et autres sociétés importantes prêtent leurs fonds disponibles aux banquiers ou même aux simples particuliers, sur nantissement d'effets de commerce, de bons du Trésor et autres valeurs négociables.

158. Avances sur ouverture de crédit. — L'ouverture de crédit s'analyse en une promesse de prêt, se convertissant en un prêt ferme· et actuel, à partir du moment et dans la mesure où le crédité use du crédit qui lui est ouvert (V. nos annotations, signées Em. B..., sous Cass. civ. 3 déc. 1901, D. P. 1903. 1. 601, notes 1 à 3). Par suite, si le crédité n'est pas une des collectivités visées par la loi du 29 juin 1872, les avances qui lui sont faites donnent ouverture à l'impôt cédulaire, en exécution de l'article 38-1º de la loi du 31 juillet 1917 (V. en ce sens, *Rapport supp.* de M. le sénateur Perchot, p. 2 et D. P. 1917. 4. 314, note 6, col. 1).

La circonstance que le créditeur et le crédité, pour régler le jeu de leurs opérations, ont greffé un compte courant sur leur ouverture de crédit ne saurait mettre obstacle à la perception de l'impôt cédulaire, du moment où les accords intervenus n'impliquent pas la réciprocité des remises qui est le trait caractéristique du compte courant.

159. Intérêts des sommes portées en compte courant. — Le compte courant n'est point un prêt. Ainsi que l'exprime un arrêt de la Cour de cassation du 3 décembre 1901, « l'essence du compte courant suppose nécessairement *une réciprocité de remises* se traduisant en articles de crédit et de débit distincts, destinés à se balancer en un solde définitif à la clôture du compte » (D. P. 1903. 1. 601).

Lorsque le compte courant établi entre une banque et un particulier présente ce caractère, il ne peut être question d'assujettir à l'impôt cédulaire édicté par la loi de 1917, ni les intérêts des remises, ni même les intérêts du solde du compte (*Rép. min. fin. quest.* de M. les députés Siegfried, du 30 avr. 1918 (n° 21. 788), M. Honnorat, du 14 mai suivant (n° 22. 128), et Manceau, du 8 févr. 1923, *J. off.* 1923, *débats*, p. 985).

160. Dépôt de sommes. — La loi du 31 juillet 1917 assujettit, par son article 38-2°, à l'impôt cédulaire les intérêts des dépôts de sommes d'argent, à vue ou à échéance fixe, quel que soit le dépositaire, et quelle que soit l'affectation du dépôt, par conséquent, les dépôts de sommes dans les sociétés. Il n'en serait autrement que si le prétendu dépôt reçu par une société s'analysait, au fond, en un véritable prêt à l'intérêt : dans cette hypothèse, la loi du 29 juin 1872 se substituerait à celle du 31 juillet 1917, et c'est la première de ces lois, à l'exclusion de la seconde, qui réglerait le mode d'acquittement de l'impôt sur le revenu (*Rép. min. fin. quest.* de M. le député Leredu, du 23 oct. 1917, n° 18. 444).

161. Fonds libres des communes déposés au Trésor. — Toutefois la taxe n'est pas exigible sur les intérêts des fonds libres déposés au Trésor par les communes et les établissements publics, le Trésor agissant comme gérant légal du patrimoine de ces établissements, plutôt que comme dépositaire chargé de faire fructifier les fonds qui lui sont confiés (*Décis. minis.* 4 août 1919, *Instr. Enreg.* 3700-24).

162. Établissements de l'État. — L'État ne pouvant se payer d'impôts à lui-même, l'impôt sur le revenu ne saurait atteindre les intérêts des créances de l'Institut, des universités, des lycées, du Conservatoire des arts et métiers et des autres établissements publics dont le budget est rattaché à celui de l'État. L'Administration en a ainsi décidé par une solution du 10 mai 1918, rapportée au guide pratique de l'*Impôt sur le revenu des créances*, de M. Besse, p. 69.

163. Dépôt en compte courant. — De même que l'ouverture de crédit, le dépôt de sommes fonctionne fréquemment dans la pratique sous la forme d'un compte courant. C'est ce qui a lieu notamment lorsqu'une maison de banque reçoit en dépôt les fonds de son client et s'engage, dans la limite des sommes dont elle le crédite, à escompter ses effets ou à faire pour lui des payements, mais sans jamais rester à découvert vis-à-vis de lui. Dans ce cas, la taxe manquerait de base si le compte courant, au lieu d'apparaître comme une combinaison accessoire au dépôt de sommes, comportait la réciprocité de remises, qui est de l'essence du compte courant (*Rép. min. fin. quest.* de M. le député Leredu, du 5 sept. 1918, n° 23. 621).

164. Intérêts servis au compte de dépôt d'un associé. — Sont passibles de l'impôt sur le revenu des créances les intérêts des fonds déposés ou laissés dans la caisse sociale par un associé en nom collectif ou un commanditaire, lorsque ce compte n'affecte pas le caractère de compte courant. Dans ce cas, l'inscription, au crédit du compte de dépôt, des intérêts que la société doit au déposant entraîne immédiatement, par elle-même, l'exigibilité de la taxe, alors même que ces intérêts ne seraient pas effectivement servis aux ayants droit, en raison du passif social. L'impôt est d'ailleurs à la charge exclusive des associés déposants, et non de la société, nonobstant toute convention contraire (*Rép. min. fin. quest.* de M. Niveaux, député, du 4 avr. 1922, *J. off.* 28 avr. 1922, p. 1507, *Instr. Enreg.* 3736-24). Même solution, lorsque les sommes déposées par les associés dans la caisse sociale peuvent être retirées librement, sous réserve d'un simple préavis (*Rép. min. fin. quest.* de M. Auriol, député, du 26 janv. 1923, *Rec. quest. fisc.* 1923, p. 292, n° 767).

165. Dépôts effectués par les employés d'une société. — L'Administration se refuse à assimiler à des comptes courants proprement dits les dépôts productifs d'intérêts effectués par les employés d'une société dans la caisse sociale, bien que, par ailleurs, ladite société leur vende des marchandises dont elle porte la valeur au débit de leur compte. La raison en est que, dans cette hypothèse, on ne peut admettre *à priori* qu'il y ait réellement des remises réciproques destinées à se balancer en perdant leur individualité (*Rép. min. fin. quest.* de M. Charles Bernard, député, du 27 févr. 1923, *J. off.* 1923, p. 1732).

166. Comptes de dépôts ou avances des grands établissements de crédit. — Il est sans difficulté que, en l'absence de toute exception ou distinction formulée à ce sujet par la loi du 31 juillet 1917, les grands établissements de crédit sont, au même titre que les banquiers, escompteurs ou changeurs de second ordre, passibles de l'impôt cédulaire à raison des avances sur titres qu'ils consentent ou des comptes de dépôts qu'ils ouvrent à leurs clients (*Rép. min. fin. quest.* de M. le député Auriol, du 5 sept. 1918, n° 23. 608, *J. off.*, p. 2358, col. 2).

167. Comptes ouverts en banque aux coopératives de reconstruction. — Les comptes que se font ouvrir en banque pour faciliter leurs opérations, les coopératives civiles de reconstruction constituées conformément à la loi du 15 août 1920 (D. P. 1921. 4. 201) ne peuvent, à défaut de réciprocité de remises, être envisagés comme des comptes courants : ils sont, en réalité, des comptes de dépôt de sommes, et leurs intérêts tombent, dès lors, sous l'application de la taxe sur le revenu, quel que soit le caractère, civil ou commercial, desdits dépôts (*Rép. min. fin. quest.* de M. le député Delcsalle, des 3 févr. et 15 mars 1923, *J. off.* 1923, pp. 580 et 1476).

168. Comptes de dépôt dans les trésoreries générales ou au Crédit foncier. — Les comptes de dépôt dans les trésoreries générales ne comportent pas de remises de la part du trésorier général. Le crédit du compte est alimenté par les versements faits par le déposant lui-même ou pour son compte. Le débit ne comporte que les prélèvements opérés par le déposant au moyen de chèques ; il n'y a donc pas réciprocité de remises. On se trouve en présence d'un simple compte de dépôt, dont les intérêts sont passibles de l'impôt créé par l'article 38 de la loi du 31 juillet 1917.

La solution serait la même, si le compte existait, dans ces conditions, au Crédit foncier de France (*Rép. min. fin. quest.* de M. le député Auriol, du 13 déc. 1920, *J. off.* 26 janv. 1921, p. 134. — V. *infrà*, n° 176).

169. Intérêts des cautionnements. — La loi du 31 juillet 1917 a, par le dernier alinéa de son article 38, inscrit dans la cédule des capitaux mobiliers les « cautionnements en numéraire ». Le cautionnement dont il est ici question ne peut s'entendre que de la sûreté réelle constituée en argent par un fonctionnaire public, un officier ministériel ou un comptable pour la garantie de sa gestion. Au nombre des personnes appelées à constituer un cautionnement, il suffira de signaler : les trésoriers payeurs, receveurs des finances, percepteurs, receveurs municipaux, payeurs du département de la guerre, receveurs des régies financières, des hospices et des établissement publics ; — les notaires, huissiers, avoués, avocats au Conseil d'État et à la Cour de cassation, commissaires-priseurs, agents de change, courtiers de commerce assermentés ; enfin, les fournisseurs, entrepreneurs ou adjudicataires de travaux publics.

170. Cautionnements des notaires. — Il a été décidé, par un jugement du tribunal civil de Lyon, du 12 avril 1922 (*Rép. gén. not.* 1923, II, p. 89), que les intérêts des cautionnements des notaires sont passibles de l'impôt sur le revenu des créances ; d'où il suit que les quittances d'intérêts délivrées annuellement par les notaires à la Caisse des dépôts et consignations doivent être revêtues des timbres mobiles constatant le payement de cet impôt.

171. Cautionnements en rentes sur l'État, en actions et obligations ou en immeubles. — L'article 38-3º de la loi du 31 juillet 1917, qui soumet à l'impôt cédulaire les intérêts des cautionnements *en argent*, doit être appliqué strictement dans ses termes, sans qu'il soit permis d'en étendre les dispositions aux cautionnements en rentes sur l'État, aux cautionnements en actions ou obligations des sociétés, villes ou établissements publics et aux cautionnements en immeubles.

172. Cautionnements privés. — L'article 38-3º ne distingue pas entre les cautionnements en numéraire versés dans les caisses du Trésor par les comptables de deniers publics, fonctionnaires ou officiers ministériels, et ceux qui sont constitués par des caissiers de sociétés, gérants, employés, pour la garantie de leur gestion et de leurs obligations professionnelles envers le patron ou l'établissement qui utilise leurs services. Il n'existe, dès lors, aucun motif d'affranchir de l'impôt cédulaire les intérêts de ces cautionnements.

§ 2. — **EXEMPTIONS ET DÉGRÈVEMENTS**

173. Livrets de Caisse d'épargne. — L'article 39 de la loi du 31 juillet 1917 affranchit de l'impôt sur les revenus des créances « les intérêts des sommes inscrites sur les livrets des caisses d'épargne ».

Il n'y a pas lieu, pour l'application de cette immunité, de distinguer entre les livrets des caisses d'épargne ordinaires et ceux de la Caisse nationale d'épargne.

174. Prêts des Caisses d'épargne et des Monts-de-piété. — Sont également exonérés de l'impôt sur le revenu des créances, en vertu de l'article 68 de la loi du 5 déc. 1922 (D. P. 1923. 4. 333), les intérêts des prêts hypothécaires, amortissables par annuités, qui sont consentis par les caisses d'épargne, en exécution de l'article 37 de la même loi aux particuliers désireux d'acquérir ou de construire des habitations à bon marehé.

Participent au bénéfice de cette immunité les intérêts des prêts sur gages consentis par les monts-de-piété ou caisses de crédit municipal (L. 16 oct. 1919, art. 2).

175. Sociétés et offices publics d'habitations à bon marché. — La loi du 5 décembre 1922, portant codification des lois relatives aux habitations à bon marché, affranchit de l'impôt sur le revenu des capitaux mobiliers institué par la loi du 31 juillet 1917, les intérêts des prêts consentis ou des dépôts effectués : — 1º par les sociétés et les fondations d'habitations à bon marché constituées et fonctionnant dans les conditions qu'elle détermine (art. 64) ; — 2º par les associations d'utilité publique admises, suivant arrêté du ministre de l'hygiène, à bénéficier d'avances de l'Etat, à charge de limiter leurs opérations de prêts à leurs seuls adhérents et de ne pas excéder le taux d'intérêts de 2,25 pour 100 (art. 32 et 68) ; — 3º par les sociétés de bains-douches et les sociétés de jardins-ouvriers (art. 69) ; — 4º par les sociétés de crédit immobilier, en vue de l'acquisition de jardins ou champs n'excédant pas un hectare, pourvu que le prix, charges comprises, ne dépasse pas 1 200 francs, et que les prescriptions imposées aux acquéreurs

par l'article 48 de la loi de 1922 aient été observées (art. 70) ;
— 5° par les sociétés de crédit immobilier (art. 71) ; — 6° par
les offices publics d'habitations à bon marché (art. 74).

176. Prêts des institutions de crédit foncier. — Sont
également exonérés de l'impôt cédulaire, en vertu de l'article 39-2 de la loi du 31 juillet 1917, « les intérêts des créances
hypothécaires ou privilégiées *en représentation desquelles les
sociétés ou* compagnies autorisées par le Gouvernement à faire
des opérations de crédit foncier, *ont émis des obligations*, titres
ou valeurs soumis eux-mêmes à l'impôt sur le revenu. »

Cette exception a pour but d'éviter le double emploi qui
serait résulté du cumul de l'impôt cédulaire sur les intérêts
des créances hypothécaires de ces sociétés de crédit foncier et
de la taxe exigible sur le revenu de leurs titres, conformément
aux lois du 29 juin 1872 et du 29 mars 1914.

177. Avances consenties par le Crédit national. —
La loi du 10 octobre 1919 (D. P. 1920. 4. 24), contient, dans son
article 3, la disposition suivante :

« Sont affranchis de l'impôt sur le revenu des capitaux
mobiliers édicté par l'article 38 de la loi du 31 juillet 1917 les
intérêts des avances consenties par le Crédit national en vertu
de ladite convention, au moyen de fonds provenant de l'émission d'obligations, titres ou valeurs soumis eux-mêmes à
l'impôt sur le revenu. »

**178. Sociétés de banque ou de crédit empruntant pour
prêter aux commerçants ou industriels.** — Les raisons
qui justifient l'exemption d'impôt accordée aux intérêts des
créances hypothécaires des sociétés de crédit foncier ont conduit le législateur à étendre cette exonération aux prêts consentis aux commerçants ou industriels français par des établissements de crédit dont le capital est divisé en actions et qui
émettent, en représentation de ces opérations, des obligations
ou emprunts sujets à la taxe des valeurs mobilières. C'est ce
que décide l'article 29 de la loi du 31 juillet 1920 (D. P. 1921.
4. 113). Mais, pour bénéficier de cette immunité :

1° L'établissement qui fait la double opération d'emprunt
et de prêt doit être une *société de banque ou de crédit* constituée par actions, ce qui exclut les sociétés en nom collectif,

les sociétés en commandite simple et les sociétés civiles à parts d'intérêts, ou en participation ;

2º La société de banque ou de crédit doit être de nationalité française ;

3º Les prêts ne peuvent être consentis qu'à des commerçants ou à des industriels français ou résidant en France ;

4º Les fonds prêtés doivent provenir des emprunts effectués par les sociétés de banque ou de crédit. Les prêts que ces dernières consentent avec leurs propres fonds ne bénéficient d'aucune exemption (*Instr. Enreg.* nº 3636, §. 10).

179. Opérations de banque isolées ou accidentelles. — Pour avoir droit au bénéfice de l'immunité, il ne suffit pas que la société qui emprunte pour prêter soit constituée par actions ; il faut qu'elle ait pour objet prédominant de faire des opérations de banque et de crédit ; celles qui ne se livrent qu'accidentellement à ces opérations sont exclues de l'exemption d'impôt stipulée par l'article 29 de la loi du 31 juillet 1920 (*Solut.* 22 juill. 1921, *Instr. Enreg.* 3720-21).

180. Sociétés de crédit agricole mutuel et sociétés coopératives agricoles. — La loi du 5 août 1920 (*J. off.* du 7 août 1920, *Instr.* 3677) a, par son article 31, affranchi de l'impôt sur le revenu des créances, dépôts et cautionnements, les Caisses de crédit mutuel agricole, les sociétés coopératives agricoles et les sociétés d'intérêt collectif agricole, en ce qui concerne : 1º les intérêts des avances qui leur sont consenties pour l'État ; — 2º les intérêts des dépôts de sommes d'argent, à vue ou à échéance fixe, que les caisses de crédit agricole sont autorisées à recevoir en vertu de l'article 14 de la loi du 5 août 1920.

181. Prêts aux sinistrés ou groupements de sinistrés. — Aux termes de ses articles 152 à 159, la loi du 31 juillet 1920 (*Instr.* 3625, p. 14) donne aux sinistrés dont la perte subie excède un million, la faculté de contracter des emprunts gagés par les annuités servies par l'État. La loi du 24 mars 1921 (*J. off.* du 25, *Instr.* 3682) formule, à ce sujet, dans son article 2, une disposition ainsi conçue :

» Les annuités servies par l'État et les emprunts contractés par les sinistrés ou groupements de sinistrés, conformément aux articles 152 et suivants de la loi du 31 juillet 1920, 67 de la loi du 31 décembre 1920 et 40 de la loi du 28 février 1921, sont exempts, pour toute leur durée, de toute taxe spéciale frappant les valeurs mobilières. Bénéficieront également de cette exemption les obligations du Crédit national, pour une quotité égale au montant des prêts, gagés par les annuités ci-dessus visées, qui seront consentis par cet établissement. »

182. Emprunts gagés par des titres quadriennaux ou par des obligations sexennales. — Dans le même ordre d'idées, la loi de finances du 29 avril 1926 (*Bull. législ. Dalloz,* 1926, p. 267) affranchit de l'impôt sur les intérêts des créances, aux termes de son article 126, les intérêts des emprunts des sinistrés gagés par les titres quadriennaux, nominatifs et inaliénables, qui leur ont été remis en conformité de l'article 17 de la loi de crédits du 28 février 1926 (*J. off.* 28 févr. 1926).

D'autre part, l'article 127 de la même loi exonère de toute taxe frappant les valeurs mobilières et, par suite, de l'impôt cédulaire sur les intérêts des créances, les emprunts, autres que par souscription publique, émis par les départements, communes et syndicats de communes de la zone délimitée, et gagés par les obligations sexennales inaliénables qui leur ont été délivrées en exécution de l'article 10 de la loi de crédits du 28 février 1925 (*J. off.* du 1er mars 1925), mais jusqu'à concurrence seulement du montant des obligations formant la garantie de ces emprunts (*Rép. min. fin. quest.* de M. Marchandeau député, du 1er juin 1926, n° 8549, *J. off.* du 17 juill. 1926, p. 2954, col. 3).

183. Créances hypothécaires. Antichrèse. Dégrèvement d'impôt foncier. — V. *suprà*, n° 62.

184. Valeurs en nantissement de créances. Restitution de la taxe sur le revenu. — Aux termes de l'article 42 de la loi du 31 juillet 1917, lorsque des valeurs mobilières ont été constituées en gage ou nantissement de créances, le débiteur peut obtenir, sur sa demande, la restitution de l'impôt sur le revenu de ces valeurs, jusqu'à concurrence des droits perçus sur les intérêts de sa dette chirographaire, à la condition de produire les justifications requises par ce texte.

En autorisant cette restitution, la loi de 1917 ne distingue pas entre les valeurs nominatives et les valeurs au porteur donnés en gage.

§ 3. — PAYEMENT DE L'IMPOT
SANCTIONS

185. Taux de l'impôt. — L'impôt sur les intérêts, arrérages et tous autres produits des créances, dépôts et cautionnements, fixé précédemment à 12 pour 100, double décime compris, par les dispositions combinées de l'article 50-1º de la loi du 25 juin 1920 et de l'article 3 de la loi du 22 mars 1924, vient d'être majoré de 50 pour 100 par l'article 16-4º de la loi du 3 août 1926 (*J. off.* du 4 août 1926, p. 8786). Le taux de cet impôt cédulaire est donc actuellement de 18 pour 100.

186. Liquidation de la taxe. Montant brut des intérêts. — Aux termes de l'article 40 de la loi du 31 juillet 1917, l'impôt applicable au revenu des créances, dépôts et cautionnements, est liquidé sur le « montant brut des intérêts, arrérages ou autres produits » de ces valeurs. En conséquence, ne sauraient être défalqués du montant des intérêts, pour le calcul de l'impôt, les frais d'acte, de poursuites, de courtage, d'encaissement. La seule déduction admise est celle des impôts étrangers dont ces intérêts peuvent être grevés (Séance de la Chambre du 2 juin 1908, *J. off.* du 3, *Débats*, p. 1123).

187. Payement des intérêts. Inscription au crédit d'un compte. — Aux termes de l'article 52 de la loi du 25 juin 1920 (D. P. 1920. 4. 281), l'impôt sur les revenus des créances, dépôts et cautionnements « est dû par le seul fait, soit du payement des intérêts, *de quelque manière qu'il soit effectué*, soit de leur inscription au débit ou crédit d'un compte, dès lors que le créancier a son domicile ou sa résidence habituelle en France ou y possède un établissement industriel ou commercial, dont dépend la créance, le dépôt ou le cautionnement ».

Ainsi que le ministre des finances l'a reconnu dans sa réponse à une question de M. le député Tapponnier (*J. off.* du 18 janv. 1921, p. 35), il résulte de ce texte même qu'en matière de payements d'intérêts de créances, la rédaction d'une quittance n'est pas obligatoire ; en l'absence de tout écrit constatant le payement, la taxe de 18 pour 100 doit être acquittée sur déclaration dans les trois premiers mois de l'année suivante.

D'autre part, comme le précise la loi elle-même, le seul fait de l'inscription d'intérêts au crédit d'un compte de dépôts entraîne immédiatement l'exigibilité de l'impôt, alors même que ces intérêts n'auraient jamais été servis effectivement au créancier titulaire de ce compte (*Rép. min. fin. quest.* de M. Niveaux, député, du 4 avr. 1922).

188. Capitalisation des intérêts échus. — La Cour de cassation a jugé que, lorsque les intérêts de l'emprunt souscrit par une société, au lieu d'être versés aux mains du créancier, sont capitalisés à son profit, cette capitalisation constitue légalement une distribution de ces intérêts, passible de la taxe sur le revenu (Cass. req. 13 juill. 1892, D. P. 93. 1. 257 ; — Civ. 3 déc. 1901, D. P. 1903. 1. 601 et nos observations dans la note 4, sous ce dernier arrêt). Il y a même raison de décider pour la capitalisation des intérêts des créances et dépôts sujets à l'impôt cédulaire : la taxe de 18 pour 100 est acquise au Trésor par le seul fait et sur le montant de la capitalisation des intérêts échus (*Rép. min. fin. quest.* de M. le député Périnard, du 8 nov. 1920, n° 5114, (*J. off.*, p. 3488, col. 1).

La même solution a prévalu au sujet des intérêts capitalisés dont bénéficient les ouvriers et employés d'une usine, pour leurs versements à une caisse de retraite privée, l'impôt étant, dans ce cas, acquitté à l'aide de timbres mobiles apposés sur le compte au crédit ou au débit duquel ces intérêts sont inscrits (*Rép. min. fin. quest.* de M. René Lefebvre, député, du 27 nov. 1923, *J. off.* 1924, p. 9).

189. Indemnité de remboursement anticipé. — Si une indemnité de remboursement anticipé d'un prêt peut parfois représenter l'escompte au profit du prêteur d'intérêts sur lesquels il croyait pouvoir compter et constituer, par suite, un produit de la créance, assimilable à un revenu passible de l'impôt cédulaire, il en est différemment et toute cause manque à l'exigibilité de cet impôt, lorsque cette indemnité offre le caractère d'un capital reçu par le prêteur en vertu d'une clause pénale et forme la compensation des dommages-intérêts que le prêteur a stipulés pour assurer l'entière exécution du contrat (Cass. req. 20 oct. 1925, D. H. 1925, p. 605).

190. Débiteur de la taxe. — D'après l'article 40-3° de la loi du 31 juillet 1917, non modifié sur ce point par la loi du 25 juin 1920, « le droit est à la charge exclusive du créancier, nonobstant toute clause contraire, quelle qu'en soit la date ; toutefois, le créancier et le débiteur en sont tenus solidairement. » Mais, ainsi que le décide l'article 52 de la loi du 25 juin 1920, l'impôt n'est exigible que si le créancier « a son domicile ou sa résidence habituelle en France ou y possède un établissement industriel ou commercial dont dépend la créance » (*Instr. Enreg.*, n° 3626-15).

191. Clause mettant l'impôt à la charge du débiteur. Nullité. — Le tribunal de la Seine a jugé qu'on doit tenir pour valable la clause d'un acte de prêt hypothécaire antérieur à la loi du 31 juillet 1917, stipulant le remboursement immédiat du prêt, au cas, où un impôt venant frapper le revenu de la créance, le débiteur ne voudrait ou ne pourrait l'acquitter (Trib. civ. Seine, 18 févr. 1922 et 22 juill. 1924, D. P. 1925. 2. 81). Depuis lors, le même tribunal a décidé, en sens contraire, que, l'article 40 de la loi de 1917 interdisant toute stipulation ayant pour but de rejeter sur le débiteur la charge de l'impôt, le créancier hypothécaire n'est pas recevable à se prévaloir d'une clause lui permettant d'exiger le remboursement anticipé du capital, au cas où un impôt viendrait à être établi sur les intérêts de sa créance (Trib. civ. Seine, 10 févr. 1925, D. P. 1925. 2. 81). Mais, sur l'appel formé contre le jugement susvisé du 22 juillet 1924, la cour de Paris, sanctionnant l'interprétation admise par ce jugement, a décidé, par un arrêt du 28 avril 1926, que la nullité résultant de l'article 40 de la loi du 31 juillet 1917 s'applique seulement aux clauses par lesquelles les parties « demeurant dans les liens du contrat, auraient stipulé le déplacement de la charge de l'impôt » et que ce texte ne met pas obstacle à une résiliation conditionnelle ; qu'au surplus, la clause de remboursement stipulée ne fait point supporter au débiteur l'impôt incombant au créancier, « puisqu'elle fait disparaître le prêt même, en sorte qu'il n'y aura plus ni prêteur, ni emprunteur » (Cie d'assurance *The Gresham, Rec. quest. fisc.* 1926, p. 279).

192. Créance grevant des immeubles situés à l'étranger. — L'impôt sur le revenu des créances est dû par le seul fait soit du payement des intérêts, de quelque manière qu'il soit effectué, soit de leur inscription au débit ou au crédit d'un compte, dès lors que le créancier a son domicile ou sa résidence habituelle en France ou y possède un établissement industriel ou commercial dont dépend la créance. — Il n'y a pas d'exception à l'égard des créances hypothécaires grevant des immeubles situés à l'étranger (*Rép. min. fin. quest.* de M. Paul Le Roux, sénateur, du 16 nov. 1920, *J. off.* 15 déc. 1920).

193. Mode de perception de l'impôt. — Il résulte des articles 40 de la loi du 31 juillet 1917 et 52-2 de celle du 25 juin 1920 et du décret réglementaire du 3 septembre 1920 (*J. off.* du 17 sept.), que la perception de l'impôt est actuellement assurée par la mise en œuvre de trois moyens différents, savoir :

1º Apposition de timbres mobiles, soit sur la quittance des intérêts payés en France, soit sur le compte de dépôt où leur inscription est opérée ;

2º Versement de la taxe sur bordereaux remis mensuellement par les banquiers ou sociétés de crédit qui ont déclaré opter pour ce mode de règlement et par les commerçants autorisés à cet effet ;

3º Payement de l'impôt sur déclarations annuelles pour les intérêts dont le règlement a eu lieu hors de France ou en France, mais sans création d'un écrit libératoire.

194. Apposition de timbres mobiles sur les quittances d'intérêts. — Lorsque le versement des intérêts, effectué en France, est constaté par une quittance ou un reçu, c'est sur cet écrit que le créancier acquitte l'impôt cédulaire, par voie d'apposition de timbres mobiles. A cet effet, un décret réglementaire du 13 janvier 1922 (*J. off.* du 25 janv., *Instr. Enreg.* 3731) a créé, par son article 6, pour le payement de l'impôt une série unique de timbres mobiles. Aux termes de l'article 2 du même décret, les timbres sont oblitérés par l'apposition à l'encre noire, en travers du timbre, de la signature de la personne qui donne quittance, ainsi que de la date de l'oblitération. Il peut y être suppléé par une griffe à l'encre grasse, faisant connaître la résidence, le nom ou la raison sociale de l'auteur de l'écrit libératoire et la date de l'oblitération du timbre.

195. Emprunts des sociétés. — Ainsi qu'on en a fait plus haut la remarque, l'impôt cédulaire établi par l'article 38 de la loi du 31 juillet 1917 laisse en dehors de son action les intérêts des emprunts des sociétés passibles de l'impôt sur le revenu des valeurs mobilières en vertu de la loi du 29 juin 1872. Cette taxe doit être avancée par la société chaque année, en quatre termes égaux. Par conséquent, le créancier hypothécaire d'une société anonyme ne serait pas fondé à exiger que le payement de l'impôt applicable aux intérêts de sa créance soit constaté au moyen de timbres apposés sur les reçus par lui délivrés à la société (*Rép. min. fin. quest.* de M. Sizaire, député, du 10 juin 1926, nº 8722, *J. off.* du 8 juill. 1926, débats, p. 2789, col. 2).

196. Intérêts inscrits au débit ou au crédit d'un compte. — C'est encore par l'apposition de timbres mobiles qu'est acquitté, sous réserve des exceptions ci-après spécifiées, l'impôt cédulaire exigible sur les intérêts inscrits au crédit ou au débit d'un compte de dépôt ouvert en France (*Instr.* 3626-15, p. 48, et *Instr.* 3736-24, citée *suprà; — Rép. min. fin. quest.* de M. Peyroux, député, du 14 mars 1923, *J. off.* de 1923, p. 1736).

197. Représentation du certificat de dépôt. — En règle générale, les timbres spéciaux créés pour l'acquit de la taxe du revenu doivent être apposés sur le compte même, lorsque les intérêts des sommes déposées ou prêtées sont inscrits au crédit du compte tenu par l'établissement dépositaire. Si, à défaut d'inscription au compte, le payement des intérêts est constaté par une mention libératoire apposée sur le certificat ou titre de dépôt, les timbres doivent être appliqués sur ce certificat (*Rép. min. fin. quest.* de M. le député Bartholoni, du 26 janv. 1923, *J. off.* de 1923, p. 771).

198. Payement de l'impôt sur bordereaux mensuels. — Dans un but de simplification, le décret du 3 septembre 1920 (*Instr.* 3639) accorde, par ses articles 1ᵉʳ et 3, à tout banquier ou société de crédit, la faculté de substituer à l'emploi de timbres mobiles, le règlement sur bordereaux mensuels, de l'impôt applicable aux intérêts des dépôts de sommes d'argent à vue ou à échéances fixes ouverts dans son établissement. Il suffit aux intéressés de déposer au bureau de l'enregistrement du siège de leur établissement une déclaration faisant connaître leur intention et la date à partir de laquelle cessera l'usage des timbres mobiles. Mais le décret leur impose l'obligation de tenir un registre spécial indiquant : 1º Le nom du titulaire de tout compte à intérêt passible de l'impôt, et, s'il y a lieu, le numéro ou matricule du compte ; — 2º le montant des intérêts ; — 3º la date de leur inscription au compte, les intérêts crédités et les intérêts débités figurant dans des colonnes distinctes et le déclarant restant tenu du payement de l'impôt afférent aux uns et aux autres.

Le montant de l'impôt à payer par le redevable est liquidé mensuellement d'après les énonciations de ce registre, qui peut être tenu en plusieurs volumes ouverts simultanément, sauf à informer préalablement l'Administration du nombre de ces volumes (*Solut.* 16 juin 1921, *Instr. Enreg.* 3700-20).

1. *Acomptes et bordereaux mensuels.* — Les établissements qui ont déclaré opter pour ce mode de perception doivent, dans les dix premiers jours de chaque mois, verser au receveur de l'enregistrement qui a reçu leur déclaration, à titre d'acompte, une somme égale aux quatre cinquièmes de l'impôt payé pendant le mois correspondant du dernier semestre.

Pour chaque mois et dans les trois mois qui suivent celui où l'opération a été effectuée, le redevable dépose entre les mains du même receveur un bordereau certifié faisant connaître le total des sommes à raison desquelles l'impôt est dû ainsi que le montant de l'impôt exigible.

S'il résulte des énonciations du bordereau mensuel qu'il est dû une somme supérieure à l'acompte versé, le complément est immédiatement acquitté. Si le versement effectué dépasse la somme due, l'excédent est imputé sur les sommes ultérieurement exigibles, ou remboursé si le redevable cesse son commerce.

2. *Droit de communication des agents de l'Administration.* — L'article 4 du décret du 3 septembre 1920 porte que les agents de l'enregistrement, sans préjudice des droits que la législation en vigueur leur confère à l'égard des sociétés, auront

toujours le droit de se faire communiquer sur place et de prendre copie tant du registre spécial dont il a été question ci-dessus que de tous comptes à intérêts ouverts par l'établissement financier. Constituées ou non en société, les maisons de banque sont, sans exception aucune, soumises à ce droit de communication, par cela seul qu'elles ont opté pour l'acquittement de l'impôt sur bordereaux mensuels.

199. Commerçant ouvrant des comptes. Autorisation spéciale. — Le régime fiscal qui vient d'être décrit s'applique, de plein droit et sur leur seule déclaration, aux banquiers et établissements de crédit. Les commerçants autres que les banquiers qui ouvrent des comptes pour dépôts ou prêts de fonds à intérêts peuvent aussi en réclamer le bénéfice, mais sur autorisation particulière (*Rép. min. fin. quest.* de M. Pays, député, du 25 sept. 1920, n° 4784, *J. off.*, p. 15. 696). Ainsi que le précise l'article 6 du décret du 3 septembre 1920, la demande en autorisation des intéressés est adressée au directeur de l'enregistrement, qui statue.

200. Intérêts payés à l'étranger ou en France sans création d'un écrit. — Aux termes de l'article 52-3° de la loi du 25 juin 1920, « lorsque le payement des intérêts ou leur inscription au débit ou au crédit d'un compe est effectué hors de France, ou que le payement des intérêts a lieu en France, sans création d'un écrit pour le constater, le créancier doit souscrire au bureau de l'enregistrement la déclaration du montant de ces intérêts et acquitter la taxe sur ce montant, dans les trois premiers mois de l'année suivante. »

La déclaration prévue par ce texte est faite au bureau de l'enregistrement, dans les trois premiers mois de l'année ; elle englobe les intérêts encaissés au cours de l'année écoulée ; si elle est verbale, au lieu d'être formulée par écrit, cette déclaration est certifiée, sur le registre du receveur, par la signature du créancier ou de son mandataire muni d'un pouvoir régulier. Elle doit être accompagnée du payement des droits (*Instr. Enreg.* 3626-15).

201. Dépôts de fonds au Trésor et à la Caisse des dépôts et consignations. — La perception de l'impôt sur le revenu afférent aux intérêts des fonds particuliers déposés au Trésor et à la Caisse des dépôts et consignations a été réglementée par deux circulaires du 8 août 1923 (*Instr. Enreg.* 3793) et du 14 juin 1924 (n° 276) adressées aux comptables du Trésor. Ainsi que l'explique l'instruction du 8 juillet 1924, n° 3819, les comptables et préposés ont le choix d'acquitter cet impôt, soit en apposant des timbres mobiles sur le compte même, soit en déposant au bureau de l'enregistrement les extraits prévus par le décret du 3 septembre 1920. Ajoutons que ce dernier mode de règlement se traduit, non par des versements en espèces, mais par la remise au receveur de l'enregistrement d'un récépissé à comprendre dans sa comptabilité.

202. Contraventions et pénalités. — Aux termes de l'article 40 de la loi du 31 juillet 1917, complété par l'article 53 de la loi du 25 juin 1920, les pénalités pour contraventions en matière d'impôt sur les intérêts des créances, dépôts et cautionnements se divisent en deux catégories nettement distinctes :

1° Une amende fixe de 50 francs, augmentée des décimes, pour chaque infraction constatée et par chaque contrevenant, créancier et débiteur ;

2° Une amende proportionnelle du quintuple du droit dont le Trésor a été frustré, également sujette aux décimes, qui est à la charge exclusive du créancier et *qui se superpose à l'amende fixe* incombant personnellement à celui-ci. D'après l'article 40 de la loi du 31 juillet 1917, cette pénalité du quintuple droit est due pour chacune des années, au maximum de dix, qui ont précédé celle de la découverte de l'infraction; elle n'est pas exigible si la contravention est constatée dans l'année même où elle a été commise (*Solut. Enreg.* 9 févr. 1921).

203. Emploi d'un timbre insuffisant. — La contravention résultant de l'emploi d'un timbre mobile insuffisant entraîne l'application de l'amende fixe de 50 francs en principal, à l'encontre de chacun des codébiteurs solidaires de l'impôt (prêteur et emprunteur), et, en outre, la pénalité du quintuple droit à la charge du créancier. Mais l'amende proportionnelle ne doit être calculée que sur la fraction d'impôt non couverte par le timbre insuffisant dont la quittance se trouve revêtue : c'est le droit dont le Trésor a été privé qui doit être porté au quintuple.

204. Oblitération irrégulière des timbres mobiles. —

Du moment où l'exigibilité du quintuple droit implique essentiellement l'existence d'un préjudice, total ou partiel, subi par le Trésor, le défaut d'oblitération des timbres mobiles apposés ou leur oblitération incomplète ne justifierait que la réclamation des amendes fixes de 50 francs, à l'exclusion du quintuple droit.

205. Compte de dépôt. Pénalité incombant au créancier.

— Lorsqu'une société inscrit au crédit des comptes de dépôt ouverts à ses correspondants les intérêts dont elle est débitrice, sans effectuer la retenue de l'impôt, les seules pénalités exigibles sont les amendes fixes de 50 francs en principal encourues par la société pour chaque contravention (*Solut.* 10 janv. 1922, *Instr. Enreg.* 3736-24).

De même, l'inscription des intérêts faite au débit du compte tenu par le créancier ne constitue, en cas de non-apposition du timbre, une contravention qu'à la charge de ce dernier et n'entraîne que l'amende fixe et, le cas échéant, la quintuple taxe lui incombant, à l'exclusion de l'amende qui frappe le débiteur (*Solut.* 11 févr. 1922, *Instr. Enreg.* 3736-24).

206. Quittance notariée. —

Les deux amendes fixes sont seules dues, à l'exclusion de la quintuple taxe, lorsqu'une quittance notariée d'intérêts n'a pas été revêtue sur la minute de timbres spéciaux (*Solut.* 9 févr. 1921, *Instr. Enreg.* 3700-24).

Le notaire n'encourt aucune amende personnelle si les parties ne lui remettent pas, pour être apposés sur son acte, les timbres représentant le montant de l'impôt. Mais il est passible de l'amende de 50 francs, s'il n'oblitère pas ou oblitère irrégulièrement les timbres apposés sur une quittance notariée d'intérêts (*Solut.* 13 déc. 1921, *Instr. enreg.* 3700-24).

207. Actes notariés. Lecture. —

L'article 25 de la loi du 31 décembre 1921 (*J. off.* 1er janv. 1922) prescrit au notaire qui reçoit un acte d'obligation de donner lecture aux parties des articles 38 et 40 de la loi du 31 juillet 1917, 50-1º et 52-1º de la loi du 25 juin 1920 ; il stipule, en outre, que mention expresse de cette lecture sera faite dans l'acte, à peine contre le notaire d'une amende de 100 francs, comportant l'addition de cinq décimes. Cette disposition se limite aux actes contenant, à titre principal et prédominant, des obligations de sommes ou valeurs dans les termes de l'article 69, paragraphe 3, n⁰ 3, loi du 22 frimaire an VII (contrats, transactions, promesses de payer, arrêtés de comptes, etc.). Elle ne concerne pas les obligations non productives d'intérêts (*Instr. Enreg.* 3721-5).

208. Décimes des pénalités. — Question traitée plus loin, au chapitre des *Règles communes.*

209. Remise des pénalités. Pouvoir de statuer. Décret du 19 janvier 1926. — Aux termes d'un décret du 19 janvier 1926 (*J. off.* du 21 janv., *Instr. Enreg.* du 22 févr. 1926, n⁰ 3888), le pouvoir de statuer sur les demandes des redevables tendant à obtenir la remise des amendes, droits ou demi-droits en sus en matière d'impôts recouvrés par le service de l'enregistrement, est conféré, quelle que soit la nature des droits, au directeur général pour les pénalités n'excédant pas 40 000 francs, et aux directeurs départementaux dans tous les cas où les pénalités ne dépassent pas 10 000 francs. Les amendes, fixes ou proportionnelles, qui sanctionnent l'application de l'impôt sur le revenu des créances, dépôts et cautionnements, rentrent dans les prévisions de ce décret.

§ 4. — RECOUVREMENT DE L'IMPOT ET INSTANCES

210. Référence aux règles établies en matière d'enregistrement. — L'article 41-1⁰ de la loi du 31 juillet 1917 est ainsi conçu :

« Le recouvrement de l'impôt sur le revenu des capitaux mobiliers sera assuré et les instances seront introduites et jugées comme en matière d'enregistrement. »

C'est donc au receveur de l'enregistrement du domicile du contribuable ou de son principal établissement qu'il appartient, en cas de poursuite, de mettre en mouvement l'action personnelle du Trésor t ndant au recouvrement de la taxe et des pénalités exigibles. L'acte initial de la poursuite est une contrainte, décernée par ce receveur, visée et rendue exécu-

toire par le juge de paix du canton où est établi le bureau
d'où elle émane (Cass. civ. 10 nov. 1812, *Instr.* 1537-68).

211. Opposition aux poursuites. Tribunal compétent.

— Le contribuable poursuivi en payement de l'impôt cédulaire et des pénalités applicables aux intérêts des créances,
dépôts et cautionnements ne peut arrêter l'exécution de la
contrainte que par une opposition motivée, signifiée par exploit
d'huissier, à la Régie de l'enregistrement, avec assignation
devant le *tribunal civil* dans le ressort duquel est situé le
bureau d'où émane la contrainte (Cass. civ. 26 févr. 1901,
D. P. 1901. 1. 219 ; — civ. 17 juin 1901, D. P. 1903. 1. 77).
Aux termes de l'article 7 de la loi du 30 avril 1921, il a le droit
de présenter, par lui-même ou par le ministère d'un avocat
inscrit au tableau, des explications orales en cours d'instance. La même faculté appartient à l'Administration (*Instr.
Enreg.* 3690).

212. Jugement. Conditions de validité. — Le jugement

doit, à peine de nullité, constater qu'il a été rendu sur le rapport d'un juge, fait en audience publique du tribunal, et le
ministère public entendu dans ses conclusions (Cass. civ.
24 févr. 1914, *Instr.* 3413-14). Le tribunal est également tenu
de motiver sa décision, pour chaque chef distinct de conclusions (Cass. civ. 24 nov. 1908, D. P. 1911. 1. 65).

Enfin, le jugement est nul, s'il s'abstient de mentionner
les mémoires produits en cours d'instance et dont le tribunal
a fait état (Cass. civ. 24 févr. 1914, *Instr.* 3413-14).

213. Pourvoi en cassation. — Les jugements rendus en

matière d'enregistrement et, par suite, en matière d'impôt sur
le revenu des créances, dépôts et cautionnements, ne sont pas
susceptibles d'appel. La seule voie de recours qui soit ouverte
contre les décisions du tribunal civil, tant à l'Administration
de l'enregistrement qu'au contribuable, est un pourvoi devant
la Cour de cassation. Un pourvoi porté devant le Conseil
d'État serait irrecevable (L. 22 frim. an VII, art. 65).

La requête introductive du pourvoi doit être signée par un
des avocats à la Cour de cassation et déposée au greffe de cette
Cour, dans un délai de deux mois, à compter de la signification du jugement ou, — s'il est par défaut, — à compter du

jour où l'opposition n'est plus recevable (L. 2 juin 1862, art. 1er, *Code proc. civ.*, art. 156 à 159). Le demandeur est tenu de joindre à sa requête la copie signifiée ou une expédition en forme du jugement attaqué et la quittance de la consignation.

214. Perception des intérêts annulée. Restitution de la taxe. — Lorsque le fait générateur de l'impôt sur le revenu, à savoir le payement des intérêts ou leur inscription au débit ou au crédit d'un compte, vient à être annulé, cette annulation régulièrement constatée ouvre, au profit du créancier, le droit à restitution de la taxe. Cette restitution doit être réclamée par une pétition sur papier timbré adressée au directeur départemental de l'enregistrement (*Rép. min. fin. quest.* de M. Charles Bernard, député, du 8 mai 1923, *J. off.* 1923, p. 3446).

215. Prescription. — L'article 41 de la loi du 31 juillet 1917 déclare applicable aux actions respectives du Trésor et des contribuables, en payement ou en restitution de la taxe sur les intérêts des créances, la prescription établie par l'article 21 de la loi du 26 juillet 1893 (D. P. 94. 4. 110).

Cette prescription est de cinq ans ; elle s'applique aux droits ou suppléments de droits et aux amendes (*Instr. Enreg.* du 4 nov. 1895, D. P. 96. 5. 611). Toutefois, l'amende du quintuple droit incombant au créancier dans les conditions plus haut déterminées peut être répétée pour chacune des dix années antérieures à celle de la découverte de la contravention (L. 31 juill. 1917, art. 40-3).

La prescription quinquennale est également opposable à l'action des contribuables, en restitution de taxe indûment perçue. Le délai court du jour de la perception (*même Instr.*).

216. Dégrèvement sur l'impôt foncier pour dette hypothécaire. — V. *infrà, Règles communes*.

217. Régime applicable en Alsace et Lorraine. — V. chapitre des *Règles communes*.

218. Extension à l'Algérie. — V. *infrà, ibid*.

§ 5. — **MESURES DE GARANTIE — RADIATION DES INSCRIPTIONS**

219. Vente de fonds de commerce. Radiation de l'inscription de privilège. Justification. — Ainsi qu'on l'a vu plus haut (n⁰ 151), l'article 81 de la loi du 13 juillet 1925, en vue de garantir le payement de l'impôt sur le revenu applicable aux intérêts des prix de vente de fonds de commerce, subordonne la radiation de l'inscription du privilège du vendeur à la justification du payement de l'impôt. La forme et le mode de production de ces justifications ont été déterminés par un décret du 26 octobre 1925 (*J. off.* des 2 et 3 nov. 1925, *Instr. Enreg.* du 24 déc. 1925, n⁰ 3879).

Aux termes de ce décret (art. 1ᵉʳ), le greffier du tribunal de commerce, qui est requis de radier une inscription de privilège prise pour la garantie du prix de la vente d'un fonds de commerce, doit, avant de satisfaire à cette réquisition, exiger la production de l'expédition du titre de la créance et des pièces justificatives du payement de l'impôt sur le revenu. Comme l'explique l'*Instruction* précitée du 24 décembre 1925, « ces pièces justificatives diffèrent, suivant que l'impôt a été acquitté au moyen de timbres mobiles ou au vu d'une déclaration. Dans le premier cas, si des quittances d'intérêts ont été délivrées en France, le requérant doit produire les originaux de chacune des quittances sous seing privé ou des expéditions des quittances authentiques. Dans le second cas, s'il n'a pas été délivré de quittance ou si le payement des intérêts a été effectué hors de France, la partie doit remettre au greffier des extraits *parte in quâ*, délivrés par le receveur de l'enregistrement compétent, de chacune des déclarations souscrites par le créancier, dans les trois premiers mois de chaque année, pour les intérêts encaissés au cours de l'année précédente. Au vu des pièces justificatives, le greffier doit établir un décompte faisant ressortir, d'une part, le détail, année par année, des intérêts courus jusqu'au jour de l'acte de mainlevée, dont la date sera indiquée à la suite des renseignements qui figurent dans l'intitulé du décompte, et, d'autre part, le détail des pièces justificatives des intérêts soumis à l'impôt avec le montant de ces intérêts » (p. 3).

« Si, de cette comparaison, porte l'article 3 du décret du 26 octobre 1925, il résulte que l'impôt a été intégralement acquitté, il peut être procédé à la radiation ; il en est de même si la créance n'était pas productive d'intérêts. Si, au contraire, l'impôt n'a pas été acquitté, soit sur la totalité, soit sur une fraction des intérêts, ou bien encore si les quittances sous seing privé d'intérêts ne sont pas revêtues de timbres mobiles en nombre suffisant, le greffier surseoit à la radiation et, dans la huitaine de la réquisition de la radiation, il transmet au receveur de l'enregistrement de sa résidence, en double exemplaire, le décompte visé à l'article précédent ; il y joint les pièces justificatives produites par les parties en conformité de l'article 1er. Il est accusé réception de ces documents. Après examen et rectification, le cas échéant, du décompte, le receveur de l'enregistrement poursuit le recouvrement de l'impôt et des pénalités reconnues exigibles. Lorsque l'impôt et les pénalités ont été acquittés, le receveur de l'enregistrement en avise le greffier au pied de l'un des exemplaires de la formule de décompte qu'il lui renvoie séance tenante ainsi que les pièces justificatives communiquées. Le greffier peut alors procéder à la radiation. »

Les décomptes sont conservés par les greffiers pendant cinq ans à compter de la radiation. Les pièces justificatives du payement de l'impôt sur les intérêts ne peuvent être restituées aux requérants que deux ans après la radiation (art. 4 du décret).

220. Sanctions. — On lit à ce sujet, dans l'*Instruction* du 24 décembre 1925 :

« Les greffiers qui contreviendraient aux dispositions de l'article 81 de la loi du 13 juillet 1925 et du décret du 26 octobre suivant, seraient personnellement passibles d'une amende de 1 000 à 5 000 francs, soit de 1 800 à 9 000 francs, décimes compris. Cette amende serait encourue, notamment, dans les cas suivants : radiation sans que les pièces prescrites aient été produites ou sans qu'il ait été justifié du payement intégral de l'impôt ; défaut de rédaction du décompte ; défaut de communication ou communication tardive au receveur des pièces révélant une insuffisance de perception. Mais ces contraventions ne rendraient pas les greffiers responsables des droits et pénalités à la charge des parties. »

221. Intérêts courus antérieurement à la loi du 13 juillet 1925. — Les dispositions, ci-dessus analysées, de l'article 81 de la loi du 13 juillet 1925 subordonnent la radiation de l'inscription du privilège du vendeur d'un fonds de commerce à la justification que l'impôt a été acquitté sur les intérêts du prix, sans distinguer suivant que ces intérêts sont antérieurs ou postérieurs à la promulgation de ladite loi (*Rép. min. fin. quest.* de M. Milan, sénateur, du 28 mai 1926, n° 7494, *J. off.* du 9 juill. 1926, débats, p. 1348, col. 2).

222. Extension de la mesure précédente. Loi du 29 avril 1926. — Généralisant la mesure de garantie dont le commentaire précède, l'article 18 de la loi de budget du 29 avril 1926 (D. P. 1926. 4209) porte ce qui suit :

« L'article 81 de la loi de finances du 13 juillet 1925 est complété par la disposition suivante : Les inscriptions de tous autres privilèges, hypothèques ou nantissements, prises pour la garantie des créances productives d'intérêts, ne pourront être radiées que s'il est justifié que l'impôt édicté par l'article 38 de la loi du 31 juillet 1917 a été acquitté sur les intérêts. Un décret déterminera la forme et le mode de production des justifications. Les conservateurs des hypothèques, les receveurs des douanes et les greffiers des tribunaux de commerce qui contreviendront aux dispositions du présent article et du décret prévu à l'alinéa qui précède, seront personnellement passibles d'une amende de 1 000 à 5 000 francs. Le délai de conservation du privilège inscrit à l'article 28 de la loi du 17 mars 1909 est porté de cinq à dix années. »

Cette disposition, qui aggrave singulièrement la responsabilité des conservateurs des hypothèques, est applicable à partir de la mise en vigueur de la loi du 29 avril 1926. En attendant la publication du décret à intervenir, il appartient aux conservateurs de s'assurer, avant de procéder à la radiation requise, que le Trésor a été entièrement désintéressé et, en particulier, d'apprécier la valeur des pièces justificatives qui leur sont présentées et qui peuvent consister, en principe, soit dans des quittances d'intérêts dûment timbrées, soit dans des extraits des déclarations faites par les créanciers au bureau de l'enregistrement, conformément à l'article 52 de la loi du 25 juin 1920 (*Rép. min. fin. quest.* de M. Tranchand, député, du 8 juin 1926, n° 8681, *J. off.* du 8 juill. 1926, débats, p. 2789, col. 2 ; — de M. Adenis, député, du 6 juill. 1926, n° 9032, *J. off.* du 29 août 1926, p. 3291 ; — et de M. de Kervenoæl, député, du 15 juill. 1926, n° 9139, *J. off.* du 29 août 1926, p. 3292, col. 3).

223. Emprunts des sociétés et établissements publics. — Il va de soi que les justifications requises par l'article 18 de la loi du 29 avril 1926, préalablement à la radiation des inscriptions de privilèges et d'hypothèques, ayant pour but de garantir le payement de l'impôt cédulaire institué par l'article 38 de la loi du 31 juillet 1917, deviennent sans objet et ne peuvent plus être exigées lorsque l'inscription dont la radiation est demandée au conservateur a été prise pour sûreté d'un emprunt contracté par une société anonyme ou toute autre collectivité passible de la taxe sur le revenu des capitaux mobiliers, en vertu des lois du 29 juin 1872 et du 29 mars 1914 (V. en ce sens, *Rép. min. fin. quest.* de M. Sizaire, député, du 10 juin 1926, n° 8722).

CHAPITRE IV

BÉNÉFICES INDUSTRIELS ET COMMERCIAUX

§ 1er. — PERSONNES ASSUJETTIES

224. Lois organiques. — L'impôt cédulaire sur les bénéfices industriels et commerciaux a été établi par les articles 2 et suivants du titre premier de la loi du 31 juillet 1917 (D. P. 1917. 4. 281). Mais cette loi organique a été modifiée et complétée à plusieurs égards par de nombreuses lois ultérieures, qui seront successivement analysées au fur et à mesure du développement de notre sujet. Parmi ces textes additionnels, il suffira, quant à présent, de signaler les dispositions de la loi du 25 juin 1920 concernant l'abattement de base et les réductions pour charges de famille ; — de la loi du 30 juin 1923 (D. P. 1924. 4. 89), réduisant à deux mois le délai imparti pour la remise au contrôleur du compte de profits et pertes et rattachant à la cédule des salaires les façonniers, artisans, mariniers, et autres contribuables du même groupe, précédemment classés dans la cédule des bénéfices commerciaux ; — de la loi du 16 avril 1924 (D. P. 1924. 4. 253) organisant un régime d'exception en faveur du petit commerce et de la petite industrie ; — de la loi du 13 juillet 1925 (D. P. 1925. 4. 281) assujettissant à l'impôt, dans les conditions qu'elle détermine, les opérations portant sur l'achat ou la revente des immeubles ou fonds de commerce, les tantièmes des administrateurs des sociétés anonymes, les entreprises d'assurances, de capitalisation ou d'épargne ; — de la loi du 4 avril 1926 (*Bull. législ. Dalloz*, 1926, p. 203) réglant sur de nouvelles bases l'évaluation des bénéfices commerciaux et industriels, le bénéfice net effectif étant seul retenu par le calcul de l'impôt, à l'exclusion de toute détermination à forfait en fonction du chiffre d'affaires ; —

de la loi du 29 avril 1926 (*Bull. législ. Dalloz,* 1926, p. 214), — et, enfin, de la loi du 3 août 1926 (*J. off.* du 4 août, p. 8786), majorant de 50 pour 100, non seulement l'impôt établi sur les intérêts des créances, dépôts et cautionnements, mais encore les nouveaux tarifs de l'impôt sur les bénéfices commerciaux institués par l'article 9 de la loi du 4 avril précédent.

225. Principe général. — L'article 2 de la loi du 31 juillet 1917 formule, dans les termes suivants, le principe de l'exigibilité de l'impôt cédulaire sur les bénéfices industriels et commerciaux :

« Il est établi un impôt annuel sur les bénéfices des professions commerciales et industrielles réalisés pendant l'année précédente ou dans la période de douze mois dont les résultats auront servi à l'établissement du dernier bilan, lorsque cette période ne coïncide pas avec l'année civile. »

226. Détermination de la qualité de commerçant. — En principe, on doit considérer comme commerçants ceux qui exercent des actes de commerce et en font leur profession habituelle » (*C. comm.*, art. 1er).

La question de savoir si un individu est commerçant, au sens attribué à ce mot par l'article précité du Code de commerce, relève de l'appréciation du juge du fond. Au nombre des circonstances qui impliquent le plus habituellement l'exercice d'une profession commerciale, l'Administration a signalé, dans son *Instruction* du 29 août 1920, relative à la taxe sur le chiffre d'affaires, l'inscription d'une personne sur la liste des électeurs consulaires, bien que ce critérium soit parfois en défaut (Cass. civ. 28 nov. 1898, D. P. 99. 1. 340).

A première vue, il semble que l'inscription d'un contribuable au rôle de la patente permette, par elle-même, de le ranger dans la catégorie des professionnels du commerce ou de l'industrie, puisque, d'après l'article 1er de la loi organique du 15 juillet 1880 (D. P. 81. 4. 1), reproduction textuelle de l'article 1er de la loi du 25 avril 1844 (*Bull. des lois*, n° 11 262), tout individu qui exerce en France un commerce ou une industrie est assujetti à la contribution des patentes. Mais cette conclusion serait trop absolue. S'il est certain que tout commerçant ait la qualité de patentable, la réciproque n'est point vraie. La patente englobe, en effet, dans son cercle d'action plusieurs professions qui n'ont rien de commercial et qui sont classées au tableau D annexé à la loi du 15 juillet 1880.

227. Immatriculation sur le registre de commerce. — Un indice plus sûr de la qualité de commerçant est l'immatriculation de celui-ci au registre du commerce tenu au greffe de chaque tribunal de commerce ou, à défaut, du tribunal civil, en exécution de la loi du 18 mars 1919 et du décret réglementaire du 15 mars 1920 (*J. off.* du 19 mars 1919 et du 27 mars 1920, D. P. 1920. 4. 87 et 89).

Cette immatriculation a pour base la déclaration en double exemplaire déposée au greffe par le requérant ; elle est prescrite, à peine d'une amende de 16 à 200 francs prononcée par le tribunal de commerce. Une loi complémentaire du 23 juin 1920 (*J. off.* du 29 juin 1920, p. 9 110) exige, à l'appui des requêtes à fin d'immatriculation, un ensemble de justifications rigoureusement réglementées.

228. Carte de commerce. — Aux termes de l'article 7 de la loi du 31 décembre 1921 (D. P. 1923. 4. 41), « toute per·sonne se livrant en France, ailleurs qu'en boutique ou magasin, à des ventes d'objets ou marchandises quelconques, est tenue, à toute réquisition des magistrats et fonctionnaires compétents, de justifier, soit qu'elle est inscrite au registre du commerce, soit qu'elle opère en qualité de commis ou employé pour le compte d'une personne inscrite audit registre, et, à défaut, de produire une carte de commerce, qui lui est délivrée après payement d'une somme suffisante pour garantir le recouvrement des droits dus au titre de l'impôt sur le chiffre d'affaires et des impôts sur les revenus. »

Cette carte de commerce, délivrée en conformité de l'article 5 du décret du 31 mai 1922 (D. P. 1923. 4. 70) pour une durée de trois mois, est renouvelable sans nouvelle consignation, si le titulaire justifie, à la fois, du payement de la taxe sur le chiffre d'affaires et de l'impôt cédulaire sur les bénéfices commerciaux et industriels. La délivrance de ces cartes constitue, dans la sphère d'action qui lui est propre, un élément d'appréciation qui ne saurait être négligé.

229. Ventes de produits agricoles. Distinction à établir. — Lorsque ces opérations ne sont que l'accessoire et le complément indispensable des travaux de culture, ou leur prolongement normal et usuel, les bénéfices à la réalisation desquels elles donnent lieu ne doivent pas être considérés comme distincts, par leur nature, de ceux de l'exploitation agricole. — Dans le cas contraire, les bénéfices dont elles sont la source doivent être rangés dans la catégorie des bénéfices industriels et commerciaux pour être taxés comme tels. — V. *suprà*, nᵒˢ 84 et 86.

230. Entreprise de location d'immeubles. — Une entreprise de location d'immeubles n'a rien de commercial, elle est purement civile (Lyon-Caen et Renault, 3ᵉ édit., t. 1ᵉʳ, nᵒ 110 *bis* ; — Cass. req. 31 juillet 1899, D. P. 1900. 1. 190). Aussi l'Administration des contributions directes admet-elle que les opérations de l'espèce s'excluent, par leur nature, de la cédule des bénéfices commerciaux et industriels et ne relèvent que de l'impôt sur les bénéfices des professions non commerciales (*Instr.* du 30 mars 1918, art. 3-*a*).

Mais, pour qu'il en soit ainsi, il faut que l'entrepreneur de locations opère en son nom personnel ; s'il se bornait au rôle d'intermédiaire entre les intéressés, moyennant commission ou salaire, son agence de locations tomberait sous l'action de l'impôt cédulaire des bénéfices commerciaux et industriels.

231. Location d'immeuble et de son outillage industriel. — La société anonyme ou le particulier qui donne à bail un immeuble avec un matériel et un outillage industriel, est passible de l'impôt cédulaire des bénéfices commerciaux et industriels, sur le revenu provenant de cette location ; mais, en vertu du principe de la non-superposition des taxes cédulaires, le contribuable ne doit cet impôt que pour la fraction de revenu afférente à l'outillage ou au mobilier non assujettis à la contribution foncière (*Rép. min. fin. quest.* de M. Couteaux, député, du 8 juin 1926, nᵒ 8668, *J. off.* du 17 juillet 1926, p. 2955, col. 3).

232. Marchands d'immeubles ou de fonds de commerce. Loi du 13 juillet 1925. — Antérieurement à la loi du 13 juillet 1925, les personnes ou sociétés qui se livraient, soit comme intermédiaires, soit pour leur propre compte, aux opérations d'achat ou de vente d'immeubles ou de fonds de commerce n'étaient passibles de l'impôt sur les bénéfices industriels et commerciaux que dans le cas où ils pouvaient être envisagés comme tenant une agence d'affaires. La loi du 13 juillet 1925 a modifié cette situation, par la disposition ci-après de son article 39 :

« Sera considérée comme commerçante, soumise à l'impôt sur le chiffre d'affaires et à l'impôt sur les bénéfices industriels et commerciaux, toute personne ou société se livrant à des opérations d'intermédiaires pour l'achat ou la vente des immeubles ou des fonds de commerce ou qui, habituellement, achète en son nom les mêmes biens, dont elle devient propriétaire, en vue de les revendre. »

Ainsi que l'explique l'*Instruction de l'Enreg.* du 15 juillet 1925, nº 3860-4, ce texte envisage deux catégories d'opérations distinctes :

« 1º Celles qui sont accomplies à titre d'intermédiaire : c'est l'hypothèse où le professionnel se charge, moyennant une commission, de vendre des immeubles ou des fonds de commerce pour le compte d'un tiers, sans acquérir la propriété de ces biens ;

« 2º Celles où le professionnel agit en tant que propriétaire, nanti d'un titre d'acquisition, et où sa rémunération consiste dans l'excédent de prix qu'il réalise en revendant l'immeuble ou le fonds de commerce.

« Dans les deux cas, la loi ne vise que les opérations résultant d'un commerce habituel, que révélera la répétition fréquente des transactions ; elle n'atteint pas les opérations isolées. »

233. Déclaration d'existence. — Le même article impose aux personnes physiques ou morales rentrant dans ses prévisions l'obligation de souscrire une déclaration d'existence au bureau de l'enregistrement du siège de leur entreprise et, le cas échéant, de chacune de leurs succursales ou agences, dans le mois qui a suivi la promulgation de la loi du 13 juillet 1925, et, pour l'avenir, dans le délai d'un mois à compter du commencement de leurs opérations. Ces déclarations doivent indiquer les nom, prénoms et adresse du contribuable, et le siège social, s'il s'agit d'une société (*Instr. Enreg.* précitée, p. 12).

234. Tenue de répertoires. — Les professionnels dont il vient d'être question sont astreints, en outre, à la tenue de deux répertoires, dont la forme est réglementée par un décret du 11 août 1925 (*J. off.* du 13 août)et sur lesquels ils inscrivent jour par jour, sans blanc ni interligne et par ordre de numéros, d'une part, tous les actes se rattachant à leur profession d'intermédiaire (mandats, contrats de commission, options, etc.), — d'autre part, les acquisitions, ventes, promesses de vente réalisées en tant que propriétaires, sans distinguer entre les contrats notariés ou sous seings privés (même *Instr.*, p. 14).

235. Droit de communication. — Les personnes ou sociétés visées par l'article 39 de la loi du 13 juillet 1925 sont assujetties, aussi bien vis-à-vis des agents de l'enregistrement que de ceux des contributions directes, au droit de communication prévu par les articles 22 de la loi du 23 août 1871 et 7 de la loi du 21 juin 1875, sous peine de l'amende et de l'astreinte édictées par l'article 5 de la loi du 17 avril 1906. Ce droit de communication est d'ailleurs absolument général (*Instr. Enreg.* précitée, p. 14 ; et *Circul. des contr. dir.* du 29 août 1925, n° 1448, p. 13).

236. Sanctions. — Toute infraction aux règles édictées par l'article 39 de la loi de 1925 : défaut de déclaration d'existence, absence de répertoires ou irrégularité dans leur tenue, omission d'un acte sur le répertoire, etc., entraîne, à l'encontre de son auteur, une amende de 1 000 à 10 000 francs par contravention (*Instr. Enreg.* du 15 juillet 1925, p. 15).

237. Entreprises de constructions ou de travaux publics. — L'entrepreneur de constructions qui fournit les matériaux nécessaires à l'entreprise fait acte de commerce et est commerçant (Dalloz, *Jur. gén., suppl.*, v° *Acte de commerce*, n°ˢ 200 et suiv. ; Cass. req. 13 mai 1901, D. P. 1902. 1. 70 ; — Paris, 2 mai 1902, D. P. 1902. 2. 454). Et il en est ainsi, non seulement lorsque l'entrepreneur fournit lui-même les matériaux, mais encore lorsqu'il ne fournit que la main-d'œuvre (Cass. req. 20 octobre 1908, D. P. 1909. 1. 246). La qualité de commerçants appartient aussi aux entrepreneurs ou concessionnaires de travaux publics (Cass. civ. 15 janv. 1900, D. P.

1900. 1. 97 et la note — Conf., *Rép. min. fin. quest. écr.* de M. Rochereau, député, du 8 nov. 1921, *J. off.* 1921, p. 4778).

238. Camionneur. Entreprise de transports. — S'il fournit lui-même l'attelage qui lui sert à effectuer les transports de marchandises entre la gare et la ville, le camionneur doit être considéré comme exerçant la profession d'entrepreneur de transports et soumis, à ce titre, à l'impôt sur les bénéfices industriels et commerciaux, bien qu'il n'occupe aucun employé (*Rép. min. fin. quest.* de M. le député Barthe, du 15 mars 1924, *J, off.* 1924, p. 2192, et de M. Carrère, sénateur, du 26 juillet 1924, *J. off.* 1924, p. 1204 (charrois) ; — *Cons. d'Ét.*, 20 juill. 1923, *Bull. des contrib. dir.*, 1923, p. 475 ; — 26 juin 1925, D. P. 1926. 3. 35). Spécialement est imposable au titre des bénéfices commerciaux et industriels le contribuable qui, au moyen d'un attelage lui appartenant et entretenu à ses frais, transporte et remet, chaque jour, aux membres d'une boulangerie coopérative le pain fabriqué par celle-ci, alors d'ailleurs qu'il règle sa tournée à sa guise, peut se substituer un tiers en cas d'empêchements et que, ses obligations remplies, il reste libre de son travail et de son temps (*Cons. d'Ét.*, 22 mai 1925, D. P. 1926. 3. 35).

239. Ramasseur de lait. — Le caractère d'entrepreneur de transport cotisable, en cette qualité, à la cédule des bénéfices industriels, appartient également au ramasseur de lait, qui travaille pour le compte d'une laiterie, moyennant une rémunération fixe mensuelle augmentée d'une prime de 5 centimes par litre de lait ramassé au-dessus de 400 litres, du moment où il effectue cette opération avec un attelage lui appartenant (*Rép. min. fin. quest.* de M. Poitou-Duplessy, député, du 10 juin 1926, p. 8721, *J. off.* du 8 août 1926, p. 3256, col. 3).

240. Entrepreneur du transport de dépêches. — Le courrier qui s'engage, par un marché de gré à gré, avec l'Administration des Postes, à assurer le transport des dépêches, ne pouvant être assimilé à un commis, est passible de la patente et de l'impôt sur les bénéfices commerciaux et industriels. Toutefois, s'il effectue, lui-même, ce transport à bicyclette, l'intéressé ne fournissant alors que ses services personnels, doit être considéré comme exerçant une profession non commerciale et être imposé comme tel (*Rép. min. fin. quest.* de M. Victor Boret, député, du 10 juin 1926, n° 8727, *J. off.* du 17 juill. 1726, p. 2956, col. 1).

241. Agents de change. — Bien qu'ils soient compris dans l'énumération limitative des officiers ministériels, auxquels l'article 91 de la loi du 28 avril 1816 concède le droit de présentation, les agents de change sont des commerçants (Lyon, 3 mars 1885, D. P. 86. 2. 112 ; — V. aussi, Cass. 25 juill. 1864, S. 64. 1. 500). Ils sont passibles, en cette qualité, de l'impôt cédulaire des bénéfices commerciaux et industriels.

242. Courtiers maritimes. — Les courtiers maritimes, malgré leur qualité d'officiers ministériels, sont commerçants et justiciables du tribunal de commerce (L. du 8 déc. 1883, D. P. 84. 4. 9 ; — Trib. comm. Nice, 12 nov. 1907, D. P. 1908. 5. 11). Comme tels, ils s'inscrivent dans la cédule des bénéfices commerciaux et industriels (Conf. *Instr.* du 30 mars 1918, art. 3-*d*).

243. Agréés, syndics et autres auxiliaires de la justice. — Par contre, on ne peut considérer comme sujets à l'impôt cédulaire des bénéfices du commerce et de l'industrie les *agréés près les tribunaux de commerce*. La jurisprudence et la doctrine s'accordent à refuser à ces mandataires le caractère de commerçants, même dans le cas où ils seraient appelés par les circonstances, à s'occuper de questions d'affaires (Cass. civ. 5 févr. 1907, D. P. 1907. 1. 429 ; — Trib. civ. Lyon, 18 mars 1910, D. P. 1911. 2. 70). Aussi le conseil de préfecture de la Seine a-t-il décidé, avec raison, que ces agréés, bien qu'ils ne jouissent d'aucun monopole pour la représentation des plaideurs, n'en sont pas moins propriétaires de leurs charges et se classent, dès lors, dans la cédule des titulaires de charges et offices au sens des articles 30 et 31 de la loi du 31 juillet 1917 (arrêté du 24 déc. 1923, *Gaz. trib.* du 20 mars 1924).

La qualité de commerçants n'appartient pas davantage aux *syndics de faillite*, aux *arbitres rapporteurs* (Cass. civ. 12 févr. 1895, D. P. 95. 1. 208), aux *administrateurs judiciaires, liquidateurs, traducteurs-jurés* et autres auxiliaires de la justice, lorsqu'ils se renferment dans l'exercice de cette dernière mission, et qu'ils n'y ajoutent pas des opérations purement commerciales, telles que l'ouverture au public d'une agence d'affaires ou d'un cabinet de consultations (V. *Cons. d'Ét.* 19 juill. 1854, D. P. 55. 5. 312).

244. Experts-géomètres. — Le ministre a reconnu, dans le même ordre d'idées, que l'expert-géomètre qui effectue uniquement des opérations d'expertise en matière de propriétés exerce une profession non commerciale et relève de l'impôt cédulaire établi sur les revenus des professions de cette dernière catégorie ; mais ce contribuable deviendrait passible de l'impôt sur les bénéfices commerciaux dans la mesure où il annexerait à ses attributions d'expert celles d'intermédiaire à la commission pour l'achat et la vente de propriétés, cette branche d'opérations ayant un caractère commercial. Il conviendrait même d'examiner si les diverses opérations auxquelles se livre le contribuable, au lieu de se répartir en deux cédules distinctes, ne constitueraient pas en fait, à raison de leur connexité, l'exercice d'une profession unique, celle de *tenant bureau d'affaires*, donnant lieu à l'application de l'impôt des bénéfices commerciaux et de la taxe sur le chiffre d'affaires (*Rép. min. fin. quest.* de M. Sénac, député, du 13 nov. 1923, *J. off.* 1924, p. 180).

245. Architectes. — Soit qu'on les considère comme exerçant une profession libérale, soit qu'on les range dans la catégorie des fonctionnaires, les architectes ne peuvent être réputés commerçants (Amiens, 13 juill. 1895, D. P. 98. 2. 5), ni, par suite, être assujettis à l'impôt cédulaire des bénéfices de l'industrie et du commerce, sauf dans le cas où, franchissant le cercle de leur profession normale, ils se livreraient à des opérations d'ordre commercial (*Rép. min. fin. quest.* de M. le sénateur de Kérouartz, du 10 nov. 1920, n° 3779, *J. off.* du 15 déc. 1920, p. 1910, col. 1).

246. Experts-comptables. — Les experts-comptables ne sont pas, non plus, des commerçants et, par suite, ils échappent légalement à l'impôt sur les bénéfices commerciaux et industriels, tant qu'ils se renferment dans leur rôle d'auxiliaires des agréés. Mais ils deviennent passibles de cet impôt, si, en dehors de leurs rétributions professionnelles, ils se livrent à des opérations de liquidation ou de comptabilité, poursuivent des de-

mandes en dégrèvement d'impôts, s'occupent de recouvre-
ments litigieux, reçoivent des mandats pour représenter les
tiers en justice et, à cet effet, tiennent un bureau ouvert au
public (*Cons. d'Ét.*, 1er déc. 1882, Dalloz, *Jur. gén.*, v° *Patente*,
122 ; — En ce sens: *Rép. min. fin. quest.* de MM. les députés Jules
Bertrand, *J. off.* 14 nov. 1920, p. 4701 ; — Henri Tasso, du
27 mai 1926, *J. off.* du 16 juill. 1926, p. 2908).

247. Ingénieurs-conseils en propriété industrielle. —
Ces contribuables, exerçant une profession essentiellement libérale, ne relèvent, en principe, que de la cédule des professions non commerciales. On se réfère aux explications présentées à ce sujet, *infrà*, n° 533.

248. Médecin ou chirurgien tenant une clinique. —
Question traitée *infrà*, n° 536.

249. Médecin fournissant des médicaments. — Les
médecins ne sont pas imposables au titre des bénéfices commerciaux et industriels, tandis que les pharmaciens figurent
au nombre des contribuables inscrits dans cette cédule. Mais
il ne serait pas juridique d'assimiler à un pharmacien le
médecin qui, dans une commune où il n'existe aucune officine,
se borne à fournir des médicaments aux malades près desquels il est appelé. Le Conseil d'État a jugé que les ventes ainsi
faites par ce médecin, dans les conditions de l'article 27 de la
loi du 21 germinal an II, rentrent dans l'exercice de sa profession libérale (*Cons. d'Ét.*, 19 juill. 1854, D. P. 55. 3. 25 ; —
26 juin 1866, Dalloz, *Jur. gén.*, *suppl.*, v° *Patente*, 373 ; —
1er juin 1900, D. P. 1908. 5. 463 ; — Trib. com. Rennes,
25 janv. 1907, D. P. 1919. 2. 360).

Toute cause manquerait, dans ce cas, à l'application de
l'impôt cédulaire des bénéfices de l'industrie et du commerce.

**250. Pharmacien préparateur auprès d'une faculté de
médecine.** — L'Administration reconnaît que le pharmacien
agréé comme préparateur auprès d'une faculté de médecine
et rétribué comme tel, doit être assujetti concurremment à
l'impôt des bénéfices commerciaux sur les profits qu'il retire
de l'exploitation de sa pharmacie et à l'impôt sur les traitements et salaires pour la rémunération allouée à sa fonction

de préparateur de faculté (*Rép. min. fin. quest.* de M. Gheusi, député, du 23 nov. 1922, *J. off.* 1923, p. 1728).

251. Vétérinaire revendant des produits pharmaceutiques. — La jurisprudence et la doctrine refusent la qualité de commerçant au vétérinaire qui achète des drogues pour les revendre à sa clientèle, cet acte, accessoire de sa profession, ayant, comme celle-ci, un caractère civil, — alors d'ailleurs qu'il ne tient pas une officine ouverte au public (Ruben de Couder, *Dict. de droit comm.*, v° *Commerçant*, 20). En conséquence, ce vétérinaire ne serait pas imposable à la cédule des bénéfices de l'industrie et du commerce (*Rép. min. fin. quest.* de M. Courtier, député, du 31 déc. 1920, *J. off.* 26 janv. 1921, p. 139).

252. Institutions de bienfaisance. — Les institutions de bienfaisance, publiques ou privées, sont présumées agir dans l'intérêt général. L'œuvre qu'elles accomplissent ne saurait être assimilée à l'exercice d'une profession commerciale, alors même que, pour subvenir à l'insuffisance de leurs ressources, ces établissements recevraient certaines rémunérations pour leurs services (*Cons. d'Ét.* 27 déc. 1907, D. P. 1910. 5. 52 ; — *Cass. civ.* 12 nov. 1923 (*motifs*), D. H. 1924. 7). Ces maisons charitables ne peuvent donc être assujetties à l'impôt cédulaire des bénéfices commerciaux et industriels,

Telle est la solution qui se fait jour dans la réponse du ministre à une question de M. le député Fleury-Ravarin, du 8 novembre 1920 (n° 5070, *J. off.* 24 déc. 1920, p. 3954). Elle s'applique notamment aux asiles de vieillards fondés dans un but exclusif de bienfaisance, l'œuvre ne subsistant que par les dons de la charité privée (V. *Cons. d'Ét.* 27 déc. 1907, D. P. 1910. 5. 52); — à l'orphelinat tenu par un prêtre (V. *Cons. d'Ét.* 9 juin 1882, D. P. 83. 3. 118) ; — aux maisons de refuge dirigées par des religieuses.

253. Commissionnaires en marchandises. — Assujettis à la tenue d'un répertoire professionnel, par l'article 10 de la loi du 13 juillet 1911 (D. P. 1911. 4. 132), les commissionnaires sont rangés, par ce texte même, dans la catégorie des personnes « faisant commerce habituel de recueillir des offres et des demandes relatives à des marchés de marchandises et denrées ». La qualité de commerçants ne saurait donc leur être déniée. Bien qu'il achète ou vende pour le compte d'un commerçant, le commissionnaire agit en son nom et sous sa responsabilité ; les opérations auxquelles il se livre constituent des actes de commerce et, par suite, relèvent de l'impôt cédulaire des bénéfices commerciaux et industriels. Il n'en serait autrement que si cet intermédiaire, placé sous la dépendance directe et absolue de la maison qui l'emploie, se bornait à en exécuter les ordres, sans initiative ni responsabilité personnelles : il serait, dans ce cas, assimilable à un simple employé et, comme tel, passible de l'impôt au titre des traitements et salaires, à l'exclusion de l'impôt sur les bénéfices de l'industrie et du commerce (*Rép. min. fin. quest.* de M. le député André Paisant, 11 nov. 1920, n° 5111, *J. off.* du 25 nov. 1920, p. 3344, col. 1, — et de M. Antier, député, le 21 janv. 1921, *J. off.* du 9 févr. 1921, p. 376).

254. Commissionnaires-entrepositaires. — Le commissionnaire-entrepositaire est celui qui se charge de recevoir, d'entreposer et de réexpédier ensuite des marchandises, suivant les ordres qu'il reçoit, mais sans traiter, sous sa responsabilité personnelle, aucune opération d'achat ou de vente, pour ses commettants. Par là, il se distingue du commissionnaire en marchandises ; mais, comme ce dernier, il exerce une profession commerciale et, à ce titre, est passible de l'impôt cédulaire des bénéfices commerciaux.

255. Commissionnaires de transports. — Il en [est de même des commissionnaires de transports qui, sous leur responsabilité et moyennant une commission, servent d'intermédiaire entre le public et les compagnies de chemins de fer ou de bateaux à vapeur, pour le transport des marchandises. Les bénéfices nets dont ces opérations peuvent être la source sont incontestablement passibles de l'impôt cédulaire institué par l'article 2 de la loi du 31 juillet 1917.

256. Consignataire-ducroire. — Les consignataires reçoivent en dépôt, dans leurs magasins, les marchandises de leurs commettants, et, à ce point de vue, ils se rapprochent des commissionnaires-entrepositaires dont il a été parlé tout à l'heure. Mais, à la différence de ceux-ci, ils vendent les marchandises ainsi entreposées, les facturent en leur propre nom. Quoi qu'il en soit, aucun doute ne saurait s'élever, ni sur le caractère commercial des affaires traitées par ces intermédiaires, ni sur leur assujettissement à l'impôt des bénéfices commerciaux et industriels.

257. Courtiers en marchandises. — Est courtier en marchandises et non commissionnaire, celui qui prête seulement son entremise pour l'achat ou la vente de marchandises et denrées, soit entre les producteurs ou fabricants et les négociants en gros, soit entre ceux-ci et les marchands au détail ou les consommateurs, mais sans traiter ces opérations en son propre nom (*Cons. d'Ét.*, 5 nov. 1898, *Rec. Cons. d'Ét.*, p. 675 ; — 18 mai 1899, *ibid.*, p. 388).

La loi précitée du 13 juillet 1911 impose aux courtiers comme aux commissionnaires, l'obligation de tenir un répertoire de leurs opérations. Ce sont des commerçants (Cass. req. 21 juill. 1908, D. P. 1909. 1. 64 ; — Fabre, *Des courtiers*, n° 483) imposables au titre des bénéfices commerciaux et industriels.

258. Courtiers de produits agricoles. — L'impôt cédulaire du commerce et de l'industrie ne saurait être étendu aux propriétaires ou fermiers ruraux vendant les produits, transformés ou non, de leur exploitation agricole. Mais les agriculteurs sont seuls recevables à se prévaloir de cette immunité. Sont imposables à la cédule des bénéfices commerciaux, en leur qualité de courtiers de produits alimentaires ou agricoles, les intermédiaires ruraux, qui achètent aux cultivateurs leurs récoltes ou leur vendent des graines ou semences.

259. Courtiers de publicité. — Doit être considéré comme exerçant une profession commerciale et, à ce titre, passible de l'impôt sur les bénéfices commerciaux et industriels, le journaliste qui se livre professionnellement à des opérations de courtage de publicité pour le compte de divers journaux, étant expliqué qu'il possède un bureau où il vient faire sa correspondance, qu'il se borne à transmettre les ordres de ses clients aux journaux qu'il représente, et touche sa commission chez ces derniers (*Rép. min. fin. quest.* de M. Régis, député, du 21 août 1924, *J. off.* 1924, p. 3234).

260. Représentants de commerce, voyageurs ou placiers. Distinction à établir. — Les règles à suivre à l'égard de ces intermédiaires de commerce sont exposées plus loin, au chapitre des professions non commerciales, n° 552.

261. Représentants de maisons de commerce étrangères. — Conformément aux principes qui viennent d'être établis, l'Administration décide que les intermédiaires opérant en France pour le compte de maisons de commerce étrangères sont assujettis à l'impôt sur les bénéfices industriels et commerciaux, s'ils ont la qualité de commissionnaires et, au contraire, échappent personnellement à cet impôt, s'ils agissen' comme simples représentants, à la condition toutefois de ne pas avoir une personnalité professionnelle distincte de celle de leurs commettants (*Rep. min. fin. quest.* de M. Grinda, député, du 17 déc. 1923, *J. off.* 1924, p. 1140).

262. Agents des compagnies d'assurances. — On se réfère aux explications présentées, n° 551.

263. Employés et commis faisant partie du personnel d'une entreprise. — On doit considérer comme exclus de la cédule des bénéfices commerciaux et industriels et passibles de l'impôt sur les traitements et salaires, les commis et employés travaillant dans les établissements de leurs patrons, les facteurs ou gérants, chargés de la direction de maisons de commerce ou de succursales » (*Instr.* 30 mars 1918, art. 7).

264. Administrateurs des sociétés anonymes. Directeurs techniques. — On explique, dans le chapitre concernant la cédule des traitements et salaires, à quelles conditions et dans quelle mesure les rémunérations allouées, sous forme de tantièmes ou de jetons de présence, aux administrateurs des sociétés anonymes ou à leurs directeurs techniques, doivent entrer en compte pour le calcul de l'impôt cédulaire sur les bénéfices commerciaux. — V. *infrà*, n°s 467 à 471.

265. Banquiers. Escompteurs. — Quels qu'en soient l'objet et l'organisation particulière, les maisons de banque ou de crédit tombent sous l'application de l'impôt cédulaire des bénéfices commerciaux et industriels.

266. Opérations de bourse. Remisiers et coulissiers. — On a déjà signalé comme passibles de l'impôt cédulaire des bénéfices commerciaux, en raison de leur qualité de commerçants juxtaposée à celle d'officiers ministériels, les agents de change, investis du monopole de toutes les opérations de bourse sur effets publics et autres titres cotés ou susceptibles de l'être (Code de com., art. 76, L. 28 avr. 1893, art. 35 ; L. 13 avr. 1898, art. 14, D. P. 98. 4. 97).

Il en est de même des intermédiaires, connus sous le nom de remisiers, qui se mettent à la disposition de leur clientèle de capitalistes ou de spéculateurs, pour recueillir leurs ordres et les transmettre aux agents de change ou aux coulissiers du marché en banque. Opérant pour son propre compte et sous sa responsabilité personnelle, le remisier est, en principe, passible de l'impôt cédulaire au titre des bénéfices commerciaux et industriels. Il n'en serait autrement que dans le cas où, d'après les accords intervenus, il devrait être considéré comme le simple commis de l'agent de change et non comme assureur-ducroire vis-à-vis de celui-ci.

267. Agents d'affaires. — Sont passibles de l'impôt cédulaire sur les bénéfices commerciaux et industriels, les agents d'affaires, soit que leurs opérations consistent en gérances et transactions commerciales, telles que l'achat et la vente de meubles ou de fonds de commerce, les ventes ou les locations immobilières ; — soit qu'elles s'analysent en consultations, rédactions de contrats, de requêtes ou de mémoires à produire devant les juridictions compétentes, représentation devant les tribunaux (Cass. civ. 10 mars 1924, D. H. 1924, p. 312 ; — *Rép. min. fin. quest.* de MM. les députés Antier, du 2 déc. 1920, n° 5810, *J. off.* du 9 févr. 1921, p. 373 ; Jules Bertrand, du 18 déc. 1920, n° 6252, *J. off.* du 26 janv. 1921, p. 135, et René Lefebvre, du 10 janv. 1924, *J. off.* 1924, p. 1019).

Spécialement doit être considéré comme exerçant la profession d'agent d'affaires, passible de l'impôt cédulaire sur les profits qu'il réalise, l'individu qui, possédant un cabinet ouvert au public et faisant appel à la clientèle, se livre à des opérations de gérance d'immeubles, moyennant des remises sur les affaires traitées ou les sommes encaissées (*Cons. d'Ét.* 4 juill. 1924, D. P. 1925. 3. 12).

268. Huissier se livrant à des opérations de recouvrement. — L'huissier qui se livre à des opérations de recouvrement pour le compte de maisons de banque, moyennant l'allocation de remises proportionnelles, doit être regardé comme exerçant, de ce chef, la profession d'agent d'affaires et, comme tel, devient passible, pour les profits que lui procurent ces opérations, de l'impôt sur les bénéfices industriels et commerciaux, et, en outre, de la taxe du chiffre d'affaires sur le montant des remises qui lui sont allouées (*Rép. min. fin. quest.* de M. Legros, député, du 28 avr. 1926, n° 8183, *J. off.* du 17 juill. 1926, p. 2951, col. 1).

269. Vérificateur de lettres de voiture. — Sont également passibles de l'impôt cédulaire sur les bénéfices commerciaux, comme agents d'affaires, les vérificateurs de lettres de voiture de chemins de fer, rémunérés par un pourcentage sur les sommes perçues en trop par les compagnies (*Rép. min. fin. quest.* de M. Triballet, député, du 28 mai 1926, n° 8498, *J. off.* du 17 juill. 1926, p. 2954, col. 1).

270. Agences diverses. — Au groupe des agences d'affaires dont on vient de caractériser les principales modalités, se rattachent : les agences d'information, de publicité et d'affichage ; — les offices de renseignements sur le crédit des commerçants ; — les agences de voyage ; — les bureaux de placement ; — les agences matrimoniales ; — les cabinets de lecture ; — les agences dramatiques et lyriques ; — les entreprises de sténographie et de dactylographie ; — les gérants d'immeubles, les receveurs de' rentes, les exploitants de casinos, et autres industries similaires.

271. Loueurs d'appartements, chambres ou villas meublés. — Le Conseil d'État ayant jugé par un arrêt du 5 janvier 1923 (D. P. 1923. 3. 1) que les bailleurs de villas meublées, même lorsqu'ils n'en assurent pas le service, sont passibles de l'impôt cédulaire des bénéfices commerciaux et, par voie de conséquence, de la taxe sur le chiffre d'affaires, l'Administration des finances n'a pu que se rallier à la doctrine de cette décision. La Circulaire des Contributions directes du 2 mai 1923, n° 1400, a posé en règle que les revenus tirés de la location des maisons, chambres ou appartements meublés sont assujettis en tout état de cause à l'impôt de la cédule commerciale, que le loueur agisse en qualité de propriétaire ou de locataire principal, alors même que ces établissements ne seraient pas spécialement aménagés pour la location en meublé et que les bailleurs n'assureraient pas le service des locaux loués (Conf. *Rép. min. fin. quest.* de M. Fleury-Ravarin, député, du 13 nov. 1923, *J. off.* 1923, p. 3755).

D'autre part, la *Circulaire* de la même Administration du 21 juillet 1924 (p. 15), dégageant une des conséquences de cette interprétation nouvelle, précise que les revenus des maisons, chambres ou appartements loués en meublé sont imposables au siège de la direction de l'entreprise, et que, pour les villas meublées dont le loueur n'assure pas le service, le siège de cette direction est au domicile du bailleur : c'est, dès lors, dans la commune de ce domicile que doit être établie la taxation.

Enfin, les loueurs de bureaux meublés sont appelés par l'article 6 de la loi du 29 avril 1926, à concourir, sous leur responsabilité, à l'exécution des mesures édictées par ce texte en garantie du payement des impôts incombant à leurs locataires. — V. à ce sujet, *infrà*, chap. VII.

272. Tenanciers de maisons de tolérance. — Par une extension logique de la doctrine de son arrêt précité du 5 janvier 1925, le Conseil d'État a jugé, aux termes d'un second arrêt du 8 juin suivant (D. P. 1923. 3. 65), que la propriétaire d'une maison de tolérance, exploitant cet établissement, est à bon droit assujettie à l'impôt sur les bénéfices commerciaux, quel que soit, en droit civil et commercial, le caractère de cette exploitation.

273. Entreprises constituées en sociétés. — Les articles 4 et 9 du 31 juillet 1917 désignent comme passibles de l'impôt cédulaire sur les bénéfices du commerce et de l'industrie « les personnes ou sociétés » se livrant à l'exploitation d'une entreprise de cette nature. Il n'est donc pas douteux que les personnes morales comme les personnes physiques, les sociétés *commerciales* comme les entreprises exploitées par de simples particuliers, sont sujettes à l'impôt cédulaire institué par l'article 2 de la loi du 31 juillet 1917, du moment où elles rentrent, par leur objet, dans la catégorie des industries et commerces auxquels se réfère le titre 1er de cette loi.

Il convient toutefois, pour l'application de ce principe, de distinguer entre les sociétés par actions et les sociétés de personnes.

274. Sociétés par actions. Cumul de l'impôt cédulaire avec la taxe sur le revenu. — Une société anonyme ou en commandite par actions est personnellement assujettie, en tant qu'être moral ayant une individualité distincte de celle des actionnaires, à l'impôt cédulaire sur les bénéfices industriels et commerciaux, sur son bénéfice net total, y compris la partie de ce bénéfice mise en distribution et déjà soumise à la taxe sur le revenu des valeurs mobilières. Il n'y a point double emploi dans le cumul des deux impôts, puisque, d'après la règle générale établie en cette matière (*Instr.* du 30 mars 1918), l'impôt cédulaire est porté au rôle au nom de la société, envisagée comme personne juridique, tandis que la taxe sur le revenu frappe chaque actionnaire individuellement, alors même que la société aurait pris à sa charge le payement de cette dernière taxe (*Rép. min. fin. quest.* de M. Catalogne, sénateur, du 19 avr. 1922, *J. off.* de 1922, p. 861).

275. Société en nom collectif ou en commandite simple. — La règle suivant laquelle l'impôt sur les bénéfices commerciaux et industriels doit être établi au nom de la société qui les réalise comporte une exception en ce qui concerne les sociétés de personnes. En vue de permettre aux membres de ces sociétés de bénéficier des réductions d'impôt pour charges de famille, conformément à l'article 52 de la loi du 31 juillet 1917, l'article 11 de la loi du 30 juin 1923 (D. P. 1923. 4. 88) décide que, dans les sociétés en nom collectif, chacun des associés est personnellement soumis à l'impôt cédulaire pour la part des bénéfices sociaux correspondant à ses droits dans la société.

D'un autre côté, le même article porte que, dans les sociétés en commandite simple, l'impôt est établi au nom de chacun des commandités, pour sa quote-part de bénéfices. Quant à la fraction de bénéfices revenant aux commanditaires, elle reste imposable au nom de la société (*Circul. contrib. dir.* du 23 août 1923, n° 1404).

276. Sociétés à responsabilité limitée. — Dans les sociétés à responsabilité limitée, les associés gérants ne sont pas

personnellement assujettis à l'impôt cédulaire sur les bénéfices commerciaux et industriels : cet impôt est établi au nom
de la société, pour l'ensemble des bénéfices sociaux. Par contre,
les gérants sont redevables de l'impôt sur les traitements et
salaires, à raison des appointements fixes qui leur sont alloués
statutairement, en plus de leur part de bénéfice social.

Quant aux intérêts servis aux associés, gérants et non gérants, sur les sommes qu'ils peuvent éventuellement mettre
en compte courant à la disposition de la société, une distinction est nécessaire. Si les sommes ainsi inscrites en compte courant représentent, en fait, un complément d'apport, les intérêts servis de ce chef doivent, à titre d'éléments du bénéfice
social, être compris dans les bases de l'impôt cédulaire sur les
bénéfices industriels et commerciaux établi au nom de la société. S'il s'agit, au contraire, de simples prêts ou avances, les
intérêts versés aux associés sont passibles de l'impôt sur le
revenu en vertu de la loi du 29 juin 1872 (*Rép. min. fin. quest.*
de M. Lafarge, député, du 18 mars 1926, n° 7498, *J. off.* du
17 juill. 1926, p. 2950, col. 2).

277. Association en participation. — L'association commerciale en participation, réglementée par la loi du 24 juin
1921 (D. P. 1921. 4. 161), a pour caractère distinctif d'être
occulte, de n'avoir ni raison sociale, ni siège social et de ne pas
constituer une personne morale ; elle n'a d'existence qu'entre
les associés, et les tiers ne connaissent que l'associé ou gérant
avec lequel ils ont contracté (Lacour et Bouteron, *Précis de droit
comm.*, 2ᵉ édit., n° 724). Cette association n'ayant pas une personnalité propre, l'impôt sur les bénéfices industriels et commerciaux doit être établi au nom de chacun des coparticipants,
pour sa part, dans le bénéfice réalisé en commun (*Cons. d'Ét.*,
29 juin 1923, *Rec. quest. fisc.* 1925, p. 155 ; — *Rép. min. fin.
quest.* de M. le député Bouyssou, du 7 avr. 1924, n° 21.402).

278. Actes de commerce isolés ou accidentels. — Il ne
serait pas juridique de retenir des faits accidentels ou accessoires comme base d'application de l'impôt sur les bénéfices
commerciaux et industriels (*Instr.* 30 mars 1918, n° 6).

279. Bénéfice réalisé à l'étranger. — Comme l'explique
l'*Instruction* du 30 mars 1918, « les particuliers domiciliés ou

les sociétés ayant leur siège en France, mais dont les exploitations sont situées exclusivement hors de France (colonies, pays de protectorat et pays étrangers), ne sont pas passibles de l'impôt. Quant aux contribuables possédant à la fois des exploitations ou établissements en France et hors de France, leurs cotisations sont établies seulement à raison des bénéfices afférents aux opérations qu'ils effectuent en territoire français » (art. 40). — (*Rép. min. fin. quest.* de M. le député Lesaché, du 20 janv. 1921, n° 6728, *J. off.* du 10 févr. 1921, p. 434, col. 1). Ainsi, lorsqu'une société française dont le siège est en France exploite soit une succursale au Maroc, soit un comptoir de vente installé à Bruxelles, les profits résultant des opérations auxquelles concourent ces divers établissements ne sont soumis à l'impôt cédulaire que pour la fraction correspondant aux affaires traitées sur notre territoire, d'après une ventilation appropriée aux conditions du fonctionnement de l'entreprise (*Rép. min. fin. quest.* de MM. Peyroux et Mararez, députés, du 19 janv. 1922 et du 13 nov. 1923, *J. off.* 1923, p. 4292).

280. Maison étrangère. Bureau en France. — La maison étrangère qui possède en France un bureau installé en vue de ses opérations commerciales est passible de l'impôt sur les bénéfices commerciaux, à raison des profits afférents à la partie de ses opérations effectuées en France par ce bureau (*Rép. min. fin. quest.* de M. Lerolle, député, du 13 juin 1918, n° 22.609 ; *quest.* de M. François Albert, sénateur, du 31 mai 1923, *J. off.* 1923, p. 1639).

281. Société ayant son siège à l'étranger. Établissements en France. — Spécialement, lorsque la société industrielle ou commerciale dont le siège est à l'étranger est représentée en France par des agences ou succursales, l'impôt cédulaire est dû au lieu du principal établissement installé sur notre territoire ; si l'exploitant étranger n'a en France qu'une seule succursale, les bénéfices réalisés par cette agence sont imposables dans la commune où cet établissement est installé (*Cons. d'Ét.*, 4 juill. 1924, D. P. 1925. 3. 40).

282. Compagnie coloniale française. Comptoir dans une colonie. — Pour l'application des principes dont l'exposé précède, les colonies et pays de protectorat sont assimilés aux pays étrangers. En conséquence, l'impôt sur les bénéfices commerciaux ne peut atteindre la compagnie coloniale qui exploite des comptoirs dans une de nos colonies et qui, ayant son siège social en France, n'y possède aucun établissement (*Rép. min. fin. quest.* de M. Artaud, député, du 30 mai 1922, *J. off.* 1922, p. 2536).

283. Compagnie de navigation. Établissement principal en France. Agences en Algérie. — Une compagnie de navigation ayant des agences en Algérie et en Tunisie, mais qui possède en France son siège et son établissement principal où toutes ses opérations sont groupées dans une comptabilité unique, est-elle soumise, dans la métropole, à l'impôt cédulaire sur la totalité de ses bénéfices commerciaux, y compris ceux qui proviennent de ses filiales algériennes et tunisiennes? L'Administration a résolu cette question affirmativement, motif pris de ce que la compagnie dont il s'agit doit être considérée « au point de vue fiscal, comme exploitant une seule et même entreprise ayant son siège en France » (*Rép. min. fin. quest.* de M. Artaud, député, du 8 avr. 1922, *J. off.* 1922, p. 1875).

284. Entreprises de navigation maritime établies à l'étranger. Loi du 29 avril 1926. — Aux termes de l'article 5 de la loi de finances du 29 avril 1926 (*Bull. législ. Dalloz*, 1926, p. 214), les bénéfices réalisés par les entreprises de navigation maritime établies à l'étranger et provenant de l'exploitation de navires étrangers sont exempts d'impôts à condition que le pays dont ces navires battent le pavillon accorde une exemption équivalente aux entreprises françaises de navigation.

Les modalités de cette exemption et les impôts compris dans l'exonération seront fixés, pour chaque pays, par un accord diplomatique. Ils feront l'objet d'un décret contresigné par le ministre des finances et soumis, dans le délai de trois mois, à la ratification législative.

Les bénéfices réalisés dans les pays ayant consenti l'exonération réciproque prévue à l'alinéa précédent par les entreprises de navigation maritime qui ont leur siège en France seront compris dans les bases de l'impôt sur les bénéfices industriels et commerciaux dû par ces entreprises.

285. Frêts maritimes entre ports étrangers. — Les frêts maritimes perçus par les armateurs français, pour le prix des transports par eux effectués entre ports étrangers, de port étranger à port français ou de port français à port étranger nous paraissent devoir être éliminés, par voie de ventilation, des bénéfices globaux de ces maisons d'armement, pour le calcul de l'impôt cédulaire. L'Administration admet, en effet, que ces trois catégories d'opérations ne pouvant être considérées comme exécutées en France, échappent par là même à l'impôt sur le chiffre d'affaires (*Rép. min. fin. quest.* de M. le député Pierre Dignac, *J. off.* 24 déc. 1920, p. 3954 ; — *Solut. adm. enregistr.* du 4 nov. 1920). Il doit en être de même des bénéfices auxquels ces frêts donnent naissance. Il est impossible de regarder comme réalisés dans notre pays des profits qui ont leur source dans des opérations traitées à l'étranger.

§ 2. — EXEMPTIONS OU ATTÉNUATIONS D'IMPOT

286. Façonniers, artisans et autres contribuables du même groupe. Loi du 30 juin 1923. — Sous l'empire de la loi organique du 31 juillet 1917 (art. 13), les ouvriers façonniers, les artisans et leurs veuves, les vendeurs en ambulance et les pêcheurs, déjà exonérés de la patente par l'article 17 de la loi du 15 juillet 1880 (D. P. 81. 4. 1), bénéficiaient d'un traitement de faveur comparativement aux autres contribuables classés, avec eux, dans la cédule des professions commerciales. La fraction de leurs bénéfices n'excédant pas 1 500 francs était totalement exonérée de l'impôt cédulaire, au lieu d'être comptée pour un quart.

La loi du 30 juin 1923, déjà citée, a, par son article 10, modifié ce régime fiscal à un double point de vue. D'une part, elle affranchit de l'impôt sur les bénéfices commerciaux et incorpore dans la cédule des traitements et salaires les contribuables rentrant dans les prévisions de la disposition susvisée de la loi du 31 juillet 1917. D'un autre côté, elle étend le bénéfice de cette mesure d'exception aux mariniers, aux chauffeurs et cochers.

287. Façonniers. Ouvriers travaillant chez eux. — Désormais, l'imposition à la cédule des salaires devient la règle pour les ouvriers *travaillant chez eux*, soit à la main, soit à l'aide de la force motrice, que leurs instruments de travail soient ou non leur propriété, lorsqu'ils *opèrent exclusivement à façon* pour le compte d'industriels ou de commerçants, avec des matières premières fournies par ces derniers, et lorsqu'ils n'utilisent pas d'autre concours que celui de leur femme, de leur père et mère, de leurs enfants et petits-enfants habitant avec eux, d'un apprenti de moins de seize ans et d'un compagnon (*Rép. min. fin. quest.* de M. Grinda, député, du 13 nov. 1923, *J. off.* 1923, p. 3963).

Pour l'application de ce régime fiscal, il n'y a pas lieu de rechercher si les travaux de l'ouvrier à façon sont effectués à la main ou à l'aide de la force motrice et si les instruments de travail sont ou non sa propriété. Les conditions exigées de l'intéressé sont au nombre de trois (*Rép. min. fin. quest.* de M. Géo-Gérald, député, du 20 nov. 1923, *J. off.* de 1923, p. 4293), savoir :

1° Il faut que l'ouvrier *travaille à façon exclusivement ;* par conséquent, la loi nouvelle laisse en dehors de son objet le contribuable qui opère concurremment sur les matières à lui fournies par son patron et sur des matières qu'il a lui-même achetées (*Instr. Enreg.* du 20 nov. 1923, n° 3797) ;

2° Le travail à façon doit être effectué pour le compte d'*industriels* ou de *commerçants*, avec les matières qu'ils ont fournies, d'où la conséquence que l'ouvrier travaillant pour le compte de simples particuliers non commerçants est exclu du champ d'action de la loi du 30 juin 1923 et devient cotisable à la cédule des bénéfices commerciaux ;

3° Enfin le façonnier ne peut recourir à la collaboration de personnes autres que celles limitativement spécifiées par la loi, à savoir : sa femme, ses père et mère, ses enfants et petits-enfants habitant avec lui, un apprenti de moins de seize ans et un compagnon. Si le personnel utilisé excède cette limite, le façonnier tombe sous l'action de l'impôt des bénéfices commerciaux. Mais les enfants et petits-enfants, les gendres et les belles-filles, et les auteurs de la femme du façonnier rentrent dans les prévisions du texte très général de la disposition, à la condition toutefois d'habiter avec le façonnier. Faute d'habiter avec lui, l'enfant ou le petit-enfant qui apporterait son concours à l'ouvrier à façon serait considéré comme apprenti, s'il avait moins de seize ans ou comme compagnon (*Instr. Enreg.* précitée et *Circul. des contr. dir.* du 23 août 1923).

288. Compagnon. Emploi occasionnel d'un aide en excédent. — Le texte de l'article 10 de la loi de 1923 ne limite pas le nombre des personnes travaillant avec le façonnier au titre d'épouse, de père et mère, d'enfants ou petits-enfants habitant avec lui ; mais il réduit les autres concours à un compagnon et à un apprenti de moins de seize ans, soit à deux personnes au maximum. L'Administration admet que l'emploi occasionnel d'une main-d'œuvre en excédent de ce nombre ne suffit pas pour faire perdre à l'intéressé le bénéfice du nouveau régime, dès lors que ce concours est occasionnel, de courte durée et n'affecte pas un caractère périodique (*Instr. Enreg.* du 20 nov. 1923, p. 6 ; — *Rép. min. fin. quest.* de MM. les députés Thoumyre et Bernier, des 22 et 29 janv. 1924, *J. off.* 1924, pp. 1143 et 1457 ; — de M. Roulleaux-Dugage, député, du 6 déc. 1923, *J. off.* 1924, p. 112 ; — de M. Frot, député, du 21 août 1924 (*artisan*), *J. off.*, p. 3233).

289. Artisans. — Sont également imposables comme salariés, en vertu de l'article 10 de la loi du 30 juin 1923, les artisans travaillant chez eux ou au dehors, à la double condition de n'utiliser d'autres concours que celui des personnes énumérées dans le texte relatif aux façonniers, et, d'autre part, de se livrer, sinon exclusivement, tout au moins principalement, à la vente du produit de leur travail. Il faut entendre par artisan celui qui exerce à ses risques et périls une industrie *manuelle, travaillant lui-même* comme ouvrier, en général, avec des matières lui appartenant. L'artisan façonnier diffère du précédent en ce qu'il se borne à fournir la main-d'œuvre, travaillant pour le compte des fabricants, des marchands ou des particuliers, avec les matières que ceux-ci lui fournissent (Conf. *Instr. Enreg.* du 20 nov. 1923, p. 7 ; — *Rép. min. fin. quest.* de M. Grinda, député, du 13 nov. 1923, *J. off.* 1923, p. 3963).

290. Personnes dont l'artisan peut utiliser le concours. — Ainsi que l'exprime l'*Instruction* susvisée du 20 novembre 1923 (p. 9), la loi du 30 juin 1923 fixe, par voie de référence au paragraphe 1er de son article 10 visant les façonniers, le nombre et la qualité des personnes dont l'artisan peut utiliser le concours. Les explications présentées ci-dessus à ce sujet, relativement aux ouvriers façonniers sont, dès lors, applicables aux artisans.

291. Conditions d'application du nouveau régime aux artisans. — Les artisans ne sont imposables à la cédule des traitements et salaires qu'à la condition de se livrer *principalement* à la vente du produit de leur travail, ou en d'autres termes, à la condition que le produit de leur fabrication personnelle entre pour la plus forte part dans leur chiffre d'affaires, s'inscrive au premier plan du résultat de leurs opérations. Si la vente d'objets achetés par l'artisan, loin de jouer un rôle secondaire, est prédominante par rapport à celle des produits de son travail personnel, l'intéressé devient passible de l'impôt sur les bénéfices industriels et commerciaux d'après l'ensemble de son revenu professionnel (*Circul. contrib. dir.* 28 août 1923). Ainsi, pour emprunter quelques exemples à la jurisprudence du Conseil d'État en matière de patentes, cette solution serait notamment applicable : à l'artisan qui vend dans sa boutique des articles de coutellerie dont il ne fabrique qu'une partie, le surplus lui étant expédié par des manufactures (*Cons. d'Ét.*, 10 déc. 1856, D. P. 57. 3. 46) ; — au sabotier, qui joint à la vente des sabots par lui fabriqués celle des chaussons qu'il achète pour les revendre (*Cons. d'Ét.*, 4 juill. 1868, Dalloz, *Jur. gén. suppl.*, v° *Patente*, 627). Dans ces hypothèses et autres situations analogues, le fabricant ne peut être considéré comme exerçant deux professions distinctes et indépendantes l'une de l'autre, et, comme il ne vend pas *principalement* les produits de son travail, c'est sur la totalité de ses opérations qu'il est cotisable à la cédule des bénéfices commerciaux (*Instr. Enreg.* du 20 nov. 1923, n° 3797).

292. Femme d'artisan exerçant un commerce distinct. — Si le magasin tenu par cette femme lui appartient en propre, l'exploitation de ce magasin est sans influence sur la situation du mari, qui reste passible de l'impôt sur les salaires pour les produits de son travail, dès lors qu'il remplit les conditions requises par la loi du 30 juin 1923.

Si, au contraire, le magasin est simplement géré par la femme pour le compte du mari, il convient, conformément à la règle tracée dans le paragraphe qui précède, de distinguer, suivant

que le commerce exploité dans ce magasin se rattache ou non
à la profession d'artisan exercée par le mari (*Rép. min. fin.
quest.* de M. Gallois, député, du 6 mars 1924, *J. off.*, p. 2210).

293. Approvisionnements de matières premières. —
La qualité de commerçant doit être reconnue à l'artisan qui,
en dehors des achats nécessaires à l'exercice de sa profession,
constitue des approvisionnements de matières premières,
dans le but de spéculer sur la revente de ces matières (*Instr.
Enreg.* du 20 nov. 1923, n° 3797, p. 8).

294. Ouvrier tenant magasin ou boutique. — D'après
l'*Instruction* susvisée (p. 9), l'ouvrier qui tient magasin ou
boutique des produits de son travail, ne réalisant ses opérations
de vente que par les procédés en usage dans la pratique commerciale, substitue par là même à sa qualité d'artisan celle de
commerçant et doit être taxé, comme tel, à la cédule des bénéfices commerciaux. Mais cette règle n'a rien d'absolu, et l'Administration reconnaît elle-même que le caractère d'artisan ne
saurait être dénié à l'ouvrier qui, à l'aide d'enseignes et sans
étalages, cherche à provoquer les commandes du public.

295. Meuniers ou minotiers. — Quelle que soit la nature
de la force motrice utilisée (moulin à vent ou à eau), et alors
même qu'ils se borneraient à moudre le blé ou l'orge des cultivateurs, sans vendre aucun produit ou sous-produit, les meuniers ne peuvent être assimilés, ni aux artisans, leur profession
ne constituant pas une industrie manuelle, — ni aux façonniers, cette qualification devant être réservée aux ouvriers
travaillant pour le compte d'un patron, ce qui n'est pas leur
cas ; ils demeurent passibles de l'impôt cédulaire des bénéfices
commerciaux (*Rép. min. fin. quest.* de M. Richard, député,
du 23 août 1924, *J. off.* 1924, p. 3234).

Toutefois, l'Administration admet que le minotier, achetant
le blé et le transformant en farine dans son moulin, peut être
considéré comme un façonnier, dans l'hypothèse où il travaille
exclusivement à façon, et, lorsqu'il en est ainsi, être exempté
de l'impôt en vertu de l'article 10 de la loi du 30 juin 1923
(*Rép. min. fin. quest.* de M. Carrère, sénateur, du 17 déc. 1923,
J. off. de 1924, p. 16).

296. Boulangers. — Les boulangers ne peuvent prétendre à l'application de l'article 10 de la loi de 1923 et sont passibles de l'impôt sur les bénéfices commerciaux (*Rép. min. fin. quest.* de M. Pouzin, député, du 23 nov. 1923, *J. off.* 1924, p. 8).

297. Bouilleurs ambulants. — Qu'ils travaillent seuls ou avec l'aide d'un compagnon, les bouilleurs ambulants ne sauraient être réputés artisans que s'ils n'exploitent qu'un alambic de capacité restreinte et de faible rendement, de telle sorte que leur rémunération journalière puisse être regardée comme s'appliquant à leur travail personnel et non à la fourniture de l'appareil. Leur situation fiscale dépend donc d'une appréciation de fait (*Rép. quest.* de M. Lesaché, député, du 19 juin 1924, *J. off.* 1924, p. 3203).

298. Ouvriers énoiseurs. — La qualité d'artisan ou de façonnier n'appartient pas aux ouvriers « énoiseurs » (*sic*) qui, achetant pour leur propre compte des noix au jour le jour, les revendent triées et dépouillées de leurs coques, car leurs bénéfices provenant, pour une part, de la différence entre les prix d'achat et de revente, ne peuvent être envisagés comme la simple rémunération d'un travail manuel. Ces ouvriers ne peuvent donc réclamer l'exonération d'impôt cédulaire prévue par l'article 10 de la loi du 30 juin 1923. Mais l'exemption leur serait acquise si, n'achetant pas de noix pour leur compte, ils travaillaient exclusivement à façon pour le compte de commerçants et avec les seuls concours autorisés par ladite loi (*Rép. min. fin. quest.* de M. Saumande, député, du 7 déc. 1923, *J. off.* 1924, p. 113).

299. Autres contribuables exonérés comme artisans ou façonniers. — Rentrent dans la catégorie des façonniers ou artisans exonérés de l'impôt cédulaire des bénéfices commerciaux, à la condition de satisfaire aux exigences de l'article 10 de la loi du 30 juin 1923 : les menuisiers, plâtriers, peintres en bâtiments, serruriers, couvreurs, zingueurs et tailleurs ne travaillant qu'avec le concours de leur femme, leurs père et mère, enfants et petits-enfants habitant avec eux, d'un apprenti de moins de seize ans et d'un compagnon (*Rép. min. quest. fin.* de M. Bouveri, sénateur, du 29 nov. 1923, *J. off.* 1924, p. 16). Il en est de même des coiffeurs (*ibid.*, et *Rép. min. fin. quest.*

de M. Courtier, député, du 23 nov. 1923, *J. off.* 1924, p. 7) ;
— du maçon de village travaillant à la journée ou à forfait
(*Rép. min. fin. quest.* de M. Pouzin, député, du 6 déc. 1923,
J. off. 1924, p. 112); — des imprimeurs-papetiers, pourvu qu'ils
n'utilisent que les concours énumérés à l'article 10 de la loi de
1923 et que les moyens par eux mis en œuvre n'affectent pas
un caractère industriel ou commercial (*Rép. min. fin. quest.*
de M. Plaisant, député, du 21 mars 1924, *J. off.* 1924, p. 2211) ;
— du rémouleur qui, n'utilisant pas d'autre concours que celui
des membres de sa famille, d'un apprenti de moins de seize ans
et d'un compagnon, se livre principalement à la vente du
produit de son propre travail, c'est-à-dire à la condition que
le montant brut de ses ventes d'articles de coutellerie n'excède
pas 25 pour 100 de son chiffre d'affaires total (*Rép. min. fin.
quest.* de M. Henry Paté, député, du 21 avr. 1926, n° 8042,
J. off. du 17 juill. 1926, p. 2951, col. 1).

300. Ouvrier forgeron utilisant la force motrice. — La
qualité d'artisan ne doit être reconnue aux ouvriers utilisant
la force motrice que si le rôle du moteur et de l'outillage méca-
nique, dans l'exécution de leurs travaux, peut être regardé
comme accessoire par rapport à celui de l'ouvrier et des aides
dont ils sont autorisés à employer le concours. Or ces conditions
ne sont pas remplies par un ouvrier forgeron, ayant un moteur
de trois HP actionnant une scie à ruban, une raboteuse,
une mortaiseuse et une machine à percer ; ce forgeron ne saurait donc prétendre au régime d'exception accordé aux artisans (*Rép. min. fin. quest.* de M. Poitou-Duplessy, député,
du 27 mai 1926, n° 8336, *J. off.* du 17 juill. 1926, p. 2953,
col. 1. — Conf. *Rép. quest.* de M. Taton-Vassal, député, du
16 juill. 1926, n° 9182, *J. off.* du 29 août 1926, p. 3293).

**301. Artisans ou façonniers travaillant en commun.
Loi du 4 avril 1926.** — Réformant la règle suivie jusqu'à ce
jour par l'Administration, la loi du 4 avril 1926 décide, à titre
interprétatif, par son article 59, que le régime fiscal institué
en faveur des façonniers, des artisans et de leurs veuves, par
la loi du 30 juin 1923 et dont on vient de préciser l'objet et
la portée, s'applique « dans tous les cas prévus, sans qu'il y
ait à distinguer suivant que l'artisan, le façonnier ou l'ouvrier
travaille à titre individuel ou en association, ou en commu-

nauté d'intérêts avec les personnes dont le concours est autorisé ».

En raison de son caractère interprétatif, cette disposition est applicable rétroactivement, à partir du 1ᵉʳ janvier 1920, pour les ouvriers à façon, et à compter du 1ᵉʳ janvier 1922, pour les artisans et les veuves d'ouvriers.

302. Veuve d'ouvrier. — La veuve d'ouvrier ou d'artisan qui continue la profession de son mari, est, comme l'était celui-ci et aux mêmes conditions, ci-dessus spécifiées, imposable à la cédule des salaires et traitements.

303. Vendeurs en ambulance. — Dans l'énumération des contribuables qu'il affranchit de l'impôt sur les bénéfices commerciaux et qu'il rattache à la cédule des salaires, l'article 10 de la loi du 30 juin 1923 comprend les personnes qui vendent en ambulance, dans les rues, lieux de passage et marchés, des marchandises de faible valeur ou de menus comestibles.

Suivant la définition inscrite dans l'article 8 de la loi du 19 avril 1905 sur la patente (D. P. 1906. 4. 59), il convient de regarder comme tels tous ceux qui vendent en ambulance, dans les rues, passages et marchés, soit des fleurs, de l'amadou, des balais, des statues et figures en plâtre, soit des fruits, des légumes, des poissons, du beurre, des œufs, du fromage et autres menus comestibles (*Rép. min. fin. quest.* de M. Triballet, député, du 28 mai 1926, nº 8498, *J. off.* du 17 juill. 1926, p. 2954, col. 1).

Ne saurait être considérée comme vendant en ambulance ni, par suite, être exonérée de l'impôt sur les bénéfices commerciaux la personne qui occupe un pavillon de vente dans une exposition, ou une place dans un marché découvert, même si cette place varie d'un jour à l'autre. Cette immunité n'est pas davantage applicable au marchand qui vend, non seulement sur la voie publique, mais encore à son domicile (*Instr. Enreg.* du 30 nov. 1923, p. 13).

Par ailleurs, pour participer au bénéfice du nouveau régime, les intéressés doivent, aux termes de l'article 10 de la loi du 30 juin 1923, satisfaire à trois conditions. Il faut, en premier lieu, qu'ils soient munis d'une autorisation administrative de vendre en ambulance. D'autre part, ils doivent vendre euxmêmes, pour leur propre compte et non comme intermédiaires ou représentants de commerce. Enfin, la loi exige que les marchandises destinées à la vente soient transportées autrement que par véhicule automobile ou voiture attelée, c'est-à-dire par paniers ou par voiture à bras (V. *Projet de loi* du budget de 1923, séance du Sénat du 30 janv. 1923, annexe n° 38, p. 31).

304. Mariniers. — La loi du 30 juin 1923 exonère de l'impôt sur les bénéfices commerciaux, pour les classer dans la cédule des salaires, les mariniers, propriétaires d'un seul bateau qu'ils conduisent et gèrent eux-mêmes. Pour l'application de cette règle, il est indifférent que le bateau de ces mariniers soit « halé par bêtes de trait ou par remorqueur ou muni d'un moteur » (*Circul.* susvisée du 23 août 1923).

305. Chauffeurs et cochers. — Le mode de taxation inauguré par l'article 10 de la loi du 30 juin 1923 est étendu aux chauffeurs de taxis et aux cochers de fiacres, propriétaires d'une ou de deux voitures qu'ils conduisent et gèrent eux-mêmes, mais sans les mettre simultanément en service, à la condition que lesdites voitures ne comportent pas plus de quatre places et que les transports soient conformes à un tarif réglementaire. Ces conditions sont de rigueur. Ne saurait prétendre à l'application de l'impôt sur les traitements et salaires et reste passible de l'impôt cédulaire sur les bénéfices commerciaux et industriels un chauffeur qui est propriétaire d'une voiture comportant plus de quatre places et dont les prix de transport ne relèvent d'aucun tarif réglementaire (*Cons. d'Ét.*, 24 juill. 1925, D. P. 1926. 3. 28). N'a pas davantage droit à l'exemption de l'impôt sur les bénéfices commerciaux le contribuable qui effectue uniquement des transports de marchandises, à des prix librement fixés par lui (*Cons. d'Ét.*, 17 juill. 1925, D. P. 1926. 3. 28).

306. Pêcheurs. — La loi du 30 juin 1923 incorpore dans la cédule des traitements et salaires tous pêcheurs de poissons, crustacés, coquillages et autres produits de la mer ou d'eau douce, pourvu qu'ils se livrent *personnellement* à la pêche.

307. Patrons-pêcheurs. — Du moment où ils pratiquent la pêche personnellement, les intéressés bénéficient du nouveau régime, sous quelque forme que la pêche soit effectuée, même avec des aides, mousses ou marins en association (*Instr. Enreg.* susvisée, p. 15). Spécialement, les patrons pêcheurs sont cotisables à l'impôt des traitements et salaires, non seulement lorsqu'ils sont propriétaires exclusifs du bateau qu'ils commandent, mais encore lorsqu'ils n'en possèdent qu'une part indivise : dans cette dernière hypothèse, le patron pêcheur est imposable, à son nom, à la cédule des salaires, sur l'ensemble de sa rémunération, y compris sa part dans le produit de la pêche. Même solution à l'égard des autres copropriétaires du bateau qui prennent part à la pêche. Quant aux copropriétaires qui seraient intéressés dans le produit de la pêche, sans aller eux-mêmes en mer ni être pêcheurs professionnels, la quote-part leur revenant serait passible de l'impôt sur les bénéfices industriels et commerciaux, au nom de l'armateur, responsable au regard des tiers et, par suite, vis-à-vis du Trésor, qui a la qualité de tiers (*Circul. Contr. dir.* du 23 août 1923 ; — *Instr. Enreg.* du 20 nov. 1923, p. 15).

308. Exercice de la pêche accessoire ou accidentel. — Il a été jugé par le Conseil d'État, en matière de patente, que le régime d'exception institué pour les pêcheurs ne peut être étendu à l'inscrit maritime qui arme des bateaux pour des promenades en mer et ne se livre à la pêche que d'une façon accessoire et accidentelle (*Cons. d'Ét.*, 2 avr. 1909, D. P. 1911. 3. 2) : ce n'est pas là, en effet, un pêcheur professionnel. Le même motif s'oppose à ce que cette personne soit appelée au bénéfice des dispositions de l'article 10 de la loi du 30 juin 1923.

309. Fermier ou adjudicataire du droit de pêche. — Ne sauraient davantage être réputés pêcheurs professionnels les adjudicataires ou fermiers de la pêche sur les cours d'eau ou étangs, alors même qu'ils se feraient aider par des pêcheurs de profession. Non imposables à la patente (*Cons. d'Ét.*, 7 nov. 1879, 13 févr. 1880, 23 déc. 1887 et 30 nov. 1889, Dalloz, *Jur. gén.*, v° *Patente*, 637), ces adjudicataires ou fermiers ne sauraient, non plus, être imposés comme pêcheurs, à la cédule des traitements et salaires. Si donc ils faisaient commerce du produit de leur pêche, ils seraient, conformément aux règles de droit commun, cotisables à l'impôt sur les bénéfices commerciaux, au titre de marchands de poissons.

310. Ostréiculteurs et bouchoteurs. — L'Administration admet que le régime nouveau établi en faveur des pêcheurs « de crustacés et coquillages » par la loi du 30 juin 1923 s'applique aux ostréiculteurs qui élèvent et vendent *exclusivement* des huîtres pêchées par eux (*Circul. Contr. dir.* 23 août 1923 ; *Instr. Enreg.*, susvisée, p. 16). Il y a même raison de décider à l'égard des bouchoteurs qui s'occupent de l'élevage des moules (V. *Rép. min. fin. quest.* de M. Rio, député, du 30 déc. 1920, *J. off.* 26 janv. 1921, p. 138).

311. Sociétés coopératives de consommation. Conditions de l'immunité. — L'article 15 de la loi du 31 juillet 1917 déclare les sociétés coopératives de consommation passibles ou exemptes de l'impôt sur les bénéfices commerciaux et industriels, d'après la distinction ci-après :

« Les sociétés coopératives de consommation, lorsqu'elles possèdent des établissements, boutiques ou magasins pour la vente ou la livraison de denrées, produits ou marchandises, sont passibles de l'impôt sur les bénéfices des professions commerciales et industrielles, à l'exception de la taxe spéciale établie par l'article 14.

« Toutefois, en sont affranchis les *syndicats agricoles* et les sociétés coopératives de consommation qui se bornent à grouper les commandes de leurs adhérents et à distribuer dans leurs magasins de dépôt des denrées, produits ou marchandises qui ont fait l'objet de ces commandes, ou lorsque, ne vendant qu'à leurs sociétaires, ils distribuent leurs bonis annuels auxdits sociétaires ou à des œuvres d'intérêt général, ou lorsqu'ils consacrent ces bonis à des réserves qui ne sont pas réparties entre les porteurs d'actions ».

On lit, à ce sujet, dans l'*Instruction* interadministrative du 20 août 1920 (*J. off.* du 3 sept. 1920, p. 12. 880) :

« L'article 15 de la loi du 31 juillet 1917 n'a exempté de la contribution sur les bénéfices commerciaux et industriels que certaines coopératives de consommation, savoir :

1º Les sociétés coopératives de consommation *qui ne possèdent pas d'établissements*, boutiques ou magasins pour la vente ou la livraison de denrées, produits ou marchandises, c'est-à-dire qui servent simplement d'intermédiaires entre les producteurs ou vendeurs et leurs sociétaires, auxquels les marchandises achetées sont expédiées directement par lesdits producteurs ou vendeurs ;

2° Les sociétés coopératives de consommation *ayant établissements*, boutiques ou magasins de vente ou de livraison, qui n'ont pas de stocks et se bornent simplement à *grouper les commandes de leurs adhérents* et à distribuer dans leurs magasins de dépôt les denrées, produits ou marchandises ayant fait l'objet de ces commandes ;

3° Les sociétés coopératives de consommation ayant établissements, boutiques ou magasins de vente ou de livraison, *qui constituent des stocks*, mais à la condition :

a) Qu'elles ne vendent qu'à leurs sociétaires, ce qui exclut les coopératives qui vendent, non seulement à leurs sociétaires, mais à de simples adhérents payant une cotisation ;

b) Qu'elles distribuent leurs bonis à leurs sociétaires ou à des œuvres d'intérêt général ou qu'elles consacrent ces bonis à des réserves qui ne sont pas réparties entre les porteurs d'actions.

Les sociétés coopératives qui viennent d'être énumérées échappent complètement à l'impôt... » — Conf. *Rép. min. fin. quest.* de M. Gheusi, député, du 22 juin 1922, *J. off.* 1922, p. 2571.

312. Coopératives non affranchies de l'impôt cédulaire. — Sont exclus notamment de l'immunité prononcée par l'article 15 de la loi du 31 juillet 1917 et restent passibles de l'impôt cédulaire des bénéfices commerciaux et industriels :

1° Les sociétés coopératives de consommation vendant à leurs sociétaires et *au public* (*Rép. min. fin. quest.* de M. Cachin, député, du 22 déc. 1920, *J. off.* du 19 janv. 1921, p. 41 ; — *Cons. d'Ét.*, 24 avr. 1925, D. P. 1925. 3. 79) ;

2° Les mêmes sociétés, lorsqu'elles possèdent un magasin de vente ouvert, non seulement aux sociétaires, mais encore à de simples adhérents payant une cotisation modique et qui, d'après les statuts, ne peuvent être assimilés aux sociétaires, sous réserve toutefois de ce qui sera expliqué ci-après (n° 314) quant à la ristourne des bonis (*Cons. d'Ét.*, 12 juin 1925, D. P. 1925. 3. 79). Il en serait différemment et l'impôt cédulaire des bénéfices commerciaux manquerait de base si les adhérents devaient, en vertu d'une clause des statuts, devenir actionnaires de plein droit, dès que le montant de leur ristourne atteint la valeur nominale d'une action, et lorsque, d'autre part, la fraction des bonis annuels non répartie est affectée à la dotation d'œuvres d'intérêt général, telles que caisses de retraite ou de secours et achats de livres pour une bibliothèque (*Cons. d'Ét.*, 29 févr. 1924, D. P. 1925. 3. 7) ;

3° Les groupements d'*achats en commun*, constitués par les négociants d'une même ville ou d'une même région (*Rép. min. fin. quest.* de M. le député Macarez, du 30 nov. 1923, *J. off.* 1924, p. 11) ;

4° Les sociétés coopératives *entre marchands au détail :* en ce sens et par des motifs directement applicables à l'impôt cédulaire, il a été jugé par le Conseil d'État qu'une société coopérative d'approvisionnement, formée entre des charcutiers, qui achète des viandes salées ou fumées et des conserves alimentaires, pour les revendre exclusivement à ses membres, ne saurait être déchargée de la patente, en qualité de coopérative, alors qu'elle revend ses marchandises, non aux consommateurs, mais à une clientèle de charcutiers, c'est-à-dire de marchands au détail opérant en vue d'un bénéfice commercial (*Cons. d'Ét.*, 16 mars 1895, D. P. 96. 3 . 31; — 27 mai 1898, D. P. 99. 3. 88 ; — 2 mars 1901, D. P. 1902. 3. 79);

5° Les sociétés coopératives *entre patrons* maréchaux-ferrants, charrons et forgerons, en vue d'acheter les produits nécessaires à l'exercice de leur profession, une telle société ne constituant pas une coopérative de consommation et participant plutôt de la nature des groupements d'achats en commun dont il vient d'être parlé (*Rép. min. fin. quest.* de M. Girod, député, du 15 nov. 1923, *J. off.* 1924, p. 6).

313. Bonis mis en réserve. Répartition entre les porteurs d'actions. — Est imposable, malgré sa qualification et les conditions apparentes de son fonctionnement, la société coopérative de consommation qui ne vend qu'à ses seuls sociétaires et qui consacre ses bonis à des fonds de réserve, du moment où les réserves ainsi constituées doivent, en vertu d'une clause statutaire, être réparties entre les porteurs d'actions

(*Rép. min. fin. quest.* de M. Tapponnier, député, du 7 déc. 1923,
J. off. 1924, p. 113 ; — Conf. *Rép. min. fin. quest.* de M. Compère-
Morel, député, du 20 févr. 1923, *J. off.* 1923, p. 1803).

314. Ristourne des bonis. Déduction. — Quoi qu'il en
soit, lorsqu'une société coopérative de consommation, faute
de satisfaire aux conditions spécifiées par la loi de 1917, est
passible de l'impôt sur les bénéfices commerciaux, elle doit
y être soumise à raison de l'ensemble de ses profits, y compris
par exemple les sommes affectées au payement des intérêts
servis aux actions, mais à l'exclusion des bonis ristournés aux
sociétaires, au prorata de leurs achats, ces ristournes constituant le remboursement de trop-perçus et n'ayant pas, dès
lors, le caractère de bénéfices (*Rép. min. fin. quest.* de M. Macarez, député, des 20 déc. 1922 et 30 nov. 1923, *J. off.* 1924,
p. 11 ; — *Cons. d'Ét.*, 12 juin 1925, D. P. 1925. 3. 79).

**315. Exigibilité de la taxe sur le chiffre d'affaires.
Loi du 13 juillet 1925.** — Sanctionnant la jurisprudence du
Conseil d'État (V. Paul Bougault, *Les sociétés coopératives*,
p. 33), l'article 85 de la loi du 13 juillet 1925 décide que la
taxe sur le chiffre d'affaires sera désormais exigée des sociétés
coopératives de consommation qui, achetant pour revendre à
leurs seuls sociétaires ou adhérents, se trouvent, comme telles,
exonérées de l'impôt cédulaire sur les bénéfices commerciaux,
en vertu de l'article 15 de la loi du 31 juillet 1917. Mais, suivant la remarque de la *Circulaire* du 29 août 1925 (p. 21),
« nonobstant l'application qui leur sera faite de la taxe sur le
chiffre d'affaires, ces sociétés continueront à bénéficier de
l'exemption de l'impôt sur les bénéfices industriels et commerciaux ». — V. à ce sujet le très intéressant ouvrage de
M. Paul Bougault, avocat à la cour d'appel de Lyon, précité ;
— et Maurice Bokanowski et Laskine, *Commentaire pratique*
de la loi du 13 juill. 1925, p. 131).

316. Sociétés coopératives de production. — En principe, et à défaut d'exception formulée en leur faveur par la
loi du 31 juillet 1917, les sociétés coopératives de production
sont soumises à l'impôt cédulaire sur les bénéfices commerciaux et industriels (*Instr. Enreg.* du 29 août 1920, précitée).
Toutefois cette règle comporte un notable tempérament,

ainsi qu'on l'explique ci-après, en ce qui concerne les sociétés coopératives de production agricoles et les sociétés ouvrières de production.

317. Société coopérative agricole de production. Non-imposition. — Ne réalise pas personnellement des bénéfices et, dès lors, n'est pas sujette à l'impôt sur les bénéfices industriels et commerciaux, une laiterie coopérative, constituée sous forme de société coopérative de production, qui fabrique et vend des produits obtenus avec du lait provenant exclusivement des exploitations agricoles de ses adhérents et qui, par application de ses statuts, répartit l'intégralité du produit des ventes entre ses adhérents, au prorata de leurs fournitures, après prélèvement des frais généraux et de l'intérêt des emprunts (*Cons. d'Ét.*, 22 févr. 1924, D. P. 1925. 3. 8 ; — V. aussi *Cons. d'Ét.*, 16 janv. et 8 avr. 1925, *Gaz. Pal.* 18 mars et 16 juin 1925).

Par contre, les sociétés coopératives agricoles de production dont il s'agit deviennent passibles de l'impôt des bénéfices commerciaux et industriels, lorsqu'elles travaillent, en plus du lait provenant des étables de leurs adhérents, celui qui est fourni par d'autres producteurs étrangers à la société (*Rép. min. fin. quest.* de M. Gaudin de Villaine, sénateur, du 18 janv. 1921, n°4032 ; — et de M. de Launay, député, du 25 août 1924, n° 983). L'impôt des bénéfices commerciaux est également exigible de celles de ces sociétés qui mettent en œuvre, pour la transformation du lait, des moyens de nature à conférer à leur exploitation un caractère industriel (*Rép. min. fin. quest.* de M. Limousin-Laplanche, sénateur, du 27 nov. 1923, n°6042).

318. Sociétés coopératives de crédit. — L'*Instruction* du 29 août 1920 pose en principe que les sociétés coopératives de crédit, étant passées sous silence par l'article 15 de la loi du 31 juillet 1917, ne peuvent se prévaloir de l'exemption stipulée par ce texte et, en conséquence, sont passibles de l'impôt cédulaire des bénéfices commerciaux et industriels. Cette solution se justifie surtout à l'égard des sociétés de l'espèce qui traitent, non seulement avec leurs membres, mais encore avec le public, pour les dépôts de fonds et de titres, car cette accession du public lui enlève le caractère de mutualité qui pourrait l'exonérer de l'impôt (*Cons. d'Ét.*, 31 janv. 1891, D. P. 92. 5. 465 ; — 28 nov. 1891, D. P. 93. 3. 15).

319. Sociétés de caution mutuelle et banques populaires. — Exemptées de la patente et de l'impôt sur le revenu des valeurs mobilières, par les articles 8 et 10 de la loi du 13 mars 1917, ces sociétés ont été affranchies, par l'article 4 de la loi du 7 août 1920, de l'impôt sur les bénéfices du commerce et de l'industrie, auquel elles auraient donné ouverture en raison de leur caractère commercial (*Instr.* du 10 sept. 1920, n° 3637).

L'immunité d'impôt concédée à ces deux groupes de sociétés de crédit ne leur est acquise qu'autant que leurs statuts et leur fonctionnement répondent aux prescriptions de la loi organique du 13 mars 1917 (Conf. *Rép. min. fin. quest.* de M. le député Tapponnier, du 7 déc. 1920, n° 5911, *J. off.* du 19 janv. 1921, p. 35, col. 2. — *Circul. Contr. dir.* du 14 févr. 1921, n° 1353).

320. Sociétés coopératives d'artisans. — Les exemptions fiscales concédées aux banques populaires par la loi susvisée du 7 août 1920 et, par suite, l'exonération de l'impôt sur les bénéfices commerciaux et industriels ont été étendues par l'article 3 de la loi du 27 décembre 1923 (*J. off.* du 28 déc., *Bull. législ. Dalloz*, 1923, p. 944) aux sociétés coopératives et unions de sociétés coopératives d'artisans. Suivant la remarque de la *Circulaire* des Contributions directes du 21 juillet 1924, n° 1421 (p. 16), « il va de soi que cette immunité ne pourra profiter qu'aux seules sociétés ou unions de sociétés fonctionnant dans les conditions prévues par cette loi. »

321. Banques coopératives des sociétés ouvrières de production. — D'autre part, l'immunité de l'impôt sur les bénéfices commerciaux et industriels est également conférée par l'article unique de la loi du 3 janvier 1924 (*Bull. législ. Dalloz* 1924, p. 11), aux banques coopératives des sociétés ouvrières de *production* placées sous le contrôle des ministres du travail et des finances, à la condition « qu'elles ne consentent de prêts ou d'ouvertures de crédit qu'auxdites sociétés et que leur capital ne soit souscrit que par celles-ci ou par leurs membres » (même *Circulaire*, p. 16).

322. Syndicats agricoles. — Assimilés aux sociétés coopératives de consommation par l'article 7 de la loi précitée du 19 avril 1905, relativement à l'exemption de la patente, les syndicats agricoles sont également affranchis de l'impôt cédulaire des bénéfices commerciaux et industriels, aux mêmes conditions que ces sociétés, par l'article 15 de la loi du 31 juillet 1917 (V. *suprà*, nos 311 et suiv.). Les bénéficiaires de cette immunité sont, en outre, exonérés de l'impôt sur le chiffre d'affaires par l'article 21 de la loi de crédits du 30 juin 1926 (*Bull. législ. Dalloz*, 1926, p. 384).

323. Sociétés et offices publics d'habitations à bon marché. — La loi du 5 décembre 1922, portant codification des lois sur les habitations à bon marché (D. P. 1923. 4. 333) a maintenu les immunités fiscales accordées en cette matière par la loi du 31 décembre 1918 (art. 18) (D. P. 1922. 4. 292). Après avoir, par son article 65, affranchi des impôts cédulaires et, par suite, de l'impôt sur les bénéfices commerciaux les sociétés d'habitations à bon marché constituées et fonctionnant dans les conditions qu'elle détermine, la nouvelle loi étend le bénéfice de cette exception aux sociétés de bains-douches et aux sociétés de jardins ouvriers (art. 69) ; — aux sociétés de crédit immobilier, spécialement à celles qui ont pour objet de consentir des prêts en vue de l'acquisition de jardins ou champs dont la contenance, la valeur locative et le prix d'achat n'excèdent pas les limites fixées dans son article 46 (art. 70 et 71) ; — enfin aux offices publics d'habitations à bon marché réglementés par ses articles 8 à 18 (art. 74).

324. Exploitants de mines. — En raison de leur caractère commercial, affirmé par la loi du 9 septembre 1919 (D. P. 1920. 4. 45), les exploitations minières tomberaient, de plein droit, sous l'application de l'impôt cédulaire des bénéfices industriels et commerciaux, si elles n'en étaient expressément affranchies par l'article 53 de la loi du 31 juillet 1917, reproduit par l'article 23 de la loi du 3 août 1926 (*J. off.* du 4 août 1926, p. 8786), et ainsi conçu :

« Les bénéfices de l'exploitation minière et des opérations rattachées à cette exploitation pour l'assiette de la redevance proportionnelle des mines, restent soumis à cette redevance, conformément à la législation en vigueur et ne sont pas assujettis aux impôts institués par la présente loi. »

325. Taux de la redevance proportionnelle. — Ainsi que l'exprime le texte ci-dessus transcrit, la redevance proportionnelle des mines est censée représenter aujourd'hui l'équivalent de l'impôt cédulaire afférent aux bénéfices que le concessionnaire retire de son exploitation. Fixé à 5 pour 100 par la loi du 21 avril 1810 (Dalloz, *Jur. gén.*, v° *Mines*, p. 618), porté à 6 pour 100 par l'article 4 de la loi du 8 avril 1910 (D. P. 1910. 4. 105) à 12 pour 100 par l'article 7 de la loi du 30 déc. 1916 (D. P. 1917. 4. 1), à 20 pour 100 par l'article 1er de la loi du 25 juin 1920, le taux de cette redevance atteint 25 pour 100 à l'heure actuelle, en vertu de l'article 28 de la loi du 3 août 1926, déjà citée.

326. Base de la redevance proportionnelle. — Nous n'avons pas à expliquer ici les règles relatives au régime fiscal des exploitations minières, puisque la redevance proportionnelle des mines est, par une disposition expresse des lois susvisées, exclue du cadre des impôts cédulaires sur les revenus. Il suffira de noter que le produit net passible de cette redevance est fixé : par le montant des dividendes distribués, pour les sociétés par actions et pour les sociétés en commandite ou à parts d'intérêts dont les bénéfices annuels sont déterminés par les conseils d'administration ou les assemblées générales ; — et par une évaluation administrative, à l'égard des exploitations de mines ne rentrant pas dans cette catégorie (Décr. 24 déc. 1910, D. P. 1911. 4. 175 ; — L. 30 avr. 1921, D. P. 1922. 4. 153). Ajoutons que les redevances minières sont recouvrées par voie de rôles rendus exécutoires par le préfet, et que les réclamations à fin de décharge ou de réduction, instruites par l'ingénieur en chef des mines, sont jugées comme en matière de contributions directes.

327. Mines de sel. Assujettissement à l'impôt cédulaire. — Étant affranchies de toute redevance par l'article 4 de la loi du 17 juin 1840, les exploitations de mines de sel sont, par là même, exclues de l'exemption d'impôt cédulaire prononcée par l'article 53 de la loi du 31 juillet 1917, en vue d'éviter une double taxation. Les bénéfices provenant des exploitations de cette catégorie restent donc passibles de l'impôt sur les bénéfices commerciaux et industriels, ainsi que le Conseil d'État l'a décidé par un arrêt du 5 janvier 1923 (*Rép. quest. fisc.* 1923, p. 139).

328. Concessions de schistes et de lignites. — Aux termes de l'article 14 de la loi de finances du 30 juin 1923 (D. P. 1924. 4. 81), « sont exonérées de la redevance proportionnelle des mines prévue par les articles 33 à 42 de la loi du 21 avril 1810, modifiés par l'article 4 de la loi du 8 avril 1910, par l'article 7 de la loi du 30 décembre 1916, par l'article 53 de la loi du 31 juillet 1917 et par l'article 1er de la loi du 25 juin 1920 :

« 1º Les concessions de schistes bitumineux dont les produits sont traités par distillation en vue de l'obtention des hydro-carbures liquides ;

« 2º Les concessions de mines de lignite *pour la partie de leur production* traitée ou consommée dans les usines de distil-lation.

« Dans tous les cas, le produit net imposable de ces conces-sions sera déterminé par voie d'évaluation administrative. »

Désormais affranchies de la redevance proportionnelle des mines, ces concessions deviennent, par voie de conséquence, passibles de l'impôt cédulaire, conformément à la règle affir-mée, en matière de mines de sel, par l'arrêt précité du Conseil d'État (nº 827).

329. Société exploitant une carrière. — L'Administra-tion avait tout d'abord décidé, en réponse à la question écrite posée par M. le député Blanchet, le 23 mai 1923, que l'impôt sur le chiffre d'affaires n'est pas exigible de la société qui exploite, sans leur faire subir aucune transformation indus-trielle, les terres et sables réfractaires qu'elle extrait du sol dont elle a la propriété (*J. off.* 1923, p. 2637). Mais, à la suite d'un nouvel examen de la question, elle a fait connaître qu'une société de cette nature, fût-elle constituée en nom collectif, est imposable tant à la taxe sur le chiffre d'affaires qu'à l'impôt cédulaire sur les bénéfices commerciaux et industriels (*Rép. min. fin. quest.* de MM. Pouzin et Blanchet, députés, des 13 nov. et 31 déc. 1923, *J. off.* 1923, p. 3963 et 1924, p. 183).

330. Simple particulier. — Plus récemment l'Administration a décidé qu'un propriétaire rural qui vend les matériaux extraits de carrières lui appartenant est, en principe, cotisable à la cédule des bénéfices industriels et commerciaux et, par voie de conséquence, passible de la taxe sur le chiffre d'affaires, alors même qu'il ne ferait subir aucune transformation aux produits de son exploitation. Mais, s'il travaille à titre individuel, sans utiliser d'autres concours que ceux prévus par l'article 10 de la loi du 30 juin 1923, et s'il n'assure pas son exploitation par des moyens industriels et mécaniques, ce même carrier peut être envisagé comme un artisan et être affranchi, à ce titre, de l'impôt sur les bénéfices industriels et commerciaux (*Rép. min. fin. quest.* de M. Bergey, député, du 10 juin 1926, n° 8710, *J. off.* du 15 juill. 1926, p. 2910, col. 3 ; — de M. Poitou-Duplessy, du 27 mai 1926, n° 8338, *J. off.* du 17 juill, 1926, p. 2953, col. 2).

331. Taxe d'apprentissage. Loi du 13 juillet 1925. — Pour permettre à l'État de couvrir les dépenses de l'enseignement technique, l'article 25 de la loi du 13 juillet 1925 a institué, à partir du 1er janvier 1925, une taxe, dite d'apprentissage, à la charge des personnes et sociétés exerçant une profession industrielle ou commerciale et de celles qui se livrent à l'exploitation minière ou sont concessionnaires de services publics. Cette taxe, au taux initial de 0,20 pour 100, est annuellement réglée à raison du montant des appointements, salaires et rétributions de toute nature payés par les contribuables à leur personnel, au cours de l'année précédente. Ne sont pas soumis à la taxe les façonniers, artisans et autres personnes assujetties à l'impôt sur les salaires par l'article 10 de la loi du 30 juin 1923. Les exploitants n'ayant pas payé, au cours de l'année de base, plus de 10 000 francs de salaires en espèces en sont également affranchis.

La taxe d'apprentissage, bien qu'elle soit assimilée aux contributions directes, est établie, non par les contrôleurs, mais par les comités départementaux de l'enseignement technique, qui dressent les états-matrices et les transmettent à la direction départementale des contributions directes, en vue de la confection des rôles et des avertissements (*Circul. contr. dir.* 29 août 1925, n° 1448, p. 77).

Cette taxe ne pouvant être assimilée, à aucun point de vue,

aux impôts cédulaires sur les revenus, il suffit d'en avoir résumé ci-dessus les traits essentiels, un commentaire plus développé ne pouvant s'adapter au cadre de ce *Traité*. — V. L. 29 avril 1926, art. 7 (D. P. 1926, 4. 209).

§ 3. — BASES DE L'IMPOSITION

332. Système antérieur à la loi du 4 avril 1926. — L'article 4 de la loi organique du 31 juillet 1917 prévoyait, pour l'établissement de l'impôt cédulaire sur les bénéfices du commerce et de l'industrie, deux bases d'imposition distinctes : 1º le bénéfice réel de l'exploitant ; 2º le bénéfice forfaitaire du contribuable, déterminé par l'application à son chiffre d'affaires d'un coefficient approprié.

Étaient imposables sur leur bénéfice net réel :

1º Les sociétés dont les bilans sont obligatoirement communiqués à l'Administration de l'enregistrement ;

2º Les contribuables ayant déjà déclaré le chiffre de leurs bénéfices réels, en vue de l'assiette de la contribution extraordinaire sur les bénéfices de guerre ;

3º Les commerçants et les industriels, autres que ceux des deux catégories ci-dessus, qui optaient pour la taxation d'après le bénéfice réel et remettaient, avant le 1ᵉʳ mars de chaque année, au contrôleur un résumé de leur compte de profits et pertes de l'année précédente.

Étaient assujettis à l'impôts sur leur bénéfice évalué par l'application d'un coefficient à leur chiffre d'affaires les contribuables ne rentrant pas dans l'une des trois catégories précédentes, c'est-à-dire les commerçants ou industriels qui ne se trouvaient pas placés sous le régime de la taxation du bénéfice réel, soit en vertu des dispositions impératives de la loi, soit de leur plein gré par l'envoi au contrôleur du résumé de leur compte de profits et pertes.

D'autre part, le régime de la taxation en fonction du chiffre d'affaires comportait des modalités particulières en faveur des petits commerçants ou industriels n'accusant pas un chiffre de ventes supérieur à 200 000 francs, ou dont les commissions, courtages, escomptes et agios n'excèdent pas 40 000 francs. A l'égard de ce groupe de contribuables, la loi du 16 avril 1924, dont nous avons présenté ailleurs le commentaire (V. D. P. 1924, 8ᵉ cahier, pp. 253 à 256) avait, par dérogation aux règles de droit commun, ramené à un taux fixe et invariable pour chaque nature de professions les coefficients ou multiples du chiffre d'affaires et, en second lieu, admis comme base d'application de ces nouveaux coefficients le forfait annuel établi pour l'assiette de la taxe sur le chiffre d'affaires.

333. Nouvel aménagement des bases de l'impôt. Loi du 4 avril 1926. — Le système dont on vient de résumer la structure a été profondément modifié par les dispositions que la loi du 4 avril 1926 (D. P. 1926. 4. 145) substitue aux articles 4 à 12 de la loi du 31 juillet 1917 et aux textes additionnels des lois des 25 juin 1920, 30 juin 1923 et 16 avril 1924. Ces remaniements intéressent tout à la fois :

1° L'assiette de l'impôt cédulaire, désormais établi sur le bénéfice réel, à l'exclusion de toute évaluation dérivée du chiffre d'affaires, et sans aucun abattement ou exonération partielle à la base ;

2° Le taux de l'impôt, gradué par échelons successifs jusqu'à 50 000 francs et proportionnel au-dessus de ce chiffre de revenu ;

3° Le contrôle des déclarations annuelles, élargi et fortifié par l'intervention de commissions consultatives d'arrondissement.

On va préciser la portée de ces diverses modifications.

334. Suppression de l'évaluation basée sur le chiffre d'affaires. — La loi du 4 avril 1926 ne prononce pas expressément, par une disposition explicite, l'abrogation des articles 6 à 10 de la loi du 31 juillet 1917 et 1 à 5 de la loi du 16 avril 1924 réglementant le calcul de l'impôt sur les bénéfices commerciaux et industriels, par l'application d'un coefficient au chiffre d'affaires du contribuable. Mais cette abrogation résulte virtuellement de la substitution aux textes dont il s'agit d'une série d'articles nouveaux où il n'est fait aucune allusion soit à la taxation des commerçants ou industriels sur leur chiffre d'affaires d'après les règles du droit commun, — soit au régime d'exception institué en faveur des petits exploitants par la loi du 16 avril 1924 (Conf. D. P. 1926. 4. 153, note 6).

335. Bénéfice réel. Base exclusive de l'impôt. — L'article 9 de la loi du 4 avril 1926 est formel : sans faire état des distinctions établies à ce sujet par l'article 4 de la loi du 31 juillet 1917, il pose comme règle générale que l'impôt cédulaire des bénéfices commerciaux et industriels « est dû à raison du bénéfice net, après déduction de toutes charges, y compris la valeur locative des immeubles affectés à l'exploitation et les amortissements généralement admis d'après les usages de chaque nature d'industrie ou de commerce » (*art. 4 nouveau*).

C'est donc, en principe, le bénéfice net comptable de l'exploitant qui doit désormais être seul envisagé pour le calcul de l'impôt. La règle ne fléchit que lorsque ce bénéfice net n'excède pas 50 000 francs, le contribuable ayant, dans ce cas, la faculté de déclarer dans quelle tranche ou catégorie son revenu doit être rangé pour le jeu du tarif. Mais, en aucune hypothèse, le chiffre d'affaires n'intervient comme base de la taxation. — Conf. *Circ. Contr. dir.* du 25 sept. 1926, n° 1472, p. 5.

336. Année antérieure à celle de l'imposition. — Conformément au principe inscrit dans l'article 2 de la loi organique du 31 juillet 1917, la loi du 4 avril 1926 décide que le bénéfice net à retenir pour l'établissement de l'impôt cédulaire est celui de l'année ou de l'exercice antérieur à l'année de l'imposition (art. 5).

337. Exercice commercial ne coïncidant pas avec l'année civile. — La loi du 31 juillet 1917 a prévu spécialement cette hypothèse, en stipulant, par son article 2, que l'impôt annuel sur les bénéfices commerciaux et industriels englobe les bénéfices réalisés pendant l'année précédente « ou dans la période de douze mois dont les résultats auront servi à l'établissement du dernier bilan, lorsque cette période ne coïncide pas avec l'année civile ». Ainsi, un commerçant dont les exercices se clôturent le 30 septembre sera imposable, au titre de 1926, d'après les résultats de son exploitation du 1er octobre 1924 au 30 septembre 1925 (*Rép. min. fin. quest.* de MM. les députés Moutet, du 13 nov. 1923, *J. off.*, p. 4292 ; — Berquet, du 25 mai 1925, n° 4203, *J. off.* 26 juin 1925, p. 2956).

Cette règle n'a rien perdu de son exactitude. D'une part, en effet, la loi du 4 avril 1926 n'a introduit aucun changement

dans le texte précité de l'article 2 de la loi de 1917 ; d'un autre
côté, elle confirme implicitement la disposition de ce dernier
article, en imposant au contribuable l'obligation de remettre
au contrôleur la déclaration de son bénéfice net de l'année ou
« *de l'exercice* précédent », avant le 1ᵉʳ mars de chaque année
et en prorogeant ce délai au 31 mars pour les commerçants
« qui ont clos leur exercice comptable » pendant le mois de
décembre de l'année antérieure à celle de l'imposition. Ces
mots « exercice et exercice comptable » sont significatifs et
démontrent que la règle formulée par l'article 2 de la loi organique et consacrée par la pratique est toujours debout. —
Conf. Décr. 15 oct. 1926, art. 3, inséré aux *Annexes*.

**338. Exercice de dix-huit mois. Bénéfices de la der-
nière année civile.**— L'impôt sur les bénéfices industriels et
commerciaux doit, pour tous les contribuables qui arrêtent
leur bilan le 31 décembre, être calculé d'après les bénéfices de
l'année antérieure à celle de l'imposition ; en aucun cas, il ne
peut être perçu d'après les bénéfices afférents à une période
de plus de douze mois. Par suite, lorsqu'un contribuable,
qui dressait son bilan annuel le 30 juin, décide de l'établir
désormais le 31 décembre, de sorte que cet exercice se trouve
englober une période de dix-huit mois, l'impôt ne doit être
calculé que sur les bénéfices des douze mois de la dernière
année civile. L'impôt général sur le revenu incombant à l'exploitant doit être établi sur les mêmes bases (*Cons. d'Ét.*, 4 août 1925,
D. P. 1926. 3. 30).

339. Période inférieure à douze mois. — Inversement,
mais toujours par application du même principe, lorsque le
bilan dressé par un industriel, au cours de l'année de base,
s'applique à une période inférieure à douze mois, par exemple
à la période courue du 1ᵉʳ janvier au 30 avril, l'impôt cédulaire sur les bénéfices commerciaux dont ce contribuable est
tenu au titre de l'année suivante doit être établi d'après les
résultats globaux de l'année civile antérieure à celle de l'imposition : il appartient, dans ce cas, aux intéressés de fournir au
contrôleur, à cet effet, les renseignements et justifications
nécessaires (*Rép. min. fin. quest.* de M. Montigny, député,
du 27 mai 1926, n° 8305, *J. off.* du 17 juill. 1926, p. 2952,
col. 1).

340. Année de base à envisager dans son ensemble. — Il ne serait pas juridique de régler la taxation d'après les résultats du deuxième semestre seul, sans faire entrer en compte les pertes du premier semestre (*Rép. min. fin. quest.* de M. Géo-Gérald, député, du 13 nov. 1923, *J. off.* 1924, p. 180).

341. Déficits antérieurs. Non-imputation. — Les résultats de chaque exercice imposable devant être envisagés isolément, il s'ensuit que l'impôt cédulaire des bénéfices commerciaux peut être valablement établi sur l'ensemble des bénéfices d'un exercice déterminé, abstraction faite des déficits que l'entreprise a pu éprouver au cours d'exercices antérieurs et pour lesquels un compte d'attente a été ouvert (*Rép. min. fin. quest.* de M. Crolard, député, du 30 janv. 1924, *J. off.* de 1924, p. 1144). — V. *infrà*, n° 390.

342. Déclaration annuelle du contribuable. Règle générale. — Aux termes de l'article 5 de la loi du 31 juillet 1917, refondu par l'article 9 de la loi du 4 avril 1926, toute personne ou société exerçant une profession industrielle ou commerciale est tenue de remettre au contrôleur des contributions directes, avant le 1ᵉʳ mars de chaque année, une déclaration du montant de son bénéfice net de l'année ou de l'exercice précédent. Ce délai est étendu jusqu'au 31 mars pour les contribuables qui, au cours de l'année antérieure à celle de l'imposition, ont clos leur exercice comptable pendant le mois de décembre et qui sont tenus ou prennent l'engagement de communiquer leur comptabilité. — Conf. Décr. 15 oct. 1926, art. 8.

343. Justifications à produire. Distinction à établir. — Au point de vue des indications à fournir dans la déclaration annuelle et des justifications dont elle doit être accompagnée, la loi nouvelle répartit les contribuables en deux groupes distincts : ceux dont le bénéfice réel n'excède pas 50 000 francs et, d'autre part, ceux dont le bénéfice net est supérieur à cette somme (*Circul. Contr. dir.* du 25 sept. 1926, p. 5).

1. — Dans la première hypothèse, celle d'un bénéfice annuel n'excédant pas 50 000 francs, le contribuable peut, d'après le nouvel article 6 de la loi de 1917, se borner à indiquer dans sa déclaration celle des quatorze catégories de revenus spécifiées à l'article 12 (V. *infrà*, n° 395), dans laquelle il doit être rangé

pour le calcul de l'impôt. En d'autres termes, la loi réserve au commerçant dont il s'agit la faculté de déclarer, non son bénéfice effectif, mais seulement, suivant le mot de Dalloz, « l'ordre de grandeur » de ce bénéfice (*loc. cit.*, p. 154), en énonçant, par exemple, que ledit bénéfice ne dépasse pas 800 francs, est compris entre 801 et 1 500 francs, — entre 1 501 et 3 000 francs, — entre 3 001 et 5 000 francs, — entre 5001 et 7 000 francs, — entre 7 001 et 10 000 francs, etc., etc...

Aucune justification ou production de pièce comptable n'est exigée à l'appui de cette déclaration, sauf dans le cas où le contribuable serait une société soumise au contrôle de l'Enregistrement et, bien entendu, sous réserve du droit de vérification qui appartient au contrôleur des contributions directes (*Circul. Contr. dir.* 25 sept. 1926, n° 1472, p. 5).

2. — Quant aux commerçants ou industriels dont le bénéfice excède 50 000 francs, l'article 7 nouveau de la loi de 1917 leur impose l'obligation de préciser le chiffre même de leur bénéfice net de l'année ou de l'exercice précédent, de joindre à leur déclaration un résumé de leur compte de profits et pertes ou un état de leur bénéfice et, en outre, de représenter, à toute réquisition du contrôleur, tous documents comptables de nature à justifier la sincérité de leur déclaration.

La même obligation, on en a déjà fait la remarque, incombe, quel que soit le chiffre de leurs bénéfices, aux sociétés sujettes au droit de communication des agents de l'enregistrement (sociétés ayant émis des actions ou des obligations passibles des droits de timbre et de transmission, autres sociétés faisant un chiffre d'affaires supérieur à 50 000 francs par an) (L. 31 juill. 1920, art. 32, *Instr. enreg.* du 24 mars 1924, n° 3810, p. 34).

344. Absence de déclaration. Sanction. — Ainsi que l'exprime l'article 11 nouveau, le contribuable qui n'a pas produit dans le délai prescrit la déclaration dont il vient d'être parlé encourt, à titre de sanction, la taxation d'office et une majoration d'impôt de 25 pour 100. Le ministre a d'ailleurs reconnu, au cours des débats, dans sa réponse à une question de M. le député Lafarge, que la taxation d'office nécessite une formalité préalable, à savoir la mise en demeure de l'assujetti d'avoir à souscrire sa déclaration : « Ce n'est que si une déclaration n'est pas faite dans un délai supplémentaire de vingt jours après cette mise en demeure, que l'Administration

peut procéder à la taxation d'office » (Séance du 6 févr. 1926,
J. off., p. 582, col. 1, D. P. 1926. 4. 154, note C).

§ 4. — DÉTERMINATION DU BÉNÉFICE RÉEL

345. Calcul du bénéfice net. Principe. — Quelle qu'en
soit l'importance, qu'il soit supérieur ou inférieur à la ligne
de démarcation de 50 000 francs fixée par la loi du 4 avril 1926,
le bénéfice commercial ou industriel à énoncer dans la déclaration du contribuable ou à envisager pour la détermination de
la catégorie de revenu applicable, ne peut s'entendre que du
bénéfice net obtenu après déduction des frais et charges sur
l'ensemble des produits bruts de l'entreprise. Comme l'expliquent
l'*Instruction* du 30 mars 1918 (art. 10) et la *Circulaire* des Contributions directes du 29 août 1925, n° 1448 (p. 6), les produits
bruts d'une entreprise comprennent, en premier lieu, les recettes
commerciales, à savoir le montant des ventes ou le chiffre
d'affaires indiqués par le compte d'exploitation, et, en outre,
les produits accessoires encaissés par l'exploitant : loyers des
immeubles loués, intérêts des créances, revenus du portefeuille,
bénéfices sur ventes de titres. Pour les intermédiaires, mandataires, loueurs de choses ou de services, banquiers, escompteurs,
changeurs, le produit brut est constitué par le montant des
courtages, commissions, remises, prix de location, salaires,
intérêts, escomptes, agios et autres rémunérations acquises
au titre d'actes professionnels.

A l'ensemble de ces produits bruts, inscrits au crédit du
compte de profits et pertes, s'opposent les frais et charges
portés au débit du même compte et qui comprennent, tout
d'abord, « les frais généraux proprement dits, appointements
des employés, commissions des représentants, frais de livraison
et d'expédition, de correspondance, de bureau, de publicité,
dépenses d'entretien du mobilier commercial, frais d'éclairage
et de chauffage, assurances, impôts afférents à l'entreprise,
loyer des locaux professionnels,... les amortissements de toute
nature justifiés par la dépréciation d'éléments quelconques de
l'actif, les intérêts débiteurs de comptes courants, les intérêts
d'emprunts ou de sommes reçues en dépôt, etc. » (*Circul. précitée*, pp. 10 et 11).

Le bénéfice net à retenir pour le calcul de l'impôt cédulaire est celui qui ressort de la balance établie entre ces deux éléments actif et passif de l'entreprise, produits bruts et frais et charges de l'exploitation. Mais la mise en œuvre de ce principe général soulève de nombreuses questions qui vont être successivement examinées.

346. Lots et primes de remboursement. — Ainsi que le Conseil d'État l'a décidé, par un arrêt du 28 janvier 1921 (*Gaz. Pal.* 17 févr. 1921, n° 48, D. P. 1921. 3 9), au sujet des lots payés aux porteurs d'obligations du Crédit Foncier, les lots et primes de remboursement sortis aux tirages constituent pour l'intéressé un accroissement de capital et non la réalisation d'un revenu, d'où il suit qu'ils ne peuvent entrer en compte pour la détermination des bases de l'impôt général sur le revenu incombant au porteur de ces titres. Ce gain en capital ne saurait davantage se plier à la mise en œuvre de l'impôt cédulaire sur les bénéfices commerciaux : qu'il soit réel ou personnel, l'impôt sur le revenu ne peut jamais atteindre qu'un véritable revenu et non un accroissement de capital. Au surplus, l'Administration, tout en formulant des réserves d'ordre théorique, reconnaît que les lots et primes de remboursement, étant déjà soumis à l'impôt sur le revenu des valeurs mobilières, « leur montant doit être déduit du bénéfice net pour l'établissement de l'impôt sur les bénéfices industriels et commerciaux » (*Circul. Contr. dir.* du 29 août 1925, n° 1448, p. 10, note 1).

347. Primes d'émission. — Il a été reconnu par l'Administration qu'il n'y a pas lieu, dans le cas d'une société par actions augmentant son capital par l'émission d'actions avec primes, d'envisager comme un bénéfice passible de l'impôt sur les bénéfices commerciaux le montant des primes versées par les souscripteurs des nouvelles actions (*Rép. quest.* de M. Tranchand, député, du 31 déc. 1921, *J. off.* de 1922, p. 282).

348. Cession de fonds de commerce. Plus-value. — Conformément à l'avis émis dans la première édition de ce *Traité* (n° 304, p. 237) et sur les conclusions de M. le commissaire du gouvernement Garrigou, qui nous a fait l'honneur de citer expressément notre opinion, le conseil de préfecture de la Seine a jugé, le 24 mars 1924 (D.P. 1924. 3. 17), que, l'augmentation de valeur d'un fonds de commerce ayant le caractère d'un accroissement de capital et non d'un revenu, le profit pécuniaire provenant de la réalisation de cette plus-value par la cession dudit fonds, ne peut entrer en compte pour le calcul de l'impôt général sur le revenu ou de l'impôt cédulaire sur les bénéfices commerciaux et industriels. A la suite de cette décision, le ministre a reconnu que les impôts sur le revenu ne sauraient atteindre ni la plus-value des éléments incorporels du fonds, ni celle du matériel et des immeubles affectés à l'exploitation, et doivent se limiter au gain provenant de la cession des stocks de marchandises (*Déc. min. fin.* 15 sept. 1925, *Note des Contrib. dir.* du 19 sept. 1925, n° 893).

349. Prélèvements personnels de l'exploitant ou des associés. — Les sommes prélevées mensuellement sur les produits de l'entreprise par un exploitant, à titre de rémunération de son travail personnel, représentent, non pas une charge de l'exploitation, mais bien un élément du bénéfice imposable, et toute cause manque, dès lors, à la déduction d'un tel prélèvement, pour le calcul du bénéfice imposable. La règle ainsi établie par la jurisprudence relative à la contribution extraordinaire a été également consacrée, en matière d'impôt cédulaire sur les bénéfices commerciaux, par un arrêt du Conseil d'État du 26 janvier 1923 (D. P. 1923. 3. 67).

350. Émoluments d'un armateur-gérant. — Spécialement le travail de l'associé copropriétaire d'un navire, qui est armateur-gérant directement intéressé à la prospérité de l'exploitation, étant rémunéré sur le bénéfice net de la société, les émoluments qu'il s'attribue ne peuvent être regardés comme une charge effective de l'entreprise et doivent, dès lors, entrer en compte pour le calcul de l'impôt cédulaire applicable aux bénéfices de la société formée entre les copropriétaires du navire (*Cons. d'Ét.*, 18 déc. 1925, D. P. 1926. 3. 24).

351. Salaire de la femme ou du fils de l'exploitant. Déduction. — Conformément à la jurisprudence du Conseil d'État en matière de contribution des bénéfices de guerre (arr. du 30 mai 1919 et du 6 août 1920, D. P. 1920. 3. 33). l'Administration reconnaît que les appointements versés par un commerçant à sa femme ou à ses enfants, ou par une société en nom collectif à la femme d'un associé, non-associée elle-même, constituent un salaire et, par suite, une charge de l'entreprise à déduire du bénéfice brut pour l'assiette de l'impôt cédulaire sur les bénéfices commerciaux, dans la mesure où ces allocations correspondent à un travail effectif de l'attributaire (*Rép. min. fin. quest.* de MM. les députés Aiguier et Bouteille, des 26 janv. et 10 févr. 1922, *J. off.* 1922, pp. 482 et 675 ; — *quest.* de M. Inghels, député, du 25 mars 1924, *J. off.* 1924, p. 2212).

352. Appointements et salaires des employés et ouvriers. — D'une manière plus générale, il faut, suivant les expressions du décret du 17 janvier 1917 (D. P. 1917. 4. 28), comprendre dans les frais généraux à déduire du bénéfice de l'entreprise, « les traitements, salaires et rétributions diverses payés aux employés, ouvriers et auxiliaires, ainsi que la valeur des avantages et des produits qui leur sont concédés en nature. »

A cette énumération, non limitative, il convient d'ajouter les commissions, remises ou émoluments quelconques payés par l'exploitant aux placiers, commis-voyageurs ou représentants de commerce, lorsque ces intermédiaires ont la situation de simples employés de la maison de commerce dont ils exécutent les ordres. — V. *infrà*, n° 552.

353. Subventions à des œuvres d'assistance ouvrière. — Lorsqu'elles ont uniquement pour but d'améliorer les conditions d'existence des employés et ouvriers de l'exploitant, ces subventions peuvent, dans la mesure ou elles correspondent à un relèvement des salaires de l'année courante, être envisagées, par exception, comme une charge de l'entreprise, à déduire du bénéfice réalisé, en vue de l'établissement de l'impôt cédulaire (*Rép. min. fin. quest.* de M. Le Hars, sénateur, du 27 févr. 1922, *J. off.* 1922, p. 179).

354. Participations dans les bénéfices allouées au personnel de l'entreprise. — Nombre de sociétés ou d'exploitants isolés allouent à leur personnel, en sus de salaires ou de traitements fixes, un tantième des bénéfices de l'entreprise. Ces participations ne peuvent être envisagées que comme un supplément de salaires, du moment où elles sont attribuées à des personnes autres que celles qui ont la qualité d'associés

(*Instr.* du 30 mars 1918, art. 20). A ce titre, elles sont déductibles du bénéfice net.

355. Tantièmes, jetons de présence et rémunérations diverses des administrateurs des sociétés. — Cette importante question est traitée ci-après, au chapitre des *Traitements et salaires*. Il suffira de noter ici que le pourcentage de bénéfices alloués aux administrateurs doit être retenu dans les bases de l'impôt cédulaire des bénéfices commerciaux dû par la société, toutes les fois qu'attribués aux bénéficiaires en leur qualité d'administrateurs, et n'étant pas portés aux frais généraux, ces prélèvements sont passibles de la taxe sur le revenu des valeurs mobilières, conformément à l'article 79 de la loi du 31 juillet 1925.

356. Dépenses diverses. Frais de voyage et autres. — Parmi les frais généraux déductibles du produit brut de l'exploitation commerciale, on signalera spécialement les dépenses ci-après :

357. Frais de voyage et d'hôtel. — L'industriel ou le commerçant qui se déplace lui-même pour effectuer des achats ou des ventes de marchandises est fondé à déduire de son bénéfice, pour le calcul de l'impôt cédulaire, ses frais de voyage et de transport, ses frais d'hôtel et de représentation, ainsi que les frais que lui occasionnent ses rapports avec sa clientèle, dans la mesure où ces dépenses se lient aux besoins de l'exploitation et ne représentent par des dépenses personnelles (*Rép. min. fin. quest.* de M. Barbé, député, du 17 nov. 1921, *J. off.* 1921, p. 5145).

358. Assurance en cas de décès. — Sont également déductibles, à titre de frais généraux, les sommes affectées au payement des primes d'une assurance contractée au profit d'une société en nom collectif ou en commandite sur la tête de l'un des associés ou d'un gérant, en garantie du préjudice que son décès entraînerait pour la société (*Rép. min. fin. quest.* de M. Duboys-Fresney, député, du 11 nov. 1921, *J. off.* 1921, p. 5227).

359. Frais de constitution d'une société. — Les frais de constitution d'une société commerciale (droits d'enregistrement, honoraires du notaire, etc.) ont le caractère de charge sociale ; ils doivent, par suite, pour l'établissement de l'impôt sur les bénéfices industriels et commerciaux, être passés par frais généraux et déduits des bases de l'impôt (*Rép. min. fin. quest.* de M. Saget, député, n° 4243, du 25 mai 1925, *J. off.* du 26 juin 1925, p. 2958).

360. Intérêts des capitaux prêtés à l'entreprise. — L'*Instruction* du 30 mars 1918 classe dans les frais généraux à retrancher du produit commercial brut les « intérêts des capitaux prêtés par des tiers à l'entreprise, sous une forme quelconque (souscription d'obligations, versement en compte courant, etc.) » (art. 11).

361. Intérêts des dettes chirographaires. — La distraction des intérêts du passif chirographaire intéressant les diverses cédules, il en est traité ci-après, au chapitre des *Règles communes*, n° 792.

362. Intérêts des capitaux engagés par l'exploitant dans son entreprise. — A l'égard des intérêts des capitaux que l'exploitant a personnellement engagés dans son entreprise, l'*Instruction* du 30 mars 1918 fait remarquer que ces intérêts représentent une fraction du bénéfice imposable et, dès lors, ne peuvent en être déduits. Et l'*Instruction* ajoute : « Les intérêts des apports des associés (gérants ou commanditaires)... doivent rester compris dans le bénéfice servant de base à l'impôt (cédulaire) dû par la société » (art. 12).

363. Intérêts des comptes courants d'associés en nom. — Lorsque les versements faits à la société par un associé ont lieu à titre de dépôt, les intérêts de ce compte de dépôt sont, comme nous l'avons expliqué plus haut (n° 164), passibles de l'impôt sur le revenu des créances, dépôts et cautionnements, et, par voie de conséquence, doivent être exclus, en tant que charge sociale, des bases de l'impôt sur les bénéfices commerciaux incombant à la société (*Circul. Contr. dir.* 21 juill. 1924, n° 1421, pp. 8 à 11).

Mais, s'il apparaît que les sommes versées par les associés à la caisse sociale alimentent un véritable compte courant caractérisé par la réciprocité de remises qui est de l'essence de cette opération, l'Administration admet que les intérêts servis à ce compte par la société, bien qu'exonérés de l'impôt sur le revenu des créances, doivent venir en diminution de son bénéfice brut, avec les autres dépenses d'exploitation, pour le calcul de l'impôt cédulaire sur les bénéfices commerciaux dû par ladite société (*ibid.*).

Enfin, si les fonds mis par les associés à la disposition de la société, eu égard à leur importance par rapport au fonds social et aux conditions de leur retrait, peuvent être considérés comme des suppléments d'apports, les intérêts de ce compte, affranchis de l'impôt sur le revenu des créances, sont, au même titre que les intérêts du capital social proprement dit, passibles de l'impôt cédulaire des bénéfices commerciaux et industriels à la charge de la société (*ibid.*).

364. Libre retrait des sommes déposées par l'associé. Simple préavis. — Conformément aux principes dont l'exposé précède, l'Administration décide que, si les sommes déposées dans la caisse sociale par les associés ne constituent pas en fait un complément de l'apport social et peuvent être librement retirées, sous réserve d'un simple préavis, les intérêts de ces sommes, passibles de la taxe sur le revenu des créances, ne doivent pas entrer en compte dans le calcul du bénéfice servant de base à l'impôt cédulaire des bénéfices commerciaux et industriels dû par la société (*Rép. min. fin. quest.* de M. Auriol, député, du 26 janvier 1923, *Rec. quest. fisc.* 1923, p. 292, n° 767).

365. Intérêts des billets remis en payement de marchandises. — On a vu plus haut (n° 149) que la taxe sur le revenu des créances instituée par l'article 38 de la loi du 31 juillet 1917 n'est pas applicable aux intérêts portés, en sus du capital, sur les billets ou traites souscrits à un commerçant pour prix de marchandises vendues ou de services fournis. Par voie de conséquences, ces intérêts doivent être incorporés dans les bases de l'impôt sur les bénéfices commerciaux et industriels dû par le commerçant qui en a encaissé le montant (*Circul. Contr. dir.* précitée, du 21 juill. 1924, p. 12).

366. Loyers des locaux professionnels n'appartenant pas à l'exploitant. — Il est sans difficulté et l'Administration admet que le loyer des locaux professionnels et du matériel, s'ils n'appartiennent pas à l'exploitant, doivent être déduits du produit brut de l'entreprise (*Instr.* 30 mars 1918, art. 11). C'est là, en effet, incontestablement une charge sociale (*Rép. min. fin. quest.* de M. René Lefebvre, député, du 20 déc. 1920, *J. off.* du 19 janv. 1921, p. 40).

367. Déduction de la valeur locative des immeubles professionnels. — Aux termes de l'article 4 de la loi du 31 juillet 1917, le bénéfice imposable doit être déterminé sous déduction de la valeur locative des immeubles servant à l'exercice de la profession. Et, d'après l'article 2 de la loi du 13 juillet 1925, la valeur à déduire est celle d'après laquelle est calculé le revenu net servant de base à la contribution foncière (Conf. art. 4 et 5 du Décr. du 15 oct. 1926, inséré aux annexes).

Pour opérer cette déduction, sans recourir à des ventilations compliquées et peu sûres, il suffit, suivant la remarque de l'*Instruction* réglementaire du 30 mars 1918, de retrancher simplement du bénéfice de l'exploitation le revenu net des immeubles professionnels imposable à la contribution foncière (Conf. *Circul.* 29 août 1925, p. 12). Le contrôleur doit effectuer, d'office, cette déduction (*Rép. min. fin. quest.* de M. Reibel, député, du 10 mars 1925, n° 3357).

368. Sommes mises en réserve. Non-déduction. — Pour l'établissement de l'impôt sur les bénéfices commerciaux et industriels, les sommes mises en réserve, en prévision d'années déficitaires ou pour toute autre cause, par une entreprise industrielle ou commerciale, doivent, bien que non immédiatement disponibles, être considérées comme des bénéfices de l'exercice au cours duquel elles sont prélevées ; elles ne sauraient, dès lors, être déduites du bénéfice imposable, sous quelque dénomination qu'elles soient comptabilisées (réserve légale, statutaire, extraordinaire, facultative, etc.), et sans distinguer suivant que l'établissement est exploité par un commerçant seul, par une société en nom collectif, par une société en commandite simple ou par une société par actions (*Instr.* du 30 mars 1918, art. 21 ; — *Rép. min. fin. quest.* de MM. les députés Maillard, Macarez et Charles Bernard, des 18 nov. 1921, 20 déc. 1922 et 9 mars 1923, *J. off.* 1921, p. 5227, et 1923, p. 351).

369. Réserve légale des sociétés anonymes. — La règle précédente a été étendue à la réserve légale des sociétés anonymes par deux arrêts du Conseil d'État du 10 mars 1923 (D. P. 1923. 3. 65) et du 27 juillet 1923 (*Gaz. Pal.* 6 déc. 1923). Aux termes de ces arrêts, le prélèvement d'un vingtième au moins que ces sociétés sont tenues d'effectuer en vertu de l'article 36 de la loi du 24 juillet 1867, pour la constitution de leur fonds de réserve légale, s'exerce sur les bénéfices annuels, et la circonstance que ce prélèvement serait obligatoire n'est pas de nature à modifier son caractère de bénéfice. En l'absence d'une disposition législative formelle, ces versements au compte de la réserve légale ne sauraient être regardés comme une charge des sociétés anonymes, ni, par suite, être admis en déduction du bénéfice imposable.

370. Déduction des amortissements. — L'article 4 de la loi du 31 juillet 1917 comprend au nombre des déductions à opérer pour la détermination de bénéfice net, celle des « amortissements généralement admis d'après les usages de chaque nature d'industrie ou de commerce ». Mais l'annuité réservée à l'amortissement des diverses immobilisations n'est déductible que dans la mesure où elle correspond à la dépréciation subie, par rapport à leur prix de revient, pendant l'année de base, par les éléments à amortir. Au delà de cette limite, « l'amortissement n'est plus, en fait, qu'une réserve dissimulée » (*Instr.* du 30 mars 1918, art. 16 ; — Conf. *Rép. min. fin. quest.* de MM. les députés Maillard et Macarez, des 14 et 16 mars 1923, *J. off.* 1923, pp. 1804 et 3301). — V. Décr. 15 oct. 1926, art. 4.

371. Remplacement du matériel. Provision. — Il n'y a pas lieu de déduire du bénéfice imposable les sommes affectées à la constitution de provisions, qualifiées de réserves d'amortissement, en vue de faire face au remplacement du matériel ou de tout autre élément des immobilisations, moyennant un prix supérieur, par suite de la hausse des cours ; mais les sommes effectivement dépensées pour la réparation et l'entretien du même matériel peuvent être comprises dans les frais généraux de l'entreprise et, à ce titre, être défalquées du bénéfice réalisé, pour la détermination des bases de l'impôt (*Rép. min. fin.* précitées).

**372. Amortissements supplémentaires ou exception-
nels.** — La déduction autorisée par l'article 4 de la loi du 31 juillet 1917 ne se limite pas aux amortissements habituels ou nor-
maux de l'entreprise ; suivant la remarque de l'*Instruction*
susvisée, elle s'étend aux amortissements exceptionnels « justifiés par les circonstances et les événements extraordinaires
qui auraient eu pour effet de hâter la dépréciation des immeubles
ou l'usure des objets mobiliers dont la valeur est en cause »
(art. 13).

373. Usine appartenant en propre à certains associés.
— Pour être susceptible d'amortissement, une usine ou tout
autre bâtiment doit représenter un des éléments de l'actif de
l'entreprise. Une société ne serait pas fondée à retrancher de
son bénéfice imposable l'amortissement d'usines dont elle a la
disposition, mais qui, appartenant en propre à certains associés,
sont étrangers à l'actif social (*Décis. Com. sup.* 3 nov. 1917,
Rec. off., n° 237).

**374. Amortissement d'un immeuble dont l'exploitant
est locataire.** — Par des motifs qui s'adaptent d'eux-mêmes
à l'impôt des professions commerciales et industrielles, la
commission des bénéfices de guerre a posé en règle qu'il n'y a
pas lieu de retrancher du bénéfice imposable l'amortissement
d'une usine dont l'exploitant n'est que locataire (*Décis.* 26 juill.
1918, *Rec. off.*, 334). Toutefois, si l'exploitant devait, aux termes
du bail, prendre à sa charge l'entretien, la réparation et le
remplacement du matériel de l'établissement tenu en location,
il conviendrait d'admettre en diminution de son bénéfice,
l'amortissement de ce matériel fixé à un tantième de sa valeur.

375. Terrains. — En général, les terrains affectés à un
établissement commercial ou industriel ne sont pas, en eux-
mêmes et abstraction faite des chantiers, dépôts et annexes
qui peuvent y être installés, susceptibles d'amortissement.
La raison en est que ces terrains, par le fait même de leur
affectation, acquièrent, le plus souvent, une notable plus-
value.

376. Brevets d'invention. — On doit considérer comme
amortissable la valeur d'un brevet, qui s'épuise graduellement,
d'année en année, par le laps de temps pour lequel il est con-
cédé, jusqu'au moment où l'invention tombe dans le domaine

public (Pouillet, n° 200 ; — Picard et Olin, *Brevets d'invention,*
n° 459 ; — Dalloz, *Nouveau code civ. ann.,* sur l'art. 597,
t. I, n° 263). L'annuité de cet amortissement est à déduire du
bénéfice passible de l'impôt cédulaire.

377. Frais de premier établissement. — L'annuité
d'amortissement dont se trouve crédité le compte des frais de
premier établissement est déductible du bénéfice net de l'entreprise. L'*Instruction* du 30 mars 1918, le décide expressément
(art. 14).

378. Amortissement du fonds de commerce. — Ainsi
que le déclare un arrêt de la cour de Lyon, du 20 février 1903
(D. P. 1904. 2. 17), il est conforme « aux règles d'une administration sage, prudente et prévoyante » d'ouvrir un compte
pour l'amortissement d'un fonds de commerce ou d'une clientèle sujette à dépérissement, et cet amortissement doit être
déduit du bénéfice de l'entreprise, dans la mesure de la dépréciation subie au cours de l'exercice. Par contre, toute cause
manque à un tel amortissement et à la déduction qui en est
la suite, dès lors qu'il n'est pas justifié d'une dépréciation
effective du fonds et, à plus forte raison, lorsque les produits
de l'exploitation suivent une marche ascendante. C'est là
une pure question de fait, à apprécier d'après les circonstances
variables de chaque espèce (*Rép. min. fin. quest.* de M. Regaud,
député, du 11 mai 1923, *J. off.* 1923, p. 2638).

379. Créances irrécouvrables ou douteuses. — L'*Instruction* précitée reconnaît la légitimité de l'amortissement
des créances de l'exploitant, devenues irrécouvrables ou dont
la réalisation est compromise (art. 14).

Quant à la quotité de la déduction à opérer, de ce chef, sur
le bénéfice de l'exploitant, elle varie suivant que les créances
compromises sont susceptibles ou non d'une réalisation partielle.

380. Amortissement des obligations d'une société. —
Suivant la remarque de l'*Instruction* réglementaire du 30 mars
1918, « le remboursement par annuités de capitaux empruntés
pour les besoins d'une entreprise, en particulier d'emprunts
contractés par voie d'émission d'obligations, est désigné sous
le nom d'amortissement. Mais l'amortissement dont il s'agit
n'est que la restitution à des tiers de sommes qui leur appar-

tiennent ; il ne constitue ni une perte ni un gain et n'influe pas par lui-même sur les résultats de l'exploitation. L'annuité de remboursement ne doit pas venir, par suite, en déduction du bénéfice, au point de vue de l'assiette de l'impôt, de quelque façon que les écritures comptables en constatent le payement (art. 17) (Conf. *Rép. min. fin. quest.* de M. Lefebvre, député, du 20 déc. 1920, *J. off.* 1921, p. 40).

381. Amortissement d'actions. — V. *infrà*, nᵒˢ 653 et suivants.

382. Provision pour perte éventuelle. — L'*Instruction* du 30 mars 1918 contient, à cet égard, les dispositions suivantes :

« En prévision d'une perte que rien n'autorise à considérer comme certaine et susceptible de motiver un amortissement, mais que des événements en cours suffisent pourtant à faire tenir pour probable, une fraction correspondante du bénéfice accusé par les résultats d'un exercice peut, à raison de son caractère conditionnel et aléatoire, être isolée à titre de provision. »

383. Provision annuelle pour risques d'incendie. — Doit être déduite du bénéfice du contribuable, pour le calcul de l'impôt, la provision annuelle constituée, en vue des risques d'incendie des usines et magasins de l'entreprise, par un commerçant ou un industriel qui se fait son propre assureur (*Com. sup. décis.* 23 juin 1917. *Rec. off.* 321).

384. Déduction des impôts afférents à l'exploitation. — En principe, tous les impôts directs ou indirects qui grèvent l'exploitation rentrent au nombre des charges dont l'article 4 de la loi du 31 juillet 1917 autorise la déduction, en vue de la détermination du bénéfice net.

385. 1. Contribution des bénéfices de guerre. — Cette déduction s'applique notamment à la contribution des bénéfices de guerre. (*Instr.* du 30 mars 1918, art. 30). L'impôt ne peut porter que sur la partie de ce bénéfice restant acquise aux contribuables après que la contribution extraordinaire a été prélevée (Conf. *Rép. min. fin. quest.* de MM. Gavoty, Victor Constant et Taittinger, députés, des 22 et 24 déc. 1921 et 14 févr. 1922, *J. off.* 1922, pp. 125 et 795).

386. 2. Impôt foncier. — L'Administration reconnaît que, du moment où un immeuble est affecté à l'entreprise, les charges qui le grèvent et, en particulier, la contribution fon-cière, sont susceptibles d'être déduites du bénéfice servant de base à l'impôt sur les bénéfices industriels et commerciaux, bien que l'intéressé ait déjà retranché de son bénéfice le revenu net sur lequel est assis l'impôt foncier (*Rép. min. fin. quest.* de M. Joly, député, du 28 févr. 1924, *J. off.* 1924, *Rec. quest. fisc.* 1924, p. 227, n° 1118). — V. *suprà,* n° 367.

387. 3. Impôt cédulaire sur les bénéfices commerciaux. — L'exploitant est recevable à déduire de son bénéfice com-mercial ou industriel, en vue du calcul de l'impôt, le montant de l'impôt cédulaire sur les bénéfices commerciaux par lui payé pour l'année précédente (*Rép. min. fin. quest.* de M. Sail-lard, député, *J. off.* 1921, p. 2434).

388. 4. Taxe sur le chiffre d'affaires. — Cette taxe est également déductible du bénéfice de l'assujetti (*Rép. min. fin. quest.* de M. de Rezé, député, *J. off.* 1921, p. 3179, et de M. Raoul Anglès, député, du 26 mai 1922, *J. off.* 1922, p. 1875).

389. Déficit d'exploitation. — L'impôt cédulaire des bénéfices commerciaux et industriels étant calculé sur les résul-tats de l'année précédente, il s'ensuit que, si cet exercice de base se solde par un déficit d'exploitation, toute cause manque à l'application de l'impôt.

Le déficit à envisager est celui qui ressort du bilan de l'entre-prise, ou, pour parler autrement, de la balance établie entre les soldes créditeur et débiteur de l'inventaire annuel.

390. Spécialisation des exercices. Non-compensation des bénéfices et des pertes intéressant des périodes dif-férentes. — Le Conseil d'État a jugé, en matière d'impôt cédulaire sur les bénéfices commerciaux, que le contribuable n'est pas fondé à se prévaloir d'un inventaire qui, englobant les opérations afférentes à une période de plusieurs années, compense les bénéfices d'exercices prospères avec des déficits imputables à des années étrangères à celle de l'imposition (arrêt du 22 nov. 1923, D. P. 1924. 3. 62). Par une application directe de la spécialité des exercices, il a été décidé par le même tribunal, qu'une taxation établie au titre de l'impôt cédulaire pour un exercice commercial ne peut être modifiée à raison des pertes subies au cours de l'*exercice suivant* (*Cons. d'Ét.*, 11 avr. 1924, D. P. 1924. 3. 62).

Inversement, l'impôt cédulaire peut valablement être établi sur la totalité des bénéfices de l'année ou de l'exercice comptable qui a précédé l'année de l'imposition, sans tenir compte des déficits grevant les exercices antérieurs à cette année de base (*Rép. quest.* de M. Pol Chevalier, sénateur, du 6 août 1921, *J. off.* 1921, p. 1788 ; — et de M. Crolard, député, du 30 janv. 1924, *J. off.* 1924, p. 1144). — V. toutefois, en ce qui concerne les entreprises d'assurances, *infrà*, n° 416.

391. Déduction du revenu des valeurs mobilières. — De l'ensemble des produits de l'exploitation, il y a lieu ensuite, suivant l'expression de la *Circulaire* précitée du 29 août 1925 (p. 7), « d'isoler, » c'est-à-dire de déduire les revenus des valeurs composant le portefeuille de l'entreprise et déjà atteints par l'impôt sur le revenu des capitaux mobiliers, en vertu des lois du 29 mars 1914 (tit. II) et du 31 juillet 1917 (tit. V), ou exonérés de ce dernier impôt par la législation en vigueur (*Rép. min. fin. quest.* de M. Sari, sénateur, du 19 déc. 1922, n° 5522, *J. off.* du 21 févr. 1923, p. 361). — Conf. Décr. 15 oct. 1926, art. 6.

Tout en confirmant le principe de cette déduction, l'article 2 de la loi du 13 juillet 1925 en a restreint la portée en décidant que les revenus des valeurs et capitaux mobiliers, jusqu'alors déductibles pour la totalité, ne seront désormais retranchés du bénéfice net qu'après imputation des frais et charges afférents à la gestion du portefeuille. La quote-part de ces frais et charges dans l'ensemble des frais généraux doit être, aux termes du même article, forfaitairement calculée en comparant le montant des revenus mobiliers au total des produits bruts de l'entreprise, pour l'exercice considéré. Dans sa *Circulaire* susvisée du 29 août 1925, l'Administration décrit, comme il suit, le fonctionnement de ce nouveau système :

Résultats accusés par les écritures comptables d'une entreprise pour un exercice déterminé :

Ensemble des produits bruts....... 20.000.000 fr.
Montant des revenus mobiliers entrant dans la composition des produits bruts.................... 300.000 fr.

Bénéfice brut...................... 6.400.000 fr.
Frais et charges............... 3.600.000 fr.

Bénéfice net................. 2.800.000 fr.

Quote-parts de frais et charges à imputer aux revenus mobiliers :

$$3.600.000 \times \frac{300.000}{20.000.000} = 54.000 \text{ fr.}$$

Somme à déduire du bénéfice net au titre des mêmes revenus :

$$(300.000 - 54.000) = 246.000 \text{ fr.}$$

Bénéfice imposable :

$$(2.800.000 - 246.000) = 2.554.000 \text{ fr.}$$

392. Valeurs à comprendre dans ce décompte. — Doivent entrer dans le décompte des revenus mobiliers à retenir, comme il vient d'être expliqué, pour l'application de l'article 2 de la loi du 13 juillet 1925, non seulement les produits passibles de l'impôt sur le revenu des capitaux mobiliers en vertu de l'article 31 de la loi du 29 mars 1914 et de l'article 38 de la loi du 31 juillet 1917, mais encore, suivant la remarque de la *Circulaire* précitée du 29 août 1925 : 1º les arrérages des valeurs de l'Etat français, rentes, intérêts des bons du Trésor et de la défense nationale ; — 2º les intérêts des obligations du crédit national et des valeurs émises par les groupements de sinistrés en représentation d'annuités de l'État ; — 3º les intérêts des créances hypothécaires ou privilégiées en représentation desquelles les sociétés de crédit foncier ont émis des obligations elles-mêmes soumises à l'impôt.

Par contre, d'après la même *Circulaire*, on doit exclure du décompte des revenus mobiliers : les intérêts de traites ou de billets à long terme reçus en payement de marchandises vendues ou de services rendus, ces intérêts constituant, non pas la rémunération d'un prêt d'argent, mais une recette commerciale ; — les intérêts créditeurs des véritables comptes courants, impliquant une réciprocité de remises (*op. cit.*, pp. 9 et 10).

393. Application du système. Entreprises d'assurances exclues. — Le système dont l'analyse précède est entré en vigueur, le 1er janvier 1925 ; il n'est pas applicable aux entreprises d'assurances, de capitalisation ou d'épargne, qui sont soumises à un régime spécial (*Circul.* susvisée, p. 11). — V. *infrà*, nº 408.

§ 5. — TAUX ET CALCUL DE L'IMPOT
CONTROLE DES DÉCLARATIONS. — SANCTIONS

394. Fixation de la cotisation. Suppression des abattements. — Antérieurement à la loi du 4 avril 1926, l'impôt cédulaire des bénéfices commerciaux ne frappait pas l'intégralité du bénéfice imposable ; il ne jouait qu'après déduction des trois quarts de la fraction de ce bénéfice n'excédant pas 1 500 francs et de la moitié de la portion comprise entre 1 500 et 5 000 francs. Il en résulte que, pour un bénéfice net au moins égal à 5 000 francs, la déduction de base s'élevait à 2 875 francs. Sur le bénéfice taxable ainsi déterminé, l'impôt était liquidé au taux de 9,60 pour 100, décimes compris.

La loi du 4 avril 1926 ne reproduisant pas, dans le texte qu'elle substitue à l'article 12 de la loi du 31 juillet 1917, les dispositions relatives aux déductions précédemment admises pour le calcul de l'impôt, il en résulte que ces abattements partiels se trouvent par là même supprimés et ne peuvent plus désormais intervenir dans l'établissement de la taxation (V. Rapport de M. Chéron, du 22 févr. 1926, annexe 84, p. 85. — *Circul. Contr. dir.* 25 sept. 1926, p. 11).

395. Caractère et quotité du nouveau tarif. Lois du 4 avril et du 3 août 1926. — La loi du 4 avril 1926 a réglementé sur de nouvelles bases, la quotité et le jeu du tarif applicable à l'impôt cédulaire sur les bénéfices commerciaux et industriels. Le taux de cet impôt n'est plus, commé autrefois, rigoureusement proportionnel au montant du revenu net taxable ; pour tous les bénéfices n'excédant pas 50 000 francs, l'impôt affecte désormais le caractère de droit gradué, les revenus de cette catégorie étant répartis en quatorze séries comportant, chacune, une taxation particulière. C'est seulement à partir de 50 000 francs de bénéfices nets que le tarif proportionnel entre en action, toute fraction inférieure à 1 000 francs étant négligée.

Les taux ainsi fixés par l'article 9 de la loi du 4 avril 1926 ont été respectivement majorés de 50 pour 100 par le premier alinéa de l'article 23 de la loi du 3 août 1926, à compter du 1er janvier 1927 (art. 26 de la même loi).

Compte tenu de cette majoration, le tarif de l'impôt cédulaire sur les bénéfices du commerce et de l'industrie est actuellement gradué, ainsi qu'il suit, par le tableau inséré dans le nouvel article 12 de la loi du 31 juillet 1917 :

1.	Bénéfice inférieur ou égal à 800 fr.			Impôt total	22 fr. 50
2.	—	compris entre	801 et 1.500 fr.	—	45 fr.
3.	—	— entre	1.501 et 3.000 fr.	—	150 fr.
4.	—	— entre	3.001 et 5.000 fr.	—	300 fr.
5.	—	— entre	5.001 et 7.000 fr.	—	750 fr.
6.	—	— entre	7.001 et 10.000 fr.	—	1.050 fr.
7.	—	— entre	10.001 et 15.000 fr.	—	1.500 fr.
8.	—	— entre	15.001 et 20.000 fr.	—	2.250 fr.
9.	—	— entre	20.001 et 25.000 fr.	—	3.000 fr.
10.	—	— entre	25.001 et 30.000 fr.	—	3.750 fr.
11.	—	— entre	30.001 et 35.000 fr.	—	4.500 fr.
12.	—	— entre	35.001 et 40.000 fr.	—	5.250 fr.
13.	—	— entre	40.001 et 45.000 fr.	—	6.000 fr.
14.	—	— entre	45.001 et 50.000 fr.	—	6.750 fr.

« Au-dessus de 50 000 francs, le montant de l'impôt est égal à 15 pour 100 du bénéfice, toute fraction de celui-ci inférieure à 1 000 francs étant négligée. » (Décr. 15 oct. 1926, art. 15.)

396. Droits non sujets au double décime. — D'après la disposition expresse de l'article 9 de la loi du 4 avril 1926, l'impôt calculé conformément au barème ci-dessus ne comporte pas le double décime institué par la loi du 22 mars 1924.

397. Réductions pour charges de famille. — Mais s'il est vrai que la loi du 4 avril 1926 a fermé la voie aux abattements de base précédemment admis, par contre, elle ne porte aucune atteinte au droit qui appartient au contribuable, en vertu de l'article 52 de la loi du 31 juillet 1917, modifié par l'art cle 5 de la loi du 25 juin 1920, de réclamer, sur le montant de sa cotisation à l'impôt cédulaire, une réduction pour charges de famille. Les règles à suivre à ce sujet sont exposées au chapitre des *Règles communes* (*infrà*, nᵒˢ 789 et suiv. — V. en ce sens, déclarations de M. Lamoureux, rapporteur général, du 6 févr. 1926, *J. off.* du 7 févr., p. 570, D. P. 1926. 4. 145 et *Circ. Contr. dir.* du 25 sept. 1926, p. 12).

398. Contrôle des déclarations. — Aux termes du nouvel article 8 de la loi du 31 juillet 1917, il appartient au contrôleur des contributions directes de vérifier les déclarations relatives à l'impôt cédulaire sur les bénéfices commerciaux, et d'entendre les intéressés dont l'audition lui paraît utile ou qui demandent à fournir des explications. Dans l'exercice de sa mission de contrôle, cet agent est fondé à se faire communiquer par les services publics les renseignements qui intéressent l'assiette de l'impôt, sans que ces administrations puissent lui opposer le secret professionnel (L. 31 juill. 1917, art. 55 ; L. 31 juill. 1920, art. 31). Il est, dès lors, en situation de consulter les bilans, comptes de profits et pertes et autres documents comptables des sociétés par actions communiqués aux agents de l'Enregistrement. Il peut également, dans le même but, requérir, en vertu de l'article 32 de la loi du 31 juillet 1920 (D. P. 1920. 4. 114), de tout commerçant faisant un chiffre d'affaires supérieur à 50 000 francs, la représentation de ses livres et pièces de comptabilité (*Rép. min. fin. quest.* de MM. les députés Guichard et Haudos, des 30 déc. 1922 et 13 févr. 1923, *J. off.* 1923, pp. 507 et 1147).

Enfin, à l'égard des contribuables dont le bénéfice excède 50 000 francs et des sociétés soumises au droit de communication de l'enregistrement, nous avons vu plus haut (nᵒ 343) que la loi du 4 avril 1926 (art. 7 nouveau) arme le contrôleur d'un moyen de contrôle plus direct et plus immédiat, en obligeant l'intéressé à produire, à l'appui de sa déclaration, un résumé de son compte de profits et pertes ou l'état de ses bénéfices et de représenter, à toute réquisition, tous documents comptables de nature à justifier la sincérité de sa déclaration.

399. Pharmaciens. Registre des ordonnances. — En principe, les registres d'ordonnances tenus par les pharmaciens ne peuvent être considérés comme des documents comptables dont le contrôleur des contributions directes a la faculté d'exiger la représentation. Toutefois, si ces registres mentionnaient le prix des substances livrées aux clients et si ces indications n'étaient pas reportées sur le livre-journal, ils prendraient le caractère d'un journal auxiliaire ou d'un livre brouillard, et, comme tels, leur communication pourrait être exigée, non seulement pour le contrôle des déclarations de revenu du pharmacien, mais encore pour la vérification des déclarations des médecins (*Rép. min. fin. quest.* de M. Boully, député, du 20 avr. 1926, n° 7907, *J. off.* du 17 juill. 1926, p. 2950, col. 3).

400. Ventes au comptant non détaillées. — L'Administration reconnaît que la comptabilité d'un commerçant ne peut être écartée par le seul motif que les ventes au comptant n'y sont pas détaillées article par article, et n'accusent que le montant journalier de ces opérations. Mais le contrôleur peut, dans ce cas, demander à l'intéressé des justifications ou indications complémentaires (*Rép. min. fin. quest.* de M. Coty, député, du 3 juin 1926, n° 8610, *J. off.* du 17 juill. 1926, p. 2955, col. 1).

401. Rectification de la déclaration envisagée par le contrôleur. — Si, à la suite de son enquête, le contrôleur estime que la déclaration du contribuable fait grief au Trésor et comporte un redressement, il ne procède point par voie de taxation d'office. Aux termes de l'article 9 (nouveau) de la loi du 31 juillet 1917, il doit aviser le contribuable de la rectification qu'il envisage, lui en indiquer les motifs et l'inviter à faire parvenir son acceptation ou ses observations dans un délai de vingt jours.

402. Intervention de la commission consultative. — Si, malgré cette mise en demeure, le désaccord persiste entre le contrôleur et le contribuable, le différend peut être soumis à l'appréciation d'une commission consultative, siégeant au chef-lieu de l'arrondissement. Cette commission, composée de cinq commerçants ou industriels nommés par la chambre de commerce est, suivant la juste remarque de Dalloz (D. P. 1926. 4. 154, note 2-A), un organisme extra-administratif, puisqu'elle n'est composée que de contribuables, à l'exclusion de tout représentant de l'État ; elle n'est qu'une assemblée consultative et non une juridiction, et la loi du 4 avril 1926 ne l'appelle qu'à émettre un simple avis sur le désaccord qui lui a été soumis.

L'avis de cette commission est, sans doute, notifié au contribuable par le contrôleur ; mais il n'a, en lui-même, aucune force obligatoire, bien qu'il entraîne, au point de vue du fardeau de la preuve, en cas d'instance devant la juridiction administrative, des conséquences non sans intérêt, ci-après signalées.

Le droit de recourir à l'intervention de cette commission appartient au contribuable comme à l'Administration (*Circul.* du 25 sept. 1926, p. 7).

403. Constitution de la commission. Décret du 25 août 1926. — La composition et le fonctionnement de la commission consultative viennent d'être réglés par décret du 25 août 1926 (*J. off.* du 27 août 1926, p. 9710, col. 2). Les membres de cette commission sont désignés par la chambre de commerce de l'arrondissement ou concertés entre les chambres de commerce intéressées, s'il en existe plusieurs pour un même arrondissement. Le président est choisi parmi les membres de la chambre de commerce ayant dans sa circonscription le chef-lieu d'arrondissement. Les quatre autres membres de la commission et cinq membres suppléants sont pris parmi les commerçants et industriels de l'arrondissement.

La commission se réunit, sur la convocation de son président, à la demande du directeur des contributions directes ; un agent de cette administration assiste aux séances, en qualité de secrétaire, avec voix délibérative. La commission peut entendre les intéressés qui demandent à présenter des observations orales ; ses avis sont émis à la majorité des voix, celle du président étant prépondérante en cas de partage égal. La présence de trois membres au moins est nécessaire à la validité des avis de la commission.

404. Taxation du contribuable. Recours au contentieux. Charge de la preuve. — En même temps qu'il notifie au contribuable l'avis de la commission consultative, le contrôleur des contributions directes lui fait connaître la catégorie ou le chiffre de bénéfices d'après lequel il se propose de le taxer. Si cette taxation est conforme à l'appréciation de la commission spéciale, l'intéressé peut la contester, devant le conseil de préfecture, par voie de réclamation adressée dans les formes et dans le délai de trois mois spécifiés ci-après, au chapitre des *Règles communes*. Mais, dans ce cas, la loi du 4 avril 1926 impose au contribuable la charge de la preuve, en rejetant sur lui l'obligation d'établir devant la juridiction contentieuse le chiffre exact de son bénéfice net et de produire, à cette fin, tous les documents comptables et autres justifications nécessaires.

Inversement, lorsque le contrôleur, usant d'une faculté qui ne saurait lui être contestée, juge à propos de rehausser le chiffre de bénéfices arbitré par la commission consultative, c'est à l'Administration qu'incombe, en cas de réclamation du contribuable devant la juridiction contentieuse, la charge de la preuve, c'est-à-dire l'obligation de démontrer, par les moyens dont elle dispose, la réalité du bénéfice substitué par le contrôleur au chiffre évalué par la commission et retenu par lui comme base de taxation.

405. Sanctions fiscales. — La loi du 4 avril 1926 détermine, dans les nouveaux articles 10 et 11, les sanctions d'ordre fiscal applicables soit à la non-production de la déclaration annuelle du contribuable, soit à l'absence ou à l'inexactitude des renseignements de nature à justifier cette déclaration.

Nous nous sommes déjà expliqué sur la majoration d'impôt de 25 pour 100 et l'imposition d'office qui frappent le contribuable ayant négligé de produire sa déclaration dans le délai prescrit (V. *suprà*, p. 344). Quant aux assujettis dont le bénéfice excède 50 000 francs et aux sociétés assimilées, ils peuvent faire l'objet de rectifications d'office, faute d'avoir produit, à l'appui de leur déclaration, les documents comptables et autres justifications prévus à l'article 7 nouveau. Cette taxation d'office complémentaire comporte d'ailleurs la mise en demeure préalable dont il a été question ci-dessus (n° 344).

Enfin, si les renseignements fournis à l'appui de la déclaration sont entachés d'inexactitudes, l'impôt est doublé sur la portion des bénéfices dissimulée, à condition que l'insuffisance relevée soit supérieure au dixième ou excède 20 000 francs (art. 11 nouveau).

406. Sanctions pénales. Récidive. — Les sanctions correctionnelles édictées en cette matière par les articles 52 à 54 de la loi du 22 mars 1924, et par l'article 8 de la loi du 4 avril

1926, sont commentées au chapitre des *Règles communes*, n⁰ˢ 826 à 828).

407. Mise en application du nouveau régime. — Ainsi que le reconnaît l'Administration, la loi du 4 avril 1926 n'ayant pas d'effet rétroactif, le nouveau régime qu'elle organise à l'égard de la cédule des bénéfices commerciaux ne peut entrer en vigueur qu'à partir du 1ᵉʳ janvier 1927, pour l'établissement de l'impôt au titre de 1927. C'est au surplus ce que décide spécialement l'article 23 de la loi du 3 août 1926, en ce qui concerne l'application des tarifs majorés qui constituent la clef de voûte de la réforme instituée par la loi du 4 avril précédent. — Conf. *Circul.* précitée du 25 sept. 1926, p. 12.

[§ 6. — ENTREPRISES D'ASSURANCES [DE CAPITALISATION OU D'EPARGNE

408. Régime d'exception. Loi du 13 juillet 1925. — Antérieurement à la loi du 13 juillet 1925, les entreprises d'assurances, de capitalisation ou d'épargne n'étaient passibles de l'impôt cédulaire que suivant les règles du droit commun, à raison de leurs bénéfices professionnels proprement dits, à l'exclusion des revenus des valeurs mobilières composant leur portefeuille, des bénéfices affectés à la dotation des réserves, et des revenus des immeubles appartenant à l'exploitant. La loi de finances du 13 juillet 1925 a profondément modifié cet état de choses, en décidant, par son article 82, que les entreprises de l'espèce seront désormais imposées, au titre de l'impôt sur les bénéfices industriels et commerciaux, sur le montant de leur revenu net global, constitué par la somme du bénéfice industriel et des revenus mobiliers et immobiliers de toute nature, au taux de 20 pour 100.

Ce régime d'exception n'a été modifié à aucun égard par la loi du 4 avril 1926 qui réforme si profondément, on vient de le voir, le statut fiscal des autres entreprises industrielles ou commerciales. Son application, réglementée par un décret du 28 mai 1926 (D. P. 1926. 4. 175), comporte des modalités différentes, suivant qu'il s'agit d'une entreprise française ou d'une entreprise étrangère. Les règles à suivre à ce double point de vue vont être successivement examinées.

409. Entreprises assujetties. — Sont assujetties à l'impôt sur les bénéfices industriels et commerciaux, dans les conditions réglées par la loi du 13 juillet 1925, les entreprises françaises ou étrangères pratiquant l'assurance ou la réassurance et les entreprises de capitalisation et d'épargne.

Ne rentrent pas dans cette définition et, par suite, ne sont pas soumises au nouveau régime les sociétés mutuelles d'assurances ou de réassurances, de capitalisation ou d'épargne, qui se gèrent elles-mêmes, sont administrées gratuitement et dont les excédents de recettes sont répartis entre les adhérents, après la clôture de l'exercice, compte tenu des versements aux réserves nécessaires. Sont réputées administrées gratuitement les sociétés mutuelles dont le conseil d'administration, la direction et le personnel sont rémunérés par des allocations fixes ou variables suivant la durée et l'importance des services rendus, à l'exclusion de toute commission proportionnelle aux cotisations réalisées (art. 1er du décret précité).

Bien qu'elles ne soient pas spécialement visées par le décret réglementaire, il n'est pas douteux que les sociétés d'assurances mutuelles agricoles bénéficient de cette exception. C'est ce qui ressort des déclarations formelles et réitérées du ministre des finances, au cours de la discussion de l'article 82 devant la chambre : « Les sociétés d'assurances mutuelles agricoles, affirma le ministre, ne font pas de bénéfices. La question de l'assujettissement ne se pose donc pas pour elles » (2e séance du 11 juill. 1925, *J. off.*, p. 3392).

Les fédérations régionales d'assurances mutuelles et les caisses départementales d'assurances populaires ne sont pas davantage soumises au mode de taxation institué par la loi du 13 juillet 1925 (V. déclarations du ministre et du rapporteur de la commission des finances, 2e séance du 2 juill. 1925, *J. off.*, p. 3127 ; — Bokanowski et Laskine, *op. cit.*, p. 123).

410. Entreprises françaises. Exploitation en France. — Pour les entreprises françaises, le revenu net global servant de base à l'impôt est formé par la totalisation : 1° du bénéfice net industriel réalisé par les établissements, succursales et agences exploités en France ; 2° des revenus nets, mobiliers et immobiliers de toute nature, sauf l'exception ci-après signalée. — Conf. Décr. 15 oct. 1926, art. 20.

411. Agence à l'étranger. — Ne saurait être envisagée comme exploitée en France la succursale ou l'agence établie à l'étranger, ayant une administration et une comptabilité propres ; les opérations qu'elle traite doivent être éliminées des bases de la taxation dans la mesure où elles concernent des biens situés à l'étranger ou les personnes ayant hors de France leur domicile ou résidence habituelle.

412. Risques situés à l'étranger. — Ne sont pas, non plus, soumis à l'impôt établi par l'article 82 de la loi du 13 juillet 1925 : 1° les opérations résultant de polices d'assurances ou de réassurances maritimes émises à l'étranger ou de traités de réassurance obligatoire entre sociétés françaises et sociétés étrangères, pour des risques situés à l'étranger et faisant l'objet d'une comptabilité spéciale dans les livres de la société française ; — 2° le revenu des valeurs mobilières et immobilières « constituées en cautionnement ou acquises à l'aide des primes provenant desdites opérations et laissées en garantie, soit à l'étranger, pour les polices d'assurances ou de réassurances ou de réassurances maritimes émises à l'étranger, — soit dans le pays de l'entreprise étrangère cédante ou cessionnaire, pour les traités de réassurances obligatoires passés » dans les conditions ci-dessus spécifiées (art. 2 du décret réglementaire).

413. Algérie et colonies. — Le bénéfice net réalisé en Algérie, dans les colonies ou pays de protectorat, est assujetti aux ·mêmes règles que les bénéfices réalisés en France (*ibid.*, art. 2).

414. Détermination du revenu net taxable. Solde du compte de profits et pertes. Majorations et déductions. — Le revenu net global des entreprises françaises a pour base première le solde du compte de profits et pertes de l'exercice précédent. Ce solde doit être augmenté, le cas échéant, du montant des sommes affectées aux réserves mathématiques et de garantie, en sus de la dotation nécessaire, — aux réserves pour risques en cours ou à régler, en sus de la dotation normale, — à la constitution des réserves facultatives, — à la réserve légale ou au fonds de réserve prévu à l'article 27 du décret du 8 mars 1922, — à des amortissements non justifiés par une dépréciation effective des éléments amortis, — à des provisions n'ayant pas pour objet de couvrir des pertes probables. Il convient également d'ajouter au solde du compte de profits et pertes la fraction des frais du siège social imputable aux agences étrangères.

Par contre, il y a lieu de défalquer de ce solde les bénéfices réalisés par les agences exploitées à l'étranger; — les participations allouées au personnel de l'entreprise et les versements aux institutions de prévoyance créées en faveur dudit personnel ; — les bénéfices répartis aux assurés ou adhérents, y compris les réserves annuellement constituées en vue d'assurer cette répartition (art. 3, *id.*).

La réforme inaugurée par l'article 82 de la loi du 13 juillet 1925 ayant pour but de ramener dans le champ d'action de l'impôt cédulaire tous les éléments du revenu global des entreprises d'assurances, notamment leurs revenus mobiliers de toute nature, il ne peut plus être question de déduire du bénéfice accusé par les écritures comptables, les revenus des capitaux mobiliers composant le portefeuille de l'entreprise, et de se livrer au décompte prévu par l'article 2 de la même loi. Sans en excepter ceux qui supportent déjà la taxe de 18 pour 100 exigible en vertu des lois du 29 juin 1872 et du 29 mars 1914, ces revenus mobiliers doivent entrer en compte pour le calcul de l'impôt de 20 pour 100 édicté, à l'égard des entreprises d'assurances, par l'article 82 de la loi du 13 juillet 1925. Le double emploi est ici manifeste ; mais il est intentionnel, et c'est là, dans les circonstances présentes, une suffisante justification.

415. Sommes affectées aux réserves. — Une des caractéristiques les moins heureuses du régime d'exception institué par l'article 82 de la loi du 13 juillet 1925 est d'incorporer dans le revenu imposable, on vient d'en faire la remarque, les sommes affectées à la formation des réserves de toute nature, sans distinguer entre les réserves libres, facultatives ou autres, qui sont prélevées sur les bénéfices de l'entreprise, les réserves techniques pour « sinistres à régler » et pour « risques en cours », et les réserves mathématiques. Il est certain cependant que les réserves mathématiques d'une compagnie d'assurances ne sauraient faire l'objet d'une distribution quelconque entre les actionnaires et qu'elles constituent, en capital et en revenu, le gage des assurés. Suivant la juste remarque de la *Revue politique et parlementaire* (10 juill. 1926, n° 380, p. 61), « s'il s'agit de rentes viagères (soit contractées directement, soit résultant d'accident du travail), la réserve mathématique est exactement le capital nécessaire pour servir la rente convenue pendant la durée majeure résultant des tables de mortalité ; ce capital et ses revenus sont donc engagés;... c'est un non-sens de prélever sur le revenu de ces réserves un impôt quelconque. » Mais ces objections, si graves qu'elles soient, ne sauraient être retenues. C'est intentionnellement que le législateur soumet à l'impôt de 20 pour 100, non seulement le revenu des réserves libres, propriété des actionnaires, mais encore le revenu des réserves techniques et mathématiques, dont la compagnie est dépositaire et qui représentent, entre les mains de celle-ci, le droit de créance des assurés contre la société.

416. Pertes d'un exercice antérieur. Imputation. — Par dérogation à la règle générale qui interdit la compensation des bénéfices et des pertes intéressant des périodes différentes (*suprà*, n° 390), l'article 82 de la loi du 13 juillet 1925 décide que les pertes d'un exercice viennent en atténuation du revenu net global des entreprises françaises afférent aux exercices postérieurs, jusqu'au cinquième inclusivement.

417. Procédure de la taxation. — Les entreprises françaises doivent remettre chaque année, avant le 31 mai, au contrôleur du siège de leur direction, les copies du bilan et du compte de profits et pertes de l'exercice précédent avec un double du compte rendu détaillé et des tableaux annexes par elles fournis au ministère du travail. Après avoir procédé, au siège de la direction, aux vérifications nécessaires, le contrôleur communique au représentant attitré de l'entreprise, les redressements qu'il se propose d'apporter au solde du compte de profits et pertes, et l'invite à faire parvenir son acceptation ou ses observations dans un délai de vingt jours. Le contrôleur arrête ensuite les bases de la taxation, contre laquelle l'entreprise peut se pourvoir, après l'émission du rôle, par voie de réclamation devant le conseil de préfecture.

418. Taux de l'impôt. — L'impôt sur les bénéfices industriels et commerciaux dû par les entreprises visées à l'article 82 de la loi du 13 juillet 1925, est fixé au taux de 20 pour 100. Contrairement à l'avis de certains commentateurs, ce droit ne comporte pas l'adjonction de décimes : c'est ce que reconnaît très nettement la *Circulaire des contr. dir.* du 29 août 1925 (p. 17). L'impôt est à la charge exclusive des entreprises, sociétés ou assureurs, sans aucun recours contre leurs adhérents ou assurés, nonobstant toute clause contraire, quelle qu'en soit la date (L. 13 juill. 1925, art. 82, et Décr. 15 oct. 1926, art. 20).

419. Entreprises étrangères. — Les entreprises étrangères ont le choix entre deux modes de taxation. Elles peuvent, chaque année, se placer soit sous le régime de l'évaluation forfaitaire de leur revenu global, soit sous le même régime d'imposition que les entreprises françaises.

420. Régime forfaitaire. — Devançant le décret réglementaire du 28 mai 1926, l'Administration des contributions directes a résumé, avec la plus grande netteté, dans sa *Circulaire* du 29 août 1925 (p. 16), les règles à suivre en vue de la détermination du revenu global des entreprises étrangères qui optent pour l'évaluation forfaitaire : « Ce revenu imposable, lit-on dans ce passage de la Circulaire, sera évalué en appliquant aux primes perçues par ces entreprises en France, dans les colonies et dans les pays de protectorat, ou afférentes à des risques situés sur ces mêmes territoires, un coefficient forfaitaire. Ce coefficient sera égal à la proportion constatée, pour les cinq entreprises françaises les plus prospères effectuant les mêmes opérations, entre le revenu net global et le montant des primes. Les coefficients sont fixés, chaque année, par les ministres des finances et du travail, après avis d'une commission spéciale, présidée par un conseiller d'État et dont la loi du 13 juillet 1925 fixe elle-même la composition. » Pour plus de détails, on ne peut que se référer aux articles 5 et 6 du décret précité, inséré aux annexes. — V. aussi Décr. 15 oct. 1926, art. 20.

Les entreprises étrangères qui se placent sous le régime forfaitaire doivent, aux termes de l'article 7 du même décret, remettre au contrôleur du lieu de leur principal établissement en France, avant le 31 mai, la déclaration du montant des primes perçues par elles dans les territoires relevant de leur direction française, au cours de l'exercice précédent. Les primes afférentes à chaque nature de risques y sont mentionnées distinctement. Produite par le représentant de l'entreprise accrédité auprès du ministère du travail, cette déclaration est accompagnée d'un double du compte rendu et des tableaux fournis au même ministère.

Après vérification de la déclaration, le contrôleur communique audit représentant l'évaluation forfaitaire qu'il se propose de retenir et l'invite à formuler son acceptation ou ses observations dans un délai de trente jours. Le contrôleur fixe ensuite la base de la cotisation, sans préjudice du droit de réclamation de l'entreprise, après l'émission du rôle, dans le délai et suivant les formes établis en matière de contributions directes.

421. Option pour le régime d'imposition des sociétés françaises. — Les entreprises étrangères peuvent toujours être imposées d'après les mêmes règles que les entreprises françaises, à charge de fournir des justifications et de tenir, en France, une comptabilité qui varient suivant que leurs opérations sont assujetties ou non au contrôle de l'État français. Les articles 8 et 9 du décret du 28 mai 1926 contiennent à cet égard toutes les précisions nécessaires. Le lecteur voudra bien se reporter à ce document.

422. Application du nouveau régime. — Le statut fiscal dont on vient d'analyser les données essentielles est applicable à compter du 1ᵉʳ janvier 1925. Pour l'établissement de l'impôt au titre de 1925, d'après les revenus de l'exercice précédent, les déclarations et documents à remettre par les entreprises françaises ou étrangères au contrôleur des contributions directes devaient, aux termes de l'article 10 du décret du 28 mai 1926, être produits dans le délai d'un mois à compter du 29 mai 1926, date de la publication de ce décret au *Journal officiel*.

§ 7. — SURTAXE DES GRANDES MAISONS DE VENTE AU DÉTAIL, DES ÉTABLISSEMENTS DE CRÉDIT ET DES ENTREPRISES D'ASSURANCE.

423. Entreprises passibles de la surtaxe. — Aux termes de l'article 14 de la loi du 31 juillet 1917, les entreprises industrielles ou commerciales ayant pour objet principal la vente en détail de denrées ou marchandises et dont le chiffre d'affaires annuel excède un million de francs supportent, indépendamment de l'impôt cédulaire sur leur bénéfice réel, une taxe spéciale progressive de 1 à 5 pour 1 000, assise sur leur chiffre d'affaires de l'année précédente, déduction faite des exportations. Cette taxe est passible du double décime institué par la loi du 22 mars 1924 (Décr. 15 oct. 1926, art. 28). L'application en a été étendue, par l'article 83 de la loi du 13 juillet 1925, aux établissements de banque ou de crédit et aux entreprises d'assurance, d'épargne ou de capitalisation dont le chiffre d'affaires dépasse un million de francs.

424. Caractère de la surtaxe. — C'est essentiellement un impôt de superposition, qui se cumule, non seulement avec l'impôt cédulaire sur les bénéfices commerciaux, mais encore avec l'impôt sur le chiffre d'affaires établi par l'article 59 de la loi du 25 juin 1920.

425. Maisons de vente en détail. — Pour les maisons de vente en détail, la taxe spéciale a pour base le chiffre d'affaires, à savoir le montant global de leurs ventes annuelles effectivement et définitivement réalisées. Il n'y a d'ailleurs à établir aucune distinction entre les commerçants revendant les objets ou produits qu'ils ont achetés et les industriels livrant ceux qu'ils ont fabriqués ou transformés. Les uns et les autres sont également visés, dès que la majeure partie de leurs ventes, considérées au point de vue de leur importance, est faite en détail, c'est-à-dire à des consommateurs » (*Instr.* 30 mars 1918, art. 57).

426. Exception. Sociétés coopératives de consommation. — L'article 15 de la loi du 31 juillet 1917 exclut de la surtaxe instituée sur le chiffre d'affaires des grands magasins les sociétés coopératives de consommation (Décr. du 15 oct. 1926, art. 26, V. aux *annexes*).

427. Ventes en gros à titre secondaire. Exportations. — Il n'y a pas lieu de distraire du chiffre d'affaires, pour le calcul de la surtaxe, le montant des ventes en gros opérées à titre secondaire (même *Instr.*, art. 57). Par contre, il convient d'en éliminer les exportations à destination des pays étrangers, des pays de protectorat, de l'Algérie et des colonies.

428. Maisons à succursales multiples. — Pour les maisons de vente au détail qui exploitent des succursales multiples, le chiffre d'affaires passible de la surtaxe est le chiffre global des affaires réalisées par l'entreprise envisagée dans son ensemble, soit dans la ville du siège principal, soit dans des villes différentes.

429. Établissements de banque ou de crédit. — Suivant la définition inscrite dans l'article 83 de la loi du 13 juillet 1925, le chiffre d'affaires passible de la surtaxe, en ce qui concerne les établissements de banque ou de crédit, doit s'entendre du montant des courtages, commissions, remises, salaires, prix de location, intérêts, escomptes, agios et autres profits définitivement acquis, droits de garde, etc., à l'exclusion toutefois des revenus des valeurs mobilières en portefeuille (*Circul. Contr. dir.*, 29 août 1925, p. 17).

Dans le cas d'établissements de crédit à succursales multiples, le chiffre d'affaires imposable sera le chiffre global des affaires réalisées par toutes les succursales installées en France, soit dans la ville du siège principal, soit dans d'autres villes.

430. Entreprises d'assurances. — Pour les entreprises françaises d'assurances, la taxe spéciale doit porter sur l'ensemble des primes encaissées aussi bien en France que hors de France. Pour les entreprises étrangères, la taxe a pour base le montant des primes perçues en France, dans nos colonies ou pays de protectorat. Mais, suivant la remarque de la *Circulaire* précitée, qu'il s'agisse d'entreprises françaises ou étrangères, la taxe spéciale se limite au montant des primes que ces entreprises perçoivent pour leur compte, à l'exclusion des droits incombant aux assurés qu'elles encaissent pour le compte du Trésor, en même temps que les primes (*ibid.*, p. 18).

431. Assurances maritimes et réassurances. — La loi du 13 juillet 1925 exonère de la taxe spéciale les assurances maritimes et les réassurances. De là cette conséquence, signalée par la *Circulaire* du 29 août 1925 : c'est que les primes perçues de ce chef, en France ou hors de France, doivent être exclues des bases de la taxe, dont se trouvent entièrement exonérées les entreprises ne pratiquant que l'assurance maritime et la réassurance (p. 19). — Conf. Décr. 15 oct. 1926, art. 24.

432. Caisses d'assurances mutuelles. — Les sociétés ou caisses d'assurances mutuelles n'étant dégrevées à cet égard par aucune disposition de la loi du 13 juillet 1925, l'Administration en conclut que ces collectivités sont imposables dans les mêmes conditions que les entreprises d'assurances à primes fixes, si leur chiffre d'affaires excède un million de francs (*Circul.* précitée, p. 19).

433. Entreprises de capitalisation et d'épargne. — Les versements recueillis par les sociétés de capitalisation, en contre-partie des engagements contractés par elles, constituent leurs recettes commerciales et, par suite, représentent le chiffre d'affaires passible de la taxe spéciale. Quant aux sociétés d'épargne, qui ne jouent qu'un rôle d'intermédiaire, leur chiffre d'affaires est constitué par les frais de gestion qu'elles prélèvent sur le montant des sommes versées par leurs adhérents.

434. Entrée en vigueur de la loi du 13 juillet 1925. — Ainsi que le précise la *Circulaire* du 29 août 1925, les dispositions qui étendent l'exigibilité de la taxe spéciale sur le chiffre d'affaires aux établissements de crédit, aux entreprises d'assurances et aux entreprises de capitalisation ou d'épargne ont reçu leur première application en 1926.

435. Déclaration obligatoire. — L'article 14 de la loi du 31 juillet 1917 impose aux contribuables passibles de la sur-taxe l'obligation « de faire annuellement, dans les trois premiers mois de chaque année, la déclaration du chiffre total de leurs affaires pendant l'année précédente et de présenter, à l'appui de cette déclaration, toutes les justifications nécessaires pour en établir l'exactitude ». Ce délai est réduit à deux mois par l'article 6 de la loi du 30 juin 1923 (Décr. 15 oct. 1926, art. 27).

C'est au contrôleur des contributions directes du siège de la direction ou du lieu du principal établissement de l'entreprise que doivent être remises les déclarations dont il s'agit. Il en est livré un accusé de réception.

Faute de déclaration ou de justification suffisantes, le chiffre d'affaires est évalué d'office (*Instr.* 30 mars 1918, art. 58).

436. Taux et calcul de la taxe. — La surtaxe est graduée et se calcule ainsi qu'il suit, par tranches successives du chiffre d'affaires réalisé pendant l'année antérieure à celle de l'imposition, au delà de un million de francs :

1 pour 1000 sur la fraction de	1.000.000 à	2 millions
2 pour 1000 —	2.000.001 à	10 millions
3 pour 1000 —	10.000.001 à	100 millions
4 pour 1000 —	100.000.001 à	200 millions
5 pour 1000 —	au-dessus de	200 millions

La taxe ainsi fixée doit être majorée des deux décimes établis par l'article 3 de la loi précitée du 22 mars 1924.

§ 8. — RECOUVREMENT DE L'IMPOT

437. Recouvrement par voie de rôles. — Par l'effet de la référence de l'article 51 de la loi du 31 juillet 1917 à l'article 21 de la loi du 15 juillet 1914, l'impôt cédulaire sur les bénéfices commerciaux et industriels et la taxe spéciale sur le chiffre d'affaires dont il a été question au paragraphe précédent, sont recouvrés par voie de rôles, comme en matière de contributions directes, suivant les règles exposées ci-après au chapitre des *Règles communes* (V. n°s 837 et suiv.).

438. Personnes au nom desquelles l'impôt est établi. — Les entreprises commerciales ou industrielles passibles de l'impôt cédulaire sont exploitées soit par des particuliers, soit par des sociétés.

Dans le premier cas, le chiffre d'impôt définitivement arrêté par le contrôleur, ou — pour employer l'expression technique — la cotisation du particulier, exploitant seul son commerce ou son industrie, est inscrite dans les rôles, au nom de cette personne.

Dans la seconde hypothèse, l'impôt doit être établi, non pas au nom de chaque associé pour sa quote-part individuelle, mais au nom de la société, envisagée comme personne juridique, douée d'une existence propre. Telle est la règle générale (V. *Instr.* du 30 mars 1918); elle comporte, on va l'expliquer tout à l'heure, une exception en ce qui concerne les sociétés de personnes.

439. Sociétés en nom collectif ou en commandite simple.
— Sous l'empire de la loi du 30 juin 1923 et, ainsi que nous
l'avons expliqué ailleurs, dans le commentaire de cette loi
(D. P. 1924. 4. 90, note 1), les profits réalisés par les contribuables se livrant en société à des opérations commerciales,
devaient faire l'objet d'une cotisation unique, établie au nom
de la société. Les membres de ces sociétés de personnes, n'étant
pas en droit de demander à être imposés individuellement
pour leur part respective des bénéfices sociaux, se voyaient
par là même exclus du dégrèvement pour charges de famille
autorisé par l'article 5 de la loi du 25 juin 1920.

C'est pour mettre fin à cette situation peu équitable qu'est
intervenue la disposition inscrite dans l'article 11 de la loi du
30 juin 1923. En premier lieu, cet article décide que, dans les
sociétés en nom collectif, chacun des associés est personnellement assujetti à l'impôt sur les bénéfices commerciaux pour
la part de bénéfices sociaux correspondant à ses droits dans la
société. D'autre part, il stipule que, dans les sociétés en commandite simple, l'impôt cédulaire est établi au nom de chacun
des commandités pour sa part respective de bénéfices et, au
nom de la société, pour la fraction de bénéfices revenant aux
commanditaires. C'est seulement à concurrence de cette fraction que les sociétés en commandite simple figureront nominativement au rôle (Conf. *Rép. min. fin. quest.* de M. Crespel,
député, du 20 avr. 1926, n° 7913, *J. off.* du 17 juill. 1926).
Lorsque le bénéfice global de la société n'excède pas 50 000 fr.,
c'est le bénéfice moyen de la catégorie déclarée qui sert de base
à la détermination de la part individuelle de chacun des associés (*Circul. Contr. dir.* 25 sept. 1926, p. 12).

440. Impôt conservant son caractère de dette sociale.
— Bien qu'il soit établi nominativement au nom de chaque
associé en nom collectif ou de chacun des commandités gérants
pour sa quote-part individuelle dans les bénéfices sociaux,
l'impôt cédulaire n'en conserve pas moins son caractère de
dette sociale, grevant l'entreprise exploitée par la société.
C'est ce que décide expressément la disposition interprétative
de l'article 27 de la loi du 13 juillet 1925. Par conséquent, il
n'est pas douteux que le Trésor peut exercer son action
réelle sur les biens de la société, en vue d'assurer le recou-

vrement des cotisations portées dans les rôles au nom des associés.

441. Cession ou cessation d'entreprise. Établissement de l'imposition. — Par dérogation à la règle générale inscrite dans l'article 2 de la loi du 31 juillet 1917, la loi susvisée du 30 juin 1923 dispose, dans son article 12, qu'en cas de cession ou de cessation totale ou partielle d'une entreprise, l'impôt cédulaire applicable aux bénéfices qui n'ont pas encore été taxés est immédiatement établi. A cet effet, le cédant doit faire parvenir spontanément au contrôleur, en vue de l'établissement de sa cotisation, dans un délai de dix jours, les renseignements nécessaires, sous peine d'encourir la taxation d'office et la majoration de moitié du montant de l'impôt. Les règles à suivre à cet égard sont précisées avec la plus grande netteté par l'article 12 de la loi du 30 juin 1923, inséré aux annexes, n° XVII.

442. Décès du contribuable. Exonération des héritiers. — Un contribuable ne peut être assujetti à l'impôt sur les bénéfices industriels et commerciaux que s'il est vivant au 1ᵉʳ janvier de l'année de l'imposition (L. 31 juill. 1917, art. 2 et 3). Son existence à cette date est la condition essentielle de l'obligation de ses héritiers au payement de l'impôt établi à son nom. Spécialement, les héritiers d'un commerçant décédé au cours de 1919 sont fondés à soutenir que ce contribuable ne pouvait être imposé, au titre de 1920, pour les bénéfices par lui réalisés en 1919, et que c'est à tort que le payement de cet impôt leur a été réclamé (*Cons. d'Ét.*, 30 juill. 1924, D. P. 1925. 3. 39).

443. Lieu d'imposition. Siège de la direction ou du principal établissement. — Suivant l'article 3 de la loi du 31 juillet 1917, l'impôt cédulaire ne donne lieu, pour un même contribuable, qu'à une cote unique, établie, pour l'ensemble de ses entreprises exploitées en France, « au siège de la *direction* de ces entreprises ou, à défaut, au lieu du principal établissement. »

Ainsi que le fait remarquer l'*Instruction* du 30 mars 1918 (art. 41), « le lieu du siège social des sociétés, pas plus que le domicile des particuliers, n'est donc celui de l'imposition que si la direction des entreprises y est située. Si le siège de cette direction n'est pas en France ou si les diverses entreprises exploitées n'ont pas de direction commune, la cote est imposée au lieu de l'établissement le plus important. »

444. Loueurs de villas meublées. — Pour les locations de villas meublées, dans lesquelles le loueur n'assure pas le service, le siège de l'établissement est réputé se trouver au domicile du locateur, et, par suite, c'est dans la commune de ce domicile que doit être établie l'imposition du bénéfice net tiré desdites locations (*Circul. contr. dir.*, n° 1421, précitée, p. 15).

445. Émission des rôles. Réclamations. Procédure. — On se réfère aux développements dont cette matière fait l'objet, au chapitre des *Règles communes* (*infrà*, n°ˢ 852 et suiv.).

446. Algérie. — Un décret du 30 novembre 1918 (*J. off.* du 3 décembre 1918) a homologué la décision de l'assemblée plénière des délégations financières algériennes en date du 21 juin 1918, portant suppression des impôts arabes et de la contribution des patentes et instituant un impôt, tant sur les diverses catégories de revenus que sur l'ensemble du revenu. Les articles 40 à 54 de la décision ainsi homologuée organisent l'impôt cédulaire sur les bénéfices industriels et commerciaux. — V. *infrà*, n° 893.

CHAPITRE V

§ 1er. — NOTIONS GÉNÉRALES

447. Textes organiques. — Les revenus du travail ayant
leur source dans les rémunérations payées à titre de traitements
publics ou privés, indemnités, émoluments, salaires, pensions
et rentes viagères, ont été groupés en une même catégorie et
assujettis à l'impôt cédulaire par les articles 23 à 29, titre **III**,
de la loi du 31 juillet 1917. Mais le régime fiscal inauguré par
ces dispositions a été profondément remanié sur nombre de
points, notamment en ce qui concerne le taux de l'impôt,
les déductions pour situation et charges de famille ou pour
mutilations de guerre, l'extension à tout le territoire de l'abattement de 7 000 francs, l'incorporation dans la cédule des
salariés, des artisans et façonniers, l'unité de la taxation pour
les rentes, pensions, traitements et salaires, le mode de calcul
de l'impôt au cas de cumul sur la même tête de traitement,
pension ou rente et de bénéfices d'une profession non commerciale, la majoration des exonérations de base et le taux de
l'impôt. Ces modifications, qui seront successivement analysées
dans l'ordre des matières auxquelles elles se rapportent, résultent des lois du 25 juin 1920 (D. P. 1920. 4. 283), du 30 mars
1923 (D. P. 1923. 4. 280), du 30 juin 1923 (D. P. 1924. 4. 81),
du 22 mars 1924 (D. P. 1924. 4. 148), du 13 juill. 1925 (D. P.
1925. 4. 281) et, en dernier lieu, de l'article 23 de la loi du
3 août 1926 (*J. off.* du 4 août 1926, p. 8786). Compte tenu de
ces multiples changements ou adjonctions, le texte organique

de l'impôt cédulaire des traitements, salaires, pensions et rentes viagères s'établit ainsi qu'il suit :

« Les revenus provenant des traitements publics et privés, des indemnités et émoluments, des salaires, des pensions et des rentes viagères, sont assujettis à un impôt portant sur la partie de leur montant annuel qui dépasse 7 000 francs.

« L'abattement ci-dessus sera augmenté, pour chaque contribuable soumis à l'impôt, d'une somme de 3 000 francs pour sa femme, si celle-ci n'a ni salaire ni revenus personnels, de 3 000 francs par enfant de moins de dix-huit ans et non salarié, et de 2 000 francs pour chacune des autres personnes à sa charge, dans les mêmes conditions que celles de l'article 7 de la loi du 25 juin 1920.

« Dans le cas où le mari et la femme touchent des traitements ou salaires distincts, les déductions pour enfants et pour personnes à la charge ne seront applicables qu'au traitement ou salaire le plus élevé.

« Les déductions ci-dessus seront augmentées d'une somme supplémentaire de 1 000 francs en faveur des mutilés titulaires d'une pension d'invalidité.

« En outre, pour le calcul de l'impôt, la fraction comprise entre le minimum exempté et 10 000 francs est comptée pour un quart ; la fraction comprise entre 10 000 et 20 000 francs pour moitié, et la fraction comprise entre 20 000 et 40 000 francs pour trois quarts (L. 3 août 1926, art. 23).

« Le taux de l'impôt est fixé à 12 pour 100 » (*id.*).

448. Caractère personnel de l'impôt. — L'impôt cédulaire des traitements, salaires, pensions et rentes viagères est essentiellement personnel. De là cette conséquence, signalée par l'*Instruction* réglementaire du 30 mars 1918 (art. 98), que « les membres d'une même famille, bien que vivant en commun, sont distinctement imposables, à raison des revenus qu'ils retirent de leur travail propre ou des pensions et rentes dont ils ont privativement la jouissance ».

449. Nationaux et étrangers. Domicile en France. — Aux termes de l'article 25 de la loi du 31 juillet 1917, l'impôt cédulaire des traitements, pensions et rentes viagères est établi au nom des bénéficiaires, dans la commune où ils sont domiciliés au 1er janvier de l'année de l'imposition.

Pour l'application de cette règle, il n'y a pas lieu, suivant la remarque de l'*Instruction* du 30 mars 1918 (art. 100), de distinguer entre les contribuables, suivant leur nationalité. Les étrangers sont, comme les Français, cotisables au lieu de leur *domicile* au 1er janvier de l'année de l'imposition. En ce sens, il a été jugé par le Conseil d'État qu'un contribuable domicilié et résidant en France au 1er janvier de l'année de l'imposition est passible de l'impôt cédulaire sur les traitements et salaires, à raison du traitement touché par lui au cours de l'année précédente, même si ce traitement a été perçu à l'étranger et encore bien qu'il ne fût pas domicilié en France au 1er janvier de cette dernière année (*Cons. d'Ét.*, 12 déc. 1924, D. P. 1925. 3. 40). D'autre part, la circonstance que l'État étranger dont ce contribuable est fonctionnaire ne peut être tenu de fournir les renseignements prévus par l'article 26 de la loi du 31 juillet 1917, ne met pas obstacle à sa taxation : il appartient alors au contrôleur de fixer les bases de la cotisation à l'aide de tous autres renseignements, notamment d'après les indications contenues dans la déclaration de l'intéressé relative à l'impôt général sur le revenu (*Cons. d'Ét.*, 12 juin 1925, D. P. 1925. 3. 68).

450. Fonctionnaires et militaires détachés en Rhénanie. — Les fonctionnaires civils ainsi que les militaires de carrière détachés en Rhénanie doivent être considérés comme ayant leur domicile de fait au lieu où ils résident pour l'exercice de leurs fonctions, c'est-à-dire hors de France. Dans ces conditions, ils ne sont pas redevables de l'impôt sur les traitements et salaires, lequel n'est dû, d'après l'article 25 de la loi du 31 juillet 1917, que pour les personnes domiciliées en France. Pour ce qui est de l'impôt général sur le revenu, les fonctionnaires et militaires envisagés n'en sont passibles que s'ils ont conservé en France une habitation à leur disposition. Leur imposition doit dans ce cas, conformément à l'article 11 de la loi du 15 juillet 1914, être établie d'après un revenu fixé forfaitairement à une somme égale à sept fois la valeur locative de leurs résidences en France, à moins que les revenus tirés par eux de propriétés et exploitations situées en France n'atteignent un chiffre plus élevé, auquel cas c'est ce dernier chiffre qui sert de base à l'impôt (*Rép. min. fin. quest.* de M. Buisset, député, du 27 mai 1926, n° 8255, *J. off.* du 8 août

1926, p. 3255). Même solution pour les fonctionnaires de la commission interalliée à Coblence (*Rép. min. fin. quest.* de M. Uhry, député, du 27 mai 1926, *J. off.* du 17 juill. 1926, p. 2953).

451. Domicile fictif des agents diplomatiques étrangers. — Les agents diplomatiques étrangers en France, étant réputés avoir conservé leur domicile dans le pays qu'ils représentent, sont légalement affranchis de l'impôt cédulaire pour les traitements qu'ils reçoivent de leurs gouvernements, tout au moins dans la mesure où les pays qu'ils représentent concèdent un avantage analogue aux agents diplomatiques et consulaires français (L. 15 juill. 1914, art. 9-3° ; — *Instr.* 30 mars 1918, art. 100).

452. Année de base. — L'impôt cédulaire des traitements, pensions et rentes viagères a pour base les sommes payées au contribuable pendant l'année immédiatement antérieure à celle de l'imposition. La jurisprudence du Conseil d'État applique rigoureusement cette règle. Elle décide : 1° qu'un traitement est imposable à l'impôt cédulaire, même s'il n'a été perçu que pendant une partie de l'année de base (*Cons. d'Ét.*, 12 mai 1922, D. P. 1924. 3. 9) ; — 2° que l'impôt sur les traitements est exigible alors même que l'employé serait décédé au cours de l'année antérieure à celle de l'imposition, si le salaire touché par lui est supérieur au minimum (*Cons. d'Ét.*, 1er déc. 1922, *Rec. quest fisc.* 1923, p. 140, n° 596).

453. Fonctionnaire retraité. — L'Administration a rappelé récemment que les fonctionnaires retraités sont redevables, dans l'année qui suit celle de leur mise à la retraite, de l'impôt sur les traitements et salaires et de l'impôt général, pour les émoluments qu'ils ont touchés au cours de l'année précédente (*Rép. min. fin. quest.* de M. Escoffier, député, du 15 juin 1926, n° 8759, *J. off.* du 8 août 1926, p. 3257, col. 1).

454. Fonctions exercées dans une ville autre que le lieu du domicile. — L'article 25 de la loi du 31 juillet 1917 est formel : l'impôt sur les traitements et salaires doit être établi au nom du contribuable dans la commune où se trouve son domicile au 1er janvier de l'année de l'imposition. Par conséquent, un officier attaché au ministère de la guerre à Paris, mais ne disposant dans cette ville d'aucune résidence, est imposable sur sa solde, non à Paris, mais bien dans la commune suburbaine où il habitait avec sa famille au 1er janvier de l'année de l'imposition (*Cons. d'Ét.*, 11 juin 1926, *Rec. quest. fisc.* 1926, p. 270).

455. Commune du domicile. Installation du contribuable antérieure au 1er janvier. — Par application des principes qui précèdent, le Conseil d'État a jugé que, dans le cas où un contribuable ne s'est installé dans la commune de son domicile que quatre mois avant le 1er janvier de l'année de l'imposition, il ne saurait se prévaloir de cette circonstance pour demander une réduction proportionnelle de sa cotisation à l'impôt cédulaire sur les traitements et n'en est pas moins passible de cet impôt dans ladite commune, sur le total des émoluments dont il a bénéficié pendant l'année antérieure à celle de l'imposition (*Cons. d'Ét.*, 6 nov. 1925, *Rec. quest. fisc.* 1926, p. 93).

§ 2. — REVENUS SOUMIS A L'IMPOT

456. Assimilation des pensions ou rentes aux traitements ou salaires. — Sous l'empire des lois du 31 juillet 1917 et du 25 juin 1920, la cédule des traitements, salaires, pensions et rentes viagères comportait des bases de taxation différentes pour chacune de ces branches de revenu. A cet égard, il y avait lieu de distinguer, non seulement entre les traitements ou salaires et les pensions ou rentes, mais encore entre les rentes constituées par des versements successifs et les rentes acquises moyennant l'abandon d'un capital ou à titre gratuit.

L'article 6 de la loi du 30 mars 1923 (D. P. 1923. 4. 280) a effacé cette distinction. Désormais, les deux groupes de prestations visés par la loi sont soumis à un mode de taxation uniforme et comportent les mêmes abattement et déductions.

457. Traitements et salaires. Portée générale du texte. — C'est dans les termes les plus généraux que la législation existante assujettit à l'impôt cédulaire les traitements publics et privés, les indemnités, émoluments et salaires.

Cette énumération n'a rien de limitatif ; elle embrasse, à côté des traitements alloués aux fonctionnaires, agents ou préposés de l'État, des départements, des communes et des établissements publics, les soldes militaires, les salaires, appointements ou rétributions quelconques payés par les sociétés, les chefs d'entreprise, les patrons ou même les simples particuliers, à leurs employés, commis, ouvriers, auxiliaires et serviteurs à gages. Toutes les rémunérations qui naissent d'un contrat de louage de services sont tributaires de cette cédule.

458. Traitements publics. — Tous les agents des services publics, quelle que soit leur fonction ou leur grade, relèvent de l'impôt cédulaire, à raison du traitement qui leur est alloué. Qu'il s'agisse d'un magistrat de la Cour des comptes ou d'un ouvrier de l'Atelier général du timbre, du doyen de la faculté des sciences ou d'une institutrice de village, peu importe : les uns et les autres sont placés sur la même ligne au point de vue du régime fiscal institué par l'article 23 de la loi du 31 juillet 1917.

Il n'y a pas davantage à distinguer entre les traitements, fixes ou proportionnels, mandatés sur les caisses publiques, et les rémunérations payées directement par les intéressés aux titulaires de certains emplois, à l'occasion des formalités dont ils requièrent l'accomplissement.

459. Indemnités professionnelles. — D'après l'article 24 de la loi du 31 juillet 1917, on doit considérer comme un élément du revenu imposable, « tous les avantages en argent ou en nature accordés aux intéressés en sus des traitements... proprement dits. » Parmi ces allocations, les indemnités de résidence, de logement, et celles qui sont allouées forfaitairement pour frais de bureau, de voyage, de déplacement, de représentation, ou toute autre dépense nécessitée par l'exercice de l'emploi. Spécialement, l'Administration a décidé que les indemnités pour cherté de vie doivent entrer dans les éléments à retenir pour l'assiette de l'impôt (*Rép min. fin. quest.* de M. Moutet, député, du 2 mars 1922, *J. off.* 1922, p. 1334).

460. Logement gratuit des employés. — Conformément à ces principes, on doit reconnaître que les chefs de gare sont imposables au titre de l'impôt sur les traitements, en raison de la valeur locative du logement que les compagnies leur concèdent à titre gratuit (*Rép. min. fin. quest.* de M. Barthe, député, du 10 nov. 1921, *J. off.* 1921, p. 4583). Dans le même ordre d'idées et à un point de vue plus général, le Conseil d'État a jugé que, pour le calcul de l'impôt sur les traitements et salaires, il convient d'ajouter au traitement les avantages en nature dont bénéficie l'assujetti, entre autres la valeur du logement qui lui est gratuitement abandonné (*Cons. d'Ét.,* 27 avr. 1923, *Gaz. Pal.* 20 juill. 1923).

461. Indemnité parlementaire et autres émoluments. — L'*Instruction* du 30 mars 1918 signale, comme devant être rangés dans la catégorie des traitements et salaires, « la dotation des pouvoirs publics ; l'indemnité perçue par les membres du Sénat et de la Chambre des députés, ainsi que de certaines assemblées électives (Conseil général du département de la Seine, Conseil municipal de la ville de Paris) ; les jetons de présence des membres de diverses institutions... » (art. 92).

Toutefois, est éliminée des bases de l'impôt cédulaire et de l'impôt général sur le revenu incombant aux sénateurs et aux députés l'indemnité supplémentaire de 1 000 francs par mois qui leur a été allouée par la loi du 27 mars 1920, cette indemnité étant absorbée par les dépenses inhérentes à l'exercice de leur mandat législatif (*Rép. min. fin. quest.* de M. Paul Gay, député, du 24 juin 1921, n° 9745).

462. Appointements des commis et employés de commerce. — Il n'est pas douteux que ces rémunérations, quelle qu'en soit la forme ou la dénomination, se classent dans la catégorie très générale des traitements privés dont il est question dans le texte.

463. Gratifications de fin d'année. — Les gratifications qu'un chef d'entreprise alloue, en fin d'année, à ses employés doivent, malgré leur caractère facultatif, être comprises, au même titre que le traitement des bénéficiaires, parmi les éléments du revenu passible de l'impôt cédulaire à la charge de ceux-ci (*Rép. min. fin. quest.* de M. Guibal, député, du 26 mars 1923, *J. off.* 1923, n° 2007).

464. Indemnité de brusque renvoi. — D'après l'interprétation administrative, « d'une manière générale et réserve faite des cas particuliers, l'indemnité payée à un employé pour rupture de contrat de travail doit être considérée comme tenant lieu des appointements auxquels l'intéressé aurait eu droit pendant une période plus ou moins longue ; comme ces appointements, elle est à comprendre dans les bases des impôts sur les revenus » (*Rép. min. fin. quest.* de M. Régnier, député, du 31 janvier 1922, *J. off.* 1922, p. 675 ; — quest. n° 15 921, *J. off.* du 7 avr. 1923, p. 1729).

Le Conseil d'État a consacré le principe de cette interprétation en décidant que l'indemnité allouée par une société à un ingénieur à l'occasion de la rupture du contrat qui liait celui-ci à l'entreprise, doit, dans la mesure où elle constitue un salaire de congédiement, être retenue pour le calcul de l'impôt cédulaire des traitements et de l'impôt général sur le revenu, mais que le surplus de ladite indemnité, versée à titre de dommages-intérêts, ne saurait être regardé comme rentrant dans les prévisions de la loi fiscale (*Cons. d'Ét.*, 19 juill. 1924, *Rec. quest. fisc.* 1924, p. 321, n° 37).

465. Remises des commis-voyageurs et placiers de commerce. — Le voyageur de commerce qui place exclusivement les produits d'une maison, sans effectuer d'opérations pour son compte et qui est, à l'égard de cette maison, dans une situation de dépendance étroite, est affranchi de la patente par l'article 2 de la loi du 30 juin 1923 (D. P. 1924. 4. 81) et se range dans la catégorie des commis ou employés, imposables à la cédule des traitements et salaires (*Cons. d'Ét.*, 31 juill. 1925, D. P. 1926. 3. 20). Les motifs qui justifient cette solution sont exposés plus loin, n° 552, dans le chapitre relatif à la cédule des professions non commerciales.

466. Commissionnaires et courtiers. — Quant aux commissionnaires ou courtiers, il est vrai de dire, avec un arrêt de la Cour de cassation du 21 déc. 1898 (motifs, D. P. 1903. 1. 82), qu'on ne saurait, en principe, refuser à ces intermédiaires libres la qualité de commerçants. Ils se trouvent, par là même, exclus de la cédule des traitements et salaires et sont cotisables au titre des bénéfices commerciaux et industriels, sauf l'exception plus haut signalée (V. nᵒˢ 253 et 257).

467. Tantièmes des administrateurs des sociétés anonymes. Loi du 13 juillet 1925. — Sous l'empire de la loi du 13 juillet 1911 (D. P. 1911. 4. 132), les tantièmes attribués statutairement sur les bénéfices aux membres des conseils d'administration des sociétés anonymes étaient passibles, pour le tout, de la taxe sur le revenu des valeurs mobilières et entraient dans les bases de l'impôt cédulaire sur les bénéfices commerciaux incombant à la société. Par contre, les prélèvements non prévus par les statuts et simplement facultatifs échappaient légalement à la taxe sur le revenu des capitaux mobiliers et donnaient ouverture à l'impôt sur les traitements au nom des bénéficiaires (*Circul. contr. dir.* 26 nov. 1923, n° 1408).

La loi de finances du 13 juillet 1925 (D. P. 1925. 4. 281) a, par son article 79, modifié ce régime fiscal à un double point de vue. D'une part, effaçant la distinction antérieurement établie entre les tantièmes statutaires et les prélèvements facultatifs, elle les ramène les uns et les autres dans le champ d'action de la taxe sur le revenu des valeurs mobilières. D'autre part, elle limite expressément l'application de cette taxe aux prélèvements sur les bénéfices « effectués au profit de l'administrateur unique ou des membres des conseils d'administration *en leur dite qualité* ». Si donc un administrateur cumule les deux fonctions de membre du conseil d'administration et de directeur de la société, ces deux attributions ne sont plus réputées indivisibles et doivent être envisagées distinctement au point de vue de l'impôt. Le pourcentage de bénéfices alloué à cet administrateur en sa dite qualité sera, seul, passible de la taxe sur le revenu des valeurs mobilières et, par voie de conséquence, sera retenu dans les bases de l'impôt des bénéfices commerciaux dû par la société. Inversement, tout ce qui sera attribué au bénéficiaire, à titre de directeur, sera exclu de l'application de la taxe sur le revenu des capitaux mobiliers, mais sera soumis à l'impôt cédulaire sur les traitements et salaires au nom dudit administrateur-directeur. En ce qui concerne l'impôt général sur le revenu, V. *infrà*, n° 640.

Telle est l'interprétation nouvelle qui se fait jour dans les

Circulaires des contr. dir. du 29 août 1925, n° 1448 (p. 14 et 15) et du 25 sept. 1926, n° 1472, p. 16, et dans l'*Instruction de l'enregistrement* du 15 juillet 1925, n° 3860 (§ 27, p. 70). Nous avons mis en lumière les motifs qui la justifient dans une dissertation publiée au D. H. 1926, pp. 9 à 12.

468. Administrateurs-délégués. — Se fondant sur la jurisprudence des arrêts de la Cour de cassation (Civ. 30 nov. 1921, D. P. 1925. 1. 122; Civ. 16 juill. 1925 (deux arrêts), *Instr. enreg.* n° 3896-3, D. H. 1925, p. 534), l'Administration a cru devoir poser en règle que la taxe sur le revenu des capitaux mobiliers doit atteindre l'intégralité des tantièmes attribués, à un titre quelconque, à l'administrateur-délégué d'une société, sans en excepter les sommes qu'il touche en rémunération de ses fonctions de directeur. Mais cette interprétation restrictive est repoussée par le texte même de l'article 79 de la loi de 1925, qui englobe, dans sa formule compréhensive, pour les soumettre au même régime, toutes les catégories d'administrateurs.

Quoi qu'il en soit, l'Administration des contributions directes reconnaît que, si les tantièmes versés à l'administrateur-délégué sont passibles pour le tout de la taxe de 18 pour 100 sur le revenu, par contre, la portion de ces tantièmes qui rémunère spécialement le travail de direction de cet administrateur constitue une charge sociale à exclure des bases de l'impôt sur les bénéfices commerciaux dû par la société. Il va de soi que lesdits émoluments, étant soumis à la taxe des revenus mobiliers, ne peuvent être assujettis par double emploi à l'impôt sur les traitements et salaires (*Circul. Contr. dir.* du 25 sept. 1926, n° 1472, pp. 16 et 17).

Inversement, les tantièmes alloués aux *administrateurs-directeurs* en leur qualité de directeur, demeurent exempts de la taxe de 18 pour 100 sur le revenu et sont passibles de l'impôt sur les traitements et salaires (*ibid.*, p. 16).

Il appartient aux sociétés de produire les justifications nécessaires pour opérer les discriminations utiles (*ibid.*, p. 17).

469. Directeurs techniques étrangers au conseil d'administration. — Quant aux directeurs techniques choisis en dehors du conseil d'administration des sociétés anonymes, il est sans difficulté que ces directeurs, liés à la société par un contrat de louage de services (Cass. req. 22 déc. 1913, D. P. 1916. 1. 113) et assimilables à des employés salariés, restent en dehors de la cédule des bénéfices commerciaux et se rangent dans celle des salaires et traitements.

470. Employés rémunérés par une participation. — Les employés et ouvriers attachés à une entreprise commerciale ou industrielle restent passibles de l'impôt cédulaire, au titre des traitements et salaires, même dans le cas où ils sont rémunérés par une participation dans les bénéfices de l'entreprise, cette attribution n'ayant point pour effet de leur conférer la qualité d'associés ou d'exploitants (*Instr.* 30 mars 1918).

471. Jetons de présence. — Antérieurement à la loi du 29 avril 1926, l'Administration avait reconnu, à plusieurs reprises, que les sommes versées, à titre de jetons de présence, aux administrateurs des sociétés, à leurs commissaires aux comptes ou censeurs, par voie de prélèvement sur les frais généraux de l'entreprise, rentrent dans la catégorie des rémunérations passibles de l'impôt cédulaire sur les traitements et salaires (*Instr.* 30 mars 1918, art. 92 ; — *Rép min. fin. quest.* de M. Doumergue, sénateur, du 3 nov. 1921, *J. off.* du 7 déc. 1921, p. 2044 ; — Conf. *Cons. d'Ét.*, 9 nov. 1922, Société mutuelle générale française, *Rec. quest. fisc.* 1923, p. 248, n° 715).

Il n'en est plus de même aujourd'hui, tout au moins en ce qui concerne les jetons de présence réservés aux administrateurs des sociétés par actions. Reprenant, sous une nouvelle forme, la disposition inscrite dans le dernier paragraphe de l'article 30 de la loi du 4 avril 1926, la loi de finances du 29 avril 1926 (*Bull. législ. Dalloz* 1926, p. 244) décide, par son article 17, que « les jetons de présence et rémunérations diverses des administrateurs des sociétés par actions sont soumis à l'impôt de 12 pour 100, sans décimes, établi sur les tantièmes d'administrateurs par l'article 12 de la loi du 13 juillet 1911 et les lois postérieures ». Doit-on en conclure que les jetons de présence et autres prélèvements sur les bénéfices sociaux visés par cette disposition nouvelle cessent de relever de la cédule des traitements et salaires et doivent désormais entrer en compte pour le calcul de l'impôt sur les bénéfices commerciaux et industriels incombant à la société, alors même que ces jetons et rémunérations seraient prélevés sur les frais généraux à titre de charge sociale? (*Instr. enreg.* du 5 mai 1926, p. 40.)

Cette solution serait trop absolue. La taxe sur le revenu des capitaux mobiliers n'atteint, d'après le texte même de la loi du 29 avril 1926, que les jetons de présence et rémunérations diverses alloués aux administrateurs des sociétés par actions, à l'exclusion des émoluments analogues réservés aux commissaires aux comptes, censeurs et autres personnes n'ayant pas la qualité d'administrateurs de sociétés par actions. D'autre part, même à l'égard des jetons de présence attribués aux administrateurs, la taxe sur le revenu et l'impôt des bénéfices commerciaux se limitent à la portion de ce prélèvement alloué aux administrateurs « *en leur dite qualité* ». Par conséquent, lorsque les jetons de présence représentent la rémunération d'un travail de direction, toute cause manque, selon nous, à l'application de la taxe sur le revenu des valeurs mobilières et de l'impôt sur les bénéfices commerciaux, qui en forme le corollaire. L'impôt cédulaire des traitements nous paraît, dans ce cas, seul exigible.

Enfin, lorsque les jetons de présence et rémunérations diverses ont le caractère de *charge sociale, portée aux frais généraux,* ces émoluments doivent être distraits des bases de l'impôt sur les bénéfices commerciaux dus par la société et ne sauraient, non plus, être soumis à l'impôt sur les traitements et salaires, du moment où ils supportent la taxe sur les revenus mobiliers entre les mains des bénéficiaires (*Circul. Contr. dir.* 25 sept. 1926, n° 1472, pp. 16 et 17).

472. Frais de déplacement des administrateurs. Non-déduction. — Du moment où l'article 17 de la loi du 29 avril 1926 a eu pour effet de soumettre les jetons de présence et rémunérations diverses des administrateurs des sociétés anonymes à l'impôt de 18 pour 100 sur le revenu des valeurs mobilières, qui frappe l'intégralité des sommes distribuées, il n'y a pas lieu de déduire du montant de ces rémunérations, pour le calcul de l'impôt, les frais de voyage, de déplacement et autres de ces administrateurs, à l'occasion de l'exercice de leurs fonctions (*Rép. min. fin. quest.* de M. Couhé, député, du 29 juin 1926, n° 8824, *J. off.* du 8 août 1926, p. 3257, col. 3).

473. Agents des compagnies d'assurances. — V. *infrà,* n° 551.

474. Salaires d'ouvriers. — Pour les ouvriers, comme pour les autres contribuables de cette cédule, le revenu passible de l'impôt doit s'entendre de toutes les allocations, fixes ou proportionnelles, qui leur sont payées en rémunération de leur travail. Au salaire proprement dit, il convient d'ajouter, le cas échéant, pour le calcul de l'impôt, les gratifications, primes et autres sommes versées à titre bénévole ; les avantages en nature, tels que le logement, le chauffage, l'éclairage, les pourboires, étrennes et redevances quelconques qui grossissent indirectement la rétribution de l'ouvrier.

475. Façonniers et artisans. Loi du 30 juin 1923. — Ne sont plus imposables à la cédule des bénéfices commerciaux et industriels et sont passibles de l'impôt sur les traitements et salaires, en vertu des dispositions de l'article 10 de la loi du 30 juin 1923 (D. P. 1924. 4. 81), dans la mesure et aux conditions stipulées par ce texte, les ouvriers façonniers travaillant chez eux, les artisans et leurs veuves. Les conséquences fiscales de cette réforme et les modalités de son application ont été étudiées sous tous leurs aspects, *suprà,* n°s 287 à 302. Le lecteur voudra bien se reporter à cet exposé.

476. Vendeurs en ambulance, mariniers, chauffeurs, pêcheurs. — La loi précitée du 30 juin 1923 a également incorporé, par son article 10, dans la cédule des salariés, les vendeurs en ambulance, les mariniers, chauffeurs, cochers et pêcheurs, sous réserve des conditions et restrictions qu'elle détermine et que nous avons plus haut spécifiées (V. n°s 303 à 310).

477. Allocations aux familles nombreuses. — Le dernier paragraphe de l'article 23 de la loi du 31 juillet 1917, modifié par l'article 1er de la loi du 25 juin 1920 porte que

« les allocations aux familles nombreuses (sursalaire familial, allocations familiales), versées exclusivement par des employeurs ou des groupements d'employeurs à leur personnel, ne rentrent pas, pour le calcul de l'impôt, dans les revenus visés par le présent article ».

Pour l'application de cette immunité, il n'y a pas à distinguer entre les diverses catégories de personnes dont se compose le personnel des employeurs : qu'il s'agisse de commis, d'employés ou d'ouvriers, les uns et les autres ont également droit au bénéfice de cette disposition.

478. Domestiques et serviteurs à gages. — La cédule des traitements et salaires comprend une dernière catégorie de locateurs de services, celle des domestiques ou serviteurs à gages. Les rétributions payées à cette catégorie de salariés, soit en argent (gages, étrennes, pourboires, gratifications), soit en nature (nourriture, logement), sont passibles de l'impôt cédulaire des traitements et salaires, au-dessus du minimum d'exonération.

479. Assujettissement des pourboires. — Spécialement, les pourboires donnés bénévolement par les clients au personnel de certains établissements, tels que cafés, hôtels, restaurants, casinos, cercles de jeux, entreprises de transports, constituant, en fait, tout ou partie de la rétribution des employés qui en bénéficient, sont assujettis à ce titre à l'impôt sur les salaires et à l'impôt général (*Rép. min. fin. quest.* de M. Gaudin de Villaine, sénateur, du 8 avr. 1924, *J. off.* 1924, p. 883). — Conf. *Cons. d'Ét.*, 28 juill. 1926.

480. Médecins ou autres spécialistes attachés à un établissement. — Il a été jugé par le Conseil d'État, en matière de patentes, qu'on ne peut regarder comme se livrant à l'exercice de la profession de médecin, un docteur en médecine, sans clientèle particulière, engagé au service d'une compagnie d'assurances contre les accidents, dont la fonction consiste uniquement à examiner les ouvriers victimes d'accidents et à donner son avis sur la nature, la gravité et les conséquences des blessures, et qui est rétribué par un traitement fixe : ce médecin rentre dans la catégorie des personnes travaillant à gages (*Cons. d'Ét.*, 19 janv. 1912, D. P. 1914. 3. 23). L'Administration s'est, tout d'abord, prononcée contre le principe de cette interprétation, en décidant, en thèse générale, aux termes de son *Instruction* du 30 mars 1918 (art. 110), que les médecins, avocats-conseils et autres spécialistes attachés à un établissement, moyennant une rétribution à forfait, « ne peuvent être considérés comme faisant partie du personnel de l'entreprise, » ni, par suite, être assujettis à l'impôt sur les traitements et salaires. Mais ultérieurement, elle s'est arrêtée à une solution intermédiaire, fondée sur la distinction suivante :

« Le médecin qui, assurant le service médical d'une entreprise, moyennant un traitement fixe, consacre tout son temps à ce service et n'a pas de clientèle particulière, doit être regardé comme exerçant une profession salariée et assujetti, à ce titre, à l'impôt sur les traitements et salaires. Par contre, le médecin qui, tout en recevant de certains établissements des rétributions fixes, exerce en même temps sa profession dans sa clientèle normale, ne peut être assimilé à un employé et se trouve passible, à raison de l'ensemble de ses revenus professionnels, de l'impôt sur les bénéfices des professions non commerciales » (*Rép. min. fin. quest.* de MM. les députés René Lefebvre, du 19 juin 1923, *J. off.* 1923, p. 3470 ; — Bringer, du 19 juin 1924, *J. off.* 1924, p. 2813 ; — et Grinda, du 17 déc. 1925, *J. off.* 1926, p. 335). — V. toutefois *infrà*, nos 505 et 808.

481. Émoluments des greffiers. — D'après l'interprétation qui se fait jour dans plusieurs réponses du ministre, le traitement des greffiers, et spécialement celui qu'ils reçoivent de l'État, étant destiné à rémunérer les travaux qui rentrent dans leurs attributions normales, doit être confondu avec les bénéfices que les intéressés retirent, par ailleurs, de leur charge, et être, comme ceux-ci, soumis à l'impôt sur les bénéfices des professions non commerciales, suivant les modalités propres aux revenus des charges et offices (*Rép. min. fin. quest.* de MM. Dudouyt, sénateur, et Desgroux, député, des 6 mars et 14 avr. 1923, *J. off.* 1923, pp. 843 et 1734 ; — et de M. Milan, sénateur, du 6 mars 1923, *J. off.* 1923, p. 743).

Mais cette thèse n'a point prévalu en jurisprudence. Le Conseil d'État, par un arrêt du 5 décembre 1923 (D. P. 1923. 3. 65) et le conseil de préfecture de la Savoie, par un arrêté du 17 décembre 1923 (*Gaz. trib.* 17 févr. 1924), ont, l'un et l'autre, décidé, avec la plus grande netteté, que les greffiers des justices de paix sont uniquement passibles de l'impôt sur les traitements publics et privés, « d'après le montant total du traitement fixe et des émoluments qu'ils reçoivent, en vertu des lois et règlements en vigueur, en leur qualité de greffier, et que les divers éléments qui constituent ce traitement et ces émoluments ne sauraient, pour l'établissement de l'imposition, être l'objet d'aucune distinction. » En d'autres termes, tous les produits de la charge dont le greffier est titulaire: traitement servi par l'État, émoluments reçus des parties, doivent être totalisés et soumis cumulativement à l'impôt cédulaire des traitements et salaires, après déduction des abattements propres à cette cédule.

482. Pensions. — Dans cette catégorie rentrent les pensions *civiles* et *militaires* servies par l'État, les pensions de retraite des départements et des communes, les retraites versées par les entreprises privées et aussi, bien qu'en fait leur modicité doive les faire exonérer de l'impôt, les retraites constituées sur la Caisse nationale de retraites pour la vieillesse, *les retraites ouvrières et paysannes*, les retraites des employés et ouvriers des mines, etc. Les traitements attachés aux décorations de la *Légion d'honneur* et de la médaille militaire sont assimilables aux pensions. Il en est de même des *pensions alimentaires* servies en vertu des obligations résultant des dispositions du Code civil » (art. 95 de l'*Instr.* du 30 mars 1918).

483. Exonération des pensions servies en vertu de la loi du 31 mars 1919. — L'article 1er de la loi du 25 juin 1920, modifiant l'article 23 de la loi du 31 juillet 1917, affranchit expressément de l'impôt cédulaire les pensions servies en vertu de la loi du 31 mars 1919 (D. P. 1919, *suppl.*, p. 135), aux militaires des armées de terre et de mer, pour blessures ou infirmités résultant de la guerre, et aux veuves, orphelins ou ascendants des soldats morts pour la France. Il n'y a point, d'ailleurs, pour l'application de ce texte, à distinguer entre les pensions d'invalidité définitives ou temporaires.

484. Pensions pour blessures antérieures à la mobilisation. — Mais les pensions allouées aux militaires pour blessures reçues ou pour infirmités contractées au service, antérieurement au 2 août 1914, ne peuvent être considérées comme étant servies en vertu de la loi du 31 mars 1919, et elles ne sauraient, dès lors, être exonérées de l'impôt (*Rép. min. fin. quest.* de M. Adrien Constans, député, du 14 mars 1923, *J. off.* 1923, p. 1736).

485. Rentes viagères. Mode de constitution. — L'article 23 de la loi du 31 juillet 1917, refondu par l'article 1er de la loi du 25 juin 1920, distinguait, au point de vue du chiffre de l'exonération de base, entre ces deux catégories de rentes viagères : 1o celles qui sont constituées par des versements périodiques successifs ou sont servies bénévolement par des patrons à leurs employés ; — 2o et celles qui sont constituées à titre onéreux ou à titre gratuit. Cette distinction n'a plus de raison d'être. L'article 6 de la loi du 30 mars 1923, non modifié sur ce point par l'article 5 de la loi du 13 juillet 1925, assimile, en effet, purement et simplement aux pensions de retraite les rentes viagères, quel que soit leur mode de constitution, sans en excepter celles qui procèdent d'une aliénation de capital ou qui sont constituées à titre gratuit. Les unes et les autres bénéficient des mêmes abattements.

Par l'effet de cette assimilation, on doit considérer comme imposables à l'impôt cédulaire, au même titre et dans les mêmes conditions que les pensions de retraite : 1o les rentes viagères immédiates, sur une ou deux têtes, constituées moyennant le versement d'un capital, soit par des particuliers, soit, ce qui est le plus ordinaire, par les compagnies d'assurances sur la vie ; et, spécialement, la rente que deux époux se sont assurée, leur vie durant, moyennant le payement d'un capital à une société, et qui est réversible pour la totalité, en cas de décès, sur la tête du conjoint survivant, l'exigibilité de l'impôt cédulaire ne pouvant d'ailleurs être écartée par la circonstance que les crédi-rentiers perçoivent leur rente viagère par l'encaissement des arrérages d'un titre de rente sur l'État dont la compagnie leur a cédé la jouissance pour la durée d'exécution du contrat (*Cons. d'Ét.*, 26 juin 1925, D. P. 1925. 3. 71) ; — 2o la rente viagère différée qu'une société s'engage à servir à une époque déterminée, à la condition que l'assuré sera vivant à cette époque, moyennant le payement d'une prime unique ou de primes annuelles ; — 3o les rentes créées contre l'aliénation d'objets mobiliers ou d'un immeuble (*Instr.* 30 mars 1918, art. 96) ; — 4o les rentes viagères destinées à rémunérer des services rendus appréciables en argent (Dalloz, *Nouveau Code civ. annoté*, art. 1969, n° 57) ; — 5° les rentes viagères servies, en vertu de la loi du 10 avril 1898 (D. P. 98. 4. 49), aux ouvriers victimes d'accidents du travail (*Rép. min. fin. quest.* de M. de Monti de Rezé, député, du 26 mai 1922, *J. off.* 1922, p. 2536) ; — 6° la rente constituée par contrat de mariage, en représentation des intérêts du capital donné à l'un des futurs époux, mais demeuré entre les mains du donateur (*Rép. min. fin. quest.* de M. de Rodez-Bénavent, du 18 déc. 1922, *Réc. quest. fisc.* 1923, p. 112, n° 559) ; — 7° enfin, les rentes viagères créées à titre gratuit, par voie de disposition testamentaire ou de libéralité entre vifs, à la condition toutefois que, dans ce dernier cas, l'acte constitutif de la rente revête les formes requises pour la validité des donations entre vifs (*Instr.* 30 mars 1918, art. 96).

486. Revenus affectés au service de la rente. Taxation à un autre titre. — La circonstance que les revenus affectés au service de la rente viagère seraient déjà frappés, entre les mains du débi-rentier, par la contribution foncière ou par un impôt cédulaire, ne saurait mettre obstacle à l'exigibilité de l'impôt sur les arrérages de ladite rente au nom du crédirentier (*Rép. min. fin. quest.* de MM. les députés de Monti de Rezé et de Rodez-Bénavent, des 26 mai et 18 décembre 1922, *Rec. quest. fisc.* 1922, p. 300, n° 323, et 1923, p. 112, n° 559)

§ 3. — TAUX ET CALCUL DE L'IMPOT DÉDUCTIONS

487. Taux de l'impôt. — Fixé précédemment à 7,20 pour 100, y compris le double décime institué par l'article 3 de la loi du 22 mars 1924, le taux de l'impôt sur les traitements, salaires, pensions ou rentes viagères, est porté à 12 pour 100, mais sans décimes, à compter du 1er janvier 1927, par l'article 23 de la loi du 3 août 1926 (*J. off.* du 4 août 1926, p. 8786).

488. Base de taxation. Revenu net. — L'article 24 de la loi du 31 juillet 1917 est ainsi conçu :

« Pour la détermination des bases d'imposition, il est tenu compte du montant *net réel* des traitements, indemnités et

émoluments, salaires, pensions et rentes viagères, ainsi que
de tous les avantages en argent ou en nature accordés aux
intéressés, en sus des traitements, indemnités, émoluments,
salaires, pensions et rentes viagères proprement dits. »

L'impôt est donc assis, — sous réserve des abattements
spécifiés ci-après, — sur le montant net des traitements, pensions et rentes viagères, représenté par la différence entre le
revenu brut du titulaire et l'ensemble des dépenses inhérentes
à la fonction ou à l'emploi. — Conf. Décr. 15 oct. 1926, art. 46.

489. Déductions à opérer. Charges de l'emploi. —
Ainsi que l'explique l'*Instruction* du 30 mars 1918 (art. 93),
les frais à retrancher du revenu brut du contribuable comprennent, indépendamment des retenues pour pensions, ceux
qui sont occasionnés spécialement et directement par l'exercice
de la fonction ou les obligations de l'emploi et constituent
proprement des frais de service ou dépenses professionnelles :
loyer de locaux exclusivement affectés au service, rétribution
d'auxiliaires, frais de tournées, de voyage ou de déplacement
réellement déboursés, etc. La déduction ne peut être étendue
aux dépenses personnelles qui ne sont qu'une conséquence indi-
recte de la fonction ou de l'emploi (Décret régl. du 17 janv. 1917,
art. 1er, dernier alinéa, D. P. 1917. 4. 28).

Conformément à cette distinction, on doit considérer comme
déductibles du montant brut de son traitement les frais supplémentaires de nourriture que l'intéressé a eu à supporter, du
fait qu'il était tenu, non par convenance personnelle, mais à
raison des obligations de son emploi, de prendre le repas de
midi hors de chez lui (*Cons d'Ét.*, 29 févr. 1924, D. P. 1925. 3. 5).
Inversement, toute cause manque à la déduction, soit des
frais occasionnés par la surveillance des enfants et le salaire
d'une domestique (*Cons. d'Ét.*, 28 nov. 1924, D. P. 1925. 3. 48),
soit des frais de transport et des dépenses de nourriture et
d'habillement, non inhérents à l'exercice de la profession du
contribuable (*Cons. d'Ét.*, 25 janv. 1924, D. P. *ibid.*). Ainsi,
les frais de voyage supportés par un employé, qui se loge *volontairement* en un lieu éloigné de son travail, ne sauraient être
regardés comme une charge inséparable de la fonction, ni, par
suite, être compris parmi les dépenses déductibles (*Circul.
contrib. dir.* 20 juill. 1923, citée, D. P. 1925. 3. 5, notes 3 à 5).
Toutefois, nous n'irons pas jusqu'à affirmer avec l'Adminis-

tration que, lorsque le contribuable, professeur dans un lycée
de Paris, faute d'avoir trouvé un appartement dans cette ville,
se voit obligé d'habiter Versailles, ses frais de voyage quoti-
diens ne lui sont pas imposés par des nécessités de service et
ne sont pas, dès lors, susceptibles de déduction (*Rép. min. fin.
quest.* de M. Périnard, député, du 30 mai 1922, *J. off.* 1922,
p. 2536). Il nous paraît certain, au contraire, qu'une telle
dépense, en fonction avec la cherté des loyers à Paris, constitue
au plus haut point pour ce professeur une charge inéluctable
de son emploi et doit venir en diminution de son reven u pr-
fessionnel.

**490. Ménage de fonctionnaires ayant des résidences
distinctes.** — Au surplus, l'Administration, dans l'application
des principes qui viennent d'être établis, fait preuve d'un large
éclectisme. Si elle se refuse à défalquer les frais de voyage
de l'employé qui se loge volontairement en un lieu éloigné de
son travail, par contre, elle admet au bénéfice de cette déduction les frais de transport supportés par un fonctionnaire, qui
a installé son ménage dans le département de l'Oise où sa femme
est institutrice, et qui est obligé de se rendre chaque jour à
Paris, où il occupe un emploi dans un ministère, pour y assurer
son service (*Rép. min. fin. quest.* de M. Uhry, député, du 23 avr.
1926, *J. off.*, p. 2450).

491. Autres dépenses inhérentes à la fonction. — Au
nombre des dépenses réputées inhérentes à la fonction ou à
l'emploi, on signalera encore : une indemnité en remplacement
d'ordonnance versée à un sous-intendant, pour le couvrir des
dépenses occasionnées directement par l'exercice et les obligations de sa fonction (*Cons. d'Ét.*, 12 mai 1922, D. P. 1924.
3. 9) ; — les frais supplémentaires qu'entraîne, pour certains
agents des Postes le travail de nuit (*Rép. min. fin. quest.* de
M. Barthe, député, du 31 mars 1922, *J. off.* 1922, p. 1531) ;
— les frais professionnels d'un instituteur (*Rép. min. fin.
quest.* de M. Baron, député, du 14 déc. 1922, *J. off.* 1923,
p. 768) ; — le prix des fournitures (molleton, fil, soie), frais de
repassage et d'éclairage pour les veillées, qui incombent à
un ouvrier façonnier travaillant chez lui pour un magasin, et
le salaire de l'aide qu'il emploie (*Rép. min. fin. quest.* de
M. Bénazet, député, du 22 févr. 1924, *J. off.* 1924, p. 1691) ;

— le coût des « boissons stimulantes » que les ouvriers verriers, fondeurs et lamineurs doivent procurer à leurs aides-ouvriers, au cours de leur travail, et prendre à leur charge exclusive (*Rép. min. fin. quest.* de M. Goniaux, député, du 7 févr. 1924; *J. off.* 1924, p. 1144). Toutes ces dépenses professionnelles sont susceptibles de déduction pour l'établissement de l'impôt sur les salaires, à la condition pour l'intéressé de justifier de leur réalité et de leur caractère de charges inhérentes à l'exercice de la profession (*Cons. d'Ét.*, 25 janv. 1924, D. P. 1925. 3. 5).

492. Frais de déménagement. — Sont déductibles du montant du traitement imposable les frais de voyage et de déménagement d'un fonctionnaire en activité de service appelé à changer de résidence (*Rép. min. fin. quest.* du 15 mai 1921, n° 8634, *J. off.*, p. 2294). Mais ne sauraient être envisagées comme des charges d'emploi ces mêmes dépenses exposées par un fonctionnaire, à la suite de sa mise à la retraite, pour se rendre du lieu où il exerçait ses fonctions au lieu où il se retire (*Cons. d'Ét.*, 15 déc. 1925., D. P. 1926. 3. 80).

493. Retenues pour la constitution des pensions. — Les dépenses déductibles pour le calcul de l'impôt sur les traitements et salaires comprennent, en outre, les retenues supportées et les versements effectués pour la constitution de pensions de retraite (V. Décret précité du 17 janv. 1917, art. 1er). Suivant la remarque de l'*Instruction* du 30 mars 1918, cette déduction n'est pas limitée aux seuls versements ou retenues obligatoires. Les versements volontaires effectués pour le même objet à des caisses diverses peuvent être également déduits, à la condition qu'ils conservent le caractère de dépenses de prévoyance proportionnées à l'importance du salaire et qu'il ne s'agisse pas en fait de véritables placements. Dans cet ordre d'idées, l'Administration classe dans la catégorie des retenues déductibles celles qui sont opérées sur le salaire des travailleurs, pour versement aux caisses de retraite et de secours (*Rép. min. fin. quest.* de M. Durafour, député, du 24 janv. 1923, *J. off.* 1923, p. 771). Inversement, le Conseil d'État, retenant le critérium proposé à cet égard par l'*Instruction* susvisée de 1918, a jugé, aux termes d'un arrêt du 30 novembre 1923, que les textes relatifs à la détermination du revenu imposable ne sauraient avoir pour effet, malgré leur généralité, de permettre

la déduction de versements effectués librement à une caisse
de retraites, lorsque ceux-ci, comparés au chiffre total du traitement, atteignent une importance qui leur donne le caractère
d'*un véritable placement* (D. P. 1923. 3. 65).

494. Retenues pour pensions alimentaires. — Les
retenues exercées pour pensions alimentaires sur les traitements des fonctionnaires ne peuvent, non plus, être assimilées
aux dépenses occasionnées directement par l'exercice de la
fonction, ni, par suite, être distraites des bases de l'impôt
cédulaire à établir au nom du titulaire du traitement (*Rép.
min. fin. quest.* de M. André Fribourg, député, du 9 févr. 1922).

**495. Cautionnement en rentes. Dépréciation. Non-
déduction.** — Un conservateur des hypothèques n'est pas
recevable à déduire de son traitement, pour le calcul de l'impôt
cédulaire, la dépréciation des titres de rente affectés à son
cautionnement (*Rép. min. fin. quest.* de M. Laurent Thiéry,
sénateur, du 5 avr. 1922, *J. off.* 1922, p. 762).

496. Déduction de l'impôt de l'année précédente. —
Les instructions adressées aux agents des contributions directes
leur prescrivent de déduire, pour l'établissement de l'impôt
sur les traitements et salaires, la cotisation de même nature
payée par l'intéressé au cours de l'année antérieure à celle de
l'imposition et dont celui-ci doit rappeler le chiffre, au paragraphe 6 de sa déclaration annuelle relative à l'impôt général
sur le revenu (*Rép. min. fin. quest.* de M. Léon Barbé, député,
du 21 mars 1923, *J. off.* 1923, p. 3301).

497. Frais déductibles des pensions et rentes. — Quant
aux pensions et rentes viagères, leur montant total est retenu
pour l'établissement de l'impôt, sous la seule déduction des
menues dépenses, telles que les frais de certificat de vie et le
droit de timbre des quittances que peut nécessiter la perception de leurs arrérages (*Instr.* 30 mars 1918).

498. Déduction des intérêts des dettes. — Question
traitée au chapitre des *Règles communes*, n° 792.

**499. Détermination du revenu imposable. Déductions
pour charges de famille.** — Après avoir, comme il vient

d'être expliqué, dégagé l'importance du revenu net par la déduction des charges inhérentes aux traitements, salaires, pensions ou rentes, il reste à déterminer le revenu imposable. Cette détermination implique, tout d'abord, une série de déductions pour situation et charges de famille, spécifiées par le texte plus haut transcrit et par la *Circulaire des contr. dir.* du 29 août 1925, n° 1448, pp. 30 et 31, savoir :

1° Déduction de 3 000 francs pour tout contribuable marié, à condition que sa femme n'ait ni salaire ni revenus personnels ; *toutefois l'Administration admet que le fait par la femme de toucher un traitement, un salaire, une pension ou une rente n'excédant pas* 3 000 francs ne saurait mettre obstacle à la déduction dont il s'agit (*Circul.* précitée, p. 31) : nous appelons sur ce point l'attention des intéressés ;

2° Même déduction de 3 000 francs aux veufs et veuves ayant à leur charge un ou plusieurs enfants issus de leur mariage avec leur conjoint décédé ;

3° Déduction de 3 000 francs, réservée par l'article 5 de la loi du 13 juillet 1925, aux enfants de moins de dix-huit ans et non salariés, à la charge du contribuable ;

4° Déduction de 2 000 francs pour chaque enfant (fils, fille, petit-fils, petite-fille, enfant recueilli), de dix-huit à vingt et un ans : les enfants infirmes de plus de dix-huit ans qui, antérieurement, donnaient ouverture à la déduction de 3 000 francs, ont été ramenés sous l'empire de la règle commune par la loi du 13 juillet 1925 et, par suite, ne peuvent motiver aujourd'hui que la déduction de 2 000 francs (*Circul. des contr. dir.* précitée, p. 30) ;

5° Déduction de 2 000 francs par ascendant (père, mère, grand-père, grand'mère, beau-père, belle-mère), âgé de plus de 70 ans ou infirme, à la charge du contribuable, observation étant faite que cet âge est abaissé à 60 ans pour les femmes veuves vivant sous le même toit que leur fils ou leur fille et à leur charge exclusive.

Si le mari et la femme sont, l'un et l'autre, distinctement imposables, les déductions pour charges de famille ne sont applicables qu'à celui dont le traitement est le plus élevé. — Pour les mutilés titulaires d'une pension, V. *suprà*, n° 447.

500. Femme ayant son mari à sa charge. Déduction de 3 000 francs non admise. — Mais s'il est vrai que le contribuable marié bénéficie d'une déduction de 3 000 francs pour sa femme, si celle-ci n'a ni salaires, ni revenus personnels, il est non moins certain que la femme mariée, personnellement imposable comme salariée, n'a pas droit à cette déduction lorsqu'elle a son mari à sa charge et que celui-ci n'a ni salaires, ni revenus individuels (*Cons. d'Ét.*, 2 juill. 1926, *Rec. quest. fisc.* 1926, p. 270).

501. Abattement et exonérations de base. Loi du 3 août 1926. — Du revenu imposable ainsi déterminé par la déduction sur le revenu net des sommes allouées pour situation et charges de famille, il convient de retrancher ensuite l'abattement de base et les fractions de revenu exonérées. Cette seconde opération a pour but et pour effet de dégager, suivant la terminologie des contributions directes, « le revenu taxable, » sur lequel l'impôt doit être définitivement liquidé.

Antérieurement à la loi du 3 août 1926, la déduction à opérer de ce chef comprenait, indépendamment du minimum d'exemption fixé à 7 000 francs pour l'ensemble du territoire par l'article 5 de la loi du 13 juillet 1925, la moitié de la fraction du revenu imposable comprise entre ce minimum et 9000 francs. C'était donc, pour un revenu imposable au moins égal à 9 000 francs, un abattement de $(7\,000 + \dfrac{2\,000}{2})$, soit de 8 000 francs.

Sans modifier la quotité du minimum d'exemption, qui reste, par suite, uniformément fixé à 7 000 francs, l'article 23 de la loi du 3 août 1926 a sensiblement majoré le chiffre des exonérations partielles qui s'ajoutent à cet abattement initial. Aux termes de cet article, « la fraction comprise entre le minimum exempté et 10 000 francs est comptée pour un quart, — la fraction comprise entre 10 000 et 20 000 francs pour moitié, — et la fraction comprise entre 20 000 et 40 000 francs pour trois quarts ».

Par l'effet de cette nouvelle disposition, applicable, conformément à l'article 26 de la loi, à partir du 1er janvier 1927, les abattements de base à déduire, en vue de la détermination du revenu taxable, des traitements et salaires, pensions et rentes viagères, préalablement diminués du montant des déductions pour situation et charges de famille, s'échelonnent ainsi qu'il suit :

1º Minimum exonéré .... 7.000 fr.

2º Fraction du revenu de 7.000 à 10.000 francs, à ne compter que pour un quart (750 fr.), ce qui équivaut à une exonération des trois quarts $(750 \times 3) =$ .... 2.250 fr.

3º Portion du revenu comprise entre 10.000 et 20.000 francs, passible de l'impôt pour moitié et, par suite, déductible à concurrence de $\dfrac{10.000}{2}$, soit .... 5.000 fr.

4º Portion du revenu comprise entre 20.000 et 40.000 francs, imposable pour trois quarts, d'où une défalcation d'un quart, soit $\dfrac{20.000}{4}$, ci.... 5.000 fr.

Ensemble des abattements pour un revenu imposable de 40.000 francs au moins, après défalcation des déductions pour mariage et charges de famille ci..................... 19.250 fr.

502. Calcul de la cotisation. Exemples pratiques. — D'après les indications précédentes et conformément à la règle tracée par le ministre dans sa réponse à une question écrite de M. le député Macarez, du 19 juin 1923, nº 18 356 (*J. off.* du 20 juill. 1923, nº 3452, col. 2), il convient, pour le calcul de l'impôt du contribuable à la cédule des traitements et salaires, pensions et rentes viagères, de suivre la marche suivante : on retranche, tout d'abord, du revenu net retenu comme base première de l'imposition, le montant des déductions pour situation et charges de famille énumérées ci-dessus (nº 499), ainsi que la déduction prévue en faveur des mutilés de guerre. Le chiffre qui apparaît après cette première déduction représente le revenu imposable, et il y a lieu de défalquer dudit revenu, d'une part, la somme de 7 000 francs uniformément affranchie de l'impôt, et en second lieu, les exonérations partielles autorisées par la loi du 3 août 1926 et dont on vient de donner le tableau, la portion du revenu au delà de 40 000 francs étant, seule, retenue pour la totalité dans la base de taxation.

1. — Voici un contribuable dont le revenu net s'élève à 21 800 francs (traitement de 18 800 francs, rente viagère de 3 000 fr.). Ce contribuable est mutilé de guerre et marié, sa femme n'ayant aucun revenu personnel ; il a à sa charge 1 ascendant et 3 enfants mineurs, dont 2, non salariés, sont âgés de moins de dix-huit ans. Le montant de l'impôt cédulaire à la charge de ce redevable se détermine ainsi qu'il suit :

Revenu net .... 21.800 fr.

Déductions spéciales :

mariage	3.000	
mutilation de guerre.....	1.000	
2 enfants non salariés de moins de 18 ans (3.000 × 2)...................	6.000	14.000 fr.
1 enfant de 18 à 21 ans et un ascendant (2.000 × 2)	4.000	

Revenu imposable, à..........   7.800 fr.

A défalquer :

1° L'abattement fixe de......	7.000	
2° Les trois quarts de la fraction de 800 francs comprise entre 7.000 et 7.800 francs, ci	600	7.600 fr.

Le revenu taxable se réduit à........   200 fr.

Impôt à 12 pour 100 (sans décimes), ci.   24 fr.

2. — Supposons, maintenant, un magistrat de la Cour des comptes retraité qui, par suite du cumul de sa pension et d'une rente viagère servie par une compagnie d'assurances, dispose d'un revenu net de 30 000 francs. Ce contribuable, étant marié, a droit à une déduction de 3 000 francs pour situation de famille ; son revenu imposable s'abaisse, dès lors, à (30 000 — 3 000 fr.), soit à 27 000 francs.

Report   27.000 fr.

A défalquer :

1º L'abattement uniforme de. 7.000
2º Les trois quarts de la fraction de revenu comprise entre 7.000 et 10.000 francs, à savoir 3.000 $\times$ 3/4, ou...... 2.250
3º La moitié des 10.000 francs compris entre 10.000 et 20.000 francs, soit........ 5.000
4º Le quart de la fraction comprise entre 20.000 et 27.000 francs (7.000 $\times$ 1/4), ci..... 1.750

16.000 fr.

Il reste comme revenu taxable...... 11.000 fr.

Impôt à 12 pour 100, ci........... 1.320 fr.

On arriverait au même résultat, par le procédé inverse, en comptant pour zéro la tranche initiale de 7 000 francs et les autres échelons du revenu imposable, chacun pour la quotité que fixe l'article 23 de la loi du 3 août 1926 : un quart, moitié et trois quarts :

Revenu imposable, déduction faite des 3.000 francs alloués pour situation de famille, ci........................... 27.000 fr.

1º Abattement fixe totalement exonéré, ci .... »

2º Fraction de 7.000 à 10.000 francs à retenir pour un quart (3.000 $\times$ 1/4), ci .... 750 fr.

2º Fraction de 10.000 à 20.000 à retenir pour moitié, soit............. 5.000 fr.

3º Fraction de 20.000 à 27.000, imposable pour trois quarts (7.000$\times$3/4), ci .... 5.250 fr.

Total du revenu taxable.......... 11.000 fr.

Impôt à 12 pour 100............. 1.320 fr.

Ces chiffres sont identiques à ceux que nous avons obtenus ci-dessus par la méthode inverse des défalcations.

V. au surplus, le barème inséré à la fin du volume, nº 897.

503. Réductions pour charges de famille. — Indépendamment des déductions pour situation ou charges de famille à opérer, comme il vient d'être expliqué, sur le montant net des traitements et salaires, pensions et rentes viagères, en vue de la détermination du revenu imposable, les contribuables chargés de famille ont droit, sur le montant de l'impôt afférent à cette cédule, à des réductions ou dégrèvements proportionnels, sur le montant de cet impôt une fois liquidé. Cette matière est traitée au chapitre des *Règles communes.*

504. Cumul d'un traitement et d'une rente ou pension. — Antérieurement à la loi du 30 mars 1923, le Conseil d'État avait posé en règle que, dans le cas où un même contribuable cumule un traitement avec une pension ou rente viagère, chacun de ces éléments de son revenu, taxable distinctement, devait bénéficier de l'abattement de base qui lui est propre (*Cons. d'Ét.*, 12 mai 1922, D. P. 1924. 3. 9). Mais, on en a fait plus haut la remarque, la loi du 30 mars 1923, confirmée sur ce point par la loi du 13 juillet 1925, ayant réalisé l'unification des traitements ou salaires et des pensions ou rentes, il s'ensuit que les revenus de l'une et de l'autre catégorie dont bénéficie un même contribuable doivent être désormais totalisés et faire l'objet d'une taxation unique ne comportant qu'une seule fois les exonérations de base (*Rép. min. fin. quest.* de MM. René Lefebvre et Levasseur, députés, des 8 mai et 13 nov. 1923, *J. off.* 1923, p. 3302 et 4291). En un mot, l'unité de la taxation exclut la pluralité des abattements.

505. Contribuable disposant d'un traitement ou d'une pension ou rente et de bénéfices de professions non commerciales. — Il se peut qu'un contribuable dispose à la fois d'un traitement, d'une pension ou d'une rente viagère et de bénéfices résultant de l'exercice d'une profession non commerciale. L'article 12 de la loi du 13 juillet 1925 organise, en vue de cette hypothèse, un mode spéciale de taxation, consistant essentiellement à appliquer à l'ensemble des revenus du contribuable les déductions et exonérations prévues pour la cédule des traitements, de manière à éviter la pluralité des abattements de base. On se réfère aux explications présentées à ce sujet, au chapitre des *Règles communes,* n° 808.

§ 4. — TAXATION DU CONTRIBUABLE
SANCTIONS

506. Contribuables non assujettis à la déclaration. —
Les contribuables n'ont pas à produire une déclaration spéciale
de leurs traitements, salaires, pensions ou rentes viagères ;
ils sont seulement tenus de les mentionner distinctement,
dans leur déclaration annuelle relative à l'impôt général.

C'est aux employeurs, patrons ou débi-rentiers, que le législateur a imposé l'obligation, sous peine d'amende, de remettre
annuellement au service des contributions directes les renseignements nécessaires à l'assiette de l'impôt.

507. État annuel à fournir par les employeurs. —
La déclaration, sous forme d'état, que doivent fournir annuellement les employeurs payant des traitements ou salaires fait
l'objet des dispositions ci-après de l'article 26 de la loi du
31 juillet 1917 :

« Tous particuliers et toutes sociétés ou associations occupant des employés, commis, ouvriers ou auxiliaires, moyennant traitement, salaire ou rétribution, sont tenus de remettre,
dans le courant du mois de janvier de chaque année, au
contrôleur des contributions directes un état indiquant :

« 1° Les noms et adresses des personnes qu'ils ont occupées
au cours de l'année précédente ;

« 2° Le montant des traitements, salaires et rétributions
payés à chacune d'elles pendant ladite année ;

« 3° La période à laquelle s'appliquent ces payements lorsqu'elle est inférieure à une année, mais supérieure à trente
jours consécutifs.

« La disposition qui précède n'est toutefois applicable qu'en
ce qui concerne les personnes dont les traitements, salaires
ou rétributions, calculés conformément aux prescriptions de
la présente loi et ramenés à l'année, dépassent le minimum
assujetti à l'impôt. » — Conf. Décr. 15 oct. 1926, art. 50.

On sait, par nos explications précédentes, que ce minimum
est aujourd'hui de 7 000 francs.

508. Employés et ouvriers intermittents. — Conformément à l'article 26-3° de la loi du 31 juillet 1917, les employeurs sont dispensés de fournir des indications au sujet des personnes qu'ils n'ont pas occupées, au cours de l'année précédente, pendant un minimum de trente jours *consécutifs*. Mais ces trente jours doivent s'entendre, non pas du nombre des journées de travail effectif, mais de la période pendant laquelle ces auxiliaires intermittents n'ont pas cessé d'appartenir au personnel de l'entreprise, à la disposition de l'employeur. — V. toutefois, ci-après, n° 514.

509. Établissements multiples. — Après avoir posé en règle que, dans le cas où une même entreprise exploite plusieurs établissements dans des localités différentes, il y a lieu de remettre un état distinct pour chacune de ces succursales, l'*Instruction* du 30 mars 1918 ajoute :

« On ne saurait toutefois contester que les renseignements (sous forme d'état) peuvent être valablement fournis *au siège* d'une entreprise, pour l'ensemble du personnel réparti dans des établissements disséminés » (art. 108).

510. Ouvriers étrangers. — Les industriels doivent porter, sur leur état annuel, ceux de leurs ouvriers domiciliés à l'étranger, qui ont en France une simple habitation à l'hôtel (*Rép. min. fin. quest.* de M. Bazire, député, du 31 janv. 1923, *J. off.*, p. 983). Par contre, les employeurs sont dispensés de cette obligation à l'égard de ceux de leurs ouvriers qui, n'ayant pas d'habitation en France, ne se trouvent sur notre territoire que pour la durée des heures de présence à l'usine où à l'atelier (*Rép. min. fin. quest.* de M. Lefebvre, député, du 22 mars 1923, *J. off.*, p. 2045).

511. Modèle officiel de l'état. — Voici, d'après la formule officielle, le modèle de l'état à remettre au contrôleur, dans le courant de janvier, par les patrons et chefs d'établissements ayant rétribué pendant, l'année précédente, des employés, commis, ouvriers ou auxiliaires. Il va de soi que le cadre ainsi tracé n'a rien d'obligatoire et n'a que la valeur d'une simple indication.

Appointements et salaires payés pendant l'année 1926 par M. Peyrat :

Profession exercée : Fourrures et pelleteries.

Siège de l'établissement : Paris, 15, rue de la Banque.

PERSONN.S EMPLOYÉES		Nature de l'emploi	SOMMES PAYÉES		Avantages en nature (logement, chauffage)	Période inférieure à une année (auxiliaires)
Nom et prénom	Adresse		Appointements et salaires	A titre de frais d'emploi		

512. Délai imparti pour la remise de l'état. — C'est dans le courant du mois de janvier de chaque année que les employeurs doivent satisfaire à l'obligation précédente et remettre au contrôleur du lieu de leur établissement la liste des salariés attachés à leur exploitation.

513. Services publics. — « Les renseignements utiles pour l'établissement de l'impôt dû par les personnes exerçant des fonctions publiques, occupant des emplois rétribués par l'État, les départements, les communes, les établissements publics, ou recevant de l'État ou des caisses publiques des pensions ou retraites sont, en conformité d'instructions ministérielles, fournis au service des contributions directes par les administrations intéressées » (*Instr.* 30 mars 1918, art. 115).

514. Fonctions exercées simultanément dans plusieurs entreprises. Loi du 13 juillet 1925. — La loi de finances du 13 juillet 1925 a sensiblement élargi la sphère d'action de la règle inscrite dans l'article 26 de la loi du 31 juillet 1917, en rendant obligatoire, pour les chefs d'entreprise, la déclaration annuelle des rétributions, *quel que soit leur montant ramené à l'année,* versées à des personnes remplissant des fonctions susceptibles d'être exercées simultanément dans plusieurs entreprises. La loi signale, notamment, comme telles, les attributions d'administrateur, membre ou secrétaire de comité ou conseil de direction de gestion ou de surveillance, quelle qu'en soit la dénomination, commissaire des comptes, trésorier, etc., même dans le cas ou leurs rémunérations sont passibles de la taxe «d'enregistrement» (*sic*) sur le revenu des valeurs mobilières.

Suivant la remarque de la *Circulaire des contr. dir.* du 29 août 1925, n° 1448 (p. 69), cette énumération n'a rien de limitatif. D'une manière générale, la déclaration prévue par la nouvelle loi s'applique aux rétributions versées à toutes personnes qui, en travaillant habituellement dans une entreprise, ne lui consacrent pas tout leur temps ; mais elle vise en particulier les rémunérations versées aux administrateurs des sociétés, soit sous la forme de jetons de présence ou d'allocations fixes, soit par le prélèvement de tantièmes sur les bénéfices sociaux, alors même que ces rémunérations, ayant supporté la taxe sur le revenu des valeurs mobilières, seraient, pour cette raison, exclues de la cédule des traitements et salaires et devraient seulement être comprises dans les bases de l'impôt général. Pour éviter toute méprise à ce sujet, la *Circulaire* précitée insiste pour que les sociétés indiquent séparément, dans leur déclaration, le chiffre des tantièmes ayant donné ouverture à la taxe sur le revenu des capitaux mobiliers (p. 69).

On voit par là que la mesure instituée par le paragraphe 1er de l'article 6 de la loi du 13 juillet 1925 n'intéresse pas exclusivement la cédule des traitements et salaires ; elle a une portée beaucoup plus large, puisqu'elle soumet à la formalité de la déclaration par les chefs d'entreprise des tantièmes ayant le caractère de bénéfices, passibles de la taxe sur le revenu des valeurs mobilières et qui ne sauraient être assimilés à un salaire ou traitement (V. *suprà*, n° 467). Ajoutons, avec la *Circulaire* précitée, que cette obligation nouvelle n'incombe qu'aux chefs d'entreprises et ne s'applique pas aux simples particuliers pour les personnes qui apportent à leur service domestique un concours intermittent.

Quant à la déclaration annuelle des commissions ou courtages versés aux intermédiaires de commerce n'ayant pas le caractère de salariés, prévue par le paragraphe 2 du même article, il en est traité au chapitre des *Règles communes.*

515. État annuel des pensions ou rentes. — Aux termes de l'article 27 de la loi du 31 juillet 1917, « tous particuliers et toutes sociétés ou associations payant des pensions ou rentes viagères sont tenus, dans les conditions prévues à l'article précédent, de fournir les indications relatives aux titulaires de ces pensions ou rentes, lorsqu'elles dépassent 1 250 francs. »

C'est donc dans le courant du mois de janvier de chaque année que les débiteurs de rentes ou pensions sont tenus de fournir à l'Administration, sous forme d'état, l'indication des noms et adresses des titulaires et celle des sommes payées à chacun d'eux pendant l'année précédente.

L'Administration estime que la limite de 1 250 francs fixée par ce texte, n'ayant pas été expressément modifiée par une loi ultérieure, subsiste toujours ; d'où il suit que les débi-rentiers seraient, comme par le passé, tenus d'englober dans leur état annuel toute pension ou rente supérieure à ce chiffre (*Rép. min. fin. quest.* de M. Macarez, député, du 15 nov. 1923, *J. off.* 1924, p. 6). — Conf. Décr. 15 oct. 1926, art. 51.

516. Rappels de pension en vertu de la loi du 14 avril 1924. — Les instructions nécessaires ont été adressées aux contrôleurs des contributions directes pour que les rappels de pension servis aux officiers et aux fonctionnaires retraités en exécution de la loi du 14 avril 1924 soient rattachés, pour l'établissement de l'impôt, aux années pendant lesquelles ils auraient dû être normalement perçus (*Rép. min. fin. quest.* de M. de Saint-Just, député, du 3 juin 1926, n° 8619, *J. off.* du 17 juill. 1926, p. 2955, col. 2).

517. Obligations du contribuable. — Les salariés et les titulaires des traitements, pensions ou rentes viagères ne sont astreints, pour l'établissement de l'impôt cédulaire dont ils sont redevables, à aucune formalité spéciale, analogue à celle qui est obligatoire pour les employeurs ou débi-rentiers ; mais, s'ils sont passibles de l'impôt général, ils doivent comprendre dans la déclaration annuelle relative à cet impôt le montant net de leurs rémunérations ou prestations viagères (*Rép. min. fin. quest.* de M. Lemire, député, du 28 févr. 1922, *J. off.* 1922, p. 1474). Les employeurs ou chefs de service ne sont tenus de signaler aux contributions directes que le montant *brut* des émoluments de leurs employés, et c'est à ceux-ci qu'il appartient de justifier au contrôleur de l'importance des frais de bureau et autres dépenses professionnelles à déduire de ce revenu brut (*Rép. min. fin. quest.* de M. Laurent Thiéry, sénateur, du 5 avr. 1922, *J. off.* 1922, p. 762), et d'établir que ces dépenses sont inhérentes à l'exercice de la fonction (*Cons. d'Ét.*, 25 févr. 1924, *Gaz. Pal.* 14 mai 1924. — Conf. *Rép. min. fin. quest.* de M. le député Bénazet du 22 févr. 1924, *J. off.* 1924, p. 1691).

518. Établissement de l'imposition. — Les renseignements qui lui sont remis annuellement par les employeurs et débiteurs de rentes ou pensions ne lient point le contrôleur des contributions directes. Il lui appartient d'en vérifier l'exactitude et, au besoin, de les redresser (*Instr.* 30 mars 1918, art. 120). Il peut, notamment, dans ce but, demander aux industriels et commerçants dont le chiffre d'affaires excède 50 000 francs, communication de leur comptabilité et y relever les salaires payés aux ouvriers (*Rép. min. fin. quest.* de M. Levasseur, député, du 28 nov. 1923, *J. off.* 1924, p. 181).

519. Omissions ou inexactitudes dans les états annuels. Pénalité. — L'article 29 de la loi du 31 juillet 1917 frappe l'employeur ou le débi-rentier d'une amende distincte pour chaque omission ou inexactitude relevée dans les renseignements que ces personnes sont tenues de fournir annuellement au contrôleur, sous forme d'état, comme il vient d'être expliqué. Cette amende fiscale est actuellement de 100 francs, en vertu de l'article 7 de la loi de finances du 31 décembre 1920 (D. P. 1923, 4. 8). Jugé en ce sens que, dans le cas où un patron s'est abstenu de déclarer, en janvier, les salaires par lui payés, l'année précédente, à cinquante-cinq ouvriers employés pendant plus de trente jours consécutifs, et dont la rétribution a dépassé le minimum imposable, il doit être condamné, non à une amende unique de 100 francs, mais à 55 amendes de 100 francs (*Cons. d'Ét.*, 10 juill. 1925, D. P. 1926. 3. 32).

520. Contraventions involontaires. — « L'application de la pénalité prévue, porte l'Instruction du 30 mars 1918 (art. 114), ne saurait être poursuivie contre les contrevenants involontaires, notamment contre les chefs d'entreprise qui n'auraient pu produire, dans le délai légal, l'état des salaires de leur personnel, et l'on n'y devra recourir qu'à l'égard de ceux qui, dûment avertis de leurs obligations et se trouvant en mesure de les remplir, auraient négligé ou refusé de se conformer à la loi. »

521. Déclaration de l'employeur contestée par le contribuable. — Doit être rejetée la réclamation d'un contribuable qui affirme, sans en apporter la preuve, que son traitement a été inférieur au chiffre déclaré par son employeur (*Cons. d'Ét.*, 12 janv. 1923, D. P. 1925. 3. 62 ; — 28 nov. 1924, D. P. 1925. 3. 62 ; — 6 févr. 1925, D. P. 1925. 3. 62 ; — 15 déc. 1925, D. P. 1926. 3. 32).

522. Impôt recouvré par voie de rôles. — La cotisation des titulaires de traitements ou salaires, pensions ou rentes viagères, est, comme les autres impôts directs, recouvrée par voie de rôles annuels. C'est ce qui résulte de l'article 28 de la loi du 31 juillet 1917. — V. au chapitre des *Règles communes.*

523. Redressement des omissions. Droit de communication. — Nous renvoyons au même chapitre, pour l'exposé des règles relatives au redressement des omissions constatées dans l'assiette de l'impôt.

CHAPITRE VI

BÉNÉFICES DES PROFESSIONS NON COMMERCIALES

---

§ 1er. — PERSONNES ASSUJETTIES

524. Cédule des professions non commerciales. — L'article 30 de la loi organique du 31 juillet 1917 porte ce qui suit : « Les bénéfices des professions libérales, des charges et offices dont les titulaires n'ont pas la qualité de commerçants et de toutes occupations ou exploitations lucratives non soumises à un impôt spécial sur le revenu sont assujettis à un impôt annuellement établi à raison du bénéfice net de l'année précédente, constitué par l'excédent des recettes totales sur les dépenses nécessitées par l'exercice de la profession. »

D'autre part, l'article 31 de la même loi, modifié par l'article 1er de la loi du 25 juin 1920, par l'article 7 de la loi du 30 mars 1923, par l'article 7 de la loi du 13 juillet 1925 (D. P. 1925. 4. 281) et par l'article 23 de la loi du 3 août 1926 (*J. off*. du 4 août 1926, p. 8786), détermine ainsi qu'il suit les conditions d'application de l'impôt cédulaire aux bénéfices visés ci-dessus :

« L'impôt ne porte que sur la partie du bénéfice dépassant la somme de 7 000 francs ;

« En outre, pour le calcul de l'impôt, la fraction comprise entre le minimum exempté et 10 000 francs est comptée pour un quart, — la fraction comprise entre 10 000 et 20 000 francs pour moitié, — et la fraction comprise entre 20 000 et 40 000 francs pour trois quarts ;

« Le taux de l'impôt est fixé à 12 pour 100.

» Par dérogation aux dispositions qui précèdent, l'impôt est calculé, pour les charges et offices visés à l'article 30, dans les conditions et d'après les taux fixés par l'article 12, en ce qui concerne les professions commerciales » (*ledit art.* 12 *refondu en un nouveau texte par l'article* 9 *de la loi du* 4 *avr.* 1926, D. P. 1926. 4. 145).

525. Taux de l'impôt. Loi du 3 août 1926. — Fixé à 6 pour 100, par l'article 7 de la loi du 30 mars 1923, puis à 7,20 pour 100, par suite de l'adjonction du double décime institué par l'article 3 de la loi du 22 mars 1924, le taux de l'impôt cédulaire sur le revenu des professions commerciales avait été porté à 8 pour 100, sans addition de décimes, par l'article 11 de la loi du 4 avril 1926. Mais, avant la mise en vigueur de ce dernier tarif, l'impôt de la cédule des professions non commerciales vient d'être rehaussé à 12 pour 100 par l'article 23 de la loi du 3 août 1926. L'impôt ainsi remanié ne supporte pas le double décime établi par la loi du 22 mars 1924 ; sa mise en application est fixée au 1er janvier 1927 (L. 3 août 1926, art. 23 et 28).

Il importe de remarquer que le taux de 12 pour 100 ne concerne pas les revenus des charges et offices qui restent imposables dans les conditions et suivant le tarif réglés pour la cédule des professions commerciales en vertu de la référence à cette cédule, contenu dans le dernier alinéa de l'article 31 de la loi du 31 juillet 1917. — Décr. 15 oct. 1926, art. 56.

526. Catégories d'assujettis. — En principe et comme on vient de l'expliquer, les bénéfices de la cédule des professions non commerciales se classent, au double point de vue des bases de taxation et du tarif, dans l'une ou l'autre des deux catégories générales ci-dessus spécifiées : professions sans caractère commercial ou industriel, et, d'autre part, charges et offices. Il n'en est pas moins vrai que ces mêmes revenus, envisagés sous le rapport de leur origine, forment, d'après le texte même de l'article 30 de la loi du 31 juillet 1917, trois groupes différents, savoir :

1º Les professions libérales (avocats, médecins, etc.) ;

2º Les occupations lucratives mais non commerciales (droits d'auteur, brevets d'invention, etc.) ;

3º Les charges et offices ministériels (notaires, avoués, etc.).

527. Architectes. Distinction à établir. — Un architecte n'est imposable à l'impôt cédulaire des professions non commerciales, qu'à la condition d'exercer son état pour le compte du public et de ne pas travailler sous les ordres d'une administra- tration ou d'un établissement qui le rétribue. Ainsi, on ne saurait assimiler aux patentables des professions libérales, les architectes de la ville de Paris, commissionnés comme tels, recevant un traitement en cette qualité et à qui tout travail pour le compte des particuliers est interdit sous peine de révo- cation : ces architectes sont, en définitive, de vrais employés salariés et bénéficient de l'exemption de patente acquise aux fonctionnaires publics (*Cons. d'Ét.*, 10 mars 1862, D. P. 63. 3.27 ; — 9 janv. 1880, D. P. 81. 5. 277). Le même motif s'oppose à ce qu'ils soient imposés au titre des professions libérales : ils sont passibles de l'impôt cédulaire, en tant que salariés par la ville de Paris.

528. Avocats inscrits ou non au tableau. — L'impôt cédulaire sur les bénéfices des professions non commerciales frappe également les avocats inscrits au tableau de leur ordre et ceux qui se renferment dans le rôle d'avocats consultants. Patentables ou non, les avocats exercent une profession libé- rale au sens le plus absolu de ce mot et, à ce titre, rentrent dans les prévisions de l'article 30 de la loi du 31 juillet 1917.

529. Avocat tenant un cabinet d'affaires. — La solu- tion précédente ne serait plus applicable, s'il s'agissait d'un licencié en droit ayant prêté serment comme avocat, mais non inscrit au tableau, qui tient un cabinet d'affaires ouvert au public, donne moyennanc rétribution des consultations, rédige des actes sous seings privés, et accepte des mandats pour représenter les parties en justice. Un tel avocat ne saurait être considéré comme se livrant à l'exercice d'une profession libérale : c'est un agent d'affaires, imposable, non à la cédule des professions libérales, mais à celle des bénéfices commer- ciaux et industriels.

530. Agents d'affaires. Service de consultations. — A plus forte raison ne saurait-on ranger dans la cédule des professions libérales, le particulier qui, n'étant ni avocat, ni avoué, ni notaire, tient un cabinet de consultations ouvert au public, se charge, moyennant salaire, de suivre les affaires administratives ou contentieuses qui lui sont confiées, opère

des recouvrements pour le compte de ses clients, s'entremet
pour la vente des fonds de commerce et rédige des actes sous
seing privé. Le Conseil d'État a jugé que la patente des agents
d'affaires est, dans ce cas, seule applicable (V. les nombreux
arrêts cités au *Traité des contr. dir.* de Dalloz, nᵒˢ 5401 et suiv.).
C'est également en qualité d'agents d'affaires que ces intermédiaires relèvent de la cédule des bénéfices commerciaux et
industriels et sont imposables comme tels.

**531. Géomètres. Experts-comptables. Agréés, syndics
et autres auxiliaires de la justice.** — Dans un chapitre
précédent, nous croyons avoir mis en lumière le critérium
auquel il convient de s'attacher pour reconnaître si les experts-
géomètres, experts-comptables, mandataires-agréés près les
tribunaux de commerce, arbitres-rapporteurs, administrateurs
judiciaires, liquidateurs, traducteurs-jurés et autres auxiliaires
de la juridiction commerciale doivent être regardés comme
imposables au titre des professions non commerciales ou, au
contraire, être rangés dans la cédule de l'impôt sur les bénéfices
commerciaux et industriels. On ne voit rien à ajouter à cet
exposé (V. *suprà*, nᵒˢ 244 et suiv.). Pour les agréés, V. *infrà*,
nᵒ 561.

532. Agence de locations. — Question examinée ci-dessus,
nᵒ 230.

533. Ingénieurs-conseils en propriété industrielle. —
L'Association française des ingénieurs-conseils, dont le siège
est à Paris, exige de ses adhérents qu'ils renoncent à toute
opération d'ordre commercial et se confinent dans les travaux
d'ordre technique ayant trait à la rédaction des demandes de
brevet d'invention, à l'établissement de dessins de machines
ou de plans d'installations d'usines, aux expertises, etc. Ces
ingénieurs doivent, dès lors, être envisagés comme exerçant
une profession libérale, imposable à cette cédule, en vertu de
l'article 30 de la loi du 31 juillet 1917. Ils ne deviennent passibles
de l'impôt des bénéfices commerciaux et industriels que dans
le cas où, contrairement aux statuts de leur association, ils
s'occupent de la vente ou de l'exploitation des brevets.

Telle est la règle que l'Administration a consacrée par une
solution du 25 août 1920, signée de M. Baudouin-Bugnet.

534. Cession de brevets par l'inventeur à une société anonyme. — L'Administration estime que le produit de la cession de brevets à une société anonyme moyennant une attribution d'actions d'apport constitue, pour le titulaire, un bénéfice professionnel dont il y a lieu de faire état pour l'établissement de l'impôt cédulaire et de l'impôt général sur le revenu, dont il peut être redevable. Elle considère que l'inventeur qui vend son brevet ne fait que réaliser la valeur du produit de son activité professionnelle et que sa situation est en tous points comparable à celle de l'écrivain ou de l'artiste qui possèdent, l'un et l'autre, un droit de propriété sur l'œuvre qu'ils ont créée et qui sont passibles des impôts sur les revenus, à raison des rémunérations perçues par eux à titre de droits d'auteur ou pour prix de vente » (*Rép. min. fin. quest.* de M. Jacquy, député, du 31 mars 1926, *J. off.* 1926, p. 2226).

Cette solution est discutable, car elle assimile à une réalisation de bénéfices au sens fiscal de ce mot un gain affectant le caractère d'un enrichissement en capital et non passible de l'impôt sur les revenus. Ce sont là deux situations absolument différentes, à apprécier d'après les circonstances dans lesquelles les gains en question ont été réalisés et qui ne sauraient, contrairement à l'interprétation administrative, être ramenées à une solution invariable et uniforme (V. *Cons. préf.* Seine, 15 déc. 1925, *Rec. quest. fisc.* 1926, p. 89). Ajoutons que la difficulté est actuellement soumise au Conseil d'État.

535. Médecins. — Inscrits par la loi du 15 juillet 1880 au nombre des patentables des professions libérales, les médecins relèvent de la cédule des bénéfices non commerciaux.

Ne sauraient être assimilés à des commerçants, les médecins qui vendent des médicaments aux malades, dans les localités où il n'y a pas de pharmacien (Rennes, 20 janv. 1859, Sir. 59. 2. 256).

536. Médecin ou chirurgien tenant clinique. — Dans ses réponses aux questions écrites posées par MM. les députés Joseph Bernier, le 25 septembre 1920 (*J. off.* du 10 févr. 1921, p. 433, n° 4698) et Grinda, le 28 décembre 1920 (*J. off.* du 26 janv. 1921, p. 137, n° 6481), le ministre des finances avait fait connaître que les médecins ou chirurgiens ne sont pas imposables au titre des bénéfices commerciaux et industriels, alors même qu'ils dirigeraient une clinique recevant les malades auxquels ils donnent personnellement leurs soins, « la fourniture à leurs clients des objets de consommation et du logement n'étant que l'accessoire des soins médicaux » et ne constituant pas, dès lors, des actes de commerce.

Ultérieurement et par application de la doctrine d'un arrêt de la Cour de cassation du 12 novembre 1923 (D. H. 1924, p. 7) intervenu en matière d'accidents du travail, l'Administration des contributions directes a posé en règle, dans sa *Circulaire* du 21 juillet 1924 (n° 1421, p. 15), que les médecins tenant une maison de santé ou une clinique dans laquelle ils fournissent à leurs clients, moyennant rémunération, indépendamment des traitements médicaux, le logement et la nourriture, se livrent à l'exercice d'une véritable profession commerciale ; d'où il suit qu'ils sont passibles de l'impôt sur les bénéfices commerciaux, au siège de la direction de leur clinique, pour l'ensemble des bénéfices qu'ils retirent de cette exploitation, sans distinguer entre la part de ces bénéfices provenant des soins médicaux donnés aux malades et celle qui a sa source dans les fournitures de logement ou de nourriture faites aux malades eux-mêmes ou aux autres personnes reçues dans l'établissement.

Mais cette solution n'a pas été maintenue ; elle se concilie, en effet, difficilement avec l'article 12 de la loi du 13 juillet 1925 qui, tout en prévoyant la totalisation des bénéfices commerciaux et des revenus non commerciaux cumulés par le même contribuable, pour la déduction des abattements totaux ou partiels, les envisage cependant comme taxables distinctement, d'après leurs tarifs respectifs. La jurisprudence du Conseil d'État s'est affirmée en ce sens. Le haut tribunal vient de décider, avec la plus grande netteté, que l'impôt sur les bénéfices commerciaux et l'impôt de la cédule des professions non commerciales constituent deux impôts distincts et autonomes ; qu'aucune disposition des lois existantes ne permet de rechercher si l'une de ces branches de revenus du contribuable a, par rapport à l'autre, un caractère accessoire et de cotiser l'intéressé pour l'ensemble de ses revenus, d'après le taux et les règles propres à un seul de ces deux impôts (*Cons. d'Ét.*, 14 mai 1926, *Rec. quest. fisc.* 1926, p. 269).

Se plaçant à ce point de vue, l'Administration soumet aujourd'hui à l'impôt des bénéfices commerciaux les profits provenant de l'exploitation de la clinique (fourniture de logement, de nourriture, soins des infirmiers, etc...), — et à l'impôt cédulaire des professions libérales la part de revenu ayant sa source dans les honoraires acquis au médecin pour les soins par lui donnés à ses malades, soit dans sa clinique, soit en dehors de cet établissement (*Rép. min. fin. quest.* de M. Philippoteaux, du 28 janv. 1926, *J. off.* 1926, p. 1117).

Ce revirement d'interprétation ne peut qu'être approuvé. Toutefois, depuis la mise en vigueur de la loi du 4 avril 1926, il ne saurait être question de faire intervenir, dans l'hypothèse d'un médecin tenant clinique, le mode spécial d'imposition inauguré par l'article 12 de la loi précitée du 13 juillet 1925 (totalisation des deux branches du revenu, répartition proportionnelle de ce total, etc.). Ce système n'a d'autre but que d'obvier à la multiplicité des abattements ; il devient dès lors sans objet et ne peut qu'être écarté en ce qui concerne le médecin exploitant une maison de santé, puisque, dans la mesure où il relève de la cédule des professions commerciales, ce médecin est, en vertu de l'article 9 de la loi du 4 avril 1926, taxable sur la totalité de son bénéfice net, sans aucune déduction à la base. Seule, la part de bénéfices qui est censée rétribuer l'exercice de l'art médical comporte les abattements spécifiés par l'article 23 de la loi du 3 août 1926. — Conf. *Circul. contr. dir.* 25 sept. 1926, p. 14.

537. Médecin au service d'un établissement. — V. ci-dessus, n° 480.

538. Pharmaciens. Vétérinaires. — V. *suprà*, n°s 250 et 251.

539. Dentistes. — Les dentistes sont tous, indistinctement, rangés dans le tableau D des professions libérales, qu'ils soient diplômés ou non. Tant qu'ils se renferment dans l'exercice de leur art professionnel, ils ne peuvent être réputés commerçants (Alger, 9 nov. 1904, D. P. 1905. 2. 100) et ne sont, dès lors, passibles de l'impôt cédulaire qu'au titre des bénéfices non commerciaux.

Il en est différemment lorsque le dentiste, ne se bornant pas à exercer son art, tient magasin de dents et de rateliers artificiels destinés à être vendus au public (Paris, 24 janv. 1849,

D. P. 49. 5. 6 ; — Paris, 8 avr. 1858, D. P. 58. 2. 103) ou se livre habituellement à la vente des pâtes et poudres dentifrices par lui fabriquées avec des substances qu'il achète, alors surtout que ces spécialités sont débitées dans des pharmacies où il en a effectué le dépôt (Paris, 24 oct. 1908, D. P. 1909. 2. 279), ou dans des agences où il place des gérants (Paris, 10 mai 1924, *Gaz. Pal.* 9 juill. 1924). Il n'est pas douteux que, dans ces diverses hypothèses, le dentiste n'exerce plus une profession libérale et relève de la cédule des bénéfices commerciaux.

540. Sages-femmes. — Même lorsqu'elles reçoivent chez elles des femmes en couche, les sages-femmes ne sont pas assimilables à des commerçants (Cass. 30 août 1833, Sir. 33. 1. 874 ; — 12 sept. 1846, P. 49. 1. 359). Elles ne peuvent donc, en tout état de cause, être cotisées à l'impôt cédulaire sur les revenus qu'au titre de professions non commerciales. L'Administration ne serait pas fondée à les imposer à la cédule des professions commerciales, même dans le cas où elles tiendraient une maison d'accouchement.

541. Chefs d'institution. — Les chefs d'institution, les maîtres de pension, les directeurs ou directrices d'externats secondaires ne sont cotisables qu'au titre des bénéfices non commerciaux (*Instr.* 30 mars 1918, art. 8). Il en est ainsi spécialement du directeur d'une école primaire supérieure, bien qu'un pensionnat soit annexé à cet établissement (*Instr. Enreg.* 16 févr. 1921, n° 3675 ; — *Rép. min. fin. quest.* de M. le député Bonnet de Paillerets, du 6 juill. 1921, n° 9986).

542. Écoles professionnelles. — La solution ne saurait être différente à l'égard des écoles professionnelles, alors même qu'elles vendraient au dehors les produits de leurs ateliers (*Rép. min. fin. quest.* de M. le sénateur Hayez, du 18 sept. 1920, n° 3721).

543. Professeurs libres de belles-lettres, sciences et arts d'agrément. — Les professeurs libres de cette catégorie, entre autres, les directeurs de salle d'escrime, maîtres de danse ou de gymnase, professeurs de musique, se classent dans la cédule des professions non commerciales, en tant qu'ils se bornent à donner des leçons au public ou à leur clientèle, soit à domicile, soit dans leur établissement (*Instr.* du 30 mars 1918, art. 125).

544. Artistes. Distinction à établir. — On doit ranger notamment dans la cédule des professions libérales les musiciens, les compositeurs, les artistes lyriques ou dramatiques, les peintres, dessinateurs, graveurs ou sculpteurs. Il convient toutefois de distinguer entre les véritables artistes et les industriels d'art, tels que les lithographes, lithochromes, imprimeurs, mouleurs en plâtre, cire ou carton, dessinateurs pour broderies. Les premiers sont seuls imposables au titre des professions non commerciales ; les seconds relèvent de la cédule des bénéfices industriels. Nul doute que des opérations ou prédomine l'élément industriel, où l'art n'intervient que pour couvrir de son égide et rehausser de son prestige une entreprise d'ordre commercial, s'excluent d'elles-mêmes du régime fiscal réservé aux professions libérales et sont imposables à la cédule des bénéfices de l'industrie et du commerce.

545. Hommes de lettres. — La jurisprudence refuse le caractère de commerçant à l'homme de lettres, même lorsqu'il édite ses œuvres (C. Paris, 2 juill. 1894, Sir. 94. 2. 296). Ici encore, c'est l'impôt cédulaire des bénéfices non commerciaux qui doit être appliqué (*Rép. min. fin. quest.* de M. le député Marc Sangnier, du 25 févr. 1921, n° 7440).

546. Éditeurs-libraires. — Par contre, sont passibles de l'impôt cédulaire des bénéfices commerciaux les éditeurs-libraires, les éditeurs de musique et les éditeurs d'annuaires (*Rép. min. fin. quest.* de M. Mignot-Bozerian, du 16 janv. 1923, n° 16 284).

547. Éditeurs de journaux ou de revues périodiques. — Certains auteurs considèrent comme taxables à la cédule des professions non commerciales les éditeurs de journaux ou de revues périodiques. Mais nous ne saurions adhérer à cette thèse. Il serait, en effet, excessif de prétendre que ces éditeurs se renferment dans le cadre d'une œuvre purement intellectuelle, artistique, littéraire ou politique, alors qu'ils réservent une place de plus en plus large aux annonces ou réclames payantes et poursuivent, par l'extension de cette publicité fort rémunératrice, la réalisation d'un bénéfice commercial, au sens le plus absolu de ce mot. Une publicité de cette envergure, fût-elle rehaussée par la plume de nos dessinateurs en renom, affecte essentiellement un caractère commercial ; l'éditeur qui se livre à une telle spéculation s'exclut de la cédule des professions non commerciales, pour se classer dans celle des bénéfices commerciaux et industriels (*Instr*. 30 mars 1918, art. 8). Il en est ainsi, à plus forte raison, lorsqu'il s'agit d'un journal ou d'un périodique édité par une société anonyme ou en commandite par actions, une telle société étant commerciale, quel que soit son objet (L. 1er août 1893, art. 6 ; — V. Seine, 11 août 1922, *Gaz. Pal.* 1 et 2 nov. 1922), ne peut relever que de la cédule des bénéfices commerciaux et industriels.

548. Vendeurs de journaux. — Ils sont imposables au titre des bénéfices de l'industrie et du commerce (*Rép. min. fin. quest.* de M. le député Saint-Venant, du 26 déc. 1922, n° 16 040).

549. Ministres du culte. — Depuis la séparation des églises et de l'État, prononcée par la loi du 9 décembre 1905 (D. P. 1906. 4. 1), les évêques, curés, pasteurs, rabbins et autres membres de la hiérarchie ecclésiastique ne peuvent plus être envisagés comme des fonctionnaires rémunérés par un traitement ; ils représentent l'église, l'assemblée des fidèles, et le caractère même de leur investiture écarte l'idée d'un louage de services. Exclus de la cédule des traitements et salaires, les membres du clergé se classent dans le groupe des personnes se livrant à des occupations non commerciales et sont imposables comme tels.

550. Occupations lucratives, sans caractère commercial. — La cédule des professions non commerciales englobe, avec les professions libérales et les charges et offices, l'ensemble des occupations et exploitations lucratives dont les profits ne sont pas tributaires d'un impôt spécial sur le revenu. Sont notamment compris dans ce groupe : les revenus tirés de la location du droit de chasse (*Instr.* du 30 mars 1918, art. 125) ; — la redevance perçue par le possesseur d'un brevet d'invention qu'il n'exploite pas lui-même (*ibid.*); — les profits des cartomanciennes (*Rép. min. fin. quest.* de M. le colonel Girod, député, du 24 nov. 1921, *J. off.*, p. 5146) ; — les gains des masseurs, des pédicures-manucures, des tenanciers des maisons de jeu (*Rép. min. fin. quest.* de M. le député de Rotschild, du 13 déc. 1922, n° 15 847) ; — les spéculations des joueurs à la Bourse, faites pour leur propre compte avec des fonds leur appartenant (Rouen, 25 janv. 1911, Sir. 11. 2. 215), par conséquent à l'exclusion des bénéfices réalisés par des professionnels, les opérations de ces derniers se rattachant à la cédule des bénéfices commerciaux, etc...

551. Agents des compagnies d'assurances. — Dans l'état actuel de l'interprétation administrative et de la jurisprudence du Conseil d'État, les agents d'assurances opérant pour le compte d'une ou de plusieurs compagnies dont ils sont les représentants attitrés, ne sauraient être, en principe, assimilés à des commerçants et doivent être classés dans la cédule des professions non commerciales, du moment où ils ont une personnalité professionnelle distincte et où ils conservent leur initiative et leur liberté d'action. Ils ne deviennent imposables au titre des traitements et salaires que dans la mesure où les circonstances de la cause permettent de les envisager comme des salariés. Enfin, très exceptionnellement, ces mêmes intermédiaires seraient cotisables à la cédule des bénéfices commerciaux, s'ils opéraient en leur nom personnel, libres de tout engagement envers les compagnies, comme courtiers d'assurances ou agents d'affaires (*Rép. min. fin. quest.* de MM. les députés de Ludre, du 29 janv. 1921, n° 6729 ; — et Cautru, du 4 févr. 1921, n° 7203 ; — *Cons. d'Ét.*, 20 févr. 1925, *La loi,* 13 mai 1925).

La distinction à établir entre les trois situations qui viennent d'être caractérisées est une question de fait subordonnée aux circonstances variables de chaque espèce à apprécier par le service local. Il est à peine besoin d'ajouter que, dans l'hypothèse où, pour les causes ci-dessus indiquées, le même agent d'assurances cumulerait une rémunération à titre de salaire avec des bénéfices *non commerciaux*, le mode de taxation prévu par l'article 12 de la loi du 13 juillet 1925 et analysé plus loin (n° 808) devrait recevoir son application.

552. Représentants de commerce, voyageurs ou placiers. Distinction à établir. — Ainsi qu'on l'a vu plus haut (n°s 253 à 257), sont considérés comme exerçant une profession commerciale et, par suite, soumis à l'impôt sur les bénéfices industriels et commerciaux, les courtiers et commissionnaires qui prêtent leur entremise pour l'achat ou la vente de marchandises et perçoivent une commission de l'acheteur ou du vendeur, lorsque, sans être liés par aucun engagement, ils agissent en leur nom et sous leur responsabilité.

Il en est différemment des représentants, voyageurs ou placiers de commerce qui, sans s'engager eux-mêmes, opèrent pour le compte d'une ou de plusieurs maisons dont ils sont les agents permanents et attitrés : ces intermédiaires ne relèvent pas de la cédule des professions commerciales et ne sont, dès lors, redevables ni de l'impôt sur les bénéfices commerciaux, ni de la taxe du chiffre d'affaires sur le montant de leurs commissions (*Rép. min. fin. quest.* de M. Miellet, député, du 29 juin 1926, n° 8853, *J. off.* du 8 août 1926, p. 3258). S'ils sont placés sous l'entière dépendance des maisons qui les occupent, ils sont exonérés de la patente et passibles de l'impôt sur les traitements et salaires. Si, au contraire, ils ont une personnalité professionnelle indépendante de celle des commerçants dont ils placent les produits, ils ne se trouvent plus dans l'état de subordination qui caractérise le commis, le salarié : ils sont imposables à la patente et à l'impôt cédulaire sur les bénéfices des professions non commerciales.

Conformément à cette distinction, le Conseil d'État considère comme passible de l'impôt sur les bénéfices des professions non commerciales le représentant de commerce qui place pour le compte de plusieurs maisons les produits fabriqués par elles, moyennant une remise proportionnelle aux affaires traitées, sans être dans la dépendance étroite des maisons qu'il représente, mais jouissant au contraire d'une entière liberté quant au choix de la clientèle et des époques où il entend la visiter, conservant la pleine initiative de ses tournées, dont il supporte seul les frais et possédant un bureau où il emploie un personnel rétribué par lui (*Cons. d'Ét.*, 30 janv. 1925, D. P. 1925. 3. 46 ; — 17 et 24 juill. 1925, D. P. 1926. 3. 20).

Inversement, doit être assujetti à l'impôt sur les salaires le voyageur de commerce qui place exclusivement les produits d'une maison, sans effectuer d'opérations pour son compte et qui est, à l'égard de cette maison, dans une situation de dépendance étroite de nature à le faire regarder comme un employé (*Cons. d'Ét.*, 31 juill. 1925, D. P. 1926. 3. 20). — V. *suprà*, n° 465.

553. Société entre représentants de commerce. —C'est l'impôt cédulaire sur les bénéfices des professions non commerciales qui est applicable à une société en nom collectif formée entre représentants de commerce, dès lors qu'elle ne fait pas d'opérations commerciales pour son compte, « nonobstant la circonstance qu'elle se serait fait inscrire au registre du commerce » (*Rép. min. fin. quest.* de M. Escoffier, député, du 27 mai 1926, n° 8314, *J. off.* du 17 juill. 1926, p. 2952, col. 3).

554. Facteurs de fabrique. — Sont également imposables au titre des professions non commerciales les intermédiaires, patentables comme facteurs de fabrique, qui se chargent de faire confectionner, à leurs risques et périls, par des ouvriers qu'ils payent eux-mêmes, des articles de bonneterie, tissus, chaussures ou autres objets, pour le compte de fabricants ou de marchands, avec les matières premières fournies par ceux-ci moyennant un droit de commission (*Cons. d'Ét.*, 11 mai 1900, D. P. 1901. 3. 78), à l'exclusion de tout bénéfice sur la matière première dont la mise en œuvre leur est confiée et sur la main-d'œuvre (*Cons. d'Ét.*, 26 janv. 1923, *Bull. contr. dir.* 1923, p. 161).

555. Bureaux de tabac. — Les titulaires de bureaux de tabac ne sont pas des commerçants, alors même qu'ils vendent des articles de fumeur, si ces ventes, d'ailleurs peu importantes, ont conservé leur caractère accessoire (Lyon, 8 mai 1879, D. P. 81. 2. 48). Ils ne sauraient, d'autre part, être assimilés à des salariés et ne peuvent, dès lors, se rattacher qu'à la cédule des bénéfices non commerciaux, du moment où ils limitent leurs opérations à la vente du tabac et des produits monopolisés (*Rép. min. fin. quest.* de MM. les députés Autériou, du 10 mars 1921, n° 7993 ; — Chautemps, du 7 juin 1921, n° 9392 ; — Fié, du 27 nov. 1924, n° 1677). Mais, lorsque le buraliste annexe à la vente du tabac une exploitation commerciale, par exemple un bar ou débit de vins, l'Administration le considère comme imposable, sur la totalité de ses bénéfices, à la cédule des professions commerciales (*Circul. dir. gén. des contr. dir.* du 8 avr. 1925).

Au cas d'exploitation du débit par un gérant, celui-ci est,

en tout état de cause; alors même qu'il restreindrait ses opérations à la vente des produits de la Régie, passible de l'impôt sur les bénéfices commerciaux.

556. Écurie de courses. — Le propriétaire d'une écurie de courses, qui se livre à l'élevage des chevaux qu'il fait courir, est cotisable à l'impôt des professions non commerciales, sur l'ensemble du bénéfice de cette entreprise, si l'entretien de l'écurie de courses s'inscrit au premier plan de son exploitation. Si, au contraire, c'est l'élevage qui constitue l'objet prédominant de l'entreprise, c'est l'impôt cédulaire des bénéfices agricoles qui doit être exigé (*Rép. min. fin. quest.* de M. Debierre, sénateur, du 1er déc. 1921, n° 4769, *J. off.*, p. 2278).

Mais les profits réalisés par celui qui entretient une écurie de courses ne sont passibles des impôts sur les revenus que si l'intéressé peut être considéré comme se livrant, de ce fait, à l'exploitation d'une entreprise professionnelle, tendant à la réalisation de bénéfices : dans ce cas, si l'entreprise accuse des résultats déficitaires, ceux-ci peuvent, à titre de perte d'exploitation, être admis en déduction du revenu global de l'exploitation, pour l'assiette de l'impôt général (*Rép. min. fin. quest.* de M. Rochereau, député, du 27 mai 1926, n° 8342, *J. off.* du 17 juill. 1926, p. 2953, col. 2).

Quant au point de savoir si le contribuable qui entretient une écurie de courses poursuit normalement la réalisation de bénéfices ou se livre à une occupation sans but lucratif, c'est là une question de fait, à résoudre par le service local suivant les circonstances de l'affaire, sous réserve du droit de recours de l'intéressé devant la juridiction contentieuse (*Rép. min. fin. quest.* de M. Join Lambert, député, n° 3236, du 25 févr. 1925, *J. off.* du 26 juin 1925, p. 2955, col. 3).

557. Fermiers généraux. — Les fermiers généraux ne relèvent de la cédule des bénéfices agricoles que lorsqu'ils font exploiter par des métayers le domaine par eux affermé ; en dehors de ce cas, soit qu'ils sous-louent, soit qu'ils se livrent à une exploitation directe, ils sont imposables au titre des professions lucratives sans caractère commercial (*Instr.* 30 mars 1918, art. 70). — V. *suprà*, n° 114.

558. Concessionnaires de droits communaux. — Sont également imposables à la cédule des professions non commerciales les concessionnaires ou fermiers de droits communaux, entre autres les fermiers des droits de place dans les halles, marchés, emplacements sur les places publiques, les adjudicataires des droits à percevoir, les jours de marché, de foire ou de fêtes diverses, sur les places, dans les rues, à la halle aux grains et au poids public. En ce sens, la Cour de cassation a jugé souverainement que le fait de prendre à bail la perception des taxes de stationnement dans une commune n'a, vis-à-vis d'aucune des parties, le caractère d'un acte de commerce (Cass. req. 30 juin 1919, D. P. 1920. 1. 74). Les profits réalisés par ce concessionnaire, n'ayant rien de commercial, ne peuvent être imposés qu'au titre des professions non commerciales (Conf. *Rép. min. fin. quest.* de M. le député Escoffier, du 22 avr. 1925, n° 4052).

559. Loueurs en meublé. Exploitants de maisons de tolérance. — On sait, par nos explications précédentes, que les contribuables de cette catégorie sont, les uns et les autres, passibles de l'impôt sur les bénéfices commerciaux (V. *suprà*, n° 271).

Pour les loueurs de bureaux meublés, V. n° 605.

560. Titulaires des charges et offices. — A côté, mais en dehors des bénéfices des professions libérales, l'article 30 de la loi du 31 juillet 1917 désigne comme passibles de l'impôt les « revenus des charges et offices dont les titulaires n'ont pas la qualité de commerçants ». D'après l'énumération contenue dans l'article 91 de la loi organique du 29 avril 1816, qui a restitué aux officiers publics la faculté de présenter des successeurs, cette qualification est réservée aux avocats au Conseil d'État et à la Cour de cassation, aux notaires, avoués, greffiers, huissiers, agents de change, courtiers et commissaires-priseurs. Mais cette classification est discutée, en ce qui concerne les greffiers des justices de paix, assimilés par le Conseil d'État aux fonctionnaires rémunérés par des traitements (*Cons. d'Ét.*, 5 déc. 1923, D. P. 1923. 3. 65). D'autre part, il convient d'éliminer de ce groupe les agents de change et courtiers, qui ajoutent à leur qualité de titulaires d'offices celle de commerçants (Cass. 25 juill. 1864, Sir. 64. 1. 501, *Instr.* 30 mars 1918, art. 125).

561. Agréés près les tribunaux de commerce. — Par contre, bien que la loi de 1816 ne reconnaisse pas l'office d'agréé, le Conseil d'État a décidé, conformément à la jurisprudence antérieure de la Cour de cassation (Req. 14 déc. 1847, D. P. 48. 1. 12), que ces auxiliaires de la justice sont assimilables aux titulaires des charges et offices et, par suite, sont passibles de l'impôt cédulaire, suivant les règles établies pour cette catégorie d'assujettis (*Cons. d'Ét.*, 31 mars 1925, D. P. 1925. 3. 80).

562. Syndics de faillite. Administrateurs judiciaires. Experts. Arbitres. — Mais on ne saurait, sous prétexte d'analogie, incorporer dans la catégorie des titulaires de charges et offices les syndics de faillites, administrateurs judiciaires, experts, arbitres rapporteurs, traducteurs-jurés et liquidateurs, qui ne sont dénommés ni dans le texte susvisé de la loi du 29 avril 1816, ni dans la nomenclature établie par la loi du 15 juillet 1880 sur les patentes. En conséquence, ces contribuables doivent être cotisés, non d'après les règles propres aux officiers publics ou ministériels, mais bien suivant le mode de taxation institué pour les occupations lucratives sans caractère commercial.

§ 2. — BÉNÉFICE IMPOSABLE
TAUX ET CALCUL DE L'IMPOT

563. Année de base. — Aux termes de l'article 30 de la loi du 31 juillet 1917, l'impôt cédulaire sur le revenu des professions libérales, charges et offices et exploitations non commerciales est « annuellement établi à raison du bénéfice net de l'année précédente » (Décr. 15 oct. 1926, art. 57).

564. Formation du bénéfice imposable. Dépenses professionnelles. Déduction. — L'*Instruction* du 30 mars 1918 trace à ce sujet les règles suivantes :

« Les bénéfices des professions non commerciales sont imposables à raison de leur montant net constitué par l'excédent des recettes totales sur les dépenses nécessitées par l'exercice de la profession. — Les dépenses déductibles sont de nature très variable suivant la profession ou exploitation envisagée. Parmi celles dont il y a lieu de faire état le plus fréquemment, on peut citer : le loyer des locaux spécialement affectés à l'exercice de la profession ; les frais d'entretien, d'éclairage et de chauffage de ces locaux ; la rémunération des employés, aides ou collaborateurs ; les frais de bureau, de déplacement, d'encaissement de notes d'honoraires ou factures, etc. Par contre, la déduction du loyer des appartements particuliers, des frais de maison, des gages de la domesticité privée et de toutes dépenses d'ordre personnel ne serait pas justifiée. »

565. Produits réalisés, mais non encaissés. — Pour la détermination du bénéfice net de l'année précédente, il convient de tenir compte de toutes les recettes et dépenses liquidées au cours de ladite année, qu'elles aient ou non fait l'objet d'un payement effectif, sauf à admettre en déduction, pour les créances de recouvrement incertain, les provisions qui seraient reconnues justifiées. Cette règle, déduite des principes de la comptabilité, s'applique spécialement au calcul du revenu net d'une étude de notaire (*Rép. min. fin. quest.* de M. Palmade, député, du 4 nov. 1924, *J. off.* 1924, p. 4001).

566. Distinction entre les charges ou offices et les autres professions libérales. — Au point de vue du taux et de l'assiette de l'impôt cédulaire, l'article 31 de la loi du 31 juillet 1917, non modifié, sur ce point, par les lois ultérieures, distingue entre les charges et offices et les autres professions non commerciales dont il a été question ci-dessus.

A l'égard des revenus ne provenant pas des charges et offices, l'impôt est calculé d'après le taux et sur les bases établis pour la cédule des traitements et salaires : c'est là la règle générale ; elle ne souffre exception qu'en ce qui concerne les déductions pour situation ou charges de famille et mutilations de guerre, prévues pour l'établissement de l'impôt sur les salaires et non admises pour la cédule des professions libérales.

Quant aux bénéfices des charges et offices, ils sont soumis au régime institué pour les professions commerciales, sous le double rapport de la quotité de l'impôt et des modalités de la taxation.

Les règles à suivre, dans l'une et l'autre hypothèse, pour l'établissement de l'impôt vont être successivement exposées.

567. Professions libérales. Abattements applicables. Loi du 3 août 1926. — Suivant la juste remarque de la *Circulaire* précitée du 29 août 1925 (p. 31), exception faite des déductions pour situation et charges de famille et de la déduction spéciale aux mutilés, autorisées par l'article 6 de la loi du 30 mars 1923, l'article 7 de la même loi et, ultérieurement, l'article 7 de la loi du 13 juillet 1925 avaient étendu au calcul de l'impôt sur les bénéfices des professions non commerciales autres que les charges et offices les abattements totaux ou partiels prévus pour l'établissement de l'impôt sur les traitements et salaires.

La loi du 3 août 1926 a maintenu ce parallélisme entre les abattements applicables à l'une et à l'autre cédule ; le texte qu'elle édicte, dans son article 23, en ce qui concerne les professions non commerciales, est la reproduction littérale de l'alinéa inséré dans le même article relativement aux traitements et salaires, pensions et rentes viagères. De part et d'autre, l'impôt cédulaire comportera, aujourd'hui comme par le passé, un abattement minimum de 7.000 francs, en conformité de l'article 7 de la loi du 13 juillet 1925. En outre, — et c'est ici qu'intervient la loi du 3 août 1926, — « pour le calcul de l'impôt (sur le revenu des professions non commerciales), la fraction comprise entre le minimum exempté et 10 000 francs est comptée pour un quart, — la fraction comprise entre 10 000 et 20 000 francs pour moitié, — et la fraction comprise entre 20 000 et 40 000 pour trois quarts. »

Mais, nous en avons déjà fait la remarque, l'assimilation ainsi établie entre la cédule des traitements et celle des professions libérales n'est pas absolue ; elle souffre exception à l'égard des déductions pour mariage et charges de famille et de la déduction spéciale aux mutilés de guerre. Les déductions de cette dernière catégorie, inhérentes à la détermination du revenu taxable des traitements et salaires, n'interviennent pas dans la fixation des bases de l'impôt applicables à la cédule des professions libérales. Toutefois, bien que non déductibles du bénéfice net, les charges de famille ouvrent, au profit du contribuable, le droit aux *réductions d'impôt* ou dégrèvements dont il sera parlé plus loin.

Que l'on suppose un médecin ayant une personne à sa charge, et dont les honoraires nets ont atteint 60 000 francs en 1926. Les abattements majorés et le nouveau tarif institué par l'article 23 de la loi du 3 août 1926 étant applicables à partir du 1er janvier 1927, l'impôt cédulaire incombant à ce médecin au titre de 1927 frappera l'intégralité de son bénéfice net de 60 000 francs, sans aucune déduction préalable à raison de sa situation et de ses charges de famille, savoir :

Revenu imposable net................ 60.000 fr.

A déduire :

1° Minimum fixe exonéré.. 7.000
2° Trois quarts de la fraction de 3.000 fr. comprise entre 7.000 et 10.000 fr. 2.250
3° Moitié de la fraction de 10.000 fr. comprise entre 10.000 et 20.000 fr............. 5.000
4° Un quart de la fraction de 20.000 francs entre 20.000 et 40.000 fr.... 5.000

     } 19.250 fr.

Il reste comme revenu taxable, ci...... 40.750 fr.
Impôt à 12 pour 100 (V. le barème), ci .. 4.890 fr.
Réduction demandée (1 personne à charge), 5 pour 100, ci..................... 244.50

Cotisation nette, ci.............. 4.645.50

568. Charges et offices. Référence au mode de taxation des bénéfices commerciaux. — A l'égard du revenu des charges et offices, il convient, suivant le dernier alinéa de l'article 31 de la loi du 31 juillet 1917, de calculer le montant de l'impôt cédulaire dans les conditions et d'après le taux fixés pour la cédule des professions commerciales par l'article 12 de la même loi. Cette règle est toujours en vigueur ; mais, par l'effet même du parallélisme ainsi établi et maintenu entre les deux cédules envisagées, les graves modifications que la loi du 4 avril 1926 a introduites dans l'aménagement du régime fiscal des bénéfices commerciaux et industriels affectent également, dans la même mesure, les bases de la taxation du revenu des charges et offices.

Antérieurement à la loi du 4 avril 1926 et comme on l'a

expliqué, au chapitre des bénéfices commerciaux, le revenu taxable de cette cédule et de celle des charges et offices était obtenu en comptant pour un quart la fraction initiale de 1 500 francs dudit revenu, et pour moitié la portion suivante du même revenu comprise entre 1 500 et 5 000 francs, le surplus du bénéfice net au-dessus de 5 000 francs étant retenu pour la totalité. Somme toute, la détermination de la base de taxation impliquait, dans ce système, un abattement global de 2 875 francs pour tout bénéfice au moins égal à 5 000 francs, et l'impôt ne jouait qu'après déduction de cette somme, au taux de 8 pour 100 en principal ou de 9,60 pour 100, décimes compris.

Il n'en est plus de même aujourd'hui. La loi du 4 avril 1926, aux termes de son article 9, a substitué au mode de taxation dont on vient de résumer les traits dominants, un régime nouveau, caractérisé par la suppression de l'abattement de base et par l'établissement d'un tarif gradué, comportant 14 quotités distinctes, échelonnées de 800 francs à 50 000 francs de revenu. C'est seulement au-dessus de 50 000 francs de bénéfice net que le tarif proportionnel entre en action au taux de 15 pour 100, sans décimes.

Les conditions d'application de ce nouveau tarif, qui a été majoré de 50 pour 100 par l'article 23 de la loi du 3 août 1926 et qui atteint, dès lors, le taux de 15 pour 100, sans addition de décimes, pour les bénéfices supérieurs à 50 000 francs, ont été étudiées au chapitre de la cédule des professions commerciales (n° 394). On ne peut que se référer à ces explications.

Par l'effet de son assimilation à la cédule des professions commerciales, la cédule des charges et offices ne comporte plus actuellement, pour le calcul de l'impôt, aucune exonération de base ou abattement partiel. Mais la cotisation des officiers publics ou ministériels est, comme par le passé, susceptible de réduction pour charges de famille.

569. Application des nouveaux tarifs. Point de départ. — Ainsi que le décide l'article 26 de la loi du 3 août 1926, les nouveau tarifs institués par l'article 9 de la loi du 4 avril 1926 et majorés par l'article 23 de la loi du 3 août 1926 entrent en vigueur, le 1er janvier 1927, pour la cédule commerciale et, par conséquent, pour les revenus des charges et offices.

§3. — TAXATION DU CONTRIBUABLE — DÉCLARATIONS
— CONTROLE — SANCTIONS — RECOUVREMENT

570. Lieu de l'imposition. — Aux termes de l'article 32 de la loi du 31 juillet 1917, l'impôt cédulaire institué sur les bénéfices des professions non commerciales et des charges et offices était dû dans la commune où le contribuable a son domicile au 1er janvier de l'année de l'imposition. L'article 14 de la loi du 4 avril 1926 a modifié cette règle dans les termes suivants :

« L'impôt est établi au lieu de l'exercice de la profession ou, le cas échéant, du principal établissement. » — V. toutefois *infrà*, n° 575.

571. Date de la mise en vigueur. — Toutefois, suivant la remarque de la *Note de service* du 10 avril 1926 (p. 9), la disposition nouvelle, ci-dessus transcrite, qui rattache l'établissement de l'impôt cédulaire au lieu de l'exercice de la profession du contribuable, n'est applicable qu'à partir du 1er janvier 1927. C'est également à compter de cette date que seront mis en application le nouveau régime des abattements de base et le tarif de 12 pour 100 édictés par l'article 23 de la loi du 3 août 1926 : c'est ce que décide l'article 26 de ladite loi.

572. Dualité des déclarations. Loi du 13 juillet 1925. — L'article 33 de la loi du 31 juillet 1917, modifié par l'article 7 de la loi du 30 juin 1923 (D. P. 1924. 4. 81), impose à toute personne classée dans la cédule des professions non commerciales et des charges et offices l'obligation de produire, dans les deux premiers mois de chaque année, la déclaration du montant de ses bénéfices de l'année précédente. Dans le but de renforcer le contrôle du bénéfice indiqué par le contribuable, la loi du 13 juillet 1925 a modifié et complété, à un double point de vue, les mesures instituées à cet égard par le texte précité de la loi du 31 juillet 1917. D'une part, elle apporte, par ses articles 8 et 9, de notables changements aux modalités de la déclaration annuelle incombant au contribuable et à l'établissement des bases de l'imposition. D'autre part, — et c'est là une de ses innovations les plus caractéristiques, —

la loi du 13 juillet 1925 exige, par son article 7, des chefs d'entreprise, la déclaration annuelle des commissions, courtages ou
honoraires versés à des personnes n'ayant pas vis-à-vis d'eux
la qualité de salariés et relevant de la cédule des professions
non commerciales, dès lors que le montant brut de ces rémunérations atteint, pour un même bénéficiaire, la somme de
1 000 francs.

Nous n'avons à commenter ici que les textes relatifs à la
déclaration annuelle du contribuable ; quant à la déclaration
des chefs d'entreprise, les règles à suivre en cette matière sont
exposées plus loin, au chapitre des *Règles communes*.

**573. Déclaration annuelle du contribuable. Indication
des dépenses personnelles.** — Antérieurement à la loi du
13 juillet 1925, les contribuables de la cédule des professions
non commerciales et des charges et offices n'avaient à indiquer,
dans la déclaration annuelle qu'ils doivent souscrire avant le
1er mars, que le chiffre de leur bénéfice net. Dans le but d'assurer plus rigoureusement le contrôle de ce revenu net et des
divers éléments qui concourent à sa formation, le 1er alinéa
de l'article 8 de la loi du 13 juillet 1925 décide que les contribuables de cette catégorie auront désormais à mentionner
dans leur déclaration annuelle, non seulement le chiffre de
leur bénéfice net, mais encore celui du bénéfice brut et celui
des dépenses professionnelles de l'année précédente, dont on
a donné plus haut l'énumération.

Cette disposition a reçu sa première application pour l'établissement de l'impôt au titre de 1926.

**574. Référence à la déclaration concernant l'impôt
général sur le revenu.** — L'Administration a reconnu
qu'une déclaration spéciale n'est pas nécessaire quand le contribuable produit une déclaration en vue de l'établissement de
l'impôt général sur le revenu, celle-ci devant faire ressortir,
sous une rubrique spéciale, le montant du revenu des professions non commerciales (*Instr.* 30 mars 1918, art. 131).
Mais, pour que cette référence réponde aux exigences de
l'article 8 précité de la loi du 13 juillet 1925 et soit admise,
il faut que l'assujetti fasse ressortir distinctement, dans sa
déclaration relative à l'impôt général, sous le paragraphe
affecté aux revenus des professions non commerciales, les trois

indications du bénéfice brut, des dépenses professionnelles et du bénéfice net.

575. Envoi de la déclaration. — La déclaration annuelle du contribuable est remise ou adressée, comme par le passé, sous pli affranchi, avant le 1er mars, au contrôleur du lieu du domicile, qui en envoie la copie à son collègue du lieu de l'exercice de la profession, en vue de l'établissement de l'impôt (*Circul.* précitée du 25 sept. 1926, p. 31).

576. Déclaration non souscrite. Mise en demeure du contribuable. Taxation d'office. — L'article 36 de la loi du 31 juillet 1917, modifié ou plutôt rectifié par l'article 11 de la loi du 13 juillet 1925, est ainsi conçu :

« Tout contribuable astreint à la déclaration prévue par l'article 33, qui ne souscrit pas cette déclaration dans les deux premiers mois de l'année, est invité par le contrôleur à la produire dans un nouveau délai de vingt jours, passé lequel le bénéfice imposable est déterminé d'office, sauf réclamation du contribuable après l'établissement du rôle. Mais, dans ce cas, l'impôt est majoré de moitié. »

La taxation d'office prévue par cette disposition n'intervient que faute par l'intéressé de satisfaire à la mise en demeure, qui lui est adressée, d'avoir à produire sa déclaration dans un nouveau délai de vingt jours.

577. Majoration de moitié. — Dès lors que la base d'imposition est fixée par voie de taxation d'office, le montant de l'impôt est majoré de moitié. L'article 36, précité, de la loi du 31 juillet 1917 est formel à cet égard. Cette majoration ne comporte pas de décimes.

578. Réclamation ultérieure. Charge de la preuve. — Ainsi que le reconnaît l'*Instruction* du 30 mars 1918, la taxation d'office ne fait pas perdre au contribuable le droit de réclamer au contentieux, après la publication du rôle ; mais, dans ce cas, la charge de la preuve est renversée et incombe à ce contribuable. C'est ce que le Conseil d'État vient de décider, avec la plus grande netteté, par un arrêt du 7 mai 1926 (*Rec. quest. fisc.* 1926, p. 271).

579. Contrôle du bénéfice déclaré. Commission consultative. Loi du 4 avril 1926. — L'article 9 de la loi du

13 juillet 1925 avait organisé, à l'égard des déclarations de revenus intéressant la cédule des professions non commerciales, un mode de contrôle reposant essentiellement sur la comparaison à établir par le contrôleur, en vue de l'assiette de l'impôt, entre le bénéfice net déclaré et les dépenses ostensibles du contribuable (loyer, domestiques, villégiatures, automobiles, etc.). Dans la mise en œuvre de ce mode de contrôle, basé sur les signes extérieurs, l'appréciation personnelle du contrôleur s'exerçait librement pour ainsi dire, sans autre correctif que le droit réservé au contribuable de contester sa taxation d'office après l'établissement du rôle, devant la juridiction contentieuse.

Ce système, qui englobait dans sa sphère d'action la cédule des professions non commerciales et l'impôt général sur le revenu, a été retenu par l'article 13 de la loi du 4 avril 1926, par voie d'incorporation dans l'article 17 de la loi du 15 juillet 1914, en ce qui concerne le contrôle des déclarations relatives à l'impôt général. Mais, à l'égard des bénéfices réalisés dans les professions non commerciales, la loi du 4 avril 1926 a, par son article 12, organisé un mode de contrôle absolument différent, caractérisé par l'intervention d'une commission consultative départementale comprenant parmi ses membres un magistrat du tribunal civil du chef-lieu, un avocat, un notaire, un médecin et un inspecteur des contributions directes.

L'article 12 de la loi du 4 avril 1926, auquel on voudra bien se reporter (V. *annexes*, art. 35 de la loi du 31 juill. 1917), contient toutes les précisions nécessaires au sujet de la composition et du fonctionnement de cette commission consultative. Il ressort d'ailleurs de ce texte, que la procédure du contrôle des déclarations comporte actuellement deux phases successives : la première, relative aux opérations préliminaires qui relèvent de l'initiative du contrôleur ; — la seconde, marquée par l'entrée en scène d'une commission consultative appelée à donner son avis sur les redressements proposés par le contrôleur et contestés par l'assujetti. Ces deux aspects du nouveau régime vont être brièvement examinés.

580. Première phase du contrôle : enquête du contrôleur. — Avant d'établir les bases de la taxation, le contrôleur vérifie et discute les chiffres accusés dans la déclaration, tant pour le bénéfice brut que pour les dépenses professionnelles qui grèvent ce revenu. Il recherche notamment, suivant l'expression de la *Circulaire* du 29 août 1925, si le bénéfice brut indiqué par le déclarant correspond à l'importance et au genre de sa clientèle, au taux habituel de ses honoraires ou à sa réputation professionnelle. En ce qui concerne les dépenses professionnelles, il examine si elles sont en rapport avec les charges que comporte normalement l'exercice de la profession de l'assujetti.

581. État des commissions, courtages et honoraires. — Dans cette enquête préparatoire, le contrôleur se reportera notamment aux déclarations que l'article 6 de la loi du 13 juillet 1925 exige des chefs d'entreprise, à l'égard des courtiers, commissionnaires, intermédiaires ou autres personnes relevant de la cédule des professions non commerciales, auxquels ils ont payé des commissions, courtages, honoraires, vacations ou autres rémunérations, toutes les fois que les rétributions versées au même bénéficiaire au cours de l'année précédente excèdent 1 000 francs.

582. Contribuables astreints à la tenue d'une comptabilité : communication. — D'autre part, le contrôleur peut utiliser aux mêmes fins, dans l'exercice de son contrôle, le droit de communication que l'article 8 de la loi du 13 juillet 1925 lui confère vis-à-vis des contribuables de la cédule des professions non commerciales astreints par les règlements à la tenue d'une comptabilité. Ainsi que le stipule ce texte, les redevables dont il s'agit seront tenus de représenter leur comptabilité, à l'appui de leur déclaration, à toute réquisition du contrôleur, et cette obligation pèse, d'une manière générale, sur les titulaires des charges et offices. N'oublions pas toutefois qu'à l'égard des notaires et des officiers ministériels, la représentation de la comptabilité-étude peut, seule, être demandée, à l'exclusion des écritures relatives aux dépôts de fonds des clients (*Circul.* précitée, p. 34). Ainsi que le précisait le ministre, dans la séance du Sénat du 27 mai 1925, en réponse à une question de M. Milan, il demeure entendu que le contrôleur ne pourra, en aucun cas, se fonder sur les indications que la comptabilité du notaire fournit sur la situation de fortune des clients de l'étude, pour redresser les déclarations de revenus produites par ceux-ci.

583. Clôture des opérations de contrôle. Mise en demeure du redevable. — Le recours aux divers moyens de contrôle qui viennent d'être spécifiés n'a rien de limitatif. L'article 12 de la loi du 13 juillet 1925 ouvre au contrôleur la plus large initiative, en lui permettant de demander aux intéressés, dans une mesure dont il est seul juge, tous les renseignements de nature à justifier l'exactitude des chiffres énoncés dans la déclaration. S'il juge ces renseignements insuffisants, il redresse les bases de la taxation et il en avise le contribuable, en lui indiquant, outre les motifs de son appréciation, le chiffre de revenu qu'il se propose de substituer à celui de la déclaration. L'intéressé est invité, en même temps, à produire au contrôleur ses observations orales ou écrites, dans un délai de vingt jours.

584. Seconde phase du contrôle : intervention de la commission consultative. — Si, à la suite de la communication dont il vient d'être parlé, l'accord ne peut s'établir entre le contrôleur et le contribuable, le différend sort de la sphère d'action du contrôleur pour entrer dans celle d'une commission consultative instituée dans chaque département et dont l'article 12 de la loi de 1926 règle minutieusement la composition. L'intervention de la commission est ici obligatoire, tandis qu'en matière d'impôt sur les bénéfices commerciaux, elle n'est prévue qu'à titre facultatif. Les questions de fait sont, seules, de sa compétence, à l'exclusion des désaccords portant sur des questions de principe (*Circul. Contr. dir.* 25 sept. 1926, p. 35).

Sans nous attarder à un commentaire du texte très explicite qui précise le nombre et la qualité des membres de cette commission, nous ferons remarquer que cet organisme nouveau se renferme dans un rôle purement consultatif. La commission ne rend point une décision : elle se borne à émettre un avis sur le revenu professionnel à retenir pour le calcul de l'impôt, après avoir entendu l'intéressé dans ses explications.

Bien qu'il soit notifié au contribuable par le service des contributions directes, l'avis de la commission consultative ne lie ni l'Administration, ni le contribuable, qui est toujours recevable à se pourvoir au contentieux, après l'établissement du rôle, sauf à supporter le fardeau de la preuve, dans le cas où l'Administration s'est ralliée à l'évaluation de la commission. — V. aux *Annexes*, Décr. 15 oct. 1926, art. 59 à 62.

585. Déclaration insuffisante. Pénalité du quadruple droit. — Aux termes de l'article 37 de la loi du 31 juillet 1917, modifié par l'article 3 de la loi du 31 juillet 1920 et par l'article 10 de la loi du 13 juillet 1925, « le contribuable qui n'a déclaré qu'un revenu insuffisant est tenu, *s'il n'établit sa bonne foi*, de verser, en sus des droits afférents au montant réel de son revenu imposable, une somme égale au quadruple de la partie de ces droits correspondant au revenu non déclaré. Toutefois le droit en sus n'est applicable que si l'insuffisance constatée est supérieure au dixième du revenu imposable ou excède 20 000 francs. » — Décr. 15 oct. 1926, art. 63.

Il ressort de cette disposition que le quadruple droit en sus peut être appliqué, non seulement si l'insuffisance constatée excède le dixième du revenu imposable, mais encore si, tout en ne dépassant pas cette proportion, elle est cependant supérieure à 20 000 francs. Il demeure entendu que l'exigibilité de cette pénalité est, comme précédemment, subordonnée à la condition que le contribuable n'ait pas établi sa bonne foi (*Circul.* du 29 août 1925, n° 1448, p. 38).

586. Majoration non sujette aux décimes. Loi du 4 avril 1926. — Antérieurement à la loi du 4 avril 1926, la pénalité du quadruple droit édictée par le texte qui précède à l'égard des déclarations de revenu insuffisantes, comportait la surtaxe de deux décimes et demi ou de 25 pour 100, ajoutée au principal de toutes les amendes fiscales par l'article 110 de la loi du 25 juin 1920. Par l'effet de cette adjonction, la sanction applicable aux déclarations insuffisantes se trouvait, en réalité, portée au quintuple droit en sus. Mais il n'en est plus de même aujourd'hui. L'article 4 de la loi du 4 avril 1926 dispose, en effet, que les majorations de droit applicables pour défaut ou insuffisance de déclaration en matière d'impôts directs ou de taxes assimilées ne supporteront plus les décimes institués par l'article 110 de la loi du 25 juin 1920, — sauf à tenir compte, « s'il y a lieu, » des décimes établis par l'article 3 de la loi du 22 mars 1924. Or, d'après la disposition formelle de l'article 23, dernier alinéa, de la loi du 3 août 1926, l'impôt sur les bénéfices des professions non commerciales ne comporte plus l'adjonction du double décime institué par ladite loi du 22 mars 1924.

La pénalité qui frappe les insuffisances de déclaration intéressant la cédule des professions non commerciales est donc actuellement du quadruple droit, sans addition de décimes. — Conf. *Circul. contr. dir.* 25 sept. 1926, p. 49.

587. Insuffisance découverte après l'établissement du rôle. — Si l'insuffisance est découverte après l'établissement du rôle, l'Administration n'en a pas moins le droit de réclamer au contribuable un supplément de cotisation, comportant, s'il y a lieu, la pénalité du quadruple droit, soit dans l'année même de l'imposition, soit au cours des cinq années suivantes (L. 31 juill. 1917, art. 37 *in fine*).

Mais, suivant l'*Instruction* du 30 mars 1918 (art. 136), « le contribuable doit, avant toute imposition supplémentaire, être mis à même de présenter ses observations. »

588. Amnistie fiscale. — V. au chapitre des *Règles communes*, n° 833.

589. Réductions pour charges de famille. — V. *infrà*, n° 796.

590. Impôt établi par voie de rôles. — Ainsi qu'il résulte des articles 36 et 37 de la loi du 31 juillet 1917, c'est par voie de rôles annuels que sont établies les cotisations des contribuables passibles de l'impôt cédulaire sur le revenu des professions non commerciales. On se réfère au chapitre de ce *Traité*, où sont examinées les questions qui se lient à l'émission et à la publication des rôles, au recouvrement de l'impôt, aux réclamations et aux instances.

591. Sociétés exerçant une profession non commerciale. Mode d'imposition. — On a vu, dans un chapitre précédent, qu'aux termes de l'article 11 de la loi du 30 juin 1923, dans les sociétés en nom collectif, chacun des associés est personnellement cotisé au titre de l'impôt sur les bénéfices industriels et commerciaux, pour la part de bénéfices sociaux correspondant à ses droits dans la société. Le même article décide, en outre, que, pour les sociétés en commandite simple, l'impôt cédulaire est établi au nom de chacun des commandités ou gérants, pour sa quote-part de bénéfices, la fraction de bénéfices dévolue aux commanditaires restant, seule, imposable au nom de la société.

L'Administration a étendu, par voie d'analogie, le bénéfice de ce mode de taxation aux sociétés qui se livrent à des opérations d'un caractère non commercial et qui empruntent la forme, soit de sociétés en nom collectif, soit de commandites simples. On lit, à ce sujet, dans la *Circulaire* du 21 juillet 1924, n° 1421 :

« Dans les sociétés de l'espèce, chacun des associés en nom collectif ou des associés commandités sera distinctement assujetti à l'impôt sur les bénéfices des professions non commerciales pour la part qui lui échoit dans les profits sociaux, et il bénéficiera par conséquent, le cas échéant, des réductions auxquelles lui donnent droit ses charges de famille. L'impôt appliqué à chacun des associés sera d'ailleurs établi non pas au lieu de son domicile, mais au siège de la société, conformément aux règles admises pour l'imposition des membres des sociétés commerciales de personnes. Seules, les sociétés revêtant la forme de commandites simples figureront nominativement au rôle, mais uniquement pour la fraction des bénéfices qui revient aux commanditaires » (p. 23).

CHAPITRE VII

§ 1ᵉʳ. — **PERSONNES ASSUJETTIES**

592. Textes organiques de l'impôt sur le revenu. —
L'impôt général sur le revenu a été institué en France par
l'article 5 de la loi de finances du 15 juill. 1914 (*J. off.* du
18 juill., D. P. 1916. 4. 31).

On ne saurait dire de cette réforme fiscale qu'elle est le
résultat d'une improvisation législative, puisque son origine
remonte au projet d'impôt sur le revenu présenté par le ministre des finances le 7 février 1907, et dont toutes les données
avaient été empruntées aux travaux de la grande commission
extraparlementaire instituée à cette fin sur la proposition de
M. Poincaré, par décret du 16 juin 1894. D'un autre côté,
s'il est vrai que la loi du 14 juillet 1914 constitue la charte
organique de notre impôt général sur le revenu, il est également certain que le système inauguré par cette loi a été modifié
et même déformé dans les parties les plus essentielles de sa
structure, par un grand nombre de lois ultérieures qui seront
successivement commentées au fur et à mesure du développement de notre sujet et dont les plus récentes sont celles du
13 juillet 1925 (D. P. 1925. 4. 281), du 4 avril 1926 (*Bull. législ.
Dalloz* 1926, p. 203) et du 3 août 1926 (*J. off.* du 4 août 1926,
p. 8786).

593. Caractères de l'impôt général. — A la différence
des impôts cédulaires, qui frappent des sources de revenus
déterminées, l'impôt général sur le revenu est essentiellement
personnel ; ainsi que le déclare un arrêt du Conseil d'État
du 28 janvier 1921 (D. P. 1921. 4. 9), il est « établi sur la personne

du contribuable et doit être calculé eu égard aux sommes qu'il reçoit à titre de revenus ». Par une conséquence directe de sa personnalité, il envisage le revenu global de l'assujetti.

Un second attribut de l'impôt général est d'être progressif. Dans l'état actuel de notre législation, cette progressivité n'affecte pas le taux de l'impôt, uniformément fixé à 30 pour 100; elle se fait jour dans la détermination du revenu taxable qui sert de base à l'application de ce tarif.

Enfin, le troisième caractère signalétique de notre impôt général sur le revenu est d'être établi par foyer, au nom du chef de famille.

594. Personnes assujetties. Résidence habituelle en France. Principe. — Aux termes de l'article 6 de la loi du 15 juillet 1914, l'impôt général sur le revenu est dû pour toute personne ayant en France, au 1er janvier de l'année d'imposition, une résidence habituelle ou une habitation assimilée à cette résidence.

Pour l'application de cette règle, il n'y a pas à distinguer entre les Français *et les étrangers*.

595. Personnes domiciliées en France. — La condition de résidence habituelle, indispensable pour légitimer l'application de l'impôt général sur le revenu, est remplie par tous les contribuables, Français ou étrangers, qui ont fixé en France leur domicile réel, légal ou de fait.

596. Habitation assimilée à une résidence habituelle. — L'article 6 de la loi du 15 juillet 1914 considère « comme ayant en France une résidence habituelle les personnes qui y possèdent une *habitation à leur disposition*, à titre de propriétaires, d'usufruitiers ou de locataires, lorsque, dans ce dernier cas, la location est conclue, soit par convention unique, soit par conventions successives, pour une période continue d'au moins une année ».

597. Résidence ou habitation au 1er janvier de l'année de l'imposition. — Pour donner ouverture à l'impôt général sur le revenu, la résidence habituelle ou l'habitation assimilée doit exister au 1er janvier de l'année de l'imposition. Ainsi, dans l'hypothèse d'une habitation à titre de locataire, l'impôt général ne serait pas exigible pour 1927, si la location faite pour un an était arrivée à son terme le 31 décembre 1926, sans être prorogée pour une nouvelle période (*Comp. Cons. d'Ét.*, 3 nov. 1922 (*motifs*), *Gaz. Pal.* 24 déc. 1922).

598. Personnes domiciliées en Algérie. — Les contribuables domiciliés en Algérie et disposant d'une résidence habituelle dans la métropole ne sont pas assujettis en France à l'impôt général sur le revenu, à la condition de justifier de leur imposition en Algérie, sur l'ensemble de leurs revenus, au titre de l'impôt général (*Circul. contr. dir.* du 14 févr. 1921. — Conf. *Rép. min. fin. quest.* de M. Brocard, député, du 11 févr. 1926, n° 7057, *J. off.* du 17 juill. 1926, p. 2950, col. 2).

599. Ambassadeurs français à l'étranger. Fonctionnaires coloniaux. — Conformément à l'article 6 de la loi du 15 juillet 1914, l'Administration décide que les ambassadeurs français à l'étranger, appartenant ou non à la carrière, sont passibles de l'impôt général sur le revenu, du moment où ils ont conservé en France une habitation à leur disposition, sauf à être imposés sur la base d'évaluation forfaitaire prévue par l'article 11 et dont il sera parlé ci-après (*Rép. min. fin. quest.* de M. Ancel, député, du 30 juin 1925, n° 4841).

Quant aux fonctionnaires coloniaux ne venant habiter la métropole que de loin en loin pendant leurs congés, et n'ayant pas en France de résidence habituelle, au sens défini par l'article 6, ils ne sont pas passibles de l'impôt général sur le revenu. Ceux qui ont, au contraire, une habitation à leur disposition, quelle que soit la durée de leurs séjours effectifs dans la métropole, sont redevables de l'impôt, dans les conditions indiquées par l'article 11 de la loi de 1914 (*Rép. min. fin. quest.* de MM. les députés Charpentier, du 29 févr. 1916, n° 8660; — Honnorat, du 6 mars 1917, n° 14 740; — de La Ferronays, du 23 janv. 1920, n° 516; — Le Moigne, du 16 mars 1920, n° 1683 ; — Bouisson, du 12 avr. 1920, n° 2233).

600. Officiers en territoire occupé ou en service à l'étranger. — Les officiers en territoire occupé ou en service à l'étranger, spécialement ceux qui sont affectés à l'armée du Levant, sont censés, malgré cette affectation, avoir gardé en France leur principal établissement ou domicile, et, comme tels, sont redevables de l'impôt général sur le revenu (*Rép. min. fin. quest.* de MM. les députés Bouisson, du 12 avr. 1920, n° 2233 ; — Denise, du 10 juin 1920, n° 3568 ; — de Rodez-Bénavent, du 13 nov. 1923, n° 18 886). Par contre, les officiers en mission à l'étranger ne peuvent plus être considérés comme domiciliés en France, et c'est seulement à la condition d'y avoir une résidence, au sens de l'article 6 de la loi de 1914, qu'ils deviennent passibles de l'impôt général, suivant le mode forfaitaire réglé par l'article 11 de la même loi (*Rép. min. fin. quest.* de MM. les députés Fribourg, du 18 oct. 1921, n° 10 147, et de Rodez-Benavent, précitée).

601. Militaires des troupes coloniales. — L'impôt général sur le revenu est dû par les militaires des troupes coloniales rentrés et établis dans la métropole au 1er janvier de l'année de l'imposition (*Rép. min. fin. quest.* de M. J. Hennessy, du 22 févr. 1923, n° 18 395).

602. Membres de la commission des réparations. — Les membres de cette commission, domiciliés en Allemagne, mais en résidence dans notre pays, sont, à ce dernier titre, cotisables à l'impôt général sur le revenu (*Rép. min. fin. quest.* de M. Duquaire, sénateur, du 7 juill. 1925, n° 7001).

603. Commission interalliée de Coblence. Armée du Rhin. — Les fonctionnaires de la commission interalliée à Coblence et les officiers de l'armée du Rhin ne sont assujettis à l'impôt général sur le revenu que s'ils ont conservé, en France, une habitation à leur disposition : dans ce cas, ils sont imposables en vertu de l'article 11 de la loi du 15 juillet 1914, d'après un revenu forfaitairement fixé à sept fois la valeur locative de cette habitation, conformément à la règle commentée plus loin (*Rép. min. fin. quest.* de M. Uhry, député, du 27 mai 1926, n° 8351, *J. off.* du 17 juill. 1926, p. 2953, col. 3, — et de M. Buisset, député, du 27 mai 1926, n° 8255, *J. off.* du 8 août 1926, p. 3255).

604. Personnes ayant en France le lieu de leur séjour principal. Loi du 29 avril 1926. — Pour corroborer l'efficacité de l'article 6 de la loi de 1914, la loi du 4 avril 1926 décida, par son article 7, que désormais seraient considérées comme ayant en France une résidence habituelle, les personnes qui, sans satisfaire aux conditions stipulées à ce sujet par la loi de 1914, ont néanmoins en France le lieu de leur séjour principal, soit qu'elles vivent à l'hôtel, en pension de famille ou en meublé. Mais la loi du 29 avril 1926 a modifié sensiblement l'économie de cette disposition, en substituant au texte de la loi du 4 avril une rédaction nouvelle qui vise simplement les personnes ayant en France le lieu de leur séjour principal, sans faire allusion à celles « qui vivent à l'hôtel, en pension de famille ou en meublé ». Seuls, les locataires des bureaux meublés sont désignés dans la disposition de la loi du 29 avril qui organise la garantie du versement de l'impôt. Ainsi que l'expliquait M. de Chappedelaine dans son rapport du 28 avril 1926, au nom de la commission des finances de la Chambre (*annexe* n° 2893, séance du 28 avr. 1926, *J. off. Doc. parlem.*, p. 702), si la loi du 29 avril 1926, dans le second paragraphe de son article 6, affranchit ainsi de l'obligation du versement provisoire de garantie les locataires d'appartements meublés (sauf les locataires des bureaux meublés) et les personnes vivant à l'hôtel ou en pension de famille, c'est « pour ne pas entraver la prospérité des stations thermales, balnéaires ou touristiques ». Le même motif s'oppose àceque ces personnes, excursionnistes, voyageurs, simples hôtes de passage, soient, en leur seule qualité, regardés comme ayant en France le lieu de leur séjour principal, et c'est pourquoi l'article 6 de la loi du 29 avril 1926, les passant sous silence, les a fait rentrer dans le droit commun. Sans doute, l'Administration serait fondée à établir que telle ou telle personne de nationalité étrangère, qui revient périodiquement s'installer dans une luxueuse villa meublée de la Côte d'azur ou dans un de nos palaces en renom, a son séjour principal en France (*Circul. contr. dir.* 25 sept. 1926, p. 40) ; mais elle ne saurait retenir comme preuve, ni même comme présomption suffisante, le seul fait par une personne de vivre à l'hôtel, en pension de famille ou en meublé. Il y a là une question de fait à résoudre par appréciation des circonstances variables de chaque espèce.

605. Locataire de bureau meublé. Provision mensuelle de garantie. — L'article 7 de la loi du 4 avril 1926 imposait à toute personne vivant à l'hôtel, en pension de famille ou en meublé et occupant un logement d'un prix supérieur à

1 000 francs, ainsi qu'à tout locataire d'un bureau meublé, l'obligation de verser au Trésor, à la fin de chaque mois, sous la responsabilité du loueur et par son entremise, une somme égale à 25 pour 100 du prix de la location. Pour les raisons plus haut indiquées, l'article 6 de la loi du 29 avril 1926 a restreint l'application de cette mesure de garantie aux locataires de bureaux meublés. Ce nouveau texte est ainsi conçu :

« En garantie du payement des impôts dont elle peut être redevable, toute personne locataire d'un bureau meublé est tenue de verser au Trésor, à la fin de chaque mois, sous la responsabilité du loueur du bureau et par son entremise, une somme égale à 25 pour 100 du prix de location. Un décret fixera les conditions dans lesquelles les sommes consignées en exécution du présent article seront acquises au Trésor en payement des impôts dus par le locataire, ou à lui remboursées s'il justifie être en règle au point de vue fiscal, et, d'une manière générale, les conditions d'application du présent article. »

La loi du 29 avril 1926, pas plus que celle du 4 avril précédent, n'a précisé ce qu'il faut entendre par ces mots « locataire d'un bureau meublé ». Nous inclinons à penser, avec Dalloz, qu'on doit considérer comme telles les personnes qui s'installent, pour une durée parfois très brève, dans des bureaux meublés, pour y traiter des opérations, commerciales ou autres, qui restent secrètes et échappent ainsi, plus ou moins complètement, aux taxes fiscales dont elles seraient passibles (D. P. 1926, 4. 152, note 2). Le versement mensuel de 25 pour 100 du prix de location doit être effectué au Trésor par l'entremise du loueur du bureau, transformé pour la circonstance en collecteur d'impôts. Notons que cette mesure de garantie est désormais applicable, quelle que soit l'importance du prix de location, l'article 6 de la loi du 29 avril 1926 ayant supprimé toute imitation à ce sujet.

606. Conditions d'application. Décret du 7 septembre 1926. — Le décret réglementaire prévu par le texte qui précède est intervenu le 7 septembre 1926 (*J. off.* du 9 sept. 1926, p. 10 077, col. 3). Aux termes de ce décret (art. 1er), tout loueur de bureaux meublés est tenu de produire, dans les dix premiers jours de chaque mois, au percepteur de la situation des bureaux, un état en double indiquant, pour chacun de ses locataires, pendant le mois précédent : les nom et prénoms, l'adresse et la profession de ce locataire, le prix de location, la date à laquelle a commencé et, le cas échéant, pris fin cette location, et, pour les locations en cours à l'expiration du mois considéré, la somme due en consignation par chaque locataire, à raison de 25 pour 100 du prix mensuel de location.

Le loueur verse, en même temps, le montant desdites sommes au percepteur, qui en délivre une quittance destinée au locataire ; un double de la quittance est remis, en outre, au loueur, pour lui servir de pièce justificative.

607. Remboursement des sommes consignées. — Suivant l'article 3 du même décret, le locataire du bureau meublé peut obtenir le remboursement des sommes par lui consignées au cours d'une année déterminée, s'il est reconnu avoir acquitté les impôts dont il est redevable au titre de la même année et de l'année suivante, tant au lieu du bureau meublé qu'au lieu de son habitation.

La demande de remboursement doit, à peine de forclusion, être adressée au directeur départemental des contributions directes du lieu de la situation du bureau le 31 décembre au plus tard de la quatrième année qui suit celle du versement des consignations. Elle mentionne la date et le montant des versements auxquels elle s'applique. Le dossier de la demande est, après instruction, transmis, par l'intermédiaire du trésorier-payeur général, au percepteur dépositaire des sommes consignées. — *Circul. contr. dir.* 25 sept. 1926, p. 56.

Le percepteur retient, le cas échéant, la fraction des sommes consignées qui correspond au montant des impôts non acquittés, y compris, s'il y a lieu, les majorations applicables pour défaut de payement dans les délais légaux. Cette fraction est imputée sur le montant desdits impôts. Les consignations dont le remboursement n'a pas été demandé dans le délai fixé ci-dessus sont également imputées, jusqu'à due concurrence, sur le montant des impôts non payés, le surplus étant versé aux produits du budget (art. 4, *id.*).

608. Responsabilité du loueur du bureau meublé. — A titre de sanction, l'article 5 du décret du 7 septembre 1926 dispose que, dans le cas ou les consignations dont il vient d'être question n'auraient pas été régulièrement effectuées, le loueur serait responsable des impôts dus par le locataire jusqu'à concurrence des sommes dont la consignation aurait été omise.

609. Date d'application de la mesure de garantie. — L'article 6 du décret réglementaire du 7 septembre 1926 fixe au 1ᵉʳ octobre 1926 la date à compter de laquelle entreront en vigueur les prescriptions concernant les loueurs de bureaux meublés qui viennent d'être analysées.

610. Personnes ne résidant pas en France, mais y possédant des biens. — D'après l'*Instruction* du 30 mars 1918, les personnes n'ayant en France aucune résidence seraient affranchies de l'impôt général sur le revenu, « encore bien qu'y possédant des propriétés *ou exploitations productives de revenus*. » La pratique administrative paraît fixée en ce sens (*Rép. min. fin. quest.* de M. François-Albert, sénateur, du 22 juin 1922, n° 5 255).

611. Pluralité des résidences. — Aux termes de l'article 7 de la loi du 15 juillet 1914, « si le contribuable a une résidence unique, l'impôt est établi au lieu de cette résidence. — S'il possède plusieurs résidences, il est assujetti à l'impôt au lieu où il est réputé posséder son principal établissement. »

La détermination du principal établissement de l'assujetti est une pure question de fait (*Cons. d'Ét.*, 25 juill. 1924, D. P. 1925. 3. 27).

612. Imposition globale du chef de famille. — Une des caractéristiques de l'impôt général sur le revenu est d'être établi par famille ou par foyer. Telle est la règle que consacre l'article 8-1° de la loi du 15 juillet 1914. D'après ce texte, « chaque chef de famille est imposable, tant en raison de ses revenus personnels que de ceux de sa femme et des autres membres de la famille qui habitent avec lui » (*Cons. d'Ét.*, 31 mars 1925, deux arrêts, D. P. 1925. 3. 57).

613. Époux l'un et l'autre fonctionnaires. — Par une application directe de cette règle de l'imposition par foyer, il a été reconnu que, dans le cas où les deux époux sont fonctionnaires, le mari doit englober dans sa déclaration relative à l'impôt sur le revenu son traitement et celui de sa femme (*Rép. min. fin. quest.* de M. Barthe, député, du 18 févr. 1925, n° 3049), alors même que celle-ci, d'ailleurs non séparée de biens, exercerait son emploi dans une résidence autre que celle du mari (*Rép. min. fin. quest.* de M. Huguet, député, du 6 juill. 1921, n° 9988).

614. Exceptions au principe de l'imposition par foyer. — Le principe de l'imposition exclusive du chef de famille comporte deux exceptions relatives, la première à la femme séparée de biens ne vivant pas avec son mari, — et la seconde aux enfants et membres de la famille ayant des ressources distinctes.

615. Femme séparée de biens ne vivant pas avec son mari. — La loi du 15 juillet 1914 décide, dans son article 8, que les contribuables peuvent réclamer des impositions distinctes, « lorsqu'une femme séparée de biens ne vit pas avec son mari. » La dualité des taxations se justifie, dans ce cas, par la coexistence de deux foyers séparés. Par contre, la femme, même séparée de biens, n'est pas recevable à réclamer une imposition distincte, du moment où elle habite avec son mari (Conf. *Instr.* précitée, art. 159).

616. Dissolution du mariage. Imposition personnelle de la femme. — Lorsque le mari est décédé pendant l'année de base, sa veuve devient personnellement imposable au titre de l'année suivante, sur ses revenus, quelle qu'en soit la provenance, notamment sur la moitié des tantièmes, intérêts et dividendes acquis au défunt, comme administrateur d'une société, antérieurement à son décès et tombés dans la communauté d'acquêts (*Cons. d'Ét.*, 31 mars 1925, D. P. 1925. 3. 57).

617. Membres de la famille ayant des ressources propres. — La seconde exception à la règle de l'imposition par foyer vise le cas où les « enfants ou autres membres de la famille, sauf le conjoint, tirent un revenu de leur propre travail ou d'une fortune indépendante de celle du chef de famille ».

Pour l'application de ce texte, il n'y a pas lieu de distinguer entre les enfants majeurs et mineurs (*Instr.* 30 mars 1918, art. 159).

618. Demande d'impositions distinctes à formuler. — Le bénéfice de l'imposition distincte de la femme, des enfants ou des autres membres de la famille n'est point acquis de plein droit aux intéressés ; le contribuable doit en faire la demande expresse, en indiquant dans sa déclaration annuelle les membres de sa famille dont il entend ne pas totaliser les revenus avec les siens (V. *infrà*, n° 755).

619. Sociétés et autres collectivités. — L'impôt sur le revenu étant établi au nom de chaque chef de famille, il est de son essence de frapper les individus, les personnes physiques, à l'exclusion des sociétés n'ayant qu'une existence légale. Lorsqu'il s'agit d'une entreprise exploitée, soit par une société régulièrement constituée (société en nom collectif ou en commandite), soit par une société de fait, les bénéfices totaux, tels qu'ils résultent de l'évaluation retenue pour l'établissement de l'impôt cédulaire, sont répartis entre les associés, pour le calcul de l'impôt général, d'après les droits respectifs de chacun d'eux, fixés par l'acte constitutif de la société (*Rép. min. fin. quest.* de MM. les députés Poitou-Duplessy et Delafoy du 19 janv. 1922, *J. off.* 1922, p. 480, et du 16 févr. 1923, *J. off.* 1923, p. 2401). Ainsi, les membres des associations en participation, notamment le gérant, n'ont à supporter l'impôt général sur le revenu que pour la part à laquelle ils ont droit dans les bénéfices réalisés en commun (*Rép. min. fin. quest.* de MM. les députés, Marcel Plaisant, du 6 juill. 1922, *Rec. quest. fisc.* 1922, p. 331, n° 351 ; — Delafoy, du 16 févr. 1923, *J. off.* 1923, n° 2401).

620. Personnes expressément affranchies de l'impôt. — Aux termes de l'article 6 de la loi du 25 juin 1920 (D. P. 1920. 4. 283), sont affranchies de l'impôt général sur le revenu les trois catégories de personnes ci-après :

1° Toute personne dont le revenu global net, après déduction des charges de ménage et de famille prévues par l'article 12 de la loi du 15 juillet 1914 et dont il sera parlé plus loin (n°s 703 et suiv.), n'excède pas le minimum d'existence, actuellement fixé à 7 000 francs par l'article 8 de la loi du 30 mars 1923 (D. P. 1923. 4. 281) ;

2° Les mutilés, veuves et ayants droit de morts de la grande guerre, pour les pensions dont ils sont titulaires en vertu de la loi du 31 mars 1919 ;

3° Les ambassadeurs, les consuls et agents consulaires de nationalité étrangère, dans la mesure où les pays qu'ils représentent concèdent des avantages analogues aux agents diplomatiques et consulaires français, et sans en excepter ceux qui ont en France des occupations étrangères à leurs fonctions consulaires ou y possèdent des propriétés (*Cons. Préfect.* Seine, 3 juin 1924, *Gaz. Pal.* 12 août 1924). Mais, pour bénéficier de cette immunité, les agents consulaires doivent être sujets étrangers : le commerçant de nationalité française qui exerce, en France, les fonctions de consul d'un état étranger est passible de l'impôt général sur le revenu et des impôt cédulaires, d'après les règles communes, sur l'ensemble de ses revenus, sans distinction d'origine, y compris les droits de chancellerie et autres profits qu'il encaisse en sa qualité de consul (*Rép. min. fin. quest.* de M. Guichenné, député, du 18 mai 1923, *J. off.* 1923, p. 2639).

621. Espagnol résidant en France. Convention franco-espagnole. Exemption non applicable. — Un sujet espagnol, négociant et résidant habituellement en France, ne saurait, pour échapper à l'impôt sur le revenu, se prévaloir de l'exemption d'impôt résultant de la convention franco-espagnole du 7 janvier 1862, cet accord diplomatique n'affranchissant les Espagnols en France que des contributions de guerre ou taxes extraordinaires (*Cons. d'Ét.*, 2 déc. 1921, *Gaz. Pal.* 10 oct. 1922).

§ 2. — ASSIETTE DE L'IMPOT. DÉTERMINATION DU REVENU

622. Revenu imposable. Règle générale. — L'article 10 de la loi du 15 juillet 1914, complété et modifié par l'article 1er de la loi du 23 février 1917 (D. P. 1917. 4. 31), par l'article 50 de la loi du 31 juillet 1917 (D. P. 1917. 4. 281), par l'article 13 de la loi du 13 juillet 1925 et par l'article 10 de la loi du 4 avril 1926, est ainsi conçu :

« L'impôt est établi d'après le montant total du revenu net annuel dont dispose chaque contribuable. Ce revenu net est déterminé, eu égard aux propriétés et aux capitaux que possède ce contribuable, aux professions qu'il exerce, aux traitements, salaires, pensions et rentes viagères dont il jouit, ainsi qu'aux bénéfices de toutes opérations lucratives auxquelles il se livre, sous déduction : 1º des intérêts des emprunts et dettes à sa charge ; 2º des arrérages de rentes payées par lui à titre obligatoire ; 3º de tous impôts directs et taxes assimilées acquittées par lui ; 4º des pertes résultant d'un déficit d'exploitation dans une entreprise agricole, commerciale ou industrielle.

« Le revenu imposable correspondant aux diverses sources de revenus énumérées ci-dessus est déterminé, chaque année, d'après leur produit respectif pendant la précédente année ;

« Toutefois, en ce qui concerne les bénéfices de l'exploitation agricole, l'exploitant a la faculté de les évaluer d'après les règles fixées pour l'assiette de l'impôt cédulaire qui frappe spécialement les revenus de cette catégorie.

« Pour les commerçants et industriels dont le bénéfice net n'excède pas 50 000 francs et qui n'apportent pas la preuve du chiffre exact de ce bénéfice, il est fait état du bénéfice moyen de la catégorie dans laquelle les intéressés sont rangés en vue du calcul de l'impôt cédulaire.

« Les contribuables peuvent également évaluer les revenus de leurs propriétés, bâties ou non bâties, d'après les règles applicables pour l'assiette de l'impôt foncier.

« Au cas où les propriétés, bâties ou non bâties, seraient louées ou affermées pour un prix supérieur, compte tenu des frais de gestion, d'assurances, d'entretien et d'amortissement du capital immobilier, au revenu net servant de base à la contribution foncière, le contrôleur pourra, à charge par lui d'en apporter la justification, substituer le montant du revenu réel au revenu net imposable. » — Conf. Décr. 15 oct. 1926, art. 79.

623. Année de base. — Ainsi que l'exprime ce texte, chaque contribuable est, en principe, passible de l'impôt sur le montant global de son revenu net pendant l'année immédiatement antérieure à celle de l'imposition. Celui qui a établi son domicile en France avant le 1er janvier d'une année déterminée doit supporter l'impôt général du revenu sur la totalité de ses revenus de l'année précédente, à quelque catégorie qu'ils appartiennent, qu'ils aient ou non leur origine en France

(*Rép. min. fin. quest.* de M. Garnier, sénateur, du 12 juill. 1922, *J. off.* 1922, p. 1206).

624. Femme mariée au cours de l'année de base. Imposition du mari. — Le Conseil d'État a jugé que les revenus de la femme mariée au cours de l'année de base ne peuvent, pour la période comprise entre le 1er janvier de ladite année et la date de son mariage, être ajoutés à ceux du mari qu'autant qu'ils excèdent le minimum affranchi de l'impôt, aujourd'hui de 7 000 francs ; si ces revenus (dans l'espèce, un traitement d'institutrice) sont inférieurs à 7 000 francs, seule, la fraction de traitement dont la femme a disposé à partir de son mariage peut entrer dans la composition du revenu annuel d'après lequel le chef de famille est imposable (*Cons. d'Ét.,* 31 mars 1925, D. P. 1925. 3. 57).

625. Exercice comptable ne coïncidant pas avec l'année civile. — Il arrive fréquemment que l'époque à laquelle un commerçant ou un industriel arrête périodiquement sa comptabilité ne coïncide pas avec la fin de l'année civile. Antérieurement à la loi du 4 avril 1926, il était admis qu'un tel contribuable peut faire état, dans sa déclaration relative à l'impôt général, du bénéfice net de l'exercice comptable ayant pris fin au cours de l'année antérieure à celle de l'imposition (*Instr.* 30 mars 1918, art. 168 ; — *Rép. min. fin. quest.* de M. Schrameck, sénateur, du 14 juin 1923, p. 1545 ; — de M. Villeneau, député, du 6 juin 1923, *J. off.,* p. 3469 ; — et de M. Peyroux, député, du 5 nov. 1924, n° 1355).

Il n'existe, selon nous, aucun motif de se départir de cette pratique. Il est, en effet, de principe que le chiffre du bénéfice industriel ou commercial à retenir pour l'assiette de l'impôt général sur le revenu, doit concorder avec le chiffre pris pour base de l'impôt cédulaire (*Cons. d'Ét.,* 26 déc. 1924, D. P. 1925. 3. 59 ; — 4 août 1925, D. P. 1926. 3. 30 ; — *Circul. des Contr. dir.* du 29 août 1925, n° 1448). La loi du 4 avril 1926 n'ayant porté aucune atteinte à la règle ainsi tracée par la jurisprudence du Conseil d'État, on ne saurait contester aux contribuables du commerce et de l'industrie le droit d'évaluer, pour l'impôt général, leur bénéfice commercial d'après les constatations de leur dernier exercice comptable, lorsque cet exercice ne coïncide pas avec l'année civile, et lorsque, d'autre part, il a servi de base au calcul de l'impôt cédulaire, conformément aux prévisions du 1er alinéa de l'article 5 de la loi du 31 juillet 1917, refondu par l'article 9 de la loi du 4 avril 1926.

626. Exercice comptable de plus de douze mois. — Quoi qu'il en soit, en aucun cas l'impôt général ne saurait être établi sur des bénéfices afférents à une période de plus de douze mois. Si donc un commerçant qui dressait son bilan annuel le 30 juin, n'a arrêté ses comptes en 1922 que le 31 décembre, à l'expiration d'une période de 18 mois, ce contribuable ne doit être assujetti à l'impôt cédulaire des bénéfices commerciaux et à l'impôt général sur le revenu au titre de 1923 que jusqu'à concurrence des résultats réalisés par lui pendant les douze mois de l'année 1922, antérieure à celle de l'imposition. Telle est la solution que le Conseil d'État a très nettement consacrée par l'arrêt précité, du 4 août 1925, rendu au contentieux (D. P. 1926. 3. 30. — V. *suprà*, n° 338).

627. Revenu global du contribuable. — L'impôt général sur le revenu, étant établi sur la personne du contribuable, doit par là même frapper l'universalité de ses revenus, y compris la valeur des profits et avantages en nature qu'il retire de la possession de ses capitaux immobiliers ou qui constituent une rémunération de son travail (Conf. *Cons. d'Ét.*, 28 janv. 1921, *motifs*, D. P. 1921. 3. 9).

D'après le décret du 15 décembre 1917 (D. P. 1917. 4. 822), les sources de revenus qui concourent à la formation du revenu global du contribuable et qui doivent apparaître séparément dans sa déclaration annuelle, sont les suivantes :

1° Revenus des propriétés foncières bâties ;

2° Revenus des propriétés foncières non bâties ;

3° Revenus des valeurs et capitaux mobiliers ;

4° Bénéfices de l'exploitation agricole ;

5° Bénéfices industriels et commerciaux ;

6° Bénéfices de l'exploitation minière ;

7° Traitements publics et privés, indemnités et émoluments, salaires, pensions et rentes viagères ;

8° Bénéfices des professions non commerciales (professions libérales, charges et offices, occupations ou exploitations lucratives non dénommées ci-dessus).

A cette énumération s'ajoute la mention, exigée par l'article 65 de la loi du 22 mars 1924, du montant des revenus de toute nature encaissés directement ou indirectement à l'étranger par le contribuable, sous peine des sanctions prévues par les articles 52 et 54 de la même loi, relatés plus loin (V. nᵒˢ 674 et 770).

628. Évaluation du revenu net de chaque catégorie. — Aux termes de l'article 1ᵉʳ du décret précité du 15 décembre 1917, le revenu net est constitué, pour chaque catégorie, par l'excédent du produit brut effectivement réalisé y compris la valeur des profits et avantages en nature, sur les dépenses effectuées en vue de l'acquisition et de la conservation du revenu.

629. Option entre le revenu réel et l'évaluation cédulaire. — En principe et ainsi qu'on vient de l'expliquer, c'est par la totalisation des revenus nets effectifs des diverses catégories que doit être déterminé le revenu global passible de l'impôt. Mais, dans un but de simplification, le législateur a accordé aux contribuables la faculté de se référer, dans leur déclaration annuelle, à l'égard de certains revenus établis par voie de rôles, aux règles d'évaluation fixées pour l'assiette des impôts cédulaires exigibles sur ces revenus.

D'après l'article 10 plus haut transcrit (nᵒ 622) de la loi du 15 juillet 1914 et compte tenu des modifications résultant des lois du 13 juillet 1925 et du 4 avril 1926, ce droit d'option se limite actuellement aux bénéfices de l'exploitation agricole et aux revenus de la propriété foncière, bâtie ou non bâtie.

Quant aux bénéfices industriels et commerciaux, il ne peut plus être question, pour les contribuables, de substituer au bénéfice réel de leur exploitation une évaluation à forfait, en fonction de leur chiffre d'affaires, puisque ce mode de taxation a été supprimé par l'article 9 de la loi du 4 avril 1926, ne reconnaissant pour les contribuables de cette cédule d'autre base de taxation que le bénéfice net effectif, ou la catégorie de revenu déclarée par l'intéressé, suivant que son bénéfice excède ou non 50 000 francs. Le droit d'option réservé aux commerçants et aux industriels par la législation antérieure (L. 13 juill. 1925, art. 13) n'existe donc plus à proprement parler. Comme on le verra plus loin, c'est obligatoirement et en vertu de la règle inscrite dans l'article 10 de la loi du 4 avrie 1926, que les commerçants dont le bénéfice net ne dépassl pas 50 000 francs et dont le chiffre exact n'est pas justifié, deviennent imposables au titre de l'impôt général sur le bénéfice moyen de la catégorie à laquelle ils ressortissent pour l'application du tarif de l'impôt cédulaire.

630. Calcul du revenu des propriétés foncières bâties.

— Conformément aux principes posés ci-dessus, le contribuable peut, à son choix, retenir en vue de l'assiette de l'impôt général, soit le revenu réel de ses immeubles bâtis, soit le revenu cadastral sur lequel est établie la contribution foncière.

1. — Dans le premier cas, il convient de retrancher du revenu brut, exprimé par le montant des loyers ou, à défaut de bail, par une évaluation approximative, les frais de gestion, d'entretien, d'assurances déboursés par le propriétaire et l'annuité d'amortissement, généralement échelonnée de 0 fr. 10 à 0 fr. 30 pour 100 du coût de la construction ou du prix d'achat de l'immeuble (V. Décr. 17 janv. 1917, modifié par celui du 15 déc. 1917, D. P. 1917. 4. 28 et 322). On ne saurait d'ailleurs assimiler à des frais d'entretien, ni, par suite, déduire du revenu brut de l'immeuble, les sommes dépensées en vue de l'accroissement du capital immobilier (*Rép. min. fin. quest.* de M. Boyer, député, du 27 mai 1926, n° 8250, *J. off.* du 17 juill. 1926, p. 2951, col. 3).

2. — Si le propriétaire juge à propos d'exercer le droit d'option que lui réserve l'article 13 de la loi du 13 juillet 1925, il inscrit, dans sa déclaration le revenu net passible de la contribution foncière, représenté par la valeur locative assignée à l'immeuble lors de la dernière revision décennale, sous déduction de 25 pour 100 pour les maisons et de 40 pour 100 pour les usines (L. 16 juill. 1910, art. 2, D. P. 1911. 4. 45).

Rappelons ici qu'aux termes de l'article 5 de la loi du 25 avril 1925 (*Bull. législ. Dalloz* 1925, p. 233) : 1° A partir du 1ᵉʳ janvier 1926, jusqu'à la date d'application des résultats de la future revision périodique normale, le revenu net des propriétés bâties se déduira de la valeur locative fixée par la revision exceptionnelle effectuée en vertu des articles 45 et 46 de la loi du 22 mars 1924 (V. *suprà*, n° 18) ; — 2° A titre exceptionnel, pour les maisons soumises à l'impôt foncier antérieurement au 1ᵉʳ janvier 1926, la déduction à opérer sur leur valeur locative nouvelle ne peut, en aucun cas, être inférieure au triple de la déduction effectuée sur la valeur locative antérieure (V. nº 19).

3. — Cette évaluation forfaitaire n'est d'ailleurs définitive qu'à l'égard des immeubles occupés par le propriétaire ; en ce qui concerne les immeubles loués, elle peut être écartée par l'Administration, si le prix net du bail est supérieur au revenu net retenu pour l'assiette de l'impôt foncier. C'est ce que décide expressément l'article 13 de la loi du 13 juillet 1925 (V. *suprà*, nº 622).

631. Immeubles exemptés de l'impôt foncier. — Dans la mise en œuvre des règles précédentes, il ne faut pas perdre de vue l'article 10 de la loi du 15 juillet 1914, suivant lequel l'impôt général sur le revenu frappe les revenus de toutes catégories dont dispose le contribuable. Il s'ensuit que le revenu des immeubles bâtis bénéficiant d'une exemption permanente ou temporaire d'impôt foncier n'en doit pas moins être compris, au même titre que celui des autres immeubles, dans la déclaration annuelle relative à l'impôt général sur le revenu. C'est ce que l'Administration a spécialement reconnu au sujet du revenu des constructions nouvelles (*Rép. min. fin. quest.* de M. Macarez, député, du 13 nov. 1923, *J. off.* 1923, p. 3757).

632. Revenus des propriétés foncières non bâties. — Ici encore, le contribuable a l'alternative de déclarer, en vue de l'assiette de l'impôt général, soit le revenu effectif de ses propriétés, soit le revenu net sur lequel doit être calculée la contribution foncière.

En ce qui concerne le revenu réel des propriétés affermées, leur revenu brut est constitué par le montant des fermages perçus. Le revenu net est obtenu en retranchant du produit brut le montant des dépenses (rétribution du régisseur, entretien des clôtures, curage des fossés, remplacement des arbres à fruits, etc.) et, en outre, l'amortissement des installations immobilières, autres que les bâtiments, existant sur la propriété. Si le propriétaire exploite lui-même ses terres, seul ou avec le concours de métayers ou colons, le revenu brut de la propriété est représenté par le prix du loyer dont elle serait susceptible en cas de location.

Mais, lorqu'il y voit pour lui un avantage, le propriétaire foncier peut prendre comme expression de son revenu annuel le revenu imposable à la contribution foncière, représenté par la valeur locative cadastrale après déduction forfaitaire de 20 pour 100 ou d'un cinquième de cette valeur locative.

Rappelons que, jusqu'en 1931, date d'application des résultats de la revision exceptionnelle actuellement en cours, le revenu imposable des propriétés non bâties sera majoré de 75 pour 100, en vertu de l'article 23 de la loi du 3 août 1926.

633. Bénéfices de l'exploitation agricole. — A l'égard de cette catégorie de revenus, l'article 13 de la loi du 13 juillet 1925 confirme expressément le droit d'option du contribuable, en lui accordant la faculté d'évaluer ces revenus « d'après les règles fixées pour l'assiette de l'impôt cédulaire qui frappe spécialement les bénéfices de l'exploitation agricole ». L'exploitant est donc libre d'inscrire dans sa déclaration relative à l'impôt général, soit le bénéfice réel de ses propriétés rurales, soit le bénéfice forfaitaire obtenu en appliquant à la valeur locative cadastrale des terres exploitées, préalablement majorée de 75 pour 100, l'un des trois coefficients par nature de culture, fixés par l'article 23 de la loi du 3 août 1926.

Du moment où le contribuable indique, dans sa déclaration relative à l'impôt général, l'évaluation forfaitaire de son bénéfice agricole, il n'est pas recevable à défalquer de ce revenu à forfait les dépenses qu'il a faites en vue de l'acquisition ou de la conservation de ce revenu, notamment les primes versées pour les assurances contre la grêle et contre les accidents contractées à l'occasion de son exploitation agricole (*Cons. d'Ét.*, 18 mars 1924, D. P. 1924. 3. 63).

Au cas de taxation d'office, l'indication par l'intéressé, dans sa réclamation, d'un bénéfice forfaitaire inférieur à celui qui a servi de base à cette taxation ne prouve pas que cette dernière évaluation soit exagérée : en l'absence de cette preuve, la demande en décharge ou en réduction ne peut qu'être rejetée (*Cons. d'Ét.*, 8 juin 1923, D. P. 1923. 3. 65).

634. Non-déduction de la valeur locative des biens ruraux. — Le bénéfice agricole évalué forfaitairement représente seulement le produit de l'exploitation, à l'exclusion du revenu foncier constitué par le loyer de la terre. Il s'ensuit que, pour l'établissement de l'impôt général sur le revenu, le propriétaire qui cultive lui-même son domaine ou l'exploite

par métayer, ne serait pas fondé à déduire de l'évaluation forfaitaire de son bénéfice agricole la valeur locative de son exploitation (*Rép. min. fin. quest.* de M. Lamoureux, député, du 11 déc. 1923, *J. off.* 1924, p. 830).

635. Bail à portion de fruits. — On sait par nos explications précédentes (V. n° 120) que, dans le cas de bail à portion de fruits, le bailleur et le métayer sont personnellement imposables pour la part de bénéfice, réel ou forfaitaire, revenant à l'un et à l'autre. C'est cette même quote-part individuelle que chacun d'eux doit comprendre dans sa déclaration relative à l'impôt général sur le revenu.

Il en serait différemment si le bailleur négligeait d'adresser au contrôleur, à chaque renouvellement ou modification du bail, la déclaration dont nous avons précisé plus haut l'objet et la portée; à défaut de cette déclaration, le bailleur devient cotisable sur la totalité du bénéfice agricole.

636. Exploitation agricole ayant commencé ou cessé au cours de l'année précédente. — L'impôt des bénéfices agricoles est établi dans la commune où les redevables ont leur habitation principale au 1er janvier de l'année de l'imposition. Mais, tandis que le bénéfice imposable était jusqu'alors évalué en raison de la consistance des propriétés au 1er janvier de cette même année, l'article 3 de la loi du 13 juillet 1925, non modifié sur ce point par l'article 23 de la loi du 3 août 1926, dispose que la détermination de ce bénéfice aura désormais pour base la consistance des exploitations au 1er janvier de l'*année antérieure* à celle de l'imposition.

De là les conséquences suivantes, signalées par la *Circulaire* n° 879 du 25 juillet 1925 : 1° pour le contribuable ayant inauguré son exploitation agricole au cours de l'année 1925, pas d'imposition de bénéfices agricoles au titre de l'impôt général en 1926 ; — 2° pour le contribuable ayant cessé l'exercice de sa profession agricole au cours de l'année 1925, bénéfice à déterminer d'après la consistance du domaine au 1er janvier 1925 et à retenir, le cas échéant, pour l'établissement de l'impôt général sur le revenu au titre de l'année 1926 (pp. 4 et 5).

637. Fixité de l'évaluation forfaitaire des revenus fonciers. — Lorsque le contribuable, exerçant le droit d'option que lui reconnaît l'article 13 de la loi du 13 juillet 1925, inscrit dans sa déclaration relative à l'impôt général, comme revenus de ses propriétés bâties et non bâties et de son exploitation rurale, les revenus à forfait servant de base à la contribution foncière et à l'impôt sur les bénéfices agricoles, il ne saurait être question de déduire de ces revenus ni les frais d'entretien, de réparations et d'assurance des bâtiments, ni le montant des primes d'assurance contre la grêle et contre les accidents (*Cons. d'Ét.*, 18 mars 1924, D. P. 1924. 3. 63).

Par contre, le même contribuable n'a pas à ajouter à son évaluation forfaitaire un revenu distinct et particulier pour les bâtiments ruraux et pour le cheptel affectés à son exploitation agricole (*Cons. d'Ét.*, 18 mars 1924, susvisé, et 11 avril 1924, D. P. 1924. 3. 63).

638. Faculté de changer, d'année en année, le mode d'évaluation. — Rien ne s'oppose, d'après l'*Instr.* du 30 mars 1918, « à ce que les contribuables adoptent, d'une année à l'autre, un mode d'évaluation différent. Cependant, lorsqu'il s'agit de revenus qui ne se perçoivent pas annuellement, mais seulement à intervalles périodiques de plusieurs années, tels les revenus de coupes de bois, par exemple, il serait inadmissible que le contribuable n'eût pas l'obligation de s'en tenir pendant la durée de chaque période au même mode d'évaluation » (art. 163). — Conf. *Rép. min. fin. quest.* de M. Talhouët-Roy, député, du 6 avril 1922, *J. off.* 1922, p. 1532.

639. Revenus des valeurs et capitaux mobiliers. — Les sociétés, établissements publics et autres collectivités ne sont, en aucun cas, cotisables à l'impôt général sur le revenu. Par contre, les associés, actionnaires, obligataires ou prêteurs, passibles personnellement de cet impôt, doivent comprendre dans leur déclaration annuelle :

1º Les dividendes, intérêts, revenus, bénéfices et tous autres produits des actions, parts de fondateurs, parts d'intérêts et commandites des sociétés françaises, commerciales ou civiles, dont le contribuable est titulaire ;

2º Les arrérages et intérêts annuels des valeurs françaises représentées, dans le portefeuille du contribuable, par des titres d'emprunts ou obligations des sociétés, départements, communes et établissements publics ;

3° Les revenus des créances hypothécaires, privilégiées ou chirographaires, des dépôts de sommes et des cautionnements en numéraire ;

4° Les revenus des titres d'actions ou d'obligations des sociétés, compagnies, entreprises, corporations, villes, provinces ou établissements publics étrangers, soumis ou non au régime de l'abonnement ;

5° Les intérêts et arrérages des rentes, obligations, emprunts et autres effets publics des gouvernements étrangers et des colonies françaises ;

6° Les arrérages des fonds d'État français, exonérés sans doute de tout impôt cédulaire, mais passibles de l'impôt général sur le revenu, sauf les exceptions signalées ci-après ;

7° Et les revenus encaissés directement ou indirectement à l'étranger, dont l'article 65 de la loi du 22 mars 1924 exige la mention distincte dans la déclaration relative à l'impôt général, sous peine des sanctions prévues par les articles 52 et 54 de la même loi.

640. Tantièmes des administrateurs des sociétés. — Les participations ou tantièmes alloués aux membres des conseils d'administration des sociétés anonymes, aux administrateurs-délégués, aux administrateurs-directeurs ou gérants, doivent, sous l'empire de l'article 79 de la loi du 13 juillet 1925, être envisagés comme une distribution de bénéfices, dans la mesure où ils leur sont attribués *en leur qualité* d'administrateurs, et, au contraire, être assimilés à un salaire, pour tout ce qui leur est attribué à titre de directeur, en rémunération de leur travail. Cette distinction n'intéresse que l'application de l'impôt cédulaire. En toute hypothèse, qu'ils aient le caractère d'une répartition de bénéfices ou d'une rémunération, les tantièmes dont il s'agit représentent un des éléments du revenu général du bénéficiaire et doivent être englobés dans sa déclaration annuelle de revenu.

641. Jetons de présence. — Il en est de même des jetons de présence et rémunérations diverses desdits administrateurs, que l'article 17 de la loi de finances du 29 avril 1926 (*J. off.* du 1er mai 1926) soumet au régime fiscal institué pour les tantièmes : ces allocations doivent apparaître dans la déclaration annuelle des intéressés, relative à l'impôt général. — V. à ce sujet, *suprà*, n° 471.

642. Dividendes représentant la soulte d'un échange d'actions. — Lorsque les dividendes perçus par un contribuable représentent réellement la soulte d'un échange d'actions, leur versement à l'intéressé affecte le caractère d'un remboursement de capital, et le bénéficiaire n'a pas à en faire état dans sa déclaration relative à l'impôt général sur le revenu (*Rép. min. fin. quest.* de M. Bazire, député, du 12 janv. 1923, *J. off.* 1923, p. 983).

643. Valeurs émises par l'État. Distinction à établir. — Les rentes, obligations et autres effets publics émis par l'État français, sont affranchis de l'impôt cédulaire ; mais cette exonération ne saurait être étendue à l'impôt général, qui s'adresse à l'ensemble des facultés contributives de l'assujetti. Il n'est donc pas douteux que les revenus de ces valeurs doivent, en principe, être retenus dans le décompte du revenu global des titulaires ou porteurs, en vue du calcul de l'impôt général (*Instr.* 30 mars 1918, art. 166 ; — *Rép. min. fin. quest.* de MM. les députés Auriol (*J. off.* 3 août 1918, p. 2307) et Pouzin, du 20 févr. 1924, *J. off.* 1924, p. 1458).

La règle ainsi posée ne souffre exception qu'à l'égard des valeurs spécialement exonérées de l'impôt général sur le revenu par une disposition législative. Bénéficient actuellement de cette exemption : les intérêts des bons du Trésor et des bons de la Défense nationale à échéance d'un an au plus (L. 13 mars 1924, *J. off.* du 14 mars 1924, *Bull. législ. Dalloz,* 1924 (p. 162) et les arrérages des rentes 4 pour 100 perpétuelles réservées aux porteurs des bons de la Défense nationale, émises en exécution de l'article 3 de la loi du 27 juin 1925 et du décret du 4 juillet suivant (*Bull. législ. Dalloz* 1925, p. 420).

Mais ce régime de faveur doit, comme toutes les exceptions, être limitativement appliqué ; il ne saurait notamment être étendu aux obligations du Crédit national, aux bons du Trésor à 3 ou 5 ans, type 1922, et à 3, 6 et 10 ans, type 1923 : les intérêts de ces valeurs sont passibles de l'impôt général sur le revenu (*Rép. min. fin. quest.* de M. Pouzin, député, du 10 avr. 1924, *J. off.*, p. 2216). Il en est de même des intérêts des bons du Trésor 5 pour 100, à 10 ans, remboursables au taux de 150 pour 100 ; seule, la prime de 50 pour 100 attachée à ces bons échappe légalement à l'impôt général (*Rép. min. fin. quest.* de M. Bougère, député, du 19 nov. 1924, n° 1564 ; *Circul. contr. dir.* 11 juin 1925).

644. Lot d'obligation sortie au tirage. — Par un arrêt du 28 janvier 1921, rejetant le recours du ministre des finances, le Conseil d'État a jugé que les lots d'obligations sorties aux tirages, ne pouvant être considérés comme une accumulation d'intérêts réservés et constituant un gain en capital, ne doivent pas entrer en compte pour la détermination du revenu global des porteurs des obligations remboursées et l'établissement de l'impôt général sur le revenu (D. P. 1921. 4. 9).

645. Primes de remboursement des obligations. — Par un arrêt du 20 mars 1876 (D. P. 77. 1. 354), la cour d'appel de Grenoble a reconnu le caractère de capital à cette prime de remboursement. La Cour de cassation a confirmé cet arrêt, en décidant que la prime forme » un surcroît de capital» (Req. 14 mars 1877, D. P. 77. 1. 353). La doctrine s'affirme en ce sens (Baudry-Lacantinerie, Le Courtois et Surville, *Du contrat de mariage*, t. II, 1286 ; — Clément, *Études pratiques sur l'usufruit*, 56 ; — Huc, *Commentaire théor. et prat. du Code civil*, t. IV, 195).

Il est permis d'en conclure, avec l'annotateur de Dalloz (arrêt précité du *Cons. d'Ét.*, D. P. 1921. 4. 9, en note), « que les primes de remboursement ne sauraient être atteintes par l'impôt général sur le revenu, à raison même de leur nature de capital vis-à-vis de celui qui en bénéficie. » C'est ce que le conseil de préfecture de la Côte-d'Or a décidé, par un arrêté du 30 juin 1924, au sujet de la prime de remboursement d'une obligation de l'emprunt français amortissable 5 pour 100 1920 (*Gaz. Pal.* 3 oct. 1924. — Conf. *Rép. min. fin. quest.* de M. Bougère, député, du 19 nov. 1924, n° 1564 (Prime de 50 pour 100 des bons du Trésor à 10 ans, émis en vertu de l'art. 2, L. 28 déc. 1923).

646. Constitution des réserves. Sociétés par actions. — Les bénéfices des sociétés par actions ne constituent, pour les actionnaires, un revenu passible de l'impôt général que du jour où ils sont mis à leur disposition, soit en espèces, soit en titres négociables. Spécialement, les bénéfices mis en réserve par ces sociétés, pour la reconstitution de leur matériel ou en vue de toute autre affectation, ne sont pas susceptibles, tant qu'ils ne font pas l'objet d'une mise en distribution, d'être compris dans les bases de l'impôt général dû par chacun des actionnaires (*Rép. min. fin. quest.* de M. le comte de Blois, sénateur, du 28 mai 1925, n° 6934, *J. off.* du 26 juin 1925, p. 1198, col. 3).

647. Réserves des sociétés de personnes. — La solution inverse a prévalu en ce qui concerne les réserves constituées par les sociétés de personnes. Dans l'état actuel de l'interprétation administrative et de la jurisprudence du Conseil d'État, il est de règle que, dans le cas où une telle société, en nom collectif ou en commandite simple, affecte une part de ses bénéfices à la constitution ou à la dotation annuelle de ses réserves et ne distribue que le surplus, chaque associé ou commandité est imposable à l'impôt général sur le revenu, au titre de l'année suivante, non seulement sur la fraction de bénéfices effectivement distribuée, mais encore sur sa quote-part des sommes mises en réserve (*Rép. min. fin. quest.* de MM. Artaud, député, du 22 mars 1921, n° 8200 ; — de la Ferronays, du 31 mai 1921, n° 9231 ; — Maillard, député, du 18 nov. 1921, n° 10 946, *J. off.*, p. 5 227 ; — Roques, député, du 27 janv. 1922, n° 12 105 ; — Amic, sénateur, du 15 mai 1923, n° 5788). Le Conseil d'État a sanctionné cette thèse, par un arrêt du 5 février 1925 (D. P. 1925. 3. 25) rendu à l'égard d'une société en nom collectif, mais dont les motifs sont applicables aux sociétés en commandite simple.

Cette interprétation est discutée. On objecte que, d'après l'article 10 de la loi du 15 juillet 1914, l'impôt général sur le revenu se limite au revenu annuel dont « dispose » le contribuable et qu'on ne saurait envisager comme mise à la disposition de celui-ci sa quote-part dans un fonds de réserve qui appartient à la société, dont la personnalité juridique est distincte de celle de l'associé. Mais on peut répondre que, précisément, l'associé ou gérant dispose de sa part de bénéfices par cela même qu'il consent à ce qu'elle reste immobilisée entre les mains de la société, au poste des réserves.

Nous ne reprendrons pas cette discussion, qui a donné lieu à des dissertations surabondantes, non dépourvues de tout intérêt doctrinal, mais sans portée pratique. Quant à présent, il n'y a qu'à s'incliner devant la décision du Conseil d'État. Au législateur seul, il appartient de réagir, s'il y a lieu, contre cette interprétation (V. Rapport de M. Henry Bérenger, du 30 juin 1923, sur le budget de 1923 et la proposition de MM. les députés Isaac et Prévet, *J. off.* du 1er juill. 1923, p. 1430, col. 1).

648. Distribution ultérieure des réserves. — Il est d'ailleurs entendu que, du moment où les sommes affectées aux réserves d'une société de personnes ont été comprises dans les bases de l'impôt général dû par les associés au titre de l'année suivante, ceux-ci n'ont plus à faire figurer une seconde fois, dans leurs déclarations ultérieures, ces mêmes réserves, dans le cas où elles viendraient à être distribuées : ce serait là, en effet, un double emploi manifeste (*Rép. min. fin. quest.* de M. le député Maillard, précitée).

649. Réserves des sociétés à responsabilité limitée. — L'Administration reconnaît que la règle formulée par l'arrêt susvisé du Conseil d'État du 5 février 1925 n'est pas applicable aux membres des sociétés à responsabilité limitée régies par la loi du 7 mars 1925 (D. P. 1925. 4. 169). Etant donnés le caractère et le mode de gestion de ces sociétés, leurs membres, porteurs de parts ou gérants, n'ont à déclarer, pour l'assiette de l'impôt général sur le revenu, que les sommes mises effectivement à leur disposition, à l'exclusion de celles qui, affectées aux réserves, n'ont pas été distribuées (*Rép. min. fin. quest.* de MM. les députés : Marcel Plaisant, du 31 mars 1925, no 3824, et Emile Bender, du 8 avr. 1925, no 3974, 2e séance du 8 juill. 1925, *J. off.* du 9 juill. 1925, p. 3260, col. 2 ; — Edouard Soulier, du 25 mai 1925, no 4246 ; — Bertrand de Mun, du 21 févr. 1925, no 4458 ; — et Lesaché, du 5 juin 1925, no 4506, *J. off.* du 9 juill. 1925, p. 3261, col. 3).

650. Réserves distribuées en augmentation du capital. Création d'actions nouvelles. — La Cour de cassation a jugé que les sommes prélevées sur les bénéfices d'une société par actions, pour être affectées à l'augmentation du fonds social, ont le caractère de produits distribués et sont passibles de la taxe sur le revenu des valeurs mobilières, dès lors que des titres nouveaux sont remis aux actionnaires, soit en échange de leurs anciens titres qui sont annulés, soit en représentation de l'accroissement du capital, la taxe étant due, dans ce cas, non sur la valeur des actions nouvelles, mais sur la valeur ajoutée au fonds de la société (Req. 7 juin 1880, D. P. 80. 1. 466 ; — Civ. 6 mars 1922, D. P. 1923. 1. 54, *Instr. Enreg.* n° 3736, § 6). Mais, en ce qui concerne l'impôt général sur le revenu, une distinction est nécessaire. Si la délibération de l'assemblée générale qui met des réserves en distribution et augmente concurremment le capital, réserve aux actionnaires le droit de souscrire aux actions nouvelles et d'affecter *volontairement* à leur libération leur quote-part individuelle dans les réserves distribuées, cette somme, que le bénéficiaire a eue à sa disposition, doit, à ce titre, entrer en compte pour le calcul de l'impôt général sur le revenu. Inversement, l'impôt général n'est pas dû lorsque les actionnaires n'ont eu, à aucun moment, le choix entre l'attribution des nouveaux titres et le versement d'une somme d'argent égale à leur valeur nominale, lorsque, en d'autres termes, l'actionnaire se voit attribuer *obligatoirement* des titres nouveaux en représentation de sa quote-part dans la réserve (*Cons. d'Ét.*, 15 févr. 1923 (deux arrêts), D. P. 1923. 3. 9 ; — 27 juill. et 22 nov. 1923, *Gaz. Pal.* 22 févr. 1924 ; — 11 avr. 1924, *Journ. soc.* janv. 1925).

651. Rachat de parts de fondateurs par l'émission d'actions nouvelles. — La Cour de cassation a décidé que la taxe sur le revenu des capitaux mobiliers est exigible sur le rachat par une société anonyme de parts de fondateurs, lorsque le prix de ce rachat est réglé par voie de prélèvement sur les bénéfices sociaux (Civ. 17 déc. 1906, D. P. 1907.1. 353). Par contre, elle a jugé, à plusieurs reprises, qu'il n'y a pas distribution de bénéfices passible de la taxe, dès lors que le prix du rachat des parts de fondateurs est payé au moyen de sommes provenant de l'émission d'actions nouvelles (Cass. civ. 19 nov. 1906, D. P. 1907. 1. 353 ; — Civ. 7 nov. 1910, D. P. 1911. 1. 145). Il ne saurait davantage être question, dans cette dernière hypothèse, de considérer comme imposable au titre de l'impôt général sur le revenu, la quote-part de chacun des bénéficiaires dans le prix de ce rachat.

652. Répartition de primes d'émission. — La Cour de cassation a décidé que, lorsqu'une société anonyme procède à une augmentation du capital en imposant aux actions nouvelles une prime d'émission et en attribuant le montant de ces primes aux porteurs de parts bénéficiaires pour racheter leurs droits, ce rachat constituait une distribution de produits sociaux passible de la taxe sur le revenu (Req. 21 janv. 1920, D. P. 1923, 1. 207). Mais, d'après cet arrêt et ainsi que l'Administration vient de le reconnaître, l'emploi de primes d'émission à la libération d'actions nouvelles ne constitue une distribution de bénéfices passible de la taxe sur le revenu que dans la mesure où il profite aux actionnaires qui n'ont pas contribué au versement des primes (*Rép. min. fin. quest.* de M. Lesaché, député, du 1er juin 1926, n° 8548, *J. off.* du 16 juill. 1926, p. 2909, col.1). C'est également dans la même mesure que cette répartition de primes doit entrer en compte pour le calcul de l'impôt cédulaire incombant à la société et de l'impôt général sur le revenu dû par chaque actionnaire individuellement.

653. Sommes distribuées en remboursement ou amortissement du capital social. — Antérieurement à la loi du 13 juillet 1925, les sommes affectées par les sociétés au remboursement total ou partiel de leur capital, au cours de leur existence, n'étaient passibles ni de la taxe sur le revenu des capitaux mobiliers, ni de l'impôt général sur le revenu incombant aux associés personnellement. Les sociétés avaient ainsi le moyen facile d'éluder l'application de ces deux impôts, en réalisant la distribution de leurs bénéfices mis en réserve sous la forme d'un amortissement de leurs actions (V. déclarations du ministre et du commissaire du Gouvernement, Chambre, séance des 2 et 12 juill. 1925, *J. off.*, pp. 3105 et 3456).

C'est dans le but de réagir contre cette situation et de fermer la voie à l'évasion de la matière imposable qu'est intervenue la disposition de l'article 80 de la loi du 13 juillet 1925, qui soumet à l'impôt sur le revenu des valeurs mobilières et, par voie de conséquence, à l'impôt général sur le revenu incombant aux bénéficiaires, les remboursements et amortissements totaux ou partiels que les sociétés françaises ou étrangères effectuent sur le montant de leurs actions, parts d'intérêts

ou commandites, avant leur dissolution ou leur mise en liquidation.

L'application de cette réforme a été réglementée par un
décret du 29 mai 1926 (*J. off.* du 4 juin 1926, p. 6203), par la
Circulaire des contributions directes du 29 août 1925, n° 1448,
et l'*Instruction* de l'enregistrement, du 15 juillet 1926, n° 3908.

654. Champ d'action de la loi du 13 juillet 1925. —
En organisant, dans les conditions qu'elle détermine, la taxation
des remboursements et amortissements effectués par voie de
prélèvement sur les bénéfices sociaux, la loi du 13 juillet 1925
a eu spécialement en vue l'impôt sur le revenu des capitaux
mobiliers. Mais, comme l'exprime, dans son troisième alinéa,
l'article 80 de cette loi, les sommes qui auront été assujetties,
en vertu de ce texte, à l'impôt sur le revenu des valeurs mobilières devront également entrer en ligne de compte pour l'établissement de l'impôt général sur le revenu, dû par chaque
actionnaire individuellement (*Circul. Contr. dir.* précitée,
p. 39).

655. Sociétés assujetties. — L'*Instruction* du 15 juillet 1926
formule à ce sujet les précisions suivantes : « L'article 80
de la loi du 13 juillet 1925 vise les sociétés ou collectivités
désignées dans les paragraphes 1 et 2 de l'article 1ᵉʳ de la loi
du 29 juin 1872, c'est-à-dire les sociétés, compagnies ou entreprises quelconques, financières, industrielles, commerciales ou
civiles, constituées par actions, en commandite ou en parts
d'intérêts, et non affranchies de l'impôt sur le revenu des
valeurs mobilières par les lois subséquentes » (p. 5). Les sociétés
étrangères, abonnées ou non, tombent également sous l'application de la taxe, suivant les modalités réglées par les articles 7
à 9 du décret du 29 mai 1926.

**656. Opérations passibles de l'impôt. Déclaration
préalable.** — L'impôt sur le revenu des capitaux mobiliers
à la charge de la société et l'impôt général sur le revenu incombant à chaque actionnaire ont pour base commune le montant
des remboursements et amortissements totaux ou partiels que
les sociétés ou collectivités assujetties effectuent sur le montant de leurs actions, parts d'intérêts ou commandites, avant
leur dissolution ou leur mise en liquidation.

Les sociétés françaises et les sociétés étrangères abonnées qui entendent procéder à une opération de cette nature, doivent en faire la déclaration au bureau de l'enregistrement du siège social, dans les vingt jours de la date fixée pour cette opération, en y joignant : 1° une copie de la décision qui a ordonné la répartition ; 2° et un tableau indiquant le nombre des actions, leur capital nominal, le capital versé et, s'il y a lieu, les amortissements auxquels il a été procédé et les réductions du capital opérées (art. 1er du décret).

657. Exceptions prévues par la loi. — Le principe de l'exigibilité de l'impôt sur les remboursements anticipés d'actions comporte trois séries d'exceptions en faveur des amortissements non prélevés sur les réserves, — des amortissements obligatoires en vertu d'une clause des statuts — et des amortissements des sociétés concessionnaires, justifiés par la caducité de l'actif social ou par l'obligation de remettre cet actif à l'autorité concédante en fin de concession.

658. Amortissement par voie de réalisation d'actif. — La première de ces exceptions concerne les amortissements opérés par une réalisation d'actif, au moyen de prélèvements sur les postes du bilan autres que le compte profits et pertes, les réserves ou provisions. Du moment, en effet, où le législateur se proposait d'atteindre la mise en distribution des bénéfices accumulés dans les comptes de réserve, il était logiquement conduit à exclure de l'application de l'impôt tout prélèvement non opéré sur les éléments représentatifs de ces bénéfices et se traduisant, dès lors, par une réduction du capital social (*Instr. Enreg.* du 15 juill. 1926, p. 6).

659. Amortissement obligatoire en vertu des statuts. — Ainsi que le reconnaît l'Administration, « dans le cas où l'amortissement procède directement d'une clause obligatoire du pacte social, il n'apparaît pas, en principe, comme une manœuvre destinée à éluder le payement de l'impôt. » Voilà pourquoi les amortissements d'actions de cette catégorie sont spécialement exonérés de l'impôt par l'article 80 de la loi du 13 juillet 1925.

Il est toutefois entendu que l'Administration se réserve le droit de s'assurer qu'une telle opération, même obligatoire statutairement, n'est pas le résultat d'une combinaison uniquement destinée à éluder le payement de l'impôt (*Rép. min. fin. quest.* n° 7127, *J. off.* 29 janv. 1926, p. 745).

660. Sociétés concessionnaires. — Enfin l'article 80 de la même loi affranchit également de l'application de l'impôt « les sociétés concessionnaires de l'État, des départements, des communes, des colonies et protectorats, qui établiront que l'amortissement par remboursement de tout ou partie de leur capital social, parts d'intérêts ou commandites, est justifié par la caducité de tout ou partie de leur actif social, notamment par dépérissement progressif ou par obligation de remise en fin de concession à l'autorité concédante ».

Ce texte, qui s'applique notamment aux compagnies minières, aux compagnies de chemins de fer, de tramways ou d'autobus, se justifie par la nature spéciale et les conditions d'exploitation des entreprises concédées (*Instr. Enreg.* du 15 juill. 1926, p. 8).

661. Demande d'exemption. Justifications. — Les exonérations prévues par l'article 80 de la loi du 13 juillet 1925 ne sont point acquises de plein droit et d'office aux sociétés intéressées. Les articles 2 à 5 du décret du 29 mai 1926 en subordonnent le bénéfice à un ensemble de formalités et de justifications strictement réglementées.

En premier lieu, les sociétés qui entendent se prévaloir de l'une ou de l'autre de ces exemptions doivent joindre à la déclaration préalable qui constitue la préface de tout amortissement des actions (V. *suprà*, n° 656), une demande spéciale accompagnée d'un état détaillé et estimatif de tous les biens qui composent l'actif social au jour de la demande, ainsi que de tous les éléments du passif : l'estimation de l'actif est basée sur sa valeur réelle, nonobstant toute évaluation des bilans et autres documents.

Cette demande d'exemption est, en outre, appuyée des documents, états et déclarations dont l'article 3 du décret contient l'énumération : on ne voit rien à ajouter à la teneur de ce texte, inséré aux annexes. C'est au receveur de l'enregistrement du siège social qu'il appartient de recevoir la demande à fin d'exonération et d'apprécier si elle est justifiée (*Instr.* précitée, p. 12).

662. Contrôle des déclarations d'amortissements d'actions. — Aux termes de l'article 4 du décret susvisé, les évaluations contenues dans les déclarations qu'il prévoit pourront être contrôlées au moyen de la procédure d'expertise instituée, en matière d'enregistrement, par les articles 57, 58 et 59 de la loi du 13 juill. 1925 (*Instr. Enreg.* n° 3860, § 18).

663. Répartitions en fin d'entreprise. Imputation des amortissements antérieurs. — La Cour de cassation a jugé, en matière d'impôt sur le revenu des valeurs mobilières, que, dans le cas de répartition de l'actif d'une société anonyme par suite de la liquidation de cette compagnie, cette taxe est exigible seulement sur les sommes ou valeurs qui excèdent le remboursement des apports (Civ. 1er juill. 1925, trois arrêts, D. H. 1925, p. 535). On lit à ce sujet dans l'*Instruction* de l'Enreg. du 15 avril 1926, n° 3896, paragraphe 4 : « Il résulte de ces arrêts, dont la doctrine sera prise pour règle de perception, que, pour déterminer, *en fin d'entreprise*, l'importance des répartitions qui, au point de vue fiscal, présentent le caractère de bénéfices distribués aux actionnaires et donnent, par suite, ouverture à l'impôt sur le revenu, il faut faire abstraction des réductions de capital dans la mesure où elles ne correspondent pas à un remboursement, total ou partiel, de ce capital. »

Dans le même ordre d'idées, la loi du 13 juillet 1925 dispose par le dernier alinéa de son article 80, que, lorsque les actionnaires d'une société dont les titres ont été amortis dans les conditions plus haut définies, ont reçu en échange des actions de jouissance, la répartition de l'actif entre les porteurs de ces actions de jouissance, effectuée à la liquidation de la société, sera, jusqu'à concurrence du pair des actions originaires, considérée comme un remboursement de capital non imposable à la taxe sur le revenu. Par voie de conséquence et ainsi que le reconnaît la *Circulaire* du 29 août 1925, ces répartitions en fin d'entreprise n'entreront dans les bases de l'impôt général sur le revenu que dans la mesure où elles excéderont les sommes appliquées au remboursement de la valeur au pair des actions originaires (p. 48).

664. Impôt général sur le revenu. Point de départ. — L'Administration des contributions directes fait remarquer que, l'application de cet impôt aux remboursements anticipés d'actions « étant liée à celle de l'impôt sur le revenu des capitaux mobiliers, laquelle a pour point de départ la promulgation de la loi du 13 juillet 1925, il en résulte que, seuls, les remboursements décidés depuis la date de cette promulgation devront, le cas échéant, être compris dans les déclarations relatives à l'impôt général, sous la rubrique revenus des capitaux mobiliers, sans qu'il y ait lieu de les distinguer des autres revenus de cette nature » (*Circul.* du 29 août 1925, n° 1448, p. 48).

665. Échéance des revenus des capitaux mobiliers. — Les revenus des valeurs mobilières proprement dites (rentes, actions, obligations, etc.) doivent être regardés comme réalisés, du jour où, étant échus et payables, il n'a dépendu que de la volonté des intéressés d'en percevoir le montant en espèces. La valeur de ceux de ces revenus qui sont payables en monnaies étrangères est convertie en francs au cours du change.

666. Charges à déduire du revenu des capitaux mobiliers. — Du revenu brut des capitaux mobiliers il convient de déduire les impôts annuels à la charge des possesseurs de titres (taxe sur le revenu, droits de transmission et de timbre), avec les frais de garde, d'encaissement et autres menues dépenses payées aux établissements de crédit (*Instr.* 30 mars 1918, art. 166).

667. Décompte des revenus mobiliers. Valeurs de portefeuille. — Dans le chapitre relatif à la cédule des bénéfices commerciaux et industriels, on a vu que, d'après l'article 2 de la loi du 13 juillet 1925, les revenus des valeurs et capitaux mobiliers figurant à l'actif de l'entreprise ne doivent être défalqués du bénéfice commercial net qu'après imputation de leur quote-part dans l'ensemble des frais de gestion. Cette règle nouvelle (V. *suprà*, n° 391) entraîne, pour l'assiette de l'impôt général, une répercussion que la *Circulaire* du 29 août 1925, n° 1448, précise dans les termes suivants : « Comme précédemment, le chiffre du bénéfice industriel ou commercial à retenir dans l'évaluation du revenu global devra concorder avec le chiffre pris pour base de l'impôt cédulaire. Mais, dès lors que les revenus des valeurs mobilières figurant dans l'actif sont appelés à supporter une part des frais et charges, c'est seulement le revenu net obtenu après déduction de cette part qui devra être compris dans le décompte des revenus mobiliers à déclarer pour l'établissement de l'impôt général » (p. 46).

668. Bénéfices commerciaux et industriels. — Ainsi qu'on en a déjà fait la remarque, c'est le bénéfice net réel, réalisé par l'exploitant au cours de l'année ou de l'exercice comptable antérieurs à l'année de l'imposition qui doit apparaître dans la déclaration du contribuable, relative à l'impôt général sur le revenu, toutes les fois que ce bénéfice excède 50 000 francs. Il ne peut plus être question de prendre pour base de l'impôt général une évaluation à forfait dérivée du chiffre d'affaires, puisque l'article 9 de la loi du 4 avril 1926 a fait table rase de ce mode de détermination.

Toutefois la règle ainsi posée comporte une atténuation à l'égard des commerçants ou industriels dont le bénéfice n'excède pas 50 000 francs. Ces contribuables ne sont pas obligés de préciser, dans leur déclaration relative à l'impôt cédulaire, le chiffre exact de leur bénéfice net ; il leur est permis d'y suppléer par une approximation, en indiquant la série dans laquelle se range leur bénéfice au point de vue de l'application du tarif. Mais, comme chacune de ces catégories comporte un maximum et un minimum, la loi du 4 avril 1926 décide, dans son article 10, que c'est la moyenne entre ces deux chiffres extrêmes qui doit apparaître dans la déclaration souscrite par le contribuable en vue de l'impôt général sur le revenu. Ainsi le commerçant qui déclare, pour l'établissement de l'impôt cédulaire, un bénéfice de 20 001 à 25 000 francs, doit faire état d'une moyenne de 22 500 francs dans sa déclaration relative à l'impôt général sur le revenu.

669. Réalisation de la plus-value d'un élément de l'exploitation. — Aux questions qui viennent d'être examinées se lie celle de savoir si la plus-value acquise par les bâtiments, le matériel ou le fonds de commerce d'une entreprise doit être envisagée, lorsqu'elle se réalise au cours du dernier exercice, par voie de cession, de liquidation ou d'apport à une société, comme un élément du bénéfice de cette entreprise et du revenu global de l'exploitant, à comprendre, par celui-ci, dans les bases de l'impôt général.

Cette intéressante question, résolue conformément à notre

opinion, dans le sens de la négative, par un arrêté du conseil de préfecture de la Seine, du 24 mars 1924 (D. P. 1924. 3. 17); a été examinée sous tous ses aspects, dans la partie de ce *Traité* relative à l'impôt cédulaire des bénéfices commerciaux : on se référera à ces explications (V. *suprà*, n° 348).

670. Bénéfices de l'exploitation minière. — On a vu plus haut que, d'après l'article 53 de la loi du 31 juillet 1917, les bénéfices de l'exploitation minière restent passibles de la redevance proportionnelle établie au profit de l'État et sont affranchis de l'impôt cédulaire sur le revenu. Mais les associés ou actionnaires entre lesquels se répartissent les dividendes ou autres sommes mises en distribution, sont personnellement cotisables à l'impôt général du revenu sur leur quote-part dans les bénéfices annuels de la mine.

Le bénéfice net à retenir, dans ces différentes hypothèses, soit pour une quote-part, soit pour la totalité, est le produit net servant de base à la redevance proportionnelle; l'évaluation forfaitaire ou administrative de ce produit net est réglée par la loi du 30 avril 1921.

671. Traitements, pensions et rentes viagères. — Le chiffre net des traitements, salaires, pensions ou rentes viagères doit figurer, pour sa totalité, dans la déclaration relative à l'impôt général, sans tenir compte des exonérations de base ou abattements que ces mêmes revenus comportent pour le calcul de l'impôt cédulaire. Les éléments générateurs de cette branche du revenu global du contribuable ont été précisés au chapitre des *Traitements, salaires, pensions et rentes viagères* : on ne peut que s'y référer.

672. Professions non commerciales. Charges et offices. — 1. — L'impôt cédulaire afférent aux revenus des professions libérales, des charges et offices et des occupations ou exploitations lucratives sans caractère commercial ne comporte aucune évaluation forfaitaire du revenu. C'est donc le montant net du bénéfice effectivement réalisé au cours de l'année précédente dans l'exercice de ces professions qui doit être retenu pour l'assiette de l'impôt général sur le revenu.

2. — En ce qui concerne les titulaires des charges et offices,

assimilés aux commerçants ou industriels, au double point de
vue du mode de calcul et du taux de l'impôt cédulaire, c'est
le revenu net déclaré pour l'assiette de ce dernier impôt qui
doit être porté dans la déclaration relative à l'impôt général
sur le revenu souscrite par les officiers publics ou ministériels
dont le bénéfice est au-dessus de 50 000 francs. Quant aux
contribuables dont le bénéfice net n'excède pas 50 000 francs,
il ne semble pas qu'ils soient cotisables suivant la règle posée
par l'article 10 de la loi du 4 avril 1926, à raison du bénéfice
moyen de la catégorie à laquelle ils appartiennent en vue du
calcul de l'impôt cédulaire. Ce mode d'évaluation du revenu
imposable ne s'applique, en effet, qu'aux redevables n'apportant pas la preuve du chiffre exact de leur bénéfice et, par suite,
laisse en dehors de ses prévisions les notaires et autres titulaires de charges et offices astreints par les règlements à la
tenue d'une comptabilité, qu'ils doivent représenter au contrôleur, à toute réquisition (L. 13 juill. 1925, art. 8), et qui sont
toujours à même de « prouver » le chiffre exact de leur revenu
professionnel. C'est donc ce revenu réel et non le bénéfice
moyen envisagé par l'article 10 de la loi du 4 avril 1924 qu'ils
ont à comprendre dans leur déclaration concernant l'impôt
général sur le revenu.

**673. Revenus encaissés à l'étranger. Loi du 22 mars
1924.** — L'article 65 de la loi du 22 mars 1924 porte que
les déclarations relatives à l'impôt général sur le revenu « mentionneront distinctement le montant des revenus, de quelque
nature qu'ils soient, encaissés directement ou indirectement
à l'étranger » par le contribuable. D'un autre côté, le décret
réglementaire du 9 septembre 1924 (D. P. 1924. 4. 313), modifiant celui du 17 janvier 1917, impose au contribuable l'obligation d'indiquer dans sa déclaration annuelle « le montant
de son revenu global et la répartition de ce revenu dans les
diverses catégories,... en distinguant, dans chaque catégorie,
le revenu encaissé directement ou indirectement à l'étranger ».

L'article 54 de la loi du 22 mars 1924 garantit l'acomplis-
sement de cette formalité par des sanctions pénales rigoureuses,
dont la nature et les conditions d'application sont précisées
plus loin, sous le paragraphe relatif aux contraventions et
pénalités (nos 770 et suiv.).

674. Déclaration des avoirs à l'étranger. — La loi du 13 juillet 1925 à renforcé les prescriptions dont l'analyse précède, en stipulant, par son article 21, qu'à partir du 1ᵉʳ janvier 1926, toute personne de nationalité française, domiciliée ou résidant habituellement en France, assujettie ou non à l'impôt sur le revenu, devra fournir, sous la foi du serment, au contrôleur, dans les deux premiers mois de chaque année, une déclaration détaillée, décrivant la nature, la valeur et le revenu des biens mobiliers ou immobiliers qu'elle possède à l'étranger. — V. *infrà*, n° 770.

§ 3. — CHARGES A DÉDUIRE DU REVENU GLOBAL

675. Charges à retrancher de l'ensemble du revenu. — Après avoir totalisé les produits nets des diverses sources de revenus, déterminés comme il vient d'être dit, il convient de retrancher de la somme ainsi obtenue les charges restées en dehors du décompte du revenu de chaque catégorie et qui sont censées avoir grevé l'ensemble de ces revenus pendant l'année précédente : la différence exprime le revenu imposable.

D'après l'article 10 de la loi du 15 juillet 1914, ces charges sont : les intérêts des dettes et emprunts contractés par l'assujetti ; — les arrérages de rentes payées par lui à titre obligatoire ; — les impôts directs acquittés par lui ; — enfin, les pertes résultant d'un déficit d'exploitation dans une entreprise agricole, commerciale ou industrielle.

676. Déduction des intérêts des dettes et emprunts. — Les intérêts des dettes du contribuable sont, en principe, déductibles de l'ensemble de son revenu, et il faut considérer comme dettes, au sens de l'article 10 de la loi du 15 juillet 1014, non seulement celles qui procèdent d'un emprunt, mais encore celles qui ont leur origine dans une vente, un échange, une donation, un partage, un mandat, une ouverture de crédit, un compte courant ou tout autre contrat à titre onéreux ou gratuit (*Instr.* 30 mars 1918, art. 172).

677. Primes d'assurances sur la vie. — Ces primes ne constituent qu'un mode d'emploi du revenu de l'assuré, et toute cause manque, dès lors, à leur déduction, en tant que charge du revenu global (*Rép. min. fin. quest.* de MM. les députés Taurines, du 18 mai 1920, n° 2847, *J. off.* 26 juin 1920, p. 2458 ; — et Dugueyt, du 10 janv. 1924, *J. off.*, p. 838).

678. Dette remboursable par annuités. — Il y a lieu de dégager par une ventilation, au moyen des tables d'amortissement du Crédit foncier ou de la Caisse des dépôts et consignations, la fraction des annuités qui correspond aux intérêts de la dette et qui, seule, est de nature à être déduite.

679. Intérêts capitalisés. — Lorsque le payement des intérêts d'une dette, au lieu d'être opéré chaque année, a été différé de façon à constituer une somme elle-même productive d'intérêts, le remboursement de la somme représentant l'ensemble de ces intérêts échus et capitalisés doit être déduit pour le tout du revenu du débiteur, pour la liquidation de l'impôt global sur le revenu (*Cons. d'Ét.*, 2 mars 1923, D. P. 1923. 3. 65).

680. Justifications relatives aux intérêts. — Les intérêts de la dette ou de l'emprunt du contribuable ne sont susceptibles d'être déduits de son revenu global qu'à la condition d'avoir été payés au cours de l'année précédente. L'intéressé doit justifier de ce versement.

681. Déduction des arrérages des rentes. — Au nombre des déductions à opérer sur le revenu global du contribuable, l'article 10 de la loi du 15 juillet 1914 mentionne celle des « arrérages de rentes payées par lui à titre obligatoire ». Par ces dernières expressions, il faut entendre les rentes servies en vertu de titres probants, susceptibles de servir de base à une action en justice contre le débi-rentier (*Instr.* 30 mars 1918, art. 173).

682. Rentes ou pensions servies bénévolement. — Ne sauraient être assimilés aux rentes payées à titre obligatoire, ni, par suite, être déduits du revenu général du débi-rentier :

1° Les pensions viagères servies spontanément à d'anciens employés ou serviteurs du contribuable, ou les gratifications volontaires accordées annuellement par un patron à ses commis (*Rép. min. fin. quest.* de M. Roulleaux-Dugage, du 1er févr. 1916, *J. off.* 18 févr. 1916, p. 1231), ni les dons annuels faits, de son plein gré, par un particulier à des œuvres d'intérêt public (*Instr.* 30 mars 1918, art. 173) ;

2º La rente servie, à titre de dot, par un père de famille à l'un de ses enfants, sans que la constitution de cette rente résulte d'une clause du contrat de mariage ou d'un titre probant (*Rép. min. fin. quest.* de M. Lamy, député, du 24 mars 1916).

683. Pension alimentaire servie à un ascendant. — L'*Instruction* du 30 mars 1918 regarde comme déductibles, indépendamment de toute stipulation particulière, les pensions alimentaires dont le caractère obligatoire est affirmé par les dispositions du Code civil. Il en est ainsi spécialement de la pension alimentaire servie par le contribuable à son ascendant du premier degré sans ressources personnelles, du moment où il est justifié du versement effectif de cette pension (*Rép. quest. min. fin. quest.* de M. Antier, député, du 11 mai 1923, *J. off.* 1923, p. 2045).

684. Vente moyennant une rente viagère. — L'acquéreur d'un immeuble moyennant le service d'une rente viagère est fondé à déduire de l'ensemble de ses revenus le montant de cette rente, à la condition de justifier de son payement effectif (*Rép. min. fin. quest.* de M. Dugueyt, député, du 23 nov. 1923, *J. off.* 1924, p. 8).

685. Titre sous seing privé. — Lorsque la rente ou pension a été constituée par un acte sous seing privé, ce titre peut servir de base à la déduction prévue par l'article 10 de la loi du 15 juillet 1914, sans qu'il soit nécessaire de lui faire acquérir date certaine par son enregistrement (*Rép. min. fin. quest.* de MM. les députés du Halgouët, du 20 et du 21 avril 1916, nos 9687 et 9726, — et Monprofit, du 26 avr. 1920, *J. off.* du 28 mai 1920, p. 1673, col. 3).

686. Retenues pour pensions de retraite. — Aux termes du dernier alinéa de l'article 1er du décret réglementaire du 17 janvier 1917 (D. P. 1917. 4. 28), les dépenses à déduire pour la détermination du revenu passible de l'impôt général comprennent notamment, en ce qui concerne « les professions, emplois et toutes autres occupations lucratives, les retenues supportées et les sommes versées pour la constitution de pensions ou de retraites » (Conf. *Instr.* 30 mars 1918, art. 93).

Mais, pour être déductibles, il faut que les retenues ou versements, les uns obligatoires, les autres volontaires, n'affectent pas par leur importance, comparativement au chiffre total du traitement, le caractère d'un emploi du revenu, d'un véritable placement (*Cons. d'Ét.*, 22 nov. 1923, D. P. 1925. 3. 36 ; — 30 nov. 1923, D. P. 1923. 3. 69).

687. Déduction des impôts directs et des taxes assimilées. — L'article 10 de la loi du 15 juillet 1914, modifié et complété sur ce point par l'article 1er de la loi du 23 février 1917 (D. P. 1917. 4. 31), autorise la déduction, pour l'assiette de l'impôt général, de tous impôts directs et taxes assimilées acquittés par le contribuable, c'est-à-dire de toutes les contributions perçues par voie de rôles nominatifs, au profit de l'État, des départements, des communes, et des associations autorisées. La déduction s'applique notamment : aux contributions personnelle-mobilière, des portes et fenêtres et des patentes (*Rép. min. fin. quest.* de M. Macarez, député, du 16 mars 1923, n° 17 236), à l'impôt foncier des propriétés bâties et non bâties et à toute la série des impôts cédulaires recouvrables par rôles et concernant les bénéfices agricoles, les bénéfices industriels et commerciaux, les traitements, salaires, pensions et rentes viagères, les bénéfices des professions non commerciales.

688. Impôt général sur le revenu. — L'Administration a, dès le principe, admis que l'impôt général sur le revenu afférent à l'année précédente peut, lui-même, être déduit du revenu global inscrit dans la déclaration de l'assujetti (*Instr.* 30 mars 1918, art. 174). Le projet de loi de finances de l'exercice 1925, présenté au nom du Gouvernement par M. Caillaux, contenait une disposition tendant à abroger cette règle et à incorporer, dans l'assiette de l'impôt général, la taxation établie au titre de ce même impôt pendant l'année antérieure à celle de l'imposition. Mais cette mesure, qui aboutissait à percevoir l'impôt sur l'impôt, a été écartée avec raison par le Parlement.

689. Impôts non établis par rôles. — Les impôts non établis par voie de rôles ne peuvent, en aucun cas, être défalqués du revenu général de l'assujetti. Cette exclusion s'applique notamment : à la taxe sur le revenu des valeurs mobilières, dont la constatation et le recouvrement sont confiés à l'Administration de l'enregistrement ; — aux droits de mutation par décès payés, par l'héritier ou le légataire, pendant l'année précédente, sur la succession qui lui est dévolue (*Rép. min. fin. quest.* de MM. les députés Loriot du 22 févr. 1917, n° 14 404 ; — Causeret, du 3 nov. 1921, *J. off.* 1922, p. 3631). Ne sont pas davantage déductibles les droits d'enregistrement perçus sur un partage d'ascendants (*Rép. min. fin. quest.* de M. Ernest Lamy, député, du 26 févr. 1923, *Rec. quest. fisc.* 1923, p. 283), — les taxes de toute nature recouvrées par le service des contributions indirectes, la taxe sur le chiffre d'affaires, etc...

690. Pertes résultant d'un déficit d'exploitation. — L'article 10 de la loi du 15 juillet 1914 prévoit une dernière déduction à opérer sur l'ensemble des revenus, pour le calcul de l'impôt général : c'est celle des pertes résultant d'un déficit d'exploitation dans une entreprise agricole, commerciale ou industrielle.

1. *Commerce exploité par la femme du contribuable.* — Du moment où sa femme n'est pas imposable séparément, le contribuable est fondé à déduire de l'ensemble des revenus dont il dispose à titre de chef de famille, pour l'établissement de l'impôt général, la perte résultant du déficit d'exploitation survenu dans le commerce exploité par sa femme (*Rép. min. fin. quest.* de M. Barillet, député, du 25 mars 1924, *J. off.* 1924, p. 2195).

2. *Manque à gagner.* — On ne saurait regarder comme déductible un simple manque à gagner, c'est-à-dire une moins-value plus ou moins appréciable, dans le rendement normal de tel ou tel élément de l'exploitation (baisse des cours du bétail, dégâts causés aux récoltes par la grêle ou une inondation, extension de la fièvre aphteuse, vacances d'immeubles destinés à la location, fermages impayés, dépréciation des valeurs de bourse, grève du personnel employé par l'exploitant, etc.).

3. *Perte sur le prix d'achat d'actions.* — Au cas de liquidation ou de faillite d'une société anonyme, la perte subie sur le prix d'achat des actions ne peut être assimilée à une perte résultant d'un déficit d'exploitation et ne peut, par suite, être déduite du revenu global des intéressés (*Rép. min. fin. quest.* de M. Deloncle, sénateur, du 9 juin 1923, *J. off.* 1923, p. 1639).

691. Professions non commerciales. — La loi ne vise que les pertes d'exploitation dans une entreprise agricole, industrielle ou commerciale. Mais l'Administration interprète cette disposition dans son sens le plus large et, en conséquence, regarde comme déductibles du revenu global du contribuable les pertes subies dans l'exercice des professions non commerciales.

692. Limitation de la déduction aux pertes de l'année de base. — Les pertes subies par un contribuable dans l'exploitation de son entreprise au cours d'une année déterminée ne peuvent entrer en ligne de compte que pour la déclaration afférente à l'année suivante et ne sont pas susceptibles d'être retranchées, même pour partie, du revenu global servant de base à l'impôt général établi au titre d'une année postérieure (*Rép. min. fin. quest.* de M. Macarez, député, du 13 nov. 1923, *J. off.* 1923, p. 3757).

Dans cet ordre d'idées, le Conseil d'État a jugé, en matière d'impôt cédulaire, qu'il n'y a pas lieu de faire état des données d'un inventaire qui compense les bénéfices d'années prospères avec les déficits imputables à des périodes étrangères aux années d'imposition envisagées (arrêt du 22 nov. 1923, D. P. 1924. 3. 62). Par application du même principe, le haut tribunal a décidé que l'impôt établi au titre d'un exercice commercial ne saurait être modifié à raison des pertes subies au cours de l'exercice suivant (arrêt du 11 avr. 1924, *ibid.*).

§ 4. — REVENU FORFAITAIRE DES PERSONNES NON DOMICILIÉES EN FRANCE

693. Principe. — Les personnes non domiciliées en France, mais y résidant habituellement, sont passibles de l'impôt général sur le revenu (V. *suprà*, n° 594) ; mais, au point de vue de la détermination de leur revenu imposable, elles sont soumises à un régime spécial, en vertu de l'article 11 de la loi du 15 juillet 1914, dont voici le texte :

« En ce qui concerne les personnes non domiciliées en France, mais y possédant une ou plusieurs résidences, le revenu imposable est fixé à une somme égale à sept fois la valeur locative de cette ou de ces résidences, à moins que les revenus tirés par le contribuable de propriétés, exploitations ou professions, sises ou exercées en France, n'atteignent un chiffre plus élevé, auquel cas ce dernier chiffre sert de base à l'impôt. »

694. Personnes soumises à l'évaluation forfaitaire. — Comme le déclarait le ministre des finances, dans la 2e séance du Sénat du 4 juillet 1914 (*J. off.* du 5, p. 1039), la disposition ci-dessus transcrite vise tous les contribuables non domiciliés en France, mais y résidant , abstraction faite de leur nationalité française ou étrangère.

695. Étranger non domicilié en France. — L'étranger n'est passible de l'impôt général sur le revenu que s'il a son domicile réel en France ou si, étant domicilié à l'étranger, il a sur notre territoire une résidence habituelle. Dans le premier cas, il est imposable sur la totalité de ses ressources et il est tenu de souscrire une déclaration détaillée de ses revenus. Dans le second cas, c'est-à-dire si, n'étant pas domicilié en France, il y possède une résidence, il est sujet à l'impôt général, dans les conditions réglées par l'article 11 susvisé de la loi du 15 juillet 1914, sur un revenu fixé forfaitairement à sept fois la valeur locative des habitations dont il dispose sur notre territoire, et il n'a pas de déclaration à souscrire, sous réserve toutefois de l'exception signalée ci-après (no 701) (*Rép. min. fin. quest.* de M. François Albert, sénateur, du 22 juin 1922, *J. off.* 1922, p. 1204).

696. Domicile de fait. — L'évaluation forfaitaire instituée par l'article 11 de la loi du 15 juillet 1914 n'est pas applicable aux étrangers non admis à domicile, mais ayant en France leur domicile de fait : les contribuables de cette catégorie sont soumis à l'impôt général, suivant les règles de droit commun, au même titre que la généralité des personnes domiciliées dans notre pays (*Rép. min. fin. quest.* de M. Joseph Barthé-

lemy, député, du 2 févr. 1925, p. 2716, *J. off.* du 13 mars 1925 ;
— de M. Chabrun, député, du 8 juin 1926, n° 8 667, *J. off.*
du 17 juill. 1926, p. 2955, col. 2).

**697. Personnes ayant en France le lieu de leur séjour
principal.** — Les personnes ayant en France le lieu de leur
séjour principal sont considérées par l'article 6 de la loi du
29 avril 1926 comme résidant habituellement dans notre pays.
Si donc elles ne sont pas domiciliées en France, elles doivent
l'impôt général sur le forfait de sept fois le prix de location de
leur logement.

698. Détermination de la valeur locative. — La valeur
locative à retenir pour l'imposition forfaitaire des personnes
non domiciliées en France, mais y résidant habituellement,
est celle qui correspond, soit au prix réel des locations s'il
s'agit de locaux loués, — soit au cours actuel des loyers, s'il
s'agit de locaux occupés par leur propriétaire. Cette valeur
locative peut ne pas être la même que celle qui sert de base
à la contribution mobilière : à l'égard des immeubles dont le
propriétaire se réserve la disposition, il y a lieu de la déterminer par comparaison avec celle des immeubles similaires de
la commune, loués dans des conditions normales (*Rép. min.
fin. quest.* de M. d'Alsace, sénateur, et Marcel Plaisant, député,
des 13 nov. et 24 juin 1923, *J. off.* 1923, pp. 1641 et 4292).

699. Parc d'agrément. — Pour la détermination de la
valeur locative de la résidence d'une personne non domiciliée
en France, en vue de la fixation forfaitaire de son revenu
imposable, il doit être fait état du parc d'agrément attenant
au château occupé par le contribuable, bien que les revenus
de ce parc aient été compris dans l'assiette de l'impôt cédulaire
des bénéfices agricoles (*Cons. d'Ét.*, 15 févr. 1924, D. P. 1925.
3. 5).

**700. Fixité de l'évaluation forfaitaire. Non-déduction
des charges.** — Lorsque le revenu général d'une personne
non domiciliée en France, mais y résidant, est évalué forfaitairement à sept fois la valeur locative de sa résidence, le
contribuable n'est pas fondé à demander, par application de
l'article 10 de la loi du 15 juillet 1914, la déduction, sur le revenu

imposable ainsi fixé, des charges grevant l'ensemble de ses revenus, notamment des arrérages de rentes, des impôts directs et taxes assimilées ; le forfait légal oppose un obstacle absolu à cette déduction (*Cons. d'Ét.*, 3 nov. 1922, *Rec. quest. fisc.* 1923, p. 38).

Le même contribuable ne serait pas mieux fondé à soutenir, pour écarter le forfait ou obtenir la réduction du revenu ainsi évalué, que ses revenus sont constitués hors de France ou ont subi, depuis la guerre, une forte diminution (*Cons. d'Ét.*, 16 févr. 1923, *Gaz. Pal.* du 24 avr. 1923).

701. Revenu réel supérieur au forfait légal. — La règle précédente souffre exception dans l'hypothèse prévue par l'article 11 de la loi du 15 juillet 1914, où le contribuable non domicilié en France retire un revenu supérieur au forfait légal, des propriétés qu'il possède dans notre pays, des entreprises qu'il y exploite ou des professions qu'il y exerce. Lorsqu'il en est ainsi, le montant net des revenus effectifs d'origine française se substitue, comme base de l'impôt général, au forfait légal déduit de la valeur locative. L'intéressé doit, dans ce cas, produire une déclaration de ses revenus d'origine française, sous réserve du contrôle ultérieur de l'Administration des contributions directes (*Rép. min. fin. quest.* de M. François Albert, sénateur, du 22 juin 1922, *J. off.* 1922, p. 1204).

702. Algérie et colonies. — Pour l'application des règles précédentes, il y a lieu d'assimiler aux pays étrangers l'Algérie, les colonies et les pays de protectorat.

§ 5. — DÉDUCTIONS POUR MARIAGE ET CHARGES DE FAMILLE

703. Déductions motivées par la situation de famille de l'assujetti. — On vient d'expliquer que, pour la détermination des bases de l'impôt, il convient de déduire du total des produits nets des diverses catégories de revenus, les charges qui sont censées affecter l'ensemble des ressources du contribuable. Mais le revenu net global qui se dégage de cette opération n'est point encore le revenu taxable. Préalablement au calcul de l'impôt, il reste à opérer sur le revenu ainsi déterminé, une dernière déduction en faveur des contribuables mariés ou ayant des personnes à leur charge. C'est ce qui résulte des articles 12 et 13 de la loi du 15 juillet 1914, modifiés par l'article 3 de la loi du 29 juin 1918 (D. P. 1918. 4. 281), par l'article 7 de la loi du 25 juin 1920 (D. P. 1920. 4. 283), par l'article 43 de la loi du 22 mars 1924 (D. P. 1924. 4. 148) et par l'article 15 de la loi de finances du 13 juillet 1925 (D. P. 1925. 4. 281). Par suite de ces retouches successives, le texte primitif des articles 12 et 13 de la loi organique de 1914 a fait place aux dispositions suivantes :

« *Art.* 12. — Les contribuables mariés ont droit, sur leur revenu annuel, à une déduction de 3 000 francs.

« La même déduction est accordée, en cas de décès de l'un des époux, au conjoint survivant non remarié et ayant à sa charge un ou plusieurs enfants issus du mariage.

En outre, tout contribuable a droit, sur son revenu annuel, à une déduction de 2 000 francs par personne à sa charge, si le nombre des personnes à sa charge ne dépasse pas cinq.

« Toutefois, pour chaque enfant au-dessous de vingt et un ans, resté à la charge de ses parents, et pour chaque personne au delà de la cinquième, quel que soit son âge, la déduction sera portée à 3 000 francs. » — Conf. Décr. 15 oct. 1926, art. 81.

Art. 13. — « Sont considérés comme personnes à la charge du contribuable, à la condition de n'avoir pas de revenus distincts de ceux qui servent de base à l'imposition de ce dernier :

« 1º Les ascendants âgés de plus de soixante-dix ans ou infirmes ; toutefois cet âge est abaissé à soixante ans à l'égard des femmes veuves vivant sous le même toit que leur fils ou leur fille et à leur charge exclusive ;

« 2º Les descendants ou enfants par lui recueillis, s'ils sont âgés de moins de vingt et un ans ou s'ils sont infirmes. » — *Ibid.*, art. 82.

704. Caractère forfaitaire de ces déductions. — Les déductions autorisées par les textes qui précèdent, qui sont censées correspondre aux charges de ménage ou de famille, ont un caractère essentiellement forfaitaire et, par suite, ne comportent aucune majoration, même en cas d'insuffisance avérée.

Ces déductions profitent aux contribuables français de

toute catégorie, sans distinguer entre ceux qui sont domiciliés en France et ceux qui, domiciliés à l'étranger, résident dans notre pays.

705. Bénéfice des déductions refusé aux étrangers. Loi du 22 mars 1924. — Mais les contribuables de nationalité étrangère, passibles de l'impôt général sur leur revenu réel ou forfaitaire, ne sont plus recevables, en principe, à prétendre au bénéfice des déductions pour situation ou charges de famille. C'est ce qui résulte de l'article 44 de la loi du 22 mars 1924, ainsi conçu :

« Sous réserve des traités de réciprocité qui existent actuellement ou seront passés entre la France et les pays étrangers, les réductions d'impôts ou de taxes, les dégrèvements à la base, les *déductions* accordées par les lois en vigueur pour des raisons de charges de famille... ne sont applicables qu'aux citoyens français et aux originaires des colonies françaises ou des pays de protectorat. »

706. Contribuables mariés ou veufs. — Le contribuable marié peut actuellement prétendre à une déduction de 3 000 francs sur l'ensemble de son revenu net. Cette déduction ne saurait profiter aux époux divorcés ; mais, par l'effet de l'article 3 de la loi du 29 juin 1918, elle est aujourd'hui acquise aux veufs ou veuves non remariés, ayant à leur charge un ou plusieurs enfants issus de leur union.

La déduction ainsi accordée aux contribuables mariés est corrélative à l'unité de la taxation par ménage ; elle n'a plus de raison d'être lorsque, par exception, les époux sont séparément passibles de l'impôt (*Instr.* du 30 mars 1918, art. 177). On a vu, plus haut, que la femme mariée n'est personnellement imposable que si, étant séparée de biens, elle ne vit pas en fait avec son mari.

707. Déductions pour personnes à charge.   Indépendamment de la déduction de 3 000 francs, dont il bénéficie s'il est marié ou veuf avec enfants, tout contribuable ayant des personnes à sa charge a droit à des déductions complémentaires, dont la quotité est graduée ainsi qu'il suit, en raison du degré de parenté, de l'âge et du nombre des personnes dont il assume l'entretien :

1º Pour chaque enfant mineur au-dessous de vingt et un ans, resté à la charge du contribuable, la déduction, fixée à 2 000 francs par l'article 7 de la loi du 25 juin 1920, est portée à 3 000 francs par l'article 43 de la loi du 22 mars 1924. Pour l'application de cette déduction, sont réputés enfants mineurs le fils, la fille, le petit-fils, la petite-fille de l'assujetti ayant moins de vingt et un ans, et les enfants mineurs recueillis par lui, sans distinguer entre ceux qui lui sont attachés par des liens de parenté ou d'alliance et ceux qui lui sont étrangers.

2º Pour chacune des personnes à charge autres que les enfants mineurs, le taux de la déduction, antérieurement fixé à 1 500 francs, vient d'être relevé à 2 000 francs par l'article 15 de la loi du 13 juillet 1925. Mais ce taux ne joue que jusqu'à la cinquième personne à charge : la déduction est rehaussée à 3 000 francs, à partir de la sixième personne, toutes les fois que le nombre des personnes à charge, enfants mineurs compris, dépasse cinq (L. 22 mars 1924, art. 43 et du 13 juillet 1925, art. 15 ; — *Note de l'adm. des contrib. dir.*, du 25 juill. 1925, p. 13 ; — Conf. déclarations de M. Borduge, commissaire du Gouv., séance de la Chambre du 30 juin 1925, *J. off.* du 1er juill. 1925, *débats*, p. 3020, col. 2). Ce groupe de personnes à charge comprend les enfants majeurs, mais infirmes, du contribuable, et les ascendants âgés de plus de soixante-dix ans ou infirmes dont il assure l'entretien, comme on l'explique ci-après avec plus de développements (V. nº 709).

Pour donner ouverture à la déduction de 3 000 francs sur le revenu général du contribuable, l'enfant au-dessous de vingt et un ans doit être resté effectivement à la charge de celui-ci, comme le précise l'article 12 de la loi de 1914 : ainsi, une fille mineure qui est mariée ne saurait entrer en compte pour le calcul des déductions.

Quant à l'enfant majeur, alors même que, poursuivant ses études, il serait encore à la charge de ses parents, il ne pourrait motiver au profit du chef de famille, la déduction de 2 000 francs, strictement réservée aux enfants mineurs (*Rép. min. fin. quest.* de M. le député Maurice Barrès, du 16 nov. 1917, nº 18 839).

708. Échelle des déductions. Exemple pratique. — Voici, d'après la notice que l'Administration a fait distribuer aux contribuables, comment doit s'établir le décompte des déductions pour situation et charges de famille, à l'égard d'un contribuable marié, qui subvient aux besoins de quatre enfants mineurs et de deux ascendants de plus de soixante-dix ans :

Mariage..........................	3.000 fr.
Quatre enfants mineurs (3.000 × 4)....	12.000 fr.
Premier ascendant...................	2.000 fr.
Deuxième ascendant (6e personne à charge)	3.000 fr.
Total à déduire.................	20.000 fr.

non compris l'abattement de base de 7 000 francs et les réductions d'impôt pour charges de famille, dont il sera parlé plus loin (nos 722 et suiv.).

709. Personnes à charge autres que les enfants mineurs. — Ainsi qu'on vient de l'expliquer, les personnes, autres que les enfants mineurs, qui sont à la charge du contribuable, déterminent une déduction de 2 000 francs par tête, jusqu'à la cinquième, et de 3 000 francs pour chaque personne au delà de la cinquième, quel que soit son âge. Rentrent dans cette catégorie :

1º Les ascendants du redevable ou ceux de son conjoint (père, mère, grand-père, grand'mère, beau-père, belle-mère) âgés de plus de soixante-dix ans ou infirmes, à sa charge et n'ayant pas de revenus personnels. Toutefois cet âge est abaissé à soixante ans, à l'égard des veuves vivant sous le même toit que leur fils ou leur fille et à leur charge exclusive. Il a d'ailleurs été entendu au cours de la discussion de la loi du 25 juin 1920 que, pour avoir droit à la déduction, le fils ou la fille vivant avec leur mère, veuve, et subvenant à ses besoins, peut être indifféremment célibataire ou marié, contrairement à la rédaction primitive du texte, qui limitait le bénéfice de cette disposition au fils célibataire ayant recueilli sa mère, veuve, sous son toit (séance du Sénat du 24 mai 1920, *J. off.* du 25, pp. 654 et 655).

2º Les enfants majeurs, mais infirmes, du contribuable, dont il assure l'entretien ; les enfants par lui recueillis, s'ils sont infirmes et âgés de plus de vingt et un ans.

710. Exclusion des collatéraux. — Des collatéraux, tels qu'un oncle, ou le frère et la sœur du contribuable, ne rentrant pas dans l'énumération limitative qui en est donnée par la loi, ne peuvent être considérés comme personnes à charge ni, par suite, entrer en compte pour la déduction des charges de famille (*Cons. d'Ét.*, 1ᵉʳ juin et 16 nov. 1923, D. P. 1923. 3. 65)

711. Enfants recueillis. Personne entretenue par le contribuable. — On a déjà fait remarquer que les enfants recueillis par le contribuable se classent dans le groupe des personnes à charge s'ils sont mineurs, ou même majeurs mais infirmes. Mais on ne saurait considérer comme un enfant recueilli par le contribuable, un étranger majeur et sans infirmité, avec qui il n'a cessé de vivre et dont il est l'unique soutien (*Rép. min. fin. quest.* de M. Chaptal, sénateur, du 12 déc. 1922, *J. off.* 1923, p. 123).

712. Cohabitation du contribuable et des personnes à charge non exigée. — Sauf en ce qui concerne les veuves vivant avec leur fils ou leur fille, il n'est pas nécessaire que les personnes à la charge du contribuable cohabitent avec lui ; il suffit qu'elles soient entretenues à ses frais (*Instr.* du 30 mars 1918, art. 177).

713. Parents du contribuable ayant des revenus personnels. — Aux termes de l'article 13 de la loi du 15 juillet 1914, les personnes dont l'énumération précède ne sont considérées comme étant à la charge du contribuable et, par suite, n'ouvrent au profit de celui-ci le droit à la déduction prévue par l'article 12, qu'à la condition de n'avoir pas de revenus distincts de ceux qui servent de base à l'imposition de ce dernier.

Cette restriction ne doit pas être entendue dans un sens trop absolu. Ainsi, les ascendants du contribuable, titulaires d'une pension de l'État, n'en doivent pas moins être considérés comme étant à la charge de l'assujetti, du moment où ils ne sont pas personnellement passibles de l'impôt et si, d'autre part, l'intéressé confond avec ses ressources propres les revenus dont ils peuvent disposer, notamment le produit de leur pension de retraite (*Rép. min. fin. quest.* de M. Soulié, sénateur, du 28 févr. 1922, *J. off.* 1922, p. 393).

714. Personne à la charge de plusieurs contribuables. — En tout état de cause, plusieurs contribuables ne sauraient être simultanément considérés comme ayant une même personne à leur charge : la déduction ne peut profiter qu'à celui à qui la charge incombe réellement ou qui en supporte, du moins, la part principale.

715. Situation de famille existant au 1ᵉʳ janvier de l'année de l'imposition. — L'application des déductions en matière d'impôt général sur le revenu pour charges de famille, se règle d'après la situation des intéressés au 1ᵉʳ janvier de l'année de l'imposition. Cette solution a été expressément confirmée par un arrêt du Conseil d'État du 8 juillet 1921 (*Rec. quest. fisc.* 1922, p. 332). En conséquence, ne saurait être regardé comme personne à charge le beau-père du contribuable qui, à cette date, n'était ni septuagénaire, ni infirme (*Cons. d'Ét.*, 1ᵉʳ juin 1923, D. P. 1923. 3. 65).

716. Déduction à effectuer par l'Administration et non par le contribuable. — Le contribuable doit faire connaître, au paragraphe II de sa déclaration relative à l'impôt général sur le revenu, s'il est marié ou veuf avec enfants et, le cas échéant, énumérer sur une formule spéciale annexée à sa déclaration, les personnes à sa charge. Mais l'Administration est, seule, compétente pour retrancher le montant de ces déductions du revenu général de l'assujetti, lors du calcul de sa cotisation, sous réserve du droit de réclamation du contribuable, après la publication du rôle.

716 bis. Réductions d'impôt pour charges de famille. — Question traitée *infrà*, nᵒˢ 722 et suiv.

§ 6. — TAUX ET CALCUL DE L'IMPOT GÉNÉRAL

717. Bases de la taxation. Progression des tranches du revenu imposable. — Dans l'exposé qui précède, on a caractérisé les éléments actifs et passifs qui concourent à la formation du revenu global net du contribuable, les uns par leur totalisation, les autres par voie de retranchement. Il s'agit maintenant de dégager la portion taxable de ce revenu, sur laquelle l'impôt doit être calculé au taux prescrit par la loi. A cet effet, l'article 8 de la loi du 25 juin 1920, modifié par l'article 17 de la loi du 13 juillet 1925 et par l'article 25 de la loi du 3 août 1926, porte ce qui suit :

« Pour le calcul de l'impôt, toute fraction du revenu inférieure à 100 francs est négligée.

« L'impôt est calculé en tenant, en outre, pour nulle la fraction du revenu qui, défalcation faite des déductions prévues à l'article 12 (de la loi du 15 juill. 1914), n'excède pas 7 000 francs, et en comptant :

« Pour un vingt-cinquième, la fraction comprise entre 7 000 et 20 000 francs;

« Pour deux vingt-cinquièmes, la fraction comprise entre 20 000 et 30 000 francs ;

« Et ainsi de suite, en augmentant d'un vingt-cinquième par tranche de 10 000 francs jusqu'à 100 000 francs, par tranche de 25 000 francs jusqu'à 400 000 francs et par tranche de 50 000 francs jusqu'à 550 000 francs; la fraction du revenu excédant 550 000 francs est comptée pour l'intégralité.

« Le taux à appliquer au revenu taxable ainsi obtenu est fixé à 30 pour 100 » (Taux réduit à 30 pour 100 par l'art. 25 de la loi du 3 août 1926. — V. n° 719).

L'abattement de base, qui est censé représenter le coût minimum de l'existence, a été porté, par l'article 17 de la loi du 13 juillet 1925, au même chiffre que la limite d'exemption fixée à 7 000 francs par l'article 8 de la loi du 30 mars 1923 (V. *suprà*, n° 620). Ainsi disparaît l'anomalie que nous avions signalée dans la précédente édition de ce *Traité* (*appendice*, p. 31). Désormais, la fraction du revenu net ne dépassant pas 7 000 francs est exonérée en totalité.

Par voie de conséquence et suivant la remarque de la *Circulaire* précitée du 25 juillet 1925, « c'est la fraction du revenu comprise entre 7 000 francs (au lieu de 6 000) et 20 000 francs qui sera, dorénavant, comptée pour 1/25 en vue du calcul de l'impôt » (p. 14).

L'abattement de 7 000 francs, devant se prélever sur le revenu net du contribuable, n'est retranché des bases de la taxation qu'après défalcation de la fraction de revenu inférieure à 100 francs spécifiée par l'article 8, § 1er, de la loi du 25 juin 1920, et des sommes à déduire à raison du mariage et des charges de famille de l'assujetti.

718. Calcul du revenu taxable. — Les déductions pour charges de famille et celle des 7 000 francs de base ayant été opérées, il reste à déterminer la portion taxable du surplus du revenu. A cet effet, l'article 8 susvisé de la loi du 25 juin 1920 subdivise le revenu net du contribuable en vingt-cinq échelons, répartis entre quatre séries distinctes.

La première de ces séries comprend neuf tranches successives, la première de 7 000 à 20 000 francs, et les huit autres de 20 000 francs à 100 000 francs, à raison de 10 000 francs par échelon. La tranche initiale de 13 000 francs est comptée pour un vingt-cinquième, soit pour 520 francs. L'échelon suivant, de 20 000 à 30 000 francs, est retenu pour deux vingt-cinquièmes, c'est-à-dire jusqu'à concurrence de 800 francs. La troisième tranche, de 30 000 à 40 000 francs, est comptée pour trois vingt-cinquièmes ou 1 200 francs ; la quatrième, de 40 000 à 50 000, pour quatre vingt-cinquièmes ou 1 600 francs ; la cinquième, de 50 000 à 60 000 francs, pour cinq vingt-cinquièmes ou 2 000 francs, et ainsi de suite, la quotité taxable obéissant à une progression uniforme de un vingt-cinquième par tranche de 10 000 francs, jusqu'à 100 000 francs.

La seconde série englobe le revenu de 100 000 à 400 000 francs et se fractionne en douze paliers successifs, de 25 000 francs chacun. Ici, la progression se ralentit : elle n'est plus que d'un vingt-cinquième pour la totalité de la tranche de 25 000 francs, soit de 1 000 francs.

La troisième section se réfère à la fraction du revenu de 400 000 à 550 000 francs et se décompose en trois tranches de 50 000 francs : à l'égard de cette zone, le taux de quotité imposable ne s'accroît que d'un vingt-cinquième par 50 000 francs, ou de 2 000 francs.

Enfin, dans la quatrième série se classe la fraction du revenu supérieure à 550 000 francs : cette fraction entre, pour l'intégralité, dans le calcul de l'impôt.

Il ressort de cet exposé que, pour déterminer le revenu taxable de l'assujetti, après les déductions prévues à l'article 8 de la loi du 25 juin 1920, il faut totaliser les vingt-cinquièmes afférents aux tranches successives de son revenu et qui expriment la quotité imposable de chacun de ces échelons, sauf à y ajouter, le cas échéant, l'entière fraction de ce revenu excédant 550 000 francs.

719. Taux actuel de l'impôt. Loi du 3 août 1926. — C'est sur le revenu taxable, ainsi déterminé par la totalisation des vingt-cinquièmes englobés dans les diverses fractions du revenu imposable, que l'impôt est liquidé. Fixé à 50 pour 100 par l'article 8 de la loi du 25 juin 1920, puis majoré de deux décimes par l'article 3 de la loi du 22 mars 1924 (soit 60 pour 100 en principal et décimes), le taux de l'impôt général sur le revenu a été réduit à 30 pour 100, à partir du 1er janvier 1927, par les articles 25 et 26 de la loi du 3 août 1926.

Ce taux de 30 pour 100 ne comporte pas l'addition du double décime, puisque, d'après la disposition expresse de l'article 25 de la loi du 3 août 1926, il se substitue au droit antérieur augmenté de la majoration des décimes édictée par la loi du 22 mars 1924. — Conf. Décr. 15 oct. 1926, art. 83.

720. Établissement de la taxation. Exemple pratique. — Un exemple permettra, mieux que de longues explications, de se rendre compte du jeu de cette taxation à base progressive. Supposons un contribuable marié, ayant à sa charge ses deux enfants mineurs et dont la déclaration accuse un revenu net global de 39 960 francs.

Il convient, tout d'abord, de négliger la fraction de ce revenu inférieure à 100 francs, et, par suite, de ne faire état que de 39 900 francs.

On défalquera ensuite les déductions corrélatives à la situation de famille de l'assujetti, savoir : 3 000 francs pour le mariage et 3 000 francs pour chacun des deux enfants à sa charge, soit au total 9 000 francs. Diminué de cette somme, le revenu ressort à 30 900 francs. Mais il y a lieu de tenir pour nulle la fraction initiale de 7 000 francs qui correspond au coût minimum de la vie. En conséquence, la taxation du contribuable se réglera ainsi qu'il suit :

Les premiers 7.000 francs exonérés de l'impôt..................................	»
Tranche de 7 000 à 20 000 fr. ou 13.000 fr. comptée pour 1/25, ou 4/100, soit.....	520 fr.
Tranche de 20.000 à 30.000 fr. ou 10.000 fr. comptée pour 2/25, ou 8/100, ci.........	800 fr.
Tranche de 30.000 à 30.900 fr. ou 900 fr. comptée pour 3/25, ou 12/100, ci......	108 fr.
Total du revenu taxable, ci........	1.428 fr.
Impôt à 30 pour 100, ci..............	428 fr. 40

Ajoutons que l'impôt, ainsi liquidé, comporterait, en outre, par application du dernier alinéa de l'article 8 de la loi du 25 juin 1920, une *réduction* de 5 pour 100 pour chacun des enfants à la charge du même contribuable, soit de 10 pour 100 au total. Par l'effet de ce dégrèvement de 42 fr. 84, la cotisation de l'assujetti se réduirait, en définitive, à 385 fr. 56.

Les questions relatives aux réductions de l'impôt général pour charges de famille font l'objet du paragraphe suivant (n° 722).

721. Barème de l'impôt. — Le calcul qui précède ne laisse pas d'être compliqué, surtout à l'égard des revenus de quelque importance. Étant donné que l'impôt général comporte actuellement une quotité de 30 pour 100 par chaque vingt-cinquième du revenu imposable, il nous a paru que le mode de taxation le plus simple et le plus pratique consiste, non pas à arbitrer puis, à totaliser, comme nous l'avons fait sous le paragraphe ci-dessus, la fraction taxable des tranches successives du revenu, mais bien à dégager directement l'impôt exigible, par l'application d'un taux approprié au nombre de vingt-cinquièmes taxables contenus dans les divers échelons de ce revenu. C'est dans ce but et sur cette base que nous avons établi le barème inséré à la fin du volume, n° 896. Le jeu de ce barème est des plus simples : il conduit pour ainsi dire automatiquement à la détermination du chiffre de l'impôt.

1. — Que l'on suppose un contribuable disposant d'un revenu global net de 30 900 francs après déduction des charges de famille. On voit immédiatement, dans le barème (tranche de 20 000 à 30 000 fr.), qu'à un revenu de 30 000 francs correspond un chiffre d'impôt de 396 francs. En appliquant aux 900 francs qui forment le complément du revenu considéré, le taux de 3,60 pour 100 inscrit, dans la première colonne de barème, vis-à-vis de la tranche suivante, on obtient pour cet excédent une somme de 32 fr. 40, qui, ajoutée à la précédente, donne un total d'impôt de (396 + 32,40) soit de 428 fr. 40.

Ce résultat est identique à celui que nous avons précédemment dégagé du procédé inverse de la totalisation des vingt-cinquièmes compris dans les échelons successifs du revenu et de la taxation de ce total au taux unique de 30 pour 100.

2. — Ainsi encore, qu'il s'agisse de calculer la cotisation d'un contribuable plusieurs fois millionnaire, dont le revenu global atteint, toutes charges déduites, l'étiage de 242 000 francs Il suffit de consulter notre barème, pour constater, au premier coup d'œil, qu'un revenu net de 240 000 francs (toutes déductions opérées) donne ouverture à une taxation de. . . . . 26 136 fr.

Quant aux 2 000 francs de surplus du revenu, comportant, d'après les énonciations dudit barème, le coefficient de taxation de 18 pour 100, correspondant à la tranche de 225 000 à 250 000 francs dans laquelle ils se trouvent compris, ils déterminent l'exigibilité d'un complément d'impôt de $\dfrac{2\,000 \times 18}{100}$, soit de . . . . 360 fr.

Total . . . . 26 496 fr.

§ 7. — RÉDUCTIONS POUR CHARGES DE FAMILLE. SURIMPOSITION DES PERSONNES SANS ENFANT

722. Réductions pour charges de famille. — Ainsi qu'on vient de l'expliquer, il y a lieu, préalablement au calcul de l'impôt, de défalquer du revenu net global du contribuable les *déductions* prévues à l'article 12 de la loi du 15 juillet 1914, modifié par l'article 7 de la loi du 25 juin 1920, par l'article 43 de la loi du 22 mars 1924, et par l'article 15 de la loi du 13 juillet 1925, et motivées soit par le mariage de l'assujetti, soit par l'existence de personnes à sa charge.

Indépendamment de cette première atténuation, qui affecte le revenu net, la loi accorde aux contribuables chargés de famille, sur le montant de la taxation une fois établie, des *réductions* proportionnelles au chiffre de l'impôt et dont la quotité varie tout à la fois en raison de l'importance du revenu net global de l'intéressé et du nombre des personnes à sa charge. A cet égard, l'article 8 de la loi du 25 juin 1920 porte ce qui suit :

« Sur l'impôt ainsi calculé, chaque contribuable a droit à des réductions pour charges de famille, selon les règles suivantes :

« Tout contribuable dont le revenu net total, défalcation faite des déductions prévues à l'article 12, n'est pas supérieur à 10 000 francs, a droit à une réduction d'impôt de 7,50 pour 100 pour chaque personne à sa charge jusqu'à la deuxième, et de 15 pour 100 pour chacune des autres personnes à partir de la troisième.

« Tout contribuable dont le revenu, défalcation faite des déductions prévues à l'article 12, est supérieur à 10 000 francs, a droit à une réduction d'impôt de 5 pour 100 pour chacune des trois premières personnes à sa charge, et de 10 pour 100 pour chacune des autres personnes à partir de la quatrième, sans que, toutefois, le montant total de cette réduction puisse excéder 2 000 francs par personne à la charge du contribuable. »

723. Échelle des réductions. Exemples pratiques. —

Nombre des personnes à charge	Taux du dégrèvement pour les contribuables dont le revenu net diminué des déductions notées ci-dessus		Observations
	n'excède pas 10 000 fr.	excède 10 000 fr.	
1	2	3	4
1	7,50 0/0	5 0/0	
2	15	10	Les réductions portées dans la colonne 3 ne peuvent dépasser le maximum de 2 000 francs par personne à la charge.
3	30	15	
4	45	25	
5	60	35	
6	75	45	
7	90	55	
8	100	65	Les réductions de la colonne 2 n'ont pas de maximum.
9	100	75	
10	100	85	
11	100	95	
12	100	100	

Rappelons ici que la définition des personnes à charge visées dans la colonne 1re du tableau qui précède, est donnée par l'article 13 de la loi du 15 juillet 1914, modifié par l'article 7 de la loi du 25 juin 1920, commentée ci-dessus (n° 703). Les réductions se calculent sur le total de l'impôt brut, droit simple et, le cas échéant, droit en sus ou pénalités.

Antérieurement à 1927, la limite des réductions intéressant les contribuables dont le revenu imposable excède 10 000 francs, fixée à 2 000 francs par personne à charge (L. 25 juin 1920, art. 8), avait été rehaussée à 2 400 francs, par le motif que le droit simple auquel elle correspondait à l'origine se trouvait majoré des deux décimes institués par l'article 3 de la loi du 22 mars 1924 (V. en ce sens, *Notice officielle* pour l'année 1926, § 5). Mais cette interprétation ne peut plus être retenue aujourd'hui, le taux actuel de 30 pour 100 de l'impôt général sur le revenu établi par l'article 25 de la loi du 3 août 1926 n'étant pas sujet au double décime (V. *suprà*, n°. 719). Le maximum de la réduction pour les contribuables dont il s'agit est donc aujourd'hui, comme antérieurement à la loi du 22 mars 1924, de 2 000 francs.

724. Applications du tableau ci-dessus. — A. — Que l'on suppose un contribuable marié ayant à sa charge quatre enfants mineurs et deux ascendants, dont la déclaration énonce un revenu global net de 29 300 francs. Ainsi qu'on l'a établi ci-dessus (n° 708), le montant des déductions pour mariage et six personnes à charge s'élève à 20 000 francs, et le revenu imposable se réduit, dès lors, à 9 300 francs, donnant lieu, d'après notre barème, à une taxation de 27 fr. 60. C'est sur ce total que joue la réduction pour charges familiales, au taux de 75 pour 100, inscrit dans la 2e colonne du tableau qui précède : elle se chiffre par 27, 60 $\times$ 75 pour 100, ou 20 fr. 70. L'impôt net s'abaisse à 27 fr. 60 — 20 fr. 70, soit à 6 fr. 90.

B. — Reprenons l'hypothèse déjà envisagée d'un contribuable marié, père de deux enfants mineurs, disposant d'un revenu global net de 39 900 francs. Diminué des déductions afférentes au mariage (3 000 fr.) et aux charges de famille (6 000 fr.), le revenu imposable tombe à 30 900 francs, et l'impôt calculé en conséquence, au vu de notre barème, s'élève à 428 fr. 40.

Le revenu imposable de l'intéressé étant supérieur à 10 000 francs, la réduction d'impôt pour charges de famille est applicable au taux de 10 pour 100 (3e colonne du tableau précité) et s'élève à 42 fr. 84. La taxation du chef de famille ne subsiste plus, dès lors, que pour 428 fr. 40 — 42 fr. 84, soit pour 385 fr. 56.

725. Étranger résidant en France. Loi du 22 mars 1924. — Rappelons que l'article 44 de la loi du 22 mars 1924 ferme la voie à toute réduction d'impôt pour charges de famille, en ce qui concerne les contribuables de nationalité étrangère, ayant en France leur résidence habituelle et imposables comme tels. Ce texte limite formellement le bénéfice des réductions (et déductions) dont il s'agit aux citoyens français de la métropole, des colonies ou des pays de protectorat.

726. Réductions après l'établissement du rôle. — En principe, les réductions pour charges de famille doivent être effectuées par l'Administration au moment même où elle fixe la cotisation du contribuable, d'après les indications fournies par celui-ci dans sa déclaration ou, le cas échéant, dans une déclaration annexe, sur formule spéciale. Mais, suivant la remarque de l'*Instruction* du 30 mars 1918 (art. 181), le chef de famille qui n'a pas remis au contrôleur les renseignements dont il s'agit n'est point, pour cela, forclos. Il peut faire valoir son droit aux réductions d'impôt, même après l'établissement du rôle et par voie de réclamation.

727. Majorations d'impôts concernant les célibataires, les divorcés et les mariés sans enfant. — L'article 19 de la loi du 13 juillet 1925 contient la disposition suivante : « L'article 9 de la loi du 25 juin 1920 est modifié ainsi qu'il suit :

« Le montant de l'impôt général sur le revenu est majoré de 25 pour 100 pour les contribuables âgés de plus de trente ans qui sont célibataires ou divorcés et qui, n'ayant pas d'enfant, n'ont aucune personne à leur charge.

« Le même montant est majoré de 10 pour 100 pour les contribuables âgés de plus de trente ans, mariés depuis deux ans au 1er janvier de l'année de l'imposition, lorsque, à la même date, ces contribuables n'ont pas d'enfant et se trouvent n'avoir aucune personne à leur charge.

« Les dispositions ci-dessus ne sont pas applicables aux contribuables des catégories visées, titulaires d'une pension prévue par la loi du 31 mars 1919 pour une invalidité de 40 pour 100 et au-dessus, ni aux contribuables dont tous les enfants sont morts. »

Nous allons préciser la portée de ces dispositions.

728. Célibataires ou divorcés. Existence d'un enfant. — L'ancien article 9 de la loi du 25 juin 1920 soumettait, dans les termes les plus généraux, à la surimposition de 25 pour 100 tout célibataire ou divorcé, âgé de plus de trente ans, n'ayant aucune personne à sa charge, sans rien spécifier au sujet des mêmes contribuables qui ont des enfants mineurs, majeurs ou infirmes. Appliquant, dans l'interprétation de ce texte, les principes établis en matière de déductions pour charges de famille, l'Administration décida, à plusieurs reprises, que les célibataires ou divorcés âgés de plus de trente ans et ayant des enfants n'avaient droit à l'exemption de la surtaxe que si leurs enfants étaient mineurs ou infirmes et, par contre, devenaient passibles de ladite majoration à partir du jour où leurs enfants, parvenus à leur majorité et non infirmes, ne pouvaient plus être regardés comme étant à la charge du contribuable (*Rép. min. fin. quest.* de M. Georges Ancel, député, du 29 févr. 1924, *J. off.*, p. 1692). C'est pour réagir contre cette interprétation, d'ailleurs juridique, qu'est intervenue la disposition de l'article 19 de la loi du 13 juillet 1925 exigeant comme condition de l'exigibilité de la surtaxe de 25 pour 100 imposée aux célibataires ou divorcés, que le contribuable soit sans enfant, et, d'autre part, n'ait aucune charge de famille. Ces deux conditions sont, l'une et l'autre, de rigueur. Par conséquent, dès lors qu'il a un enfant, légitime, reconnu ou adoptif, le divorcé ou célibataire échappe légalement à l'application de la surtaxe, sans que l'Administration ait à rechercher si cet enfant est mineur, infirme ou majeur de vingt et un ans. C'est ce que l'Administration reconnaît, avec la plus grande netteté, dans sa *Circulaire* susvisée du 25 juillet 1925 :

« Les contribuables, célibataires ou divorcés et qui ont des enfants, lit-on dans ce document officiel, sont (désormais) affranchis de la majoration de 25 pour 100, alors même que leurs enfants ne sont plus à leur charge » (p. 15).

729. Enfant naturel reconnu ou adopté. — Pour l'application de la règle précédente, il n'y a pas à distinguer entre les enfants légitimes, naturels reconnus ou adoptifs du divorcé ou célibataire : les uns et les autres sont sur la même ligne et rentrent, au même degré, dans les prévisions de l'article 19 de la loi du 13 juillet 1925. Cette assimilation a toujours été admise par l'Administration antérieurement à la loi de 1925 ; elle se fait jour dans la plupart des réponses du ministre relatées plus haut. Il n'y a aucune raison de s'en départir aujourd'hui.

730. Enfant recueilli par le contribuable. — L'Administration a reconnu que, les enfants recueillis par les contribuables ayant le caractère de personnes à charge, les célibataires ou divorcés qui pourvoient à l'entretien d'un ou plusieurs enfants mineurs, que ceux-ci leur soient ou non attachés par des liens de parenté, ne peuvent, en aucun cas, supporter la surtaxe de 25 pour 100 (*Rép. min. fin. quest.* de M. le Monti de Rezé, député, du 16 févr. 1923, *J. off.* 1923, p. 1731).

731. Célibataires de tout sexe. — La surimposition de 25 pour 100 frappe les célibataires de tout sexe, sans en excepter les célibataires du sexe féminin.

732. Ministres du culte. Ordres religieux. — La surtaxe imposée aux célibataires atteint par la généralité de sa formule les ministres du culte et les membres des congrégations religieuses, bien que le célibat religieux ne puisse, à aucun égard, être assimilé à celui des personnes laïques. Cette solution, nous le reconnaissons volontiers, est illogique, injuste et même paradoxale ; mais elle est commandée par le texte de la loi. Au législateur seul il appartient de corriger les imperfections de son œuvre.

733. Contribuables veufs. — Ainsi que le reconnaît l'Administration, « il résulte de la discusion de la loi du 25 juin 1920 (V. D. P. 1921. 4. 292, col. 3), que les majorations de droit et, par conséquent, la surimposition de 25 pour 100, instituées en matière d'impôt général sur le revenu par l'article 9 de ladite loi, ne sont, en aucun cas, applicables aux contribuables veufs, qu'ils aient ou non des personnes à leur charge (*Rép. min. fin. quest.* de MM. les députés Victor Le Guen, du 6 avr. 1922, *J. off.* 1922, pp. 15 et 31 ; — et René Lefebvre, du 22 juin 1923, *J. off.* 1923, p. 3471). C'est ce que le Conseil d'État a décidé par un arrêt du 4 août 1925, rejetant le recours du ministre (D. P. 1926. 3. 15). Il résulte, en outre, de cet arrêt, qu'une veuve, qui s'est remariée puis a divorcé, se trouve, du fait de son divorce, replacée dans la situation de veuve, qu'elle avait avant son remariage et, dès lors, n'est pas sujette à la majoration de 25 pour 100.

734. Célibataire ou divorcé sans enfants, mais ayant des charges de famille. — L'article 19 de la loi du 13 juillet 1925 exige, comme condition d'application de la surtaxe de 25 pour 100, non seulement que le contribuable n'ait pas d'enfant, mais encore qu'il n'ait à supporter aucune charge de famille. Un célibataire ou divorcé sans enfant n'en serait pas moins exonéré de la surimposition si, par ailleurs, il avait des charges familiales, par exemple l'entretien d'un ascendant ou d'un enfant recueilli, âgé de moins de vingt et un ans ou infirme.

735. Contribuable marié depuis deux ans et sans enfants. — Les motifs généraux qui justifient la surimposition des célibataires s'appliquent, mais avec moins de force, aux ménages stériles. De là la disposition de l'article 9 qui majore, au taux réduit de 10 pour 100, l'impôt général sur le revenu pour les contribuables mariés depuis deux ans au 1er janvier de l'année de l'imposition et sans enfant à cette date. Ici encore, le contribuable n'est passible de la surtaxe que s'il est âgé de plus de trente ans et s'il n'a aucune personne à sa charge.

736. Enfants issus d'un premier mariage. — Mais la majoration de 10 pour 100 édictée par l'article 9 se limite strictement aux contribuables mariés sans enfants : « Du moment où, dans un ménage, l'un des conjoints a des enfants issus d'un premier mariage, la majoration n'est pas susceptible de recevoir son application » (*Rép. min. fin. quest.* de M. le sénateur de la Ville-Moysan, du 22 janv. 1920, n° 4048, *J. off.* du 16 févr. 1921, p. 115, col. 1).

737. Époux séparés de corps. — La séparation de corps, n'ayant pas pour effet de dissoudre le mariage, ne saurait, par elle-même, mettre obstacle à l'application de la surtaxe de 10 pour 100 (*Rép. min. fin. quest.* de M. de Baudry d'Asson, député, du 23 févr. 1922, *J. off.* 1922, p. 1333).

738. Ménage ayant recueilli des enfants mineurs. — L'Administration admet que la surtaxe imposée aux ménages stériles ne doit pas être étendue aux contribuables mariés sans enfant qui pourvoient à l'entretien d'un ou de plusieurs enfants mineurs, que ceux-ci leur soient ou non attachés par des liens de parenté (*Rép. min. fin. quest.* de M. de Monti de Rézé, député, du 16 févr. 1923, *J. off.* 1923, p. 1731).

739. Adoptant sans enfants. — L'adoption conférant à l'adopté la situation d'un enfant né du mariage, il en résulte que l'adoptant ne peut être soumis à la majoration de 10 pour 100 qui frappe les contribuables mariés sans enfant (*Rép. min. fin. quest.* de M. Manaut, député, du 15 févr. 1923, *J. off.* 1924, p. 5).

740. Situation de famille au 1ᵉʳ janvier de l'année d'imposition. — Ainsi que l'exprime l'article 9 de la loi du 25 juin 1920, c'est d'après les faits existant au 1ᵉʳ janvier de l'année de l'imposition que doit être appréciée la situation des intéressés au point de vue de l'application de la surtaxe édictée par cet article.

741. Contribuables affranchis des majorations de 25 et 10 pour 100. — L'article 9 de la loi du 25 juin 1920, modifié par l'article 19 de la loi du 13 juillet 1925, excepte spécialement de l'application des surtaxes de 25 pour 100 ou de 10 pour 100 les deux catégories suivantes de célibataires, divorcés ou mariés sans enfants, savoir :

1º Les contribuables titulaires d'une pension prévue par la loi du 31 mars 1919 (D. P. 1919. 4. 169) pour une invalidité de 40 pour 100 et au-dessus ;

2º Les contribuables dont tous les enfants sont morts. Il est à remarquer que l'article 19 de la loi du 13 juillet 1925 appelle au bénéfice de cette immunité les contribuables, célibataires, divorcés ou mariés dont tous les enfants sont décédés, sans distinguer entre les enfants tués à la guerre et ceux qui sont morts de maladie, alors que, précédemment, l'exemption de la surtaxe était réservée aux assujettis qui ont perdu tous leurs enfants à la guerre (*Circul.* précitée du 25 juill. 1925, p. 15).

742. Mort du fils unique du contribuable. Survivance d'une fille mariée. — Le Conseil d'État a jugé qu'un contribuable divorcé dont le fils unique a été tué à l'ennemi, mais qui a une fille mariée, ne remplit pas les conditions légales, pour être exonéré, comme ayant perdu tous ses enfants à la guerre, de la majoration de 25 pour 100 (arrêt du 19 juill. 1924, D. P. 1925. 3. 24). Mais, pour les motifs indiqués *suprà*, n° 728, cette solution, antérieure à la loi du 13 juill. 1925 (art. 19), ne doit plus être suivie.

743. Calcul de la majoration. Droit simple augmenté de la pénalité. — La surimposition de 25 ou de 10 pour 100 édictée à l'égard des contribuables célibataires, divorcés ou mariés, qui n'ont pas d'enfant et de charges de famille, frappe « le montant de l'impôt général », à savoir le droit simple, augmenté, le cas échéant, de la majoration du quart ou du quadruple droit encourus pour défaut de déclaration ou pour insuffisance du revenu déclaré (L. 4 avr. 1926, art. 4).

§ 8. — DÉCLARATION ANNUELLE DU CONTRIBUABLE

744. Déclaration du revenu. Texte. — L'article 16 de la loi du 15 juillet 1914, modifié par l'article 5 de la loi du 30 décembre 1916 (D. P. 1917. 4. 1), par l'article 2 de celle du 23 février 1917 (D. P. 1917. 4. 31), par l'article 3 de la loi du 30 juin 1923 (D. P. 1924. 4. 81) et par l'article 1er de la loi du 4 avril 1926, est ainsi conçu :

« Tous les contribuables passibles de l'impôt sont tenus de souscrire et de renouveler, chaque année, *sous la foi du serment*, une déclaration de leur revenu, avec l'indication, par nature de revenu, des éléments qui le composent (*L.* 4 avr. 1926).

« Les contribuables qui sont affranchis de l'impôt dans les conditions prévues par l'article 9 de la présente loi, sont également tenus d'en faire, chaque année, la déclaration, s'ils ont, au cours de l'année précédente, été inscrits aux rôles des impôts cédulaires pour un total de revenu de 1 500 francs au moins ou s'ils ont encaissé, pendant la même année, 1 500 francs au moins de revenus de valeurs mobilières autres que les bons de la Défense nationale à échéance d'un an au plus et les rentes 4 pour 100 1925 (*id.*).

» Les contribuables visés au paragraphe précédent qui n'auront pas envoyé leur déclaration dans le délai légal pourront être punis d'une amende de 30 francs sans décimes.

L'amende sera infligée par le directeur des contributions directes et recouvrée par le percepteur » (*id.*).

« Est abrogé le paragraphe 6 de l'article 16 de la loi du 15 juillet 1914 (*id.*).

« Ils (les contribuables) fournissent, dans leur déclaration, toutes indications nécessaires au sujet de leurs charges de famille.

« Ils doivent, en outre, pour avoir droit au bénéfice des déductions prévues à l'article 10, indiquer dans leur déclaration le chiffre et la nature des dettes et pertes qu'ils ont déduites de leur revenu global en vertu de l'article 10.

« Les déclarations sont rédigées sur ou d'après des formules dont la teneur sera fixée par un règlement d'administration publique.

« Elles sont reçues dans les deux premiers mois de chaque année. Toutefois, les commerçants et industriels qui, au cours de l'année antérieure à celle de l'imposition, ont clos leur exercice comptable pendant le mois de décembre, sont admis à produire leurs déclarations jusqu'au 31 mars suivant.

« Les déclarations dûment signées sont remises ou adressées au contrôleur des contributions directes, qui en délivre récépissé. » — Conf. Décr. 15 oct. 1926, art. 86 à 89.

745. Contribuables tenus de la déclaration. — Le texte qui précède assujettit à la déclaration annuelle de leur revenu deux catégories de contribuables, savoir :

1º Les personnes passibles de l'impôt, c'est-à-dire les chefs de famille résidant en France qui ont disposé, pendant l'année antérieure à celle de l'imposition, d'un revenu net supérieur à 7 000 francs, toutes déductions opérées pour mariage et charges de famille ;

2º Les chefs de famille affranchis de l'impôt général, dans les conditions prévues par l'article 9 de la loi du 15 juillet 1914, notamment lorsque leur revenu net global n'excède pas le minimum légal de 7 000 francs, s'ils ont, au cours de l'année précédente, été inscrits au rôle des impôts cédulaires pour un revenu total de 1 500 francs au moins ou s'ils ont encaissé, pendant la même année, 1 500 francs au moins de revenus de valeurs mobilières autres que les bons de la Défense nationale à échéance d'un an au plus et les rentes 4 p. 100 1925.

Ainsi, un petit détaillant dont le revenu net global n'excède pas 7 000 francs, et qui, pour ce motif, n'est pas taxable au titre de l'impôt général sur le revenu, n'en est pas moins tenu de souscrire sous la foi du serment sa déclaration annuelle relative à ce dernier impôt, du moment où il a été cotisé, au titre de la cédule des professions commerciales, d'après un bénéfice minimum de 1 500 francs, par exemple sur un bénéfice net de 5 600 francs, relevant de la 5e série du tarif établi par l'article 9 de la loi du 4 avril 1926.

La même obligation incombe au propriétaire cotisé à l'impôt foncier sur un revenu net de 1500 fr. ou plus, compte tenu de la majoration de 75 p. 100 (*Circul.* du 25 sept. 1926, p. 45).

746. Délai de la déclaration. — Primitivement fixé à trois mois, le délai imparti aux contribuables pour produire leur déclaration annuelle relative à l'impôt général sur le revenu est, sous réserve de l'exception prévue par ce texte, réduit à deux mois par l'article 3 de la loi de finances du 30 juin 1923, incorporé dans l'article 16 plus haut transcrit de la loi du 15 juillet 1914.

747. Renouvellement obligatoire. — L'article 1er de la loi du 4 avril 1926 abroge expressément l'avant-dernier alinéa de l'article 16 de la loi du 15 juillet 1914, suivant lequel le contribuable qui ne renouvelle pas sa déclaration était censé avoir maintenu sa déclaration précédente. Désormais les contribuables, passibles ou affranchis de l'impôt général, à qui incombe, suivant les dispositions des deux premiers alinéas de l'article 1er de la loi du 4 avril 1926, l'obligation de souscrire la déclaration de leur revenu global, sont tenus de renouveler, chaque année, dans le délai légal, cette déclaration, sous la foi du serment, sous peine d'encourir la sanction applicable au défaut de déclaration.

748. Personnes qualifiées pour souscrire la déclaration. — La déclaration de revenu exigée par l'article 1er de la loi du 4 avril 1926 incombe au chef de famille, — à la femme séparée de biens ne vivant pas avec son mari, — ou aux membres de la famille ayant des revenus propres et traités comme des contribuables distincts.

Les tuteurs, curateurs et administrateurs légaux ou judiciaires sont qualifiés pour passer la déclaration du revenu des incapables qu'ils représentent. Les mandataires sont également recevables à se substituer à leurs mandants, sauf à justifier d'un pouvoir authentique ou sous seing privé (*Instr.* du 30 mars 1918, art. 182).

749. Employés ou salariés. — L'obligation imposée aux employeurs ou chefs d'entreprise de remettre annuellement, dans le courant du mois de janvier, l'état nominatif des traitements, salaires et rétributions payés au cours de l'année précédente à leurs employés, commis, ouvriers ou auxiliaires, ne saurait suppléer à la déclaration que ceux-ci sont personnellement tenus de souscrire en vue de l'assiette de l'impôt global sur le revenu. Les salariés n'en doivent pas moins souscrire cette déclaration, dans les deux premiers mois de l'année (*Rép. min. fin. quest.* de M. Lesaché, député, du 18 oct. 1921, n° 10 197, *J. off.* du 17 nov. 1921, p. 4113).

750. Forme de la déclaration. Serment. — Aux termes de l'article 1er, ci-dessus transcrit, de la loi du 4 avril 1926, la déclaration annuelle relative à l'impôt général sur le revenu devra désormais, dans le cas où elle est exigée, être souscrite ou renouvelée sous la foi du serment.

Ainsi que l'Administration l'a fait observer au sujet des déclarations d'avoirs à l'étranger, « il est bien évident que le dépôt de la déclaration ne sera pas accompagné d'une prestation matérielle de serment. » Il n'y a là qu'une affirmation sur l'honneur. Mais, à la différence des fausses déclarations d'avoirs à l'étranger, les déclarations concernant l'impôt global, même sciemment inexactes, ne sauraient entraîner les peines du faux serment (*Circul. cont. dir.* 25 sept. 1926, p. 44).

751. Contenu de la déclaration. — Le contribuable est libre de rédiger sa déclaration sous une forme quelconque, mais à la condition d'y insérer les indications requises par les décrets réglementaires du 17 janvier 1917, du 15 décembre 1917 (D. P. 1917. 4. 28 et 322) et du 9 septembre 1924 (D. P. 1924. 4. 313). A ce dernier point de vue, il a tout intérêt à se servir de la formule officielle mise, dans les mairies, à la disposition des intéressés ; ces imprimés contiennent, en effet, des instructions détaillées sur le libellé des déclarations.

Aux termes des décrets susvisés, le contribuable doit inscrire dans sa déclaration : ses nom et prénoms, — sa nationalité, — le lieu de sa résidence ou, s'il a plusieurs résidences, le lieu de son principal établissement.

Il indique ensuite la nature de ses occupations professionnelles ; s'il est chef d'entreprise, le siège de son exploitation ; s'il est employé d'un service public ou d'une entreprise privée, l'administration ou l'entreprise à laquelle il est attaché et la nature de son emploi.

A la suite de ces renseignements signalétiques, le déclarant énonce, suivant le vœu du décret du 9 septembre 1924, « le montant de son revenu global et la répartition de ce revenu dans les diverses catégories » que nous avons plus haut définies et caractérisées (V. n° 627) et « en distinguant, dans chaque catégorie, le revenu encaissé directement ou indirectement à l'étranger ». En fait, les revenus de provenance étrangère, au lieu de s'échelonner dans le corps de la déclaration, doivent être détaillés à part, dans une rubrique spéciale placée à la fin de la liste des catégories de revenus.

Après avoir totalisé les revenus nets des diverses catégories, le contribuable établit, dans les trois paragraphes suivants de sa déclaration, le décompte des intérêts de ses dettes, des arrérages de rente payés à titre obligatoire, des contributions directes et taxes assimilées, en ayant soin de ne pas inscrire ici, par double emploi, les impôts déjà déduits du revenu de chaque cédule, — et, enfin, des pertes résultant d'un déficit d'exploitation. Le total de ces charges est ensuite retranché de l'ensemble des revenus et la différence exprime le revenu net imposable.

Mais ce n'est pas encore là le revenu *taxable*. Pour déterminer ce dernier revenu, il reste à défalquer du revenu imposable les sommes allouées en déduction pour mariage et charges de famille, sans parler de l'abattement de base de 7 000 francs affranchi de l'impôt. Ces opérations sont du ressort exclusif de l'Administration. Le contribuable doit se borner à indiquer, au début de sa déclaration, sa situation de célibataire, de marié, veuf, divorcé, avec ou sans enfants ; s'il a des personnes à sa charge, il lui appartient de relever les indications nécessaires sur une formule spéciale (n° 1 *bis*) qui sera annexée à sa déclaration.

752. Membres de la famille imposables distinctement. — Si le contribuable use de la faculté, que lui offre l'article 8-2° de la loi du 15 juillet 1914, de ne pas totaliser avec son revenu celui des personnes de sa famille, il doit énumérer ces personnes dans sa déclaration, en indiquant leurs noms, prénoms et degré de parenté ou d'alliance, sans d'ailleurs avoir à fournir aucun renseignement sur le chiffre ou la consistance de leurs revenus.

753. Clôture et envoi de la déclaration. — Il ne reste plus au contribuable qu'à attester, par sa signature et sous la foi du serment, l'exactitude de la déclaration ainsi établie. Conformément au dernier alinéa de l'article 16 de la loi du 15 juillet 1914, il remet ou adresse, sous pli affranchi, ce document au contrôleur des contributions directes de sa résidence ou de son principal établissement, dans le délai plus haut spécifié (n° 746). Le contrôleur en délivre récépissé.

754. Prédécès du contribuable. — Si le contribuable décède dans les deux premiers mois de l'année avant d'avoir souscrit sa déclaration, l'obligation lui incombant à cet égard passe à ses héritiers, avec les autres charges de sa succession.

Il en est autrement lorsque le décès du chef de famille est survenu au cours de l'année précédente. Dans ce cas, le défunt ayant cessé d'être imposable au 1er janvier, aucune taxation ne peut être établie à son nom. Quant aux héritiers, ils n'ont à comprendre dans leur déclaration le revenu des biens héréditaires que jusqu'à concurrence de la fraction de ce revenu afférente à la période écoulée depuis l'ouverture de la succession.

755. Déclaration à fin de non-imposition. — Il se peut qu'un contribuable, jusqu'alors imposable comme réalisant un bénéfice global supérieur à 7 000 francs, toutes charges de famille déduites, descende au-dessous de ce minimum et soit, en conséquence, affranchi de l'impôt général à partir du jour où il entend ne plus totaliser ses revenus personnels avec ceux des membres de sa famille et réclamer, pour ceux-ci, une taxation distincte (V. *suprà*, n° 618). L'intéressé doit, dans ce cas, satisfaire aux prescriptions de l'article 6 du décret du 17 janvier 1917, modifié par le décret du 9 septembre 1924 (D. P. 1924. 4. 213) inséré aux annexes et auquel le lecteur voudra bien se reporter (V. *annexe*, n° II).

D'une manière plus générale, et ainsi que le décide l'article 8 du décret précité du 17 janvier 1917, tout contribuable qui, ayant souscrit une déclaration de son revenu au cours de l'année précédente, cesse d'être passible de l'impôt général sur le revenu, doit en aviser, dans le délai ouvert pour produire la déclaration annuelle, le contrôleur du lieu où a été établie sa dernière imposition : sa situation est alors celle des contribuables devenus non imposables à raison de la taxation distincte des membres de leur famille, et elle est réglée conformément à la procédure prévue par le décret.

756. Changement de résidence. — L'article 1er de la loi du 4 avril 1926 obligeant les contribuables passibles de l'impôt à renouveler, chaque année, la déclaration de leur revenu, la déclaration spéciale exigée au cas de changement de résidence par l'article 5 du décret du 17 janvier 1917, devient par là même sans objet. Rien n'empêche toutefois l'intéressé de prévenir de son départ le contrôleur de son ancienne résidence, ne fût-ce que pour éviter le risque d'une imposition par double emploi.

757. Dépôt dans les mairies de la liste des déclarations. — Aux termes de l'article 5 de la loi du 4 avril 1926, la liste des contribuables passibles de l'impôt général sur le revenu ayant souscrit leur déclaration sera déposée par la direction départementale des contributions directes dans les mairies du domicile des assujettis, où elle sera tenue à la disposition de tous les contribuables de la commune.

On sait, par nos explications précédentes, que les contribuables passibles de l'impôt général sont les personnes résidant en France et ayant réalisé au cours de l'année précédente, compte tenu des déductions pour situation et charges de famille, un revenu supérieur à 7 000 francs. Il est à remarquer que le dépôt prévu par la nouvelle loi ne s'applique pas aux déclarations elles-mêmes et à leur contenu ; seule, la liste des déclarants doit être déposée par les soins du service des contributions directes.

La communication de ces listes ne peut être faite qu'à la mairie, aux personnes de la commune justifiant de leur qualité de contribuables, à l'exclusion des habitants des communes voisines. Pour prévenir les abus inhérents à cette communication, l'article 5 de la loi précitée punit toute publication, même fragmentaire, des listes dont il s'agit, d'un emprisonnement de un à cinq ans et d'une amende de 1 000 à 10 000 francs ou de l'une de ces deux peines. Cette amende pénale comporte la majoration de 30 décimes édictée par l'article 41-1º de la loi du 22 mars 1924.

§ 9. — CONTROLE DES DÉCLARATIONS.
TAXATION D'OFFICE. — AVOIRS A L'ÉTRANGER

758. Textes organiques. — L'article 17 de la loi du 15 juillet 1914, refondu par l'article 5 de la loi du 30 décembre 1916, organise ainsi qu'il suit la procédure générale du contrôle des déclarations relatives à l'impôt général sur le revenu :

« Le contrôleur vérifie les déclarations. Il peut demander au contribuable des éclaircissements.

« Il a le droit de rectifier les déclarations ; mais, dans ce cas, il adresse au contribuable, avant d'établir la matrice du rôle, l'indication des éléments qui serviront de base à son imposition, l'invite à se faire entendre ou à faire parvenir son acceptation ou ses observations et à fournir, s'il y a lieu, les justifications utiles au sujet des déductions qu'il demande par application des articles 10, 12 et 15. Si le désaccord persiste, le contribuable conserve le droit de réclamer par la voie contentieuse, après la publication du rôle.

« Lorsqu'une insuffisance du revenu déclaré aura été constatée par l'Administration après l'établissement du rôle, la cotisation correspondant à cette insuffisance pourra être réclamée au contribuable, soit dans l'année même, soit au cours des cinq années suivantes.

« Si une réclamation est introduite, le tribunal saisi du litige apprécie les motifs invoqués par l'Administration et par le contribuable et fixe la base d'imposition, la charge de la preuve incombant à l'Administration. »

759. Loi du 4 avril 1926. — L'article 13 de la loi du 4 avril 1926 a complété le texte qui précède, en y incorporant la disposition suivante, empruntée aux articles 9 et 16 de la loi du 13 juillet 1925 :

« Lorsque le contrôleur aura réuni des éléments précis permettant d'établir que les dépenses d'un contribuable sont notoirement supérieures au revenu qu'il a déclaré, il devra les soumettre au contribuable, et celui-ci sera tenu de justifier la différence.

« Faute de fournir les justifications nécessaires dans un délai de vingt jours à partir de la réception de l'avis par lequel elles lui sont demandées, le contribuable est taxé d'office dans les conditions prévues par l'article 19. »

760. Dualité de la procédure du contrôle des déclarations. — Il ressort des textes ci-dessus transcrits que le contrôle administratif des déclarations annuelles relatives à l'impôt général sur le revenu repose sur la mise en œuvre de deux moyens différents, susceptibles sans doute d'application isolée, mais qui, dans l'esprit de la législation existante, doivent coopérer au même résultat et se prêter un mutuel appui, savoir :

1º Procédure générale du redressement des déclarations, caractérisée par une demande d'éclaircissements adressée au contribuable, la mise en demeure de celui-ci d'avoir à produire les justifications utiles, la charge de la preuve incombant, en cas d'instance, à l'Administration ;

2º Contrôle du bénéfice net déclaré par les dépenses personnelles notoires du contribuable, aboutissant en cas de désaccord à la taxation d'office, l'assujetti étant tenu de faire, au contentieux, la preuve du chiffre exact de son revenu.

Ces deux aspects de la situation vont être successivement examinés.

761. Procédure générale. Enquête du contrôleur. — Le contrôleur est fondé à utiliser, dans l'exercice de sa mission, les données et renseignements qu'il est à même de recueillir, soit personnellement, soit par l'intermédiaire des autres services publics.

Ainsi, nul doute que le contrôleur, vérifiant le revenu global déclaré par un commerçant ou un industriel, peut faire état des documents comptables que l'assujetti est tenu de lui représenter à toute réquisition, pour justifier la sincérité de sa déclaration relative à l'impôt cédulaire, dans le cas prévu par l'article 7 de la loi du 31 juillet 1917, refondu par l'ar icle 9 de la loi du 4 avril 1926. Il lui appartient d'exercer, dans le même but, le droit de communication que lui confère l'article 32 de la loi du 31 juillet 1920, vis-à-vis de tout commerçant faisant un chiffre d'affaires annuel supérieur à 50 000 francs.

On a vu, plus haut (n° 582), que l'article 8 de la loi du 13 juillet 1925 impose aux titulaires des charges et offices astreints par les règlements à la tenue d'une comptabilité l'obligation de représenter, sous certaines réserves, leurs écritures comptables, à toute réquisition du contrôleur. L'Administration des contributions directes puisera, dans l'examen de ladite comptabilité, d'utiles éléments en vue du contrôle de la déclaration relative à l'impôt général sur le revenu produite par les contribuables de cette catégorie.

Dans le même ordre d'idées, le contrôleur est recevable à vérifier la déclaration du revenu global des titulaires de traitements, salaires, pensions ou rentes viagères, des contribuables travaillant alternativement dans plusieurs entreprises, des courtiers, commissionnaires ou autres intermédiaires de commerce, et des personnes exerçant des professions libérales, au vu de la déclaration écrite que les employeurs, débirentiers et chefs d'entreprise sont tenus de remettre au contrôleur, dans le courant du mois de janvier, pour l'assiette de l'impôt cédulaire, en vertu de l'article 26 de la loi du 31 juillet 1917, modifié par l'article 6 de la loi du 13 juillet 1925 (V. *infrà*, n°s 874 à 876).

762. Renseignements recueillis par les autres services publics. — A ces éléments de contrôle, directement réunis par le contrôleur dans l'exercice normal de ses attributions, s'ajoutent ceux qui sont recueillis par les divers services publics pour l'exécution des lois existantes et dont le service des contributions directes a, sans restriction aucune, le droit d'obtenir communication, en vertu de l'article 55 de la loi du 31 juillet 1917, ainsi conçu :

« Pour l'établissement des divers impôts sur les revenus, l'administration des contributions directes a le droit d'obtenir

de tous les services publics communication des renseignements recueillis par ceux-ci, en vertu des lois existantes. »

Ce n'est pas tout. L'article 31 de la loi du 31 juillet 1920
stipule que les administrations de l'État, des départements
et des communes, ainsi que les entreprises concédées ou contrôlées par l'État, les départements et les communes, ne pourront, en aucun cas, se retrancher derrière le secret professionnel,
pour refuser aux contrôleurs des contributions directes la
communication des documents qu'ils détiennent.

1. — *Réunion des services de l'enregistrement et des contributions directes.* — Les deux systèmes du bordereau et du
carnet de coupons institués par les lois du 22 mars 1924 (art. 62)
et du 4 avril 1926 (art. 24) ayant été abrogés avant d'entrer
dans le domaine des faits (V. *infrà*, n° 789), il a paru que le
meilleur moyen d'élargir et de fortifier le contrôle des déclarations relatives à l'impôt général était de fusionner, sous
l'autorité d'un même directeur général, les deux administrations de l'enregistrement et des contributions directes. Un
décret du 17 septembre 1926, relaté ci-après (n° 886), a réalisé
cette intéressante réforme.

763. — Demandes d'éclaircissements. — Lorsque les
éléments de contrôle dont il vient d'être parlé font défaut
ou ne lui paraissent pas suffisamment concluants, le contrôleur n'est point, pour cela, désarmé : il a le droit de demander
au contribuable des éclaircissements, c'est-à-dire de provoquer les explications du déclarant sur les discordances rele-
vées soit entre les énonciations des diverses parties de la
déclaration, soit entre ces énonciations et celles d'une déclaration antérieure, soit enfin entre la teneur de la déclaration
et les renseignements dont le contrôleur est à même de faire
état.

764. Acceptation ou redressement de la déclaration.
— S'il ne découvre aucun motif d'en contester l'exactitude,
après examen et, s'il y a lieu, demande d'éclaircissements,
le contrôleur prend acte de la déclaration et en retient les
données pour le calcul de la cotisation.

Dans le cas contraire, l'article 17 précité de la loi du 15 juillet 1914 lui permet d'y apporter les corrections qu'il juge

nécessaires, à la condition toutefois d'adresser un avertissement préalable aux intéressés, les invitant à faire parvenir
leurs observations ou leur acceptation (*Instr.* 30 mars 1918,
art. 191).

Ainsi que le reconnaît l'Administration, l'envoi de cette
mise en demeure est une formalité de rigueur, exigée par l'article 17 de la loi du 15 juillet 1914, modifié par l'article 5 de
la loi du 30 décembre 1916 (*Rép. min. fin. quest.* de M. Delessalle,
député, du 23 mai 1923, *J. off.* 1923, p. 2640).

Soit qu'à la suite de cette communication une entente
intervienne ou que le désaccord persiste, soit que le contribuable s'abstienne de répondre à l'avis qui lui a été adressé,
le contrôleur arrête les bases d'imposition, sous réserve du
droit de réclamation de l'intéressé après la publication du
rôle (*Instr.* précitée, art. 191).

**765. Contrôle du bénéfice net par les dépenses person-
nelles.** — Les moyens de contrôle qui viennent d'être énumérés
intéressent plus particulièrement la vérification des divers
éléments du revenu brut déclaré par le contribuable et des
dettes ou charges déduites du chiffre de ce revenu. Mais, en
dehors de cette procédure générale, qui s'adapte pour ainsi
dire au cadre officiel de la déclaration annuelle, la législation
existante a organisé une procédure de contrôle spéciale, reposant sur la comparaison du revenu net déclaré et des dépenses
personnelles du contribuable. Ce système institué par l'article 9
de la loi du 13 juillet 1925 pour le contrôle de la cédule des
professions non commerciales et dont l'application avait été
étendue par l'article 13 de la même loi à l'impôt général sur
le revenu, a été remplacé pour les bénéfices des occupations
non commerciales par une nouvelle procédure, définie par
l'article 12 de la loi du 4 avril 1926 et caractérisée par l'intervention de commissions consultatives départementales (V. *suprà*,
n° 584). Mais la vérification du revenu général de l'assujetti
par ses dépenses personnelles a été expressément maintenue
par l'article 13 de la loi de 1926, incorporant dans l'article 17
de la loi du 31 juillet 1917, les dispositions constitutives de ce
nouveau mode de contrôle. Le texte d'où résulte cette innova-
tion a été transcrit ci-dessus (n° 759) ; il nous reste à en préciser la portée.

Il ressort des termes mêmes de l'article 13 de la loi du 4 avril

1926 que, dans la mise en œuvre de ce système, le contrôleur doit s'attacher à réunir des éléments d'appréciation précis, de nature à démontrer que les dépenses personnelles du contribuable sont notoirement supérieures au revenu global par lui déclaré. *Les informations confidentielles doivent être exclues de son enquête.* Les seules dépenses à envisager sont les dépenses notoires et connues de tous. En définitive, suivant la définition donnée par la *Circulaire* du 29 août 1925, n° 1448, les dépenses visées par le texte « sont les dépenses que fait publiquement et ostensiblement le contribuable, soit en partie par nécessité (nourriture, habillement, logement, domesticité) soit pour son seul agrément (résidences secondaires, villégiatures, voitures de luxe, etc.) » (p. 36), entretien d'écuries de courses, haras, loges à l'Opéra et au Théâtre-Français. Si le montant de ces dépenses personnelles, dont il serait facile d'augmenter la liste, est sensiblement supérieur au revenu net global, déclaré par le contribuable, le contrôleur communique à celui-ci l'évaluation à laquelle il a cru devoir s'arrêter et l'invite à fournir les justifications nécessaires au sujet de la différence relevée.

Faute de satisfaire à cette mise en demeure dans un délai de vingt jours, le contribuable est taxé d'office.

Si l'insuffisance affecte les bénéfices d'une profession non commerciale, le désaccord doit être soumis à la Commission consultative dont il a été question *suprà*, n° 584 (*Circul.* 25 sept. 1926, p. 46).

766. Mise en vigueur du contrôle par les dépenses personnelles. — Le système de contrôle des déclarations du revenu global du contribuable par ses dépenses personnelles, déjà appliqué, en vertu de l'article 16 de la loi du 13 juillet 1925, aux déclarations produites au titre de l'année 1925, demeure applicable, suivant la *Note de service* du 10 avril 1926, n° 940, à la vérification des déclarations souscrites en 1926 (p. 10).

767. Taxation d'office. — Aux termes de l'article 19 de la loi du 15 juillet 1914, « tout contribuable qui s'est abstenu de faire sa déclaration ou de répondre à la demande d'éclaircissements du contrôleur est taxé d'office ».

1. — La première des situations visées par ce texte est celle du contribuable passible de l'impôt, qui a omis de sous-

crire la déclaration de son revenu dans les deux premiers mois de l'année de l'imposition ; sa cotisation est, dans ce cas, fixée d'office par le contrôleur.

Produire après l'expiration du délai légal, la déclaration de revenu n'est plus recevable ; elle ne vaut qu'à titre de simple renseignement, et, par suite, ne saurait mettre obstacle à la pénalité du quart qui frappe — nous le verrons ci-après — le contribuable n'ayant pas souscrit sa déclaration dans le délai légal. L'excuse tirée de la bonne foi de l'assujetti ou de la négligence de son comptable ne saurait être admise (*Cons. d'Ét.*, 7 avr. 1922, *La loi*, 10 nov. 1922).

2. — Il y a encore matière à taxation d'office, malgré la déclaration produite dans le délai par le contribuable, lorsque celui-ci refuse de répondre à une demande d'éclaircissements du contrôleur ou se renferme dans une réponse équivalant à une fin de non-recevoir sur l'ensemble ou même sur partie des points à éclaircir. C'est ce que décide spécialement l'article 19 sus-visé de la loi de 1914.

Rentre dans ce cas de taxation d'office, en vertu de la disposition sus-visée de l'article 13 de la loi du 4 avril 1926, le contribuable qui n'a pas fourni, dans les vingt jours de la réception de l'avis du contrôleur, les justifications qui lui sont demandées au sujet de la différence relevée par cet agent entre le montant de ses dépenses personnelles et celui du revenu net global énoncé dans sa déclaration.

3. — Un troisième cas de taxation d'office se présente, lorsque, le contribuable ayant déclaré ne posséder qu'un revenu inférieur au minimum passible de l'impôt, le contrôleur constate l'inexactitude de cette affirmation : l'article 6 du décret du 17 janvier 1917 attribue au contrôleur le droit de taxer d'office l'auteur de cette déclaration négative, sauf à ce dernier à réclamer contre son imposition, par la voie contentieuse.

768. Décharge ou réduction de la taxation d'office. — Le contribuable peut obtenir par la voie contentieuse, après la publication du rôle, la réduction ou la décharge de sa cotisation par voie de taxation d'office ; mais, dans ce cas, l'article 19 de la loi du 15 juillet 1914 lui impose l'obligation de produire toutes les justifications utiles et de supporter la totalité des frais de l'instance. Il ne peut obtenir la réduction de sa cotisation qu'en apportant la preuve qu'il a été surtaxé, et cette preuve ne résulte pas des affirmations, d'ailleurs variables, de l'intéressé (*Cons. d'Ét.*, 3 nov. 1922, *Gaz. Pal.* 24 déc. 1922 ; — 12 janv. et 9 mars 1923, *Rec. quest. fisc.* 1923, pp. 281 et 321). Spécialement, il a été jugé par le Conseil d'État qu'en cas de taxation d'office, l'Administration n'est pas tenue, pour l'impôt général, d'accepter comme expression des revenus agricoles du contribuable, le chiffre forfaitaire pour lequel il a été imposé dans cette cédule, l'indication de ce forfait légal ne constituant pas, à elle seule, une justification suffisante du bénéfice réel de l'intéressé et de l'exagération du revenu arbitré d'office par le contrôleur (*Cons. d'Ét.*, 8 juin 1923, D. P. 1923. 3. 68 et la note).

769. Taxation consécutive au contrôle par les dépenses personnelles. — La règle précédente comporte une distinction que la *Circulaire* précitée du 29 août 1925 souligne dans les termes suivants :

« Il va de soi qu'après l'établissement du rôle, le contribuable aura la faculté de contester la validité même de la taxation d'office en faisant valoir soit que ses dépenses personnelles n'excèdent pas le revenu qu'il a déclaré, soit que les justifications par lui apportées relativement à la différence constatée entre ces deux éléments ont été à tort jugées insuffisantes.

« Dans le premier cas, il appartiendra au contrôleur de justifier son évaluation des dépenses du contribuable.

« Dans le second cas, le tribunal saisi du litige appréciera si les justifications fournies par l'intéressé sont, ou non, susceptibles d'être considérées comme probantes.

« Mais, si la validité de la taxation d'office est reconnue par le tribunal, le contribuable ne pourra, conformément à l'article 19 de la loi du 15 juillet 1914, obtenir une réduction de son imposition qu'en apportant la preuve du chiffre exact de son bénéfice » (pp. 37 et 38).

770. Avoirs à l'étranger. Déclaration annuelle. Loi du 13 juillet 1925. — On a vu, plus haut (n° 627); que l'article 65 de la loi du 22 mars 1924 impose aux contribuables l'obligation de relater, sous un paragraphe distinct, dans leur déclaration relative à l'impôt général, le montant des revenus de toute nature qu'ils auraient encaissés directement ou indirectement à l'étranger. Cette prescription est sanctionnée par les pénalités prévues à l'article 52 de la même loi et dont nous précisons plus loin la nature et les conditions d'exigibilité. Mais, pour mieux en assurer l'efficacité, il a paru nécessaire de régler par un texte spécial la situation des contribuables ayant des avoirs à l'étranger. A cet effet, l'article 21 de la loi du 13 juillet 1925 porte ce qui suit :

« A partir du 1er janvier 1926, toutes personnes de nationalité française, domiciliées ou résidant habituellement en France, conservant à l'étranger des biens mobiliers où y possédant des biens immobiliers, devront fournir, dans les deux premiers mois de chaque année, au contrôleur des contributions directes, une déclaration détaillée décrivant la nature, la valeur de ces biens et le revenu y attaché. Cette déclaration sera obligatoire, que le contribuable soit ou non assujetti à l'impôt sur le revenu... La déclaration tant des différents éléments d'actif que du revenu se fera sous la foi du serment. »

Le commentaire de ce texte, qui est inséré *in extenso* aux annexes, n° **XXII**, ne rentrant pas dans le cadre de ce *Traité*, nous nous bornerons à faire remarquer qu'il appartient aux contrôleurs des contributions d'utiliser les déclarations d'avoirs étrangers qui leur auront été remises, en les rapprochant du chiffre des revenus encaissés à l'étranger indiqué sous le dernier paragraphe de la déclaration annuelle concernant l'impôt général.

Ajoutons que l'absence de déclaration, comme la déclaration sciemment insuffisante, entraînent, l'une et l'autre, l'application d'une amende égale à la moitié de l'avoir dissimulé et des peines du faux serment (*Circulaire* du 29 août 1925, p. 64).

771. Biens recueillis à l'étranger par succession. Contrôle de leurs revenus. — La loi du 13 juillet 1925 édicte, dans ses articles 48 et 52 à 56, un ensemble de mesures destinées à assurer le recouvrement des droits de mutation par décès sur les biens mobiliers ou immobiliers situés à l'étranger, qui dépendent d'une succession ouverte en France, et permettant, par voie de conséquence, d'exercer un contrôle plus rigoureux sur les déclarations du revenu de ces avoirs étrangers elatives à l'impôt général.

Ces dispositions intéressant spécialement la perception des droits de mutation par décès, il suffit de les signaler ici à l'attention du lecteur.

§ 10. — CONTRAVENTIONS ET PÉNALITÉS

772. Sanctions. Loi du 4 avril 1926. — Des sanctions édictées en matière d'impôt général sur le revenu, les unes frappent les contribuables qui n'ont pas souscrit leur déclaration dans le délai légal, les autres visent les déclarations entachées d'insuffisance ou de dissimulation. Le taux et les conditions d'application de ces pénalités sont actuellement réglementés par l'article 4 de la loi du 4 avril 1926, ainsi conçu :

« L'article 18 de la loi du 15 juillet 1914, modifié par les articles 5 de la loi du 30 décembre 1916, 2 de la loi du 31 juillet 1920 et 18 de la loi du 13 juillet 1925, est remplacé par les dispositions suivantes :

« Le montant de l'impôt est majoré d'un quart pour le contribuable qui n'a pas souscrit de déclaration dans le délai prévu par l'article 16.

« Dans le cas où le contribuable n'a déclaré qu'un revenu insuffisant d'au moins un dixième, la même majoration est appliquée aux droits correspondant au revenu non déclaré. La majoration est portée au quadruple de ces droits si, l'insuffisance excédant le dixième du revenu imposable ou la somme de 20 000 francs, le contribuable n'établit pas sa bonne foi.

« Les majorations de droit applicables pour défaut ou insuffisance de déclaration en matière d'impôts directs ou de taxes assimilées ne supportent pas les décimes institués par l'article 110, premier alinéa, de la loi du 25 juin 1920.

« Ces majorations sont, par contre, calculées en tenant compte, s'il y a lieu, des décimes institués par l'article 3 de la loi du 22 mars 1924. »

773. Suppression du double décime et demi des pénalités fiscales. — Une des caractéristiques de la disposition ci-dessus est de supprimer les deux décimes et demi, qui, antérieurement à la loi du 4 avril 1926, s'ajoutaient, en vertu de l'article 110 de la loi du 25 juin 1920, au principal de toutes les pénalités fiscales. Il en résulte que, contrairement à la règle antérieurement établie, ce double décime et demi cessera désormais de se superposer aux majorations du quart ou du quadruple droit édictées par le texte plus haut transcrit, à l'égard des déclarations tardives ou des insuffisances de déclaration en matière d'impôt général sur le revenu.

L'article 4 de la loi du 4 avril 1926 ajoute, dans son dernier paragraphe, que ces majorations seront, par contre, calculées en tenant compte, « s'il y a lieu ,» des décimes institués par l'article 3 de la loi du 22 mars 1924. Mais, depuis lors, est intervenu l'article 25 de la loi du 3 août 1926, qui réduit à 30 pour 100 le taux de l'impôt général, y compris la majoration du double décime résultant de la loi du 22 mars 1924. L'impôt général ne supportant plus aujourd'hui le double décime, il ne saurait désormais être question d'incorporer cette surtaxe dans les bases du calcul des pénalités applicables aux déclarations tardives ou insuffisantes (*Circul.* 25 sept. 1926, p. 49).

774. Déclaration non produite dans le délai. — Faute de souscrire sa déclaration de revenu ou de la renouveler dans le délai légal, le contribuable encourt, à titre de sanction, une majoration d'un quart ou 25 pour 100 du montant de l'impôt exigible, mais, comme il vient d'être expliqué, sans adjonction de décimes.

Toutefois cette règle comporte une dérogation à l'égard des contribuables qui, affranchis de l'impôt, mais rentrant dans les prévisions du deuxième alinéa de l'article 1ᵉʳ de ladite loi, n'ont pas envoyé, dans le délai légal, la déclaration prescrite par ce texte : les contrevenants de cette catégorie peuvent être punis d'une amende fixe de 30 francs, sans décimes, infligée par le directeur des contributions directes et recouvrable par le percepteur. L'application de cette sanction est laissée à l'appréciation du Directeur (*Circul. contr. dir.* 25 sept. 1926, p. 48).

775. Déclaration insuffisante. Distinction à établir. — Antérieurement à la loi du 4 avril 1926, l'insuffisance constatée dans la déclaration du contribuable relative à l'impôt général sur le revenu, n'était pénalisée que si elle dépassait le dixième du revenu imposable (L. du 31 juill. 1920, art. 2, D. P. 1921. 4

113). L'article 4 de la loi du 4 avril 1926 décide que les insuffisances se renfermant dans cette limite seront frappées désormais d'une majoration du quart des droits correspondant au revenu non déclaré.

Mais, lorsque l'insuffisance excède le dixième du revenu imposable ou si, inférieure à ce dixième, elle dépasse la somme de 20 000 francs, la majoration est portée au quadruple droit par l'article 4 de la loi du 4 avril 1926, à moins que le contribuable n'établisse sa bonne foi (V. ci-après).

Ces pénalités, majoration du quart, quadruple droit, ne comportent, ni l'une ni l'autre, l'aggravation des décimes : on se réfère aux explications présentées plus haut à ce sujet.

776. Excuse de bonne foi. — L'Administration a toujours interprété, de la manière la plus large, la disposition, reproduite dans l'article 4 de la loi du 4 avril 1926 qui affranchit du quadruple droit des insuffisances le contribuable justifiant de sa bonne foi (*Instr.* 30 mars 1918, art. 200 ; — *Circul.* du 29 août 1925, p. 49). Cette solution libérale est appliquée, notamment, lorsque l'atténuation du revenu déclaré procède d'une interprétation erronée de la loi (*Rép. min. fin. quest.* de M. Lamy, député, *J. off.* 2 mars 1920, p. 3461), ou bien encore, si le contribuable, pour écarter tout soupçon de fraude, accompagne la déclaration de son revenu de l'indication des recettes ou des dépenses au sujet desquelles sa manière de voir est en désaccord avec celle de l'Administration (*Instr.* 30 mars 1918, art. 199).

777. Acquiescement antérieur à l'établissement du rôle. — Au nombre des circonstances de nature à justifier, aux yeux de l'Administration, l'exonération de la pénalité qui frappe les déclarations insuffisantes, il convient de mentionner l'adhésion spontanée du contribuable à la réclamation du contrôleur. On lit, à ce sujet, dans l'*Instruction* susvisée :

« Le contribuable dont la déclaration est contestée est, avant l'établissement du rôle, informé du chiffre auquel paraît devoir être porté le revenu qui servira de base à sa cotisation, et il est invité à se faire entendre ou à faire parvenir ses observations ou son acceptation... Puisque la loi a prévu expressément l'éventualité d'une acceptation, par le déclarant, de la base d'imposition qui lui est notifiée, il convient d'admettre que cette acceptation peut être prise en considération et valoir au contribuable l'exonération du droit en sus, en l'absence de toute intention de dissimulation ou négligence grave, et s'il apparaît que l'atténuation du revenu déclaré ne provient que d'une interprétation défectueuse ou d'une connaissance imparfaite de la loi. »

778. Pénalité des insuffisances au cas de taxation d'office. — Il est sans difficulté que le contribuable taxé d'office à défaut de déclaration de son revenu n'est passible que de la majoration du quart et n'encourt pas le quadruple droit des insuffisances.

Mais, lorsque la taxation d'office est motivée par le refus du contribuable de déférer à une demande d'éclaircissements, la sanction édictée contre les insuffisances peut entrer en action si la différence entre le revenu déclaré et le revenu taxé par le contrôleur excède le dixième de celui-ci, ou 20 000 francs, et si, d'autre part, le déclarant n'est pas en mesure d'établir sa bonne foi.

Il en serait de même d'après l'*Instruction* du 30 mars 1918 (art. 201), dans l'hypothèse où un contribuable qui a affirmé à tort n'être pas imposable, se voit taxer d'office, conformément à l'article 6-3º du décret réglementaire du 17 janvier 1917 : la pénalité des insuffisances serait alors encourue par le déclarant, « si la fraction taxée du revenu pris pour base d'imposition était supérieure au dixième du revenu total. »

779. Déclaration tardive et insuffisante. — L'Administration reconnaît elle-même qu'une déclaration tardive étant réputée nonavenue et inexistante, les inexactitudes dont elle serait entachée ne peuvent déterminer l'application d'aucune pénalité (*Instr.* 30 mars 1918, art. 202).

780. Insuffisance constatée après l'établissement des rôles. Prescription quinquennale. — L'établissement du rôle de l'impôt sur le revenu ne met point obstacle au redressement des déclarations de revenu insuffisantes et à la reprise des suppléments de droits, augmentés, s'il y a lieu, de la pénalité du quadruple droit. Mais, suivant l'article 17 de la loi du 15 juillet 1914, la cotisation correspondant à l'insuffisance ne peut être réclamée au contribuable que soit dans l'année même, soit jusqu'à la fin de la cinquième année à compter de celle au cours de laquelle l'imposition aurait dû être normalement établie. Les rôles concernant cette taxation complémentaire doivent être publiés dans le même délai. Dès lors, si un supplément d'impôt, pour insuffisance de déclaration au titre de l'année 1920, n'a figuré que dans un rôle publié après le 1ᵉʳ janvier 1926, cette cotisation est tardive, et l'intéressé est fondé à en réclamer la décharge (*Rép. min. fin. quest.* de M. Antériou, député, du 31 janv. 1923, *J. off.* 1923, p. 1729).

781. Imposition établie par voie de taxation d'office. — Le droit de rectifier les insuffisances de revenu ne se limite pas à celles qui sont constatées, après l'établissement du rôle, dans les déclarations souscrites par les contribuables : l'article 5 de la loi du 29 décembre 1915 (D. P. 1916. 4. 251) en a étendu l'application, pendant le même délai, aux insuffisances des impositions établies par voie de taxation d'office (*Cons d'Ét.*, 11 avr. 1924, D. P. 1925. 3. 7).

Mais il est clair que, dans ce cas, il ne peut être question d'aggraver d'une pénalité quelconque le supplément d'impôt relevé à la charge du contribuable, la taxation d'office étant l'œuvre du contrôleur, sous réserve cependant de l'exception ci-dessus signalée en ce qui concerne les taxations d'office consécutives à une demande d'éclaircissements laissée sans réponse.

782. Reprise des omissions totales. — Il en est de l'omission totale du contribuable dans les rôles de l'année d'imposition comme des simples insuffisances : ainsi que l'exprime l'*Instruction* du 30 mars 1918 (art. 204), le droit de rectifier les impositions établies d'office d'après un revenu insuffisant « a pour corollaire évident celui de réparer, dans les mêmes délais, les omissions totales. Par suite, les contribuables passibles de l'impôt pour une année quelconque peuvent être valablement cotisés soit dans l'année même, soit au cours des cinq années suivantes ».

783. Omissions ou insuffisances constatées à la suite du décès du contribuable. — Le droit de répétition qui vient d'être spécifié survit au décès du contribuable et peut, en principe, être exercé envers ses héritiers. Mais ici une distinction est nécessaire. La reprise, après décès, des impôts non perçus du vivant de l'assujetti est réglée différemment suivant que l'Administration a été mise sur la voie de l'omission ou de l'insuffisance d'imposition par des circonstances étrangères à l'ouverture de la succession, ou, au contraire, par des actes ou formalités inhérentes à cet événement.

Dans la première hypothèse, il convient de se référer aux règles générales prévues pour la réparation des insuffisances ou omissions et commentées ci-dessus (*Instr.* 30 mars 1918, art. 205).

Dans le second cas, le droit de répétition dont il s'agit est réglementé ainsi qu'il suit par l'article 11 du décret du 17 janvier 1917 (D. P. 1917. 4. 28) :

« Lorsqu'à la suite de l'ouverture de la succession d'un contribuable, il a été constaté que ce contribuable a été omis à tort ou insuffisamment imposé aux rôles de l'année de son décès ou de l'une des cinq années antérieures, il sera procédé au recouvrement des impôts non perçus, majorés comme il est dit à l'article 18 de la loi, au moyen de rôles qui peuvent être émis au cours des deux années suivant la déclaration de la succession ou, si aucune déclaration n'a été faite, le payement par les héritiers des droits de mutation après décès.

« L'imposition est établie au nom de la succession, et les ayants droit sont tenus solidairement d'en acquitter le montant. »

784. Pénalité de retard. Décès du contribuable. — Le Conseil d'État a jugé que la majoration de 10 pour 100 prévue, antérieurement à la loi du 4 avril 1926, pour défaut de déclaration dans le délai légal en matière d'impôt général sur le revenu; a un caractère nettement fiscal, grève directement le patrimoine de l'assujetti et constitue, après son décès, une dette de la succession, à la charge des héritiers (*Cons. d'Ét.*, 25 juill. 1924, D. P. 1925. 3. 14). Le relèvement à 25 pour 100 du taux de cette majoration, par l'article 4 de la loi du 4 avril 1926, ne porte aucune atteinte au principe formulé en ces termes par la jurisprudence du Conseil d'État.

785. Pénalité des insuffisances. Action contre les héritiers. — Dans le même ordre d'idées, il a été reconnu que la majoration du quadruple droit applicable aux insuffisances dans les déclarations relatives à l'impôt général sur le revenu, constitue, en cas de décès du contrevenant, une charge de sa succession, dont les héritiers sont personnellement tenus envers le Trésor et dont ils ne sont pas fondés à réclamer l'exonération (*Cons. d'Ét.*, 23 févr. 1923, D. P. 1923. 3. 24).

§ 11. — ÉTABLISSEMENT DES ROLES RECOUVREMENT. — DISPOSITIONS DIVERSES

786. Recouvrement de l'impôt. — L'article 21 de la loi du 15 juillet 1914 est ainsi conçu :

« Les rôles de l'impôt général sur le revenu sont établis et le recouvrement en est poursuivi comme en matière de contributions directes. En cas de déménagement du contribuable, hors du ressort de la perception, comme en cas de vente volontaire ou forcée, l'impôt est immédiatement exigible pour la totalité de l'année courante. »

D'autre part, cette disposition a été rendue applicable, par l'article 51 de la loi du 31 juillet 1917, aux impôts cédulaires institués par cette dernière loi sur les bénéfices des professions commerciales et industrielles, sur les traitements, pensions et rentes viagères, et sur les bénéfices des professions non commerciales. C'est également aux règles générales établies en matière de contributions directes que l'article 20 de la loi du 31 juillet 1917 se réfère spécialement pour la formation des rôles et le recouvrement de l'impôt sur les bénéfices de l'exploitation agricole.

L'impôt général sur le revenu, les impôts cédulaires et la contribution foncière des propriétés bâties et non bâties sont, par l'effet de cette référence, soumis à un régime commun, pour ce qui a trait à l'établissement des rôles annuels, le payement et la poursuite de la cotisation du contribuable. L'exposé de ces règles communes est renvoyé au chapitre suivant.

787. Taxe civique pour 1926. — La loi du 4 avril 1926 a, par son article 29, institué, pour l'année 1926, une taxe civique, additionnelle à l'impôt général sur le revenu. Le revenu imposable à considérer pour le calcul de cette taxe est celui qui a servi de base à l'impôt général au titre de l'année 1925, c'est-à-dire le revenu global réalisé en 1924, imputation faite des déductions pour situation et charges de famille.

Le taux de cette taxe civique obéit à la progression suivante :

Personnes exemptes de l'impôt général où dont le revenu imposable est inférieur à 7000 fr., taxation de...   40 fr.

Revenu de	7.100 à 10.000 fr., ci.....	60 fr.
—	de 10.100 à 20.000 fr., ci.	0.80 %
—	de 20.100 à 50.000 fr., ci.	1.00 %
—	de 50.100 à 100.000 fr., ci.	1.10 %
—	de 100.100 à 200.000 fr., ci.	1.20 %
—	de 200.100 à 500.000 fr., ci.	1.50 %
Revenu supérieur	à 500.000 fr.........	2.00 %

Ces taux sont réduits, par voie de dégrèvement, sur la demande du contribuable, de 25 pour 100 ou de 50 pour 100; suivant que celui-ci a trois enfants ou cinq enfants au moins à sa charge. Sont exonérés de la taxe les vieillards, infirmes et incurables, assistés ; les personnes admises à l'assistance médicale gratuite ; les mutilés du travail, les mutilés de guerre, titulaires de pension d'invalidité de 50 pour 100 et au-dessus ; les bénéficiaires de l'assistance aux familles nombreuses.

Cette taxe civique, recouvrée comme en matière de contributions directes, ayant épuisé son effet avec l'année 1926, on n'a pas à insister sur les modalités de son application.

788. Contribution volontaire. — La disposition finale de l'article 29 de la loi du 4 avril 1926 est ainsi conçue :

« A toute personne assujettie ou non à la présente taxe (taxe civique), qui apportera volontairement au Trésor une contribution de 20 francs, soit en France, soit dans les colonies et pays de protectorat, il sera remis une carte de devoir civique.»

789. Abrogation du bordereau et du carnet de coupons. — Le bordereau nominatif de coupons (article 62 de la loi du 22 mars 1924) et le carnet individuel de coupons (article 24 de la loi du 4 avril 1926) ont été abrogés, avant toute mise en application, par les articles 23 de la loi du 13 juillet 1925 et 27 de la loi du 3 août 1926.

1. *Titres à ordre.* — Mais le système des titres à ordre (L. 4 avril 1926, art. 17 à 23), qui intéresse surtout l'impôt des successions, est maintenu (*Circul.* 25 sept. 1926, p. 64).

CHAPITRE VIII

§ 1er. — DÉDUCTION DES INTÉRÊTS DES DETTES CHARGES DES REVENUS DES VALEURS MOBILIÈRES

790. Intérêts des dettes et emprunts. Principe. — Les intérêts des dettes à la charge du contribuable doivent être déduits de ses revenus, tant pour l'établissement de l'impôt général que pour celui des impôts cédulaires : c'est ce qui résulte des dispositions de l'article 10 de la loi du 15 juillet 1914 et de l'article 42 de la loi du 31 juillet 1917.

Nous avons fait connaître, au chapitre précédent, les conditions de fond et de forme auxquelles est subordonnée cette déduction sur l'ensemble des revenus du contribuable, en vue de la détermination des bases de l'impôt global sur le revenu. L'exposé qui suit concerne, dès lors, uniquement la déduction des intérêts des dettes pour le calcul des impôts cédulaires autres que la taxe sur le revenu des capitaux mobiliers.

791. Intérêts des dettes hypothécaires. — Question traitée ci-dessus, n° 62.

792. Intérêts des dettes chirographaires. — L'article 42 de la loi du 31 juillet 1917 est ainsi conçu :

« Les intérêts des dettes chirographaires seront déduits des revenus du débiteur, *à l'exception de ceux provenant des valeurs mobilières.* — Pour obtenir le bénéfice de cette déduction, les contribuables devront en faire la demande et justifier que la dette existe réellement, que les intérêts de la dette alléguée ont été effectivement payés au créancier et qu'ils ont été frappés de l'impôt (du revenu des valeurs mobilières) prévu par l'article 38. — La déduction est imputée d'abord sur les *revenus de l'entreprise ou de l'exploitation* pour les besoins de laquelle la dette aura été contractée. En cas d'insuffisance desdits revenus ou à défaut de justification concernant la cause de la dette, l'imputation est faite successivement sur les revenus des catégories taxées au taux le moins élevé. »

793. Passif des commerçants ou industriels. — L'*Instruction* du 30 mars 1918 (art. 11) range au nombre des frais généraux à déduire du produit brut des entreprises, pour le calcul de l'impôt cédulaire des bénéfices commerciaux, au même titre que le loyer des locaux professionnels, s'ils n'appartiennent pas à l'exploitant, « les intérêts des capitaux prêtés par des tiers à l'entreprise sous une forme quelconque (souscription d'obligations, versement en compte courant, etc.).

La même solution est consacrée par la *Circulaire* du 21 juillet 1924, n° 1421 (p. 8).

794. Intérêts des comptes courants d'associés en nom collectif. — La déduction de ces intérêts est subordonnée à une distinction entre les comptes courants affectant la caractère de prêts ou de dépôts et les versements qui, vu leur importance, peuvent être assimilés à des suppléments d'apports. Dans le premier cas, les intérêts du compte courant sont déductibles, avec les autres charges de l'entreprise, pour le calcul de l'impôt cédulaire sur les bénéfices commerciaux. Dans la seconde hypothèse, ils représentent, au même titre que les intérêts alloués au capital social, un élément des bénéfices commerciaux passibles de l'impôt cédulaire au nom de la société (*Circul.* précitée, *ibid.*).

795. Déduction des charges afférentes au revenu des valeurs mobilières. — On se réfère aux explications présentées à ce sujet, *suprà*, n° 667.

§ 2. — RÉDUCTIONS POUR CHARGES DE FAMILLE

796. Droit aux réductions d'impôt. — Indépendamment des déductions proprement dites, la loi accorde aux contribuables chargés de famille, tant sur l'impôt général que sur chacun des impôts cédulaires perçus par voie de rôles et sur la contribution foncière, des réductions ou dégrèvements proportionnés à l'importance de leurs charges. Ces réductions portent, non sur le revenu taxable, mais sur le montant de l'impôt une fois calculé.

797. Réductions sur l'impôt général. — V. *suprà*, n°s 722 et suiv.

798. Réductions sur les impots cédulaires et sur la contribution foncière. — C'est dans l'article 5 de la loi du 25 juin 1920 que sont inscrites les dispositions relatives aux réductions sur les impôts cédulaires et l'impôt foncier. Aux termes de ce texte, chaque contribuable a droit, en ce qui concerne la part de l'État, à une réduction réglée comme il suit :

· « 1º Pour tout contribuable dont le revenu net total, défalcation faite des déductions pour situation et charges de famille n'est pas supérieur à 10 000 francs, 7,50 pour 100 pour chaque personne à sa charge jusqu'à la deuxième et 15 pour 100 pour chacune des autres personnes à partir de la troisième ;

« 2º Pour tout contribuable dont le revenu net total, tel qu'il est défini ci-dessus, est supérieur à 10000 francs, 5 pour 100 pour chacune des trois premières personnes à sa charge et 10 pour 100 pour chacune des autres personnes à partir de la quatrième, sans que, toutefois, le montant total de la réduction puisse *dépasser* 300 francs par personne à la charge du contribuable. »

D'autre part, d'après l'article 52 de la loi du 31 juillet 1917, « sont considérées comme personnes à la charge du contribuable celles qui sont désignées à l'article 13 de la loi du 15 juillet 1914, relative à l'impôt général sur le revenu. »

799. Bénéfice des réductions refusé aux étrangers. — Qu'il s'agisse des impôts cédulaires ou de l'impôt général sur le revenu, le bénéfice des réductions d'impôt pour charges de famille est, sous réserve des traités de réciprocité existants ou à intervenir, le privilège exclusif des citoyens français et des contribuables originaires de nos colonies ou des pays de protectorat : les étrangers ne sont pas recevables à en réclamer l'application à leur profit (L. 22 mars 1924, art. 44 ; — *Rép.*

min. fin. quest. de M. Soulier, député, du 25 mars 1925, n° 4247,
J. off. 9 juill. 1925, p. 3261). — Conf. Décr. 15 oct. 1926, art. 104.

800. Calcul des réductions. — Les réductions pour charges
de famille, en matière d'impôts cédulaires et d'impôt foncier,
obéissent aux règles établies pour les dégrèvements de même
nature intéressant l'impôt général sur le revenu. On ne peut
donc que se référer à ce qui a été dit précédemment au sujet
de la division des bénéficiaires en deux catégories, suivant
que leur revenu net global est inférieur ou supérieur à
10 000 francs ; — des personnes qui doivent être réputées à
la charge du contribuable ; — et du taux des réductions applicables à l'un et à l'autre des deux groupes qui viennent d'être
spécifiés (V. n° 723).

C'est sur le montant de l'impôt, augmenté, le cas échéant,
du droit en sus ou de la pénalité encourue, que se calculent ces
réductions. A l'époque où le double décime institué par l'article 3
de la loi du 22 mars 1924, entrait dans les bases de ce décompte,
l'Administration avait admis, par voie de conséquence, que
le maximum de la réduction par personne à charge, pour les
contribuables disposant d'un revenu net global supérieur à
10 000 francs, fixé à 300 francs par l'article 5 de la loi du
25 juin 1920, devait être porté à 360 francs (*Notice officielle*
de 1925, p. 2). Mais, le double décime des impôts directs ayant
été supprimé par les lois du 4 avril 1926 et du 3 août 1926,
le maximum de réduction dont il s'agit se trouve, par là même,
ramené au chiffre légal de 300 francs, sans addition de décimes.

**801. Sociétés de personnes. Imposition individuelle
des associés et réductions corrélatives.** — Antérieurement
à la loi du 30 juin 1923, il était de principe que les charges de
famille dont les membres des sociétés en nom collectif ou en
commandite simple sont individuellement tenus ne sauraient
retomber sur l'être moral qui personnifie la société, ni, par
suite, justifier une réduction de l'impôt cédulaire établi au
nom de celle-ci. L'article 11 de la loi du 30 juin 1923 a mis
fin à ce régime peu équitable, en constituant débiteurs directs
de l'impôt cédulaire, sur leur quote-part respective de bénéfices,
les associés en nom collectif et les commandités dans les sociétés
en commandite simple.

Par l'effet de cette disposition, chacun des associés en nom collectif ou des associés commandités devient distinctement passible de l'impôt cédulaire pour la part lui revenant dans les bénéfices sociaux et, par voie de conséquence, bénéficie, le cas échéant, des réductions auxquelles lui donnent droit ses charges de famille. Seule, la fraction de bénéfices revenant aux commanditaires reste imposable au nom de la société.

L'Administration des contributions directes étend, par voie d'analogie, le bénéfice de cette solution aux sociétés qui, exerçant une profession non commerciale, sont cependant constituées sous la forme de sociétés en nom collectif ou de sociétés en commandite simple. Dans les société sciviles de cette catégorie, chacun des associés en nom ou des commandités est imposable individuellement et a droit, sur le montant de sa cotisation, aux réductions d'impôt justifiées par ses charges de famille (*Circul.* du 21 juill. 1924, n° 1421, pp. 22 et 23).

802. Association en participation. — Le Conseil d'État a décidé, par un arrêt du 29 juin 1923 (*Rec. quest. fisc.* 1925, p. 155), que l'association en participation, n'ayant aucune personnalité propre, ne peut faire l'objet d'une imposition particulière et que chaque participant doit être imposé distinctement, au titre de l'impôt sur les bénéfices commerciaux et industriels, d'après les seuls bénéfices réalisés par lui dans l'entreprise. Il est juridique d'en conclure que, dans les associations de l'espèce, chacun des associés bénéficie, le cas échéant, pour sa quote-part dans les profits sociaux, des réductions pour charges de famille.

803. Situation de famille au 1ᵉʳ janvier de l'année de l'imposition. — Question déjà examinée, n° 715.

804. Déclaration exigée. — Les contribuables qui se croient fondés à réclamer, sur le montant de leur impôt cédulaire, une réduction pour charges de famille doivent, suivant l'article 52 de la loi du 31 juillet 1917, remettre au contrôleur une déclaration spéciale, indépendante de celle qui est relative à l'impôt général sur le revenu, mais dans les mêmes délais que celle-ci, c'est-à-dire dans les deux premiers mois de l'année de l'imposition. Ces déclarations sont établies sur des formules imprimées déposées dans les mairies (*Instr.* 30 mars 1918, art. 143 à 146).

805. Déclaration tardive. — Ajoutons que l'absence de déclaration ou son envoi tardif au contrôleur n'oppose pas une fin de non-recevoir absolue à la réduction de l'impôt cédulaire. Tout ce qui en résulte c'est que la détaxe, au lieu de venir en diminution du montant de la cotisation à porter dans le rôle, doit faire l'objet d'une réclamation au contentieux.

806. Mention de la réduction sur les feuilles d'avertissement. — L'Administration mentionne sur les avertissements délivrés aux contribuables le montant brut de l'impôt, le chiffre des réductions, et la somme nette à acquitter (*Rép. min. fin. quest.* de M. Bouligand, député, du 15 janv. 1923, *J. off.* 1923, p. 770).

807. Cumul de plusieurs cédules. Pluralité des réductions. — Les contribuables soumis à la fois à plusieurs impôts cédulaires perçus par voie de rôles et à la contribution foncière, ont droit, pour chacun de ces impôts, aux réductions pour charges de famille (*Rép. min. fin. quest.* de M. Ernest Macarez, député, du 16 mars 1923, *J. off.*, débats, 1923, pp. 1746 et 1805 ; — Comp. *Cons. d'Ét.*, 12 mai 1922, D. P. 1924. 3. 9). Ainsi qu'on l'expliquera tout à l'heure (V. nᵒˢ 808 et suiv.), en vue d'éviter que les contribuables puissent bénéficier de plusieurs abattements dans le cas où ils tirent des revenus de l'exercice simultané de professions différentes, l'article 12 de la loi du 13 juillet 1925 décide que, pour la déduction des abattements totaux ou partiels, les revenus ou bénéfices des diverses cédules seront désormais totalisés et envisagés en bloc. Mais cette disposition n'a d'autre but que de fermer la voie à la pluralité des *déductions* et autres abattements de base ; elle ne porte aucune atteinte à la règle formulée ci-dessus, qui prescrit l'application distincte à chaque catégorie de revenu des réductions pour charges de famille : la *Circulaire* du 29 août 1925 est formelle à cet égard (p. 40).

§ 3. — CUMUL DE PROFESSIONS DIFFÉRENTES

808. Pluralité des sources de revenus. Calcul des impôts cédulaires. — Antérieurement à la loi du 13 juillet 1925, lorsqu'un même contribuable disposait de revenus provenant de sources différentes, ces revenus devaient être soumis séparément aux impôts cédulaires, l'intéressé pouvant, dans ce cas, bénéficier simultanément, pour chacun de ces impôts, des abattements prévus par la loi (déductions póur situation et charges de famille, minimum d'exonération, etc.). Ce principe de l'autonomie fiscale de la cédule, reconnu par l'Administration elle-même (*Rép. min. fin. quest.* de M. Payen, député, du 19 juin 1923) avait été consacré par la jurisprudence du Conseil d'État (arrêts du 12 mai 1922, D. P. 1924. 3. 9, — et du 24 déc. 1924, D. P. 1925. 3. 12).

La loi du 30 mars 1923 avait déjà restreint, par son article 6, l'application de ce système, en effaçant la distinction précédemment admise entre les traitements ou salaires et les pensions ou rentes viagères, et en décidant que ces deux groupes de prestations périodiques seraient désormais totalisés pour la déduction des abattements et la détermination du revenu taxable. La loi du 13 juillet 1925 a fait un pas de plus dans cette voie en réalisant l'unification de certains éléments générateurs du revenu d'un même contribuable, non quant à l'application du tarif, mais bien au point de vue de la défalcation des abattements exonérés de l'impôt cédulaire. L'article 12 de cette loi est, en effet, ainsi conçu :

« Les contribuables qui disposent à la fois de revenus professionnels susceptibles d'être taxés d'après les règles respectivement applicables à l'impôt sur les bénéfices industriels et commerciaux et à l'impôt sur les bénéfices des professions non commerciales sont cotisés, pour l'ensemble de ces revenus, déterminés suivant le mode propre à chaque nature de profession, conformément aux règles prévues pour l'impôt sur les bénéfices industriels et commerciaux.

« Les contribuables qui disposent à la fois de revenus provenant de traitements publics et privés, indemnités et émoluments, salaires, pensions et rentes viagères et de bénéfices de professions non commerciales autres que les bénéfices des charges et offices, sont cotisés, pour l'ensemble de ces revenus, déterminés suivant le mode propre à chaque catégorie, d'après les règles applicables à l'impôt sur les traitements, salaires, pensions et rentes viagères.

« Le total imposable sera ensuite fractionné proportionnellement au montant des revenus de chaque catégorie, et chaque fraction sera taxée d'après le taux spécial à sa cédule. »

809. Première catégorie. Bénéfices commerciaux et revenus non commerciaux. — En ce qui concerne la première des deux catégories de contribuables visées par l'article 12 de la loi du 13 juillet 1925, il ne peut plus être question d'appliquer le mode de taxation inauguré par ce texte. Dans ce cas, en effet, il y aurait lieu de déduire de l'ensemble des revenus du contribuable les abattements ou atténuations prévus pour le calcul de l'impôt sur les bénéfices commerciaux. Or, à l'heure actuelle, par l'effet des dispositions ci-dessus analysés de l'article 9 de la loi du 4 avril 1926, l'imposition de la cédule des bénéfices commerciaux ne comporte plus aucune exonération de base, aucun abattement, et, par conséquent, le système institué par l'article 12 en vue des contribuables qui exercent concurremment une profession commerciale ou industrielle et une profession non commerciale, devient sans objet et caduc. — Conf. *Circul.* 25 sept. 1926, p. 14.

La loi du 13 juillet 1925, en organisant les mesures inscrites dans son article 12, n'a eu d'autre but que d'obvier au cumul des abattements, en fonction de la pluralité des cédules ; son application ne peut dès lors qu'être écartée lorsque l'une des deux cédules qui concourent à la formation du revenu professionnel du contribuable ne comporte aucun abattement pour la calcul de l'impôt.

810. Deuxième catégorie. Traitements ou salaires et bénéfices non commerciaux. — Dans cette seconde hypothèse, la loi du 4 avril 1926 n'oppose aucun obstacle à la mise en œuvre du mode spécial de taxation établi par l'article 12 de la loi du 13 juillet 1925. Que l'on suppose un contribuable marié, ayant deux enfants mineurs de moins de dix-huit ans et disposant de :

Traitement ou salaire de................	24.000 fr.
Bénéfices non commerciaux............	6.000 fr.
Total, ci......................	30.000 fr.

De ce total il convient de défalquer les déductions et abattements de base applicables en matière d'impôt sur les traitements, salaires et pensions. Les déductions pour situation et charges de famille étant, pour la femme de 3 000 francs et pour les deux enfants de 6000 francs, soit au total de 9 000 francs, l'ensemble du revenu imposable s'abaisse à 30000—9 000 francs, c'est-à-dire à la somme de................ 21.000 fr.

A déduire : la somme uniformé-
    ment exonérée de l'impôt, ci.   7.000

3/4 de la fraction comprise entre
    7.000 et 10.000 francs, soit..   2.250

1/2 de la fraction comprise entre
    10.000 et 20.000 francs, ci..   5.000   14.500

1/4 du complément de revenu,
    20.000 à 21.000 francs, ci...   250

Revenu taxable des deux cédules, ci.   6.500 fr.

d'après la répartition ci-après :

$a)$ comme traitement : $\dfrac{6.500 \times 24.000}{30.0000} =$ 5.200 fr.

Impôt correspondant au taux actuel de 12 pour 100, ci.....................   624 fr.

$b)$ comme bénéfices non commerciaux :
$\dfrac{6.500 \times 6.000}{30.000}$, soit................   1.300 fr.

Impôt corrélatif, au taux de 12 p. 100, ci.   156 fr.

Cotisation totale pour les deux cédules (624 + 156 fr.), soit 780 francs.

Nous avons emprunté les éléments de ce décompte à la *Circulaire des Contrib. dir.* du 29 août 1925 (pp. 42 et 43), mais en faisant état de l'extension des abattements de base résultant de l'article 23 de la loi du 3 août 1926 et du relèvement à 12 pour 100 du taux des impôts cédulaires des traitements ou pensions et des professions non commerciales, à compter du 1er janvier 1927. C'est en raison de cette double modification, dont nous avons présenté plus haut le commentaire (V. nos 501 et 567), que les deux cotisations établies ci-dessus, à titre d'exemple, sont respectivement de 624 francs et de

156 francs, alors que, dans la *Circulaire* susvisée, où elles sont calculées d'après les règles antérieures, elles atteignent les chiffres de 748 fr. 80 et de 187 fr. 20.

Ajoutons que, le taux de l'impôt étant désormais de 12 pour 100 pour l'une et pour l'autre cédule, il est sans grand intérêt, tout au moins pour le contribuable désireux de vérifier l'exactitude de sa cotisation, de procéder à la répartition proportionnelle, entre les deux cédules en présence, de ses revenus taxables totalisés. Il suffit, en effet, d'appliquer à ce total le taux de 12 pour 100, pour dégager immédiatement, sans complications et risques d'erreur, le chiffre global de l'impôt correspondant aux deux catégories de revenus dont le contribuable réalise la synthèse. Ainsi, dans l'espèce envisagée ci-dessus, où les revenus taxables totalisés, déduction faite des exonérations de base, représentent une somme globale de 6 500 francs, la cotisation de l'intéressé directement établie sur cette base, au taux de 12 pour 100, s'élève à 780 francs, chiffre égal à la somme des deux taxations distinctement calculées, suivant le vœu de la *Circulaire* du 29 août 1925, sur le montant des revenus de chaque catégorie (624 fr. + 156 fr. = 780 fr.).

811. Insuffisance affectant une des cédules totalisées. Calcul de la pénalité. — La *Circulaire* précitée fait remarquer que, dans le cas de cumul par un même contribuable de revenus provenant de cédules différentes, les majorations de droits pour défaut ou insuffisance de déclaration doivent porter uniquement sur le supplément d'impôt correspondant à la catégorie de revenu non déclarée ou partiellement dissimulée, les droits en sus se limitant à la différence constatée entre la fraction de revenu taxable obtenue après redressement et celle qui résulterait du même calcul établi d'après les éléments fournis par la déclaration du contribuable (p. 40).

812. Réduction distincte pour chaque cédule. — V. à ce sujet, *suprà*, n° 807.

813. Traitement ou pension. Revenu inférieur au montant des abattements et déductions. — L'article 12 de la loi du 13 juillet 1925, transcrit ci-dessus, prescrit, de la façon la plus formelle, dans son deuxième alinéa, la totalisation

des revenus provenant, d'une part, de traitements ou de salaires
pensions ou rentes viagères, et, d'autre part, de l'exercice
d'une profession non commerciale, pour le calcul des abattements et déductions sur les traitements et salaires. Mais l'Administration a cru devoir apporter à la mise en œuvre de ce système une notable limitation, que la note de service du 25 juillet 1925 et la *Circulaire* du 29 août 1925 précisent, l'une et
l'autre, dans les termes suivants :

« Il paraît conforme à l'intention du législateur que cette
disposition (de l'art. 12 de la loi de 1925) ne puisse avoir pour
effet de faire bénéficier les contribuables d'abattements
plus élevés dans l'ensemble que ceux dont ils profitaient précédemment. Or c'est ce qui se produirait si la nouvelle disposition était appliquée littéralement dans le cas où les revenus
tirés par le contribuable de traitements ou de salaires, de
pensions ou rentes viagères n'atteindraient qu'un chiffre inférieur au montant des déductions pour situation et charges de
famille prévues en matière d'impôt sur les traitements et
salaires. En pareil cas, en effet, le contribuable bénéficierait,
sur l'ensemble des revenus envisagés, de l'abattement de
7 000 francs augmenté des déductions pour situation et charges
de famille, alors que, dans le système précédemment en vigueur,
la somme totalement exonérée n'aurait compris, en sus de
l'abattement de 7 000 francs, que le montant des traitements,
salaires, pensions ou rentes viagères, inférieur au chiffre des
déductions pour situation et charges de famille. — Pour éviter
ces répercussions, il y aura lieu de négliger les revenus provenant de traitements ou salaires, de pensions ou de rentes
viagères, lorsqu'ils seront inférieurs au montant des déductions
pour situation et charges de famille et, s'il y a lieu, de la déduction spéciale aux mutilés, — et de soumettre, dans ce cas, le
contribuable à l'impôt sur les bénéfices des professions non
commerciales à raison de ses revenus de cette dernière catégorie
dans les conditions habituelles. »

Cette thèse est ingénieuse, nous le reconnaissons volontiers ;
mais elle ne trouve aucun point d'appui dans le texte qu'elle
est censée interpréter.

**814. Lieu d'imposition au cas de cumul d'un traite-
ment et de bénéfices non commerciaux. —** Les revenus
de la profession libérale devant, dans ce cas, être rattachés

aux revenus provenant des traitements ou pensions, sont imposables, comme ceux-ci, au lieu du domicile (*Circul.* 25 sept. 1926, p. 32).

815. Point de départ de l'application du nouveau régime. — Aux termes de l'article 20 de la loi du 13 juillet 1925, les dispositions inscrites dans l'article 12 de la même loi sont entrées en vigueur, à compter du 1er janvier 1925. Mais c'est seulement à partir du 1er janvier 1927, que sont devenues applicables les modifications apportées au mode de calcul et au taux des impôts cédulaires sur les traitements, salaires ou pensions et sur les revenus des professions non commerciales, par l'article 23 de la loi du 3 août 1926 (art. 26 de ladite loi).

<h2 style="text-align:center">§ 4. — OMISSIONS ET INSUFFISANCES
DISSIMULATIONS. — SANCTIONS FISCALES
ET PÉNALES. — AMNISTIE</h2>

816. Faits constitutifs de l'omission. — D'après la terminologie qui se fait jour dans les règlements et instructions relatifs à l'assiette de nos impôts directs, l'omission existe, lorsqu'un contribuable passible de l'impôt n'a pas été porté au rôle de la contribution : c'est là ce qu'on appelle l'*omission totale*. Quant à l'omission partielle ou insuffisance, elle se produit dans le cas où les revenus ayant servi de base à la cotisation du contribuable ont fait l'objet d'une évaluation inexacte, soit dans la déclaration souscrite par celui-ci, soit dans la taxation d'office établie par le contrôleur.

Qu'elles soient totales ou partielles, qu'elles intéressent l'impôt général sur le revenu ou les impôts cédulaires, les omissions constatées dans l'assiette de l'un quelconque de ces impôts offrent ce trait commun de pouvoir être réparées par voie de rôles supplémentaires jusqu'à l'expiration de la cinquième année suivant celle de l'imposition, alors même que l'insuffisance d'imposition proviendrait d'une erreur de l'Administration, ou que l'imposition primitive aurait été établie forfaitairement (*Cons. d'Ét.*, 15 févr. et 11 avr. 1924, D. P. 1925. 3. 7).

817. Omissions ou insuffisances en matière d'impôt général sur le revenu. — Cette matière a été examinée sous tous ses aspects dans le chapitre précédent, relatif à l'impôt général. — V. *suprà*, nᵒˢ 775 et suiv.

818. Omissions intéressant les impôts cédulaires. —

En ce qui concerne les impôts cédulaires, assimilés aux contributions directes, le droit de répétition conféré à l'Administration est formulé en ces termes par l'article 54 de la loi du 31 juillet 1917 :

« Les omissions totales ou partielles constatées dans l'assiette de l'un quelconque des impôts institués par la présente loi peuvent être réparées jusqu'à l'expiration de la cinquième année suivant celle au cours de laquelle l'imposition aurait dû être établie. »

En matière d'impôt sur les intérêts des créances, dépôts et cautionnements, l'action du Trésor en réparation des omissions ou insuffisances commises, régie par les dispositions combinées des articles 41 de la loi du 31 juillet 1917 et 21 de la loi du 26 juillet 1893, n'est limitée, dans son exercice, que par un délai de cinq ans à compter de l'exigibilité du droit, s'il s'agit de suppléments d'impôt ou d'amendes fixes, ou par la période des dix années antérieures à la découverte de la contravention, s'il s'agit de la pénalité du quintuple droit incombant au créancier. — V. à ce sujet, *suprà*, nᵒ 215.

819. Émission des rôles complémentaires. Distinction à établir. —

Les omissions totales ou partielles constatées dans l'établissement des impôts assimilés aux contributions directes, ne peuvent être réparées qu'en vertu d'un rôle complémentaire, émis et publié avant l'expiration des délais ci-dessus spécifiés. L'action du Trésor est prescrite si ce rôle additionnel n'a pas été publié au 31 décembre de la cinquième année à compter de celle de l'imposition (*Conseil de préfect.* Seine-Inférieure, 27 oct. 1923, *Gaz. trib.* 5 juill. 1924).

820. Détaxe sur la contribution des bénéfices de guerre. Relèvement du bénéfice passible de l'impôt cédulaire et général. —

La détaxe allouée sur la contribution extraordinaire des bénéfices de guerre, en cas de déficit par rapport au bénéfice normal, a le caractère d'une revision du prélèvement opéré par l'État sur les bénéfices des périodes de guerre ; elle diminue ainsi proportionnellement, pour chacune des périodes ayant procuré des bénéfices imposables, le montant de la contribution extraordinaire y afférente et augmente d'une somme correspondante le revenu servant de base à l'impôt sur les bénéfices industriels et commerciaux et à l'impôt général sur le revenu. C'est, dès lors, à bon droit que l'Administration exerce, au titre de ces mêmes périodes, la reprise de ces deux impôts sur le revenu, par voie d'impositions complémentaires, dans la limite des délais fixés par l'article 17 de la loi du 15 juillet 1914 et par l'article 54 de la loi du 31 juillet 1917 ci-dessus spécifiés (*Cons. d'Ét.*, 28 mai 1925, D. P. 1925. 3. 72).

821. Redressement de la contribution extraordinaire. Impôt cédulaire. Répercussion. — La contribution extraordinaire prélevée sur les bénéfices d'une année déterminée ne peut être déduite que de ces mêmes bénéfices pour l'assiette de l'impôt cédulaire sur les bénéfices industriels et commerciaux. Il s'ensuit que les redressements apportés en 1921 aux bases de la contribution extraordinaire concernant les années 1915 et 1916 sont restés sans influence sur le montant des bénéfices de 1921 à retenir pour l'établissement de l'impôt cédulaire au titre de l'année suivante (*Rép. min. fin. quest.* de M. Vidal, député, du 2 juin 1926, n° 8592, *J. off.* du 17 juill. 1926, p. 2955, col. 1).

822. Contribution foncière. — La contribution foncière résiste essentiellement à l'idée d'une insuffisance d'imposition à réparer par voie de rôles supplémentaires, en raison même de la fixité et du caractère, en quelque sorte forfaitaire, des évaluations servant de base à cet impôt. La jurisprudence au Conseil d'État est, depuis longtemps, fixée en ce sens (*Cons. d'Ét.*, 16 avr. 1856, *Rec. Cons. d'Ét.*, p. 269 ; — 21 déc. 1859, *ibid.*, p. 752).

823. Sanctions fiscales. Amendes et droits en sus. — Les pénalités d'ordre fiscal qui sanctionnent les prescriptions législatives et réglementaires instituées en matière d'impôts sur les revenus varient, suivant qu'il s'agit de l'impôt général ou des impôts cédulaires, et, pour chacun de ceux-ci, elles comportent diverses quotités graduées en raison de la catégorie du revenu et du caractère de l'infraction commise par le contribuable. Les règles qui gouvernent la mise en œuvre de ces sanctions ont été envisagées sous tous leurs aspects, dans les chapitres précédents, tant pour les impôts cédulaires que pour l'impôt général sur le revenu.

824. Décimes des pénalités fiscales. — Au point de vue de l'exigibilité des décimes additionnels aux pénalités fiscales, il convient de distinguer entre les majorations de droit afférentes aux impôts directs donnant lieu à l'établissement de rôles annuels, et les sanctions édictées en matière de taxe sur le revenu des créances, dépôts et cautionnements recouvrée par le service de l'enregistrement.

En ce qui concerne les majorations, quelle qu'en soit la quotité, applicables pour défaut ou insuffisance de déclaration en matière d'impôt général et d'impôts cédulaires sur les revenus assimilés aux contributions directes, ces pénalités sont actuellement affranchies de tout décime. La loi du 4 avril 1926 prononce, en effet, par son article 4 la suppression du double décime et demi institué à l'égard de ces majorations d'impôt par l'article 110 de la loi du 25 juin 1920. Quant au double décime établi par l'article 3 de la loi du 22 mars 1924, il n'est pas davantage applicable aux majorations dont il s'agit, cette surtaxe ne devant, d'après l'article 4, de cette loi, porter que sur le montant « des droits simples », par conséquent, à l'exclusion des droits en sus. Toutefois, ainsi qu'on en a fait déjà la remarque, les majorations du quart, du double droit ou quadruple droit qui font cortège aux impôts directs sur les revenus, exonérées en elles-mêmes de tout décime additionnel, doivent se calculer sur le montant du droit simple, augmenté, *s'il y a lieu*, du double décime institué par l'article 3 de la loi du 22 mars 1924. Sur la portée actuelle de ces mots « s'il y a lieu », V. *suprà*, nᵒˢ 773, 423 et 426.

Quant à la taxe sur les intérêts des créances, dépôts et cautionnements, elle ne saurait bénéficier de l'exonération prévue par l'article 4 de la loi du 4 avril 1926, puisque par les modalités de son recouvrement elle résiste à toute assimilation aux contributions directes, seules visées par cet article. De là un régime particulièrement rigoureux. Déjà majorées de cinq décimes, en vertu de l'article 110 de la loi du 25 juin 1920 et des lois antérieures, les pénalités encourues en cette matière sont, en outre, passibles du double décime institué par l'article 3 de la loi du 22 mars 1924, et cette dernière surtaxe doit être calculée sur le montant cumulé du principal et des décimes antérieurs. Ainsi, l'amende de 50 francs encourue pour défaut d'apposition ou oblitération irrégulière de timbre mobile sur la quittance des intérêts, qui s'élevait, avec les cinq décimes exigibles au lendemain de la loi de 1920, à la somme de 75 francs, est actuellement soumise sur cette dernière somme, à deux nouveaux décimes (soit 15 fr.) et se trouve, par suite, portée à 90 francs. En définitive, toutes les amendes, fixes ou proportionnelles, qui sanctionnent l'application de la taxe sur les intérêts des créances, dépôts et cautionnements, subissent, par l'effet de cette superposition de décimes, une majoration de 80 pour 100 du principal de la pénalité (*Instr. enreg.* du 24 mars 1924, n° 3810, pp. 3 et 4 ; — Dalloz, *Code de l'enreg.*, édit. 1924, *suppl.*, p. 44).

825. Insuffisance affectant plusieurs déclarations. Cumul des sanctions. — Lorsqu'une omission ou insuffisance commise dans la déclaration relative à un impôt cédulaire affecte, par voie de répercussion, la déclaration concernant l'impôt général sur le revenu, le contribuable encourt simultanément les majorations prévues pour chacun de ces deux impôts (*Rép. min. fin. quest.* de M. Plaisant, député, du 10 janv. 1924, *J. off.*, p. 1174).

826. Sanctions pénales. Dissimulations frauduleuses. — Indépendamment des sanctions fiscales dont il vient d'être question, les contribuables qui ont omis de souscrire les déclarations de revenus exigées par la loi ou produit des déclarations insuffisantes dans le but avéré d'éluder le payement de l'impôt, encourent les sanctions pénales instituées par les articles 52 et 54 de la loi du 22 mars 1924.

Aux termes de l'article 52, qui se substitue, en le modifiant, à l'article 112 de la loi du 25 juin 1920, les contribuables qui auront agi en vue de se soustraire frauduleusement au payement total ou partiel des impôts, soit en ne souscrivant pas leur déclaration dans les délais prescrits par les lois concernant l'impôt général sur le revenu, les impôts cédulaires et l'impôt des successions, soit en dissimulant volontairement une partie des sommes sujettes à l'impôt, seront passibles d'une amende de 1 000 à 5 000 francs, sous la réserve, dans cette dernière hypothèse, que l'insuffisance frauduleuse atteigne au moins 10 pour 100. C'est là une sanction pénale, qui relève de la juridiction correctionnelle et ne saurait, dès lors, porter aucune atteinte aux dispositions fiscales frappant le défaut de déclaration, les omissions ou dissimulations de revenus : l'article 51, 1ᵉʳ alinéa, de la loi de 1924 en décide ainsi expressément.

827. Poursuites correctionnelles. Mise en demeure préalable. — L'amende de 1 000 à 5 000 francs édictée contre les fraudes fiscales par l'article 52 de la loi du 22 mars 1924 doit être prononcée par le tribunal correctionnel. Mais, préalablement à toutes poursuites, l'Administration a le devoir d'inviter le contribuable, par lettre recommandée, à faire ou à compléter sa déclaration dans un délai de quinze jours à un mois. En cas d'accord, l'amende pénale devient caduque, et le redevable n'encourt que la sanction fiscale applicable à l'infraction constatée. Si cette tentative de conciliation n'aboutit pas, la juridiction correctionnelle entre en scène. Les poursuites peuvent alors être engagées, comme le précise le dernier alinéa de l'article 52, soit dès l'expiration du délai ci-dessus visé, soit, en cas de déclaration contestée, dès la décision de la juridiction compétente.

C'est au tribunal correctionnel saisi de la poursuite qu'il appartient de condamner, s'il y a lieu, le contribuable à l'amende, de fixer la quotité de celle-ci, et d'ordonner la publicité du jugement par voie d'insertion dans les journaux et d'affichage, sans toutefois que les frais de cette publicité puissent excéder 5 000 francs.

Il n'est pas indifférent de noter que le tribunal de répression dispose, en cette matière, d'un large pouvoir d'appréciation. La loi du 22 mars 1924, à l'exemple de celle du 1ᵉʳ août 1905, lui réserve, en effet, *la faculté*, non seulement d'accorder au condamné le bénéfice des circonstances atténuantes, mais encore d'*ordonner ou non* l'insertion et l'affichage du jugement de condamnation. C'est ce qui ressort des mots « le tribunal *pourra* ordonner... », insérés dans le texte.

828. Récidive. Loi du 4 avril 1926. — L'article 8 de la loi du 4 avril 1926 a complété les dispositions qui viennent d'être analysées, en stipulant qu'en cas de récidive dans le délai de cinq ans, le contribuable sera puni d'une amende de 1 000 à 100 000 francs et d'un emprisonnement de un à six mois : l'affichage et la publicité du jugement de condamnation pourront être ordonnés dans les conditions précisées ci-dessus.

829. Complices des fraudes fiscales. — L'article 53 de la loi de 1924 frappe des mêmes peines correctionnelles les complices des délits ci-dessus spécifiés, sans préjudice des sanctions disciplinaires, s'ils sont officiers publics ou ministériels.

830. Revenus encaissés à l'étranger. — Enfin, l'article 54 de la même loi étend l'application des sanctions correctionnelles prévues par l'article 52 et dont il vient d'être parlé :

1° Au contribuable assujetti à l'impôt général sur le revenu qui, encaissant directement ou indirectement des revenus à l'étranger, s'abstient volontairement de faire sa déclaration annuelle, ou omet de mentionner distinctement dans sa déclaration le montant des revenus qu'il a perçus hors de France, ou bien encore dissimule une partie de ces revenus;

2° Aux personnes qui s'entremettent en vue de soustraire à l'impôt tout ou partie de la fortune d'autrui, soit en favorisant les dépôts de titres à l'étranger, soit par des encaissements, négociations ou émissions à l'étranger de coupons, de chèques ou de tous autres instruments créés pour le payement des produits des valeurs mobilières.

En cas de récidive, l'art. 8 de la loi du 4 avril 1926 serait applicable.

831. Déclaration des avoirs à l'étranger. — Question traitée plus haut (n° 770).

832. Décimes des amendes pénales. — Les amendes pénales prononcées en France par les cours et tribunaux ne comportent plus les décimes ou demi-décimes institués par l'article 110 de la loi du 25 juin 1920 et par les lois antérieures ; en revanche, le principal de ces pénalités est majoré de 30 décimes. C'est ce que décide l'article 41 de la loi du 22 mars 1924.

833. Amnistie fiscale. Loi du 4 avril 1926. — La loi du 4 avril 1926 a fait revivre, dans son article 15, la mesure d'amnistie inscrite dans l'article 51 de la loi du 22 mars 1924, mais en n'appelant au bénéfice de cette disposition que les contribuables en matière d'impôts directs proprement dits, recouvrables par rôles (*Rép. min. fin. quest.* de M. Salmon, député, du 29 juin 1926, n° 8869, *J. off.* du 8 août 1926, p. 3258, col. 3 ; — et de M. Amet, député, du 6 juill. 1926, n° 9034, *J. off.* du 29 août 1926, p. 3291, col. 3). Ce texte est ainsi conçu :

« Amnistie est accordée à tout contribuable qui, en matière de contributions directes, aurait fait, en infraction des lois fiscales antérieures, une déclaration insuffisante, qui aurait retardé ou omis sa déclaration, pourvu que dans les trois mois qui suivront la promulgation de la présente loi :

« 1° Il fasse toutes déclarations rectificatives ;

« 2° Il s'engage à payer à des dates fixes, échelonnées par trimestres jusqu'à la fin de 1927, le principal des taxes dues, sans que le rappel puisse s'étendre au delà des cinq dernières années. »

La déclaration rectificative prévue par cette disposition a dû, sous peine de rester inopérante, intervenir avant le 5 juillet 1926 (*Note de service* du 10 avr. 1926, n° 940), notamment en ce qui concerne les avoirs du contribuable à l'étranger (*Rép. min. fin. quest.* de M. Couteaux, député, du 1ᵉʳ juin 1926, n° 8538, *J. off.* du 17 juill. 1926, p. 2954, col. 3).

Ajoutons que la contribution des bénéfices de guerre, ayant cessé d'être applicable aux bénéfices réalisés après le 30 juin 1920, ne rentre pas dans les prévisions de ce texte (*Rép. min. fin. quest.* de M. Moutet, député, du 3 juin 1926, n° 8616, *J. off.* du 17 juill. 1926, p. 2955, col. 2).

§ 5. — **ÉTABLISSEMENT DES ROLES. — RECOUVRE-MENTS. — RÉCLAMATIONS ET INSTANCES. — CONSEILS DE PRÉFECTURE INTERDÉPARTEMENTAUX**

834. Recouvrement par voie de rôles. — L'impôt général sur le revenu et les impôts cédulaires autres que la taxe sur le revenu des capitaux mobiliers participent au mode de constatation et de recouvrement institué pour l'impôt foncier et traditionnel en matière de contributions directes. Ils font l'objet de rôles annuels établis comme ceux des contributions directes.

Quant à l'impôt cédulaire sur les intérêts des créances, dépôts et cautionnements, V. *suprà*, n° 210.

835. Homologation et mise en recouvrement des rôles. Décret du 16 novembre 1926. — Les rôles des impôts directs et taxes assimilées étaient, jusqu'alors, arrêtés par le préfet, puis publiés à la mairie. Un décret intervenu le 16 novembre 1926 (*Journ. off.* du 18, p. 12. 267) a modifié profondément cet état de choses. D'une part, il est stipulé, dans l'article 1er de ce décret, que les pouvoirs des préfets relatifs à l'homologation des rôles peuvent être délégués aux directeurs des contributions directes, pour les rôles établis par ces chefs de service, par conséquent, pour l'impôt foncier et toute la série des impôts sur le revenu, autres que l'impôt sur les intérêts des créances, dépôts et cautionnements.

D'autre part, l'article 2 du même décret supprime la formalité de la publication des rôles, en précisant que, dans les textes intéressant le recouvrement ou le contentieux des impôts directs, les mots « publication des rôles » sont remplacés par les mots « mise en recouvrement des rôles ». La date de cette mise en recouvrement sera fixée par le préfet, ou, en cas de délégation de la formalité d'homologation, par le directeur des contributions directes, d'accord avec le trésorier-payeur général. Cette date sera indiquée sur le rôle et sur les avertissements délivrés aux contribuables.

Le lecteur voudra bien établir les références nécessaires entre ce décret, publié au moment où la correction des épreuves de ce livre touchait à sa fin, et les paragraphes ci-dessus visant la publication des rôles, désormais supprimée (nos 20, 37, 125, 437, 445, 522 et 786).

836. Personnes au nom desquelles le rôle est émis. — C'est au nom du contribuable que le chiffre d'impôt ou, pour parler autrement, la cotisation doit être relevée au rôle de la contribution et mise en recouvrement.

837. Payement de l'impôt. — C'est au percepteur qu'il appartient d'opérer le recouvrement de l'impôt, après avoir adressé à chaque contribuable l'avertissement établi par le directeur départemental des contributions directes.

838. Termes d'exigibilité. Loi du 4 avril 1926. — Sous l'empire de l'article 18 de la loi du 31 décembre 1921 (D. P. 1923. 4. 41), les contributions directes et taxes assimilées, exigibles mensuellement à partir du premier jour du mois qui suit la publication du rôle, étaient payables en quatre fractions mensuelles égales lorsque le rôle a été publié postérieurement au 31 août. La loi du 4 avril 1926 a substitué, par son article 2, à ces dispositions un nouveau système essentiellement caractérisé par le fractionnement de l'impôt en deux termes égaux dont les échéances varient suivant la date de la mise en recouvrement du rôle.

Les règles édictées à cette fin par la loi du 4 avril 1926 et par les décrets du 6 juin et du 15 juin 1926 (*J. off.*, 1926 pp. 6407 et 6667) vont être successivement examinées.

839. Règle générale. Fractionnement de l'impôt en deux termes. Déchéance. — En principe, les impôts directs recouvrés par voie de rôles nominatifs, à l'exception de la contribution sur les bénéfices de guerre, sont désormais exigibles en deux fractions égales, payables : la première le 30 avril, la seconde le 31 octobre de l'année de l'imposition. Telle est la règle générale que formule, dans son premier alinéa, l'article 2 de la loi du 4 avril 1926.

Le bénéfice de ce payement en deux termes n'est acquis au contribuable, suivant l'article 1er du décret du 6 juin 1926, que sous condition du versement de la première moitié, à la date du 30 avril. Toutefois, si les rôles ne sont pas encore mis en recouvrement à cette échéance du 30 avril, l'exigibilité du premier terme est reportée à la date de cette mise en recouvrement et, au plus tard, au 31 juillet. Le non-payement de cette première moitié à la date extrême du 31 juillet entraîne de plein droit, à l'encontre du contribuable, l'obligation de solder, sans plus de sursis, la totalité de l'impôt. On lit, à ce sujet, dans le rapport qui précède le décret susvisé du 6 juin 1926 :

« Dès le 1er mai, *si toutefois il est en possession du titre exécutoire*, c'est-à-dire du rôle, le percepteur peut poursuivre le recouvrement de la moitié de l'impôt. Si cette première moitié au moins n'est pas payée le 31 juillet au plus tard, la loi, faisant une nouvelle application de la compensation des termes, stipule, à titre de sanction automatique, la déchéance pour le contribuable du droit de payer en deux termes et, par voie de conséquence, donne au percepteur le droit d'exercer immédiatement des poursuites pour le recouvrement de la totalité de l'article » (*J. off.* du 10 juin 1926, p. 6408, col. 2).

840. Exceptions à la règle. Rôles tardivement émis. — La règle souffre exception à l'égard des rôles mis en recouvrement, soit entre le 31 juillet et le 30 septembre, soit entre le 1er octobre et le 31 décembre de l'année de l'imposition.

Les articles compris dans les rôles mis en recouvrement du 31 juillet au 30 septembre viendront à échéance, en deux termes égaux, payables, l'un dans le mois qui suit la date de cette mise en recouvrement, l'autre le 31 octobre. Ici encore, le non-payement de la première moitié à la date ainsi fixée, détermine, à titre de sanction, l'exigibilité immédiate de la totalité de l'article.

Quant aux articles inscrits dans des rôles mis en recouvrement après le 30 septembre, l'intégralité de la cotisation est payable dans le délai d'un mois à partir de cette mise en recouvrement, rappelée sur l'avertissement (Décr. 15 juin 1926, *Bull. législ. Dalloz* 1926, p. 349).

841. Rôles non mis en recouvrement lors de la première échéance. Versement provisionnel. Calcul. — Ainsi que l'explique le préambule du décret réglementaire du 6 juin 1926, « pratiquement, au cours des premiers mois de l'année, le contribuable sera dans l'impossibilité de prévoir la date à laquelle seront mis en recouvrement les rôles dans lesquels il sera compris. La confection et la mise en recouvrement des titres sont en effet soumises à des influences d'ordre général, trop variables pour qu'il soit possible à l'Administration elle-même de formuler de simples présomptions. En conséquence, un contribuable soucieux de parer au risque imprévisible d'une mise en recouvrement avant le 1er août, des titres le concernant, et de se réserver le bénéfice de l'exigibilité en deux termes, dont le second serait payable seulement en octobre, devra verser la moitié de l'impôt dès le 30 avril... A défaut d'avertissement relatif aux impôts de l'année, les contribuables pourraient, par conséquent, évaluer avec une exactitude approximative, d'après les impôts de l'année précédente, l'importance du versement à faire, le 30 avril, au titre de l'année courante... Il m'a paru que pourraient être considérés comme suffisants, en ce qui concerne l'application des règles relatives à l'exigibilité de l'impôt, les versements ne présentant pas, par comparaison avec les sommes qui auraient dû en droit strict être versées avant la publication des rôles, une différence en moins supérieure à 20 pour 100 de ces dernières sommes. — C'est ainsi, par exemple, qu'un contribuable ayant évalué à 2 000 francs le montant de ses articles pour l'année et ayant par suite versé 1 000 francs du 30 avril au 31 juillet, bénéficiera de l'exigibilité normale, c'est-à-dire pourra verser le solde de l'impôt le 31 octobre, s'il est compris dans les rôles pour une somme de 2 500 francs » (*J. off.* 10 juin 1926).

1. — Tel est, en effet, le système que l'article 2 du décret précité du 6 juin 1926 inaugure dans les termes suivants :

« Lorsque les rôles n'auront pas été mis en recouvrement à l'époque où le contribuable effectuera le premier versement, ce versement devra être, en principe, égal à la moitié des impôts de même nature compris dans les rôles à son nom pour l'année précédente.

« Si les éléments appelés à servir de base à l'impôt général sur le revenu, aux impôts cédulaires, à la taxe spéciale sur le chiffre d'affaires et la taxe d'apprentissage présentent par rapport aux éléments retenus pour le calcul des impôts de l'année précédente, une différence de plus d'un cinquième, il appartiendra au contribuable de déterminer, par le calcul préalable de l'impôt, le montant de ce premier versement.

« En ce qui concerne la taxe civique, le revenu à considérer pour ce calcul, suivant le tarif établi par l'article 29 de la loi du 4 avril 1926, est le revenu imposable à l'impôt général pour 1925, tel qu'il figure sur l'avertissement après défalcation des déductions pour situation et charges de famille.

« Sont réputés suffisants pour conserver au contribuable le bénéfice de l'exigibilité dans les conditions visées à l'article précédent, les versements qui, ayant été effectués avant la mise en recouvrement des rôles, ne présentent pas par rapport à la moitié de l'impôt une insuffisance supérieure à 20 pour 100. »

2. — Nous ne pouvons qu'approuver les contribuables qui, sans attendre la mise en recouvrement des rôles et l'envoi des feuilles d'avertissement, se décident à effectuer le versement provisionnel de la moitié de leur cote, évaluée approximativement. Leur détermination est d'autant plus méritoire que le recours à ce mode de règlement est, dans une large mesure, abandonné

à l'initiative des intéressés ; il ne devient juridiquement obligatoire que dans le cas où, le rôle ayant été mis en recouvrement avant l'échéance du premier terme, le contribuable n'aurait pas encore reçu, à cette dernière date, sa feuille d'avertissement. Il est clair que, si le rôle n'a pas été mis en recouvrement avant le 30 avril de l'année de l'imposition, le contribuable ne sera nullement tenu d'effectuer le versement immédiat de la première moitié de ses impôts, ni de se livrer au décompte prévu par l'article 2 du décret précité, puisque, dans cette hypothèse, l'article 1ᵉʳ, 2ᵉ alinéa, du même décret reporte l'exigibilité du premier versement à la date de la mise en recouvrement du rôle et, au plus tard, au 31 juillet suivant. Ce n'est pas tout : si, à cette date du 31 juillet, le rôle n'est pas encore mis en recouvrement, le versement du premier terme fait l'objet d'une nouvelle prorogation ; il ne devient exigible que dans le mois qui suivra la mise en recouvrement de ce rôle. La loi du 4 avril 1926 en décide ainsi, par son article 2, de la façon la plus formelle, et le décret du 6 juin 1926, d'ailleurs rectifié à cet égard par le décret du 15 juin suivant, n'a pu porter atteinte à des principes aussi nettement établis.

842. Déménagement du contribuable. Vente volontaire ou forcée. — 1. — Conformément au principe inscrit dans l'article 21 de la loi du 15 juillet 1914 et dans les articles 20 et 51 de la loi du 31 juillet 1917, l'article 2 de la loi du 4 avril 1926 dispose que la divisibilité du payement de l'impôt cesse d'être applicable lorsque l'assujetti déménage hors du ressort de la perception. La totalité de l'impôt devient alors immédiatement exigible, dès la mise en recouvrement du rôle, à moins que le contribuable n'ait fait connaître, avec justifications à l'appui, son nouveau domicile au percepteur. Mais, aux termes de l'article 3 du décret réglementaire du 6 juin 1926, cette déclaration n'est recevable qu'à la condition d'être faite au percepteur un mois au moins avant le déménagement, d'indiquer l'adresse du nouveau domicile et d'être appuyée soit du bail, soit de l'engagement de location de ce domicile, dûment enregistrés.

D'autre part, le même décret répute nulles et de nul effet les déclarations portant indication d'un nouveau domicile à l'étranger ou loué au nom d'une personne autre que le contribuable inscrit au rôle ou enfin loué en meublé.

2. — Ainsi que l'a fait remarquer le ministre dans son rapport préalable au décret susvisé du 6 juin 1926, « il est de principe que l'exigibilité des créances est modifiée de plein droit quand le gage de ces créances est menacé. De nombreuses applications de ce principe se rencontrent dans le droit commun. Dans la législation de l'impôt direct, la vente volontaire ou forcée, la faillite, la liquidation judiciaire ont toujours entraîné l'exigibilité immédiate de l'impôt. » C'est ce que l'article 2 de la loi du 4 avril 1926 décide spécialement au sujet de la vente volontaire ou forcée des biens du contribuable, de nature à compromettre la garantie de l'impôt et l'action réelle du Trésor. Le redevable est, dans ce cas, déchu du bénéfice du payement en deux termes : il doit se libérer immédiatement en totalité, dès la mise en recouvrement du rôle.

843. Déclarations de revenus tardives ou insuffisantes. — Est également de nature à déterminer l'exigibilité immédiate et totale de l'impôt le fait, par le contribuable d'avoir encouru une majoration pour non-déclaration, déclaration tardive ou insuffisante des revenus et bénéfices taxables au titre de l'année de l'imposition (L. 4 avr. 1926, art. 2).

844. Impôts exclus des nouvelles conditions d'exigibilité. — Les dispositions organisées par la loi du 4 avril 1926 en vue du payement des impôts directs et dont l'analyse précède ne s'appliquent pas, on en a déjà fait la remarque, à la contribution sur les bénéfices de guerre (art. 2, 6e alinéa de la loi). Elles laissent également en dehors de leur objet les impôts établis dans les conditions prévues par l'article 15 de la même loi, à savoir les cotisations au titre de l'impôt général sur le revenu et des impôts cédulaires, ayant pour base les déclarations faites par les contribuables sous le couvert de l'amnistie (Décr. du 6 juin 1926, art. 4). Les impôts de l'espèce viendront à échéance dans les délais fixés par l'article 15 de ladite loi.

845. Compte individuel de chaque contribuable. — En vue d'établir la mise à jour rigoureuse et permanente de la situation des contribuables au regard du Trésor, l'article 2 de la loi du 4 avril 1926 prévoit, dans son avant-dernier alinéa, l'ouverture, au nom de chacun des assujettis, d'un compte par doit et avoir, débité du montant des impôts dont il est débiteur et crédité des versements provisionnels par lui effectués à la caisse du percepteur.

846. Payement en rentes non admis. — L'impôt général sur le revenu et les impôts cédulaires ne sont payables qu'en numéraire, billets de banque, coupons de rentes et bons de la défense nationale échus ; le contribuable n'a pas la faculté de se libérer par la remise au percepteur de titres de rente sur l'État (*Rép. min. fin. quest.* de M. Lecourtier, député, du 25 mars 1922, *J. off.*, p. 1506).

847. Créancier du Trésor. Non-compensation. — Le contribuable qui se prétend créancier du Trésor ne peut se refuser au payement de sa cote d'impôt, en invoquant la compensation (*Cons. d'Ét.*, 5 avr. 1895, D. P. 96. 3. 41). Par contre, le Trésor, représenté par le percepteur, a la faculté de compenser la somme qu'il doit au contribuable avec les douzièmes dus par celui-ci, ou, tout au moins, de ne s'en dessaisir qu'après le versement du solde de la cotisation (Dalloz, *Jur. gén.*, v° Impôts directs, n° 542).

Ajoutons que la disposition de l'article 1er de la loi du 4 décembre 1925 (D. P. 1926. 4. 1) exonérant de l'impôt direct additionnel institué par cette loi, les contribuables créanciers de l'État, a été abrogée, avant toute application, par le dernier paragraphe de l'article 10 de la loi de crédits du 31 décembre 1925 (V. nos annotations sous cette loi, D. P. 1926. 4. 52).

848. Indemnités pour dommages de guerre. Imputation. — On a vu plus haut (n° 73) que, dans l'état actuel de la législation, le contribuable a la faculté de différer le payement de l'impôt foncier ou d'en demander l'imputation, sans limitation aucune, sur l'indemnité à lui due par l'État pour dommages de guerre (L. 31 déc. 1924, art. 54, D. P. 1925. 4. 105). Pour les autres impôts directs, l'article 18 de la loi de crédits du 28 février 1925 (D. P. 1925. 4. 261) admet la demande d'imputation, jusqu'à concurrence de 10 000 francs par an, à l'égard des sinistrés ayant produit les justifications de remploi prévues par la loi (*Rép. min. fin. quest.* de M. Villemant, député, *J. off.*, *débats*, 1925, p. 2017).

849. Perte ou réduction de loyers. Imputation ou remise d'impôt foncier. — V. *supra*, nos 70 et 72.

850. Locataires de bureaux meublés. Mesures de garantie. Loi du 29 avril 1926. — Question traitée ci-dessus, nᵒˢ 605 et 606.

851. Majoration de retard de 10 pour 100. Loi du 3 août 1926. — La déchéance, pour le contribuable retardataire, de la faculté de payer ses impôts en deux termes, stipulée par l'article 2 de la loi du 4 avril 1926 et le droit conféré au percepteur d'exercer immédiatement, dans ce cas, des poursuites pour le recouvrement de l'intégralité de l'article, constituent une sanction plus que suffisante, à laquelle il semble rigoureux de superposer la majoration de retard de 10 pour 100, prévue par l'article 50 de la loi du 22 mars 1924. C'est cependant ce que décide, peu équitablement, l'article 28 de la loi du 3 août 1926, portant que la date d'application de cette pénalité sera fixée, chaque année, par un décret rendu sur la proposition du ministre des finances.

852. Poursuites. — Les poursuites tendant au recouvrement de l'impôt général sur le revenu et des impôts cédulaires ont lieu suivant la procédure instituée en matière de contributions directes. A peine de nullité, elles doivent être précédées d'une sommation sans frais, remise au domicile du contribuable, à son principal locataire ou à son représentant et l'invitant à régler les termes échus de sa cotisation, dans les huit jours, s'il ne veut y être contraint.

Faute par le contribuable de satisfaire à cette sommation sans frais, il est procédé contre lui aux poursuites, en vertu d'une contrainte délivrée par le receveur des finances, seul juge de leur opportunité et visée par le sous-préfet. La première phase de ces poursuites, d'un caractère purement administratif, consiste dans la sommation avec frais signifiée au redevable huit jours après la sommation sans frais. Trois jours après cette nouvelle mise en demeure, les poursuites entrent dans leur phase judiciaire par la notification d'un commandement. A l'expiration d'un nouveau délai de trois jours, il peut être procédé à la saisie-exécution des meubles du débiteur ou à la saisie-brandon des fruits pendants par branches ou par racines. Le dernier moyen de coercition, à savoir la vente des objets saisis, n'intervient que huit jours au moins après la clôture du procès-verbal de saisie, en vertu d'une autorisation spéciale du sous-préfet.

L'administration des finances a la faculté d'employer, concurremment avec le ministère des porteurs de contrainte, le concours des agents des postes, pour la notification des sommations avec frais (L. 13 avr. 1898, art. 53, D. P. 98. 4. 98) et des commandements (L. 25 févr. 1901, art. 49, D. P. 1901. 4. 33).

Le tarif des frais de poursuites afférents aux sommations, commandement, saisie et autres actes énumérés ci-dessus est actuellement réglé par l'article 3 de la loi du 4 avril 1926.

853. Privilège du Trésor. — Nous avons fait remarquer ailleurs, dans notre commentaire de la loi du 12 juillet 1922, au *Recueil périodique de Dalloz* (D. P. 1923. 4. 104, note 1) que l'article 1er de la loi du 12 nov. 1808 (*Bull. des lois*, n° 3886) organise, pour le recouvrement des contributions directes, deux privilèges distincts sur les meubles du redevable, l'un qui est spécial et concerne l'impôt foncier, l'autre qui est général et s'applique aux autres contributions directes. On a précisé plus haut (n° 79) les conditions d'exercice du privilège de la contribution foncière. Quant au privilège des autres impôts directs, y compris l'impôt général sur le revenu et les impôts cédulaires recouvrables par rôles, il s'exerce pour l'année échue et l'année courante à dater du jour de la mise en recouvrement du rôle, sur tous les meubles et effets mobiliers des débiteurs, en quelque lieu qu'ils se trouvent. La caractéristique de ce privilège est de primer tous les privilèges généraux de l'article 2101 du Code civil et les privilèges spéciaux du locateur et du créancier gagiste nés après la créance du Trésor (Cass. req. 18 févr. 1907, D. P. 1909. 1. 476 ; — Civ. 27 juill. 1925, D. H. 1925, p. 648). Ce privilège ne cède son rang de priorité qu'au privilège des frais de justice faits dans l'intérêt commun des créanciers, pour la conservation et la réalisation des biens soumis au privilège.

854. Salaires et traitements. Action du Trésor contre les employeurs. — Tombent notamment sous l'action du privilège général dont il vient d'être parlé, les salaires, appointements et traitements des ouvriers, commis, employés et fonctionnaires. De là cette conséquence, c'est que, conformément au principe posé par l'article 2 de la loi du 12 novembre 1808, l'employeur ou chef d'entreprise doit, s'il en est requis, payer en l'acquit de ses ouvriers ou employés, sur les salaires acquis à ceux-ci, le montant des impôts sur le revenu, cédulaire ou général, dont ils peuvent être redevables et qui sont garantis par le privilège du Trésor. Sur le refus du patron de satisfaire à cette mise en demeure, le percepteur est fondé à pratiquer entre les mains dudit employeur une saisie-arrêt, dans la limite tracée par l'article 61 de la loi du 27 juillet 1921 (D. P. 1922. 4. 19), c'est-à-dire jusqu'à concurrence du dixième, s'il s'agit de salaires ou d'appointements dont le montant annuel n'excède pas 6 000 francs. Supérieurs à ce minimum, les salaires rentrent dans le droit commun, au point de vue de l'exercice de l'action privilégiée du Trésor (*Circul. compt. publ.* du 15 mai 1922, n° 2391, et *Circul. enreg.* du 3 juin 1922 ; — *Rép. min. fin. quest.* de MM. les députés Barthe, du 19 janv. 1922, *J. off.* du 15 févr. 1922, p. 397 ; — Grinda, du 7 févr. 1922, *J. off.*, p. 1061 ; — Escoffier, du 13 oct. 1922 (retenue de l'impôt cédulaire sur les arrérages d'une pension), *J. off.* 1922, p. 3 176) : il est à noter, au sujet de cette dernière solution, que la retenue exercée par le percepteur sur les arrérages d'une pension n'est valable qu'à la condition de ne pas dépasser la quotité légalement saisissable pour débit envers le Trésor, à savoir le cinquième des arrérages.

Ajoutons que les percepteurs ont le devoir de concilier, dans la mesure du possible, les intérêts des patrons et ceux du Trésor et, spécialement, de régler, d'un commun accord avec eux, le montant des retenues à opérer périodiquement sur la paye de leurs ouvriers, en vue de régulariser sans frais ni procédures vexatoires la situation de ces modestes salariés envers le fisc (*Rép. min. fin. quest.* de MM. les députés Rognon, du 9 déc. 1922, n° 15 950 ; — Petitfils, du 13 mars 1923, n° 18 871).

855. Force exécutoire du rôle. — Il peut être procédé aux voies d'exécution, notamment à la saisie du mobilier du contribuable, malgré l'opposition formée par celui-ci devant le tribunal civil : provision est due au titre. D'autre part, les réclamations en matière de contributions directes ne sont pas suspensives du payement, sauf dans le cas où, le recours n'ayant pas été jugé dans les six mois de sa présentation, le contribuable a manifesté son intention de différer, dans la limite du dégrèvement sollicité, le versement des termes à échoir sur la contribution contestée, conformément à l'article 17 de la loi du 13 juillet 1903 (D. P. 1903. 4. 75 ; — *Rép. min. fin. quest.* de Bonnet, député, du 29 mai 1923, *J. off.* 1923, p. 2641. — Conf. Cass. civ. 2 déc. 1924, D. P. 1925. 1. 53 ; — Bordeaux, 5 janvier 1925, D. H. 1925, p. 186.

856. Décharge de la contribution. Frais de poursuites antérieurs. Non-dégrèvement. — Les principes dont l'exposé précède entraînent une conséquence peut-être juridique, mais assurément peu équitable, que. l'Administration précise dans les termes suivants :

« Les réclamations formées en matière de contributions directes n'étant pas, en principe, suspensives du payement de l'impôt, les poursuites exercées pour le recouvrement d'une cote contestée sont régulières. C'est dans ce sens que, par un arrêt en date du 4 août 1922, le Conseil d'État a décidé que « la circonstance qu'un contribuable a obtenu décharge d'une imposition n'est pas de nature à motiver le dégrèvement des frais de poursuites qui avaient été régulièrement engagées pour le recouvrement de cette imposition » (*Rép. min. fin. quest.* de M. Périnard, député, du 2 juill. 1926, n° 9017, *J. off.* du 29 août 1926, p. 3291).

857. Déchéance du percepteur. — Les percepteurs qui n'ont fait aucune poursuite contre un contribuable retardataire, pendant quatre années consécutives à partir du jour de la mise en recouvrement du rôle, perdent leur recours et sont déchus de tout droit et de toute action contre ce débiteur du Trésor (L. 12 juill. 1922, art. 2, D. P. 1923. 4. 101).

858. Compétence respective de la juridiction civile et des .tribunaux administratifs. — En matière d'impôts directs, il appartient aux tribunaux de l'ordre judiciaire d'apprécier si les actes de poursuite ou d'exécution faits à la requête du percepteur sont réguliers en la forme et susceptibles de produire leurs effets légaux (Paris, 3 nov. 1925, D. H. 1925, p. 654) ; mais ces mêmes tribunaux sont incompétents pour statuer sur les contestations ayant pour objet les causes de la poursuite, c'est-à-dire l'existence, la quotité de la dette du contribuable envers le Trésor ou la date de son exigibilité. Toutes les demandes qui portent sur le fond du droit, qui mettent en cause l'assiette ou la quotité de la cotisation sont du ressort exclusif de la juridiction administrative, conseil de préfecture et Conseil d'État. Cette dernière juridiction est, seule, compétente pour décider s'il y a lieu de suspendre, à l'égard du réclamant, l'exécution du rôle, et le juge des référés est sans qualité pour ordonner la discontinuation des poursuites (*Cons. d'Ét.*, 7 avr. 1922, *Rev. des impôts*, 1922, n° 949 ; — Cass. civ. 10 déc. 1900, D. P. 1901. 1. 279 ; — req. 25 mars 1924 et civ. 2 déc. 1924, D. P. 1925. 1. 53 ; — Bordeaux, 5 janv. 1925, D. H. 1925, p. 186).

859. Imposition non autorisée. Responsabilité du percepteur. — Mais, ainsi que le décide la jurisprudence de la Cour de cassation, par application du principe inscrit dans le dernier article de chaque loi de finances, le percepteur qui procède au recouvrement d'une imposition non autorisée, engage sa responsabilité et tombe sous l'action en répétition ouverte, dans ce cas, au profit du contribuable, alors même qu'il aurait procédé aux poursuites en vertu d'un rôle revêtu des approbations de droit (Cass. ch. réun. 28 mars 1895, D. P. 95. 1. 313 ; — Civ. 2 mai 1921, D. P. 1924. 1. 206).

860. Réclamations. Délai. — Ainsi que le décide l'article 22 de la loi du 15 juillet 1914 et comme l'exprime l'*Instruction* du 30 mars 1918, « la présentation, l'instruction et le jugement des réclamations relatives aux cotisations comprises dans les rôles de l'impôt général et des impôts cédulaires sont soumis aux règles en vigueur en matière de contributions directes » (art. 224). Or, d'après l'article 17 de la loi du 13 juillet 1903 (D. P. 1903. 4. 75), modifié par l'article 20 de la loi du 31 décembre 1921 (D. P. 1923. 4. 9), tout contribuable qui se croit imposé à tort doit adresser sa réclamation à fin de décharge ou de réduction au préfet dans un délai de trois mois à compter « du premier jour du mois qui suit la publication du rôle ». Rappelons que, suivant le décret précité du 16 novembre 1926, cette publication est désormais remplacée par la mise en recouvrement du rôle, dont la date est relatée sur l'avertissement.

Le délai qui vient d'être spécifié est de rigueur ; son

observation s'impose à peine de déchéance. C'est ce que le conseil d'État a décidé, par une longue série d'arrêts, dans les circonstances les plus diverses, et, sous l'empire des décrets du 6 et du 26 septembre 1926, cette règle n'a rien perdu de son autorité (*Cons. d'Ét.*, 24 déc. 1898, 20 janv. 1899, 3 et 11 févr. 1899, *Rec. Cons. d'Ét.*, pp. 855, et 7, 86 et 123 ; — 16 févr. 1923, *Gaz. Pal.* 30 avr. 1923).

L'expiration du délai imparti au contribuable pour la déclaration annuelle de son revenu ne saurait d'ailleurs le priver du droit de contester, après l'émission du rôle et dans le délai légal des réclamations, les bases de sa taxation, alors même que la cotisation aurait été établie sur le chiffre de revenu déclaré (*Cons. d'Ét.*, 22 déc. 1922 et 16 févr. 1923, *Gaz. Pal.* 26 févr. et 30 avr. 1923 ; — 27 mars 1925, D. P. 1925. 3. 48).

861. Demande nouvelle. Délai expiré. — Des conclusions subsidiaires tendant à une réduction d'impôt par des moyens autres que ceux produits à l'appui de la demande en décharge primitive, constituent une demande nouvelle, non recevable, si elle n'a été présentée qu'après l'expiration du délai légal des réclamations (*Cons. d'Ét.*, 24 avr. 1925, D. P. 1925. 3. 79).

862. Forme des réclamations. — La réclamation de l'intéressé doit mentionner, à peine de non-recevabilité, la contribution à laquelle elle s'applique, à défaut de production de l'avertissement, le numéro de l'article du rôle, son objet et l'exposé sommaire des moyens de son auteur. Toutefois cette règle comporte un tempérament. Lorsque leur demande ne contient pas les mentions requises, les intéressés doivent être invités à la régulariser, dans les dix jours qui suivent la réception de cet avis et, dans tous les cas, jusqu'à l'expiration du délai imparti pour les réclamations (*Cons. d'Ét.*, 10 mars 1909, D. P. 1911. 5. 38).

Toute réclamation ayant pour objet une cote supérieure à 30 francs et présentée sur papier non timbré est irrecevable (*Cons. d'Ét.*, 26 juill. 1900, D. P. 1901. 3. 91). Non seulement la requête doit être formée sur papier timbré, mais encore le droit de timbre de cet acte ne peut être inférieur au minimum du droit de timbre de dimension exigible d'après la législation en vigueur lors de l'introduction de l'instance (*Cons. d'Ét.*, 15 déc. 1925, D. P. 1926. 3. 15).

Toutefois, un recours formé à tort sur papier libre peut être valablement reproduit sur papier timbré jusqu'à la décision du conseil de préfecture (*Cons. d'Ét.*, 28 juill. 1911, D. P. 1913. 5. 61).

D'après l'article 17 de la loi susvisée du 13 juillet 1903, nul n'est admis à introduire ou à soutenir une réclamation pour autrui, s'il ne justifie d'un mandat régulier, écrit sur papier timbré et enregistré, sauf pour les cotes inférieures à 30 francs, et annexé à la réclamation. Sont dispensées de cette obligation, en leur qualité de délégués permanents, les personnes munies d'une procuration générale, entre autres : le chef du contentieux d'une compagnie (*Cons. d'Ét.*, 13 déc. 1907, D. P. 1910. 5. 51) ; — le directeur de l'agence d'une société, muni d'une procuration l'autorisant à se présenter devant toutes juridictions (*Cons. d'Ét.*, 28 juin 1909, D. P. 1911. 5. 38).

Un avoué, en résidence dans le département, n'est pas davantage tenu de produire le mandat spécial exigé par l'article 17 de la loi du 13 juillet 1903 (*Cons. d'Ét.*, 15 mai 1908, D. P. 1909. 3. 124).

863. Instruction de la réclamation. Juridiction compétente. Avis du directeur. — 1. — Les règles suivies en cette matière antérieurement à l'institution des conseils de préfecture interdépartementaux (*infrà*, n° 870) se résument comme il suit :

La demande en décharge ou en réduction introduite par le contribuable est transmise par le préfet au directeur des contributions directes et communiquée par celui-ci au contrôleur, pour observations et avis. S'il juge la réclamation justifiée, ce chef de service n'a pas à en référer au conseil de préfecture : l'article 13 de la loi du 6 décembre 1897 (D. P. 98. 4. 17) l'autorise, dans ce cas, à statuer. Si, au contraire, le directeur repousse ou n'admet qu'en partie la demande, il renvoie le dossier à la préfecture avec son avis, et invite le réclamant à en prendre communication et à faire connaître s'il veut fournir de nouvelles observations : c'est là une formalité requise à peine de nullité de la décision à intervenir (*Cons. d'Ét.*, 12 mai 1903, D. P. 1907. 5. 42 ; — 6 juill. 1923, *La loi*, 21 sept. 1923). Le droit de prendre communication de l'avis du directeur implique d'ailleurs, sous la même sanction, celui d'en prendre copie (*Cons. d'Ét.*, 19 mars 1910, D. P. 1912. 3. 60).

2. — Le conseil de préfecture doit donner avis du jour de l'audience au réclamant ou à son mandataire, dès lors que l'intéressé a manifesté l'intention de présenter des observations orales. Aux termes de l'article 44 de la loi du 22 juillet 1889 (D. P. 90. 4. 2), cet avis doit toucher le destinataire, quatre jours au moins avant l'audience. L'absence ou l'irrégularité de l'avis d'audience entraîne la nullité de l'arrêté du conseil de préfecture, sauf au Conseil d'État, si la réclamation lui paraît fondée, à statuer sur le litige, en vertu de son pouvoir d'évocation (*Cons. d'Ét.*, 14 nov. 1902, D. P. 1904. 3. 49).

3. — *Jugement de la réclamation. Délai imparti.* — D'après l'article 17 de la loi du 13 juillet 1903, lorsque la réclamation n'aura pas été jugée dans les six mois de sa présentation, le contribuable aura la faculté, dans la limite du dégrèvement réclamé, de différer le payement des termes à échoir sur la contribution contestée, à la condition d'en avoir exprimé le désir dans sa demande et fixé le montant ou les bases de la détaxe demandée. Les réclamations sont jugées en audience non publique (L. 15 juill. 1914, art. 22). Toutefois cette dernière prescription ne s'applique aux réclamations concernant l'impôt sur les bénéfices agricoles que dans le cas où elles tendent à obtenir que l'imposition soit calculée sur le bénéfice réel de l'exploitation (Conf. *Instr.* 30 mars 1918, art. 224). — V. *infrà*, n° 870.

864. Recours au Conseil d'État. — L'arrêté du conseil de préfecture rejetant la réclamation du contribuable peut être attaqué par celui-ci devant le Conseil d'État, dans un délai franc de deux mois, à dater de la notification qui lui a été faite de cet arrêté par le directeur des contributions directes (L. 22 juill. 1889, art. 57 ; — L. 13 avr. 1900, art. 24, D. P. 1900. 4. 34). Ce délai est de rigueur (*Cons. d'Ét.*, 16, 17 et 24 déc. 1898, *Rec. Cons. d'Ét.*, pp. 803, 817 et 855 ; — 3 et 10 févr. 1899, *ibid.*, pp. 86 et 105).

Aux termes de l'article 61 de la loi du 22 juillet 1889, ce pourvoi peut être introduit sans intervention d'un avocat au Conseil d'État : la requête est déposée soit au secrétariat général du Conseil d'État, soit à la préfecture.

La requête n'est dispensée du timbre que lorsque la cote
sur laquelle porte le litige est moindre de 30 francs (L. 22 juill.
1889, art. 61). A partir de ce chiffre, le recours rédigé sur papier
libre est irrecevable (*Cons. d'Ét.*, 13 janv., 20 janv. et 11 févr.
1899, *Rec. Cons. d'Ét.*, pp. 7, 34 et 123 ; 11 nov. 1908, D. P.
1911. 5. 37).

Lorsqu'elle n'est pas présentée par un avocat au Conseil,
la requête doit, à peine de non-recevabilité, être signée par
le demandeur au pourvoi ou par son mandataire (*Cons. d'Ét.*,
26 janv. 1895, *Rec. Cons. d'Ét.*, p. 97 ; — 1er févr. 1896, *ibid.*,
p. 105). Elle doit être motivée et contenir, sous la même sanction, l'exposé des faits et moyens, et il ne saurait être suppléé
aux motifs de la requête, ni par une référence à un pourvoi
antérieur (*Cons. d'Ét.*, 17 févr. 1899, D. P. 1900. 3. 72), ni par la
production ultérieure d'un mémoire ampliatif (*Cons. d'Ét.*,
26 déc. 1890, D. P. 92. 3. 62).

Toutefois, le Conseil d'État considère comme motivé le
recours en matière de contributions directes dans lequel le
demandeur déclare se reporter aux moyens présentés dans
un autre pourvoi formé le même jour, soit par lui-même (*Cons.
d'Ét.*, 5 nov. 1898, D. P. 1900. 3. 72), soit par un autre contribuable (*Cons. d'Ét.*, 4 mai 1904, D. P. 1906. 3. 1).

Enfin, la requête est irrecevable, si elle n'est accompagnée
d'une expédition sur timbre de l'arrêté attaqué ou, tout au
moins, de l'extrait de cet arrêté notifié au contribuable par
le directeur (*Cons. d'Ét.*, 27 janv., 4 févr. et 24 févr. 1899,
Rec. d'Ét., pp. 56, 98 et 156).

865. Recours du ministre. Point de départ du délai.
— Le recours du ministre des finances contre un arrêté du
conseil de préfecture en matière de contributions directes est
recevable lorsqu'il a été enregistré au Conseil d'État moins
de deux mois après l'arrivée au ministère du rapport du directeur départemental des contributions directes (*Cons. d'Ét.*,
27 juin 1924, D. P. 1925. 3. 49, — et 30 juin 1926).

**866. Moyens du recours. Violation de la loi. Questions
de fait.** — Lorsque le recours introduit devant le Conseil
d'État se fonde sur la violation ou fausse application de la
loi, ce moyen de droit rentre, au premier chef, dans le pouvoir
d'appréciation souveraine et de revision du haut tribunal,

soit que la question soulevée mette en cause les règles spéciales du statut fiscal établi en matière d'impôts sur les revenus, soit qu'elle se lie aux principes généraux des lois organiques des contributions directes (*Cons. d'Ét.*, 9 mars 1923, *Rec. quest. fisc.* 1923, p. 283, n° 736).

Mais les questions de fait que le conseil de préfecture a résolues par appréciation des circonstances de la cause résistent au contrôle du Conseil d'État et ne peuvent lui être utilement déférées (*Cons. d'Ét.*, 8 août 1919, D. P. 1921. 3. 4 ; — 30 mai et 27 juin 1919, 30 janv., 6 août, 5 et 26 nov. 1920, D. P. 1920, 3. 33, 38, 41, 45 et 46).

867. Conclusions non soumises au conseil de préfecture. — Des conclusions tendant à un dégrèvement pour charges de famille sont irrecevables devant le Conseil d'État, si elles n'ont pas été soumises au conseil de préfecture (*Cons. d'Ét.*, 28 nov. 1924, D. P. 1925. 3. 37).

868. Demandes en remise ou en modération. — Parmi les moyens de nature à être présentés utilement à l'appui de ces demandes en remise, on citera : le défaut de travail ou l'état de gêne du contribuable (*Cons. d'Ét.*, 25 janv. 1851, D. P. 51. 3. 43) ; — la modicité de ses bénéfices et la situation embarrassée de son commerce (*Cons. d'Ét.*, 30 nov. 1850, D. P. 51. 3. 43 ; — 25 avr. 1855, D. P. 55. 3. 81) ; — la diminution de son chiffre d'affaires, spécialement lorsqu'elle est due à l'exécution de certains travaux publics (*Cons. d'Ét.*, 14 mars 1896, *Rec. Cons. d'Ét.*, p. 269 ; — 12 nov. 1897, *ibid.*, p. 683) ; — le chômage d'une usine (*Cons. d'Ét.*, 5 et 7 janv. 1858, D. P. 58. 3. 44 ; — 11 déc. 1885, *Rec. Cons. d'Ét.*, p. 946 ; — 10 et 17 déc. 1897, *ibid.*, pp. 770 et 795).

Les demandes en remise ou modération ne relevant que de la juridiction gracieuse, c'est au préfet seul, et non au conseil de préfecture, qu'il appartient de statuer et de rendre, s'il y a lieu, après avis du directeur des contributions directes, une ordonnance de dégrèvement (*Instr. min.* 29 janv. 1898, art. 59, 85 et suiv.). Les décisions du préfet en cette matière ne peuvent être attaquées que devant le ministre des finances et ne sauraient, en aucun cas, faire l'objet d'un recours au contentieux (*Cons. d'Ét.*, 6 et 7 janv. 1858, D. P. 58. 3. 44 ; — 28 nov. 1924, D. P. 1925. 3. 62 ; — Comp. *Cons. d'Ét.*, 9 mai 1924, D. P. 1925. 3. 11).

869. Remises de pénalités. — Quant au pouvoir de statuer sur les demandes en remise des droits en sus, majorations et amendes encourues en matière de contributions directes et de taxes assimilées, il a été délégué, par décret du 23 septembre 1926 (*Bull. législ. Dalloz*, 1926, p. 608), au directeur général des contributions directes, après délibération du conseil d'administration, pour les pénalités n'excédant pas 40 000 francs. Le ministre statue dans tous les autres cas ou s'il y a désaccord entre le directeur général et le conseil d'administration (art. 1er et 2).

En ce qui concerne la remise des pénalités en matière d'impôt sur les intérêts des créances, dépôts et cautionnements, V. le décret du 19 janvier 1926, *suprà*, no 209.

870. Institution des conseils de préfecture interdépartementaux. Décret du 6 septembre 1926. — Réalisant la mesure de simplification dont le Gouvernement et M. Louis Marin avaient pris récemment l'initiative (p. de loi déposé au Sénat le 29 juin 1926, et dépôt à la Chambre le 7 juill. 1926), un décret du 6 septembre 1926 (*J. off.* du 9 sept. 1926, p. 10 074, col. 2) a supprimé les conseils de préfecture autres que celui de la Seine et pourvu à leur remplacement par vingt-deux conseils de préfecture interdépartementaux, conformément aux indications du tableau ci-après :

SIÈGES DES CONSEILS DE PRÉFECTURE interdépartementaux.	DÉPARTEMENTS compris dans la circonscription,
Châlons-sur-Marne.	Marne, Aisne, Ardennes, Aube.
Nancy	Meurthe-et-Moselle, Meuse, Vosges.
Dijon	Côte-d'Or, Haute-Marne, Nièvre, Yonne.
Besançon	Doubs, Jura, Haute-Saône, territoire de Belfort.
Clermont-Ferrand	Puy-de-Dôme, Allier, Cantal, Haute-Loire, Lozère.
Lyon.	Rhône, Ain, Ardèche, Loire, Saône-et-Loire.
Grenoble	Isère, Drôme, Hautes-Alpes, Savoie, Haute-Savoie.
Marseille.	Bouches-du-Rhône, Basses-Alpes, Vaucluse.
Nice	Alpes-Maritimes, Corse, Var.
Montpellier	Hérault, Gard, Pyrénées-Orientales.
Toulouse	Haute-Garonne, Ariège, Aveyron, Aude, Lot, Tarn, Tarn-et-Garonne.

SIÈGES DES CONSEILS DE PRÉFECTURE interdépartementaux.	DÉPARTEMENTS compris dans la circonscription.
Pau.	Basses-Pyrénées, Hautes-Pyrénées, Gers, Landes.
Bordeaux	Gironde, Charente-Inférieure, Dordogne, Lot-et-Garonne.
Limoges.	Haute-Vienne, Corrèze, Creuse, Indre.
Poitiers. . , ...	Vienne, Charente, Indre-et-Loire, Deux-Sèvres.
Nantes.	Loire-Inférieure, Maine-et-Loire, Morbihan, Vendée.
Rennes	Ille-et-Vilaine, Côtes-du-Nord, Finistère, Mayenne.
Orléans.	Loiret, Cher, Eure-et-Loir, Loir-et-Cher.
Rouen.	Seine-Inférieure, Eure, Oise, Somme.
Caen. . . . . , ...	Calvados, Manche, Orne, Sarthe.
Lille	Nord, Pas-de-Calais.
Versailles.	Seine-et-Oise, Seine-et-Marne.

Le conseil de préfecture de la Seine conserve sa circonscription et son organisation actuelles ; par conséquent, en ce qui le concerne, rien n'est changé aux règles, ci-dessus exposées, qui gouvernent la procédure et le jugement des réclamations introduites en matière d'impôts directs et, notamment, en matière d'impôts sur les revenus.

870 *bis*. **Réglementation de la nouvelle procédure. Décret du 26 septembre 1926.** — Un décret du 26 septembre 1926 (*J. off.* du 29 sept. 1926, p. 10 764) a réglementé l'application du système dont l'exposé précède, notamment en ce qui concerne la procédure des instances portées devant les conseils de préfecture interdépartementaux. Aux termes de l'article 1er de ce décret, additionnel à celui du 6 septembre 1926, les greffes des conseils de préfecture interdépartementaux comprennent, à la préfecture du siège du conseil, un bureau central, et, dans chacune des autres préfectures de la circonscription, un bureau annexe, dont le service est assuré par un secrétaire greffier adjoint. Il résulte, d'autre part, de l'article 14 du même décret que toutes réclamations, oppositions à contrainte et autres demandes en matière fiscale seront désormais déposées, dans les délais impartis à cet effet, « au bureau du greffe établi à la préfecture du département du lieu de l'imposition. » Mais, en dehors du cas auquel se réfère cet article 14, en termes peu précis, la règle générale inscrite dans l'article 3 dudit décret, est que la requête introductive d'instance peut être déposée soit au bureau annexe du greffe de la préfecture du département où le litige s'est produit, soit au bureau central de la préfecture du siège du conseil interdépartemental. Le lecteur voudra bien se reporter au texte même de ce décret, inséré au *Bull. législ. Dalloz*, 1926, p. 614, et aux annexes du présent *Traité*.

871. Attributions juridictionnelles des nouveaux conseils interdépartementaux. — Chaque conseil de préfecture interdépartemental comprend un président et quatre conseillers nommés par décret, un secrétaire-greffier et, s'il y a lieu, un ou plusieurs secrétaires-greffiers adjoints, dont un en résidence fixe à la préfecture de chacun des départements de la circonscription autres que celui où siège le conseil.

Toutes les attributions juridictionnelles des conseils de préfecture supprimés sont transférées, par l'article 7 du décret du 6 septembre 1926, aux conseils interdépartementaux. Par conséquent, les demandes en décharge ou en réduction de cotes rentrent désormais dans la compétence de ces nouveaux organismes et restent soumises aux règles antérieures quant au délai et à la forme de ces recours, à l'instruction de l'instance et au recours devant le Conseil d'État.

872. Conseillers statuant par délégation du conseil. — Toutefois, dans le but de maintenir la justice administrative en contact avec le contribuable, l'article 8 du décret du 6 sept. 1926 dispose qu'un ou plusieurs membres du conseil interdépartemental et du conseil de préfecture de la Seine seront désignés par le président de ces conseils pour statuer par délégation, sauf recours devant le Conseil d'État, dans les cas qu'il spécifie, notamment pour les demandes en mutation de cote et en exemption temporaire d'impôts directs non contestées par l'Administration et lorsque les intéressés, ayant demandé à présenter ou faire présenter des observations orales, déclarent accepter qu'il soit statué sur le litige par le conseiller délégué au chef-lieu du département où ils sont domiciliés.

Dans ces diverses hypothèses, le conseiller délégué peut statuer, soit au chef-lieu du département où le litige s'est produit, soit au siège du conseil.

Toute affaire portée devant un conseiller statuant par délégation du conseil peut, en tout état de cause, et tant qu'un jugement n'a pas été rendu, être renvoyée devant le conseil de préfecture ou, s'il y a lieu, l'une des sections de ce conseil, soit d'office par le président, soit par le juge saisi.

Enfin, aux termes de l'article 9 du décret, un conseiller peut être commis par le conseil interdépartemental dont il fait partie pour procéder, soit au chef-lieu de tout département compris dans la circonscription et autre que celui du siège, soit sur les lieux, à des enquêtes et à toutes autres mesures d'instruction.

873. Date de la mise en vigueur de la nouvelle organisation. — Cette réforme, qui ne porte aucune atteinte aux règles commentées ci-dessus et qui a pour caractéristique d'écarter, comme il est dit dans le préambule du décret, « tout système où le directeur des contributions directes serait à la fois juge et partie » (*ibid.*, p. 10 075, col. 1), est entrée en vigueur le 1ᵉʳ octobre 1926.

§ 6. — DÉCLARATION ANNUELLE DES CHEFS D'ENTREPRISE. — SECRET PROFESSIONNEL. — FUSION DES CONTRIBUTIONS DIRECTES ET DE L'ENREGISTREMENT

874. Déclaration annuelle des chefs d'entreprise. Extension. Régime institué par la loi du 13 juillet 1925. — On a vu, dans le chapitre relatif à la cédule des traitements et salaires (n° 507), que l'article 26-1° de la loi du 31 juillet 1917 impose aux employeurs et chefs d'entreprise l'obligation de remettre au contrôleur, dans le courant du mois de janvier de chaque année, l'état des traitements, salaires et rétributions payés pendant l'année précédente à chacun de leurs employés, commis, ouvriers ou auxiliaires. Mais, sous le régime institué par cette loi, la règle ainsi posée comportait deux limitations importantes.

D'une part, l'envoi au contrôleur de l'état annuel dont il s'agit n'était obligatoire qu'à l'égard des personnes dont les appointements ramenés à l'année dépassent le minimum d'exonération ou abattement de base de 7 000 francs.

D'un autre côté, la remise de cet état n'était prescrite que relativement aux rétributions rentrant dans la cédule des traitements et salaires, à l'exclusion des honoraires ou courtages payés par les chefs d'entreprise aux personnes relevant de la cédule des professions non commerciales.

L'article 6 de la loi du 13 juillet 1925 a notablement élargi la sphère d'application de ce système, en y incorporant, dans les conditions ci-après déterminées : 1º les rétributions, quel qu'en soit le montant annuel, des contribuables dont les fonctions sont susceptibles d'être exercées auprès de plusieurs entreprises ; 2º les commissions, courtages ou honoraires versés par les chefs d'entreprise à des personnes n'ayant pas la qualité de salariés et dont le total, au cours de l'année précédente, a atteint 1 000 francs.

875. Fonctions exercées auprès de plusieurs entreprises. — La première des hypothèses envisagées par l'article 6 de la loi du 13 juillet 1925 est celle des personnes qui remplissent des fonctions susceptibles d'être exercées simultanément auprès de plusieurs entreprises.

On se réfère aux explications présentées à ce sujet, au chapitre des *Traitements et salaires*, nº 514.

876. Commissions. Courtages et honoraires. — Indépendamment de la déclaration des appointements et salaires dont il vient d'être parlé, l'article 6 de la loi du 13 juillet 1925 impose aux chefs d'entreprise l'obligation de déclarer annuellement au contrôleur, dans le courant du mois de janvier, le montant des commissions, courtages et autres rémunérations qu'ils versent, à l'occasion de l'exercice de leur profession, à des courtiers, commissionnaires ou autres intermédiaires de commerce n'ayant pas la qualité de salariés. Les chefs d'entreprise doivent, en outre, aux termes du même article, déclarer dans les mêmes conditions le chiffre des honoraires, vacations ou autres rémunérations susceptibles d'entrer en compte pour le calcul de l'impôt sur les bénéfices des professions non commerciales.

Toutefois, la déclaration n'est exigée, dans l'un et l'autre cas, qu'à l'égard des rémunérations dont le montant total brut, au cours de l'année précédente, aura atteint la somme de 1 000 francs pour une même personne, quelles que soient d'ailleurs les localités où sont domiciliés le déclarant et le contribuable.

Comme on le voit, ces prescriptions intéressent spécialement le contrôle de l'impôt sur les bénéfices des professions non commerciales. Mais, quelle que soit l'ampleur de sa formule, l'obligation édictée à cette fin par la loi du 13 juillet 1925 ne s'applique qu'aux chefs d'entreprise et non aux simples particuliers. Ainsi que le reconnaît la *Circulaire* du 29 août 1925, les rémunérations qu'ils ont à déclarer sont exclusivement celles qu'ils versent à l'occasion de l'exercice de leur profession et qui figurent normalement dans la comptabilité de leur exploitation : « S'ils sont tenus, par exemple, d'indiquer les honoraires versés par eux à un médecin chargé du service médical de leur établissement industriel, les intéressés n'auront, en aucun cas, à faire connaître les honoraires rétribuant des soins médicaux personnels » (p. 70).

877. Secret professionnel. — Le législateur s'est efforcé d'entourer d'une ombre impénétrable le casier fiscal des contribuables. A cet effet, la loi du 15 juillet 1914, à laquelle se réfère la loi du 31 juillet 1917 (art. 51), contient, dans ses articles 22 à 24, un ensemble de dispositions tendant à garantir les assujettis contre la divulgation des renseignements servant de base à l'impôt général sur le revenu et aux impôts cédulaires. Tout d'abord, les avis et communications de toute nature échangés entre les agents des diverses administrations ou envoyés par eux aux contribuables et concernant les impôts précités doivent circuler sous enveloppe fermée. Les conditions spéciales dans lesquelles ces plis clos sont transmis par la poste ont été réglées par décret. — Nul n'est autorisé, d'autre part, à se faire délivrer des extraits des rôles, si ce n'est en ce qui touche ses propres cotisations. — Enfin toute personne appelée, en raison de ses fonctions ou attributions, à intervenir dans l'établissement, la perception ou le contentieux de l'impôt est astreinte à cet égard au secret professionnel (*Instr.* 30 mars 1918, art. 225).

878. Secret professionnel non opposable par les administrations. — Toutefois, l'article 31 de la loi du 31 juillet 1920 porte que « en aucun cas, les administrations de l'État, des départements ni des communes, ainsi que les entreprises concédées ou contrôlées par l'État, les départements et les communes, ne pourront opposer le secret professionnel aux agents de l'Administration des finances ayant au moins le grade de contrôleur ou d'inspecteur-adjoint qui, pour établir les impôts institués par les lois existantes, leur demanderont communication des documents de service qu'elles détiennent ».

879. Information contre un redevable. Interrogatoire. Agents déliés du secret professionnel. — La règle du secret professionnel comporte une seconde dérogation, dans le cas, prévu par l'article 145 de la loi du 13 juillet 1925, où, une plainte régulière ayant été portée par l'Administration contre un redevable, une information est ouverte devant la juridiction compétente : les agents de l'Administration ne peuvent alors opposer le secret professionnel au juge d'instruction qui les interroge sur les faits faisant l'objet de la plainte (*Circul.* 29 août 1925, n° 1448, p. 71).

880. Instances. Communication du dossier par le ministère public. — L'article 6-1° de la loi du 4 avril 1926 porte que, dans toute instance devant les juridictions civiles ou criminelles, le ministère public pourra donner communication des dossiers aux administrations de l'enregistrement et des contributions directes. Ainsi que l'exprime ce texte, rien n'oblige le magistrat du ministère public à faire la communication dont il s'agit ; c'est là une simple faculté, dont il est libre d'user ou non, suivant les circonstances dont il est seul juge.

881. Présomptions de fraude. Communication imposée à l'autorité judiciaire. — L'article 31 de la loi du 31 juillet 1920 imposait à l'autorité judiciaire l'obligation de donner connaissance à l'Administration des finances de toute indication qui, recueillie au cours d'une information, serait de nature à faire présumer une fraude commise en matière fiscale ou une manœuvre quelconque ayant eu pour objet ou pour résultat de frauder ou de compromettre un impôt. Limitée par la loi de 1920 au cas d'ouverture d'une information judiciaire, cette obligation a été étendue, par l'article 6 de la loi du 4 avril 1926, à toutes les procédures, « qu'il s'agisse d'une instance civile ou commerciale ou d'une information criminelle ou correctionnelle, même terminée par un non-lieu. »

882. Dépôt des dossiers au greffe. — Comme corollaire de la disposition qui précède et pour en assurer la pleine efficacité, les 4e et 5e alinéas du même article de la loi du 4 avril 1926 précisent que le dossier de toute affaire ayant donné lieu à une décision rendue par une juridiction civile, administrative, consulaire, prud'hommale ou militaire restera déposé au greffe, à la disposition des administrations « ci-dessus désignées », c'est-à-dire de l'Administration de l'enregistrement et de celle des contributions directes, seules visées par le 1er alinéa de l'article 6, pendant quinze jours à partir du prononcé de la décision. Ce délai est réduit à dix jours en matière correctionnelle. Les directeurs de l'enregistrement ont été invités à prendre les mesures utiles « pour faire procéder à l'examen des dossiers déposés au greffe, par simple épreuve, soit par les receveurs, soit par les employés supérieurs, à des intervalles plus ou moins rapprochés, suivant l'importance des juridictions » (*Instr. enreg.* du 5 mai 1926, n° 3901, p. 5).

883. Sentences arbitrales. — Enfin, d'après le dernier alinéa de l'article 6 de la loi du 4 avril 1926, « toute sentence arbitrale, soit que les arbitres aient été désignés par justice, soit qu'ils l'aient été par les parties, tout accord survenu en cours d'instance, en cours ou en suite d'expertise ou d'arbitrage, devront faire l'objet d'un procès-verbal, lequel sera, dans le délai d'un mois, déposé avec les pièces au greffe du tribunal compétent. Ce procès-verbal sera tenu à la disposition de l'Administration pendant un délai de quinze jours à partir du dépôt. La sentence arbitrale ne sera soumise à l'enregistrement qu'en cas d'ordonnance d'exequatur ou d'usage en justice ou par acte public. »

Cette disposition, qui a pour but d'obvier aux fraudes commises en matière de droits d'enregistrement sous le couvert de transactions intervenues en cours d'instance, ne peut intéresser que très exceptionnellement l'administration des contributions directes : son commentaire ne rentrerait pas dans le cadre de ce *Traité.*

884. Droit de contrôle des agents. — Cette matière a été complètement traitée dans les chapitres qui précèdent et, plus spécialement, dans les monographies consacrées à l'impôt sur les bénéfices commerciaux et industriels (n° 398), à la cédule des professions non commerciales (n° 579) et à l'impôt général sur le revenu (n°ˢ 765 et suiv.).

885. Administration des postes. — Une *Instruction* du 9 juin 1922, concertée entre le département des finances et le service des postes et télégraphes, a réglé les conditions dans lesquelles le droit de communication conféré aux agents des finances par l'article 31 de la loi du 31 juillet 1920 peut s'exercer dans les bureaux de poste ou de chèques postaux et à la Caisse nationale d'épargne. La communication a lieu sur place, au vu d'une note remise au receveur, indiquant les documents dont la représentation est demandée (*Instr. enreg.* du 24 juin 1922, n° 3747).

La même *Instruction* réglemente l'exécution de l'article 11 de la loi du 31 décembre 1921 (D. P. 1923. 4. 41), en imposant aux receveurs des postes l'obligation d'établir et de transmettre, le 20 de chaque mois, au directeur départemental des contributions directes le relevé des changements de domicile ou adresse habituelle.

886. Fusion des administrations des contributions directes et de l'enregistrement. — Un décret du 17 septembre 1926 (*J. off.* du 19 sept. 1926, p. 10 405, col. 3) décide qu'à partir du 1ᵉʳ octobre 1926, les deux administrations des contributions directes et de l'enregistrement sont réunies sous l'autorité d'un directeur général unique, qui prend le titre de directeur général des contributions directes, de l'enregistrement, des domaines et du timbre. Les attributions actuellement dévolues aux fonctionnaires de ces deux services pourront désormais être exercées concurremment par les agents issus de l'une ou de l'autre de ces administrations.

Comme on le voit, c'est une fusion complète des deux régies que réalise le décret du 17 septembre 1926, dans la pensée de synthétiser les moyens de contrôle actuellement dispersés dans les dossiers de ces Administrations. Ainsi que le fait ressortir le préambule du décret, cette mesure « entraînera la constitution d'archives communes, de répertoires communs où chaque service viendra verser son apport et puiser sa documentation ». Ce n'est pas tout : des « facilités nouvelles seront ouvertes aux contribuables, notamment à ceux des compagnes, qui trouveront, à l'ancien bureau de l'enregistrement, à proximité de leur résidence, un fonctionnaire chargé à la fois des contributions directes et de l'Enregistrement, pleinement qualifié pour les guider dans l'accomplissement de leurs devoirs fiscaux ».

On ne saurait mieux dire. Toutefois il est permis de se demander s'il n'eût pas été à propos, avant de fusionner le personnel de l'enregistrement et des contributions directes, de refondre et de mettre en harmonie leurs législations respectives, issues de sources différentes, disparates et n'ayant entre elles aucun point de contact. Le dogme brutal du rôle des impôts directs, exécutoire quoi qu'il arrive, même lorsqu'il n'est rien dû, ne saurait se concilier avec les principes de notre droit commun, base première de la perception des droits d'enregistrement.

887. Régions libérées. — La loi de 16 juillet 1921 *(Bull. législ. Dalloz,* 1921, p. 455) a organisé un ensemble de mesures transitoires pour le recouvrement, dans les départements envahis, des divers impôts, notamment des impôts cédulaires et de l'impôt général sur le revenu applicables aux années 1919 à 1920 (art. 4).

Ces mesures transitoires ayant, pour la plupart, épuisé leur effet, n'appellent pas ici un commentaire spécial, et on ne peut que se référer au texte même de la loi du 16 juillet 1921.

888. Réfection du cadastre. — Un décret du 9 septembre 1923 *(J. off.* du 18 sept. 1923, D. *Bull. législ.* 1923, p. 677) a organisé un service spécial d'études, pour la réfection et la mise à jour du cadastre dans les régions libérées.

889. Alsace et Lorraine. — L'application de notre statut fiscal en matière d'impôts sur les revenus a été étendu à l'Alsace-Lorraine, non par une mesure d'ensemble, mais bien par une série de dispositions successives et fragmentaires, dont la première en date, à savoir le décret du 22 mars 1920, ratifié par la loi du 30 mars 1922, vise par son article 15 la mise en œuvre, dans nos trois départements récupérés, de l'impôt établi sur les intérêts des créances, dépôts et cautionnements. Ultérieurement, l'impôt général sur le revenu et l'impôt cédulaire sur les traitements et salaires ont été déclarés applicables en Alsace et Lorraine par un décret du 26 juillet 1920 (D. P. 1920. 4. 369), intervenu en exécution de l'article 113 de la loi du 25 juin 1920 et ratifié par la loi du 12 décembre 1923 (*Bull. législ. Dalloz*, 1923, p. 902).

Pour compléter cette œuvre d'assimilation, l'article 1er de la loi du 31 mars 1923 (*Bull. législ. Dalloz.* 1923, p. 199) déclare applicables dans les mêmes départements, à partir de l'exercice 1923, et suivant les conditions fixées par la législation française, les impôts cédulaires sur les bénéfices industriels et commerciaux; — sur les bénéfices de l'exploitation agricole; — et sur les bénéfices des professions non commerciales.

L'exécution de cette loi a été réglementée par un décret du 5 juin 1923 (*Bull. législ. Dalloz* 1923, p. 347) ratifié par la loi du 20 juillet 1924 (*Bull. législ. Dalloz* 1924, p. 500).

890. Impôt foncier. — Pour l'impôt foncier, un décret du 21 septembre 1924 (*Bull. législ. Dalloz* 1924, p. 628) a prescrit, dans les départements du Bas-Rhin, du Haut-Rhin et de la Moselle, une nouvelle évaluation des propriétés bâties et non bâties, en stipulant que les revisions périodiques prévues par la loi du 29 mars 1914 seront entreprises dans les mêmes départements, conformément aux prescriptions de l'article 48 de la loi du 22 mars 1924. Les contribuables bénéficient d'ailleurs de l'exemption temporaire d'impôt foncier pour constructions nouvelles (Décr. du 26 août 1923, ratifié par la loi du 8 juill. 1924, *Bull. législ. Dalloz*, 1923, p. 645 et 1924, p. 483), ainsi que des dégrèvements corrélatifs aux intérêts des dettes et aux charges de famille (L. du 31 mars 1923, art. 7, précitée).

891. Taux de l'impôt. Majoration du revenu imposable. Loi du 3 août 1926. — La loi du 3 août 1926 (*J. off.* du 4 août 1926, p. 8786), aux termes de son article 23, porte à 18 pour 100, pour les départements du Haut-Rhin, du Bas-Rhin et de la Moselle, le taux en principal de l'impôt foncier et de l'impôt sur les bâtiments, en précisant que cet impôt ne comporte pas le double décime institué par la loi du 22 mars 1924. La même loi décide, en outre, que, dans ces trois départements, jusqu'à l'application des résultats de la revision des évaluations, le revenu imposable des propriétés non bâties sera uniformément majoré de 16,67 pour 100.

892. Recouvrement des impôts. — Les règles établies par la loi française pour le recouvrement des impôts directs, la mise en recouvrement des rôles et les réclamations sont applicables à l'Alsace-Lorraine, en vertu du décret du 21 décembre 1922, ratifié par la loi du 15 janvier 1924 (*Bull. législ. Dalloz* 1922, p. 749 et 1924, p. 33) ; — du décret du 9 octobre 1923, ratifié par la loi du 8 août 1924 (*Bull. législ. Dalloz* 1924, p. 532), — et du décret du 21 septembre 1924, précité. Ainsi que le rappelle l'article 4 de ce dernier décret, le tribunal administratif institué à Strasbourg par décret du 26 novembre 1919, est provisoirement substitué aux conseils de préfecture, pour le jugement des réclamations.

893. Algérie. — Deux décrets du 30 novembre et du 1er décembre 1918 (*J. off.* du 3 déc. 1918) ont homologué une décision des délégations financières algériennes du 21 juin 1918, portant suppression des impôts arabes, de la contribution des patentes, et instituant, en plus d'un impôt sur diverses catégories de revenus, un impôt complémentaire sur l'ensemble du revenu. Un grand nombre de dispositions additionnelles sont venues, par la suite, se greffer sur cet acte organique et en modifier plus ou moins profondément la structure, notamment en ce qui concerne : — la déclaration annuelle du contribuable et le délai imparti pour sa production (Décr. 26 mai 1924, *Bull. législ. Dalloz* 1924, p. 366) ; — le calcul de l'impôt complémentaire sur le revenu, exonération à la base, déductions et réductions pour charges de famille, détermination du revenu net (Décr. 6 déc. 1922, homologuant la décision du 17 juin précédent, *J. off.* du 9 déc. 1922, p. 11 688, *Bull. législ. Dalloz* 1922, p. 720) ; — classification des diverses sources du revenu, formation du revenu net, charges déductibles (Décr. 7 déc. 1922, *J. off.* du 9 déc. 1922, p. 11 689, *Bull. législ. Dalloz* 1922, p. 722) ; — impôt sur les revenus des créances, dépôts et cautionnements (Décr. du 6 et du 8 déc. 1921, *Bull. législ. Dalloz* 1921, pp. 674 et 682 ; Décr. 31 mai 1922, rendant exécutoire l'art. 25 de la loi du 31 déc. 1921, *J. off.* 11 juin 1922, p. 6054); — bénéfices agricoles, évaluation (Décr. 10 déc.1921, homologuant la décision du 14 juin précédent, *J. off.* du 15 déc. 1921, p. 13 660, *Bull. législ. Dalloz* 1921, p. 685); — bénéfices commerciaux et industriels (Décr. 23 mai 1924, *J. off.* du 29 mai 1924, *Bull. législ. Dalloz* 1924, p. 363); — cédule des charges et offices (Décr. 10 déc. 1921, précité); — traitements, salaires et pensions, établissement de l'impôt (Décr. 5 oct. 1923, homologuant la décision du 14 juin précédent, *J. off.* du 7 oct. 1923, *Bull. législ. Dalloz* 1923, p. 782); — décime additionnel (Décr. 15 déc. 1924, *Bull législ. Dalloz* 1924, p. 739); — prescription, privilège du Trésor (Décr. 23 oct. 1922, *Bull. législ. Dalloz* 1922, p. 628); — régime de poursuites pour le recouvrement des contributions directes et des taxes assimilées (Décr. 6 déc. 1922, homologuant la décision du 19 juin 1922, *J. off.* du 9 déc. 1922, p. 11 688); — contribution foncière, revision des évaluations des propriétés bâties et non bâties (Décr. 15 déc. 1924, homologuant la décision du 24 juin précédent, *J. off.* des 26 et 27 déc. 1924, *Bull. législ. Dalloz* 1924, p. 742).

894. Impôt additionnel aux rôles de 1925. Loi du 4 décembre 1925. — On mentionnera ici, pour mémoire, les majorations d'impôt rétroactives sur les rôles des contributions directes émis au titre de 1925, instituées par la loi du 4 décembre 1925, dont nous avons présenté le commentaire au *Recueil périodique* de Dalloz (D. P. 1926. 4. 1).

§ 7. — BARÈMES POUR LE CALCUL DES DIVERS IMPOTS

895. Barème de l'impôt sur les bénéfices commerciaux et industriels. — Ce barème est établi par la loi elle-même, sous forme de tableau inséré dans le texte que l'article 9 de la loi du 4 avril 1926 substitue à l'article 12 de la loi du 31 juillet 1917. Nous avons inséré ci-dessus ce tableau (n° 395), compte tenu de la majoration de tarif résultant de l'article 23 de la loi du 3 août 1926. Son application est des plus simples, étant donné que la nouvelle loi fixe le montant exact de l'impôt cédulaire exigible pour chacune des quatorze catégories de revenu, échelonnées de 800 à 50 000 francs, et qu'au-dessus de ce chiffre, le droit proportionnel entre en action, au taux uniforme de 15 pour 100 sans décimes, toute fraction de bénéfice inférieure à 1 000 francs étant négligée. Il suffit, par exemple, de se reporter à ce tableau, pour constater, automatiquement pour ainsi dire, que, pour un bénéfice net de 6 300 francs, la taxation sera de 750 francs, chiffre d'impôt afférent au cinquième échelon de 5 001 à 7 000 francs. Pour un bénéfice total de 35 800 francs, le tableau indique, au regard du 12e échelon, une taxation de 5 250 francs.

S'il s'agit d'un commerçant ayant réalisé, au cours de l'année précédente, un bénéfice net de 80 500 francs, l'impôt cédulaire, calculé au taux de 15 pour 100 sur 80 000 francs (les 500 fr. formant le solde du bénéfice étant éliminés de l'assiette du droit), s'élèvera à 80 000 $\times$ 0.15, soit à 12 000 francs.

896. Barème de l'impôt général sur le revenu. — Impôt calculé au taux de 30 pour 100, sans décimes (art. 25 de la loi du 3 août 1926).

BARÈME

Coefficient de taxation par tranche de revenu (1)	Revenu global net du contribuable (charges de famille déduites) (2)	Montant de l'impôt sur l'ensemble du revenu taxable (3)
(Exemption)	7.000 fr.	
	8.000	12
	9.000	24
	10.000	36
	11.000	48
1.20 p. 100	12.000	60
sur la fraction du revenu	13.000	72
comprise dans la tranche	14.000	84
de 6.000 à 20.000 fr.	15.000	96
	16.000	108
	17.000	120
	18.000	132
	19.000	144
	20.000	156

Coefficient de taxation par tranche de revenu (1)	Revenu global net du contribuable (charges de famille déduites) (2)	Montant de l'impôt sur l'ensemble du revenu taxable (3)
	20.100 fr.	158 fr. 40
	21.000	180
	22.000	204
2.40 p. 100	23.000	228
sur la fraction du revenu	24.000	252
comprise dans la tranche	25.000	276
de 20.000 à 30.000 fr.	26.000	300
	27.000	324
	28.000	348
	29.000	372
	30.000	396
	30.100	399 fr. 60
	31.000	432
	32.000	468
	33.000	504
	34.000	540
3.60 p. 100	35.000	576
de 30.000 à 40.000 fr.	36.000	612
	37.000	648
	38.000	684
	39.000	720
	40.000	756
	40.100	760 fr 80
	41.000	804
	42.000	852
	43.000	900
	44.000	948
4.80 p. 100	45.000	996
de 40.000 à 50.000 fr.	46.000	1.044
	47.000	1.092
	48.000	1.140
	49.000	1.188
	50.000	1.236
	50.100	1.242
	51.000	1.296
	52.000	1.356
	53.000	1.416
	54.000	1.476
6 p. 100	55.000	1.536
de 50.000 à 60.000 fr.	56.000	1.596
	57.000	1.656
	58.000	1.716
	59.000	1.776
	60.000	1.836

Coefficient de taxation par tranche de revenu (1)	Revenu global net du contribuable (charges de famille déduites) (2)	Montant de l'impôt sur l'ensemble du revenu taxable (3)
7.20 p. 100 sur la fraction du revenu comprise dans la tranche de 60.000 à 70.000 fr.	60.100	1.843 fr. 20
	61.000	1.908
	62.000	1.980
	63.000	2.052
	64.000	2.124
	65.000	2.196
	66.000	2.268
	67.000	2.340
	68.000	2.412
	69.000	2.484
	70.000	2.556
8.40 p. 100 de 70.000 à 80.000 fr.	70.100 fr.	2.564 fr. 40
	71.000	2.640
	72.000	2.724
	73.000	2.808
	74.000	2.892
	75.000	2.976
	76.000	3.060
	77.000	3.144
	78.000	3.228
	79.000	3.312
	80.000	3.396
9.60 p. 100 de 80.000 à 90.000 fr.	80.100	3.405 fr. 60
	81.000	3.492
	82.000	3.588
	83.000	3.684
	84.000	3.780
	85.000	3.876
	86.000	3.972
	87.000	4.068
	88.000	4.164
	89.000	4.260
	90.000	4.356
10.80 p. 100 de 90.000 à 100.000 fr.	90.100	4.366 fr. 80
	91.000	4.464
	92.000	4.572
	93.000	4.680
	94.000	4.788
	95.000	4.896
	96.000	5.004
	97.000	5.112
	98.000	5.220
	99.000	5.328
	100.000	5.436

Coefficient de taxation par tranche de revenu (1)	Revenu global net du contribuable (charges de famille déduites) (2)	Montant de l'impôt sur l'ensemble du revenu taxable (3)
12 p. 100 sur la fraction du revenu comprise dans la tranche de 100.000 à 125.000 fr.	100.100	5.448 fr.
	105.000	6.036
	110.000	6.636
	115.000	7.236
	120.000	7.836
	125.000	8.436
13.20 p. 100 dé 125.000 à 150.000 fr.	125.100	8.449 fr. 20
	130.000	9.096
	135.000	9.756
	140.000	10.416
	145.000	11.076
	150.000	11.736
14.40 p. 100 de 150.000 à 175.000 fr.	150.100 fr.	11.750 fr. 40
	155.000	12.456
	160.000	13.176
	165.000	13.896
	170.000	14.616
	175.000	15.336
15.60 p. 100 de 175.000 à 200.000 fr.	175.100	15.351 fr. 60
	180.000	16.116
	185.000	16.896
	190.000	17.676
	195.000	18.456
	200.000	19.236
16.80 p. 100 de 200.000 à 225.000 fr.	200.100	19.252 fr. 80
	205.000	20.076
	210.000	20.916
	215.000	21.756
	220.000	22.596
	225.000	23.436
18 p. 100 de 225.000 à 250.000 fr.	225.100	23.454
	230.000	24.336
	235.000	25.236
	240.000	26.136
	245.000	27.036
	250.000	27.936
19.20 p. 100 de 250.000 à 275.000 fr.	250.100	27.955 fr. 20
	255.000	28.896
	260.000	29.856
	265.000	30.816
	270.000	31.776
	275.000	32.736

Coefficient de taxation par tranche de revenu (1)	Revenu global net du contribuable (charges de famille déduites) (2)	Montant de l'impôt sur l'ensemble du revenu taxable (3)
20.40 p. 100 sur la fraction du revenu comprise dans la tranche de 275.000 à 300.000 fr.	275.100 fr.	32.756 fr. 40
	280.000	33.756
	285.000	34.776
	290.000	35.796
	295.000	36.816
	300.000	37.836
21.60 p. 100 de 300.000 à 325.000 fr.	300.100	37.857 fr. 60
	305.000	38.916
	310.000	39.996
	315.000	41.076
	320.000	42.156
	325.000	43.236
22.80 p. 100 de 325.000 à 350.000 fr.	325.100	43.258 fr. 80
	330.000	44.376
	335.000	45.516
	340.000	46.654
	345.000	47.796
	350.000	48.936
24 p. 100 de 350.000 à 375.000 fr.	350.100	48.960
	355.000	50.136
	360.000	51.336
	365.000	52.536
	370.000	53.736
	375.000	54.936
25.20 p. 100 de 375.000 à 400.000 fr.	375.100	54.961 fr. 20
	380.000	56.196
	385.500	57.456
	390.000	58.716
	395.000	59.976
	400.000	61.236
26.40 p. 100 de 400.000 à 450.000 fr.	400.100	61.260 fr. 40
	410.000	63.876
	420.000	66.516
	430.000	69.156
	440.000	71.796
	450.000	74.436
27.60 p. 100 de 450.000 à 500.000 fr.	450.100	74.463 fr. 60
	460.000	77.196
	470.000	79.956
	480.000	82.716
	490.000	85.476
	500.000	88.236

Coefficient de taxation par tranche de revenu (1)	Revenu global net du contribuable (charges de famille déduites) (2)	Montant de l'impôt sur l'ensemble du revenu taxable (3)
28.80 p. 100 sur la fraction de revenu comprise dans la tranche de 500.000 à 550.000 fr.	500.100	88.264 fr. 80
	510.000	91.116
	520.000	93.996
	530.000	96.876
	540.000	99.756
	550.000	102.636
30 p. 100 sur la fraction du revenu au delà de 550.000 fr.	550.100	102.666
	560.000	105.636
	570.000	108.636
	580.000	111.636
	590.000	114.636
	600.000	117.636

Le jeu de ce barème s'explique de lui-même. Prenons pour exemple un contribuable disposant, toutes déductions pour situation et charges de famille ayant été opérées, d'un revenu global net de 57 500 francs. Le barème indique immédiatement, en regard d'un revenu global de 57 000 francs, un chiffre d'impôt de .... 1.656 fr.

Quant au complément de revenu de 500 fr., il détermine, au taux de 6 pour 100 spécifié dans la 1re colonne du barème, en regard de la tranche de 50.000 à 60.000 francs, une taxation de 30 francs, ci...   30 fr.

Cotisation totale, ci.............. 1.686 fr.

Sauf réduction pour charges de famille, s'il y a lieu.

897. Barème de l'impôt sur les traitements, indemnités, salaires, pensions et rentes viagères (L. 3 août 1926).

Montant des traitements, salaires, pensions et rentes diminué des déductions pour situation et charges de famille.	Impôt exigible sous réserve des réductions, le cas échéant. — *Abattement uniforme de 7.000 fr.*	Montant des traitements, salaires, pensions et rentes, diminué des déductions pour situation et charges de famille.	Impôt exigible sous réserve des réductions, le cas échéant. — *Abattement uniforme de 7.000 fr.*
fr.	fr.	fr.	fr.
7.000	»	21.000	780
7.200	6	22.000	870
7.400	12	23.000	960
7.600	18	24.000	1.050
7.800	24	25.000	1.140
8.000	30	26.000	1.230
8.500	45	27.000	1.320
9.000	60	28.000	1.410
9.500	75	29.000	1.500
10.000	90	30.000	1.590
10.500	120	35.000	2.040
11.000	150	40.000	2.490
12.000	210	45.000	3.090
12.500	240	50.000	3.690
13.000	270	55.000	4.290
13.500	300	60.000	4.890
14.000	330	65.000	5.490
14.500	360	70.000	6.090
15.000	390	75.000	6.690
15.500	420	80.000	7.290
16.000	450	85.000	7.890
16.500	480	90.000	8.490
17.000	510	100.000	9.690
17.500	540	110.000	10.890
18.000	570	120.000	12.090
18.500	600	130.000	13.290
19.000	630	140.000	14.490
19.500	660	150.000	15.690
20.000	690	200.000	21.690

898. Barème de l'impôt sur les bénéfices des professions non commerciales et de charges et offices.

a) Pour les professions non commerciales autres que les charges et offices, le barème de l'impôt cédulaire se confond actuellement avec celui des traitements et salaires transcrit ci-dessus, — sauf que le bénéfice net inscrit dans la colonne 1 du tableau, pour lesdites professions non commerciales, n'implique aucune déduction préalable à raison de la situation ou des charges de famille. Mais les *réductions* d'impôt ouvertes par l'article 5 de la loi du 25 juin 1920 à tout contribuable ayant des personnes à sa charge s'appliquent ici comme à l'égard des autres cédules.

b) Quant aux revenus des charges et offices, ils sont assimilés aux bénéfices des exploitations commerciales et, par suite, comportent le barème établi pour cette dernière cédule par le texte que l'article 9 de la loi du 4 avril 1926 subtitue à l'article 12 de la loi du 31 juillet 1917. Nous nous référons aux explications présentées ci-dessus au sujet de la cédule des bénéfices commerciaux et industriels, n° 395.

899. Barème des déductions et réductions concernant l'impôt général sur le revenu (*Personnes mariées. Veufs avec enfants*).

Revenu global net	Nombre d'enfants à charge	Déduction pour mariage et charges de famille	Revenu taxable	Montant de l'impôt (V. barème)	Réduction d'impôt (1)	Cotisation définitive
fr.		fr.	fr.	fr.	fr. c.	fr. c.
11.000	1	6.000	5.000	»	»	»
15.000	1	6.000	9.000	24	1,80	22,20
	2	9.000	6.000	»	»	»
	3	12.000	3.000	»	»	»
20.000	1	6.000	14.000	84	4,20	79,80
	3	12.000	8.000	12	3,60	8,40
	5	18.000	2.000	»	»	»
30.000	1	6.000	24.000	252	12,60	239,80
	2	9.000	21.000	180	18 »	162,05
	3	12.000	18.000	132	19,80	112.20
	5	18.000	12.000	60	21 »	39 »
40.000	1	6.000	34.000	540	27 »	513 »
	3	12.000	28.000	348	52,20	295,80
	4	15.000	25.000	276	69 »	207 »
	5	18.000	22.000	204	71,40	132,60
50.000	1	6.000	44.000	948	47,40	900,60
	3	12.000	38.000	684	102,60	581,40
	4	15.000	35.000	576	144 »	432 »
	5	18.000	32.000	468	163,80	304,20
100.000	2	9.000	91.000	4.464	446,40	4.017,60
	3	12.000	88.000	4.164	624,60	3.539,40

[1] V. pour l'échelle des réductions, le tableau inséré, *suprà*, n° 723.

900. Surimposition des célibataires et des ménages sans enfants. — Quant à la surimposition des célibataires, des divorcés et des ménages sans enfants, n'ayant aucune personne à leur charge, nous avons donné, au sujet de la mise en action de cette surtaxe, des explications auxquelles on voudra bien se reporter (nos 727 et suiv.).

ANNEXES

Observation préliminaire. — Conformément à la méthode suivie par l'*Instruction* administrative du 30 mars 1918 et dans le but d'éviter des recherches inutiles, nous croyons devoir incorporer dans le cadre des lois organiques du 15 juillet 1914 (*Impôt général*) et du 31 juillet 1917 (*impôts cédulaires*), les articles ou paragraphes nouveaux que les nombreuses lois ultérieures ont substitués aux dispositions primitives. Ces textes nouveaux seront d'ailleurs spécialement signalés comme tels, par l'adjonction de guillemets et, en outre, par l'indication de la loi à laquelle ils appartiennent.

I. — **LOI DU 29 MARS 1914** concernant la contribution foncière des propriétés bâties et non bâties (*J. off.* du 31 mars 1914, *Instr. Enreg.*, n° 3410, D. P. 1914. 4. 32).

(Les dispositions de cette loi et des lois modificatives ultérieures ont été citées ou analysées minutieusement au chapitre 1er relatif à la contribution foncière ; toutes les questions qui intéressent les bases de cet impôt et les revisions normales ou exceptionnelles des évaluations cadastrales y ont été examinées à la lumière des textes législatifs. On ne peut, dès lors, que se référer à ce commentaire qui fait une large part à la documentation. — *Adde infrà : art. 5, Loi du 25 avril 1925, art. 28 et 29 de la loi du 13 juillet 1925 et art. 47 de la loi du 31 juillet 1917, modifié par l'art. 23 de la loi du 3 août 1926.*)

II. — **LOI DU 15 JUILLET 1914**, portant fixation du budget général des dépenses et des recettes de l'exercice 1914 (*J. off.* du 18 juill. 1914, D. P. 1916. 4. 25) (Extraits) (modifiée par les lois du 30 déc. 1916, du 23 févr. 1917, du 31 juill. 1917, du 25 juin et du 31 juill. 1920, du 30 juin 1923, du 22 mars 1924, du 13 juill. 1925, du 4 avr. et du 29 avr. 1926, et du 3 août 1926).

Art. 5. — Il est établi un impôt général sur le revenu.

Art. 6. — L'impôt général sur le revenu est dû, au 1er janvier de chaque année, par toutes les personnes ayant en France une résidence habituelle.

Sont considérées comme ayant en France une résidence habituelle les personnes qui y possèdent une habitation à leur disposition à titre de propriétaires, d'usufruitiers ou de locataires, lorsque, dans ce dernier cas, la location est conclue soit par convention unique, soit par conventions successives pour une période continue d'au moins une année.

(*Texte complété comme suit, par l'article 6 de la loi du 29 avr. 1926 (Bull. législ. Dalloz, 1926, p. 247), remplaçant l'article 7 de la loi du 4 avr. 1926, D. P. 1926. 4. 145*) :

« Sont également considérées comme ayant en France une résidence habituelle les personnes qui, sans y disposer d'une habitation dans les conditions définies à l'alinéa précédent, ont néanmoins en France le lieu de leur séjour principal.

« En garantie du payement des impôts dont elle peut être redevable, toute personne locataire d'un bureau meublé est tenue de verser au Trésor, à la fin de chaque mois, sous la responsabilité du loueur du bureau et par son entremise, une somme égale à 25 pour100 du prix de location.

« Un décret fixera les conditions dans lesquelles les sommes consignées en exécution du présent article seront acquises au Trésor en payement des impôts dus par le locataire ou à lui remboursées, s'il justifie être en règle au point de vue fiscal et, d'une manière générale, les conditions d'application du présent article. »

Art. 7. — Si le contribuable a une résidence unique, l'impôt est établi au lieu de cette résidence.

Si le contribuable possède plusieurs résidences, il est assujetti à l'impôt au lieu où il est réputé posséder son principal établissement.

Art. 8. — Chaque chef de famille est imposable tant en raison de ses revenus personnels que de ceux de sa femme et des autres membres de la famille qui habitent avec lui.

Toutefois, les contribuables peuvent réclamer des impositions distinctes :

1º Lorsqu'une femme séparée de biens ne vit pas avec son mari ;

2º Lorsque les enfants ou autres membres de la famille, sauf le conjoint, tirent un revenu de leur propre travail ou d'une fortune indépendante de celle du chef de famille.

Art. 9 (*remplacé par l'article 6 de la loi du 25 juin 1920, modifié par l'art. 8 de la loi du 30 mars 1923*).

« Sont affranchis de l'impôt :

« 1º Les personnes dont le revenu imposable n'excède pas la « somme de 7.000 francs, majorée, s'il y a lieu, conformément à « l'article 12 ci-après ; cette disposition sera applicable à partir du « 1er janvier 1923 ;

« 2º Les mutilés, veuves et ayants droit des morts de la grande « guerre, pour les pensions dont ils sont titulaires en vertu de la loi « du 31 mars 1919 ;

« 3º Les ambassadeurs et autres agents diplomatiques, les consuls « et agents consulaires de nationalité étrangère, mais seulement « dans la mesure où les pays qu'ils représentent concèdent des avan- « tages analogues aux agents diplomatiques et consulaires français. »

Art. 10. — L'impôt est établi d'après le montant total du revenu net annuel dont dispose chaque contribuable. Ce revenu net est déterminé, eu égard aux propriétés et aux capitaux que possède ce contribuable, aux professions qu'il exerce, aux traitements, salaires, pensions et rentes viagères dont il jouit, ainsi qu'aux bénéfices de toutes occupations lucratives auxquelles il se livre, sous déduction :

1º Des intérêts des emprunts et dettes à sa charge ;

2º Des arrérages de rentes payées par lui à titre obligatoire ;

5º « De tous impôts directs et taxes assimilées acquittés par lui » (*L. du 23 févr.* 1917) ;

4º Des pertes résultant d'un déficit d'exploitation dans une entreprise agricole, commerciale ou industrielle.

Le revenu imposable correspondant aux diverses sources de revenus énumérées ci-dessus est déterminé chaque année d'après leur produit respectif pendant la précédente année.

(*Le dernier alinéa de cet article a été remplacé par les dispositions ci-après de l'art.* 13 *de la loi du* 13 *juill.* 1925 (D. P. 1925. 4. 281) *et de l'art.* 10 *de la loi du* 4 *avr.* 1926) :

« Toutefois, en ce qui concerne les bénéfices de l'exploitation agricole, l'exploitant a la faculté de les évaluer d'après les règles fixées pour l'assiette de l'impôt cédulaire qui frappe spécialement les revenus de cette catégorie ;

« Pour les commerçants et industriels dont le bénéfice net n'excède pas 50 000 francs et qui n'apportent pas la preuve du chiffre exact de ce bénéfice, il est fait état du bénéfice moyen de la catégorie dans laquelle les intéressés sont rangés en vue du calcul de l'impôt cédulaire.

« Les contribuables peuvent également évaluer les revenus de leurs propriétés, bâties ou non bâties, d'après les règles applicables pour l'assiette de l'impôt foncier.

« Au cas où les propriétés, bâties ou non bâties, seraient louées ou affermées pour un prix supérieur, compte tenu des frais de gestion, d'assurances, d'entretien et d'amortissement du capital immobilier, au revenu net servant de base à la contribution foncière, le contrôleur pourra, à charge par lui d'en apporter la justification, substituer le montant du revenu réel au revenu net imposable. »

Art. 11. — En ce qui concerne les personnes non domiciliées en France, mais y possédant une ou plusieurs résidences, le revenu imposable est fixé à une somme égale à sept fois la valeur locative de cette ou de ces résidences, à moins que les revenus tirés par le contribuable de propriétés, exploitations ou professions, sises ou exercées en France, n'atteignent un chiffre plus élevé, auquel cas ce dernier chiffre sert de base à l'impôt.

Art. 12 (*ainsi modifié par l'art.* 7 *de la loi du* 25 *juin* 1920, *l'art.* 43 *de la loi du* 22 *mars* 1924 *et l'art.* 15 *de la loi du* 13 *juill.* 1925) :

« Les contribuables mariés ont droit, sur leur revenu annuel, à
« une déduction de 3 000 francs.

« La même déduction est accordée, en cas de décès de l'un des
« époux, au conjoint survivant non remarié et ayant à sa charge
« un ou plusieurs enfants issus du mariage.

« En outre, tout contribuable a droit, sur son revenu annuel, à
« une déduction de 2 000 francs par personne à sa charge, si le
« nombre des personnes à sa charge ne dépasse pas cinq.

« Toutefois, pour chaque enfant au-dessous de vingt et un ans,
« resté à la charge de ses parents, et pour chaque personne au delà
« de la cinquième, quel que soit son âge, la déduction sera portée
« à 3000 francs. »

Art. 13 (*le premier paragraphe de cet article remplacé par le texte
ci-après de l'art. 7 de la loi du 25 juin 1920*)

« Sont considérés comme personnes à la charge du contribuable,
« à la condition de n'avoir pas de revenus distincts de ceux qui
« servent de base à l'imposition de ce dernier :

« 1º Les ascendants âgés de plus de soixante-dix ans ou infirmes ;
« toutefois cet âge est abaissé à soixante ans à l'égard des femmes
« veuves vivant sous le même toit que leur fils ou leur fille et à leur
« charge exclusive. »

2º Les descendants ou enfants par lui recueillis, s'ils sont âgés
de moins de vingt et un ans ou s'ils sont infirmes.

Art. 14 et 15 (*remplacés et complétés ainsi qu'il suit par les art. 8
et 9 de la loi du 25 juin 1920 et par l'art. 17 de la loi du 13 juill. 1925*) :

« Les articles 14 et 15 de la loi du 15 juillet 1914, modifiés par les
« lois du 30 décembre 1916 (art. 5) et du 29 juin 1918 (art. 2), sont
« remplacés par les dispositions suivantes :

« Pour le calcul de l'impôt, toute fraction du revenu inférieure à
« 100 francs est négligée.

« L'impôt est calculé en tenant en outre pour nulle la fraction du
« revenu qui, défalcation faite des déductions prévues à l'article 12,
« n'excède pas 7 000 francs et en comptant :

« Pour un vingt-cinquième, la fraction comprise entre 7 000 et
« 20 000 francs ;

« Pour deux vingt-cinquièmes la fraction comprise entre 20 000
« et 30 000 francs ;

« Et ainsi de suite, en augmentant d'un vingt-cinquième par
« tranche de 10 000 francs jusqu'à 100 000 francs, par tranche de
« 25 000 francs jusqu'à 400 000 francs, et par tranche de 50 000 fr.
« jusqu'à 550 000 francs ; la fraction du revenu excédant 550 000 fr.
« est comptée pour l'intégralité.

« Le taux à appliquer au revenu taxable ainsi obtenu est fixé
« à 50 pour 100 (*Taux réduit à 30 pour 100 par l'art. 25 de la loi du
3 août 1926, V. ci-après*).

« Sur l'impôt ainsi calculé, chaque contribuable a droit à des
« réductions pour charges de famille, selon les règles suivantes :

« Tout contribuable dont le revenu net total, défalcation faite des
« déductions prévues à l'article 12, n'est pas supérieur à 10 000 fr.
« a droit à une réduction d'impôt de 7,50 pour 100 pour chaque per-
« sonne à sa charge jusqu'à la deuxième, et de 15 pour 100 pour
chacune des autres personnes à partir de la troisième.

« Tout contribuable dont le revenu, défalcation faite des déduc-
« tions prévues à l'article 12, est supérieur à 10 000 francs a droit à
« une réduction d'impôt de 5 pour 100 pour chacune des trois pre-
« mières personnes à sa charge, et de 10 pour 100 pour chacune des
« autres personnes à partir de la quatrième, sans que, toutefois, le
« montant total de cette réduction puisse excéder 2 000 francs par
« personne à la charge du contribuable (*art.* 8, *L. du 25 juin* 1920).

« Le montant de l'impôt général sur le revenu est majoré de
25 pour 100 pour les contribuables âgés de plus de trente ans qui
sont célibataires ou divorcés et qui, n'ayant pas d'enfant, n'ont
aucune personne à leur charge (*art.* 19, *L. du 13 juill.* 1925).

« Le même montant est majoré de 10 pour 100 pour les contribuables âgés de plus de trente ans, mariés depuis deux ans au
1er janvier de l'année de l'imposition, lorsque, à la même date, ces
contribuables n'ont pas d'enfant et se trouvent n'avoir aucune personne à leur charge (*id.*).

« Les dispositions ci-dessus ne sont pas applicables aux contribuables des catégories visées, titulaires d'une pension prévue par la
loi du 31 mars 1919 pour une invalidité de 40 pour 100 et au-dessus,
ni aux contribuables dont tous les enfants sont morts » (*id.*).

(*L. du 3 août* 1926, *art.* 25, *J. off. du 4 août* 1926, p. 8786) : « Le
taux de l'impôt général sur le revenu fixé par l'article 8 de la loi
du 25 juin 1920 et majoré par l'article 3 de la loi du 22 mars 1924
(*double décime*) est réduit à 30 pour 100 ;

(Art. 26) : « La mise en application des dispositions prévues par les
articles 23, 24 et 25 de la présente loi est fixée au 1er janv. 1927. »

Art. 16 (*modifié par l'art. 5 de la loi du 30 déc.* 1916, *par l'art.* 2
de la loi du 23 févr. 1917, *par l'art. 3 de la loi du 30 juin* 1923, *par
l'art. 65 de la loi du 22 mars* 1924 *et par l'art.* 1er *de la loi du 4 avr.*
1926).

« Tous les contribuables passibles de l'impôt sont tenus de souscrire et de renouveler, chaque année, sous la foi du serment, une
déclaration de leur revenu, avec l'indication, par nature de revenu,
des éléments qui le composent (*art.* 1er, *L. du 4 avr.* 1926).

« Les contribuables qui sont affranchis de l'impôt dans les conditions prévues par l'article 9 de la présente loi, sont également
tenus d'en faire, chaque année, la déclaration, s'ils ont, au cours de
l'année précédente, été inscrits aux rôles des impôts cédulaires
pour un total de revenu de 1 500 francs au moins ou s'ils ont encaissé, pendant la même année, 1 500 francs au moins de revenus
de valeurs mobilières autres que les bons de la Défense nationale
à échéance d'un an au plus et les rentes 4 pour 100 1925 (*id.*).

« Les contribuables visés au paragraphe précédent qui n'auront
pas envoyé leur déclaration dans le délai légal pourront être punis
d'une amende de 30 francs sans décimes. L'amende sera infligée
par le directeur des contributions directes et recouvrée par le percepteur » (*id.*). Est abrogé le paragraphe 6 de l'article 16 de la loi du
15 juillet 1914 (*qui dispensait du renouvellement des déclarations*).

« Ils fournissent, dans leur déclaration, toutes indications néces-
« saires au sujet de leurs charges de famille.

« Ils doivent, en outre, pour avoir droit au bénéfice des déduc-
« tions prévues à l'article 10, indiquer dans leur déclaration le
« chiffre et la nature des dettes et pertes qu'ils ont déduites de leur
« revenu global en vertu de l'article 10.

« Les déclarations sont rédigées sur ou d'après des formules dont
« la teneur sera fixée par un règlement d'administration publique.

(*Ce paragraphe est complété comme suit par l'art. 65 de la loi du
22 mars 1924*) : « Elles mentionnent distinctement le montant des
« revenus, de quelque nature qu'ils soient, encaissés directement
« ou indirectement à l'étranger ».

« Elles sont reçues dans les deux premiers mois de chaque année ;
toutefois, les commerçants et industriels qui rentrent dans la catégorie visée à l'article 4 de la loi du 31 juillet 1917 et qui, au cours de
l'année antérieure à celle de l'imposition, ont clos leur exercice
comptable pendant le mois de décembre, sont admis à produire
leurs déclarations jusqu'au 31 mars suivant » (*art. 3, L. du 30 juin
1923*).

Art. 17 (*modifié par l'art. 5 de la loi du 30 déc. 1916 et complété par
l'art. 13 de la loi du 4 avr. 1926*).

« Le contrôleur vérifie les déclarations. Il peut demander au con-
« tribuable des éclaircissements.

« Il a le droit de rectifier les déclarations ; mais, dans ce cas, il
« adresse au contribuable, avant d'établir la matrice du rôle, l'indi-
« cation des éléments qui serviront de base à son imposition, l'in-
« vite à se faire entendre ou à faire parvenir son acceptation ou ses
« observations et à fournir, s'il y a lieu, les justifications utiles au
« sujet des déductions qu'il demande par application des articles 10,
« 12 et 15. Si le désaccord persiste, le contribuable conserve le droit
« de réclamer par la voie contentieuse, après la publication du
« rôle.

« Lorsqu'une insuffisance du revenu déclaré aura été constatée
« par l'Administration après l'établissement du rôle, la cotisation
« correspondant à cette insuffisance pourra être réclamée au con-
« tribuable soit dans l'année même, soit au cours des cinq années
« suivantes.

« Si une réclamation est introduite, le tribunal saisi du litige
« apprécie les motifs invoqués par l'Administration et par le contri-
« buable et fixe la base d'imposition, la charge de la preuve incom-
« bant à l'Administration ».

« Lorsque le contrôleur aura réuni des éléments précis permettant d'établir que les dépenses d'un contribuable sont notoirement supérieures au revenu qu'il a déclaré, il devra les soumettre au contribuable, et celui-ci sera tenu de justifier la différence (*art. 13, L. du 4 avr. 1926*).

« Faute de fournir les justifications nécessaires dans un délai de vingt jours à partir de la réception de l'avis par lequel elles lui sont demandées, le contribuable est taxé d'office dans les conditions prévues par l'article 19 » (*id.*).

Art. 18 (*modifié par les art. 5 de la loi du 30 déc. 1916, 2 de la loi du 31 juill. 1920, 18 de la loi du 13 juill. 1925, et remplacé par la disposition suivante de l'article 4 de la loi du 4 avr. 1926*) :

« Le montant de l'impôt est majoré d'un quart pour le contribuable qui n'a pas souscrit de déclaration dans le délai prévu par l'article 16.

« Dans le cas où le contribuable n'a déclaré qu'un revenu insuffisant d'au moins un dixième, la même majoration est appliquée aux droits correspondant au revenu non déclaré. La majoration est portée au quadruple de ces droits si, l'insuffisance excédant le dixième du revenu imposable ou la somme de 20 000 francs, le contribuable n'établit pas sa bonne foi.

« Les majorations de droit applicables pour défaut ou insuffisance de déclaration en matière d'impôts directs ou de taxes assimilées ne supportent pas les décimes institués par l'article 110, premier alinéa, de la loi du 25 juin 1920.

« Ces majorations sont, par contre, calculées en tenant compte, s'il y a lieu, des décimes institués par l'article 3 de la loi du 22 mars 1924. »

Art. 19 (*modifié par l'art. 5 de la loi du 30 déc. 1916*).
« Tout contribuable qui s'est abstenu de faire sa déclaration ou
« de répondre à la demande d'éclaircissements du contrôleur est
« taxé d'office.

« En cas de désaccord avec le contrôleur, le contribuable taxé
« d'office ne peut obtenir, par la voie contentieuse, la décharge ou la
« réduction de la cotisation qui lui a été ainsi assignée, qu'en apportant
« tant toutes les justifications de nature à faire la preuve du chiffre
« exact de son revenu, et il supporte la totalité des frais de l'instance,
« tance, y compris ceux d'expertise. Toutefois, au cas où son revenu,
« établi par la juridiction compétente, ne serait pas supérieur de
« plus de 10 pour 100 au chiffre du revenu produit par lui, ces frais
« incombent à l'État. »

Art. 20. — En cas d'insuffisance de déclaration ou de taxation constatée à l'ouverture d'une succession, le Trésor opérera le recouvrement des impôts non perçus, majorés comme il est dit à l'article 18 (L. du 31 déc. 1916, art. 5).

Art. 21. — Les rôles de l'impôt général sur le revenu sont établis et le recouvrement en est poursuivi comme en matière de contributions directes.

En cas de déménagement du contribuable hors du ressort de la perception, comme en cas de vente volontaire ou forcée, l'impôt est immédiatement exigible pour la totalité de l'année courante (*V. à ce sujet, infrà, art. 2 de la loi du 4 avr. 1926*).

Art. 22. — Les réclamations relatives à l'impôt général sur le revenu sont présentées, instruites et jugées comme en matière de contributions directes.

Toutefois, ces réclamations sont jugées et les décisions prononcées en audience non publique.

Art. 23. — Tous avis et communications échangés entre les agents de l'administration ou adressés par eux aux contribuables et concernant l'impôt sur le revenu doivent être transmis sous enveloppe fermée.

Les franchises postales et les taux spéciaux d'affranchissement reconnus nécessaires seront concédés ou fixés par décret.

Est tenue au secret professionnel, dans les termes de l'article 378 du Code pénal, et passible des peines prévues audit article, toute personne appelée, à l'occasion de ses fonctions ou attributions, à intervenir dans l'établissement, la perception ou le contentieux de l'impôt (**V.** *toutefois,* **L.** 31 *juill.* 1920, *art.* 31, *sous l'art.* 53, **L.** 31 *juill.* 1920).

Art. 24. — Les contribuables ne sont autorisés à se faire délivrer des extraits des rôles de l'impôt général sur le revenu, suivant les dispositions législatives ou réglementaires applicables aux contributions directes, qu'en ce qui concerne leurs propres cotisations.

Art. 25. — Un règlement d'administration publique fixera les mesures d'exécution nécessaires pour l'application des dispositions des articles 5 à 24 de la présente loi.

III. — **DÉCRET DU 17 JANVIER 1917,** portant règlement d'administration publique pour l'exécution des dispositions de la loi du 15 juillet 1914, relatives à l'établissement d'un impôt général sur le revenu (*J. off.* du 18 janv. 1917, D. P. 1917. 4. 28) (modifié par le décret du 15 déc. 1917, *J. off.* du 30 déc. 1917, D. P. 1917. 4. 322 et par le décret du 9 sept. 1924, D. P. 1924. 4. 313)·

CHAPITRE PREMIER

DU REVENU IMPOSABLE

Article premier (*remplacé, pour les onze premiers alinéas, par les dispositions suivantes du décret du 5 déc.* 1917) :

En vue de la détermination, pour chaque contribuable passible de l'impôt général sur le revenu, du revenu total qui doit servir de base au calcul de sa contribution, les revenus provenant de sources diverses sont classés de la façon suivante :

Revenus des propriétés foncières bâties ;

Revenus des propriétés foncières non bâties ;

Revenus des valeurs et capitaux mobiliers ;

Bénéfices de l'exploitation agricole ;

Bénéfices industriels et commerciaux ;

Bénéfices de l'exploitation minière ;

Traitements publics et privés, indemnités et émoluments, salaires, pensions et rentes viagères ;

Bénéfices des professions non commerciales (professions libérales, charges et offices, occupations ou exploitations lucratives non dénommées ci-dessus).

Sous réserve de la faculté laissée au contribuable, en ce qui concerne les revenus soumis à un impôt spécial établi par voie de rôles, de les évaluer, par application de l'article 10 de la loi du 15 juillet 1914, complété par l'article 50 de la loi du 31 juillet 1917, d'après les règles fixées pour l'assiette de cet impôt spécial, le revenu net est constitué par l'excédent du produit brut effectivement réalisé, y compris la valeur des profits et des avantages dont le contribuable a joui en nature, sur les dépenses effectuées en vue de l'acquisition et de la conservation du revenu.

Ces dépenses comprennent notamment :

En ce qui concerne les propriétés foncières, les frais de gestion, d'assurances, d'entretien et l'amortissement du capital immobilier, à l'exclusion des sommes dépensées pour l'accroissement de ce capital ;

En ce qui concerne les valeurs mobilières, les impôts dont la charge annuelle incombe au possesseur de ces valeurs ;

En ce qui concerne les exploitations agricoles, commerciales, industrielles et autres, le loyer ou, si l'exploitant est propriétaire, la valeur locative des fonds sur lesquels porte l'exploitation agricole, ainsi que des propriétés immobilières occupées pour les besoins de toutes les exploitations ci-dessus mentionnées ; l'intérêt des capitaux prêtés à l'entreprise, lorsque la personnalité de celle-ci est distincte de celle de l'exploitant ; les traitements, salaires et rétributions diverses payés aux employés, ouvriers et auxiliaires, ainsi que la valeur des avantages et des produits qui leur sont concédés en nature ; le coût des matières premières ; les frais généraux divers et les frais d'assurances ; le loyer du matériel et des installations n'ayant pas un caractère immobilier ou, si l'exploitant en est propriétaire, les frais d'entretien et l'amortissement, en tenant compte de la nature et des conditions de l'exploitation, à l'exclusion des sommes dépensées pour donner une plus-value à l'outillage et de celles affectées à l'extension de l'entreprise ou à la constitution de réserves ;

En ce qui concerne les professions, emplois et toutes autres occupations lucratives, les frais de toutes natures et les dépenses que nécessite spécialement l'exercice de la fonction, de la profession, de l'emploi ou de l'occupation, ainsi que les retenues supportées et les sommes versées pour la constitution de pensions ou de retraites.

Art. 2. — Le revenu net servant de base à l'impôt est formé par l'ensemble des revenus nets afférents à chacune des catégories déterminées à l'article 1er, sous déduction, dans les conditions où la loi autorise ce retranchement, des charges qui grèvent l'ensemble du revenu et qui sont spécifiées à l'article 10 de la loi du 15 juillet 1914.

CHAPITRE II

DES DÉCLARATIONS

Art. 3 (*complété par l'art. 1er du décret du 9 sept. 1924, D.P. 1924. 4. 813*).

Le contribuable passible de l'impôt indique dans sa déclaration :

a) Ses nom et prénoms.

« Sa nationalité. »

Le lieu de sa résidence ou, s'il a plusieurs résidences, le lieu de son principal établissement.

La nature de ses occupations professionnelles ; s'il est chef d'entreprise, le siège de son exploitation ; s'il est employé d'une administration publique ou d'une entreprise privée, l'administration ou l'entreprise à laquelle il est attaché et la nature de son emploi.

b) Le montant de son revenu global et la répartition de ce revenu dans les diverses catégories déterminées par l'article 1er du présent décret, « en distinguant, dans chaque catégorie, le revenu encaissé directement ou indirectement à l'étranger » (Décr. 9 sept. 1924, art. 1er).

Le revenu global est constitué par la totalisation du revenu net personnel du contribuable, de celui de sa femme, de ceux enfin des autres membres de sa famille qui habitent avec lui et des personnes qu'il déclare être à sa charge.

Toutefois, le contribuable peut s'abstenir de comprendre, dans le revenu global qui fait l'objet de sa déclaration, les revenus personnels des membres de sa famille visés par le deuxième alinéa de l'article 8 de la loi du 15 juillet 1914, lorsqu'il se trouve au cas de demander le bénéfice de cette disposition de la loi. Il doit alors dans sa déclaration réclamer ce bénéfice, et désigner nommément lesdites personnes. Si cette demande est fondée, les personnes désignées jouissent des mêmes droits et sont soumises aux mêmes obligations que les autres contribuables.

c) L'état des charges que, par application de l'article 10 de la loi, il a déduites pour fixer le revenu net, objet de sa déclaration.

Cet état précise :

Au sujet des dettes contractées et des rentes payées à titre obligatoire, le nom et le domicile du créancier, la nature ainsi que la date du titre constatant la créance, et, s'il y a lieu, le nom et la résidence de l'officier public qui a dressé l'acte, ou la juridiction dont émane le jugement, enfin le chiffre des intérêts ou arrérages annuels ;

Au sujet des impôts directs ou des taxes assimilées aux contributions directes, la nature de chaque contribution, le lieu de l'imposition, l'article du rôle et le montant de la cotisation ;

Au sujet des pertes résultant d'un déficit d'exploitation, la désignation de l'entreprise déficitaire, le chiffre et les éléments constitutifs du déficit.

d) S'il est marié, la date et le lieu de son mariage ; s'il a des personnes à sa charge, les nom, prénoms, date et lieu de naissance de chacune d'elles, ainsi que les circonstances (lien de parenté, etc.), de nature à justifier que ces personnes doivent être considérées comme étant à sa charge par application de l'article 13 de la loi.

Art. 4. — La déclaration est remise au contrôleur du lieu indiqué dans cette déclaration comme étant celui où le contribuable a sa résidence unique, ou, s'il a plusieurs résidences, son principal établissement.

Art. 5. — (*Sans objet, la faculté de ne pas renouveler la déclaration annuelle, visée par ce texte, ayant été supprimée par l'art. 1ᵉʳ de la loi du 4 avril 1926.*)

Art. 6 (*modifié par l'art. 1ᵉʳ du décret du 9 sept. 1924*). — Lorsqu'un contribuable estime qu'il n'est pas passible de l'impôt, à raison du montant de son revenu global calculé sans tenir compte, le cas échéant, des revenus des personnes de sa famille se trouvant dans les conditions prévues par le paragraphe 2 de l'article 8 de la loi, pour lesquelles il réclame des impositions distinctes, et toutes déductions prévues par les articles 10 et 12 de ladite loi ayant, d'ailleurs, été opérées, il peut, dans le délai légal de déclaration, en produire l'affirmation au contrôleur du lieu où il réside.

Cette affirmation devra être accompagnée, s'il y a lieu, des indications mentionnées dans les paragraphes C et D de l'article 3 du présent décret et de celles précisées par le paragraphe B du même article, qui sont relatives à la désignation des personnes de la famille du contribuable pour lesquelles celui-ci réclame les impositions distinctes.

Le contrôleur vérifie cette affirmation après avoir demandé, s'il y a lieu, des éclaircissements à son auteur. S'il ne la reconnaît pas exacte, il peut taxer d'office ce dernier comme tout contribuable qui n'a pas fait la déclaration de son revenu, sauf le droit pour l'assujetti de réclamer contre son imposition dans les délais légaux.

Art. 7. — Le contribuable taxé d'office, qui réclame la décharge de son imposition par le motif que son revenu imposable ne le rendrait pas passible de l'impôt général sur le revenu, doit, dans sa réclamation, donner les indications spécifiées dans le paragraphe 2 de l'article précédent, à moins qu'ayant produit antérieurement l'affirmation prévue par cet article, il ne les ait fournies à l'appui de cette affirmation. Faute par lui de se conformer à cette prescription, il ne pourra prétendre au bénéfice des déductions pour les dettes ou charges au sujet desquelles il n'aura pas donné ces indications.

L'Administration est tenue de prouver que le contribuable assu-

jetti était passible de l'impôt. Pour faire la preuve à sa charge,
l'Administration doit établir que, dans l'année qui a précédé celle
de l'imposition, l'assujetti a joui d'un revenu au moins égal au minimum imposable, après déduction des seules dettes et charges pour
lesquelles des indications auront été fournies par le contribuable
dans les conditions fixées par le paragraphe précédent, et auront
été l'objet de justifications suffisantes.

Art. 8. — Tout contribuable qui, ayant souscrit une déclaration
de son revenu au cours de l'année précédente ou de l'une des années
antérieures, cesse d'être passible de l'impôt général sur le revenu,
en avise dans le délai ouvert pour produire la déclaration annuelle,
le contrôleur du lieu où a été établie sa dernière imposition. Sa situation est dès lors celle des contribuables visés à l'article 6 du présent
décret (*art. 1er, Décret du 9 sept. 1924*).

CHAPITRE III

CONTROLE DES DÉCLARATIONS ET TAXATIONS D'OFFICE

Art. 9. — Les éclaircissements que le contribuable est, le cas
échéant, tenu de fournir pour permettre la vérification de la déclaration qu'il a faite en conformité de la prescription de l'article 16,
paragraphe 1, de la loi, peuvent lui être demandés verbalement ou
par écrit.

Lorsque le contribuable a refusé de répondre à une demande verbale d'éclaircissements, ou lorsque la réponse faite à cette demande est
considérée par le contrôleur comme équivalente à un refus de répondre sur ou tout partie des points à éclaircir, le contrôleur doit, avant
de procéder à la taxation d'office, renouveler sa demande par écrit.

Toutes les demandes écrites doivent indiquer les points sur lesquels le contrôleur juge nécessaire d'obtenir des éclaircissements
et assigner au contribuable, pour fournir sa réponse, un délai qui
ne pourra être inférieur à quinze jours.

Les lettres d'avis reproduisent le texte complet de l'article 19 de
la loi et avertissent le contribuable que, faute par lui de répondre
dans le délai fixé, il sera passible de la sanction prévue par le premier paragraphe dudit article, c'est-à-dire de la taxation d'office.

CHAPITRE IV

DISPOSITIONS DIVERSES

Art. 10. — Lorsqu'un contribuable passible de l'impôt a été inscrit à tort au rôle d'une commune dans laquelle il n'était pas imposable parce qu'il n'y avait pas sa résidence unique, ou, s'il a plusieurs résidences, son principal établissement, il peut, dans le cas
où il aurait obtenu, à raison de cette erreur, la décharge de sa contribution, être inscrit à un rôle supplémentaire de la commune où

il devait être imposé. Ce rôle doit être émis dans l'année qui suit la date à laquelle la décision accordant cette décharge est devenue définitive.

Art. 11. — Lorsque, à la suite de l'ouverture de la succession d'un contribuable, il a été constaté que ce contribuable a été omis à tort ou insuffisamment imposé aux rôles de l'année de son décès ou de l'une des cinq années antérieures, il sera procédé au recouvrement des impôts non perçus, majorés comme il est dit à l'article 18 de la loi au moyen de rôles qui peuvent être émis au cours des deux années suivant la déclaration de la succession ou, si aucune déclaration n'a été faite, le payement par les héritiers des droits de mutation après décès.

L'imposition est établie au nom de la succession, et les ayants droit sont tenus solidairement d'en acquitter le montant.

Art. 12. — Les agents du service des contributions directes sont seuls appelés à formuler des avis sur les réclamations relatives à l'impôt général.

IV. — **LOI DU 31 JUILLET 1917**, portant suppression des contributions personnelle-mobilière, des portes et fenêtres et des patentes et établissement d'un impôt sur diverses catégories de revenus (*J. off.* du 1er août 1917, p. 5975, col. 3, D. P. 1917. 4. 281) (modifiée par les lois du 31 déc. 1918, *J. off.* du 1er janv. 1919, D. P. 1919, *app.*, p. 477 ; — du 25 juin 1920, *J. off.* du 26 juin 1920, D. P. 1920. 4. 281 ; — du 31 juill. 1920, *J. off.* du 1er août 1920, D. P. 1921. 4. 113) ; — du 31 déc. 1920, art. 7 (*J. off.* du 1er janv. 1921, D. P. 1923. 4. 8) ; — du 30 mars 1923 (D. P. 1923. 4. 280) ; — du 30 juin 1923 (D. P. 1924. 4. 81) ; — du 22 mars 1924 (D. P. 1924. 4. 148) ; — du 13 juill. 1925 (D. P. 1925. 4. 281) ; — du 4 avril 1926 (D. P. 1926. 4. 145) ; — du 29 avril 1926 (*Bull. législ. Dalloz* 1926, p. 244) ; — et du 3 août 1926 (*J. off.* du 4 août 1926, p. 8786).

Art. 1er. — Cesseront d'être perçus, à partir du 1er janvier 1918, les principaux des contributions personnelle-mobilière, des portes et fenêtres et des patentes, ainsi que les centimes additionnels calculés sur ces principaux, établis au profit de l'État.

TITRE PREMIER

Impôt sur les bénéfices industriels et commerciaux.

Art. 2. — Il est établi un impôt annuel sur les bénéfices des professions commerciales et industrielles réalisés pendant l'année précédente ou dans la période de douze mois dont les résultats auront servi à l'établissement du dernier bilan, lorsque cette période ne coïncide pas avec l'année civile.

Art. 3. — La taxe est établie au nom de chaque exploitant pour l'ensemble de ses entreprises exploitées en France, au siège de la direction des entreprises, ou, à défaut, au lieu du principal établissement.

(*Disposition modifiée comme il suit par l'art.* 11 *de la loi du* 30 *juin* 1923 *et par l'art.* 27 *de la loi du* 13 *juill.* 1925) :

« Dans les sociétés en nom collectif, chacun des associés sera personnellement imposé pour la part des bénéfices sociaux correspondant à ses droits dans la société.

« Dans les sociétés en commandite simple, l'impôt sera établi au nom de chacun des commandités pour sa part respective de bénéfices, et, pour le surplus, au nom de la société.

« Les impositions ainsi comprises dans les rôles au nom des associés n'en demeurent pas moins des dettes sociales. »

Art. 4 à 12. — (*Ces articles, modifiés par les lois des* 25 *juin* 1920, 30 *juin* 1923 *et* 16 *avr.* 1924, *ont été remplacés par les dispositions ci-après de l'art.* 9 *de la loi du* 4 *avr.* 1926) :

« **Art. 4.** — L'impôt est dû à raison du bénéfice net après déduction de toutes charges, y compris la valeur locative des immeubles affectés à l'exploitation et les amortissements généralement admis d'après les usages de chaque nature d'industrie ou de commerce.

« **Art. 5.** — Toute personne ou société exerçant une profession industrielle ou commerciale est tenue de remettre au contrôleur des contributions directes, avant le 1er mars de chaque année, une déclaration du montant de son bénéfice net de l'année ou de l'exercice précédent.

« Le délai fixé à l'alinéa ci-dessus est étendu jusqu'au 31 mars pour les personnes ou sociétés qui, au cours de l'année antérieure à celle de l'imposition, ont clos leur exercice comptable pendant le mois de décembre et qui sont tenues ou qui prennent l'engagement de communiquer leur comptabilité à l'appui de leur déclaration.

« **Art. 6.** — Lorsque le bénéfice net n'excède pas 50 000 francs, le contribuable peut se borner à indiquer, dans sa déclaration, celle des catégories déterminées à l'article 12 dans laquelle il doit être rangé pour le calcul de l'impôt.

« **Art. 7.** — Si le bénéfice excède 50 000 francs, le contribuable est tenu de fournir, en même temps que la déclaration, un résumé de son compte de profits et pertes ou un état de ses bénéfices et de représenter, à toute réquisition du contrôleur, tous documents comptables de nature à justifier la sincérité de sa déclaration.

« La même obligation incombe, quel que soit le chiffre de leurs bénéfices, aux sociétés qui sont soumises au droit de communication de l'administration de l'enregistrement.

« **Art. 8.** — Le contrôleur vérifie les déclarations. Il entend les intéressés dont l'audition lui paraît utile ou qui demandent à fournir des explications orales.

« **Art. 9.** — Le contrôleur peut rectifier les déclarations. Mais il fait alors connaître au contribuable la rectification qu'il envisage et lui en indique les motifs. Il invite en même temps l'intéressé à faire parvenir son acceptation ou ses observations dans un délai de vingt jours.

« Si le désaccord persiste, il peut être soumis à l'appréciation d'une commission consultative siégeant au chef-lieu de l'arrondissement et composée de cinq commerçants ou industriels désignés par la chambre de commerce dans les conditions qui seront fixées par un décret.

« L'avis de la commission est notifié au contribuable par le contrôleur, qui l'informe, en même temps, de la catégorie dans laquelle ou du chiffre d'après lequel il se propose de le taxer.

« Si cette taxation est conforme à l'appréciation de la commission, le contribuable ne peut obtenir de réduction par voie de réclamation devant la juridiction contentieuse qu'en apportant la preuve du chiffre exact de ses bénéfices.

« Dans le cas contraire, la charge de la preuve incombe à l'Administration, en tant que le bénéfice retenu pour l'assiette de l'impôt excède l'appréciation de la commission.

« **Art. 10.** — Les déclarations des contribuables visés à l'article 7 ci-dessus, qui ne fournissent pas, à l'appui, les renseignements prévus audit article, peuvent faire l'objet de rectifications d'office.

« **Art. 11.** — Le contribuable qui n'a pas produit sa déclaration dans les délais prescrits à l'article 5 est imposé d'office, et sa cotisation est majorée de 25 pour 100.

« En cas d'inexactitude relevée dans les renseignements fournis à l'appui de la déclaration du bénéfice réel, l'impôt est doublé sur la portion des bénéfices dissimulés, à condition que l'insuffisance constatée soit supérieure au dixième ou qu'elle excède 20 000 francs.

« **Art. 12.** — V. *suprà*, n° 395, et, *infrà*, art. 15 du texte annexé au décret du 15 octobre 1926.)

Art. 13 (*modifié ainsi qu'il suit par l'art. 10 de la loi du budget du 30 juin 1923*) :

« Ne sont pas soumis à l'impôt sur les bénéfices industriels et commerciaux et sont passibles de l'impôt sur les traitements et salaires institué par le titre III de la présente loi :

« 1° Les ouvriers travaillant chez eux, soit à la main, soit à l'aide de la force motrice, que leurs instruments de travail soient ou non leur propriété, lorsqu'ils opèrent exclusivement à façon pour le compte d'industriels ou de commerçants, avec des matières premières fournies par ces derniers, et lorsqu'ils n'utilisent pas d'autre concours que celui de leur femme, de leur père et mère, de leurs enfants et petits-enfants habitant avec eux, d'un apprenti de moins de seize ans et d'un compagnon ;

« 2° Les artisans travaillant chez eux ou au dehors, qui se livrent principalement à la vente du produit de leur propre travail et qui n'utilisent pas d'autre concours que celui des personnes énumérées au paragraphe précédent ;

« 3º La veuve de l'ouvrier et celle de l'artisan, travaillant dans les conditions prévues aux paragraphes 1 et 2 ci-dessus, lorsqu'elle continue la profession précédemment exercée par son mari ;

« 4º Les personnes qui vendent elles-mêmes et pour leur compte, en ambulance dans les rues, dans les lieux de passage et dans les marchés, des marchandises de faible valeur ou de menus comestibles, à la condition que ces personnes soient munies d'autorisations administratives et que les marchandises destinées à la vente soient transportées autrement que par véhicule automobile ou que par voiture attelée ;

« 5º Les mariniers propriétaires d'un seul bateau qu'ils conduisent et gèrent eux-mêmes ;

« 6º Les chauffeurs et cochers, propriétaires d'une ou deux voitures qu'ils conduisent et gèrent eux-mêmes, à la condition que les deux voitures ne soient pas mises simultanément en service, qu'elles ne comportent pas plus de quatre places et que les conditions de transport soient conformes à un tarif réglementaire ;

« 7º Les pêcheurs se livrant personnellement à la pêche des poissons, crustacés, coquillages et autres produits de la mer ou d'eau douce.

« Les dispositions du présent article sont applicables à partir du 1er janvier 1922, sauf celles contenues dans les paragraphes 1er, 5 et 6 ci-dessus, qui auront effet à partir du 1er janvier 1920. »

Le texte qui précède a été complété, à titre interprétatif, par la disposition ci-après de l'art. 59 de la loi du 4 avr. 1926 :

« Les dispositifs des paragraphes 1º, 2º, 3º s'appliquent dans tous les cas prévus, sans qu'il y ait à distinguer suivant que l'artisan, le façonnier ou l'ouvrier travaille à titre individuel, ou en association, ou en communauté d'intérêts, avec les personnes dont le concours est autorisé. »

Art. 14. — Indépendamment de l'impôt sur les bénéfices des professions industrielles et commerciales, tel qu'il est organisé par les articles précédents, il est établi une taxe spéciale sur le chiffre d'affaires réalisé par les entreprises ayant pour objet principal la vente en détail de denrées ou marchandises, lorsque ce chiffre d'affaires dépasse un million de francs, déduction faite du montant des exportations à l'étranger, en Algérie, aux colonies et pays de protectorat.

(Ce premier alinéa est complété ainsi qu'il suit par l'art. 83 de la loi du 13 juill. 1925) :

« La même taxe est applicable aux établissements de banque ou de crédit, ainsi qu'aux entreprises d'assurances, d'épargne et de capitalisation, lorsque leur chiffre d'affaires excède 1 million de francs.

« En ce qui concerne les établissements de banque ou de crédit, le chiffre d'affaires doit s'entendre du montant des courtages, commissions, remises, salaires, prix de location, intérêts, escomptes, agios et autres profits définitivement acquis, droits de garde, etc., à l'exclusion des revenus des valeurs mobilières en portefeuille.

« En ce qui concerne les entreprises d'assurances autres que les assurances maritimes et les réassurances de toute nature acceptées par les sociétés, entreprises, compagnies et tous autres assureurs, le chiffre d'affaires doit s'entendre du montant des primes encaissées. »

Le taux de l'impôt est fixé conformément au tarif suivant :

1 pour 1000 sur la fraction du chiffre d'affaires comprise entre 1 million de francs et 2 millions de francs ;

2 pour 1 000 sur la fraction du chiffre d'affaires comprise entre 2 000 001 francs et 10 millions de francs ;

3 pour 1 000 sur la fraction du chiffre d'affaires comprise entre 10 000 001 francs et 100 millions de francs ;

4 pour 1 000 sur la fraction du chiffre d'affaires comprise entre 100 000 001 francs et 200 millions de francs ;

5 pour 1 000 sur la fraction du chiffre d'affaires au-dessus de 200 millions de francs.

(*Paragraphe concernant le délai, ainsi modifié par l'art. 6 de la loi du 30 juin 1923*) :

Les contribuables visés par le présent article sont tenus de faire annuellement, « dans les deux premiers mois de chaque année, » la déclaration du chiffre total de leurs affaires pendant l'année précédente et de présenter à l'appui de cette déclaration toutes les justifications nécessaires pour en établir l'exactitude.

Est applicable, en cas d'omission de déclaration et de déclaration inexacte, la sanction édictée par l'article 9, deuxième alinéa, de la présente loi.

Pour les maisons à succursales multiples rentrant dans la catégorie des entreprises visées par le présent article, le chiffre d'affaires sur lequel s'établira la taxe spéciale sera le chiffre global des affaires réalisées par toutes les succursales installées, soit dans la ville du siège principal, soit dans des villes différentes.

Art. 15. — Les sociétés coopératives de consommation, lorsqu'elles possèdent des établissements, boutiques ou magasins pour la vente et la livraison de denrées, produits ou marchandises, sont passibles de l'impôt sur les bénéfices des professions commerciales et industrielles, à l'exception de la taxe spéciale établie par l'article 14.

Toutefois, en sont affranchis les syndicats agricoles et les sociétés coopératives de consommation qui se bornent à gr uper les commandes de leurs adhérents et à distribuer dans leurs magasins de dépôt les denrées, produits ou marchandises qui ont fait l'objet de ces commandes, ou lorsque, ne vendant qu'à leurs sociétaires, ils distribuent leurs bonis annuels auxdits sociétaires ou à des œuvres d'intérêt général, ou lorsqu'ils consacrent ces bonis à des réserves qui ne sont pas réparties entre les porteurs d'actions.

TITRE II

Impôt sur les bénéfices de l'exploitation agricole.

Art. 16. — Un impôt annuel est établi sur les bénéfices de l'exploitation agricole.

Art. 17 (*modifié par l'art. 2 de la loi du 25 juin 1920 et par l'art. 3 de la loi du 13 juill. 1925, remplacé par les dispositions suivantes de l'art. 23 de la loi du 3 août 1926*) :

« Le bénéfice provenant de l'exploitation agricole est considéré, pour l'assiette de l'impôt, comme égal à la valeur locative des terres exploitées, telle qu'elle résulte de l'évaluation cadastrale, multipliée par le coefficient 3.

« Le coefficient est réduit à 2,50 pour les terres affectées à la culture du blé au cours de l'année antérieure à celle de l'imposition. La déclaration de la contenance et du revenu cadastral de ces terres est adressée au contrôleur dans les deux premiers mois de l'année de l'imposition par les contribuables qui entendent bénéficier du coefficient réduit.

« Le coefficient est porté à 5 pour les bois industriels, les pépinières et les cultures maraîchères, florales ou d'ornementation.

« Jusqu'à l'application de la revision de la propriété non bâtie, les coefficients ci-dessus seront appliqués à la valeur locative cadastrale préalablement majorée de 75 pour 100.

« Tout assujetti à la cédule des bénéfices agricoles conformément aux dispositions du présent article peut, après la publication du rôle, s'il se juge imposé pour un revenu supérieur à son bénéfice net réel, demander une réduction proportionnelle de sa cote, sauf à apporter devant la juridiction compétente les justifications nécessaires par tous les modes de preuve du droit commun. »

Art. 18. (*ainsi modifié par l'art. 1ᵉʳ de la loi du 25 juin 1920 (2ᵉ alinéa), par l'art. 4 de la loi du 13 juill. 1925 et par l'art. 23 de la loi du 3 août 1926*) :

« Sur le montant du revenu de l'exploitation agricole calculé comme il est dit à l'article précédent, l'exploitant n'est taxé que sur la fraction supérieure à 2 500 francs. Il a droit, en outre, à une déduction des trois quarts sur la fraction comprise entre 2 500 et 4 000 francs, et de moitié sur la fraction comprise entre 4 000 et 8 000 francs.

« Le taux de l'impôt est fixé à 12 pour 100 » (*à partir du 1ᵉʳ janv. 1927 (art. 26 de la loi du 3 août 1926), sans décimes (id., art. 23*).

Art. 19 (*complété par l'art. 13 de la loi du 30 juin 1920, modifié par l'art. 5 de la loi du 22 mars 1924, et remplacé par la disposition suivante de l'art. 3 de la loi du 13 juill. 1925*) :

« L'impôt est établi au nom des exploitants, dans la commune où ils ont leur habitation principale au 1ᵉʳ janvier de l'année de l'imposition et d'après la consistance de leurs exploitations au 1ᵉʳ janvier de l'année précédente.

« Dans le cas de bail à portion de fruits, le bailleur et le métayer
sont personnellement imposés pour la part de revenu imposable
revenant à chacun d'eux proportionnellement à leur participation
dans les produits. A chaque renouvellement ou modification de bail, le
bailleur est tenu de faire connaître au contrôleur des contributions
directes du siège de l'exploitation, dans le délai de trois mois, la
part proportionnelle de chacun. L'abattement ne joue pour le bailleur que sur l'ensemble de ses propriétés.

« En tout état de cause, qu'il s'agisse de bail à ferme ou de colonat partiaire, le propriétaire est tenu de remettre au contrôleur
des contributions directes, à chaque renouvellement de bail, dans
le délai de trois mois, une déclaration indiquant la désignation de
l'exploitation, les nom et prénoms du fermier ou du métayer entrant
et la date de son entrée. S'il s'agit de marchés de terre, la déclaration doit indiquer, en outre du nom de l'amodiataire, la désignation
et le revenu cadastral des parcelles louées.

« A défaut de déclaration dans le cas prévu aux deux alinéas précédents, l'impôt est établi au nom du propriétaire. »

Art. 20. — Les rôles de l'impôt sur les bénéfices de l'exploitation
agricole sont établis et le recouvrement en est poursuivi comme en
matière de contributions directes.

En cas de déménagement du contribuable hors du ressort de la
perception, comme en cas de vente volontaire ou forcée, l'impôt est
immédiatement exigible pour la totalité de l'année courante.

Art. 21. — Les réclamations relatives à l'impôt sur les bénéfices
de l'exploitation agricole sont présentées, instruites et jugées comme
en matière de contributions directes.

Toutefois, les réclamations présentées par application du deuxième
paragraphe (*actuellement dernier alinéa du nouveau texte*) de l'article 17 ci-dessus, sont jugées et les décisions prononcées en audience
non publique ; en outre, les avis et communications qui s'y rapportent sont transmis dans les conditions prévues par l'article 23 de
la loi du 15 juillet 1914, en ce qui concerne l'impôt général sur le revenu.

Art. 22 (*ainsi modifié par l'art. 4 de la loi du 25 juin* 1920) :

« Les parcs, jardins, avenues, pièces d'eau et tous les terrains
« réservés au pur agrément ou spécialement aménagés en vue de la
« chasse, ainsi que les terrains non cultivés destinés à la construc-
« tion, sont assujettis à l'impôt sur les bénéfices de l'exploitation
« agricole à raison d'un revenu déterminé suivant le mode indiqué
« au premier paragraphe de l'article 17.

« L'impôt est établi sur la totalité de ce revenu, sans déduction
« ni atténuation d'aucune sorte.

« Sont affranchies de l'impôt les personnes ayant la jouissance
« de terrains d'agrément dont la superficie n'excède pas un hectare
« et dont le revenu imposable n'est pas supérieur à 100 francs. Sont
« en outre exonérés de l'impôt, quelles que soient leur contenance
« et leur valeur locative, les parcs et jardins situés dans la partie

« agglomérée des villes et les terrains appartenant aux offices
« publics d'habitations à bon marché et destinés aux buts déter-
« minés par l'article 11 de la loi du 23 décembre 1912. »

TITRE III

**Impôt sur les traitements publics et privés, les indemnités
et émoluments, les salaires, les pensions et les rentes viagères.**

Art. 23 (*modifié ou complété par les art.* 1er *de la loi du* 25 *juin* 1920,
4 *de la loi du* 31 *juill.* 1920, 6 *de la loi du* 30 *mars* 1923, 42 *de la loi
du* 22 *mars* 1924 *et* 5 *de la loi du* 13 *juill.* 1925) : — Les revenus provenant des traitements publics et privés, des indemnités et émoluments, des salaires, des pensions et des rentes viagères sont assujettis à un impôt portant sur la partie de leur montant annuel qui
dépasse 7 000 francs.

L'abattement ci-dessus sera augmenté, pour chaque contribuable
soumis à l'impôt, d'une somme de 3 000 francs pour sa femme, si
celle-ci n'a ni salaire ni revenus personnels, de 3 000 francs par
enfant de moins de dix-huit ans et non salarié, et de 2 000 francs
pour chacune des autres personnes à sa charge, dans les mêmes conditions que celles de l'article 7 de la loi du 25 juin 1920.

Dans le cas où le mari et la femme touchent des traitements ou
salaires distincts, les déductions pour enfants et pour personnes
à la charge ne seront applicables qu'au traitement ou salaire le
plus élevé.

Les déductions ci-dessus seront augmentées d'une somme supplémentaire de 1 000 francs en faveur des mutilés titulaires d'une
pension d'invalidité.

(*Les* 5e *et* 6e *alinéas du même article sont remplacés par les dispositions ci-après de l'art.* 23 *de la loi du* 3 *août* 1926) :

« En outre, pour le calcul de l'impôt, la fraction comprise entre
le minimum exempté et 10 000 francs est comptée pour un quart,
— la fraction comprise entre 10 000 francs et 20 000 francs pour
moitié, — et la fraction comprise entre 20 000 francs et 40 000 fr.
pour trois quarts ;

« Le taux de l'impôt est fixé à 12 pour 100 » (*L.* 3 *août* 1926).

Sont affranchies de l'impôt les pensions servies en vertu de la
loi du 31 mars 1919, ainsi que les allocations aux familles nombreuses (sursalaire familial, allocations familiales) versées uniquement par des employeurs ou groupements d'employeurs à leur personnel (*art.* 1er, *L.* 25 *juin* 1920).

Art. 24. — Pour la détermination des bases d'imposition, il est
tenu compte du montant net réel des traitements, indemnités et
émoluments, salaires, pensions et rentes viagères, ainsi que de tous
les avantages en argent ou en nature accordés aux intéressés en sus
des traitements, indemnités, émoluments, salaires, pensions et
rentes viagères proprement dits.

Art. 25. — L'impôt est dû, chaque année, à raison des traitements, indemnités et émoluments, salaires, pensions et rentes viagères dont les intéressés ont bénéficié au cours de l'année précédente.

Il est établi au nom des bénéficiaires dans la commune où ils sont domiciliés au 1er janvier de l'année de l'imposition.

Art. 26. — Tous particuliers et toutes sociétés ou associations occupant des employés, commis, ouvriers ou auxiliaires, moyennant traitement, salaire ou rétribution, sont tenus de remettre, dans le courant du mois de janvier de chaque année, au contrôleur des contributions directes, un état indiquant :

1º Les noms et adresses des personnes qu'ils ont occupées au cours de l'année précédente ;

2º Le montant des traitements, salaires et rétributions payés à chacune d'elles pendant ladite année ;

3º La période à laquelle s'appliquent ces payements, lorsqu'elle est inférieure à une année, mais supérieure à trente jours consécutifs.

La disposition qui précède n'est toutefois applicable qu'en ce qui concerne les personnes dont les traitements, salaires ou rétributions, calculés conformément aux prescriptions de la présente loi et ramenés à l'année, dépassent le minimum assujetti à l'impôt.

(*L'art. 26 est complété, comme il suit, par l'art. 6 de la loi du 13 juillet 1925*) :

« Par contre, elle s'applique, quel que soit le montant de leurs rémunérations ramenées à l'année, aux personnes qui remplissent des fonctions susceptibles d'être exercées simultanément auprès de plusieurs entreprises, telles que les fonctions d'administrateur, membre ou secrétaire de comité ou conseil de direction, de gestion ou de surveillance quelle qu'en soit la dénomination, commissaire des comptes, trésorier, etc., et même dans le cas où ces rémunérations sont passibles de la taxe d'enregistrement sur le revenu des valeurs mobilières.

« Les chefs d'entreprise sont en outre tenus de faire connaître au contrôleur des contributions directes, dans les conditions prévues au paragraphe précédent, le montant des commissions, courtages ou autres rémunérations qu'ils versent à l'occasion de l'exercice de leur profession à des courtiers, commissionnaires ou autres intermédiaires de commerce n'ayant pas la qualité de salariés, ainsi que le montant des honoraires, vacations ou autres rémunérations susceptibles d'entrer en compte pour l'établissement de l'impôt sur les bénéfices des professions non commerciales et dont le montant total brut, au cours de l'année, aura atteint, pour une même personne, la somme de 1 000 francs, quelles que soient, d'ailleurs, les localités où sont domiciliés le déclarant et le contribuable.

Art. 27. — Tous particuliers et toutes sociétés ou associations payant des pensions ou rentes viagères sont tenus, dans les conditions prévues à l'article précédent, de fournir les indications relatives aux titulaires de ces pensions ou rentes, lorsqu'elles dépassent 1 250 francs.

Art. 28. — A l'aide des renseignements fournis en exécution des dispositions qui précèdent et de tous autres qu'il peut recueillir, le contrôleur des contributions directes fixe les bases de cotisation, sans préjudice pour les intéressés du droit de les contester après l'établissement du rôle.

Art. 29 (*modifié par l'art. 7 de la loi du 31 déc.* 1920) :

Toute infraction aux prescriptions des articles 26 et 27 ci-dessus donne lieu à l'application d'une amende de cent francs (100 fr.) encourue autant de fois qu'il est relevé d'omissions ou d'inexactitudes dans les renseignements qui doivent être fournis en vertu de ces deux articles.

L'amende sera prononcée par le conseil de préfecture, statuant comme en matière de contraventions, sur requête présentée sans frais par le directeur des contributions directes.

La copie de la requête sera notifiée aux contrevenants par les soins du conseil de préfecture.

La prescription ne sera acquise qu'après l'expiration de la quatrième année suivant celle au cours de laquelle l'infraction aura été commise.

L'amende sera recouvrée par le percepteur des contributions directes.

(*Les impositions calculées d'après le taux nouveau de 12 pour* 100, *applicable à compter du* 1er *janv.* 1927, *ne comportent pas le double décime institué par l'art.* 3 *de la loi du* 22 *mars* 1924 (*art.* 23 *et* 26 *de la loi du* 3 *août* 1926.)

TITRE IV

Impôt sur les bénéfices des professions non commerciales.

Art. 30. — Les bénéfices des professions libérales, des charges et offices dont les titulaires n'ont pas la qualité de commerçants et de toutes occupations ou exploitations lucratives non soumises à un impôt spécial sur le revenu sont assujettis à un impôt annuellement établi à raison du bénéfice net de l'année précédente constitué par l'excédent des recettes totales sur les dépenses nécessitées par l'exercice de la profession.

Art. 31 (*ainsi modifié par l'art.* 1er *de la loi du* 25 *juin* 1920, *par l'art.* 7 *de la loi du* 13 *juill.* 1925 *et* (2e *et* 3e *alinéas*) *par l'art.* 23 *de la loi du* 3 *août* 1926) : — L'impôt ne porte que sur la partie du bénéfice net dépassant la somme de 7 000 francs.

En outre, pour le calcul de l'impôt, la fraction comprise entre le minimum exempté et 10 000 francs est comptée pour un quart, — la fraction comprise entre 10 000 et 20 000 francs, pour moitié —

et la fraction comprise entre 20 000 et 40 000 francs pour trois quarts.

« Le taux de l'impôt est fixé à 12 pour 100 (*L. 3 août 1926*).

,« Par dérogation aux dispositions qui précèdent, l'impôt est cal- « culé, pour les charges et offices visés à l'article 30, dans les con- « ditions et d'après les taux fixés par l'article 12 en ce qui concerne « les professions commerciales. »

Art. 32 (*ainsi modifié par l'art. 14 de la loi du 4 avr. 1926*) : — « L'impôt est établi au lieu de l'exercice de la profession ou, le cas échéant, du principal établissement. »

Art. 33 (*ainsi modifié par l'art. 7 de la loi du 30 juin 1923 et par l'art. 8 de la loi du 13 juill. 1925*). — Toute personne passible de l'impôt à raison de bénéfices réalisés dans l'une des professions visées à l'article 30 est tenue de produire dans les deux premiers mois de chaque année une déclaration indiquant le montant de son bénéfice brut, celui de ses dépenses professionnelles et le chiffre de son bénéfice net de l'année précédente.

Les redevables qui sont astreints par les règlements à la tenue d'une comptabilité doivent, en outre, la représenter à toute réquisition du contrôleur, à l'appui des énonciations de leur déclaration. Dans le cas de non-présentation de la comptabilité, le bénéfice imposable est déterminé d'office et l'impôt est majoré de moitié.

Pour les officiers ministériels, la production de la comptabilité ne peut être exigée que pour les écritures de la comptabilité-étude, à l'exclusion de celles qui concernent les dépôts de fonds appartenant aux clients.

Art. 34. — La déclaration est adressée au contrôleur des contributions directes du lieu du domicile du contribuable. Il en est délivré récépissé.

Art. 35 (*modifié par l'art. 9 de la loi du 13 juill. 1925 et remplacé par l'art. 12 de la loi du 4 avr. 1926 ainsi conçu*) : — « Le contrôleur peut demander aux intéressés tous les renseignements susceptibles de justifier l'exactitude des chiffres déclarés. S'il juge ces renseignements insuffisants, il établit la base de l'imposition et notifie au contribuable le chiffre qu'il se propose de substituer à celui de la déclaration, en indiquant les motifs qui lui paraissent justifier le redressement ; il invite en même temps l'intéressé à présenter, s'il y a lieu, ses observations par écrit ou verbalement dans un délai de vingt jours.

« Si le désaccord persiste, il est soumis à l'appréciation d'une commission consultative siégeant au chef-lieu de chaque département et comprenant les membres suivants, qui seront soumis aux obligations du secret professionnel prévues par l'article 23, paragraphe 3, de la loi du 15 juillet 1914 :

« Le président du tribunal civil du chef-lieu ou, en cas d'empêchement, un membre du même tribunal par lui désigné, président. Un avocat désigné par les bâtonniers des barreaux du département ou, à défaut de barreau constitué, un avoué désigné par les présidents des chambres de discipline du département. Un notaire désigné par les présidents des chambres de discipline. Un médecin désigné par les syndicats de médecins du département ou, à défaut, par le préfet. Au cas où le contribuable n'appartiendrait à aucune des professions visées ci-dessus, il aurait le droit de réclamer la présence, au sein de la commission, d'un représentant des syndicats ou des associations corporatives dont il fait partie et qui serait à la désignation de ces associations ou, à leur défaut, du préfet. Trois membres suppléants sont désignés dans les mêmes conditions.

« La commission comprend, en outre, un inspecteur des contributions directes désigné par le directeur départemental et remplissant les fonctions de secrétaire rapporteur, avec voix délibérative. Plusieurs commissions peuvent, par arrêté du ministre des finances, être instituées dans un même département. Dans ce cas, l'une des commissions est présidée par le président du tribunal civil du chef-lieu, qui désigne, parmi les membres de ce tribunal, les présidents des autres commissions. La commission délibère valablement, à condition qu'il y ait au moins trois membres présents, y compris le président et le secrétaire rapporteur. En cas de partage, la voie du président est prépondérante.

« La commission se réunit, à la demande du directeur des contributions directes, sur la convocation de son président. Convoqués dix jours au moins avant la réunion, les contribuables intéressés sont invités à se faire entendre ou à faire parvenir leurs observations écrites. Après examen des motifs invoqués par l'Administration et par le contribuable, la commission formule par écrit un avis indiquant le chiffre du bénéfice professionnel qui lui paraît pouvoir être attribué au contribuable.

« L'avis de la commission est notifié au contribuable par l'Administration, qui l'avise en même temps du chiffre d'après lequel elle se propose de le taxer. Si ce chiffre est conforme à l'évaluation de la commission, le contribuable ne peut obtenir de réduction par voie de réclamation devant la juridiction contentieuse qu'en apportant la preuve du chiffre exact de ses bénéfices. Dans le cas contraire, la charge de la preuve devant la juridiction contentieuse incombe à l'Administration, en tant que le revenu pris pour base de l'impôt excède le chiffre indiqué par la commission.

« Le présent article est applicable au contrôle des déclarations souscrites à partir du 1er janvier 1926. »

Art. 36 (*ainsi modifié par l'art.* 11 *de la loi du* 13 *juill.* 1925). — Tout contribuable astreint à la déclaration prévue par l'article 33, qui ne souscrit pas cette déclaration dans les deux premiers mois de l'année, est invité par le contrôleur à la produire dans un nouveau délai de vingt jours, passé lequel le bénéfice imposable est déterminé d'office, sauf réclamation du contribuable après l'établissement du rôle. Mais dans ce cas l'impôt est majoré de moitié.

Art. 37 (*modifié par l'art. 3 de la loi du 31 juill. 1920 et complété par l'art. 10 de la loi du 13 juill. 1925*): — Le contribuable qui n'a déclaré qu'un revenu insuffisant est tenu, s'il n'établit sa bonne foi, de verser, en sus des droits afférents au montant réel de son revenu imposable, une somme égale au quadruple de la partie de ces droits correspondant au revenu non déclaré. Toutefois, le droit en sus n'est applicable que si l'insuffisance constatée est supérieure au dixième du revenu imposable ou excède 20 000 francs.

Si l'insuffisance est découverte après l'établissement du rôle, un supplément de cotisation peut être réclamé au contribuable, soit dans l'année même de l'imposition, soit au cours des cinq années suivantes.

(*L'impôt applicable, au taux nouveau de 12 pour 100, aux bénéfices des professions non commerciales autres que les charges et offices, à compter du 1er janvier 1927, ne comporte pas la surtaxe du double décime (art. 23 et 26 de la loi du 3 août 1926.)*)

TITRE V

Impôt sur les revenus des créances, dépôts et cautionnements.

Art. 38. — L'impôt sur le revenu des capitaux mobiliers établi par les articles 31 et suivants de la loi du 29 mars 1914, et dont le taux a été modifié par l'article 11 de la loi du 30 décembre 1916, s'applique aux intérêts, arrérages et tous autres produits :

1° Des créances hypothécaires, privilégiées et chirographaires, à l'exclusion de toute opération commerciale ne présentant pas le caractère juridique d'un prêt ;

2° Des dépôts de sommes d'argent, à vue ou à échéance fixe, quel que soit le dépositaire et quelle que soit l'affectation du dépôt ;

3° Des cautionnements en numéraire.

(*Le taux de cet impôt, porté à 12 pour 100 par les dispositions combinées de l'article 50 de la loi du 25 juin 1920 et de l'article 3 de la loi du 22 mars 1924, vient d'être majoré de 50 pour 100 et, par suite, fixé à 18 pour 100 par l'article 16-4° de la loi du 3 août 1926.*)

D'autre part, le texte qui précède a été complété par l'article 52 de la loi du 25 juin 1920 *ainsi conçu* :

« L'impôt édicté par l'article 38 de la loi du 31 juillet 1917 sur les
« intérêts, arrérages et tous autres produits des créances, dépôts
« et cautionnements est dû par le seul fait soit du payement des
« intérêts, de quelque manière qu'il soit effectué, soit de leur ins-
« cription au débit ou au crédit d'un compte, dès lors que le créan-
« cier a son domicile ou sa résidence habituelle en France ou y
« possède un établissement industriel ou commercial dont dépend
« la créance, le dépôt ou le cautionnement.

« Lorsque le payement des intérêts ou leur inscription au débit ou
« au crédit d'un compte est effectué en France, l'impôt est acquitté

« par l'apposition de timbres mobiles soit sur la quittance, soit sur
« le compte où l'inscription est opérée. Toutefois, un règlement
« d'administration publique pourra établir des règles spéciales pour
« l'acquittement de l'impôt sur les intérêts portés au débit ou au
« crédit d'un compte.

« Lorsque le payement des intérêts ou leur inscription au débit
« ou au crédit d'un compte est effectué hors de France, ou que le
« payement des intérêts a lieu en France sans création d'un écrit
« pour le constater, le créancier doit souscrire au bureau de l'enre-
« gistrement la déclaration du montant de ces intérêts et acquitter
« la taxe sur ce montant dans les trois premiers mois de l'année sui-
« vante. »

Enfin l'article 54 de la loi du 25 juin 1920 porte ce qui suit :

« Les amendes édictées par le dernier alinéa de l'article 40 de la
« loi du 31 juillet 1917 sont applicables aux cas de contravention
« aux dispositions, tant de l'article qui précède, que des règlements
« d'administration publique prévus par l'article 43 de cette loi et
« par l'article 52 de la présente loi. »

Art. 39. — Sont affranchis de l'impôt sur le revenu des capitaux
mobiliers :

1º Les intérêts des sommes inscrites sur les livrets des caisses
d'épargne ;

2º Les intérêts des créances hypothécaires ou privilégiées en représentation desquelles les sociétés ou compagnies autorisées par le
Gouvernement à faire des opérations de crédit foncier ont émis des
obligations, titres ou valeurs soumis eux-mêmes à l'impôt sur le
revenu ;

3º (*Loi du 31 déc. 1918, art. 17*) « *a*) Les intérêts des prêts con-
« sentis ou des dépôts effectués par les sociétés, fondations et
« offices publics d'habitation à bon marché et les sociétés de crédit
« immobilier, constituées et fonctionnant conformément aux lois
« des 12 avril 1906, 10 avril 1908 et 23 décembre 1912, ainsi que par
« les sociétés de bains-douches et les sociétés de jardins-ouvriers
« visées à l'article 7 de la loi du 23 décembre 1912 ;

« *b*) Les intérêts des prêts consentis par les caisses d'épargne au
« profit des particuliers, conformément à l'article 16 de la loi du
« 12 avril 1906. »

(*Immunités confirmées par les art. 64, 68, 69, 71 et 74 de la loi du*
5 déc. 1922 (D. P. 1923. 4. 333.)

4º (*L. du 10 oct. 1919, art. 3*) : « Les intérêts des avances con-
« senties par le Crédit national en vertu de la convention du 7 juil-
« let 1919, au moyen de fonds provenant de l'émission d'obliga-
« tions, titres ou valeurs soumis eux-mêmes à l'impôt sur le revenu. »
« — V. *suprà*, nº 185-2.

Art. 40. — L'impôt est liquidé sur le montant brut des intérêts, arrérages ou tous autres produits des valeurs désignées à l'article 38 ci-dessus.

Pour lesdites valeurs, la retenue de l'impôt est opérée au moyen de l'apposition de timbres mobiles sur la quittance ou tout autre écrit constatant le payement ou l'inscription au crédit d'un compte des intérêts, arrérages ou tous autres produits.

Le droit est à la charge exclusive du créancier, nonobstant toute clause contraire, quelle qu'en soit la date ; toutefois le créancier et le débiteur en sont tenus solidairement.

Toute infraction aux dispositions du présent article sera punie d'une amende de cinquante francs (50 fr.) à la charge de chacun des contrevenants, indépendamment du payement par le créancier d'une amende égale au quintuple des droits dont le Trésor a été privé pour chacune des années antérieures à celle de la découverte de l'infraction, sans toutefois que le droit de répétition puise s'étendre à plus de dix années.

Art. 41. — Le recouvrement de l'impôt sur le revenu des capitaux mobiliers sera assuré, et les instances seront introduites et jugées comme en matière d'enregistrement.

Les dispositions de l'article 21 de la loi du 26 juillet 1893 seront applicables aux actions respectives du Trésor et des redevables, sauf le cas prévu au dernier alinéa de l'article 40.

Art. 42. — Le propriétaire d'un immeuble, affecté par hypothèque, privilège ou antichrèse à la garantie d'une créance, a le droit d'obtenir, sur sa demande, le dégrèvement de l'impôt foncier (part de l'État) afférent à cet immeuble, jusqu'à concurrence de la fraction de cet impôt frappant un revenu égal aux intérêts de ladite créance.

La demande en dégrèvement est présentée, instruite et jugée comme en matière de contributions directes. Elle doit être produite dans les trois mois de la date du payement des intérêts et appuyée de la quittance ou de l'écrit libératoire dûment revêtu des timbres mobiles prévus par l'article 40.

Les intérêts des dettes chirographaires seront déduits des revenus du débiteur, à l'exception de ceux provenant des valeurs mobilières.

Pour obtenir le bénéfice de cette déduction, les contribuables devront en faire la demande et justifier que la dette existe réellement, que les intérêts de la dette alléguée ont été effectivement payés au créancier et qu'ils ont été frappés de l'impôt prévu par l'article 38.

La déduction est imputée d'abord sur les revenus de l'entreprise ou de l'exploitation pour les besoins de laquelle la dette aura été contractée. En cas d'insuffisance desdits revenus ou à défaut de justification concernant la cause de la dette, l'imputation est faite successivement sur les revenus des catégories taxées au taux le moins élevé.

Lorsque des valeurs mobilières ont été constituées en gage ou nantissement de créances, le débiteur peut obtenir le remboursement de l'impôt sur le revenu desdites valeurs, jusqu'à concurrence des droits perçus sur les intérêts de sa dette, et à la condition : 1° de présenter la demande et les justifications prévues par le quatrième paragraphe du présent article ; 2° de justifier que l'impôt sur le revenu des titres constitués en gage incombe au porteur de ces titres et a été payé par lui.

Art. 43. — Un règlement d'administration publique déterminera les mesures d'exécution des articles compris sous le titre V de la présente loi.

TITRE VI

Centimes départementaux et communaux.

(Les art. 44 à 46 de ce titre règlent la perception des centimes départementaux et communaux sur les anciennes contributions personnelle-mobilière, des portes et fenêtres et des patentes. Ces dispositions transitoires ne rentrent pas dans le cadre de ce *Traité*.)

TITRE VII

Dispositions diverses.

Art. 44 (*modifié par l'art. 1er de la loi du 25 juin 1920, par l'art. 3 de la loi du 31 déc. 1921 et remplacé par les dispositions suivantes de l'art. 23 de la loi du 3 août 1926*) : — « Le taux de la contribution foncière des propriétés bâties et des propriétés non bâties est fixé, en principal, à 18 pour 100.

« Pour le calcul de la contribution foncière des propriétés non bâties, le revenu imposable de ces propriétés sera uniformément majoré de 75 pour 100 jusqu'à l'application des résultats de la revision exceptionnelle des évaluations effectuées conformément à l'article 28 de la loi du 13 juillet 1925. »

En ce qui concerne les départements du Haut-Rhin, du Bas-Rhin et de la Moselle, les taux en principal applicables pour le calcul de l'impôt foncier et de l'impôt sur les bâtiments sont portés à 18 pour 100.

Jusqu'à l'application des résultats de la revision des évaluations, le revenu imposable des propriétés non bâties, dans ces mêmes départements, sera uniformément majoré de 16,67 pour 100.

Les impositions calculées d'après les taux fixés au présent article ne supportent pas le double décime institué par la loi du 22 mars 1924.

. . . .
. . . .

Art. 51. — Les dispositions des articles 21 à 24 de la loi du 15 juillet 1914 relatives à l'impôt général sur le revenu sont applicables aux impôts institués par la présente loi sur les bénéfices des professions commerciales et industrielles, sur les traitements publics et privés, les indemnités et émoluments, les salaires, les pensions et les rentes viagères et sur les bénéfices des professions non commerciales.

Art. 52 (*Le premier alinéa de cet article est remplacé par les dispositions ci-après de l'art. 5 de la loi du 25 juin 1920*) :

« Sur les impôts institués par la présente loi et perçus par voie de rôles, ainsi que sur l'impôt foncier, chaque contribuable a droit, en ce qui concerne la part de l'État, à une réduction réglée comme il suit :

« 1° Pour tout contribuable dont le revenu net total, défalcation
« faite des déductions pour situations et charges de famille prévues
« par l'article 12 de la loi du 15 juillet 1914, n'est pas supérieur à
« 10 000 francs, 7,50 pour 100 pour chaque personne à sa charge
« jusqu'à la deuxième et 15 pour 100 pour chacune des autres per-
« sonnes à partir de la troisième. »

« 2° Pour tout contribuable dont le revenu net total, tel qu'il est
« défini ci-dessus, est supérieur à 10 000 francs, 5 pour 100 pour
« chacune des trois premières personnes à sa charge et 10 pour 100
« pour chacune des autres personnes à partir de la quatrième, sans
« que, toutefois, le montant total de la réduction puisse dépasser
« 300 francs par personne à la charge du contribuable. »

Les autres dispositions de l'article 52 sont ainsi conçues :

Sont considérées comme personnes à la charge du contribuable celles qui sont désignées à l'article 13 de la loi du 15 juillet 1914, relative à l'impôt général sur le revenu.

Pour s'assurer le bénéfice des dispositions qui précèdent, les contribuables feront parvenir au contrôleur du lieu de leur domicile une déclaration indiquant les noms, prénoms, date et lieu de naissance de chacune des personnes à leur charge, ainsi que les circonstances (lien de parenté, etc.) de nature à justifier que ces personnes rentrent dans la catégorie de celles qui sont visées au présent article.

Les déclarations indiqueront également les impôts sur lesquels sont susceptibles de porter les dégrèvements et les communes dans lesquelles ces impôts doivent être établis.

(*Alinéa ci-après, modifié par l'art. 8 de la loi du 30 juin 1923* (délai). — Les déclarations seront reçues dans les deux premiers mois de chaque année ; elles seront valables tant que leurs indications n'auront pas cessé d'être exactes ; dans le cas contraire, elles devront être renouvelées dans le délai ci-dessus indiqué.

Art. 53 (*modifié par l'art. 1er de la loi du 25 juin 1920 et remplacé, comme il suit, par l'art. 23 de la loi du 3 août 1926*) : — « Les béné-

26 — IMPOTS SUR LE REVENU

« fices de l'exploitation minière et des opérations rattachées à cette
« exploitation pour l'assiette de la redevance proportionnelle des
« mines restent soumis à cette redevance, qui est portée à 25 p. 100,
« dont 20 pour 100 au profit de l'État et 5 pour 100 au profit des
« communes, dans les conditions fixées par la loi du 8 avril 1910.
  « Ils ne sont pas assujettis aux impôts institués par la présente
« loi. »

Art. 54. — Les omissions totales ou partielles constatées dans
l'assiette de l'un quelconque des impôts institués par la présente
loi peuvent être réparées jusqu'à l'expiration de la cinquième année
suivant celle au cours de laquelle l'imposition aurait dû être établie.

Art. 55. — Pour l'établissement des divers impôts portant sur les
revenus, l'Administration des contributions directes a le droit
d'obtenir de tous les services publics communication des renseignements recueillis par ceux-ci en vertu des lois existantes.

*A cette disposition se rattachent celles qui font l'objet des articles 31
et 32 de la loi du 31 juillet 1920 et qui sont ainsi conçues :*

a) « Art. 31, § 1er. — En aucun cas, les administrations de l'Etat,
« des départements et des communes, ainsi que les entreprises con-
« cédées ou contrôlées par l'État, les départements et les communes,
« ne pourront opposer le secret professionnel aux agents de l'admi-
« nistration des finances ayant au moins le grade de contrôleur ou
« d'inspecteur adjoint qui, pour établir les impôts institués par les
« lois existantes, leur demanderont communication des documents
« de service qu'elles détiennent.

b) « § 2 (*complété comme il suit par l'art. 6 de la loi du 4 avr. 1926*).
« — Dans toute instance devant les juridictions civiles et criminelles,
« le ministère public pourra donner communication des dossiers
« aux administrations de l'enregistrement et des contributions
« directes.
  « L'autorité judiciaire devra donner connaissance à l'adminis-
« tration des finances de toute indication qu'elle pourrait recueillir,
« de nature à faire présumer une fraude commise en matière fiscale,
« ou une manœuvre quelconque ayant eu pour objet ou ayant eu
« pour résultat de frauder ou de compromettre un impôt, qu'il s'agisse
« d'une instance civile ou commerciale ou d'une information cri-
« minelle, ou correctionnelle même terminée par un non-lieu.
  « Durant la quinzaine qui suivra le prononcé de toute décision
« rendue par les juridictions civile, administrative, consulaire,
« prud'homale et militaire, les pièces resteront déposées au greffe
« à la disposition des administrations ci-dessus désignées.
  « Le délai est réduit à dix jours en matière correctionnelle.
  « Toute sentence arbitrale, soit que les arbitres aient été dési-
« gnés par justice, soit qu'ils l'aient été par les parties, tout accord
« survenu en cours d'instance, en cours ou en suite d'expertise ou

« d'arbitrage, devront faire l'objet d'un procès-verbal, lequel sera,
« dans le délai d'un mois, déposé avec les pièces au greffe du tribunal
« compétent. Ce procès-verbal sera tenu à la disposition de l'Admi-
« nistration pendant un délai de quinze jours à partir du dépôt.
« La sentence arbitrale ne sera soumise à l'enregistrement qu'en
« cas d'ordonnance d'exequatur ou d'usage en justice ou par acte
« public (*L.* 4 avr. 1926).

c) « **Art. 32** (*de la loi du 31 juill.* 1920).

« Pour permettre le contrôle des déclarations d'impôt et la
« recherche des omissions ou des fraudes qui auraient pu être com-
« mises dans le délai de la prescription, tout commerçant faisant
« un chiffre d'affaires supérieur à 50 000 francs par an est tenu de
« représenter, à toute réquisition des agents du Trésor ayant au
« moins le grade de contrôleur ou d'inspecteur adjoint, les livres
« dont la tenue est prescrite par le titre II du Code de commerce
« ainsi que tous livres et documents annexes, pièces de recettes et
« de dépenses, etc.
« Le refus de communiquer les livres ou leur destruction avant
« le délai fixé à l'article 11 du Code de commerce sera constaté par
« un procès-verbal et soumis aux sanctions établies par l'article 5
« de la loi du 17 avril 1906. »

Art. 56. — Les dispositions de la présente loi sont applicables
à partir du 1ᵉʳ janvier 1918.

**V. — DÉCRET DU 15 DÉCEMBRE 1917, relatif à l'application de la loi établis-
sant un impôt général sur le revenu** (*J. off.* du 30 déc. 1917, D. P. 1917. 4. 322).

Les dispositions de ce décret se trouvent intercalées dans le texte
du décret réglementaire du 17 janvier 1917, reproduit plus haut
(annexe nᵒ III).

**VI. — DÉCRET DU 20 DÉCEMBRE 1917, relatif à la création de timbres
mobiles pour l'exécution de l'article 40 de la loi du 31 juillet 1917** (*J. off.*
du 28 déc. 1917, D. P. 1917. 4. 322).

Les prescriptions de ce décret et celles du décret complémentaire du 13 janvier 1922 ont été analysées ci-dessus, nᵒ 194.

**VII. — LOI DU 9 MARS 1918, relative aux modifications apportées aux baux
à loyers par l'état de guerre** (*J. off.* du 12 mars 1918, D. P. 1918. 4. 49).

L'art. 31 de cette loi, qui accorde, sur la contribution foncière,
une remise proportionnelle aux pertes de loyers subies par le propriétaire, a été commenté *suprà*, nᵒ 70.

VIII. — **LOI DU 10 OCTOBRE 1919,** approuvant la convention conclue entre le ministre des Finances et les fondateurs du Crédit national, pour faciliter la réparation des dommages causés par la guerre (*J. off.* du 11 oct. 1919, D. P. 1920. 4. 24).

V., sous l'art. 39-4° de la loi du 31 juillet 1917, le texte de l'article 3 de ladite loi du 10 octobre 1919, exonérant de la taxe sur le revenu des capitaux mobiliers les intérêts des avances consenties par le Crédit national.

IX. — **LOI DU 25 JUIN 1920,** portant création de nouvelles ressources fiscales (*J. off.* du 26 juin 1920, D. P. 1920. 4. 28).

Les nombreuses dispositions de cette loi qui intéressent l'établissement des impôts cédulaires, de l'impôt général sur le revenu et de la contribution foncière sont intercalées dans le corps des lois organiques du 15 juillet 1914 (impôt général) et du 31 juillet 1917 (impôts cédulaires). Il serait sans intérêt de reproduire ici, séparément, ces textes une seconde fois.

X. — **LOI DU 31 JUILLET 1920,** portant fixation du budget général de l'exercice 1920 (*J. off.* du 1er avr. 1920, D. P. 1921. 4. 113).

Les textes de cette loi relatifs à l'impôt général et aux impôts cédulaires sur les revenus sont reproduits ci-dessus, avec les dispositions des lois du 15 juillet 1914 et du 31 juillet 1917, qu'ils modifient ou complètent (V. *sous l'art. 55 de cette dernière loi*).

XI. — **DÉCRET DU 3 SEPTEMBRE 1920,** relatif à l'application de l'article 52 de la loi du 25 juin 1920, qui prévoit des règles spéciales pour l'acquittement de l'impôt sur les intérêts portés au crédit ou au débit d'un compte (*J. off.* du 17 sept. 1920, *Instr. Enreg.* 3639, D. P. 1920. 4. 376).

Les dispositions essentielles de ce décret sont reproduites ou analysées, *suprà*, nᵒˢ 193 et suiv.

XII. — **LOI DE CRÉDITS DU 31 DÉCEMBRE 1920** (*J. off.* du 1er janv. 1921, D. P. 1923. 4. 8).

Art. 7. — Est porté de 5 à 100 francs le montant de l'amende prévue par l'article 29 de la loi du 31 juillet 1917, à l'égard des employeurs qui n'observent pas les dispositions des articles 26 et 27 de la même loi.

XIII. — **LOI DU 16 JUILLET 1921,** relative à l'établissement d'un régime transitoire pour la perception des impôts dans les régions libérées (*J. Off.* du 17 juill. 1921, D. P. 1921. 4. 301).

XIV. — **LOI DE FINANCES DU 31 DÉCEMBRE 1921** (*J. off.* du 1er janv. 1922, D. P. 1923. 4. 41). — Les dispositions les plus essentielles de cette loi, entre autres celles de l'article 20 qui reportent le point de départ du délai des réclamations au premier jour du mois qui suit la publication du rôle, ont été reproduites ou analysées au chapitre des *Règles communes*. Cette observation s'applique à l'article 18 de la même loi, refondu par l'article 2 de la loi du 4 avril 1926, qui organise le payement des contributions directes en deux fractions égales. — V. au surplus, ce dernier texte, *infra*.

XV. — LOI DU 31 MARS 1922, portant fixation définitive de la législation sur les loyers (D. P. 1922. 4. 73), élevant de trois à quinze ans la durée de l'exemption d'impôt foncier stipulée en faveur des constructions nouvelles (art. 20). Cette disposition, reprise et développée dans l'article 31 de la loi du 1er avril 1926 (D. P. 1926. 4. 113), a déjà été transcrite et commentée au chapitre Ier de ce *Traité*, no 56.

XVI. — LOI DU 5 DÉCEMBRE 1922, portant codification des lois sur les habitations à bon marché et la petite propriété (*J. off.* du 10 déc. 1923, D. P. 1923. 4. 333).

Art. 60 à 74, relatifs aux exemptions fiscales dont bénéficient les habitations à bon marché, les sociétés, fondations et offices publics d'habitation à bon marché et les caisses d'épargne (V.*Chap.* I, *Impôt foncier*, no 57, et *suprà, art. 39 de la loi du 31 juill.* 1917).

XVII. — LOI DU 30 JUIN 1923, portant fixation du budget général de l'exercice 1923 (*J. off.* du 1er juill. 1923, D. P. 1924. 4. 81) (extraits).

Art. 3. — Le cinquième alinéa de l'article 16 de la loi du 15 juillet 1914, modifié par l'article 5 de la loi du 30 décembre 1916 et par l'article 2 de la loi du 23 février 1917, est remplacé par la disposition suivante :

« Elles (les déclarations) sont reçues dans les deux premiers mois de chaque année. Toutefois, les commerçants et industriels qui rentrent dans la catégorie visée à l'article 4 de la loi du 31 juillet 1917 et qui, au cours de l'année antérieure à celle de l'imposition, ont clos leur exercice comptable pendant le mois de décembre, sont admis à produire leurs déclarations jusqu'au 31 mars suivant. »

Art. 4. — L'article 4 de la loi du 31 juillet 1917 est modifié ainsi qu'il suit :

« Les mots « 1er avril » sont remplacés par les mots « 1er mars ».

En outre, il est ajouté à cet article un paragraphe ainsi conçu :

« Toutefois, le délai prévu au paragraphe précédent est étendu jusqu'au 31 mars de chaque année pour les personnes ou sociétés qui, au cours de l'année antérieure à celles de l'imposition, ont clos leur exercice comptable pendant le mois de décembre. »

Art. 5. — Le premier alinéa de l'article 9 de la loi du 31 juillet 1917, modifié par l'article 3 de la loi du 25 juin 1920, est modifié comme suit :

« Les mots « 1er avril » sont remplacés par les mots « 1er mars ».

Art. 6. — Le troisième alinéa de l'article 14 de la loi du 31 juillet 1917 est modifié ainsi qu'il suit :

« Les mots « trois premiers mois de chaque année » sont remplacés par les mots « deux premiers mois de chaque année ».

Art. 7. — L'article 33 de la loi du 31 juillet 1917 est modifié ainsi qu'il suit :

« Les mots « trois premiers mois de chaque année » sont remplacés par les mots « deux premiers mois de chaque année ».

Art. 8. — Le dernier paragraphe de l'article 52 de la loi du 31 juillet 1917, modifié par l'article 5 de la loi du 25 juin 1920, est modifié ainsi qu'il suit :

« Les mots « les trois premiers mois de chaque année » sont remplacés par les mots « les deux premiers mois de chaque année ».

Art. 9. — Les dispositions des articles 3, 4, 5, 6, 7 et 8 sont applicables à partir du 1er janvier 1924.

Art. 10, exonérant de l'impôt sur les bénéfices commerciaux les artisans et façonniers, inséré sous l'article 13 de la loi du 31 juillet 1917, *suprà*.

Art. 11, concernant l'imposition individuelle des membres des sociétés de personnes, incorporé dans l'article 3 de la loi du 31 juillet 1917.

Art. 12. — Dans le cas de cession ou de cessation, en totalité ou en partie, d'une entreprise, l'impôt sur les bénéfices industriels et commerciaux dû en raison des bénéfices qui n'ont pas encore été taxés est immédiatement établi.

Dans un délai de dix jours déterminé comme il est indiqué ci-après, les contribuables sont tenus de faire parvenir aux contrôleurs des contributions directes les renseignements nécessaires (résumé de leur compte de profits et pertes ou montant de leur chiffre d'affaires) en vue de l'établissement de l'impôt. Le délai de dix jours dont il est question commence à courir :

Lorsqu'il s'agit de la vente ou de la cession d'un fonds de commerce, du jour où la vente ou la cession a été publiée dans un journal d'annonces légales, conformément aux prescriptions du premier alinéa de l'article 3 de la loi du 17 mars 1909, modifié par l'article 1er de la loi du 31 juillet 1913 ;

Lorsqu'il s'agit de la vente ou de la cession d'autres entreprises, du jour où l'acquéreur ou le cessionnaire a pris effectivement la direction des exploitations ;

Lorsqu'il s'agit de la cessation d'entreprises, du jour de la fermeture définitive des établissements.

Si les contribuables ne produisent pas les renseignements visés au deuxième alinéa du présent article ou si, invités à fournir à cet égard les justifications nécessaires, ils s'abstiennent de les donner dans les dix jours qui suivent la réception de l'avis qui leur est adressé à cet effet, les bases d'imposition sont arrêtées d'office et l'impôt est majoré de moitié.

En outre, en cas d'inexactitude, dans les renseignements fournis, les intéressés sont passibles de la majoration de droits prévue par l'article 11 de la loi du 31 juillet 1917.

Les cotes établies dans les conditions prévues par le présent article seront immédiatement exigibles pour la totalité.

En cas de cession, qu'elle ait lieu à titre onéreux ou à titre gratuit, le détenteur demeure responsable solidairement avec le contribuable du payement desdites cotes pendant trois mois à dater de la déclaration prévue par le second alinéa du présent article.

XVIII. — LOI DU 13 MARS 1924, relative au régime fiscal des bons du Trésor et des bons de la Défense nationale (*J. off.* du 14 mars 1924, D. P. 1924. 4. 307).

Art. unique. — Les intérêts des bons du Trésor et des bons de la Défense nationale à échéance d'un an au plus n'entreront plus en compte pour la détermination des sommes passibles de l'impôt général sur le revenu.

XIX. — LOI DU 22 MARS 1924, ayant pour objet la réalisation d'économies, la création de nouvelles ressources fiscales et diverses mesures d'ordre financier (*J. off.* du 23 mars 1924, D. P. 1924. 4. 148). — (*Extraits.*)

Art. 3. — En addition aux recettes autorisées par la loi du 28 décembre 1923, il sera perçu deux décimes sur tous les impôts, droits et taxes recouvrés au profit de l'État, selon les dispositions et sous réserve des exceptions prévues par la présente loi.

(Ce double décime ne sera plus applicable, à compter du 1er janvier 1927, aux impôts directs dont le taux est majoré ou réduit par la loi du 3 août 1926 (art. 23 et 25 de la loi du 3 août 1926.)

. . . .

Art. 5. — (Ce texte, relatif à l'impôt sur les bénéfices agricoles, dans le cas de bail à ferme ou à portion de fruits, se trouve incorporé dans le nouvel article 19 de la loi du 31 juillet 1917, plus haut transcrit.)

. . . .

Art. 41. — En ce qui concerne les amendes pénales prononcées en France par les cours et tribunaux, le principal est majoré de 30 décimes.

L'article 1er de la loi du 6 prairial an VII, l'article 14 de la loi du 2 juillet 1862, l'article 1er de la loi du 23 août 1871, l'article 2 de la loi du 31 décembre 1873, l'article 110 de la loi du 25 juin 1920 sont abrogés en ce qui concerne l'application aux amendes pénales des décimes ou demi-décimes qu'ils ont instituées.

. . . .

Art. 42 et 43. — (Ces textes, qui relèvent le taux des déductions pour situation ou charges de famille, ont été refondus dnas les articles 12 de la loi du 13 juillet 1914 et 23 de la loi du 31 juillet 1917.) V. *suprà*.

Art. 44. — Sous réserve des traités de réciprocité qui existent actuellement ou qui seront passés entre la France et les pays étrangers, les réductions d'impôts ou de taxes, les dégrèvements à la base, les déductions accordées par les lois en vigueur pour des raisons de charges de famille, les réductions sur les prix de transport en chemin de fer prévues au bénéfice des familles nombreuses ne sont applicables qu'aux citoyens français et aux originaires des colonies françaises ou des pays de protectorat.

Art. 45 à 48. — Les dispositions de ces articles, d'ailleurs modifiées ou complétées par la loi du 13 juillet 1925, qui prescrivent une revision exceptionnelle des évaluations foncières et envisagent la reprise des revisions périodiques normales, sont analysées dans le chapitre Ier, concernant l'impôt foncier, n°s 34 et suiv.

. . . .

Art. 50. — Tout contribuable qui n'aura pas intégralement payé les contributions directes et taxes assimilées assises à son nom et devenues exigibles dans les conditions prévues par l'article 18 de la loi du 31 décembre 1921 devra, sans préjudice des frais afférents aux poursuites dont il aura pu être l'objet, acquitter sur la portion non soldée, à partir d'une date qui sera fixée annuellement par la loi de finances, une majoration de 10 pour 100.

En ce qui concerne les contributions et taxes comprises sur tous les rôles, émis jusqu'au 31 décembre 1923, la date ci-dessus est fixée au 1er juillet 1924.

(*Disposition complétée ainsi qu'il suit, par l'art. 28 de la loi du 3 août 1926*) : — « La date d'application de la majoration de 10 pour 100 instituée par l'article 50 de la loi du 22 mars 1924 est fixée, chaque année, par un décret rendu sur la proposition du ministre des finances. »

. . . .

Art. 52 (*complété par l'art. 8 de la loi du 4 avr. 1926*). — V. article 118 du texte annexé au décret du 15 octobre 1926, *infrà*.

L'article 463 du Code pénal pourra être appliqué.

Préalablement à toutes poursuites, le contribuable sera mis en demeure, par lettre recommandée, de faire ou de compléter sa déclaration dans un délai qui ne pourra être moindre de quinze jours ni excéder un mois.

En cas d'accord, le redevable ne sera passible que de l'amende fiscale. En cas de contestation, il sera statué par la juridiction compétente.

Les poursuites correctionnelles pourront, s'il y a lieu, être engagées soit dès l'expiration du délai supplémentaire plus haut visé, soit, en cas de déclaration contestée, dès la décision de la juridiction compétente.

Art. 53. — Les complices des délits ci-dessus spécifiés seront punis des mêmes peines, sous les distinctions prévues au paragraphe 1er de l'article 52, sans préjudice des sanctions disciplinaires s'ils sont officiers publics ou ministériels.

Art. 54. — Sera puni des peines prévues par l'article 52 le contribuable assujetti à l'impôt général sur le revenu qui, encaissant directement ou indirectement des revenus à l'étranger, aura volontairement, soit omis de faire sa déclaration, soit omis d'y inscrire la mention spéciale exigée par le paragraphe 4 de l'article 16 de la loi du 15 juillet 1914, complété par l'article 65 de la présente loi, soit dissimulé une partie des revenus susvisés.

Sera puni des mêmes peines quiconque, en vue de faire échapper à l'impôt tout ou partie de la fortune d'autrui, s'entremet, soit en favorisant les dépôts de titres à l'étranger, soit en y encaissant ou y faisant encaisser, en y négociant ou y faisant négocier des coupons, soit en émettant ou en encaissant des chèques ou tous autres instruments créés pour le payement des dividendes, intérêts, arrérages ou produits quelconques des valeurs mobilières.

. . . .

Art. 65. — Le paragraphe 4 de l'article 16 de la loi du 15 juillet 1914 est complété comme il suit :

« Elles (*les déclarations*) mentionneront distinctement le montant des revenus, de quelque nature qu'ils soient, encaissés directement ou indirectement à l'étranger. »

XX. — **DÉCRET DU 9 SEPTEMBRE 1924,** modifiant le décret du 17 janvier 1917 portant règlement d'administration publique pour l'exécution de la loi du 15 juillet 1914 (*J. off.* du 17 sept. 1924, D. P. 1924. 4. 313). — Dispositions additionnelles incorporées dans l'article 3 du décret du 17 janvier 1917, transcrit ci-dessus.

XXI. — **LOI DU 25 AVRIL 1925,** portant ouverture de crédits provisoires sur l'exercice 1925 (*J. off.* du 26 avril 1925, D. P. 1925. 4. 269). — (*Extraits.*)

Art. 5. — A partir du 1er janvier 1926, la contribution foncière des propriétés bâties sera réglée à raison de la valeur locative de ces propriétés, telle quelle résultera de la revision exceptionnelle effectuée en exécution des articles 45 et 46 de la loi du 22 mars 1924, et conformément aux règles tracées par l'instruction du 25 août 1924, sous les déductions prévues par l'article 2 de la loi du 16 juillet 1910.

A titre exceptionnel et en ce qui concerne les maisons soumises à la contribution foncière antérieurement au 1er janvier 1926, la déduction opérée ne sera, en aucun cas, inférieure au triple de la déduction accordée par application des dispositions de la loi susvisée, sur la valeur locative précédemment attribuée à chaque immeuble.

XXII. — **LOI DU 13 JUILLET 1925 portant fixation du budget général de l'exercice 1925** (*J. off.* du 14 juill. 1925, D. P. 1925. 4. 281). — (*Extraits.*)

. . . .

Art. 2. — Pour l'établissement de l'impôt sur les bénéfices industriels et commerciaux, les revenus des valeurs et capitaux mobiliers figurant à l'actif de l'entreprise et atteints par l'impôt perçu en vertu des lois du 29 mars 1914 (titre II) et du 31 juillet 1917 (titre V) ou exonérés de ce dernier impôt par la législation en vigueur sont déduits du bénéfice net après imputation à ces revenus de la quote-part des frais et charges y afférents.

Cette quote-part est forfaitairement fixée dans la proportion de ces revenus à l'ensemble des produits bruts de l'entreprise.

Pour l'application de la déduction prévue à l'article 4 de la loi du 31 juillet 1917, la valeur locative des immeubles affectés à l'exploitation doit s'entendre de la valeur locative retenue pour l'assiette de la contribution foncière.

Art. 3 et 4. — (Ces textes, relatifs à l'impôt sur les bénéfices agricoles, modifiés par la loi du 3 août 1926, se trouvent incorporés dans les nouveaux articles 17 à 19 de la loi du 31 juillet 1917, transcrits ci-dessus.)

Art. 5. — (*Disposition insérée dans l'article 23 de la loi du 31 juillet 1917, suprà.*)

Art. 6. — (*Complétant l'art. 26 de la loi du 31 juill. 1917 plus haut relaté.*)

Art. 7 et 8 (refondus dans les nouveaux articles 31 et 33 de la loi du 31 juillet 1917).

Art. 9 (remplacé par le texte que l'article 12 de la loi du 4 avril 1926 substitue aux dispositions de l'article 35 de la loi du 31 juillet 1917) : — V. cet article 35, *suprà.*

. . . .

Art. 12. — Les contribuables qui disposent à la fois de revenus professionnels susceptibles d'être taxés d'après les règles respectivement applicables à l'impôt sur les bénéfices industriels et commerciaux et à l'impôt sur les bénéfices des professions non commerciales, sont cotisés pour l'ensemble de ces revenus, déterminés suivant le mode propre à chaque nature de profession, conformément aux règles prévues pour l'impôt sur les bénéfices industriels et commerciaux.

Les contribuables qui disposent à la fois de revenus provenant de traitements publics et privés, indemnités et émoluments, salaires, pensions et rentes viagères et de bénéfices de professions non commerciales autres que les bénéfices des charges et offices, sont cotisés pour l'ensemble de ces revenus, déterminés suivant le mode propre à chaque catégorie, d'après les règles applicables à l'impôt sur les traitements, salaires, pensions et rentes viagères.

Le total imposable sera ensuite fractionné proportionnellement au montant des revenus de chaque catégorie, et chaque fraction sera taxée d'après le taux spécial à sa cédule.

. . . .

Art. 14. — Sont et demeurent abrogées les dispositions de la loi du 1er décembre 1887 tendant à exonérer de l'impôt foncier les terrains nouvellement plantés en vignes.

Art. 15. — Le troisième alinéa de l'article 12 de la loi du 15 juillet 1914, modifié par les articles 3 de la loi du 29 juin 1918, 7 de la loi du 25 juin 1920 et 43 de la loi du 22 mars 1924, est modifié ainsi qu'il suit :

« En outre, tout contribuable a droit, sur son revenu annuel, à une déduction de 2 000 francs par personne à sa charge, si le nombre des personnes à sa charge ne dépasse pas cinq. »

Art. 16. — (*Disposition remplacée par celle de l'art. 13 de la loi du 4 avr. 1926, incorporé dans le nouvel art. 17 de la loi du 15 juill. 1914 : V. ce dernier article, suprà.*)

Art. 17. — Le troisième alinéa de l'article 8 de la loi du 25 juin 1920 est modifié comme suit :

« L'impôt est calculé en tenant, en outre, pour nulle la fraction du revenu qui, défalcation faite des déductions prévues à l'article 12, n'excède pas 7 000 francs. »

Art. 18. — Le deuxième alinéa de l'article 18 de la loi du 15 juillet 1914, modifié par l'article 2 de la loi du 31 juillet 1920 est complété par les mots suivants :

« Ou excède 20 000 francs. »

. . . .

Art. 21. — Toutes personnes de nationalité française domiciliées ou résidant habituellement en France et possédant à l'étranger, au jour de la promulgation de la présente loi, sous quelque forme que ce soit, des dépôts de sommes ou de valeurs mobilières, qui transféreront en France, avant le 1er janvier 1926, lesdites sommes ou valeurs mobilières, ne pourront être recherchées en payement de tous droits, taxes ou pénalités dont elles seraient débitrices à raison de la possession de ces sommes et valeurs. Passé ce délai, ne bénéficieront pas des mêmes avantages les redevables français qui auront maintenu des biens mobiliers à l'étranger.

A partir du 1er janvier 1926, toutes personnes de nationalité française, domiciliées ou résidant habituellement en France, conservant à l'étranger des biens mobiliers ou y possédant des biens immobiliers, devront fournir, dans les deux premiers mois de chaque année, au contrôleur des contributions directes, une déclaration détaillée décrivant la nature, la valeur de ces biens et le revenu y attaché. Cette déclaration sera obligatoire, que le contribuable soit ou non assujetti à l'impôt sur le revenu.

Toutefois, il ne pourra être réclamé aucun supplément de droit, ni appliqué aucune amende fiscale aux personnes qui auront spontanément et complètement réparé, dans les déclarations devant intervenir avant le 1er mars 1926, les insuffisances, omissions ou dissimulations antérieures au 1er janvier 1926.

La déclaration, tant des différents éléments d'actif que du revenu, se fera sous la foi du serment.

L'absence de déclaration, comme la déclaration sciemment inexacte, sera punie, outre des sanctions prévues par l'article 366 du Code pénal, d'une amende égale (décime compris) à la moitié du montant de l'avoir dissimulé, sans préjudice de l'affichage du nom du contrevenant et des motifs de la contravention à la porte de la mairie du lieu de son imposition.

Les articles 59, 60 et 463 du Code pénal sont applicables au délit spécifié au présent article.

Les dispositions qui précèdent ne s'appliquent pas aux exportateurs soumis aux dispositions de la loi du 22 mars 1924, article 72.

Aucune poursuite pour infraction à la loi du 22 mars 1924, article 72, ne sera exercée contre les exportateurs résidant en France qui auront rapatrié avant le 1er janvier 1926, par une remise en francs, les fonds qu'ils avaient irrégulièrement à l'étranger au regard de la loi susvisée.

L'article 21 de la présente loi est applicable à l'Algérie.

. . . .

Art. 23. — Les articles 61 à 64 et 66 à 68 de la loi du 22 mars 1924 (instituant le système du bordereau nominatif de coupons) sont abrogés.

. . . .

Art. 28. — La revision exceptionnelle des évaluations foncières des propriétés non bâties prescrite par les articles 45 et 47 de la loi du 22 mars 1924 devra comprendre la recherche des changements survenus dans les natures de culture et un nouveau classement des parcelles ; elle sera effectuée dans les conditions fixées par les articles 8 et 12 de la loi du 29 mars 1914. Les résultats de cette revision serviront de base à l'impôt à partir de l'année 1931.

L'article 48 de la loi du 22 mars 1924 est abrogé. Une disposition législative ultérieure déterminera, pour les propriétés bâties et pour les propriétés non bâties, la date d'exécution des revisions périodiques prévues par la loi du 29 mars 1914, ainsi que le point de départ de l'application de leurs résultats.

Art. 29. — Le premier alinéa de l'article 8 de la loi du 29 mars 1914 est modifié comme suit :

*« Lors de la revision des évaluations dans chaque commune, le

tarif des évaluations et le classement des parcelles par nature de culture et par classe seront établis par un représentant de l'administration des contributions directes, assisté du maire et de cinq classificateurs propriétaires fonciers ou assujettis à la cédule des bénéfices agricoles, dont au moins deux forains. Ces classificateurs, de même que cinq classificateurs suppléants, seront choisis par le préfet sur une liste de vingt noms proposés par le conseil municipal. Lorsque le territoire d'une commune comportera un ensemble de propriétés boisées de 100 hectares au minimum, la commission devra comprendre au moins un classificateur propriétaire de bois ou forêts ; pour l'évaluation des propriétés boisées, il lui sera adjoint un agent du service forestier, si l'administration des eaux et forêts le demande. »

. . . .

Art. 39. — Sera considérée comme commerçante soumise à l'impôt sur le chiffre d'affaires et à l'impôt sur les bénéfices industriels et commerciaux toute personne ou société se livrant à des opérations d'intermédiaire pour l'achat ou la vente des immeubles ou des fonds de commerce ou qui, habituellement, achète en son nom les mêmes biens dont elle devient propriétaire, en vue de les revendre. Elle devra :

1° En faire la déclaration, dans le délai d'un mois à compter de la promulgation de la présente loi ou du commencement des opérations ci-dessus visées, au bureau de l'enregistrement de sa résidence et, s'il y a lieu, à chacune de ses succursales ou agences ;

2° Tenir deux répertoires à colonnes non sujets au timbre dont la forme sera déterminée par décret, présentant jour par jour, sans blanc ni interligne, et par ordre de numéros, tous les mandats, promesses de vente, actes translatifs de propriété et, d'une manière générale, tous actes se rattachant à sa profession d'intermédiaire, ou à sa qualité de propriétaire ; l'un des répertoires sera affecté aux opérations d'intermédiaire, l'autre aux opérations effectuées en qualité de propriétaire ;

3° Se conformer, pour l'exercice du droit de communication des agents de l'administration de l'enregistrement et des contributions directes, aux dispositions des articles 22 de la loi du 23 août 1871, 7 de la loi du 21 juin 1875 et 5 de la loi du 17 avril 1906, sous les sanctions édictées par ces textes.

Tous les actes visés ci-dessus sont assujettis à l'enregistrement dans un délai de dix jours de leur date ; il n'est pas dérogé aux dispositions de l'article 20 de la loi du 22 frimaire an VII pour le cas où ces actes auraient été rédigés par acte public.

Ils sont soumis au tarif édicté par la loi fiscale.

Toutefois, pour toute personne qui aura déclaré dans l'acte de vente qu'elle achète l'immeuble en vue de le revendre, le droit sera porté à 12 pour 100 (plus les décimes). Mais, dans ce cas, l'acte de revente ne donnera ouverture qu'à la moitié du droit ordinaire si cet acte est passé dans le délai d'un an.

En outre, le premier acquéreur qui aura acquitté le droit de 12 pour 100 (plus les décimes) aura un recours contre le second acquéreur en vue de se faire rembourser la moitié de ce droit.

Toute infraction aux dispositions ci-dessus est punie d'une amende de 1 000 francs à 10 000 francs.

En outre, à défaut d'enregistrement des actes dans le délai indiqué au présent article, il sera perçu un droit en sus avec minimum de perception de 50 francs en principal.

. . . .

. . . .

Art. 62. — Les sociétés civiles de personnes constituées conformément aux articles 1823 et suivants du Code civil sont tenues de faire au bureau de l'enregistrement du lieu où elles ont le siège de leur principal établissement une déclaration contenant :

1º L'objet, le siège et la durée de la société ;

2º La date de l'acte constitutif et, s'il y a lieu, du ou des actes modificatifs, ainsi que celle de l'enregistrement de chacun de ces actes, dont un exemplaire sur papier non timbré, dûment certifié, est joint à la déclaration ;

3º Les nom, prénoms et domicile de chacun des associés, directeurs ou gérants ;

4º La nature et la valeur des biens mobiliers et immobiliers, constituant les apports ;

5º Les droits attribués aux associés dans le partage des bénéfices et de l'actif social, que ces droits soient ou non constatés par des titres délivrés aux ayants droit.

Cette déclaration devra être faite dans les trois mois de la publication de la présente loi au *Journal officiel* pour les sociétés civiles existant au jour de cette publication, et dans le mois de leur constitution définitive, pour les mêmes sociétés qui se formeront postérieurement.

En cas de modification dans la constitution de l'actif social, de changement de siège, de remplacement du directeur ou gérant ou d'un ou plusieurs des associés, lesdites sociétés doivent en faire la déclaration dans le délai d'un mois au bureau qui a reçu la déclaration primitive et déposer en même temps un exemplaire de l'acte modificatif.

Art. 63. — Toute contravention aux dispositions qui précèdent est punie d'une amende de 100 à 5 000 francs en principal, sans préjudice d'une pénalité de 10 p. 100 en principal du montant des apports mobiliers ou immobiliers omis ou insuffisamment évalués dans la déclaration.

Les omissions sont réprimées dans les délais et suivant les formes prescrites par les lois qui régissent les déclarations de mutation par décès.

Les insuffisances mobilières ou immobilières sont constatées par voie d'expertise, à laquelle il est procédé dans les formes indiquées aux articles 57 à 60 de la présente loi.

A défaut de la déclaration prévue à l'article 62, les actes constitutifs ou modificatifs de sociétés civiles ne sont pas opposables à l'Administration pour la perception de tous impôts ou taxes exigibles en vertu des lois en vigueur.

Art. 64. — Les sociétés civiles visées à l'article 62 sont assujetties au droit de communication conféré aux agents de l'enregistrement par la loi du 5 juin 1850, article 16, le décret du 17 juillet 1857, article 9, la loi du 23 août 1871, article 22 et la loi du 21 juin 1875, article 7. Le refus de communication est constaté par un procès-verbal et soumis aux sanctions établies par l'article 5 de la loi du 17 avril 1906.

. . . .

Art. 79. — Sont passibles en totalité de la taxe instituée par l'article 12 de la loi du 13 juillet 1911 et par l'article 12 de la loi du 30 décembre 1916 les prélèvements sur les bénéfices qui, à partir de la promulgation de la présente loi, seront effectués au profit de l'administrateur unique ou des membres des conseils d'administration en leur dite qualité, même si c s prélèvements ne résultent pas d'une disposition statutaire obligatoire (V. *infrà*, *art.* 16, L. *du* 3 *août* 1926).

Art. 80. — L'impôt sur le revenu des capitaux mobiliers est perçu sur le montant des remboursements et amortissements totaux ou partiels que les sociétés ou collectivités, désignées dans les paragraphes 1er et 3 de la loi du 29 juin 1872 et non affranchies de l'impôt sur le revenu des valeurs mobilières par des lois subséquentes, effectuent, sur le montant de leurs actions, parts d'intérêts ou commandites, avant leur dissolution ou leur mise en liquidation.

La disposition qui précède est applicable aux remboursements et amortissements effectués sur le montant des actions, parts d'intérêts ou commandites des sociétés et compagnies étrangères. Elle n'est pas applicable aux amortissements qui seraient faits par une réalisation d'actif et au moyen de prélèvements sur les éléments autres que le compte « profits et pertes », les réserves ou provisions diverses de bilan.

Les sommes distribuées dans les conditions ainsi définies entrent en compte pour l'établissement de l'impôt général sur le revenu dû par les bénéficiaires.

Ne sont pas soumises aux dispositions qui précèdent les sociétés dont les statuts prévoient l'amortissement obligatoire des actions.

Seront également exemptées de l'application des dispositions qui précèdent les sociétés concessionnaires de l'État, des départements, des communes, des colonies et protectorats qui établiront que l'amortissement par remboursement de tout ou partie de leur capital social, parts d'intérêts ou commandites, est justifié par la caducité de tout ou partie de leur actif social, notamment par dépérissement progressif ou par obligation de remise en fin de concession à l'autorité concédante. Un règlement d'administration publique fixera les conditions dans lesquelles sera constaté dans chaque cas que l'opération a bien le caractère d'amortissement et que l'exonération est légitime.

Lorsque les actions auront été remboursées par un des moyens non expressément exclus par le deuxième paragraphe du présent article, à la liquidation de la société, la répartition de l'actif entre les porteurs d'actions de jouissance et jusqu'à concurrence du pair des actions originaires sera considérée comme un remboursement de capital non imposable à l'impôt sur le revenu.

Un règlement d'administration publique fixera le mode de payement de la taxe, ainsi que toutes les autres mesures nécessaires pour l'exécution du présent article.

Art. 81. — L'inscription de privilège prise pour la garantie du prix de vente d'un fonds de commerce ne pourra être radiée que s'il est justifié que l'impôt édicté par l'article 38 de la loi du 31 juillet 1917 a été acquitté sur les intérêts de ce prix.

Un décret déterminera la forme et le mode de production des justifications.

Les greffiers des tribunaux de commerce qui contreviendront aux dispositions du présent article et du décret à intervenir, seront personnellement passibles d'une amende de 1 000 à 5 000 francs. — (V. *ci-après la disposition complémentaire de l'art. 18 de la loi du 29 avr.* 1926.)

Art. 82. — A partir du 1er janvier 1925, les dispositions ci-après seront appliquées pour la détermination du revenu servant de base à l'impôt sur les bénéfices industriels et commerciaux en ce qui concerne les entreprises pratiquant l'assurance ou la réassurance et les entreprises de capitalisation ou d'épargne.

Pour les entreprises françaises, le revenu net global est constitué par la somme du bénéfice net industriel et des revenus nets mobiliers et immobiliers de toute nature. Les pertes, s'il y en a, viennent en atténuation du revenu net global de l'exercice et, en cas d'insuffisance, en atténuation du revenu net global des exercices postérieurs, jusqu'au cinquième inclusivement.

Pour les entreprises étrangères, le revenu net global est évalué forfaitairement, en appliquant aux primes perçues par ces entreprises en France et dans les colonies ou pays de protectorat, ou correspondant à des risques situés en France et dans les colonies ou pays de protectorat, un coefficient égal à la proportion existant pour les cinq plus prospères entreprises françaises assurant des risques de même nature ou exerçant la même industrie, entre leur revenu net global calculé conformément au paragraphe précédent et le montant des primes ; toutefois, les entreprises étrangères pourront, à charge par elles d'apporter à la commission ci-dessous prévue les justifications nécessaires, être imposées suivant les mêmes règles que les entreprises françaises.

Le taux de l'impôt est fixé à 20 pour 100 et est à la charge exclusive des entreprises, sociétés ou assureurs, sans aucun recours contre leurs adhérents ou assurés, nonobstant toutes clauses ou conventions contraires, quelle qu'en soit la date.

Les coefficients visés aux paragraphes précédents sont arrêtés chaque année par les ministres des Finances et du Travail, après avis d'une commission ainsi composée :

Un conseiller d'État en service ordinaire, président ;

Le directeur général de l'enregistrement ou son représentant;

Le directeur général des contributions directes, ou son représentant ;

Un inspecteur des finances désigné par le ministre des Finances ;

Le directeur du contrôle des assurances privées au ministère du Travail ou son représentant ;

Trois représentants des entreprises françaises, désignés par leurs collègues ;

Un représentant des entreprises étrangères désigné par ses collègues.

Pour l'application du présent article, les entreprises ci-dessus visées sont soumises au contrôle de l'inspection générale des finances et du service financier chargé de l'assiette de l'impôt.

Un règlement d'administration publique, rendu après avis de la commission susvisée, déterminera les conditions d'application du présent article.

Art. 83. — Les dispositions du premier alinéa de l'article 14 de la loi du 31 juillet 1917 sont complétées par les dispositions suivantes :

« La même taxe est applicable aux établissements de banque ou de crédit, ainsi qu'aux entreprises d'assurances, d'épargne et de capitalisation, lorsque leur chiffre d'affaires excède 1 million de francs.

« En ce qui concerne les établissements de banque ou de crédit, le chiffre d'affaires doit s'entendre du montant des courtages, commissions, remises, salaires, prix de location, intérêts, escomptes, agios et autres profits définitivement acquis, droits de garde, etc., à l'exclusion des revenus des valeurs mobilières en portefeuille.

« En ce qui concerne les entreprises d'assurances autres que les assurances maritimes et les réassurances de toute nature acceptées par les sociétés, entreprises, compagnies et tous autres assureurs, le chiffre d'affaires doit s'entendre du montant des primes encaissées. »

XXIII. — **DÉCRET DU 11 AOUT 1925** déterminant la forme des répertoires que doivent tenir les personnes ou sociétés assujetties aux dispositions de l'article 39 de la loi du 13 juillet 1925 (*J. off.* du 13 août 1925, *Circul. contrib. dir.* du 29 août 1925. n° 1448, p. 119). — V. le texte de ce décret visant les intermédiaires qui se livrent aux opérations d'achat ou de vente d'immeubles ou de fonds de commerce, au *Bulletin législ. Dalloz*, 1925, p. 559.

XXIV. — DÉCRET DU 26 OCTOBRE 1925, fixant les conditions d'application de l'article 81 de la loi du 13 juillet 1925, concernant la radiation des inscriptions de privilège prises pour la garantie du prix de vente des fonds de commerce (*J. off.* des 2 et 3 nov. 1925, D. P. 1925. 4. 352).

Les dispositions essentielles de ce décret et celles de l'article 18 de la loi du 29 avril 1926 qui généralise la mesure de garantie prescrite par ledit décret sont reproduites au chapitre de l'impôt sur les revenus des créances, dépôts et cautionnements (V. n° 219).

XXV. — INSTRUCTION DU 15 NOVEMBRE 1925, pour l'application de l'article 21 de la loi du 13 juillet 1925, sur le rapatriement des capitaux (*J. off.* du 15 nov. 1925, D. P. 1925. 4. 352).

XXVI. — DÉCRET DU 29 MAI 1926, portant règlement d'administration publique pour l'application de l'article 80 de la loi du 13 juillet 1925 (Remboursements et amortissements dans les sociétés) (*J. off.* du 4 juin 1926, *Instr. Enreg.* du 15 juill. 1926, n° 3908).

Art. 1er. — Les sociétés, compagnies ou entreprises désignées au paragraphe 1er de l'article 80 de la loi de finances du 13 juillet 1925, qui entendent procéder à un remboursement total ou partiel sur le montant de leurs actions, parts d'intérêts ou commandites avant leur dissolution ou leur mise en liquidation, doivent en faire la déclaration au bureau de l'enregistrement de leur siège social.

Cette déclaration doit être faite dans les vingt jours de la date à laquelle l'opération a été décidée et doit être accompagnée :

1° D'une copie certifiée conforme de la décision qui a ordonné la répartition ;

2° D'un tableau faisant connaître le nombre des actions, leur montant nominal, le capital versé et, s'il y a lieu, les amortissements auxquels il a été procédé et les réductions de capital opérées.

Art. 2. — Les sociétés qui entendent bénéficier des exemptions prévues par l'article 80 de la loi du 13 juillet 1925 doivent joindre à leur déclaration une demande spéciale accompagnée d'un état détaillé et estimatif de tous les biens qui composent l'actif social au jour de la demande ainsi que de tous les éléments du passif.

L'estimation de l'actif est faite d'après sa valeur réelle, nonobstant toute évaluation des bilans et autres documents.

Art. 3. — La demande d'exemption est accompagnée, selon les cas, des pièces suivantes :

1° S'il est procédé à un « amortissement obligatoire prévu dans les statuts » :

Statuts primitifs et, s'il y a lieu, texte de toutes les modifications qui ont été apportées, avec les dates auxquelles ces modifications ont été effectuées ;

2° Si l'amortissement doit être opéré par « une réalisation d'actif

et au moyen de prélèvement sur les éléments autres que le compte
profits et pertes, les réserves et provisions diverses du bilan » ;

État certifié faisant connaître sur quelle réalisation d'actif et
grâce à quel prélèvement l'opération doit être réalisée ;

3° Si la demande d'exemption est fondée sur la caducité de tout
ou partie de l'actif social, notamment sur son dépérissement progressif :

Déclaration faisant connaître les causes, la nature et l'importance
de la moins-value qui doit se produire dans l'actif social ;

4° Si la demande d'exemption est fondée sur « l'obligation de
remettre en fin de concession à l'autorité concédante tout ou partie
de l'actif » :

Déclaration détaillée et, s'il y a lieu, estimative, d'une part, de
l'actif social actuel, et, d'autre part, des biens à remettre en fin de
concession à l'autorité concédante.

Art. 4. — En cas de contestation sur les déclarations prévues
au présent décret, il est procédé à l'expertise réglée par les articles 57,
58 et 59 de la loi du 13 juillet 1925.

Art. 5. — Lorsque la demande d'exemption est fondée sur la
disparition en fin de concession de tout ou partie de l'actif social,
soit par suite de dépérissement, soit par suite de remise à l'autorité
concédante, l'exemption est accordée dans la mesure où le capital
social ne pourrait se retrouver, compte tenu des amortissements ou
remboursements effectués en franchise d'impôt.

Art. 6. — L'impôt sur les remboursements ou amortissements
est avancé par les sociétés, compagnies ou entreprises et payé au
bureau de l'enregistrement du siège social, dans les vingt jours qui
suivent la mise en payement de ces remboursements ou amortissements.

Toutefois, si une demande d'exemption a été présentée, l'impôt
n'est exigible qu'après qu'il aura été statué sur ladite demande.

Art. 7. — Les remboursements ou amortissements anticipés
sur les actions, parts d'intérêts ou commandites effectués par les
compagnies ou sociétés étrangères abonnées doivent faire l'objet
d'une déclaration soit par les compagnies ou sociétés elles-mêmes,
soit par leur représentant agréé. Cette déclaration est faite pour la
quotité du capital social fixée par le ministre des Finances dans les
conditions de l'article 3 du décret du 6 décembre 1872.

L'impôt est perçu dans les formes établies pour la perception de
l'impôt sur le revenu des valeurs mobilières et dans les délais prévus
par l'article 6 du présent décret.

Si les compagnies ou sociétés estiment devoir bénéficier des
exemptions prévues par l'article 80 de la loi du 13 juillet 1925, elles
présentent une demande spéciale appuyée des pièces justificatives
exigées par l'article 3 ci-dessus ; toutefois, l'Administration, après
avoir apprécié tant les conditions dans lesquelles la demande est

présentée que les justifications fournies, peut les dispenser de produire tout ou partie de celles exigées par l'article 3.

Art. 8. — Si les compagnies ou sociétés étrangères ne sont pas abonnées, l'impôt sur les remboursements ou amortissements anticipés est retenu dans les conditions établies pour la perception de l'impôt sur le revenu des valeurs étrangères.

Des demandes d'exemption peuvent être présentées par tous les intéressés ; elles sont adressées au directeur de l'enregistrement à Paris (sociétés) ; celui-ci demande telles justifications qu'il croit utiles et fait connaître sa décision dans les vingt jours qui suivent leur production.

Art. 9. — Les dispositions du décret du 11 juin 1914 relatives à l'affidavit que peuvent produire les étrangers résidant en France sont applicables en matière de remboursements ou d'amortissements anticipés de capitaux par les compagnies ou sociétés étrangères non abonnées. L'affidavit est établi dans les conditions de fond et de forme prévues par l'article 11 dudit décret de 1914.

Art. 10. — La déclaration afférente à l'impôt dû à raison des remboursements ou amortissements mis en distribution entre la date de la promulgation de la loi du 13 juillet 1925 et celle de la publication du présent décret sera effectuée dans les trente jours qui suivront cette dernière date.

XXVII. — DÉCRET DU 28 MAI 1926, portant règlement d'administration publique pour l'exécution de l'article 82 de la loi du 13 juillet 1925, relatif à l'établissement de l'impôt sur les bénéfices industriels et commerciaux dû par les entreprises pratiquant l'assurance ou la réassurance et par les entreprises de capitalisation ou d'épargne (*J. off.* du 29 mai 1926, p. 5936, *Bull. législ. Dalloz*, 1926, p. 319).

Art. 1ᵉʳ. — Sont assujettis à l'impôt sur les bénéfices industriels et commerciaux, dans les conditions prévues par l'art. 82 de la loi du 13 juillet 1925, les entreprises françaises ou étrangères pratiquant l'assurance ou la réassurance et les entreprises de capitalisation ou d'épargne.

Ne constituent pas des entreprises, au sens dudit article, les sociétés mutuelles d'assurances ou de réassurances, de capitalisation ou d'épargne qui se gèrent elles-mêmes, sont administrées gratuitement et dont les excédents de recettes sont répartis entre les adhérents après la liquidation de l'exercice ou du groupe d'exercices qui les a produits, compte tenu des versements aux réserves nécessaires.

Sont considérées comme administrées gratuitement les sociétés mutuelles dans lesquelles la rémunération du conseil d'administration, de la direction et du personnel ne comporte que des allocations, soit fixes, soit variables avec la durée ou l'importance des services rendus, à l'exclusion de toute commission proportionnelle aux cotisations réalisées.

Art. 2. — Pour les entreprises françaises, le revenu net global qui sert de base à l'impôt est formé par la totalisation du bénéfice net industriel réalisé par les établissements, succursales ou agences exploités en France et des revenus nets mobiliers et immobiliers de toute nature, à l'exclusion de ceux provenant d'immeubles situés à l'étranger et de valeurs mobilières déposées à titre de cautionnement ou de garantie dans lesdits pays étrangers.

N'est pas considérée comme exploitée en France, la succursale ou l'agence établie à l'étranger, ayant une administration et une comptabilité propres, lorsque les opérations qu'elle traite concernent soit des biens situés à l'étranger, soit des personnes ayant à l'étranger leur domicile ou leur résidence habituelle.

Ne sont pas considérées comme réalisées par une entreprise exploitée en France les opérations résultant soit de polices d'assurances ou de réassurances maritimes émises à l'étranger, soit de traités de réassurance obligatoire, passés entre sociétés françaises et sociétés étrangères pour des risques situés à l'étranger et faisant l'objet d'une comptabilité spéciale dans les livres de la société française. N'est pas non plus soumis à l'impôt le revenu des valeurs mobilières et immobilières constituées en cautionnement ou acquises à l'aide des primes provenant desdites opérations et laissées en garantie soit à l'étranger, pour les polices d'assurances ou de réassurances maritimes émises à l'étranger, soit dans le pays de l'entreprise étrangère cédante ou cessionnaire, pour les traités de réassurances obligatoires passés comme il est dit ci-dessus.

Le bénéfice net réalisé en Algérie, dans les colonies ou pays de protectorat, est assujetti aux mêmes règles que les bénéfices réalisés en France.

Art. 3. — Le revenu net global des entreprises françaises est déterminé chaque année d'après les résultats de l'exercice précédent, en apportant, le cas échéant, au solde du compte de profits et pertes dressé suivant les règles propres à chaque catégorie d'entreprises, les corrections nécessaires pour dégager le revenu passible de l'impôt.

Le solde du compte de profits et pertes est, suivant la nature des entreprises, augmenté, le cas échéant, notamment :

Des sommes affectées, en sus de la dotation nécessaire, aux réserves mathématiques et de garantie, et, en sus de la dotation normale, aux réserves pour risques en cours et pour sinistres ou échéances à régler ;

Des sommes affectées à la constitution de réserves facultatives ;

Des bénéfices versés à la réserve légale ou au fonds de réserve prévu à l'article 27 du décret du 8 mars 1922 ;

Des sommes affectées à des amortissements qui ne correspondraient pas à une dépréciation effective des éléments amortis ou qui ne seraient pas aménagés suivant les prescriptions réglementaires ;

Des sommes affectées à des provisions qui n'auraient pas pour objet déterminé de couvrir des pertes que des événements en cours rendent probables ;

Des reports déficitaires effectués au titre d'un exercice antérieur de plus de six ans à l'exercice considéré ;

De la fraction des frais du siège social imputable aux succursales et agences étrangères, suivant la proportion constatée entre le montant des primes recueillies par ces succursales ou agences et le montant total des primes recueillies par la société.

Inversement, le solde du compte de profits et pertes est diminué, le cas échéant, notamment :

Des bénéfices réalisés par les succursales ou agences exploitées à l'étranger dans les conditions définies à l'article 2 ci-dessus ;

Des participations attribuées au personnel de l'entreprise, ainsi que des versements faits à des institutions de prévoyance créées en faveur dudit personnel ;

Des bénéfices répartis aux assurés ou adhérents en vertu des dispositions contractuelles ou statutaires, y compris, lorsque la répartition ne se fait que par période de plusieurs années, les réserves constituées chaque année en vue d'assurer cette répartition.

Art. 4. — Les entreprises françaises remettent chaque année, avant le 31 mai, au contrôleur des contributions directes du siège de leur direction, une copie de leur bilan et une copie de leur compte détaillé de profits et pertes de l'exercice précédent, ainsi qu'un double du compte rendu détaillé et des tableaux annexes, par elles fournis au ministère du Travail.

Le contrôleur des contributions directes procède, au siège de la direction de chaque entreprise, aux vérifications qu'il juge utiles.

Il communique au représentant qualifié de l'entreprise les redressements qu'il se propose d'apporter au solde du compte de profits et pertes, et l'invite à se faire entendre ou à faire parvenir son acceptation ou ses observations dans un délai de vingt jours.

Le contrôleur arrête ensuite la base d'imposition, sans préjudice du droit de réclamation de l'entreprise après l'émission du rôle.

Art. 5. — Les entreprises étrangères peuvent, chaque année, se placer, soit sous le régime de l'évaluation forfaitaire de leur revenu net global, soit sous le même régime d'imposition, que les entreprises françaises.

Pour celles qui demandent l'évaluation forfaitaire du revenu imposable, les primes perçues dans les territoires relevant de leur direction française (France, Algérie, colonies, pays de protectorat) ou correspondant à des risques situés sur ces mêmes territoires sont retenues sous déduction des primes cédées en réassurance à des entreprises admises par le ministre du Travail à opérer en France et en Algérie, ainsi que des impôts à la charge des assurés.

Pour la détermination du coefficient applicable aux primes afférentes à chaque nature de risques, les cinq plus prospères entreprises françaises dont les résultats doivent être pris en considération sont choisies parmi celles qui assurent à titre exclusif ou principal la même nature de risques ou exercent la même industrie.

Art. 6. — Le coefficient est déterminé en comparant le montant total des revenus nets globaux imposables réalisés en France, en Algérie, dans les colonies françaises et les pays de protectorat, par les cinq entreprises choisies comme il est dit ci-dessus et le montant total des primes d'assurances directes ou de réassurances perçues par ces mêmes entreprises dans les mêmes territoires, sous déduction des primes cédées en réassurances à des entreprises admises par le ministre du travail à opérer en France et en Algérie et des impôts à la charge des assurés.

En ce qui concerne les assurances et réassurances conclues par les souscripteurs du Lloyd de Londres et tous autres établissements institués sur les mêmes bases, l'impôt est perçu sur le montant des primes afférentes aux opérations réalisées en France, en Algérie, aux colonies et dans les pays de protectorat. Chaque année, avant le 1er mars, tout agent ou courtier ayant placé des assurances auprès du Lloyd de Londres ou auprès d'autres établissements semblables devra fournir aux ministres des Finances et du Travail un relevé, certifié conforme à ses écritures, indiquant le total des primes encaissées au cours de l'année précédente et afférentes auxdites opérations : 1º pour les assurances maritimes directes ; 2º pour les assurances directes portant sur tous les autres risques ; 3º pour les réassurances. Le coefficient prévu à l'article 82 de la loi du 13 juillet 1925 sera fixé, chaque année, dans les conditions de ladite loi, après avis de la commission spéciale, qui pourra entendre les intéressés.

Art. 7. — Les entreprises étrangères qui se placent sous le régime de l'évaluation forfaitaire remettent, avant le 31 mai, au contrôleur des contributions directes du lieu de leur principale agence en France la déclaration du montant des primes perçues par elles dans les territoires relevant de leur direction française, au cours de l'exercice précédent.

La déclaration mentionne séparément le montant des primes afférentes à chaque nature de risques.

Elle est produite et certifiée par le représentant accrédité auprès du ministère du Travail et accompagnée d'un double du compte rendu détaillé, ainsi que des tableaux annexes fournis au même ministère.

Après vérification de la déclaration, le contrôleur communique au représentant accrédité de l'entreprise l'évaluation du revenu qu'il se propose de prendre comme base d'imposition et l'invite à se faire entendre ou à faire parvenir son acceptation ou ses observations dans un délai de trente jours.

Le contrôleur fixe ensuite la base d'imposition, sans préjudice du droit de réclamation de l'entreprise après l'émission du rôle.

Art. 8. — Le revenu imposable des entreprises étrangères qui entendent être taxées suivant les mêmes règles que les entreprises françaises est déterminé dans les conditions ci-après, suivant que leurs opérations sont assujetties ou non au contrôle de l'État français.

Pour les opérations contrôlées, le revenu des entreprises étrangères est formé par la totalisation du bénéfice net industriel réalisé dans les territoires relevant de leur direction française et du revenu net des capitaux mobiliers ou immobiliers affectés à la garantie des opérations effectuées sur ces mêmes territoires.

Pour les opérations non contrôlées, les entreprises étrangères doivent tenir, en France, une comptabilité dans laquelle elles font entrer en ligne de compte les dotations normales de réserves proportionnelles à leur encaissement de primes et à l'encaissement général des primes de la compagnie. Le revenu net des capitaux mobiliers ou immobiliers affectés à la garantie des opérations effectuées sur les territoires relevant de la direction française s'ajoute au bénéfice industriel réalisé sur ces territoires.

Pour les entreprises étrangères réalisant des opérations contrôlées et des opérations non contrôlées, les résultats des deux catégories d'opérations se totalisent, et le total donne le montant du bénéfice imposable.

La part des déductions du compte de profits et pertes autorisées pour les entreprises françaises par l'article 3 ci-dessus, ainsi que la part des frais du siège social susceptible d'être imputée au produit ainsi défini, sont évaluées en appliquant au montant total de ces déductions ou de ces frais la proportion constatée entre le montant des primes recueillies dans les territoires relevant de la direction française et le montant total des primes de l'entreprise.

Art. 9. — Les entreprises visées à l'article précédent remettent, avant le 31 mai, au contrôleur des contributions directes du lieu de leur principale agence en France le compte financier des opérations effectuées et des profits réalisés, au cours de l'exercice précédent, en France, en Algérie ou dans les colonies et dans les pays de protectorat.

Le compte est accompagné du compte rendu détaillé et des tableaux annexes fournis au ministère du Travail ; il est certifié par le représentant accrédité auprès du même ministère. Ce représentant prend l'engagement de fournir à l'appui du compte financier toutes les justifications nécessaires.

Le contrôleur des contributions directes vérifie le compte et y apporte, s'il y a lieu, les redressements prévus à l'article 3 ci-dessus.

Le contrôleur communique ces redressements au représentant accrédité de l'entreprise et l'invite à se faire entendre ou à faire parvenir son acceptation ou ses observations dans un délai de trente jours. Il arrête ensuite la base d'imposition, sans préjudice du droit de réclamation de l'entreprise après l'émission du rôle.

Art. 10. — Pour l'établissement de l'impôt dû au titre de l'année 1925, d'après les revenus réalisés au cours de l'exercice précédent, les déclarations et documents prévus aux articles 4, 6, 7 et 9 ci-dessus seront produits dans un délai d'un mois à compter de la date de la publication du présent décret au *Journal officiel.*

XXVIII. — LOI DU 4 AVRIL 1926, portant création de nouvelles ressources fiscales (*J. off.* du 4 avr. 1926, D. P. 1926. 4. 145 (*Extraits*).

Art. 1er. — (Ce texte, posant le principe de la déclaration annuelle de revenu, obligatoire, sous la foi du serment, est inséré, ci-dessus, sous l'art. 16 de la loi du 15 juillet 1914, qu'il modifie.)

Art. 2. — L'article 18 de la loi du 31 décembre 1921 est remplacé par les dispositions suivantes :

« Les contributions, impôts, taxes et produits recouvrés comme en matière de contributions directes sont exigibles en deux fractions égales payables, la première le 30 avril, la seconde le 31 octobre de l'année pour laquelle l'impôt est dû.

« Le non-payement du premier terme à la date extrême du 31 juillet, ainsi que le déménagement hors du ressort de la perception, à moins que le contribuable n'ait fait connaître, avec justifications à l'appui, son nouveau domicile, et la vente volontaire ou forcée entraînent exigibilité immédiate de la totalité de l'impôt dès la publication du rôle. Entraîne également exigibilité immédiate et totale l'application d'une majoration pour non-déclaration, déclaration tardive ou insuffisante des revenus et bénéfices imposables.

« Les articles compris dans les rôles publiés postérieurement au 31 juillet sont exigibles en deux fractions égales, payables, la première dans le mois qui suit la publication du rôle, la seconde le 31 octobre de l'année pour laquelle l'impôt est dû.

« Le non-payement du premier terme dans le délai fixé entraîne l'exigibilité immédiate de la totalité de l'impôt.

« Les articles compris dans les rôles publiés postérieurement au 30 septembre sont exigibles en totalité dans le mois qui suit la publication du rôle. »

Les dispositions du présent article ne sont pas applicables à la contribution extraordinaire sur les bénéfices de guerre.

Dans le délai d'un an à partir de la promulgation de la présente loi, il sera établi, au nom de chaque contribuable, un compte destiné à centraliser à son débit les diverses cotes le concernant et à son crédit les versements provisionnels qu'il effectuera sur lesdites cotes.

Un décret rendu sur la proposition du ministre des Finances déterminera les conditions d'application des présentes dispositions.

— V. pour la publication des rôles, Décret 16 nov. 1926.

Art. 3. — Le tableau fixant le tarif des frais de poursuites annexé à l'article 20 de la loi du 18 juillet 1911 est remplacé par les dispositions ci-après :

« Sommations avec frais ou à tiers détenteur, 1 pour 100 du montant du débet ;

« Commandement, 3 pour 100 du montant du débet ;

« Saisie, quelle que soit la nature de la saisie, 5 pour 100 du montant du débet ;

« Récolement sur saisie antérieure, 2 1/2 pour 100 du montant du débet ;

« Signification de vente, 2 1/2 pour 100 du montant du débet ;

« Affiches, 2 1/2 pour 100 du montant du débet ;

« Récolement avant la vente, 2 1/2 pour 100 du montant du débet ;

« Procès-verbal de vente, 2 1/2 pour 100 du montant du débet.

« Tous ces frais comporteront un minimum de 20 centimes pour les sommations avec frais et de 2 francs pour tous les autres actes. »

Art. 4. — (Cet article, relatif aux majorations d'impôts pour défaut ou insuffisance de déclaration, est inséré *suprà*, sous l'art. 18 de la loi du 15 juill. 1914, auquel il se substitue.)

Art. 5. — La liste des contribuables assujettis à l'impôt général sur le revenu et ayant fait leur déclaration sera déposée, par la direction des contributions directes de chaque département, dans les mairies dont dépend le domicile de ces contribuables et tenue à la disposition de tous les contribuables de la commune.

Toute publication totale ou partielle de ces listes sera punie d'un emprisonnement de un à cinq ans et d'une amende de 1 000 à 10 000 francs ou de l'une de ces deux peines.

Art. 6. — V. les articles 117 et 118 du texte annexé au décret du 15 octobre 1926, *infrà*.

Art. 7. — (*Remplacé par l'art. 6 de la loi du 29 avr. 1926, ci-après.*)

Art. 8. — (*Texte inséré suprà, sous l'art. 52 de la loi du 22 mars 1924.*)

Art. 9 (organisant sur de nouvelles bases l'établissement de l'impôt cédulaire sur les bénéfices commerciaux et industriels, au point de vue de l'assiette de l'impôt, désormais calculé sur le bénéfice net réel, du contrôle des déclarations et du tarif applicable : les textes qui réalisent cette réforme prennent la place des articles 4 à 12 de la loi du 31 juillet 1917 ; ils ont été transcrits ci-dessus).

Rappelons que les nouveaux tarifs de cet impôt institués par la loi du 4 avril 1926 (art. 12 nouveau de la loi du 31 juill. 1917), sont majorés de 50 pour 100 par l'article 23 de la loi du 29 avril 1926, *infrà*.

Art. 10. — (*Disposition transcrite sous le paragraphe 2 de l'art. 10 de la loi du 15 juill. 1914, suprà.*)

Art. 11 (Fixé à 8 pour 100 sans décimes par cet article, le taux de l'impôt sur les bénéfices des professions non commerciales a été porté à 12 pour 100 par l'art. 23 de la loi du 3 août 1926, ci-après).

Art. 12 (instituant une Commission consultative départementale pour le contrôle des déclarations du revenu des professions non commerciales : texte reproduit in-extenso, sous l'article 35 de la loi du 31 juillet 1917, *suprà*, p. 395).

Art. 13. — L'article 17 de la loi du 15 juillet 1914, modifié par l'article 5 de la loi du 30 décembre 1916, est complété comme suit :

« Lorsque le contrôleur aura réuni des éléments précis permettant d'établir que les dépenses d'un contribuable sont notoirement supérieures au revenu qu'il a déclaré, il devra les soumettre au contribuable et celui-ci sera tenu de justifier la différence.

« Faute de fournir les justifications nécessaires dans un délai de vingt jours à partir de la réception de l'avis par lequel elles lui sont demandées, le contribuable est taxé d'office dans les conditions prévues par l'article 19. »

Art. 14. — L'article 32 de la loi du 31 juillet 1917 est modifié comme suit :

« L'impôt est établi au lieu de l'exercice de la profession ou, le cas échéant, du principal établissement. »

. . . .

Art. 17. — Les actions, obligations et autres titres émis par les entreprises et collectivités, ainsi que les fonds d'État, peuvent être établis sous la forme à ordre.

Toutefois les titres qui doivent revêtir obligatoirement la forme nominative, pour une cause quelconque, sont exclus du bénéfice des présentes dispositions.

Art. 18. — Les titres à ordre sont immatriculés au nom d'une personne déterminée.

L'endossement au porteur est interdit. L'immatriculation s'effectue en portant sur un registre spécial, tenu par les sociétés, compagnies et entreprises émettrices, ainsi que sur les titres eux-mêmes, les nom, prénoms, profession et domicile du titulaire et, s'il s'agit d'une personne morale, sa dénomination et son siège.

Art. 19. — Les titres à ordre sont transmissibles par voie d'endossement inscrit sur les titres eux-mêmes.

L'endossement doit être daté et signé par l'endosseur et indiquer les nom, prénoms et domicile de l'endossataire, ou, s'il s'agit d'une maison de commerce ou d'une société, sa dénomination ou raison sociale et son siège.

Art. 20. — Toute mutation dans la propriété d'un titre à ordre par suite de décès devra être notifiée par le nouveau propriétaire à l'établissement émetteur.

Dans ce cas, il est justifié du droit à la propriété du titre par la présentation d'un certificat de propriété.

Mention de la mutation opérée est portée à la fois sur le registre et sur le titre, après qu'il aura été justifié, dans les conditions prévues au paragraphe 1er de l'article 15 de la loi du 25 février 1901 et sous les sanctions édictées au paragraphe 7 du même article, du payement des droits de mutation par décès.

Art. 21. — L'endossement n'opère transfert de la propriété du titre à l'égard des tiers, et notamment du Trésor public, que s'il a fait l'objet d'une inscription sur le registre spécial tenu par les sociétés, compagnies ou entreprises intéressées.

Copie textuelle de la mention d'endossement sera signifiée par lettre recommandée avec accusé de réception au siège de l'établissement émetteur.

Les formalités d'endos et de signification ne seront exigées qu'en cas de livraison effective des titres de l'acquéreur.

Art. 22. — Les ventes de titres à ordre ne donnent pas lieu à la perception du droit de 0 fr. 90 pour 100.

La mise au nominatif des titres à ordre ou réciproquement ne donne lieu à la perception d'aucun droit.

La conversion des titres à ordre en titres au porteur est passible des droits prévus au deuxième alinéa de l'article 49 de la loi du 25 juin 1920.

La taxe annuelle de transmission est réduite de moitié pour les titres à ordre.

Art. 23. — Toutes les modalités et conditions d'application des articles 17 à 22 ci-dessus et notamment la forme du certificat de propriété prévu à l'article 20 seront déterminées par un règlement d'administration publique.

Art. 24 à 28 (*instituant le carnet de coupons, abrogés par l'article 27 de la loi du 3 août 1926*).

Art. 29 (établissant une taxe civique pour 1926 et prévoyant le versement au Trésor de contributions volontaires, V. *suprà*, au chapitre de l'impôt général sur le revenu, nos 787 et 788).

. . . .

Art. 32. — Les pouvoirs appartenant aux agents de l'enregistrement, par application de la législation en vigueur, à l'égard des sociétés par actions, peuvent être exercés à l'égard de toutes personnes ou de tous établissements exerçant le commerce de banque, en vue du contrôle du payement des impôts dus tant par ces derniers que par les tiers.

Art. 33. — Les obligations imposées aux sociétés ou compagnies, agents de change, changeurs, banquiers, escompteurs, officiers publics ou ministériels ou agents d'affaires, par les troisième et quatrième paragraphes de l'article 15 de la loi du 25 février 1901 sont étendues aux administrations publiques.

. . . .

Art. 39. — Pour les impôts perçus par l'administration de l'enregistrement qui ne sont pas majorés de pénalités de retard par les lois existantes, il est ajouté, à compter de la date de la contrainte, des intérêts moratoires calculés, sur la somme reconnue exigible, au taux des avances de la Banque de France. Tout mois commencé est compté pour un mois entier.

XXIX. — **LOI DU 29 AVRIL 1926, portant fixation du budget général de l'exercice 1926** (*J. off.* du 30 avr. 1926, p. 4914, *Bull. législ. Dalloz*, 1926, p. 214) (*Extraits*).

Art. 5. — Les bénéfices réalisés par les entreprises de navigation maritime établies à l'étranger et provenant de l'exploitation de navires étrangers sont exempts d'impôts, à condition que le pays dont ces navires battent le pavillon accorde une exemption équivalente aux entreprises françaises de navigation.

Les modalités de cette exemption et les impôts compris dans l'exonération seront fixés, pour chaque pays, par un accord diplomatique. Ils feront l'objet d'un décret contresigné par le ministre des Finances et soumis, dans le délai de trois mois, à la ratification législative.

Les bénéfices réalisés dans les pays ayant consenti à l'exonération réciproque prévue à l'alinéa précédent par les entreprises de navigation maritime qui ont leur siège en France seront compris dans les bases de l'impôt sur les bénéfices industriels et commerciaux dû par ces entreprises.

Art. 6. — L'article 7 de la loi du 4 avril 1926 est remplacé par les dispositions suivantes :

« L'article 6 de la loi du 15 juillet 1914 est complété comme suit :

« Sont également considérées comme ayant en France une résidence habituelle les personnes qui, sans y disposer d'une habitation dans les conditions définies à l'alinéa précédent, ont néanmoins en France le lieu de leur séjour principal.

« En garantie du payement des impôts dont elle peut être redevable, toute personne, locataire d'un bureau meublé, est tenue de verser au Trésor, à la fin de chaque mois, sous la responsabilité du loueur du bureau et par son entremise, une somme égale à 25 pour 100 du prix de location.

« Un décret fixera les conditions dans lesquelles les sommes consignées en exécution du présent article seront acquises au Trésor en payement des impôts dus par le locataire, ou à lui remboursées, s'il justifie être en règle au point de vue fiscal et, d'une manière générale, les conditions d'application du présent article. »

. . . .

Art. 8. — Il sera procédé, par décret rendu sur l'avis d'une commission comprenant au moins trois députés et deux sénateurs, à la codification de tous les textes législatifs et réglementaires concernant les formalités à observer et la procédure à suivre au sujet de l'assiette, du recouvrement et du contentieux des impôts sur les revenus.

Ce décret devra être publié au *Journal officiel* dans le délai de six mois à dater de la promulgation de la présente loi et soumis à la ratification des Chambres dans le délai d'un mois si elles sont rassemblées ou, dans le cas contraire, dans la première quinzaine de leur plus prochaine réunion.

(Sans attendre la mise au point des travaux de cette commission, nous nous sommes appliqué à présenter, dans les pages précédentes, la synthèse de la législation existante en matière d'impôts sur les revenus.)

. . . .
. . . .

Art. 17. — Les dispositions du dernier paragraphe de l'article 30 de la loi du 4 avril 1926 sont remplacées par les dispositions suivantes :

« Les jetons de présence et rémunérations diverses des administrateurs des sociétés par actions sont soumis à l'impôt de 12 pour 100 sans décimes établi sur les tantièmes d'administrateurs par l'article 12 de la loi du 18 juillet 1911 et les lois postérieures. »

(Taux porté à 18 pour 100 par l'art. 16 de la loi ci-après du 3 août 1926.)

Art. 18. — L'article 81 de la loi de finances du 13 juillet 1925 est complété par la disposition suivante :

« Les inscriptions de tous autres privilèges, hypothèques ou nantissements, prises pour la garantie des créances productives d'intérêts, ne pourront être radiées que s'il est justifié que l'impôt édicté par l'article 38 de la loi du 31 juillet 1917 a été acquitté sur les intérêts.

« Un décret déterminera la forme et le mode de production des justifications.

« Les conservateurs des hypothèques, les receveurs des douanes et les greffiers des tribunaux de commerce qui contreviendront aux dispositions du présent article et du décret prévu à l'alinéa qui précède, seront personnellement passibles d'une amende de 1 000 à 5 000 francs.

« Le délai de conservation du privilège inscrit à l'article 28 de la loi du 17 mars 1909 est porté de cinq à dix années. »

. . . .
. . . .

Art. 37. — L'article 6 de la loi du 25 avril 1925 est modifié comme suit :

« Le coût du premier avertissement adressé aux contribuables par application de l'article 51 de la loi du 15 mai 1818 est porté à 20 centimes dont 9 centimes pour frais de confection et 11 centimes pour frais de distribution. »

XXX. — DÉCRET DU 6 JUIN 1926, déterminant les modalités d'application des dispositions de l'article 2 de la loi du 4 avril 1926 relatives à l'échéance des contributions, impôts, taxes et produits recouvrés comme en matière de contributions directes (*J. off.* du 10 juin 1926, p. 6407, *Bull. législ. Dalloz*, 1926, p. 343)

Art. 1er. — Le bénéfice du payement en deux termes compensés, dont le dernier échoit le 31 octobre de l'année au titre de laquelle l'impôt est dû n'est acquis au contribuable que sous condition du versement de la première moitié le 30 avril.

Toutefois, si les rôles ne sont pas publiés à cette date, le premier versement doit être effectué dès la publication de ces rôles et, au plus tard, le 31 juillet. (Pour la publication des rôles, V. *infrà*, Décr. 16 nov. 1926.)

Art. 2. — Lorsque les rôles n'auront pas été publiés à l'époque où le contribuable effectuera le premier versement, ce versement devra être, en principe, égal à la moitié des impôts de même nature compris dans les rôles à son nom pour l'année précédente.

Si les éléments appelés à servir de base à l'impôt général sur le revenu, aux impôts cédulaires, à la taxe spéciale sur le chiffre d'affaires et la taxe d'apprentissage présentent, par rapport aux éléments retenus pour le calcul des impôts de l'année précédente, une différence de plus d'un cinquième, il appartiendra au contribuable de déterminer, par le calcul préalable de l'impôt, le montant de ce premier versement.

En ce qui concerne la taxe civique, le revenu à considérer pour ce calcul, suivant le tarif établi par l'article 29 de la loi du 4 avril 1926, est le revenu imposable à l'impôt général pour 1925, tel qu'il figure sur l'avertissement après défalcation des déductions pour situation et charges de famille.

Sont réputés suffisants pour conserver au contribuable le bénéfice de l'exigibilité dans les conditions visées à l'article précédent, les versements qui, ayant été effectués avant la publication des rôles, ne présentent pas par rapport à la moitié de l'impôt une insuffisance supérieure à 20 pour 100.

Art. 3. — En cas de déménagement hors du ressort de la perception, auront seules pour effet de conserver au contribuable le bénéfice de l'exigibilité normale les déclarations faites au percepteur un mois au moins avant le déménagement.

A peine de nullité, les déclarations dont il s'agit indiqueront l'adresse du nouveau domicile et seront appuyées soit du bail, soit de l'engagement de location de ce domicile dûment enregistrés.

Seront nulles et de nul effet, les déclarations portant indication d'un nouveau domicile situé à l'étranger ou loué au nom d'une personne autre que le contribuable inscrit au rôle ou enfin loué en meublé.

Art. 4. — Les dispositions contenues dans les articles 1er et 2 ne sont pas applicables aux impôts établis dans les conditions prévues par l'article 15 de la loi du 4 avril 1926.

Art. 5. — Dans toutes les perceptions et divisions urbaines, il sera ouvert, avant le 1er janvier 1927, un compte individuel au nom de chaque contribuable.

A ce compte, seront centralisés les impôts des années 1927 et postérieures, ainsi que les versements effectués sur lesdits impôts, soit avant, soit après la publication des rôles.

XXXI. — **DÉCRET DU 15 JUIN 1926**, complétant l'article 1er du décret du 6 juin 1926 (*suprà*), concernant l'exigibilité des impôts directs (*J. off.* du 17 juin 1926, p. 6667, *Bull. législ. Dalloz*, 1926, p. 349).

Art. 1er. — L'article 1er du décret du 6 juin 1926 est complété ainsi qu'il suit :

« Lorsque les rôles sont publiés postérieurement au 31 juillet, mais avant le 1er octobre de l'année pour laquelle l'impôt est dû, le bénéfice du payement en deux termes, dont le second viendra à échéance le 31 octobre, continuera d'être acquis au contribuable si le premier versement est effectué dans le mois qui suit la publication du rôle. Les articles compris dans les rôles publiés postérieurement au 30 septembre de l'année pour laquelle l'impôt est dû sont exigibles en totalité dans le mois qui suit la publication du rôle. »

XXXII. — **LOI DU 3 AOUT 1926**, portant ouverture de crédits supplémentaires au titre du budget général de l'exercice 1926 et création de nouvelles ressources fiscales, pour la couverture de ces dépenses et la dotation d'une caisse d'amortissement (*J. off.* du 4 août 1926, p. 8786) (*Extraits*).

. . . .

Taxe sur le revenu des valeurs mobilières.

Art. 16. — Est majoré de 50 pour 100 l'impôt établi par les lois en vigueur :

1º Sur les revenus et tous autres produits des valeurs mobilières françaises et des valeurs étrangères abonnées ;

2º Sur les lots et primes de remboursement ;

3º Sur les tantièmes, jetons de présence et rémunérations diverses des administrateurs ;

4º Sur les intérêts, arrérages et tous autres produits des créances, dépôts et cautionnements.

La taxe de 18 pour 100 établie par l'article 77 de la loi du 18 juillet 1925 sur le revenu des valeurs étrangères non abonnées, ainsi que des titres de rente, emprunts et autres effets publics des gouvernements étrangers, est fixée à 25 pour 100, sans décimes.

. . . .

. . . .

Impôts directs.

Art. 23. — Les taux fixés par l'article 18 de la loi du 31 juillet 1917, modifié par l'article 9 de la loi du 4 avril 1926, sont majorés de 50 pour 100.

L'article 17, le deuxième alinéa de l'article 18, les cinquième et sixième alinéas de l'article 23, les deuxième et troisième alinéas de l'article 31, l'article 47 et le premier alinéa de l'article 53 de la loi du 31 juillet 1917, modifiés ou complétés par des lois subséquentes, sont remplacés par les dispositions suivantes :

Art. 17, *modifié par l'article 2 de la loi du 25 juin 1920 et par l'article 3 de la loi du 13 juillet 1925* (V. ci-dessus, *sous l'article 17 de la loi du 31 juillet 1917, le texte de cette disposition de la loi du 3 août 1926, qui remanie si profondément les bases de l'impôt sur les bénéfices de l'exploitation agricole*).

Art. 18, *modifié par l'article 1er de la loi du 25 juin 1920.*

2e alinéa. — « Le taux de l'impôt est fixé à 12 pour 100. »

Art. 23, *modifié ou complété par les articles 1er de la loi du 25 juin 1920, 4 de la loi du 31 juillet 1920, 6 de la loi du 30 mars 1923, 42 de la loi du 22 mars 1924 et 5 de la loi du 13 juillet 1925.*

5e alinéa. — « En outre, pour le calcul de l'impôt, la fraction comprise entre le minimum exempté et 10 000 francs est comptée pour un quart, la fraction comprise entre 10 000 et 20 000 francs pour moitié, et la fraction comprise entre 20 000 et 40 000 francs pour trois quarts. »

6e alinéa. — « Le taux de l'impôt est fixé à 12 pour 100. »

Art. 31, *modifié par l'article 1er de la loi du 25 juin 1920 et par l'article 7 de la loi du 13 juillet 1925.*

2e alinéa. — « En outre, pour le calcul de l'impôt, la fraction comprise entre le minimum exempté et 10 000 francs est comptée pour un quart, la fraction comprise entre 10 000 et 20 000 francs pour moitié, et la fraction comprise entre 20 000 et 40 000 francs pour trois quarts. »

3e alinéa. — « Le taux de l'impôt est fixé à 12 pour 100. »

Art. 53, *modifié par l'article 1er de la loi du 25 juin 1920.*

1er alinéa. — « Les bénéfices de l'exploitation minière et des opérations rattachées à cette exploitation pour l'assiette de la redevance proportionnelle des mines restent soumis à cette redevance, qui est portée à 25 p. 100, dont 20 p. 100 au profit de l'État et 5 p. 100 au profit des communes, dans les conditions fixées par la loi du 8 avril 1910. »

Art. 47 (*modifié par l'article* 1er *de la loi du* 25 *juin* 1920 *et par l'article* 3 *de la loi du* 31 *décembre* 1921) :

« Le taux de la contribution foncière des propriétés bâties et des propriétés non bâties est fixé, en principal, à 18 p. 100.

« Pour le calcul de la contribution foncière des propriétés non bâties, le revenu imposable de ces propriétés sera uniformément majoré de 75 pour 100 jusqu'à l'application des résultats de la revision exceptionnelle des évaluations effectuées conformément à l'article 28 de la loi du 13 juillet 1925. »

En ce qui concerne les départements du Haut-Rhin, du Bas-Rhin et de la Moselle, les taux en principal applicables pour le calcul de l'impôt foncier et de l'impôt sur les bâtiments sont portés à 18 pour 100.

Jusqu'à l'application des résultats de la revision des évaluations, le revenu imposable des propriétés non bâties, dans ces mêmes départements, sera uniformément majoré de 16,67 pour 100.

Les impositions calculées d'après les taux fixés au présent article ne supportent pas le double décime institué par la loi du 22 mars 1924.

Art. 24. — Les taux prévus pour le calcul de la taxe des biens de mainmorte par l'article 5 de la loi du 31 juillet 1920 sont ramenés de 1 fr. 30 à 72 centimes et de 85 centimes à 47 centimes.

Art. 25. — Le taux de l'impôt général sur le revenu, fixé par l'article 8 de la loi du 25 juin 1920 et majoré par l'article 3 de la loi du 22 mars 1924, est réduit à 30 pour 100.

Art. 26. — La mise en application des dispositions prévues par les articles 23, 24 et 25 de la présente loi est fixée au 1er janvier 1927.

Art. 27. — Les articles 24 à 28 de la loi du 4 avril 1926 sont abrogés (*carnet de coupons*).

Art. 28. — La date d'application de la majoration de 10 pour 100 instituée par l'article 50 de la loi du 22 mars 1924 est fixée chaque année par un décret rendu sur la proposition du ministre des Finances.

XXXIII. — DÉCRET DU 25 AOUT 1926, relatif à la constitution de commissions consultatives pour l'assiette de l'impôt sur les bénéfices industriels et commerciaux (*J. off.* du 27 août 1926, p. 9711). — V. *suprà*, n° 403.

XXXIV. — DÉCRET DU 6 SEPTEMBRE 1926, supprimant des conseils de préfecture et créant des conseils de préfecture interdépartementaux (*J. off.* du 9 sept. 1926, p. 10 074).

Art. 1er. — Les conseils de préfecture autres que celui de la Seine sont supprimés et remplacés par vingt-deux conseils de préfecture interdépartementaux, conformément aux indications du tableau *suprà*, p. 350.

Art. 2. — Ces 22 conseils de préfecture interdépartementaux portent le nom des départements compris dans leurs circonscriptions.

Ils peuvent également être désignés sous le nom du chef-lieu du département où ils siègent.

Le conseil de préfecture de la Seine conserve sa circonscription et son organisation actuelles.

Art. 3. — Les conseils de préfecture interdépartementaux se composent d'un président et de quatre conseillers, dont l'un est chargé de fonctions de commissaire du Gouvernement.

Art. 4. — Les présidents et les membres des conseils de préfecture interdépartementaux sont nommés par décret, sur la proposition du ministre de l'Intérieur.

Sont désignés, dans la même forme, ceux des membres de ces conseils qui sont chargés des fonctions de commissaire du Gouvernement.

Art. 5. — Les membres des conseils de préfecture interdépartementaux sont divisés en trois classes. Les classes sont personnelles.

Les conseillers de 3e classe, dont le recrutement est temporairement suspendu, seront recrutés ultérieurement au concours parmi les candidats âgés de 25 ans au moins et de 30 ans au plus au 1er janvier de l'année du concours, qui, justifiant avoir satisfait aux obligations imposées par les lois sur le recrutement de l'armée, sont pourvus du diplôme de licencié en droit.

Les conseillers de 2e classe sont recrutés dans la proportion des trois quarts des emplois vacants parmi les conseillers de 3e classe, et les conseillers de 1re classe dans la même proportion parmi les conseillers de 2e classe.

Les présidents des conseils de préfecture interdépartementaux sont recrutés exclusivement parmi les conseillers de 1re classe.

Les membres du conseil de préfecture de la Seine sont recrutés, dans la proportion de la moitié, parmi les présidents ou conseillers de 1re classe des conseils de préfecture interdépartementaux.

Le président et les présidents de section de ce conseil sont choisis parmi les membres de ce conseil ou les membres du Conseil d'État.

Le surplus des emplois de conseillers de 1re et de 2e classe ne pourra être attribué qu'à des fonctionnaires ou anciens fonctionnaires publics.

Art. 6. — Chaque conseil de préfecture interdépartemental comprend : un secrétaire greffier, et, s'il y a lieu, un ou plusieurs secrétaires greffiers adjoints appartenant aux personnels des préfectures, dont un en résidence fixe à la préfecture de chacun des départements de la circonscription autres que celui où siège le conseil.

Demeurent dépenses obligatoires à la charge des départements les frais de matériel nécessités par le fonctionnement des conseils de préfecture interdépartementaux et de leurs secrétariats-greffes.

Art. 7. — Les règles relatives aux attributions juridictionnelles et administratives des conseils de préfecture supprimés, à la
procédure devant ces conseils et aux recours formés contre leurs
arrêtés, demeurent applicables aux conseils de préfecture interdépartementaux et aux décisions de ces conseils, sous réserve des
modifications qui seront jugées nécessaires et seront déterminées
par des décrets ultérieurs.

Art. 8. — Un ou plusieurs membres de chaque conseil de préfecture interdépartemental et du conseil de préfecture de la Seine
sont désignés par le président de ces conseils pour statuer par délégation du conseil, et sans intervention du ministère public, mais
sauf recours devant le Conseil d'État, sur les catégories d'affaires
ci-dessous énumérées :

1º Les demandes en mutation de cote et en exemption temporaire d'impôts directs auxquelles l'Administration des contributions
directes propose de faire droit intégralement ;

2º Les réclamations en matière fiscale que l'administration compétente propose de rejeter comme entachées d'un vice de forme ou
présentées hors délai, celles pour lesquelles il y a lieu de donner acte
d'un désistement, ou à l'occasion desquelles les intéressés n'auront
pas, dans le délai d'un mois à dater de la notification à eux faite,
déclaré qu'ils refusent d'accepter le dégrèvement partiel proposé
par l'Administration ;

3º Toutes autres réclamations en matière fiscale dans les cas où
les intéressés, ayant demandé à présenter ou faire présenter des
observations orales, déclarent accepter qu'il soit statué sur le litige
par le conseiller délégué au chef-lieu du département où ils sont
domiciliés ;

4º Les contraventions de voirie dans le même cas que celui qui est
prévu au paragraphe précédent.

Dans les cas prévus aux alinéas 3º et 4º ci dessus, le conseiller
délégué se transporte au chef-lieu du département, où les intéressés
demandent à présenter des observations orales.

Dans les cas prévus aux quatre alinéas ci-dessus, le conseiller
délégué peut statuer, soit au chef-lieu du département où le litige
s'est produit, soit au siège du conseil.

Au début de chaque année judiciaire, un arrêté du président du
conseil de préfecture interdépartemental ou du conseil de préfecture de la Seine établit la liste des conseillers appelés à statuer par
délégation du conseil et fixe les règles relatives à leur remplacement
en cas d'empêchement.

Toute affaire portée devant un conseiller statuant par délégation
du conseil peut, en tout état de cause, et tant qu'un jugement n'a
pas été rendu, être renvoyée devant le conseil de préfecture ou, s'il
y a lieu, l'une des sections de ce conseil, soit d'office par le président, soit par le juge saisi.

Le conseiller délégué prévu au présent article pourra être, en ce

qui concerne le département de la Corse, en résidence fixe à Ajaccio ;
la désignation de ce conseiller sera faite, au début de chaque année
judiciaire, par arrêté du ministre de l'Intérieur, sur la proposition
du président du conseil de préfecture interdépartemental des Alpes-
Maritimes, du Var et de la Corse, dont ce conseiller fera partie.

Art. 9. — Un conseiller peut être commis par le conseil dont il
fait partie, ou par le président de ce conseil, pour procéder, soit au
chef-lieu de tout département compris dans la circonscription et
autre que celui du siège, soit sur les lieux, à des enquêtes et à toutes
autres mesures d'instruction.

Art. 10. — Les conseils de préfecture interdépartementaux
peuvent être appelés à donner leur avis sur les questions qui leur
sont soumises par les préfets des départements de leur circonscription.

Art. 11. — Dans les départements où ne siège aucun conseil
de préfecture interdépartemental, les attributions exercées antérieurement à titre individuel par des conseillers de préfecture sont
dévolues, par arrêté du préfet, à d'autres fonctionnaires placés sous
ses ordres.

Art. 12. — A titre transitoire et par dérogation aux dispositions de l'article 5 du présent décret, une commission spéciale composée d'un président de section au Conseil d'Etat ou d'un conseiller
d'Etat, président, d'un maître des requêtes au Conseil d'Etat, d'un
vice-président de conseil de préfecture, désignés par le ministre de
l'Intérieur, du directeur du personnel et de l'administration générale au ministère de l'Intérieur, et du président du conseil de préfecture de la Seine, établira, après examen des titres, la liste des
membres des conseils de préfecture, en fonctions au moment de la
promulgation du présent décret, aptes à faire partie des conseils de
préfecture interdépartementaux.

Les membres des conseils de préfecture supprimés qui ne seront
pas replacés dans les cadres des conseils de préfecture interdépartementaux prévus par le présent décret seront, soit attachés à titre
temporaire, en surnombre, à l'un des conseils de préfecture interdépartementaux, soit appelés à d'autres fonctions publiques. Ils con-
serveront leur traitement jusqu'à leur nomination dans un poste
régulier.

Les membres des conseils de préfecture déplacés par application
du présent décret seront indemnisés de leurs frais de déménagement
dans des conditions qui seront fixées par le ministre de l'Intérieur.

Art. 13. — Des décrets ultérieurs détermineront les mesures
nécessaires pour assurer l'exécution du présent décret et fixeront
notamment :

1° Les règles applicables aux membres des conseils de préfecture,
en ce qui concerne l'avancement, la discipline et la limite d'âge ;

2º Les règles concernant le fonctionnement de ces conseils et, éventuellement, leur division en sections ;

3º Les indemnités de déplacement et les frais de transport des membres des conseils de préfecture interdépartementaux appelés à se rendre, par application de l'article 8 du présent décret, dans un département autre que celui du siège du conseil ;

4º Les règles relatives à l'organisation des secrétariat-greffes et aux allocations spéciales pouvant être accordées aux fonctionnaires et agents des préfectures faisant partie de ces secrétariats-greffes ;

5º Les dispositions relatives à l'application du présent décret en Algérie.

Art. 14. — Le présent décret entrera en vigueur à la date du 1er octobre 1926.

Sont abrogées, à partir de cette date, toutes les dispositions législatives et réglementaires contraires à celles du présent décret et des décrets qui interviendront pour son exécution, notamment celles de l'arrêté du 19 fructidor an IX et celles du décret du 16 juin 1808.

Art. 15. — Le président du conseil, ministre des Finances, et le ministre de l'Intérieur sont chargés, etc.

XXXV. — DÉCRET DU 7 SEPTEMBRE 1926, relatif à l'application de l'article 6 de la loi du 29 avril 1926 (bailleurs et locataires de bureaux meublés) (*J. off.* du 9 sept. 1926, p. 10 077). — V. *supra*, nº 605.

XXXVI. — DÉCRET DU 17 SEPTEMBRE 1926 (*J. off.* du 19 sept. 1926, p. 10 405); décidant la réunion des deux administrations des Contributions directes et de l'Enregistrement sous l'autorité d'un directeur général unique (V. ci-dessus, nº 886).

XXXVII. — DÉCRET DU 26 SEPTEMBRE 1926, ayant pour objet de fixer des règles d'organisation et de procédure en vue d'assurer l'application du décret du 6 septembre 1926 (*supra*, p. 434), ainsi que de compléter les dispositions de ce décret (*J. off.* du 29 sept. 1926, p. 10 764).

Le Président de la République française, — Sur la proposition du président du conseil, ministre des Finances, et du ministre de l'Intérieur ; — Vu la loi du 3 août 1926, article 1er ; — Vu le décret du 6 septembre 1926, — Décrète :

Art. 1er. — Les greffes des conseils de préfecture interdépartementaux comprennent :

1º A la préfecture du siège du conseil, un bureau central ;

2º Dans chacune des autres préfectures de la circonscription, un bureau annexe.

Le service de chaque bureau annexe est assuré par l'un des secrétaires greffiers adjoints institués par l'article 6 du décret du 6 septembre 1926.

Le greffe du conseil de préfecture de la Seine conserve son organisation spéciale.

Art. 2. — Tout secrétaire greffier adjoint chargé d'un bureau annexe du greffe demeure, au point de vue administratif et disciplinaire, sous l'autorité du préfet du département dont relève le personnel auquel il appartient.

Toutefois, il reçoit directement, pour la marche du service qu'il assure, toutes instructions utiles du président du conseil de préfecture interdépartemental.

Art. 3. — Sauf dans les cas spécialement prévus par les dispositions des articles 12 à 16 ci-après, toute requête introductive d'instance peut être déposée, soit au bureau central, soit au bureau annexe du greffe établi à la préfecture du département où le litige s'est produit.

Dans le cas où la requête a été déposée à l'un des bureaux annexes, le secrétaire greffier adjoint marque cette requête, ainsi que les pièces qui y sont jointes, d'un timbre indiquant la date de leur arrivée ; il les transmet, par la voie administrative, au bureau central du greffe.

Il tient un registre d'ordre pour l'inscription des dates d'arrivée et de transmission des pièces.

Il a qualité pour délivrer aux parties, sur leur demande, le certificat prévu au paragraphe 3 de l'article 1er de la loi du 22 juillet 1889.

Art. 4. — Dans tous les cas où le conseil de préfecture est, en vertu d'une disposition légale, tenu de statuer dans un délai déterminé, ce délai ne court que de l'arrivée des pièces au bureau central du greffe.

Art. 5. — Les règles prévues à l'article 3 ci-dessus sont applicables aux demandes formulées par voie de dépôt d'un original d'exploit d'huissier, en conformité de l'article 4 de la loi du 22 juillet 1889.

Art. 6. — Tout secrétaire greffier adjoint chargé d'un bureau annexe du greffe a qualité pour donner l'avertissement prévu au paragraphe 2 de l'article 3 de la loi du 22 juillet 1889, en cas d'absence ou d'insuffisance des copies des requêtes introductives d'instance.

Art. 7. — La communication aux parties défenderesses des requêtes introductives d'instance est faite immédiatement après l'enregistrement de ces requêtes au bureau central, ou à l'un des bureaux annexes du greffe, soit par le président du conseil de préfecture, soit par le secrétaire greffier ou le secrétaire greffier adjoint compétent, agissant au nom et par ordre du président, en conformité des instructions générales ou spéciales reçues de lui.

Toutefois, le président peut toujours faire régler ces communications par le conseil statuant en chambre du conseil.

Art. 8. — Les règles fixées aux articles 3, 5, 6 et 7 ci-dessus sont applicables aux mémoires en défense ou en réplique, aux mémoires contenant demandes incidentes, aux requêtes en intervention, aux désistements et aux requêtes en opposition.

Art. 9. — L'avertissement prévu au paragraphe 2 de l'article 3 de la loi du 22 juillet 1889, ainsi que les diverses notifications et avertissements ayant trait à l'instruction et au jugement des affaires, et notamment, prévus aux articles 10, paragraphe 2, 15, 21, 25, paragraphe 3, 28, 33, 44 et 54 de cette loi, continueront d'être effectués en la forme administrative ; mais ces avertissements et notifications peuvent tous être transmis et remis à personne ou à domicile, aussi bien au moyen de lettres recommandées pour lesquelles avis de réception est, s'il y a lieu, demandé à la poste, que par la voie administrative.

Les règles à observer quant à l'emploi de l'un ou de l'autre de ces modes de transmission, sont fixées par le président.

Art. 10. — Lorsque les mémoires en défense ou en réplique ont été produits ou que les délais fixés pour leur production sont expirés, le dossier est transmis au conseiller rapporteur désigné par le président.

Les notifications auxquelles donne lieu tout supplément d'instruction ordonné en chambre du conseil sur la proposition du conseiller rapporteur sont faites en conformité des dispositions contenues aux articles 7 et 9 ci-dessus.

Art. 11. — Les parties ou leurs mandataires peuvent prendre connaissance au bureau central du greffe des pièces de l'affaire, sans déplacement.

Toutefois, le président du conseil peut autoriser le déplacement des pièces, pendant un délai qu'il détermine, à l'un des bureaux annexes du greffe, soit sur la demande des avocats ou des avoués chargés de défendre les parties, soit sur la demande des administrations publiques intéressées.

En cas de nécessité reconnue, il peut également autoriser la remise momentanée de ces pièces, pendant un délai qu'il détermine, entre les mains de ces avocats ou avoués ou des représentants de ces administrations publiques.

Art. 12. — En matière de contraventions de voirie, les citations et autres pièces seront déposées au bureau du greffe établi à la préfecture du département où le procès-verbal a été dressé.

La communication à l'administration compétente de la défense produite par l'inculpé et la communication à l'inculpé de la réponse faite par l'administration sont effectuées, s'il y a lieu, en conformité des règles fixées par l'article 7 ci-dessus.

Art. 13. — A partir de l'entrée en vigueur du présent décret, et pour les contraventions ayant fait l'objet d'un procès-verbal dressé dans un département autre que celui du siège du conseil, la citation devra, quand l'intéressé est domicilié dans ce département, l'inviter à faire connaître :

1º S'il entend présenter ou faire présenter des observations orales ; 2º si, en vue de la présentation de ces observations, à la préfecture du département où le procès-verbal a été dressé, il accepte la juridiction du conseiller délégué statuant seul en conformité de l'article 8, nº 4, du décret du 6 septembre 1926.

Pour toutes les contraventions auxquelles s'applique le paragraphe précédent et ayant donné lieu à citation antérieurement à l'entrée en vigueur du présent décret, l'inculpé, s'il a manifesté l'intention de présenter des observations orales, sera averti, par l'administration ou, à défaut, par le secrétaire greffier adjoint compétent, de la faculté qui lui est accordée par l'article 8, nº 4, précité, du décret du 6 septembre 1926 et invité à faire connaître si, en vue d'user de cette faculté, il accepte la juridiction du conseiller délégué.

Faute de réponse affirmative dans le délai de quinzaine à dater de l'envoi des avertissements ci-dessus prévus, les pièces seront transmises au bureau central du greffe pour qu'il soit statué par le conseil.

Art. 14. — Toutes réclamations, oppositions à contrainte et autres demandes en matière fiscale, seront déposées ou transmises, suivant les cas, par l'Administration ou par les parties, au bureau du greffe établi à la préfecture du département du lieu de l'imposition.

Art. 15. — A partir de l'entrée en vigueur du présent décret' lorsque la réclamation en matière fiscale rentrera dans l'une des catégories prévues aux nᵒˢ 1º et 2º de l'article 8 du décret du 6 septembre 1926, la convocation à l'audience adressée, par application de l'article 44, paragraphe 3, de la loi du 22 juillet 1889, à la partie qui a fait connaître l'intention de présenter des observations orales, spécifiera que ces observations seront présentées à la préfecture du département du lieu de l'imposition devant le conseiller délégué.

Cette convocation est envoyée par le secrétaire greffier ou par le secrétaire greffier adjoint compétent, suivant les cas.

Art. 16. — Lorsqu'il s'agira d'autres réclamations en matière fiscale et lorsque la partie ou son représentant aura son domicile réel ou un domicile élu dans un département autre que celui du siège du conseil et où se trouve le lieu de l'imposition, l'Administration, en appelant la partie à faire connaître si elle entend présenter des observations orales, devra, en outre, l'inviter à indiquer si, en vue de la présentation de ces observations à la préfecture du département du lieu de l'imposition, elle accepte la juridiction du conseiller délégué statuant seul en conformité de l'article 8, nº 3º, du décret du 6 septembre 1926.

Pour toutes affaires de la catégorie prévue au paragraphe précédent, les intéressés qui ont déjà, à la suite de l'invitation à eux adressée antérieurement à la mise en vigueur du présent décret, manifesté l'intention de se présenter des observations orales, seront avertis par l'Administration ou, à défaut, par le secrétaire greffier adjoint compétent, de la faculté qui leur est accordée par l'article 8, n° 3°, précité, du décret du 6 septembre 1926 et invités à faire connaître si, en vue d'user de cette faculté, ils acceptent la juridiction du conseiller délégué.

Faute de réponse affirmative dans le délai de quinzaine aux avertissements donnés par application des deux paragraphes précédents, les pièces sont transmises au bureau central du greffe pour qu'il soit statué par le conseil.

Art. 17. — Dans tous les cas, sauf en matière fiscale et en matière électorale, le président du conseil de préfecture peut, si toutes les parties en font la demande, d'un commun accord, ordonner par un arrêté purement préparatoire une expertise ou une enquête.

Cet arrêté est rendu dans les mêmes formes que ceux qui sont pris, par application de l'article 24 de la loi du 22 juillet 1889, pour la désignation, en cas d'urgence, d'un expert chargé d'un constat.

. Le président a toujours le droit de renvoyer devant le conseil l'affaire dont il est saisi.

Art. 18. — Les réclamations en matière d'affouage qui relèvent de la compétence des conseils de préfecture sont jugées par un conseiller statuant par délégation du conseil de préfecture dans les conditions prévues à l'article 8 du décret du 6 septembre 1926, si aucune des parties ne déclare s'y opposer.

Art. 19. — Les conseillers délégués peuvent également statuer dans les conditions prévues à l'article 8 du décret du 6 septembre 1926, mais sauf recours à la Cour des comptes, sur les comptes soumis à la juridiction des conseils de préfecture.

Toutefois, s'il s'agit de gestions occultes, le conseil seul peut statuer.

Art. 20. — Les séances publiques et non publiques tenues hors du siège du conseil par un conseiller délégué en vertu des dispositions de l'article 8 ou de l'article 9 du décret précité du 6 septembre 1926, et des articles 18 et 19 du présent décret, ont lieu dans l'une des salles de la préfecture.

A ces séances, les attributions du secrétaire greffier, lesquelles comprennent notamment la rédaction des procès-verbaux d'enquête, sont remplies par le secrétaire greffier adjoint.

Art. 21. — Les minutes des décisions rendues soit par le conseil de préfecture, soit par un conseiller délégué, sont conservées au bureau central du greffe. Toutefois, les minutes des décisions rendues par un conseiller délégué peuvent, pour les besoins du service, être gardées provisoirement à l'un des bureaux annexes du greffe pendant un délai n'excédant pas un an.

Art. 22. — Les expéditions des décisions sont signées et délivrées par le secrétaire greffier ou par l'un des secrétaires greffiers adjoints, suivant les cas.

La disposition du paragraphe précédent est applicable aux arrêtés relatifs au jugement des comptes.

Art. 23. — Les conseils de préfecture interdépartementaux et leurs greffes sont substitués aux conseils de préfecture supprimés et aux greffes de ces conseils, qu'ils remplacent, pour toutes décisions à rendre et tous actes à accomplir qui concernent des instances engagées ou des arrêtés rendus antérieurement au 1er octobre 1926 et qui eussent été de la compétence des conseils de préfecture supprimés ou de leurs greffes.

Art. 24. — Tous délais impartis sous peine de prescription, péremption, forclusion ou déchéance, pour introduire des actions précédemment de la compétence des conseils de préfecture supprimés, ou pour accomplir des actes de procédure nécessités par des procédures en cours devant ces juridictions, ou pour exercer des voies de recours contre les arrêtés non encore définitifs rendus par ces mêmes juridictions supprimées, ainsi que tous délais impartis aux conseils de préfecture pour statuer sur des litiges portés devant eux, seront prorogés de trente jours à partir de leur expiration normale, quand ces délais venaient à expiration durant la période comprise entre la publication du présent décret et le 15 octobre 1926.

Art. 25. — Le présent décret entrera en vigueur le 1er octobre 1926. Sont abrogées à partir de cette date toutes les dispositions législatives et réglementaires contraires à celles du présent décret.

Art. 26. — Le président du conseil, ministre des Finances, et le ministre de l'Intérieur sont chargés, etc.

XXXVIII. — **DÉCRET DU 15 OCTOBRE 1926, portant codification des textes législatifs concernant les formalités à observer et la procédure à suivre au sujet de l'assiette des impôts sur les revenus.**

RAPPORT

AU PRÉSIDENT DE LA RÉPUBLIQUE

Paris, le 14 octobre 1926.

Monsieur le Président,

L'article 8 de la loi du 29 avril 1926 stipule qu'il sera procédé par décret, sur l'avis d'une commission comprenant au moins trois députés et deux sénateurs, à la codification de tous les textes législatifs et réglementaires, concernant les formalités à observer et la procédure à suivre au sujet de l'assiette, du recouvrement et du contentieux des impôts sur les revenus.

La commission prévue par cette disposition a été constituée, auprès du ministère des Finances, sous la présidence de l'honorable M. Marraud, sénateur. Elle a estimé que l'accomplissement de sa mission devait comporter deux étapes. Son premier travail consisterait à regrouper dans un ordre logique, en ne procédant qu'aux ajustements de forme reconnus nécessaires, les textes en vigueur, qui se trouvent épars dans un grand nombre de lois. Ensuite, elle examinerait les modifications qui pourraient être apportées aux textes ainsi regroupés, en vue de réaliser une amélioration de la législation et une simplification des services.

Conformément au programme qu'elle s'est ainsi tracé, la commission a d'ores et déjà terminé le regroupement des textes législatifs qui règlent l'assiette des impôts cédulaires et de l'impôt général sur le revenu établis par les lois des 31 juillet 1917 et 15 juillet 1914. Ce sont les résultats de ce premier travail que j'ai l'honneur de soumettre aujourd'hui à votre approbation.

La codification qui vous est présentée sera, d'ailleurs, complétée par celle des dispositions relatives au recouvrement et au contentieux. Mais il m'a paru qu'il convenait, dans l'intérêt d'une meilleure application des impôts sur les revenus, de mettre, dès maintenant, la partie codifiée à la disposition des contribuables et de l'Administration.

Veuillez agréer, monsieur le Président, l'expression de mon respectueux dévouement.

Le président du conseil, ministre des Finances,

RAYMOND POINCARÉ.

Le Président de la République française,

Sur le rapport du président du conseil, ministre des Finances ;

Vu l'article 8 de la loi du 29 avril 1926, ainsi conçu :

« Il sera procédé, par décret rendu sur l'avis d'une commission comprenant au moins trois députés et deux sénateurs, à la codification de tous les textes législatifs et réglementaires concernant les formalités à observer et la procédure à suivre au sujet de l'assiette, du recouvrement et du contentieux des impôts sur les revenus.

« Ce décret devra être publié au *Journal officiel* dans le délai de six mois à dater de la promulgation de la présente loi et soumis à la ratification des Chambres dans le délai d'un mois si elles sont rassemblées ou, dans le cas contraire, dans la première quinzaine de leur plus prochaine réunion ; »

Vu les dispositions législatives en vigueur concernant les forma-

lités à observer et la procédure à suivre au sujet de l'assiette des
impôts sur les revenus ;

Vu l'avis de la commission constituée en conformité de l'article 8
susvisé de la loi du 29 avril 1926,

Décrète :

Art. 1er. — Sont codifiées, conformément au texte annexé
au présent décret, les dispositions relatives aux impôts cédulaires
et à l'impôt général sur le revenu contenues dans les lois ci-dessous
énumérées :

Loi du 15 juillet 1914 (art. 5 à 25), modifiée par les lois des 30 décembre 1916 (art. 5), 23 février 1917 (art. 1er et 2), 31 juillet 1917
(art. 50), 29 juin 1918 (art. 3 et 4), 25 juin 1920 (art. 6 à 8), 31 juillet
1920 (art. 2), 30 mars 1923 (art. 8), 30 juin 1923 (art 3), 22 mars 1924
(art. 43 et 65), 13 juillet 1925 (art. 13, 15, 17 et 18), 4 avril 1926
(art. 1er, 4, 7, 10 et 13) et 29 avril 1926 (art 6) ;

Loi du 29 décembre 1915 (art 5) ;

Loi du 13 mars 1917 (art 8 et 10), modifiée par la loi du 7 août
1920 (art 4) ;

Loi du 31 juillet 1917 (art 2 à 37, 42, 51, 52 et 54), modifiée par
les lois des 25 juin 1920 (art 1er à 5), 31 juillet 1920 (art. 3 et 4),
30 mars 1923 (art. 6 et 7), 30 juin 1923 (art. 4 à 8, 10, 11 et 13),
22 mars 1924 (art. 5 et 42), 16 avril 1924 (art. 1er à 3), 13 juillet 1925
(art. 3 à 11, 27 et 83), 4 avril 1926 (art. 9, 11, 12, 14 et 59) et 3 août
1926 (art. 23) ;

Loi du 25 juin 1920 (art. 9 et 112), modifiée par la loi du 13 juillet 1925 (art. 19) ;

Loi du 31 juillet 1920 (art. 31), modifiée par les lois des 13 juillet 1925 (art. 145) et 4 avril 1926 (art. 6) ;

Loi du 31 décembre 1920 (art. 7) ;

Loi du 5 décembre 1922 (art. 65, 69 à 71 et 74) ;

Loi du 30 juin 1923 (art. 12) ;

Loi du 27 décembre 1923 (art. 3) ;

Loi du 3 janvier 1924 ;

Loi du 13 mars 1924 ;

Loi du 22 mars 1924 (art. 3, 4, 44 et 52 à 54), modifiée par la loi
du 4 avril 1926 (art. 8) ;

Loi du 27 juin 1925 (art. 3) ;

Loi du 13 juillet 1925 (art. 2, 12, 18, 21, 39, 80 et 82) ;

Loi du 4 avril 1926 (art. 4 à 6) ;

Loi du 29 avril 1926 (art. 5) ;

Loi du 3 août 1926 (art. 23 et 25).

Art. 2. — Sont maintenus, jusqu'à ce qu'ils aient été modifiés,
s'il y a lieu, par des décrets ou des règlements d'administration
publique nouveaux, les décrets et règlements d'administration
publique qui se trouvent en vigueur en vertu des dispositions législatives reproduites dans le présent texte codifié.

Art. 3. — Le président du conseil, ministre des Finances, est chargé de l'exécution du présent décret, qui sera publié au *Journal officiel* et soumis à la ratification des Chambres dans la première quinzaine de la session extraordinaire dé 1926.

Fait à Paris, le 15 octobre 1926.

GASTON DOUMERGUE.

Par le Président de la République ;

Le président du conseil, ministre des Finances,

RAYMOND POINCARÉ.

Texte codifié des lois relatives aux impôts cédulaires et à l'impôt général sur le revenu.

TITRE Ier

CHAPITRE PREMIER

Impôt sur les bénéfices industriels et commerciaux.

SECTION I

Des exploitations imposables.

Art. 1er. — Il est établi un impôt annuel sur les bénéfices des professions commerciales et industrielles.

Art. 2. — L'impôt est dû à raison des bénéfices réalisés dans les entreprises exploitées en France.

SECTION II

Des bénéfices imposables.

Art. 3. — L'impôt est établi chaque année, sur les bénéfices obtenus pendant l'année précédente ou dans la période de douze mois dont les résultats ont servi à l'établissement du dernier bilan, lorsque cette période ne coïncide pas avec l'année civile.

Art. 4. — Le bénéfice imposable est le bénéfice net après déduction de toutes charges, y compris la valeur locative des immeubles affectés à l'exploitation et les amortissements généralement admis d'après les usages de chaque nature d'industrie ou de commerce.

Art. 5. — Pour l'application de la déduction prévue à l'article précédent, la valeur locative des immeubles affectés à l'exploitation doit s'entendre de la valeur locative retenue pour l'assiette de la contribution foncière.

Art. 6. — Pour l'établissement de l'impôt, les revenus des valeurs et capitaux mobiliers figurant à l'actif de l'entreprise et atteints par l'impôt perçu en vertu des lois du 29 mars 1914 (titre II) et du 31 juillet 1917 (titre V) ou exonérés de ce dernier impôt par la législation en vigueur sont déduits du bénéfice net après imputation à ces revenus de la quote-part des frais et charges y afférents.

Cette quote-part est forfaitairement fixée dans la proportion de ces revenus à l'ensemble des produits bruts de l'entreprise.

Section III

Des exemptions.

Art. 7. — Sont affranchis de l'impôt :

Les sociétés de caution mutuelle et les banques populaires dont les statuts et le fonctionnement sont reconnus conformes aux dispositions de la loi du 13 mars 1917 ;

Les sociétés d'habitations à bon marché ;

Les sociétés de bains-douches, les sociétés de jardins ouvriers et les sociétés de crédit immobilier constituées et fonctionnant conformément à la loi du 5 décembre 1922 ;

Les offices publics d'habitations à bon marché ;

Les sociétés coopératives et unions de sociétés coopératives d'artisans remplissant les conditions exigées par la loi du 27 décembre 1923 ;

Les banques coopératives des sociétés ouvrières de production placées sous le contrôle des ministres du Travail et des Finances et dont le capital ne peut être souscrit que par lesdites sociétés ou par leurs membres et dont les prêts et ouvertures de crédit ne sont consentis qu'à ces sociétés ;

Les personnes désignées à l'article 42 ci-après et se trouvant dans les conditions prévues audit article.

Section IV

Obligations des redevables. — Déclarations.

Art. 8. — Toute personne ou société exerçant une profession industrielle ou commerciale est tenue de remettre au contrôleur des contributions directes, avant le 1er mars de chaque année, une déclaration du montant de son bénéfice net de l'année ou de l'exercice précédent.

Le délai fixé à l'alinéa ci-dessus est étendu jusqu'au 31 mars pour les personnes ou sociétés qui, au cours de l'année antérieure à celle de l'imposition, ont clos leur exercice comptable pendant le mois de décembre et qui sont tenues ou qui prennent l'engagement de communiquer leur comptabilité à l'appui de leur déclaration.

Art. 9. — Lorsque le bénéfice net n'excède pas 50 000 francs, le contribuable peut se borner à indiquer, dans sa déclaration, celle des catégories déterminées à l'article 15 ci-après dans laquelle il doit être rangé pour le calcul de l'impôt.

Art. 10. — Si le bénéfice excède 50 000 francs, le contribuable est tenu de fournir, en même temps que la déclaration, un résumé de son compte de profits et pertes ou un état de ses bénéfices et de représenter, à toute réquisition du contrôleur, tous documents comptables de nature à justifier la sincérité de sa déclaration.

La même obligation incombe, quel que soit le chiffre de leurs bénéfices, aux sociétés qui sont soumises au droit de communication des agents de l'enregistrement.

Section V

Vérification des déclarations. — Fixation de la base d'imposition.

Art. 11. — Le contrôleur vérifie les déclarations.

Il entend les intéressés dont l'audition lui paraît utile ou qui demandent à fournir des explications orales.

Art. 12. — Le contrôleur peut rectifier les déclarations. Mais il fait alors connaître au contribuable la rectification qu'il envisage et lui en indique les motifs. Il invite en même temps l'intéressé à faire parvenir son acceptation ou ses observations dans un délai de vingt jours.

Si le désaccord persiste, il peut être soumis à l'appréciation d'une commission consultative siégeant au chef-lieu de l'arrondissement et composée de cinq commerçants ou industriels désignés par la chambre de commerce dans les conditions qui sont fixées par un décret.

L'avis de la commission est notifié au contribuable par le contrôleur, qui l'informe, en même temps, de la catégorie dans laquelle ou du chiffre d'après lequel il se propose de le taxer.

Si cette taxation est conforme à l'appréciation de la commission, le contribuable ne peut obtenir de réduction par voie de réclamation devant la juridiction contentieuse qu'en apportant la preuve du chiffre exact de ses bénéfices.

Dans le cas contraire, la charge de la preuve incombe à l'Administration, en tant que le bénéfice retenu pour l'assiette de l'impôt excède l'appréciation de la commission.

Art. 13. — Les déclarations des contribuables visés à l'article 10 ci-dessus qui ne fournissent pas, à l'appui, les renseignements prévus audit article, peuvent faire l'objet de rectifications d'office.

Section VI

Personnes imposables. — Lieu d'imposition.

Art. 14. — L'impôt est établi au nom de chaque exploitant, pour l'ensemble de ses entreprises exploitées en France, au siège de la direction des entreprises ou, à défaut, au lieu du principal établissement.

Dans les sociétés en nom collectif, chacun des associés est personnellement imposé pous la part des bénéfices sociaux correspondant à ses droits dans la société.

Dans les sociétés en commandite simple, l'impôt est établi au nom de chacun des commandités pour sa part respective de bénéfice et, pour le surplus, au nom de la société.

Les impositions ainsi comprises dans les rôles au nom des associés n'en demeurent pas moins des dettes sociales.

SECTION VII

Du calcul de l'impôt.

Art. 15. — Le montant de l'impôt sur les bénéfices industriels et commerciaux est fixé conformément au tarif ci-après :

Bénéfice inférieur ou égal à 800 francs, total de l'impôt : **22 fr. 50.**

Bénéfice compris entre 801 et 1 500 francs, total de l'impôt : 45 francs.

Bénéfice compris entre 1 501 et 3 000 francs, total de l'impôt : 150 francs.

Bénéfice compris entre 3 001 et 5 000 francs, total de l'impôt : 300 francs.

Bénéfice compris entre 5 001 et 7 000 francs, total de l'impôt : 750 francs.

Bénéfice compris entre 7 001 et 10 000 francs, total de l'impôt : 1 050 francs.

Bénéfice compris entre 10 001 et 15 000 francs, total de l'impôt : 1 500 francs.

Bénéfice compris entre 15 001 et 20 000 francs, total de l'impôt : 2 250 francs.

Bénéfice compris entre 20 001 et 25 000 francs, total de l'impôt : 3 000 francs.

Bénéfice compris entre 25 001 et 30 000 francs, total de l'impôt : 3 750 francs.

Bénéfice compris entre 30 001 et 35 000 francs, total de l'impôt : 4 500 francs.

Bénéfice compris entre 35 001 et 40 000 francs, total de l'impôt : 5 250 francs.

Bénéfice compris entre 40 001 et 45 000 francs, total de l'impôt : 6 000 francs.

Bénéfice compris entre 45 001 et 50 000 francs, total de l'impôt : 6 750 francs.

Au-dessus de 50 000 francs, le montant total de l'impôt est égal à 15 pour 100 du bénéfice, toute fraction de celui-ci inférieure à 1 000 francs étant négligée.

L'impôt calculé conformément aux dispositions ci-dessus ne supporte pas le double décime institué par la loi du 22 mars 1924.

Section VIII

Des majorations d'impôt.

Art. 16. — Le contribuable qui n'a pas produit sa déclaration dans les délais prescrits à l'article 8 est imposé d'office, et sa cotisation est majorée de 25 pour 100.

Art. 17. — En cas d'inexactitude relevée dans les renseignements fournis à l'appui de la déclaration du bénéfice réel, l'impôt est doublé sur la portion des bénéfices dissimulés, à condition que l'insuffisance constatée soit supérieure au dixième ou qu'elle excède 20 000 francs.

Section IX

Dispositions spéciales à certaines catégories d'entreprises.

Art. 18. — Les sociétés coopératives de consommation, lorsqu'elles possèdent des établissements, boutiques ou magasins pour la vente ou la livraison de denrées, produits ou marchandises, sont passibles de l'impôt sur les bénéfices industriels et commerciaux.

Toutefois, en sont affranchis les syndicats agricoles et les sociétés coopératives de consommation qui se bornent à grouper les commandes de leurs adhérents et à distribuer dans leurs magasins de dépôt les denrées, produits ou marchandises qui ont fait l'objet de ces commandes, ou lorsque, ne vendant qu'à leurs sociétaires, ils distribuent leurs bonis annuels auxdits sociétaires ou à des œuvres d'intérêt général, ou lorsqu'ils consacrent ces bonis à des réserves qui ne sont pas réparties entre les porteurs d'actions.

Art. 19. — Est considérée comme commerçante soumise à l'impôt sur le chiffre d'affaires et à l'impôt sur les bénéfices industriels et commerciaux toute personne ou société se livrant à des opérations d'intermédiaire pour l'achat ou la vente des immeubles ou des fonds de commerce ou qui, habituellement, achète en son nom les mêmes biens, dont elle devient propriétaire en vue de les revendre.

Elle doit :

1º En faire la déclaration dans le délai d'un mois à compter du commencement des opérations ci-dessus visées au bureau de l'enregistrement de sa résidence et, s'il y a lieu, de chacune de ses succursales ou agences ;

2º Tenir deux répertoires à colonnes non sujets au timbre, dont la forme est déterminée par décret, présentant jour par jour, sans blanc ni interligne, et par ordre de numéros, tous les mandats, promesses de vente, actes translatifs de propriété et, d'une manière générale, tous actes se rattachant à sa profession d'intermédiaire, ou à sa qualité de propriétaire ; l'un des répertoires sera affecté aux opérations d'intermédiaire, l'autre aux opérations effectuées en qualité de propriétaire ;

3° Se conformer, pour l'exercice du droit de communication des agents de l'administration des Contributions directes et de l'Enregistrement, aux dispositions des articles 22 de la loi du 23 août 1871, 7 de la loi du 21 juin 1875 et 5 de la loi du 17 avril 1906, sous les sanctions édictées par ces textes.

Art. 20. — Les dispositions ci-après sont appliquées pour la détermination du revenu servant de base à l'impôt en ce qui concerne les entreprises pratiquant l'assurance ou la réassurance et les entreprises de capitalisation ou d'épargne.

Pour les entreprises françaises, le revenu net global est constitué par la somme du bénéfice net industriel et des revenus nets mobiliers et immobiliers de toute nature. Les pertes, s'il y en a, viennent en atténuation du revenu net global de l'exercice et, en cas d'insuffisance, en atténuation du revenu net global des exercices postérieurs, jusqu'au cinquième inclusivement.

Pour les entreprises étrangères, le revenu net global est évalué forfaitairement, en appliquant aux primes perçues par ces entreprises en France et dans les colonies ou pays de protectorat, ou correspondant à des risques situés en France et dans les colonies ou pays de protectorat, un coefficient égal à la proportion existant pour les cinq plus prospères entreprises françaises assurant des risques de même nature ou exerçant la même industrie, entre leur revenu net global calculé conformément au paragraphe précédent et le montant des primes ; toutefois, les entreprises étrangères peuvent, à charge par elles d'apporter à la commission ci-dessous prévue les justifications nécessaires, être imposées suivant les mêmes règles que les entreprises françaises.

Le taux de l'impôt est fixé à 20 pour 100 et est à la charge exclusive des entreprises, sociétés ou assureurs, sans aucun recours contre leurs adhérents ou assurés, nonobstant toutes clauses ou conventions contraires, quelle qu'en soit la date.

Les coefficients visés au troisième alinéa sont arrêtés chaque année par les ministres des Finances et du Travail, après avis d'une commission ainsi composée :

Un conseiller d'État en service ordinaire, président ;

Le directeur général des Contributions directes et de l'Enregistrement et un administrateur ou leurs représentants ;

Un inspecteur des finances désigné par le ministre des Finances ;

Le directeur du contrôle des assurances privées au ministère du Travail ou son représentant ;

Trois représentants des entreprises françaises, désignés par leurs collègues ;

Un représentant des entreprises étrangères, désigné par ses collègues.

Pour l'application du présent article, les entreprises ci-dessus visées sont soumises au contrôle dè l'inspection générale des Finances et du service financier chargé de l'assietté de l'impôt.

Un règlement d'administration publique, rendu après avis de la commission susvisée, détermine les conditions d'application du présent article.

Art. 21. — Les bénéfices réalisés par les entreprises de navigation maritime établies à l'étranger et provenant de l'exploitation de navires étrangers sont exempts d'impôts, à condition que le pays dont ces navires battent le pavillon accorde une exemption équivalente aux entreprises françaises dè navigation.

Les modalités de cette exemption et les impôts compris dans l'exonération sont fixés pour chaque pays par un accord diplomatique. Ils font l'objet d'un décret contresigné par le ministre des Finances et soumis, dans le délai de trois mois, à la ratification législative.

Les bénéfices réalisés dans les pays ayant consenti l'exonération réciproque prévue à l'alinéa précédent par les entreprises de navigation maritime qui ont leur siège en France sont compris dans les bases de l'impôt sur les bénéfices industriels et commerciaux dû par ces entreprises.

SECTION X

Cession ou cessation d'entreprise.

Art. 22. — Dans le cas de cession ou de cessation, en totalité ou en partie, d'une entreprise, l'impôt sur les bénéfices industriels et commerciaux dû en raison des bénéfices qui n'ont pas encore été taxés est immédiatement établi.

Dans un délai de dix jours, déterminé comme il est indiqué ci-après, les contribuables sont tenus de faire parvenir au contrôleur des Contributions directes les renseignements nécessaires (indication de la catégorie dans laquelle doivent être rangés les bénéfices imposables ou déclaration du bénéfice réel accompagnée d'un résumé du compte de profits et pertes ou d'un état des bénéfices), en vue de l'établissement de l'impôt. Le délai de dix jours dont il est question commence à courir :

Lorsqu'il s'agit de la vente ou de la cession d'un fonds de commerce, du jour où la vente ou la cession a été publiée dans un journal d'annonces légales, conformément aux prescriptions du premier alinéa de l'article 3 de la loi du 17 mars 1909, modifié par l'article 1er de la loi du 31 juillet 1913 ;

Lorsqu'il s'agit de la vente ou de la cession d'autres entreprises, du jour où l'acquéreur ou le cessionnaire a pris effectivement la direction des exploitations ;

Lorsqu'il s'agit de la cessation d'entreprises, du jour de la fermeture définitive des établissements.

Si les contribuables ne produisent pas les renseignements visés au deuxième alinéa du présent article, ou si, invités à fournir à l'appui de la déclaration de leur bénéfice réel les justifications néces saires, ils s'abstiennent de les donner dans les dix jours qui suivent la réception de l'avis qui leur est adressé à cet effet, les bases d'imposition sont arrêtées d'office, et il est fait application de la majoration de droits prévue à l'article 16.

En cas d'inexactitude dans les renseignements fournis à l'appui de la déclaration du bénéfice réel, les intéressés sont passibles de la majoration de droits prévue par l'article 17.

Les cotes établies dans les conditions prévues par le présent article sont immédiatement exigibles pour la totalité.

En cas de cession, qu'elle ait lieu à titre onéreux ou à titre gratuit, le détenteur demeure responsable, solidairement avec le contribuable, du payement desdites cotes pendant trois mois à dater de la déclaration prévue par le second alinéa du présent article.

CHAPITRE II

Taxe spéciale sur le chiffre d'affaires.

Section I

Des entreprises imposables et de la base de la taxe.

Art. 23. — Indépendamment de l'impôt sur les bénéfices industriels et commerciaux tel qu'il est organisé par les articles précédents, il est établi une taxe spéciale sur le chiffre d'affaires réalisé par les entreprises ayant pour objet principal la vente en détail de denrées ou marchandises, lorsque ce chiffre d'affaires dépasse 1 million de francs, déduction faite du montant des exportations à l'étranger, en Algérie, aux colonies et pays de protectorat.

Art. 24. — La même taxe est applicable aux établissements de banque ou de crédit, ainsi qu'aux entreprises d'assurances, d'épargne et de capitalisation, lorsque leur chiffre d'affaires excède 1 million de francs.

En ce qui concerne les établissements de banque ou de crédit, le chiffre d'affaires doit s'entendre du montant des courtages, commissions, remises, salaires, prix de location, intérêts, escomptes, agios et autres profits définitivement acquis, droits de garde, etc., à l'exclusion des revenus des valeurs mobilières en portefeuille.

En ce qui concerne les entreprises d'assurances, le chiffre d'affaires doit s'entendre du montant des primes encaissées, à l'exception des primes relatives aux assurances maritimes ou reçues en réassurance.

Art. 25. — Pour les maisons à succursales multiples, le chiffre d'affaires sur lequel s'établit la taxe spéciale est le chiffre global des affaires réalisées par toutes les succursales installées, soit dans la ville du siège principal, soit dans des villes différentes.

Art. 26. — Les sociétés coopératives de consommation ne sont pas soumises à la taxe spéciale.

Section II

Du mode d'établissement de la taxe.

Art. 27. — Les contribuables soumis à la taxe sont tenus de faire, dans les deux premiers mois de chaque année, la déclaration du chiffre total de leurs affaires pendant l'année précédente et de présenter, à l'appui de cette déclaration, toutes les justifications nécessaires pour en établir l'exactitude.

Section III

Du calcul de la taxe.

Art. 28. — Le taux de la taxe est fixé conformément au tarif suivant :

1 pour 1000 sur la fraction du chiffre d'affaires comprise entre 1 million de francs et 2 millions de francs ;

2 pour 1 000 sur la fraction du chiffre d'affaires comprise entre 2 000 001 francs et 10 millions de francs ;

3 pour 1 000 sur la fraction du chiffre d'affaires comprise entre 10 000 001 francs et 100 millions de francs ;

4 pour 1 000 sur la fraction du chiffre d'affaires comprise entre 100 000 001 francs et 200 millions de francs ;

5 pour 1 000 sur la fraction du chiffre d'affaires au-dessus de 200 millions de francs.

La taxe ainsi calculée est majorée du double décime établi par la loi du 21 mars 1924.

Art. 29. — Sont applicables, en cas d'omission de déclaration ou de déclaration inexacte, les sanctions prévues aux articles **16** et **17** ci-dessus.

TITRE II

Impôts sur les bénéfices de l'exploitation agricole.

Section I

Bénéfices soumis à l'impôt. — Evaluation des bénéfices imposables.

Art. 30. — Un impôt annuel est établi sur les bénéfices de l'exploitation agricole.

Art. 31. — Le bénéfice provenant de l'exploitation agricole est considéré, pour l'assiette de l'impôt, comme égal à la valeur locative des terres exploitées, telle qu'elle résulte de l'évaluation cadastrale, multipliée par le coefficient 3.

Le coefficient est réduit à 2,50 pour les terres affectées à la culture du blé au cours de l'année antérieure à celle de l'imposition.

Le coefficient est porté à 5 pour les bois industriels, les pépinières et les cultures maraîchères, florales ou d'ornementation.

Jusqu'à l'application de la revision de la propriété non bâtie, les coefficients ci-dessus seront appliqués à la valeur locative cadastrale préalablement majorée de 75 pour 100.

Section II

Des personnes imposables, de la base et du lieu d'imposition.

Art. 32. — L'impôt est établi au nom des exploitants, dans la commune où ils ont leur habitation principale au 1er janvier de l'année de l'imposition et d'après la consistance de leurs exploitations au 1er janvier de l'année précédente.

Dans le cas de bail à portion de fruits, le bailleur et le métayer sont personnellement imposés pour la part de revenu imposable revenant à chacun d'eux proportionnellement à leur participation dans les produits. Toutefois, les abattements applicables pour le calcul de l'impôt ne jouent pour le bailleur que sur l'ensemble de ses propriétés.

Section III

Du calcul de l'impôt.

Art. 33. — Sur le montant du revenu de l'exploitation agricole calculé comme il est dit à l'article 31 ci-dessus, l'exploitant n'est taxé que sur la fraction supérieure à 2 500 francs. Il a droit, en outre, à une déduction des trois quarts sur la fraction comprise entre 2 500 et 4 000 francs et de moitié sur la fraction comprise entre 4 000 et 8 000 francs.

Le taux de l'impôt est de 12 pour 100.

L'impôt ainsi calculé ne supporte pas le double décime établi par la loi du 22 mars 1924.

Section IV

Des déclarations.

(*a* Déclaration du propriétaire en cas de fermage ou de métayage.

Art. 34. — A chaque renouvellement ou modification de bail à portion de fruits, le bailleur est tenu de faire connaître au contrôleur des Contributions directes du siège de l'exploitation, dans le délai de trois mois, la part proportionnelle de chacune des parties.

En tout état de cause, qu'il s'agisse de bail à ferme ou de colonat partiaire, le propriétaire est tenu de remettre au contrôleur des Contributions directes, à chaque renouvellement de bail, dans le délai de trois mois, une déclaration indiquant la désignation de l'exploitation, les nom et prénoms du fermier ou du métayer entrant et la date de son entrée. S'il s'agit de marchés de terre, la déclaration doit indiquer, en outre du nom de l'amodiataire, la désignation et le revenu cadastral des parcelles louées.

A défaut de déclaration dans les cas prévus aux deux alinéas précédents, l'impôt est établi au nom du propriétaire.

b) Déclaration de l'exploitant.

Art. 35. — Les contribuables qui entendent bénéficier du coefficient réduit applicable aux terres affectées à la culture du blé au cours de l'année antérieure à celle de l'imposition sont tenus d'adresser au contrôleur, dans les deux premiers mois de l'année de l'imposition, la déclaration de la contenance et du revenu cadastral de ces terres.

Section V

Terrains d'agrément.

Art. 36. — Les parcs, jardins, avenues, pièces d'eau et tous les terrains réservés au pur agrément ou spécialement aménagés en vue de la chasse, ainsi que les terrains non cultivés destinés à la construction, sont assujettis à l'impôt sur les bénéfices de l'exploitation agricole à raison d'un revenu déterminé suivant le mode indiqué à l'article ci-dessus.

L'impôt est établi sur la totalité de ce revenu, sans déduction ni atténuation d'aucune sorte.

Art. 37. — Sont affranchies de l'impôt les personnes ayant la jouissance de terrains d'agrément dont la superficie n'excède pas un hectare et dont le revenu imposable n'est pas supérieur à 100 fr.

Sont en outre exonérés de l'impôt, quelles que soient leur contenance et leur valeur locative, les parcs et jardins situés dans la partie agglomérée des villes et les terrains appartenant aux offices publics d'habitations à bon marché et destinés aux buts déterminés par l'article 8 de la loi du 5 décembre 1922.

Section VI

Du recouvrement. — Des réclamations.

Art. 38. — Les rôles de l'impôt sur les bénéfices agricoles sont établis et le recouvrement en est poursuivi comme en matière de contributions directes.

Art. 39. — Tout assujetti à la cédule des bénéfices agricoles onformément aux dispositions de l'article 31 ci-dessus peut, après la publication du rôle, s'il se juge imposé pour un revenu supérieur à son bénéfice net réel, demander une réduction proportionnelle de sa cote, auf à apporter devant la juridiction compétente les justifications nécessaires par tous les modes de preuve de droit commun.

Art. 40. — Les réclamations relatives à l'impôt sur les bénéfices de l'exploitation agricole sont présentées, instruites et jugées comme en matière de contributions directes.

Toutefois, les réclamations présentées par application de l'article 39 ci-dessus sont jugées et les décisions prononcées en audience non publique ; en outre, les avis et communications qui s'y rapportent sont transmis sous enveloppe fermée.

TITRE III

Impôt sur les traitements publics et privés, les indemnités et émoluments, les salaires, les pensions et les rentes viagères.

Section I

Revenus soumis à l'impôt.

Art. 41. — Les revenus provenant des traitements publics et privés, des indemnités et émoluments, des salaires, des pensions et des rentes viagères sont assujettis à un impôt annuel.

Art. 42. — Sont soumis au même impôt pour leurs bénéfices professionnels :

1º Les ouvriers travaillant chez eux, soit à la main, soit à l'aide de la force motrice, que leurs instruments de travail soient ou non leur propriété, lorsqu'ils opèrent exclusivement à façon pour le compte d'industriels ou de commerçants, avec des matières premières fournies par ces derniers, et lorsqu'ils n'utilisent pas d'autre concours que celui de leur femme, de leurs père et mère, de leurs enfants et petits-enfants habitant avec eux, d'un apprenti de moins de seize ans et d'un compagnon ;

2º Les artisans travaillant chez eux ou au dehors, qui se livrent principalement à la vente du produit de leur propre travail et qui n'utilisent pas d'autre concours que celui des personnes énumérées au paragraphe précédent ;

3º La veuve de l'ouvrier et celle de l'artisan, travaillant dans les conditions prévues aux paragraphes 1º et 2º ci-dessus, lorsqu'elle continue la profession précédemment exercée par son mari.

Les dispositions des paragraphes 1º, 2º et 3º ci-dessus s'appliquent dans tous les cas prévus, sans qu'il y ait à distinguer suivant que l'ouvrier, le façonnier ou l'artisan travaille à titre individuel, ou en association ou en communauté d'intérêts, avec les personnes dont le concours est autorisé ;

4º Les personnes qui vendent elles-mêmes et pour leur compte, en ambulance dans les rues, dans les lieux de passage et dans les marchés, des marchandises de faible valeur ou de menus comestibles, à la condition que ces personnes soient munies d'autorisations administratives et que les marchandises destinées à la vente soient transportées autrement que par véhicule automobile ou que par voiture attelée ;

5° Les mariniers propriétaires d'un seul bateau qu'ils conduisent et gèrent eux-mêmes ;

6° Les chauffeurs et cochers propriétaires d'une ou de deux voitures qu'ils conduisent et gèrent eux-mêmes, à la condition que les deux voitures ne soient pas mises simultanément en service, qu'elles ne comportent pas plus de quatre places et que les conditions de transport soient conformes à un tarif réglementaire ;

7° Les pêcheurs se livrant personnellement à la pêche des poisons, crustacés, coquillages et autres produits de la mer ou d'eau douce.

Art. 43. — Sont affranchies de l'impôt les pensions servies en vertu de la loi du 31 mars 1919, ainsi que les allocations aux familles nombreuses (sursalaire familial, allocations familiales), versées uniquement par des employeurs ou groupements d'employeurs à leur personnel.

SECTION II

Des personnes imposables et du lieu d'imposition.

Art. 44. — L'impôt est établi au nom des bénéficiaires des revenus imposables et dans la commune où ils sont domiciliés au 1er janvier de l'année de l'imposition.

SECTION III

De la base d'imposition.

Art. 45. — L'impôt est dû, chaque année, à raison des traitements, indemnités et émoluments, salaires, pensions et rentes viagères dont les intéressés ont bénéficié au cours de l'année précédente.

Art. 46. — Pour la détermination des bases d'imposition, il est tenu compte du montant net réel des traitements, indemnités et émoluments, salaires, pensions et rentes viagères, ainsi que de tous les avantages en argent ou en nature accordés aux intéressés en sus des traitements, indemnités, émoluments, salaires, pensions et rentes viagères proprement dits.

Section IV

Des déductions applicables aux contribuables mariés ou ayant des charges de famille, ainsi qu'aux mutilés.

Art. 47. — Sur le montant de son revenu net, chaque contribuable a droit à la déduction d'une somme de 3 000 francs pour sa femme, si celle-ci n'a ni salaire ni revenus personnels, de 3 000 francs par enfant de moins de dix-huit ans et non salarié et de 2 000 francs pour chacune des autres personnes à sa charge, dans les conditions indiquées à l'article 82 ci-après.

Dans le cas où le mari et la femme touchent des traitements ou salaires distincts, les déductions pour enfants et pour personnes à la charge ne sont applicables qu'au traitement ou salaire le plus élevé.

Les mutilés titulaires d'une pension d'invalidité ont droit à une déduction supplémentaire de 1 000 francs.

Section V

Calcul de l'impôt.

Art. 48. — L'impôt ne porte que sur la fraction du revenu qui, après défalcation des déductions indiquées à l'article précédent, excède la somme de 7 000 francs.

En outre, pour le calcul de l'impôt, la fraction comprise entre le minimum exempté et 10 000 francs est comptée pour un quart, la fraction comprise entre 10 000 et 20 000 francs pour moitié, et la fraction comprise entre 20 000 et 40 000 francs pour trois quarts.

Le taux de l'impôt est fixé à 12 pour 100.

L'impôt ainsi calculé ne supporte pas le double décime établi par la loi du 22 mars 1924.

Section VI

Des renseignements à fournir par les employeurs, chefs d'entreprise et débiteurs de pensions ou de rentes viagères.

Art. 49. — Tous particuliers et toutes sociétés ou associations occupant des employés, commis, ouvriers ou auxiliaires moyennant traitement, salaire ou rétribution, sont tenus de remettre, dans le courant du mois de janvier de chaque année, au contrôleur des contributions directes, un état indiquant :

1º Les noms et adresses des personnes qu'ils ont occupées au cours de l'année précédente ;

2º Le montant des traitements, salaires et rétributions payés à chacune d'elles pendant ladite année ;

3º La période à laquelle s'appliquent ces payements, lorsqu'elle est inférieure à une année, mais supérieure à trente jours consécutifs.

Art. 50. — En ce qui concerne les personnes rétribuées par un seul employeur, la déclaration prévue à l'article précédent n'est exigée que pour celles dont les traitements, salaires ou rétributions, calculés conformément aux prescriptions légales et ramenés à l'année, dépassent le minimum assujetti à l'impôt.

La déclaration doit être produite, quel que soit le montant de leurs rémunérations ramenées à l'année, pour les personnes qui remplissent des fonctions susceptibles d'être exercées simultanément auprès de plusieurs entreprises, telles que les fonctions d'administrateur, membre ou secrétaire de comité ou conseil de direction, de gestion ou de surveillance, quelle qu'en soit la dénomination, commissaire des comptes, trésorier, etc., et même dans le cas où ces rémunérations sont passibles de la taxe d'enregistrement sur le revenu des valeurs mobilières.

Les chefs d'entreprise sont tenus de déclarer dans les mêmes conditions le montant des commissions, courtages ou autres rémunérations qu'ils versent à l'occasion de l'exercice de leur profession à des courtiers, commissionnaires ou autres intermédiaires de commerce n'ayant pas la qualité de salariés, ainsi que le montant des honoraires, vacations ou autres rémunérations susceptibles d'entrer en compte pour l'établissement de l'impôt sur les bénéfices des professions non commerciales et dont le montant total brut, au cours de l'année, aura atteint, pour une même personne, la somme de 1 000 fr., quelles que soient, d'ailleurs, les localités où sont domiciliés le déclarant et le contribuable.

Art. 51. — Tous particuliers et toutes sociétés ou associations payant des pensions ou rentes viagères sont tenus, dans les conditions prévues à l'article 49, de fournir les indications relatives aux titulaires de ces pensions ou rentes, lorsqu'elles dépassent 1 250 francs.

SECTION VII

Sanctions applicables aux employeurs, chefs d'entreprise et débirentiers en cas d'infraction aux prescriptions légales.

Art. 52. — Toute infraction aux prescriptions des articles 49, 50 et 51 ci-dessus donne lieu à l'application d'une amende de 100 fr. encourue autant de fois qu'il est relevé d'omissions ou d'inexactitudes dans les renseignements qui doivent être fournis en vertu de ces articles.

L'amende est prononcée par le conseil de préfecture statuant comme en matière de contraventions, sur requête présentée sans frais par le directeur des Contributions directes.

La copie de la requête est notifiée aux contrevenants par les soins du conseil de préfecture.

La prescription n'est acquise qu'après l'expiration de la quatrième année suivant celle au cours de laquelle l'infraction a été commise.

L'amende est recouvrée par le percepteur des contributions directes.

SECTION VIII

De la détermination du revenu imposable.

Art. 53. — A l'aide des renseignements fournis en exécution des dispositions qui précèdent et de tous autres qu'il peut recueillir, le contrôleur des Contributions directes fixe les bases de cotisation, sans préjudice pour les intéressés du droit de les contester après l'établissement du rôle.

TITRE IV

Impôt sur les bénéfices des professions non commerciales.

SECTION I

Bénéfices soumis à l'impôt.

Art. 54. — Les bénéfices des professions libérales, des charges et offices dont les titulaires n'ont pas la qualité de commerçants et de toutes occupations ou exploitations lucratives non soumises à un impôt spécial sur le revenu sont assujettis à un impôt annuellement établi à raison du bénéfice net de l'année précédente constitué par l'excédent des recettes totales sur les dépenses nécessitées par l'exercice de la profession.

SECTION II

Du lieu d'imposition.

Art. 55. — L'impôt est établi au lieu de l'exercice de la profession ou, le cas échéant, du principal établissement.

SECTION III

Du calcul de l'impôt.

Art. 56. — L'impôt ne porte que sur la partie du bénéfice net dépassant la somme de 7 000 francs.

En outre, pour le calcul de l'impôt, la fraction comprise entre le minimum exempté et 10 000 francs est comptée pour un quart, la fraction comprise entre 10 000 francs et 20 000 francs pour moitié, et la fraction comprise entre 20 000 francs et 40 000 francs pour trois quarts.

Le taux de l'impôt est fixé à 12 pour 100.

L'impôt ainsi calculé ne supporte pas le double décime établi par la loi du 22 mars 1924.

Par dérogation aux dispositions qui précèdent, l'impôt est calculé, pour les charges et offices visés à l'article 54, dans les conditions et d'après le taux fixés pour les professions commerciales.

Section IV

Des déclarations.

Art. 57. — Toute personne passible de l'impôt à raison de bénéfices réalisés dans l'une des professions visées à l'article 54 est tenue de produire, dans les deux premiers mois de chaque année, une déclaration indiquant le montant de son bénéfice brut, celui de ses dépenses professionnelles et le chiffre de son bénéfice net de l'année précédente.

Art. 58. — La déclaration est adressée au contrôleur des Contributions directes du lieu où le contribuable exerce sa profession ou a son principal établissement.

Il en est délivré récépissé.

Section V

Du contrôle des déclarations.

Art. 59. — Le contrôleur peut demander aux intéressés tous les renseignements susc ptibles de justifier l'exactitude des chiffres déclarés. S'il juge ces renseignements insuffisants, il établit la base de l'imposition et notifie au contribuable le chiffre qu'il se propose de substituer à celui de la déclaration, en indiquant les motifs qui lui paraissent justifier le redressement ; il invite en même temps l'intéressé à présenter, s'il y a lieu, ses observations par écrit ou verbalement dans un délai de vingt jours.

Si le désaccord persiste, il est soumis à l'appréciation d'une commission consultative, siégeant au chef-lieu de chaque département et dont la composition et le fonctionnement sont réglés par les articles 60 et 61 ci-après.

Art. 60. — La commission prévue à l'article précédent comprend les membres ci-dessous, qui sont soumis aux obligations du secret professionnel prévues par l'article 109 ci-après :

Le président du tribunal civil du chef-lieu ou, en cas d'empêchement, un membre du même tribunal par lui désigné, président ;

Un avocat désigné par les bâtonniers des barreaux du département ou, à défaut de barreau constitué, un avoué désigné par les présidents des chambres de discipline du département ;

Un notaire désigné par les présidents des chambres de discipline ;

Un médecin désigné par les syndicats de médecins du département ou, à défaut, par le préfet.

Au cas où le contribuable n'appartiendrait à aucune des professions visées ci-dessus, il aurait le droit de réclamer la présence, au sein de la commission, d'un représentant des syndicats ou des associations corporatives dont il fait partie et qui serait à la désignation de ces associations ou, à leur défaut, du préfet.

Trois membres suppléants sont désignés dans les mêmes conditions.

La commission comprend, en outre, un inspecteur des Contributions directes désigné par le directeur départemental et remplissant les fonctions de secrétaire rapporteur, avec voix délibérative.

Plusieurs commissions peuvent, par arrêté du ministre des Finances, être instituées dans un même département. Dans ce cas, l'une des commissions est présidée par le président du tribunal civil du chef-lieu, qui désigne parmi les membres de ce tribunal les présidents des autres commissions.

Art. 61. — La commission délibère valablement, à condition qu'il y ait au moins trois membres présents, y compris le président et le secrétaire rapporteur. En cas de partage, la voix du président est prépondérante.

La commission se réunit à la demande du directeur des Contributions directes, sur la convocation de son président. Convoqués dix jours au moins avant la réunion, les contribuables intéressés sont invités à se faire entendre ou à faire parvenir leurs observations écrites.

Après examen des motifs invoqués par l'Administration et par le contribuable, la commission formule par écrit un avis indiquant le chiffre du bénéfice professionnel qui lui paraît pouvoir être attribué au contribuable.

Art. 62. — L'avis de la commission est notifié au contribuable par l'Administration, qui l'avise en même temps du chiffre d'après lequel elle se propose de le taxer. Si ce chiffre est conforme à l'évaluation de la commission, le contribuable ne peut obtenir de réduction par voie de réclamation devant la juridiction contentieuse qu'en apportant la preuve du chiffre exact de ses bénéfices. Dans le cas contraire, la charge de la preuve devant la juridiction contentieuse incombe à l'Administration, en tant que le revenu pris pour base de l'impôt excède le chiffre indiqué par la commission.

SECTION VI

Des majorations d'impôt en cas d'insuffisance de déclaration.

Art. 63. — Le contribuable qui n'a déclaré qu'un revenu insuffisant est tenu, s'il n'établit sa bonne foi, de verser, en sus des droits afférents au montant réel de son revenu imposable, une somme égale au quadruple de la partie de ces droits correspondant au revenu non déclaré. Toutefois, le droit en sus n'est applicable que si l'insuffisance constatée est supérieure au dixième du revenu imposable ou excède 20 000 francs.

SECTION VII

Du défaut de déclaration.

Art. 64. — Tout contribuable astreint à la déclaration prévue par l'article 57 ci-dessus, qui ne souscrit pas cette déclaration dans les deux premiers mois de l'année, est invité par le contrôleur à la produire dans un nouveau délai de vingt jours, passé lequel le bénéfice imposable est déterminé d'office, sauf réclamation du contribuable après l'établissement du rôle. Dans ce cas, l'impôt est majoré de moitié.

SECTION VIII

Du droit de communication.

Art. 65. — Les redevables qui sont astreints par les règlements à la tenue d'une comptabilité doivent la représenter à toute réquisition du contrôleur, à l'appui des énonciations de leur déclaration. Dans le cas de non-présentation de la comptabilité, le bénéfice imposable est déterminé d'office et l'impôt est majoré de moitié.

Pour les officiers ministériels, la production de la comptabilité ne peut être exigée que pour les écritures de la comptabilité-étude, à l'exclusion de celles qui concernent les dépôts de fonds appartenant aux clients.

TITRE V

Dispositions communes aux impôts portant sur les revenus de diverses catégories.

SECTION I

Imposition des contribuables disposant de revenus professionnels provenant de sources différentes.

Art. 66. — Les contribuables qui disposent à la fois de revenus provenant de traitements publics et privés, indemnités et émoluments, salaires, pensions et rentes viagères et de bénéfices de professions non commerciales autres que les bénéfices des charges et offices, sont cotisés pour l'ensemble de ces revenus, déterminés suivant le mode propre à chaque catégorie, d'après les règles applicables à l'impôt sur les traitements, salaires, pensions et rentes viagères.

SECTION II

Réductions d'impôts pour charges de famille.

Art. 67. — Sur les impôts établis sur les revenus par les titres I à IV qui précèdent, ainsi que sur l'impôt foncier en principal, chaque contribuable a droit à une réduction, réglée comme il suit :

1º Pour tout contribuable dont le revenu net total, défalcation faite des déductions pour situation et charges de famille prévues par l'article 81 ci-après, n'est pas supérieur à 10 000 francs, 7,50 pour 100 pour chaque personne à sa charge jusqu'à la deuxième et 15 pour 100 pour chacune des autres personnes à partir de la troisième ;

2º Pour tout contribuable dont le revenu net total, tel qu'il est défini ci-dessus, est supérieur à 10 000 francs, 5 pour 100 pour chacune des trois premières personnes à sa charge et 10 pour 100 pour chacune des autres personnes à partir de la quatrième, sans que, toutefois, le montant total de la réduction puisse dépasser 300 francs par personne à la charge du contribuable.

Sont considérées comme personnes à la charge du contribuable celles qui sont désignées à l'article 82 ci-après, relatif à l'impôt général.

Art. 68. — Pour s'assurer le bénéfice des dispositions qui précèdent, les contribuables doivent faire parvenir au contrôleur du lieu de leur domicile une déclaration indiquant les nom, prénoms, date et lieu de naissance de chacune des personnes à leur charge, ainsi que les circonstances (lien de parenté, etc.) de nature à justifier que ces personnes rentrent dans la catégorie de celles qui sont visées au présent article.

Les déclarations indiquent également les impôts sur lesquels sont susceptibles de porter les dégrèvements et les communes dans lesquelles ces impôts doivent être établis.

Les déclarations sont reçues dans les deux premiers mois de chaque année ; elles sont valables tant que leurs indications n'ont pas cessé d'être exactes ; dans le cas contraire, elles doivent être renouvelées dans le délai ci-dessus indiqué.

SECTION III

Déduction des intérêts de dettes.

Art. 69. — Le propriétaire d'un immeuble affecté par hypothèque, privilège ou antichrèse à la garantie d'une créance, a le droit d'obtenir, sur sa demande, le dégrèvement de l'impôt foncier en principal afférent à cet immeuble jusqu'à concurrence de la fraction de cet impôt frappant un revenu égal aux intérêts de ladite créance.

La demande en dégrèvement est présentée, instruite et jugée comme en matière de contributions directes.

Elle doit être produite dans les trois mois de la date du payement des intérêts et appuyée de la quittance ou de l'écrit libératoire dûment revêtu des timbres mobiles prévus par l'article 40 de la loi du 31 juillet 1917.

Les intérêts des dettes chirographaires sont déduits des revenus du débiteur, à l'exception de ceux provenant des valeurs mobilières.

Pour obtenir le bénéfice de cette déduction, les contribuables doivent en faire la demande et justifier que la dette existe réellement, que les intérêts de la dette alléguée ont été effectivement payés au créancier et qu'ils ont été frappés de l'impôt prévu par l'article 38 de la loi du 31 juillet 1917 sur les revenus des créances, dépôts et cautionnements.

La déduction est imputée d'abord sur les revenus de l'entreprise ou de l'exploitation pour les besoins de laquelle la dette a été contractée. En cas d'insuffisance desdits revenus ou à défaut de justification concernant la cause de la dette, l'imputation est faite successivement sur les revenus des catégories taxées au taux le moins élevé.

SECTION IV

Imposition des droits omis.

Art. 70. — Les omissions totales ou partielles constatées dans l'assiette de l'un quelconque des impôts visés aux titres Ier à IV ci-dessus peuvent être réparées jusqu'à l'expiration de la cinquième année suivant celle au cours de laquelle l'imposition aurait du être établie.

TITRE VI

Impôt général sur le revenu.

SECTION I

Des personnes imposables.

Art. 71. — Il est établi un impôt général sur le revenu.

Art. 72. — L'impôt général sur le revenu est dû, au 1er janvier de chaque année, par toutes les personnes ayant en France une résidence habituelle.

Sont considérées comme ayant en France une résidence habituelle les personnes qui y possèdent une habitation à leur disposition à titre de propriétaires, d'usufruitiers ou de locataires, lorsque, dans ce dernier cas, la location est conclue soit par convention unique, soit par conventions successives, pour une période continue d'au moins une année.

Sont également considérées comme ayant en France une résidence habituelle les personnes qui, sans y disposer d'une habitation dans les conditions définies à l'alinéa précédent, ont néanmoins en France le lieu de leur séjour principal.

Art. 73. — Chaque chef de famille est imposable tant en raison de ses revenus personnels que de ceux de sa femme et des autres membres de la famille qui habitent avec lui.

Toutefois, le contribuable peut réclamer des impositions distinctes :

1º Pour sa femme lorsqu'elle est séparée de biens et ne vit pas avec lui ;

2º Pour ses enfants ou autres membres de la famille, sauf son conjoint, lorsqu'ils tirent un revenu de leur propre travail ou d'une fortune indépendante de celle du chef de famille.

SECTION II

Des personnes affranchies de l'impôt.

Art. 74. — Sont affranchis de l'impôt :

1º Les personnes dont le revenu imposable n'excède pas la somme de 7 000 francs, majorée, s'il y a lieu, du montant des déductions pour situation et charges de famille indiquées à l'article 81 ;

2º Les ambassadeurs et autres agents diplomatiques, les consuls et agents consulaires de nationalité étrangère, mais seulement dans la mesure où les pays qu'ils représentent concèdent des avantages analogues aux agents diplomatiques et consulaires français.

SECTION III

Du lieu d'imposition.

Art. 75. — Si le contribuable a une résidence unique, l'impôt est établi au lieu de cette résidence.

Si le contribuable possède plusieurs résidences, il est assujetti à l'impôt au lieu où il est réputé posséder son principal établissement.

SECTION IV

Du revenu imposable.

Art. 76. — L'impôt est établi d'après le montant total du revenu net annuel dont dispose chaque contribuable. Ce revenu net est déterminé, eu égard aux propriétés et aux capitaux que possède le contribuable, aux professions qu'il exerce, aux traitements, salaires, pensions et rentes viagères dont il jouit, ainsi qu'aux bénéfices de toutes opérations lucratives auxquelles il se livre, sous déduction :

1º Des intérêts des emprunts et dettes à sa charge ;

2º Des arrérages de rentes payées par lui à titre obligatoire ;

3º De tous impôts directs et taxes assimilées acquittés par lui ;

4º Des pertes résultant d'un déficit d'exploitation dans une entreprise agricole, commerciale ou industrielle.

Art. 77. — N'entrent pas en compte pour la détermination des sommes passibles de l'impôt :

1º Les pensions dont sont titulaires, en vertu de la loi du 31 mars 1919, les mutilés, veuves et ayants droit des morts de la grande guerre ;

2º Les allocations aux familles nombreuses (sursalaire familial, allocations familiales) versées exclusivement par des employeurs ou des groupements d'employeurs à leur personnel ;

3º Les intérêts des bons du Trésor et des bons de la défense nationale à échéance d'un an au plus ;

4º Les arrérages des rentes perpétuelles 4 pour 100 émises en 1925.

Art. 78. — Les sommes provenant des remboursements et amortissements totaux ou partiels effectués par les sociétés françaises ou étrangères sur le montant de leurs actions, parts d'intérêts ou commandites, avant leur dissolution ou leur mise en liquidation, sont comprises dans les bases de l'impôt général dû par les bénéficiaires, lorsqu'elles sont assujetties à l'impôt cédulaire sur le revenu des capitaux mobiliers par application de l'article 80 de la loi du 13 juillet 1925.

Art. 79. — Le revenu imposable correspondant aux diverses sources de revenus énumérées à l'article 76 ci-dessus est déterminé chaque année d'après leur produit respectif pendant la précédente année.

Toutefois, en ce qui concerne les bénéfices de l'exploitation agricole, l'exploitant a la faculté de les évaluer d'après les règles fixées pour l'assiette de l'impôt cédulaire qui frappe spécialement les revenus de cette catégorie.

Les contribuables peuvent également, sous réserve des dispositions de l'article 92 ci-après, évaluer les revenus de leurs propriétés bâties ou non bâties d'après les règles applicables pour l'assiette de l'impôt foncier.

Pour les commerçants et inudstriels dont le bénéfice net n'excède pas 50 000 francs, et qui n'apportent pas la preuve du chiffre exact de ce bénéfice, il est fait état du bénéfice moyen de la catégorie dans laquelle les intéressés sont rangés en vue du calcul de l'impôt cédulaire.

SECTION V

Du revenu imposable des personnes non domiciliées en France

Art. 80. — En ce qui concerne les personnes non domiciliées en France, mais y possédant une ou plusieurs résidences, le revenu imposable est fixé à une somme égale à sept fois la valeur locative de cette ou de ces résidences, à moins que les revenus tirés par le contribuable des propriétés, exploitations ou professions, sises ou exercées en France, n'atteignent un chiffre plus élevé, auquel cas ce dernier chiffre sert de base à l'impôt.

SECTION VI

*Des déductions motivées par la situation
et les charges de famille des contribuables.*

Art. 81. — Les contribuables mariés ont droit, sur leur revenu annuel, à une déduction de 3 000 francs.

La même déduction est accordée, en cas de décès de l'un des époux, au conjoint survivant non remarié et ayant à sa charge un ou plusieurs enfants issus du mariage.

En outre, tout contribuable a droit, sur son revenu annuel, à une déduction de 2 000 francs par personne à sa charge, si le nombre de personnes à sa charge ne dépasse pas cinq.

Toutefois, pour chaque enfant au-dessous de vingt et un ans resté à la charge de ses parents, et pour chaque personne au delà de la cinquième, quel que soit son âge, la déduction est portée à 3 000 francs.

Art. 82. — Sont considérés comme personnes à la charge du contribuable, à la condition de n'avoir pas de revenus distincts de ceux qui servent de base à l'imposition de ce dernier :

1º Les ascendants âgés de plus de soixante-dix ans ou infirmes ; toutefois, cet âge est abaissé à soixante ans à l'égard des femmes veuves vivant sous le même toit que leur fils ou leur fille et à leur charge exclusive ;

2º Les descendants ou enfants par lui recueillis, s'ils sont âgés de moins de vingt et un ans ou s'ils sont infirmes.

SECTION VII

Calcul de l'impôt.

Art. 83. — Pour le calcul de l'impôt, toute fraction du revenu inférieure à 100 francs est négligée.

L'impôt est calculé en tenant en outre pour nulle la fraction du revenu qui, défalcation faite des déductions prévues à l'article 81 ci-dessus, n'excède pas 7 000 francs et en comptant :

Pour un vingt-cinquième, la fraction comprise entre 7 000 francs et 20 000 francs ;

Pour deux vingt-cinquièmes, la fraction comprise entre 20 000 et 30 000 francs ;

Et ainsi de suite, en augmentant d'un vingt-cinquième par tranche de 10 000 francs jusqu'à 100 000 francs ; par tranche de 25 000 francs jusqu'à 400 000 francs, et par tranche de 50 000 francs jusqu'à 550 000 francs; la fraction du revenu excédant 550 000 francs est comptée pour l'intégralité.

Le taux à appliquer au revenu taxable ainsi obtenu est fixé à 30 pour 100.

L'impôt ainsi calculé ne supporte pas le double décime établi par la loi du 22 mars 1924.

Art. 84. — Sur l'impôt calculé comme il est dit ci-dessus, chaque contribuable a droit à des réductions pour charges de famille, selon les règles suivantes :

1° Tout contribuable dont le revenu net total, défalcation faite des déductions prévues à l'article 81 ci-dessus, n'est pas supérieur à 10 000 francs, a droit à une réduction d'impôt de 7,50 pour 100 pour chaque personne à sa charge jusqu'à la deuxième et de 15 pour 100 pour chacune des autres personnes à partir de la troisième.

2° Tout contribuable dont le revenu, défalcation faite des déductions prévues audit article 81, est supérieur à 10 000 francs, a droit à une réduction d'impôt de 5 pour 100 pour chacune des trois premières personnes à sa charge, et de 10 pour 100 pour chacune des autres personnes à partir de la quatrième, sans que, toutefois, le montant total de cette réduction puisse excéder 2 000 francs par personne à la charge du contribuable.

Art. 85. — Le montant de l'impôt est majoré de 25 pour 100 pour les contribuables âgés de plus de trente ans, qui sont célibataires ou divorcés et qui, n'ayant pas d'enfant, n'ont aucune personne à leur charge.

Le même montant est majoré de 10 pour 100 pour les contribuables âgés de plus de trente ans, mariés depuis deux ans au 1er janvier de l'année de l'imposition, lorsque, à la même date, ces contribuables n'ont pas d'enfant et se trouvent n'avoir aucune personne à leur charge.

Les dispositions ci-dessus ne sont pas applicables aux contribuables, titulaires d'une pension prévue par la loi du 31 mars 1919 pour une invalidité de 40 pour 100 et au-dessus, ni aux contribuables dont tous les enfants sont morts.

SECTION VIII

Des déclarations.

a) Contribuables passibles de l'impôt.

Art. 86. — Tous les contribuables passibles de l'impôt sont tenus de souscrire et de renouveler, chaque année, sous la foi du serment, une déclaration de leur revenu, avec l'indication, par nature de revenu, des éléments qui le composent.

Ils fournissent dans leur déclaration toutes indications nécessaires au sujet de leurs charges de famille.

Ils doivent, en outre, pour avoir droit au bénéfice des déductions prévues à l'article 76 ci-dessus, indiquer dans leur déclaration le chiffre et la nature des dettes et pertes qu'ils ont déduites de leur revenu global en vertu de l'article 76 précité.

Les déclarations sont rédigées sur ou d'après des formules dont la teneur est fixée par un règlement d'administration publique.

Elles mentionnent distinctement le montant des revenus, de quelque nature qu'ils soient, encaissés directement ou indirectement à l'étranger.

Art. 87. — Les déclarations dûment signées, sont remises ou adressées au contrôleur des Contributions directes, qui en délivre récépissé.

Art. 88. — Les déclarations sont reçues dans les deux premiers mois de chaque année. Toutefois, ce délai est étendu jusqu'au 31 mars, pour les commerçants et industriels qui sont assujettis à l'impôt sur les bénéfices industriels et commerciaux d'après les résultats de leur comptabilité et qui, au cours de l'année antérieure à celle de l'imposition, ont clos leur exercice comptable pendant le mois de décembre.

b) Déclaration des contribuables affranchis de l'impôt.

Art. 89. — Les contribuables qui sont affranchis de l'impôt dans les conditions prévues par l'article 74, paragraphe 1er, sont tenus d'en faire, chaque année, la déclaration dans le délai prévu à l'article 88, s'ils ont, au cours de l'année précédente, été inscrits aux rôles des impôts cédulaires pour un total de revenu de 1 500 francs au moins ou s'ils ont encaissé, pendant la même année, 1 500 francs au moins de revenu de valeurs mobilières autres que les bons du Trésor ou de la défense nationale à échéance d'un an au plus et les rentes 4 pour 100 1925.

c) Déclaration détaillée des avoirs à l'étranger.

Art. 90. — Toutes personnes de nationalité française domiciliées ou résidant habituellement en France, conservant à l'étranger des biens mobiliers ou y possédant des biens immobiliers, doivent fournir, dans le délai prévu à l'article 88, au contrôleur des Contributions directes, une déclaration détaillée décrivant la nature, la valeur de ces biens et le revenu y attaché. Cette déclaration est obligatoire, que le contribuable soit ou non assujetti à l'impôt général.

La déclaration, tant des différents éléments d'actif que du revenu, est faite sous la foi du serment.

Les dispositions qui précèdent ne s'appliquent pas aux exportateurs soumis aux dispositions de la loi du 22 mars 1924, article 72.

SECTION IX

De la vérification des déclarations. De la taxation d'office.

Art. 91. — Le contrôleur vérifie les déclarations. Il peut demander au contribuable des éclaircissements.

Il a le droit de rectifier les déclarations ; mais, dans ce cas, il adresse au contribuable, avant d'établir la matrice du rôle, l'indication des éléments qui serviront de base à son imposition, l'invite à se faire entendre ou à faire parvenir son acceptation ou ses observations et à fournir, s'il y a lieu, les justifications utiles au sujet des déductions qu'il demande par application des articles 76, 81 et 84 ci-dessus. Si le désaccord persiste, le contribuable conserve le droit de réclamer par la voie contentieuse, après la publication du rôle.

Si une réclamation est introduite, le tribunal saisi du litige apprécie les motifs invoqués par l'Administration et par le contribuable et fixe la base d'imposition, la charge de la preuve incombant à l'Administration.

Art. 92. — Lorsque les propriétés bâties ou non bâties du contribuable sont louées ou affermées pour un prix supérieur, compte tenu des frais de gestion, d'assurances, d'entretien et d'amortissement du capital immobilier, au revenu net servant de base à la contribution foncière, le contrôleur peut, à charge par lui d'en apporter la justification, substituer le montant du revenu réel au revenu net imposable.

Art. 93. — Lorsque le contrôleur a réuni des éléments précis permettant d'établir que les dépenses d'un contribuable sont notoirement supérieures au revenu qu'il a déclaré, il doit les soumettre au contribuable, et celui-ci est tenu de justifier la différence.

Faute de fournir les justifications nécessaires dans un délai de vingt jours à partir de la réception de l'avis par lequel elles lui sont demandées, le contribuable est taxé d'office dans les conditions prévues par l'article 94 ci-après.

Art. 94. — Tout contribuable qui s'est abstenu de faire sa déclaration ou de répondre à la demande d'éclaircissements du contrôleur est taxé d'office.

En cas de désaccord avec le contrôleur, le contribuable taxé d'office ne peut obtenir, par la voie contentieuse, la décharge ou la réduction de la cotisation qui lui a été ainsi assignée qu'en apportant toutes les justifications de nature à faire la preuve du chiffre exact de son revenu, et il supporte la totalité des frais de l'instance, y compris ceux d'expertise. Toutefois, au cas où son revenu, établi par la juridiction compétente, ne serait pas supérieur de plus de 10 pour 100 au chiffre du revenu produit par lui, ces frais incombent à l'Etat.

SECTION X

Des majorations d'impôt pour défaut ou insuffisance de déclaration.

Art. 95. — Le montant de l'impôt est majoré de 25 pour 100 pour le contribuable qui n'a pas souscrit de déclaration dans le délai prévu par l'article 88.

Dans le cas où le contribuable n'a déclaré qu'un revenu insuffisant d'au moins un dixième, la même majoration est appliquée aux droits correspondant au revenu non déclaré. La majoration est portée au quadruple de ces droits si, l'insuffisance excédant le dixième du revenu imposable ou la somme de 20 000 francs, le contribuable n'établit pas sa bonne foi.

Art. 96. — Les contribuables affranchis de l'impôt qui n'ont pas produit dans le délai légal la déclaration prévue par l'article 89 ci-dessus peuvent être punis d'une amende de 30 francs sans décimes. L'amende est infligée par le directeur des Contributions directes et recouvrée par le percepteur.

SECTION XI

Réparation des insuffisances d'imposition et des omissions.

Art. 97. — Lorsqu'une insuffisance du revenu déclaré est constatée par l'Administration après l'établissement du rôle, la cotisation correspondant à cette insuffisance peut être réclamée au contribuable soit dans l'année même, soit au cours des cinq années suivantes.

Art. 98. — Le droit de répétition prévu par l'article précédent s'applique pendant le même délai aux taxations d'office.

Art. 99. — En cas d'absence ou d'insuffisance de déclaration ou de taxation constatée à l'ouverture d'une succession, le Trésor opère le recouvrement des impôts non perçus, majorés comme il est dit à l'article 95 ci-dessus.

Section XII

*Des sanctions applicables aux infractions commises par des contri-
buables encaissant des revenus à l'étranger ou y possédant des
avoirs.*

a) Sanctions de l'obligation d'indiquer distinctement dans la déclaration relative à l'impôt général les revenus touchés directement ou indirectement
à l'étranger.

Art. 100. — Est puni des peines prévues par l'article 113 ci-
après, le contribuable assujetti à l'impôt général sur le revenu qui,
encaissant directement ou indirectement des revenus à l'étranger,
a volontairement, soit omis de faire sa déclaration, soit omis d'y
inscrire la mention spéciale exigée par l'article 86, dernier alinéa,
soit dissimulé une partie des revenus susvisés.

b) Sanctions de l'obligation de produire une déclaration détaillée
des avoirs à l'étranger.

Art. 101. — La déclaration sciemment inexacte des avoirs à
l'étranger produite par application de l'article 90 ci-dessus, comme
l'absence de déclaration, est punie, outre des sanctions prévues par
l'article 366 du Code pénal, d'une amende égale (décimes compris) à
la moitié du montant de l'avoir dissimulé, sans préjudice de l'affichage du nom du contrevenant et des motifs de la contravention à
la porte de la mairie du lieu de son imposition.

Les articles 59, 60 et 463 du Code pénal sont applicables au délit
spécifié au présent article.

Section XIII

Mesures de publicité.

Art. 102. — La liste des contribuables assujettis à l'impôt général sur le revenu et ayant fait leur déclaration est déposée, par la
direction des Contributions directes de chaque département, dans
les mairies dont dépend le domicile de ces contribuables et tenue
à la disposition de tous les contribuables de la commune.

Toute publication totale ou partielle de ces listes est punie d'un
emprisonnement de un à cinq ans et d'une amende de 1 000 à
10 000 francs ou de l'une de ces deux peines.

Section XIV

Mesures d'application.

Art. 103. — Un règlement d'administration publique fixe les
mesures d'exécution nécessaires pour l'application des dispositions
du présent titre.

TITRE VII

Dispositions générales.

SECTION I

Réduction d'impôts et déduction à la base pour situation et charges de famille. — Contribuables étrangers.

Art. 104. — Sous réserve des traités de réciprocité qui existent actuellement ou qui seront passés entre la France et les pays étrangers, les réductions d'impôts ou de taxe, les dégrèvements à la base, les déductions accordées par les lois en vigueur pour des raisons de charges de famille ne sont applicables qu'aux citoyens français et aux originaires des colonies françaises ou des pays de protectorat.

SECTION II

Calcul des majorations de droits.

Art. 105. — Les majorations de droits applicables pour défaut ou insuffisance de déclaration en matière d'impôts directs ou de taxes assimilées ne supportent pas les décimes institués par l'article 110, premier alinéa, de la loi du 25 juin 1920.

Ces majorations sont, par contre, calculées en tenant compte, s'il y a lieu, des décimes institués par l'article 3 de la loi du 22 mars 1924.

SECTION III

Du recouvrement des impôts cédulaires et de l'impôt général sur le revenu. — Des réclamations. — Du secret professionnel.

Art. 106. — Les rôles de l'impôt sur le revenu sont établis et le recouvrement en est poursuivi comme en matière de contributions directes.

Art. 107. — Les réclamations relatives à l'impôt général sur le revenu sont présentées, instruites et jugées comme en matière de contributions directes.

Toutefois, ces réclamations sont jugées et les décisions prononcées en audience non publique.

Art. 108. — Tous avis et communications échangés entre les agents de l'Administration ou adressés par eux au contribuable et concernant l'impôt général sur le revenu doivent être transmis sous enveloppe fermée.

Les franchises postales et les taux spéciaux d'affranchissement reconnus nécessaires sont concédés ou fixés par décret.

Art. 109. — Est tenue au secret professionnel, dans les termes de l'article 378 du Code pénal, et passible des peines prévues audit article, toute personne appelée, à l'occasion de ses fonctions ou attributions, à intervenir dans l'établissement, la perception ou le contentieux de l'impôt général.

Toutefois, lorsqu'une plainte régulière a été portée par l'Administration contre un redevable et qu'une information a été ouverte, les agents de l'Administration ne peuvent opposer le secret professionnel au juge d'instruction qui les interroge sur les faits faisant l'objet de la plainte.

Art. 110. — Les contribuables ne sont autorisés à se faire délivrer des extraits des rôles de l'impôt général sur le revenu, suivant les dispositions législatives ou réglementaires applicables aux contributions directes, qu'en ce qui concerne leurs propres cotisations.

Art. 111. — Les dispositions des articles 106 à 110 qui précèdent sont applicables aux impôts cédulaires sur les bénéfices des professions commerciales et industrielles, sur les traitements publics et privés, les indemnités et émoluments, les salaires, les pensions et les rentes viagères et sur les bénéfices des professions non commerciales.

SECTION IV

Des peines correctionnelles.

Art. 112. — Quiconque s'est frauduleusement soustrait ou a tenté de se soustraire frauduleusement au payement total ou partiel des impôts établis par les lois au profit du Trésor public, est puni d'une amende de 1 000 francs au moins et de 5 000 francs au plus, sans préjudice des droits du Trésor.

En cas de récidive dans un délai de cinq ans, il est puni, en outre, d'un emprisonnement d'un an au moins et de cinq ans au plus et peut être privé en tout ou en partie, pendant cinq ans au moins et dix ans au plus, des droits civiques énumérés par l'article 42 du Code pénal.

Le tribunal peut, de plus, ordonner que le jugement soit publié intégralement ou par extraits dans les journaux qu'il aura désignés et qu'il soit affiché dans les lieux indiqués par lui, le tout aux frais du condamné, sans toutefois que les frais de la publication et de l'affichage puissent dépasser 5 000 francs.

Les dispositions des six derniers alinéas de l'article 7 de la loi du 1er août 1905 sur la répression des fraudes dans les ventes de marchandises et de la falsification des denrées alimentaires et des produits agricoles sont applicables.

L'article 463 du Code pénal peut être appliqué.

Les poursuites sont engagées à la requête de l'Administration compétente et portées devant le tribunal correctionnel dans le ressort duquel l'impôt aurait dû être acquitté.

Art. 113. — S'il est établi que le contribuable a agi dans le but de se soustraire frauduleusement au payement total ou partiel des impôts, soit qu'il ait volontairement omis de faire sa déclaration dans les délais prescrits par la loi concernant l'impôt général sur le revenu, les impôts cédulaires et l'impôt de mutation par décès, soit qu'il ait volontairement dissimulé une part des sommes sujettes à l'impôt, il est passible, indépendamment des sanctions fiscales établies par les lois en vigueur, d'une amende de 1 000 francs à 5 000 francs, à la condition, en cas de dissimulation, que l'insuffisance atteigne au moins 10 pour 100.

Le tribunal peut, dans tous les cas, ordonner que le jugement sera publié intégralement ou par extraits dans les journaux qu'il aura désignés et qu'il sera affiché dans les lieux indiqués par lui, le tout aux frais du condamné, sans toutefois que les frais de la publication et de l'affichage puissent dépasser 5 000 francs. Les dispositions des six derniers alinéas de l'article 7 de la loi du 1er août 1905 sont applicables.

En cas de récidive dans le délai de cinq ans, le contribuable est puni d'une amende de 1 000 francs à 100 000 francs et d'un emprisonnement d'un mois à six mois. L'affichage et la publicité du jugement peuvent être ordonnés dans les conditions du deuxième alinéa du présent article.

L'article 463 du Code pénal peut être appliqué.

Préalablement à toutes poursuites, le contribuable est mis en demeure, par lettre recommandée, de faire ou de compléter sa déclaration dans un délai qui ne peut être moindre de quinze jours ni excéder un mois.

En cas d'accord, le redevable n'est passible que de l'amende fiscale. En cas de contestation, il est statué par la juridiction compétente.

Les poursuites correctionnelles peuvent, s'il y a lieu, être engagées, soit dès l'expiration du délai supplémentaire plus haut visé, soit, en cas de déclaration contestée, dès la décision de la juridiction compétente.

Art. 114. — Les complices des délits visés par l'article précédent sont punis des mêmes peines, sous les distinctions prévues au premier alinéa dudit article, sans préjudice des sanctions disciplinaires, s'ils sont officiers publics ou ministériels.

Art. 115. — Est également puni des peines prévues par l'article 113, quiconque, en vue de faire échapper à l'impôt tout ou partie de la fortune d'autrui, s'entremet, soit en favorisant les dépôts de titres à l'étranger, soit en y encaissant ou y faisant encaisser, en y négociant ou y faisant négocier des coupons, soit en émettant ou en encaissant des chèques ou tous autres instruments créés pour le payement des dividendes, intérêts, arrérages ou produits quelconques des valeurs mobilières.

SECTION V

Droit de communication auprès des administrations publiques.

Art. 116. — En aucun cas, les administrations de l'État, des départements et des communes, ainsi que les entreprises concédées ou contrôlées par l'État, les départements et les communes, ne peuvent opposer le secret professionnel aux agents de l'Administration des finances ayant au moins le grade de contrôleur ou de receveur qui, pour établir les impôts institués par les lois existantes, leur demandent communication des documents de service qu'elles détiennent.

Art. 117. — Dans toute instance devant les juridictions civiles et criminelles, le ministère public peut donner communication des dossiers à l'Administration des contributions directes et de l'enregistrement.

Art. 118. — L'autorité judiciaire doit donner connaissance à l'Administration des finances de toute indication qu'elle peut recueillir, de nature à faire présumer une fraude commise en matière fiscale ou une manœuvre quelconque ayant eu pour objet ou ayant eu pour résultat de frauder ou de compromettre un impôt, qu'il s'agisse d'une instance civile ou commerciale ou d'une information criminelle ou correctionnelle, même terminée par un non-lieu.

Durant la quinzaine qui suit le prononcé de toute décision rendue par les juridictions civile, administrative, consulaire, prud'homale et militaire, les pièces restent déposées au greffe, à la disposition de l'Administration des contributions directes et de l'enregistrement.

Le délai est réduit à dix jours en matière correctionnelle.

Toute sentence arbitrale, soit que les arbitres aient été désignés par justice, soit qu'ils l'aient été par les parties, tout accord intervenu en cours d'instance, en cours ou en suite d'expertise ou d'arbitrage, doivent faire l'objet d'un procès-verbal, lequel est, dans le délai d'un mois, déposé, avec les pièces, au greffe du tribunal compétent. Ce procès-verbal est tenu à la disposition de l'Administration pendant un délai de quinze jours à partir du dépôt. La sentence arbi-

trale n'est soumise à l'enregistrement qu'en cas d'ordonnance
d'exequatur ou d'usage en justice ou par acte public.

Vu pour être annexé au décret du 15 octobre 1926.

Paris, le 15 octobre 1926.

GASTON DOUMERGUE.

Par le Président de la République :

Le président du conseil, ministre des Finances,

RAYMOND POINCARÉ.

XXXIX. — **Décret du 16 novembre 1926, autorisant les préfets à déléguer aux directeurs des Contributions directes leurs pouvoirs relatifs à l'homologation des rôles des Contributions directes et taxes assimilées et supprimant la publication des rôles** (*J. off.* du 18 nov. 1926, p. 12267).

Le Président de la République française,

Sur le rapport du président du conseil, ministre des Finances,
Vu l'article 93 de la loi du 8 avril 1910 ;
Vu l'article 17 de la loi du 10 juillet 1901 ;
Vu l'article 1er de la loi du 3 août 1926,

Décrète :

Art. 1er. — Les pouvoirs des préfets relatifs à l'homologation des rôles des contributions directes et taxes assimilées peuvent être délégués aux directeurs départementaux des Contributions directes en ce qui concerne les rôles établis par ces chefs de service.

Cette délégation n'entraînera aucune modification de la compétence des tribunaux.

Art. 2. — La formalité de la publication des rôles des contributions directes et taxes assimilées est supprimée.

Dans les dispositions législatives ou réglementaires concernant le recouvrement ou le contentieux des contributions directes et taxes assimilées, les mots « publication des rôles » sont remplacés par les mots « mise en recouvrement des rôles ».

La date de la mise en recouvrement des rôles est fixée par le préfet, ou, en cas de délégation de la formalité d'homologation, par le directeur départemental des Contributions directes, d'accord avec le trésorier-payeur général. Elle est indiquée sur le rôle, ainsi que sur les avertissements délivrés aux contribuables.

Art. 3. — Le président du conseil, ministre des Finances, est chargé de l'exécution du présent décret, qui sera, dans un délai de trois mois, soumis à la ratification des Chambres.

Fait à Paris, le 16 novembre 1926.

GASTON DOUMERGUE.

Par le Président de la République :

Le président du conseil, ministre des Finances,

RAYMOND POINCARÉ.

XL. — DÉCRET DU 19 NOVEMBRE 1926 réglementant le régime de la radiation des inscriptions de privilèges, hypothèques et nantissements (*J. off.* du 21 nov. 1926). — A annoter *supra*, n° 222.

Le Président de la République française,

Sur le rapport du président du conseil, ministre des Finances, du garde des sceaux, ministre de la Justice, et des ministres des Travaux publics et du Commerce et de l'Industrie,

Vu l'article 81 de la loi du 13 juillet 1925 et l'article 18 de la loi du 29 avril 1926,

Décrète :

Art. 1er. — Le greffier du tribunal de commerce, le receveur des douanes, le conservateur des hypothèques ou le fonctionnaire chargé de la tenue du registre d'immatriculation des aéronefs, qui est requis de radier une inscription de privilège, hypothèque ou nantissement prise pour la garantie de créances productives d'intérêts, doit, avant de procéder à la radiation, exiger la production :

1° De l'expédition du titre de la créance, s'il est authentique et s'il a été rédigé en minute, et, le cas échéant, des titres qui ont consstaté la cession ou le transport de la créance, ou qui ont augmenté ou réduit le quantum de cette créance ou le taux des intérêts ;

2° Des pièces justificatives du payement de l'impôt sur les intérêts.
Ces pièces justificatives sont les suivantes :

a) Si des quittances d'intérêts ont été délivrées en France, les originaux de chacune des quittances sous seings privés dûment revêtues des timbres mobiles suffisants, ou des expéditions des quittances authentiques ;

b) S'il n'a pas été délivré de quittances ou si le payement des intérêts a été effectué hors de France, des extraits *parte in quâ*, délivrés par le receveur de l'enregistrement compétent, de chacune des déclarations souscrites par le créancier en application du dernier alinéa de l'article 52 de la loi du 25 juin 1920 ;

3° D'un décompte établi par le requérant en double exemplaire sur des formules dont le modèle est annexé au présent décret et présentant :
D'une part, le détail, année par année, des intérêts courus jusqu'au jour du remboursement total ou partiel du capital ou, à

défaut de remboursement, jusqu'au jour de l'acte de mainlevée, ainsi que le détail de l'impôt exigible sur ces intérêts ;

D'autre part, le détail des pièces justificatives du payement de l'impôt, visées au numéro 2° du présent article, ainsi que le montant de l'impôt effectivement acquitté.

Art. 2. — Le total de l'impôt afférent aux intérêts courus est comparé à celui de l'impôt effectivement acquitté.

Cette comparaison est effectuée sur le décompte par l'agent chargé de la radiation, qui certifie que les sommes inscrites par lui comme représentant l'impôt réellement acquitté sont bien celles versées au Trésor soit au moyen de l'apposition de timbres mobiles, soit sur la déclaration, ainsi qu'il résulte des pièces produites.

Si, de cette comparaison, il résulte que l'impôt a été intégralement acquitté, il peut être procédé à la radiation.

Si, au contraire, l'impôt n'a pas été acquitté, soit sur la totalité, soit sur une fraction des intérêts, ou bien encore si les quittances sous seing privé ne sont pas revêtues de timbres mobiles en nombre suffisant, le greffier, le receveur des douanes, le conservateur des hypothèques ou le fonctionnaire chargé de la tenue du registre d'immatriculation des aéronefs surseoit à la radiation et, dans la huitaine de la réquisition de la radiation, il transmet au receveur de l'enregistrement de sa résidence les deux exemplaires du décompte visé à l'article précédent ; il y joint les pièces justificatives produites par les parties en conformité de l'article 1er.

Il est accusé réception de ces documents.

Après examen et rectification, le cas échéant, du décompte, le receveur de l'enregistrement poursuit le recouvrement de l'impôt et des pénalités reconnues exigibles.

Lorsque l'impôt et les pénalités ont été acquittés, le receveur de l'enregistrement en avise le greffier, le receveur des douanes, le conservateur des hypothèques ou le fonctionnaire chargé de la tenue du registre d'immatriculation des aéronefs, au pied de l'un des exemplaires de la formule de décompte, qu'il lui renvoie, séance tenante, ainsi que les pièces justificatives communiquées ; l'autre exemplaire est conservé au bureau de l'enregistrement.

Le greffier, le receveur des douanes, le conservateur des hypothèques ou le fonctionnaire chargé de la tenue du registre d'immatriculation des aéronefs peut alors procéder à la radiation.

Art. 3. — Les décomptes sont conservés par les greffiers, les receveurs des douanes, les conservateurs des hypothèques ou les fonctionnaires chargés de la tenue du registre d'immatriculation des aéronefs, pendant cinq ans, à compter de la radiation. Les pièces justificatives du payement de l'impôt sur les intérêts peuvent être restituées aux requérants aussitôt après la radiation.

Art. 4. — Le décret du 26 octobre 1925 est abrogé.

Art. 5. — Le garde des sceaux, ministre de la Justice, le ministre des Travaux publics, le ministre du Commerce et de l'Industrie et le président du conseil, ministre des Finances, sont chargés, chacun en ce qui le concerne, de l'exécution du présent décret, qui sera publié au *Journal officiel* et inséré au *Bulletin des lois*.

Fait à Paris, le 19 novembre 1926.

GASTON DOUMERGUE.

(4) Conservation des hypothèques de.............
(1) Ou Tribunal de commerce de.............
(4) Ou Recette des douanes de.............
(4) Ou Service de l'aéronautique de.............

Date de la réquisition
de la radiation ....

Date de la radiation ....

RADIATION DES INSCRIPTIONS DE PRIVILÈGES, HYPOTHÈQUES OU NANTISSEMENTS

*Décomptes d'intérêts passibles de l'impôt
sur le revenu des capitaux mobiliers.*

(à établir par le requérant en double expédition.)

Nom du créancier requérant : ....
Nom du débitant grevé : ....
(1) Nature et situation du fonds de commerce grevé : ....
(1) Nature et situation de l'immeuble grevé : ....
(1) Désignation du navire ou du bateau hypothéqué : ....
(1) Désignation de l'aéronef : ....
Nature, forme et date du titre de créance : ....
Date de l'inscription .... Vol. : .... Nº : ....
Capital originaire de la créance : ....
Taux de l'intérêt stipulé : ....
Indication, le cas échéant, de la nature, de la forme et de la date
    des titres qui ont opéré la transmission de la créance ou qui ont
    modifié son quantum ou le taux de l'intérêt : ....
Point de départ de ces modifications : (10 lignes) ....

Décompte des intérêts et de l'impôt.

	Colonnes réservées au requérant.		Colonnes réservées au greffier, au receveur des douanes, au conservateur des hypothèques ou au fonctionnaire chargé de la tenue du registre d'immatriculation des aéronefs.		Colonnes réservées au receveur de l'enregistrement.	
	INTÉRÊTS 1	IMPÔT 2	INTÉRÊTS 3	IMPÔT 4	INTÉRÊTS 5	IMPÔT 6
Année............... Année............... (10 lignes).						
Total de l'impôt exigible...						
Indication des titres justificatifs de payement de l'impôt et montant de l'impôt acquitté... (20 lignes).						
Total de l'impôt acquitté...						
Le cas échéant, différence en moins entre l'impôt exigible et l'impôt acquitté......						

A .... , le ....

Le requérant,

Vu et vérifié par (1) ....
qui certifie que les sommes inscrites par lui dans la colonne 4 de la deuxième partie
du décompte ci-dessus représentent exactement le total de l'impôt acquitté au moyen
de l'apposition de timbres mobiles ou sur déclaration, ainsi qu'il résulte des pièces
justificatives produites.

A .... , le ....

(1) Le greffier, le conservateur des hypothèques, le receveur des douanes ou le fonctionnaire
chargé de la tenue du registre d'immatriculation des aéronefs.

En cas d'insuffisance de perception, le greffier, le receveur des douanes, le conservateur des hypothèques ou le fonctionnaire chargé de la tenue du registre d'immatriculation des aéronefs transmet, en double exemplaire, le décompte qui précède au receveur de l'enregistrement, après avoir rempli la formule de transmission ci-après :

Transmis à M. le receveur de l'enregistrement un décompte d'intérêts qui n'ont pas été assujettis à l'impôt sur le revenu des créances.

A .... , le ....

      (1) *Le greffier du tribunal de commerce,*
      ou *Le receveur des douanes,*
      ou *Le conservateur des hypothèques,*
      ou *Le fonctionnaire chargé de la tenue du registre*
                d'immatriculation des aéronefs,

Vu et vérifié par le receveur d'enregistrement, qui certifie avoir consigné sous le n° .... du sommier des découvertes le montant des droits exigibles.

A .... , le ....

Le receveur de l'enregistrement,

Renvoyé à M .... par le receveur de l'enregistrement à .... qui certifie avoir fait recette ce jour : .... de la somme de .... montant de la taxe exigible, et de celle de .... pour amendes et quintuples droits.

A .... , le ....

ANNEXES

INDEX ALPHABÉTIQUE

Cet index est divisé en huit sections distinctes correspondant à chacun des impôts cédulaires, à l'impôt général sur le revenu, et aux règles communes. Les numéros indiqués sont ceux des paragraphes.

I

Revenus de la propriété foncière bâtie et non bâtie.

II

Bénéfices agricoles.

III

Intérêts des créances, dépôts et cautionnements.

IV

Bénéfices industriels et commerciaux.

V

Traitements, salaires, pensions, rentes viagères.

VI

Professions non commerciales.

VII

Impôt général sur le revenu.

VIII

Règles communes.

IMPRIMERIE DE LA JURISPRUDENCE GÉNÉRALE DALLOZ

ADDENDA

Cet appendice contient, notamment, les dispositions de la loi de finances du 19 décembre 1926 (J. off. du 19 déc., p. 13.162), promulguée au moment où l'impression de ce Traité touchait à sa fin, qui intéressent l'impôt foncier et le régime fiscal des tantièmes et jetons de présence des administrateurs-délégués des sociétés. Les numéros inscrits en regard de chaque article correspondent à ceux des divers paragraphes de l'ouvrage.

69. Impôt foncier des propriétés non bâties. Réduction des petites cotes. — Reprenant sur de nouvelles bases la disposition de l'article 48 de la loi du 31 juillet 1917, l'article 2 de la loi du 19 décembre 1926 porte ce qui suit :

« Jusqu'à l'application des résultats de la revision exceptionnelle prescrite par l'article 28 de la loi du 13 juillet 1925, tout propriétaire exploitant pour son propre compte et non assujetti à l'impôt général sur le revenu aura droit à une réduction du principal de la contribution foncière établie sur les terres dont il est à la fois propriétaire et exploitant, à condition que la somme du revenu cadastral de ses propriétés non bâties, majoré comme il est dit à l'article 23 de la loi du 3 août 1926, et du bénéfice agricole forfaitaire des terres qu'il exploite, n'excède pas 4 000 francs.

« Cette réduction sera réglée comme suit :

Cotes en principal de 100 francs et au-dessous, uniques ou totalisées, modération de moitié.

« Cotes en principal de plus de 100 francs, uniques ou totalisées, modération uniforme de 50 francs.

« Pour obtenir le bénéfice de la réduction, le contribuable

devra faire, à la mairie de la commune de son domicile réel, une déclaration écrite donnant l'indication, d'après les documents cadastraux, de toutes les propriétés non bâties qui lui appartiennent et de celles de ces propriétés dont il assure directement l'exploitation.

« Les déclarations seront recevables, chaque année, avant le 1er mars. Les contribuables ne seront pas tenus de les reproduire annuellement, mais les faits susceptibles de motiver une modification des indications contenues dans ces déclarations devront faire l'objet de déclarations rectificatives avant le 1er mars de l'année suivante.

« Les déclarations seront vérifiées par le contrôleur des Contributions directes assisté du maire et des répartiteurs, et les dégrèvements prononcés par le directeur des Contributions directes.

« Les contribuables dont les déclarations n'auront pas été admises en seront avisés et ils auront la faculté de présenter des demandes en dégrèvements dans les formes ordinaires, dans le délai d'un mois à partir de la réception de la lettre d'avis qui leur aura été adressée. »

Le droit au dégrèvement partiel prévu par ce texte ne profite pas à toutes les catégories d'agriculteurs ; il n'est ouvert qu'en faveur du contribuable réunissant la qualité de propriétaire à celle d'exploitant de propriétés agricoles, à l'exclusion des fermiers ou colons partiaires. Le propriétaire exploitant pour son propre compte doit, au surplus, satisfaire à une double condition : la première est de ne pas disposer d'un revenu global supérieur à 7 000 francs, le rendant passible de l'impôt sur le revenu ; la seconde est que le revenu cadastral de l'ensemble de ses propriétés non bâties, majoré de 75 pour 100 et augmenté du bénéfice forfaitaire de son exploitation agricole, ne dépasse pas 4 000 francs. La réduction, qui ne joue qu'à l'égard de l'impôt afférent aux terres dont le contribuable s'est réservé l'exploitation personnelle, est de 50 pour 100 pour les cotes n'excédant pas 100 francs en principal, et, au-dessus de ce chiffre, d'une somme fixe de 50 francs.

L'ensemble des propriétés non bâties du contribuable devant être envisagé pour la détermination du revenu maximum de 4 000 francs, l'intéressé doit, dans sa déclaration écrite, à produire avant le 1er mars, présenter distinctement le relevé de toutes les terres qui lui appartiennent et, d'autre part, l'énumération de celles de ces propriétés dont il assure personnellement l'exploitation. A moins de changement dans la situation du propriétaire-exploitant, cette déclaration est dispensée de renouvellement. C'est au directeur des Contributions directes qu'il appartient de statuer, après enquête du contrôleur, sur la demande en dégrèvement, sans préjudice de la faculté, pour l'intéressé, de se pourvoir au contentieux devant la juridiction administrative, dans le délai d'un mois à compter de l'avis de la décision du directeur.

L'article 30 de la loi du 29 mars 1914 punissait d'une amende de 50 à 100 francs toute inexactitude commise sciemment dans une déclaration à fin de dégrèvement de l'impôt foncier. La loi du 19 décembre 1926 n'ayant ni reproduit, ni visé par voie de référence cette disposition de la loi de 1914, il semble que la seule sanction applicable à l'égard des inexactitudes constatées dans la déclaration prévue par la loi nouvelle est le rejet de la demande de réduction.

Ajoutons que la mesure dont on vient de résumer l'économie restera applicable, dans sa teneur actuelle, jusqu'au 1er janvier 1931, date à laquelle devront servir de base à l'impôt foncier les résultats de la revision exceptionnelle prévue par l'article 45 de la loi du 22 mars 1924 et par l'article 28 de la loi du 13 juillet 1925 (V. à ce sujet, *suprà*, n° 35).

53. Outillage dans les ports. Concession aux chambres de commerce. Exemption de l'impôt foncier. — Le Conseil d'Etat avait jugé que l'exemption d'impôt foncier stipulée pour les immeubles affectés à un service public n'est pas applicable aux bâtiments et à l'outillage qu'une chambre de commerce (dans l'espèce, celle de Bordeaux) a été autorisée à établir et à exploiter sur les quais d'un port et pour l'usage desquels elle perçoit des redevances fixées par son cahier des charges (*Cons. d'Ét.* 9 août 1918, cité *suprà*, n° 53). C'est pour réagir contre cette jurisprudence qu'est intervenue la disposition ci-après de l'article 3 de la loi du 19 décembre 1926 :

« Dans les ports maritimes et sur les voies de navigation intérieure, ne sont pas imposables à la contribution foncière les installations qui font l'objet de concessions d'outillages publics accordées par l'Etat aux chambres de commerce ou aux municipalités et qui sont exploitées dans les conditions fixées par les cahiers des charges. »

468. Tantièmes et jetons de présence des administrateurs délégués. — Dans une dissertation publiée au *Recueil hebdomadaire* de Dalloz (1926, p. 9 à 12), et sous l'article 468 du présent *Traité*, nous croyons avoir établi que l'Administration n'était pas fondée à assujettir à la taxe sur le revenu des valeurs mobilières l'intégralité des tantièmes attribués à l'administrateur-délégué d'une société, sans en excepter les sommes qu'il touche en rémunération de ses fonctions spéciales. Par l'effet de cette interprétation, les administrateurs-délégués se trouvaient placés sous un régime d'exception, contrairement à l'esprit et au texte de l'article 79 de la loi du 13 juillet 1925. Cette anomalie, que l'article 17 de la loi du 29 avril 1926 avait laissé subsister, est sinon totalement supprimée, tout au moins atténuée dans une appréciable mesure par l'article 4 de la loi du 19 décembre 1926, ainsi conçu :

« L'article 17 de la loi du 29 avril 1926 est complété ainsi qu'il suit :

« Toutefois, les allocations de toute nature, tantièmes, jetons de présence et rémunérations diverses, perçues par l'administrateur-délégué en sus de celles attribuées aux autres membres du conseil d'administration et en tant qu'elles sont destinées à le rémunérer de son travail de direction, ne sont soumises qu'à l'impôt sur les traitements et salaires. »

Par l'effet de cette modification, la fraction de tantièmes et autres rémunérations perçue par l'administrateur-délégué, en sus des émoluments de même nature attribués aux autres membres du conseil d'administration, ne sera désormais soumise qu'à l'impôt des traitements et salaires ; elle cessera d'être passible de la taxe sur le revenu des capitaux mobiliers, et, à raison de son caractère de charge sociale, devra être exclue des bases de l'impôt sur les bénéfices commerciaux et industriels incombant à la société.

Rappelons, en ce qui concerne les jetons de présence et les indemnités forfaitaires assimilées, que, même dans la mesure où ils restent passibles de la taxe sur le revenu des capitaux mobiliers, ces émoluments ne sauraient être compris dans les bases de l'impôt cédulaire des bénéfices commerciaux dû par la société, du moment où ils sont régulièrement passés par frais généraux, comme charge sociale, dans les écritures de la société. C'est ce que reconnaît, très justement, la circulaire des Contributions directes du 25 septembre 1926, n° 1472, p. 16 et 17 (V. *suprà*, n° 471).

441. Impôt sur les bénéfices commerciaux. Cession ou cessation d'entreprise. — Ainsi que la remarque en a été faite au n° 441 du *Traité*, l'article 12 de la loi du 30 juin 1923 dispose que, dans le cas de cession ou de cessation d'entreprise, les contribuables qui ne produisent pas au contrôleur, dans le délai de dix jours prévu par cet article, les renseignements devant servir de base à leur taxation, encourent une majoration de moitié du montant de l'impôt. Par une extension équitable de la règle inscrite dans le nouvel article 11 de la loi du 31 juillet 1917, refondu par l'article 9 de la loi du 4 avril 1926, le texte codifié annexé au décret du 15 octobre 1926, dispose, dans son article 82, que la majoration de 25 pour 100 édictée en matière de déclarations tardives de bénéfices commerciaux se substituera désormais à la majoration de moitié prévue par l'article 12, précité, de la loi du 30 juin 1923 (bien que ce dernier texte ne soit pas spécialement visé dans le nouvel article 11 de la loi du 31 juillet 1917).

Cette interprétation libérale paraît conforme aux intentions du législateur ; on ne peut que s'y associer.